PwC Japan有限責任監査法人[編]

会社法
計算書類の
実務

第**17**版

作成・開示の総合解説

中央経済社

は じ め に

　本書は，会社法計算書類の作成方法や会社法の計算関係の最新実務に関する
できるだけ平易な解説を意図して，2009年2月に初版が刊行されました。その
後，会社法制度の見直しへの対応，実務を通じて蓄積された情報や最新の開示
例を織り込み，これまで改訂を重ねて，このたび第17版の刊行となりました。

　昨今の企業を取り巻く環境を概観すると，デフレからの脱却，金利ある世界
への移行，為替相場の著しい変動といった経済環境の変化が生じる中，地政学
リスクは高まり続け，エネルギーや気候変動問題にも焦点が当てられていま
す。また，生成AIをはじめとする高度なテクノロジーの利用が著しく進み，デ
ジタル技術の深化や普及により社会が急速に変化しています。このような経済
環境や社会情勢の変化を踏まえ，企業に対して，株主，債権者，従業員等の関
係者に必要な情報を適切に提供する社会的な要請が強まっているとともに，企
業が提供する情報の信頼性を担保する保証についても要請が強まっています。

　サステナビリティ情報の開示については，2024年3月に，サステナビリティ
基準委員会が国際的に整合性のあるサステナビリティ開示基準の公開草案を公
表しています。また，有価証券報告書等における「サステナビリティに関する
企業の取組みの開示」の記載は2023年3月期から求められ，2年目を迎えまし
た。会社法計算書類においてサステナビリティ情報に関する具体的な規定はあ
りませんが，経営課題としてサステナビリティ情報を事業報告に開示する企業
も見られており，本書ではその記載について解説しています。

　会計基準等に関連する最近の動向としては，2024年4月1日以後開始する事
業年度の期首から税金費用に関する会計基準等の改正が適用されます。具体的
には，株主資本やその他の包括利益に対して課税される場合の法人税等の計上
区分やグループ法人税制の適用における子会社株式等の売却に係る税効果に関
する改正，ならびにグローバル・ミニマム課税制度に係る法人税等の会計処理
や開示に関する改正が適用されます。

　また，2024年9月には，国際的な会計基準との整合性を図ることを目的とし
て「リースに関する会計基準」等が公表されています。この会計基準では，借

2　はじめに

手のすべてのリースについて資産と負債を計上する会計処理や関連する開示が定められており，2027年4月1日以後開始する事業年度の期首から適用されます。さらに，近年，非上場株式を組み入れた組合等が増加している状況を踏まえた要望に対応して，一定の要件を満たす場合，組合等の構成資産に含まれる市場価格のない株式の時価評価を認めることを提案する公開草案が公表されています。

　これらの会計基準等の改正に係る最近の動向については，本書冒頭の特別トピック「2025年3月期以降に適用となる会計基準等」において概要を解説しています。

　本書が，企業の経理担当者をはじめ，会社法計算書類の作成実務に携わる多くの方々にとって，少しでもお役に立てば幸いです。

　最後になりましたが，本書の刊行にあたりご尽力いただきました中央経済社の坂部秀治氏に，この紙面を借りて，心より感謝申し上げます。

2025年2月

PwC Japan有限責任監査法人

代表執行役　久保田　正崇

CONTENTS ●会社法計算書類の実務

特別トピック　2025年３月期以降に適用となる会計基準等

第１節　2025年３月期以降に適用となる会計基準等および2024年12月末時点で公表されている公開草案 ………………………………… 特2

第２節　2025年３月期以降に適用となる会計基準等の概要 ………………………………………………… 特4

1　「法人税, 住民税及び事業税等に関する会計基準」等の改正・特4

　(1)　経　緯・特4

　(2)　改正の概要・特4

2　「グローバル・ミニマム課税制度に係る法人税等の会計処理及び開示に関する取扱い」等・特7

　(1)　経　緯・特7

　(2)　本実務対応報告の概要・特9

3　「リースに関する会計基準」等・特10

　(1)　経　緯・特10

　(2)　会計基準等の概要・特11

第３節　2024年12月末時点で公表されている公開草案の概要 ……………………………………………… 特17

1　「金融商品会計に関する実務指針（案）」・特17

　(1)　経　緯・特17

　(2)　公開草案の概要・特18

第1章　会社法開示制度

第1節　会社法の開示制度の概要 ……………………………… 2

1　会社法計算書類の意義と役割・2

⑴　会社計算制度の目的と法的規律・2

⑵　会社計算書類の信頼性を高めるための制度・2

2　会社法における開示書類・4

⑴　会社法と下位法令との関係・4

⑵　開示書類の種類・5

3　会社法における開示制度・7

⑴　計算書類および事業報告，臨時計算書類の備置きおよび
閲覧等・8

⑵　計算書類，連結計算書類および事業報告の株主および
定時株主総会への提供等・8

⑶　決算公告・9

第2節　会社法計算書類の内容 ………………………………… 10

1　計算書類およびその附属明細書・10

2　連結計算書類・11

⑴　連結計算書類の構成・11

⑵　国際会計基準，米国基準などによる作成・11

3　臨時計算書類・12

第3節　会社法における機関設計と監査制度 …………… 13

1　株式会社の機関設計・13

2　監査制度・16

⑴　監査役・17

⑵　監査役会・17

⑶　監査等委員会・18

⑷　監査委員会・19

⑸　会計監査人・20

CONTENTS 3

第4節　計算書類等の作成および監査の流れ ……………・20

　　1　計算書類およびその附属明細書，臨時計算書類・20

　　2　事業報告およびその附属明細書・22

　　3　連結計算書類・23

第5節　会社法の決算スケジュール …………………………・24

　　1　定時株主総会の開催日・25

　　2　事業報告および計算関係書類の作成・26

　　3　監査報告の期限・26

　　4　電子提供制度に伴うウェブ開示期限・28

　　5　株主総会の招集通知の発送期限・30

　　6　計算書類等の備置き開始日・30

第2章　事業報告　　　　　　　　　　事例索引・197

第1節　事業報告の概要 …………………………………・32

第2節　事業報告の記載事項の基本的考え方 ……………・32

第3節　すべての会社において記載すべき事項 …………・35

　　1　株式会社の状況に関する重要な事項・36

　　2　業務の適正を確保するための体制の整備に関する
　　　決議等の内容および当該体制の運用状況・37

　　3　株式会社の支配に関する基本方針を定めている場合・57

　　4　親会社等との間の取引に関する事項・66

　　　⑴　開示すべき事項・66

　　　⑵　親会社等および子会社等とは・68

　　5　多重代表訴訟の対象となる特定完全子会社に関する
　　　事項・69

　　　⑴　開示すべき事項・70

　　　⑵　最終完全親会社等および完全子会社等とは・70

(3) 開示対象となる完全子会社等（特定完全子会社）・**71**

第4節　公開会社である場合の記載事項 ……………………・**72**

1　公開会社に求められている記載事項・**72**

2　株式会社の現況に関する事項・**73**

(1) 当該事業年度の末日における主要な事業内容・**74**

(2) 当該事業年度の末日における主要な営業所および工場
ならびに使用人の状況・**76**

(3) 当該事業年度の末日において主要な借入先があるとき
は，その借入先および借入額・**81**

(4) 当該事業年度における事業の経過およびその成果・**83**

(5) 当該事業年度における資金調達，設備投資，組織再編等
の状況・**87**

(6) 直前3事業年度の財産および損益の状況・**96**

(7) 重要な親会社および子会社の状況・**102**

(8) 対処すべき課題・**107**

(9) その他株式会社の現況に関する重要な事項・**111**

3　株式会社の会社役員に関する事項・**112**

(1) 会社役員の氏名，地位および担当，重要な兼職の
状況・**116**

(2) 会社役員との責任限定契約に関する事項・**126**

(3) 会社役員との補償契約に関する事項・**127**

(4) 当該事業年度に係る取締役，会計参与，監査役または
執行役ごとの報酬等・**129**

(5) 当該事業年度において受け，または受ける見込みの額が
明らかとなった会社役員の報酬等・**132**

(6) 各会社役員の報酬等の額またはその算定方法に係る決定
方針を定めているときは，当該方針の決定の方法および
その方針の内容の概要・**141**

(7) 辞任した会社役員または解任された会社役員（株主総会
または種類株主総会の決議によって解任されたものを除
く）があるときの記載事項・**150**

(8) 監査役，監査等委員および監査委員が財務および会計に

関する相当程度の知見を有しているものであるときは, その事実・151

(9) 常勤の監査等委員または監査委員の選定の有無およびその理由・152

(10) その他株式会社の会社役員に関する重要な事項・153

4 社外役員等に関する特則・153

(1) 社外役員の定義・153

(2) 社外役員に関する追加記載事項・156

5 株式会社の役員等賠償責任保険契約に関する事項・168

6 株式会社の株式に関する事項・171

(1) 主要な株主の氏名または名称および当該株主の有する当該株式会社の株式の数・172

(2) 会社役員に対する報酬等として付与される株式・173

(3) その他株式会社の株式に関する重要な事項・173

7 株式会社の新株予約権等に関する事項・177

第5節　会計参与を設置した場合の記載事項 ……………・183

1 会計参与との責任限定契約に関する事項・184

2 会計参与との補償契約に関する事項・184

第6節　会計監査人を設置した場合の記載事項 ………・185

1 会計監査人設置会社・185

2 会計監査人設置会社における追加記載事項・185

(1) 会計監査人の氏名または名称・187

(2) 当該事業年度に係る各会計監査人の報酬等の額および監査役等が同意をした理由・188

(3) 会計監査人に対して非監査業務の対価を支払っているときは, その非監査業務の内容・189

(4) 会計監査人の解任または不再任の決定の方針・190

(5) 会計監査人が現に業務の停止の処分を受け, その停止の期間を経過しない者であるときは, 当該処分に係る事項・190

6 *CONTENTS*

(6) 会計監査人が過去2年間に業務の停止の処分を受けた者
である場合における当該処分に係る事項のうち，当該株
式会社が事業報告の内容とすることが適切であるものと
判断した事項・191

(7) 会計監査人との責任限定契約に関する事項・191

(8) 会計監査人との補償契約に関する事項・191

(9) 会社が連結計算書類を作成している場合の記載事項・
192

(10) 辞任した会計監査人または解任された会計監査人がある
ときの記載事項・192

(11) 剰余金の配当を取締役会が決定する旨の定款の定めのあ
るときの，当該定款の定めにより取締役会に与えられた
権限の行使に関する方針・194

第3章　貸借対照表・損益計算書・株主資本等変動計算書　　事例索引・260

第1節　概　要 ・202

1　計算書類の構成および作成規定・202

2　作成期間および金額単位，表示方法・203

3　会計帳簿ならびに資産および負債の評価・203

4　連結計算書類の構成および作成規定・205

第2節　貸借対照表の作成実務 ・206

1　貸借対照表・206

(1) 概　要・206

(2) 貸借対照表の表示・207

(3) 貸借対照表の表示に関する留意事項・210

2　連結貸借対照表・221

第3節　損益計算書の作成実務 ・227

1　損益計算書・227

CONTENTS　7

　　　⑴　概　要・**227**

　　　⑵　損益計算書の表示・**228**

　　　⑶　損益計算書の表示に関する留意事項・**231**

　　2　連結損益計算書・**239**

第4節　株主資本等変動計算書の作成実務……………・**245**

　　1　株主資本等変動計算書・**245**

　　　⑴　概　要・**245**

　　　⑵　株主資本等変動計算書の表示に関する留意事項・**246**

　　2　連結株主資本等変動計算書・**254**

第4章　注記表　　　　　　　　　　事例索引・488

第1節　注記表開示の概要 ……………………………・**262**

第2節　注記表の記載事項 ……………………………・**264**

　　1　継続企業の前提に関する注記・**264**

　　2　重要な会計方針に係る事項に関する注記・**271**

　　　⑴　資産の評価基準および評価方法・**272**

　　　⑵　固定資産の減価償却の方法・**278**

　　　⑶　引当金の計上基準・**286**

　　　⑷　収益および費用の計上基準・**305**

　　　⑸　その他計算書類作成のための基本となる重要な事項・
　　　　317

　　3　連結計算書類の作成のための基本となる重要な事項および連結の範囲または持分法の適用の範囲に関する注記・
　　　330

　　　⑴　連結の範囲に関する事項・**330**

　　　⑵　持分法の適用に関する事項・**333**

　　　⑶　連結の範囲または持分法の適用の範囲を変更した

場合・**335**

  ⑷ 連結子会社の事業年度等に関する事項・**337**

4 会計方針開示基準・338

  ⑴ 概　要・**338**

  ⑵ 会社法計算書類における関連規定・**339**

  ⑶ 会計方針の変更に関する注記・**340**

  ⑷ 表示方法の変更に関する注記・**347**

  ⑸ 会計上の見積りに関する注記・**350**

  ⑹ 会計上の見積りの変更に関する注記・**356**

  ⑺ 誤謬の訂正に関する注記・**358**

5 貸借対照表等に関する注記・359

  ⑴ 担保に供している資産および担保に係る債務・**360**

  ⑵ 資産から直接控除した引当金・**362**

  ⑶ 資産から直接控除した減価償却累計額・**363**

  ⑷ 資産に係る減損損失累計額が減価償却累計額に含まれている場合・**364**

  ⑸ 偶発債務・**365**

  ⑹ 関係会社に対する金銭債権または金銭債務の金額（個別注記表のみ）・**369**

  ⑺ 取締役，監査役および執行役に対する金銭債権または金銭債務の総額（個別注記表のみ）・**371**

  ⑻ 親会社株式の各表示区分別の金額(個別注記表のみ)・**372**

  ⑼ その他の貸借対照表等に関する注記・**373**

6 損益計算書に関する注記・373

  ⑴ 関係会社との取引高（個別注記表のみ）・**373**

  ⑵ その他の損益計算書等に関する注記・**374**

7 株主資本等変動計算書等に関する注記・374

8 税効果会計に関する注記（個別注記表のみ）・381

9 リースにより使用する固定資産に関する注記（個別注記表のみ）・387

10 金融商品に関する注記・390

11 賃貸等不動産に関する注記・416

⑴ 賃貸等不動産の定義と範囲・416

⑵ 注記事項・417

12 持分法損益等に関する注記（個別注記表のみ）・420

13 関連当事者との取引に関する注記(個別注記表のみ)・422

⑴ 関連当事者の範囲・422

⑵ 注記事項・425

⑶ 注記を要しない取引・427

⑷ 関係会社取引に関する注記と関連当事者取引に関する
注記との比較・429

14 1株当たり情報に関する注記・440

⑴ 1株当たり純資産額・441

⑵ 1株当たりの当期純利益または当期純損失・441

⑶ 期首に株式併合または株式分割を行ったと仮定して算定
した1株当たり情報を記載する場合・442

15 重要な後発事象に関する注記・446

16 連結配当規制適用会社に関する注記(個別注記表のみ)・
457

17 収益認識に関する注記・458

18 その他の注記・473

⑴ 会計方針の記載にあわせて注記すべき追加情報・474

⑵ 財務諸表等の特定の科目との関連を明らかにして注記
すべき追加情報・475

⑶ その他・476

10　CONTENTS

第5章　附属明細書

第1節　事業報告に係る附属明細書 ······························ 498

　1　事業報告に係る附属明細書の概要・498

　2　事業報告に係る附属明細書の記載事項・499

　　⑴　会社役員の他の会社の業務執行者との重要な兼職の状況の明細・499

　　⑵　親会社等との間の取引に関する事項・500

第2節　計算書類に係る附属明細書 ·························· 501

　1　計算書類に係る附属明細書の概要・501

　2　計算書類に係る附属明細書の記載事項・501

　　⑴　有形固定資産及び無形固定資産の明細・501

　　⑵　引当金の明細・503

　　⑶　販売費及び一般管理費の明細・504

　　⑷　個別注記表の関連当事者との取引に関する注記において，会計監査人設置会社以外の株式会社が一部の項目を省略した場合における当該項目・505

　　⑸　その他の重要な事項・506

第6章　IFRS等適用会社の連結計算書類

事例索引・550

第1節　連結計算書類における特則 ························ 508

第2節　IFRS等適用会社の連結計算書類で求められる開示 ································ 510

　1　財政状態計算書・511

　2　純損益およびその他の包括利益計算書・512

　3　持分変動計算書・514

　4　注記表・522

⑴ 連結計算書類の作成のための基本となる重要な事項に関する注記・**524**

⑵ 会計上の見積りに関する注記・**536**

⑶ 連結財政状態計算書に関する注記・**538**

⑷ 連結持分変動計算書に関する注記・**539**

⑸ 金融商品に関する注記・**540**

⑹ 1株当たり情報に関する注記・**546**

⑺ 収益認識に関する注記・**546**

第7章 臨時計算書類

第1節 臨時計算書類制度の概要 ······················· **554**

1 臨時計算書類制度の目的・**554**

2 配当財源の確保のための臨時計算書類制度の利用・**554**

第2節 臨時計算書類の作成と確定 ····················· **556**

1 臨時計算書類の内容・**556**

2 臨時計算書類の作成基準・**556**

3 臨時計算書類の作成期間・**557**

4 臨時計算書類の作成手続・**557**

⑴ 監査役または会計監査人の監査・**557**

⑵ 臨時計算書類に関する手続・**558**

5 臨時計算書類の監査スケジュール・**560**

第3節 臨時計算書類の会計処理と開示 ··············· **560**

1 臨時計算書類の会計処理・**560**

⑴ 会計処理の原則等・**560**

⑵ 簡便的な処理が認められる項目・**561**

⑶ 年度決算と同様の処理が求められる項目・**561**

⑷ 臨時決算とその後の決算との関係・**562**

⑸ 会計方針の変更について・**563**

12　CONTENTS

　　2　臨時計算書類の表示と開示・563

　　　⑴　臨時貸借対照表，臨時損益計算書の表示科目・563

　　　⑵　その他参考情報（注記事項）・564

　第4節　期中の財務報告との関係 ………………………………・564

　　1　利益配当および適時開示における相乗効果・564

　　2　期中の財務報告との相違・565

第8章　純資産の部および配当可能利益の計算

　第1節　純資産の部 ………………………………………………・568

　　1　概　要・568

　　2　払込みまたは給付による資本金および資本準備金
　　　の計上・569

　　　⑴　概　要・569

　　　⑵　資本金に組み入れる額の原則的な取扱い・573

　　　⑶　取得請求権付株式，取得条項付株式，全部取得条項付種
　　　　類株式の取得の場合・576

　　　⑷　株式無償割当てをする場合・577

　　　⑸　新株予約権の行使があった場合・577

　　　⑹　取得条項付新株予約権の行使があった場合・578

　　　⑺　権利確定条件を達成し，株式引受権を取り崩す場合・579

　　3　剰余金の配当による準備金の計上・580

　　4　自己株式・580

　　5　新株予約権・581

　　　⑴　新株予約権交付の会計処理・581

　　　⑵　新株予約権が行使されたときの会計処理・582

　　　⑶　新株予約権が行使されず失効したときの会計処理・582

　　　⑷　新株予約権を自社で取得したときの会計処理・583

　　6　株式引受権・584

CONTENTS 13

7 純資産のその他の項目・584

第2節 分配可能額 ……………………………………………… 584

1 概　要・584

2 剰余金の額の計算・585

3 分配可能額の計算・587

　(1) 臨時計算期間における当期純損益その他の額・588

　(2) 自己株式の調整・589

　(3) のれん等調整額・590

　(4) 評価・換算差額等がマイナスの場合の調整・591

　(5) 300万円の制限・592

　(6) 連結配当規制適用会社の特例・592

第3節 剰余金の配当 ……………………………………………… 595

1 原則的な取扱い・595

2 中間配当の特則・595

3 剰余金の配当等を決定する機関の特則・596

第4節 純資産の部の計数の変動 ……………………………… 597

1 概　要・597

2 資本金，資本準備金，その他資本剰余金間の変動・598

3 利益準備金，その他利益剰余金間の変動・599

4 剰余金の処分（配当以外）・599

第9章　監査報告書

第1節 計算関係書類，事業報告およびその附属明細書 の監査報告 ……………………………………… 602

1 事業報告およびその附属明細書の監査報告・603

　(1) 監査役の監査報告・603

　(2) 監査役会の監査報告・604

14 CONTENTS

(3) 監査等委員会の監査報告・**605**

(4) 監査委員会の監査報告・**605**

(5) 監査報告の通知・**606**

2 計算関係書類の監査報告・**607**

(1) 会計監査人設置会社の場合・**607**

(2) 会計監査人設置会社以外の場合・**614**

第2節 監査報告書の文例 ……………………………… **617**

1 会計監査人の監査報告書・**617**

(1) 会計監査人の監査報告書の改正・**617**

(2) 監査報告書の様式・**617**

(3) 会計監査人の事業報告およびその附属明細書の入手時期・**624**

(4) 会社法における監査上の主要な検討事項の適用・**625**

(5) 報酬関連情報の開示・**626**

(6) 電磁的方法での監査報告書（電子署名を含む）の提出・**626**

(7) 来期の適用事項・**627**

2 監査役等の監査報告書・**627**

(1) 株主に対して提供される監査報告書・**628**

(2) 各監査役が作成する監査報告書・**644**

(3) 実務の変化等を踏まえた監査役等の監査報告の記載・**649**

第10章 株主総会招集通知および公告

第1節 株主総会の招集 ……………………………… **656**

1 株主総会の招集の概要・**656**

(1) 招集権者・**656**

(2) 開催時期・**657**

(3) 開催場所・**657**

(4) 会議の目的事項・**657**

(5) 議決権の行使方法（株主総会への出席，書面投票，電子投票）・**658**

2 株主総会の招集手続・**659**

(1) 招集手続の流れ・**660**

(2) 株主総会の招集にあたって決定すべき事項・**660**

(3) 招集の通知方法・**660**

3 株主総会資料の提供方法・**661**

(1) 概　要・**661**

(2) 電子提供制度を適用していない場合の株主総会資料の提供方法（従来の方法）・**663**

(3) 電子提供制度を適用している場合の株主総会資料の提供方法・**664**

第2節　株主総会資料の内容 ································· **666**

1 招集通知・**666**

(1) 招集通知の記載事項・**666**

(2) 招集通知モデル・**670**

2 株主総会参考書類・**676**

(1) 株主総会参考書類の記載事項・**676**

(2) 様式モデル・**681**

3 議決権行使書面・**687**

4 ウェブ開示および電子提供措置事項記載書面の範囲・**690**

第3節　株主総会議事録および決議通知 ·············· **693**

第4節　決算公告制度 ····································· **696**

1 決算公告の概要・**696**

2 公告方法の定款による定めおよび登記・**696**

3 決算公告の方法および内容・**697**

(1) 官報または日刊新聞紙による決算公告

（要旨による開示）・697

(2) 電子公告・702

(3) 不適正意見がある場合等における公告事項・704

索　引／705

参考文献／711

【法令等の略称一覧】

本文中の法令等の記載は以下の略称を用いていますのでご参照ください。

法令等	略称等
会社法	会社法
会社法施行令	施行令
会社法施行規則	施行規則
会社計算規則	計算規則
財務諸表等の用語，様式及び作成方法に関する規則	財務諸表等規則，財規
「財務諸表等の用語，様式及び作成方法に関する規則」の取扱いに関する留意事項について	財務諸表等規則ガイドライン
連結財務諸表の用語，様式及び作成方法に関する規則	連結財務諸表規則，連結財規

【条文等の略記】

(例)　「会社法第461条第2項第2号イ」は，「会社法461Ⅱ②イ」と略記しています。

【経団連ひな型について】

日本経済団体連合会は「会社法施行規則及び会社計算規則による株式会社の各種書類のひな型」(以下「経団連ひな型」という)を公表し，規制等の改正にあわせて，随時改訂を行っています。

本書で紹介している「経団連ひな型」は，2022年11月1日に公表(2023年1月18日更新)された「経団連ひな型(改訂版)」を用いています。

本書は，2024年12月31日時点で適用となっている法規に基づいて，記載しています。

また，事例の中の個人名は伏せています。

●特別トピック

2025年3月期以降に適用となる会計基準等

特2　特別トピック　2025年3月期以降に適用となる会計基準等

●第1節　2025年3月期以降に適用となる会計基準等および2024年12月末時点で公表されている公開草案

　企業会計基準委員会（以下「ASBJ」という）より公表されている，2025年3月期以降に適用となる会計基準等は，図表特－1のとおりである。

<図表特－1>　2025年3月期以降に適用となる会計基準等

適用時期 （原則）	会計基準等 の名称	概　　要	公表日
2024年4月1日以後開始する事業年度の期首から	「法人税，住民税及び事業税等に関する会計基準」（企業会計基準第27号）等の改正	以下の取扱いについて改正 ●株主資本またはその他の包括利益に対して課税される場合の法人税，住民税および事業税等の計上区分 ●グループ法人税制が適用される場合の子会社株式または関連会社株式の売却に係る税効果	2022年10月28日
	「グローバル・ミニマム課税制度に係る法人税等の会計処理及び開示に関する取扱い」（実務対応報告第46号）等	グローバル・ミニマム課税制度に係る法人税等（当期税金）についての会計処理・開示を定める	2024年3月22日
2027年4月1日以後開始する事業年度の期首から	「リースに関する会計基準」（企業会計基準第34号）等	主に借手の会計処理として，すべてのリースについて使用権資産とリース負債を計上する会計処理を定める	2024年9月13日

第1節　2025年3月期以降に適用となる会計基準等および2024年12月末時点で公表されている公開草案　特3

　なお，2024年3月に，ASBJより「中間財務諸表に関する会計基準」（企業会計基準第33号）等が公表されている。当該会計基準等は，2024年4月1日を施行日として，四半期報告書（第1・第3四半期）が廃止され取引所規則に基づく四半期決算短信に一本化されるとともに，従来の第2四半期報告書と同程度の記載内容となる半期報告書の提出が義務づけられたことを受けて公表されたものである。当該会計基準等では，半期報告書に含まれる中間財務諸表（第一種中間財務諸表）に係る会計処理・開示について，従来の第2四半期報告書における取扱いを継続して適用可能とすることが定められており，また会社法計算書類に直接的な影響を及ぼさないため，本章では当該会計基準等の概要について解説していない。

　また，2024年7月に，ASBJより「移管指針の適用」（移管指針）等が公表されている。当該移管指針等は，日本公認会計士協会（以下「JICPA」という）が公表した実務指針等をASBJに移管するため，実務指針等の名称を移管指針の体系に合わせるように変更するものである。移管前の実務指針等の内容を変更するものではないため，本章では当該移管指針等の概要について解説していない。

　2024年12月末時点でASBJより公表されている公開草案は，図表特－2のとおりである。

<図表特－2>　2024年12月末時点で公表されている公開草案

適用時期 （原則）	会計基準等 の名称	概　　要	公表日
最終基準公表から1年程度経過した年の4月1日以後開始する事業年度の期首から	「金融商品会計に関する実務指針（案）」（移管指針公開草案第15号（移管指針第9号の改正案））	企業が保有する一定の要件を満たす組合等の構成資産に含まれるすべての市場価格のない株式の時価評価を認めることを提案	2024年9月20日

　なお，2024年11月に，ASBJより2024年年次改善プロジェクトによる企業会計基準等の改正（案）が公表されている。複数の企業会計基準等の改正をまとめて行うものであるが，用語の見直しや内容の明確化であり，内容を大きく変更するものではないため，本章では当該公開草案の概要について解説していない。

●第2節 2025年3月期以降に適用となる 会計基準等の概要

第1節の図表特－1に示した会計基準等の概要について解説する。

1 「法人税，住民税及び事業税等に関する会計基準」等の改正

⑴ 経　緯

2022年10月に，ASBJより「法人税，住民税及び事業税等に関する会計基準」（企業会計基準第27号），「包括利益の表示に関する会計基準」（企業会計基準第25号）および「税効果会計に係る会計基準の適用指針」（企業会計基準適用指針第28号）の改正（以下あわせて「改正法人税等会計基準等」という）が公表された。

2018年2月に，ASBJは「『税効果会計に係る会計基準』の一部改正」（企業会計基準第28号）等を公表し，JICPAにおける税効果会計に関する実務指針のASBJへの移管を完了したが，その審議の過程で識別されていた以下の論点について改めて検討を行い，改正法人税等会計基準等により取扱いを定めている。

- ●株主資本またはその他の包括利益に対して課税される場合の法人税，住民税および事業税等（以下「法人税等」という）の計上区分
- ●グループ法人税制が適用される場合の子会社株式または関連会社株式（以下「子会社株式等」という）の売却に係る税効果

なお，改正法人税等会計基準等に関連して，JICPAより関連する実務指針等の改正も公表されている。

⑵ 改正の概要

① 株主資本またはその他の包括利益に対して課税される場合の法人税等の計上区分

課税対象となった取引または事象（以下「取引等」という）について，その他の包括利益に計上された額が課税所得計算上の益金または損金に算入され，

法人税等が課される場合がある。改正前の「法人税，住民税及び事業税等に関する会計基準」では，当事業年度の所得等に対する法人税等は損益に計上するとされていた。この結果，その他の包括利益に計上される取引等に対して課される法人税等は損益に計上されるため，税引前当期純利益と税金費用の対応関係が図られていないという意見があった。そこで，その他の包括利益に対して課される法人税等のほか，株主資本に対して課される法人税等も含めて，その計上区分について見直しが行われた。

　改正法人税等会計基準等の影響を受けると想定される取引等の例として，次のような場合が示されている。

- グループ通算制度の開始時または加入時に，会計上，評価・換算差額等（個別財務諸表）またはその他の包括利益累計額（連結財務諸表）が計上されている資産または負債に対して，税務上，時価評価が行われ，課税所得計算に含まれる場合
- 非適格組織再編において，会計上，評価・換算差額等またはその他の包括利益累計額が計上されている資産または負債に対して，税務上，時価評価が行われ，課税所得計算に含まれる場合
- 在外子会社の持分に対してヘッジ会計を適用しているが，税務上は当該ヘッジ会計が認められず，課税される場合

　会計処理および開示に関する主な改正点は，図表特－3のとおりである。

<図表特－3> **株主資本またはその他の包括利益に対して課税される場合の法人税等の計上区分に関する主な改正点**

項　目	改　正　点
計上区分の原則	当事業年度の所得に対する法人税等を，その発生源泉となる取引等に応じて，損益，株主資本およびその他の包括利益に区分して計上
株主資本またはその他の包括利益に計上する金額を算定することが困難な場合の取扱い	課税対象となった取引等が損益に加えて株主資本またはその他の包括利益に関連し，かつ，株主資本またはその他の包括利益に対して課された法人税等の金額を算定することが困難である場合（退職給付に関する取引を想定），当該税額の損益への計上を容認

特6　特別トピック　2025年3月期以降に適用となる会計基準等

その他の会計処理	以下に関する取扱いを規定
	● 重要性が乏しい場合
	● 株主資本またはその他の包括利益に計上する金額の算定
	● その他の包括利益の損益への組替調整
	● 関連する繰延税金資産または繰延税金負債を計上していた場合
	● その他の包括利益の開示（その他の包括利益の内訳項目から控除する「税効果の金額」および注記する「税効果の金額」について，「その他の包括利益に関する，法人税その他利益に関連する金額を課税標準とする税金及び税効果の金額」とする）

②　グループ法人税制が適用される場合の子会社株式等の売却に係る税効果

　グループ法人税制が適用される場合の子会社株式等の売却に係る税効果の取扱いについて，改正前の「税効果会計に係る会計基準の適用指針」では，当該子会社株式等を売却した企業の個別財務諸表において，当該売却損益に係る一時差異に対して繰延税金資産または繰延税金負債が計上されている場合には，連結決算手続上，当該一時差異に係る繰延税金資産または繰延税金負債の額を修正しないとされていた。この結果，連結財務諸表上，連結決算手続において消去される取引に対して税金費用を計上することになるため，税引前当期純利益と税金費用が必ずしも適切に対応していないという意見があった。そこで，このような連結財務諸表における税効果について見直しが行われた。なお，個別財務諸表における取扱いは変更されていない。

　会計処理に関する主な改正点は，図表特－4のとおりである。

＜図表特－4＞　グループ法人税制が適用される場合の子会社株式等の売却に係る税効果に関する主な改正点

項　　目	改　正　点
連結会社間における子会社株式等の売却に伴い生じた売却損益を税務上繰り延べる場合の連結財務諸表における取扱い	● 子会社株式等を売却した企業の個別財務諸表において，売却損益に係る一時差異に対して繰延税金資産または繰延税金負債が計上されているときは，連結決算手続上，当該一時差異に係る繰延税金資産または繰延税金負債を取り崩す

第2節　2025年3月期以降に適用となる会計基準等の概要　特7

	● 購入側の企業による当該子会社株式等の再売却等，課税所得計算上，繰り延べられた損益を計上することとなる事由についての意思決定が行われた時点において，当該取崩額を戻し入れる
子会社に対する投資に係る連結財務諸表固有の一時差異の取扱い	● 予測可能な将来の期間に子会社株式の売却を行う意思決定または実施計画が存在する場合であっても，これによる売却損益が繰り延べられる場合には，子会社に対する投資に係る連結財務諸表固有の一時差異に係る繰延税金資産または繰延税金負債を計上しない

③　適用時期等

　2024年4月1日以後開始する事業年度の期首から適用する。なお，2023年4月1日以後開始する事業年度の期首から早期適用することができる。

　また，改正法人税等会計基準等の適用初年度の経過措置は，図表特－5のとおりである。

<図表特－5＞　適用初年度の経過措置

項　目	経過措置
株主資本またはその他の包括利益に対して課税される場合の法人税等の計上区分	新たな会計方針を遡及適用するのが原則であるが，会計方針の変更による累積的影響額を適用初年度の期首の利益剰余金に加減するとともに，対応する金額を資本剰余金，評価・換算差額等またはその他の包括利益累計額のうち適切な区分に加減し，当該期首から新たな会計方針を適用することを容認
グループ法人税制が適用される場合の子会社株式等の売却に係る税効果	なし（すなわち，遡及適用を行う）

2　「グローバル・ミニマム課税制度に係る法人税等の会計処理及び開示に関する取扱い」等

⑴　経　緯

　2024年3月に，ASBJより「グローバル・ミニマム課税制度に係る法人税等の

特8　特別トピック　2025年3月期以降に適用となる会計基準等

会計処理及び開示に関する取扱い」(実務対応報告第46号，以下「グローバル・ミニマム課税実務対応報告」という) 等が公表された。

2021年10月に経済協力開発機構 (OECD) ／主要20か国・地域 (G20) の「BEPS包摂的枠組み」において，当該枠組みの各参加国によりグローバル・ミニマム課税について合意されたことを受けて，わが国においても，令和5年度税制改正において，グローバル・ミニマム課税に対応する法人税に係る規定 (以下「グローバル・ミニマム課税制度」という) が定められ，2024年4月1日以後開始する対象会計年度から適用されている。

この点，グローバル・ミニマム課税制度に係る法人税等 (当期税金) および当該法人税等に関する税効果会計の取扱いが従来の会計基準等では明らかでないとの意見が聞かれたため，ASBJは以下の対応を行っている。

- 税効果会計については，2023年3月に「グローバル・ミニマム課税に対応する法人税法の改正に係る税効果会計の適用に関する当面の取扱い」(実務対応報告第44号) を公表し，グローバル・ミニマム課税制度の影響を反映しない取扱いが示された。なお，当該実務対応報告は，2024年3月に改正され，「グローバル・ミニマム課税制度に係る税効果会計の適用に関する取扱い」として公表されている。

- 法人税等 (当期税金) については，グローバル・ミニマム課税実務対応報告において，後述の(2)で説明するとおり，会計処理・開示に関する取扱いが示された。

なお，法人税等 (当期税金) について，実務に資するための情報提供を目的として，ASBJより補足文書「グローバル・ミニマム課税制度に係る法人税等に関する見積りについて」が公表され，適用初年度において情報の入手が困難な場合の会計上の見積りの例が示されている。

さらに，会社法計算書類への対応として，2024年12月に，法務省より「会社計算規則の一部を改正する省令案」が公表されている。当該省令案は，主にグローバル・ミニマム課税実務対応報告における損益計算書の表示の定めと類似する規定を提案するものであり，公布の日から施行し，2024年4月1日以後開始する事業年度に係る計算書類および連結計算書類について適用することが提案されている。

第2節　2025年3月期以降に適用となる会計基準等の概要　特9

⑵　本実務対応報告の概要

①　会計処理

　グローバル・ミニマム課税制度に係る法人税等（当期税金）についての会計処理は，図表特－6のとおりである。

＜図表特－6＞　グローバル・ミニマム課税制度に係る法人税等（当期税金）についての会計処理

項　目	会計処理の概要
年度財務諸表における取扱い	（法人税等の計上時期） ●対象会計年度において，財務諸表作成時に入手可能な情報に基づき当該法人税等の合理的な金額を見積り計上 （見積りの取扱い） ●財務諸表作成時に一定の情報の入手が困難な場合，入手可能な対象会計年度に関する情報に基づき法人税等を見積る ●当事業年度の見積金額と翌事業年度の見積金額または確定額との差額は，財務諸表作成時に入手可能な情報に基づき合理的な金額を見積っている限り，誤謬には当たらず，当期の損益として処理
中間財務諸表における取扱い	●当面の間，対象会計年度に関するグローバル・ミニマム課税制度に係る法人税等を計上しないことが認められる

②　開　示

　グローバル・ミニマム課税制度に係る法人税等（当期税金）についての開示（表示および注記事項）は，図表特－7のとおりである。

＜図表特－7＞　グローバル・ミニマム課税制度に係る法人税等（当期税金）についての開示

項　目	開示の概要
貸借対照表における表示	貸借対照表日の翌日から起算して1年を超えて支払の期限が到来する未払法人税等は，固定負債の区分に長期未払法人税等などその内容を示す科目をもって表示
損益計算書における表示	（連結損益計算書） ●法人税，地方法人税，住民税および事業税（所得割）を示す科目に表示

	● 当該法人税等が重要な場合，当該金額を注記 （個別損益計算書） ● 重要性が乏しい場合を除き，法人税，地方法人税，住民税および事業税（所得割）を表示した科目の次にその内容を示す科目をもって区分表示，または，法人税，地方法人税，住民税および事業税（所得割）に含めて表示し当該金額を注記
中間財務諸表における注記	対象会計年度に関するグローバル・ミニマム課税制度に係る法人税等を計上しない取扱いを適用する場合，その旨を注記

③ 適用時期

　グローバル・ミニマム課税実務対応報告は，2024年4月1日以後開始する事業年度の期首から適用する。中間財務諸表における注記の定めについては，2025年4月1日以後開始する事業年度の期首から適用する。

3 「リースに関する会計基準」等

⑴ 経　緯

　2024年9月に，ASBJより「リースに関する会計基準」（企業会計基準第34号）等（以下「リース会計基準等」という）が公表された。

　「リース取引に関する会計基準」（企業会計基準第13号）等（以下「従来のリース取引会計基準等」という）は公表当時の国際的な会計基準と整合的であったが，2016年に国際財務報告基準（IFRS）においてはIFRS第16号「リース」（以下「IFRS第16号」という），米国基準においてはTopic 842「リース」が公表されている。両会計基準では，借手の会計処理に関して，主に費用配分の方法が異なるものの，原資産の引渡しによりリースの借手に支配が移転した使用権部分に係る資産と当該移転に伴う負債を計上するモデルにより，オペレーティング・リースを含むすべてのリースについて資産と負債が計上されることとなった。この結果，わが国の会計基準が国際的な比較において議論となる可能性があった。

　これらの状況を踏まえ，リース会計基準等では，借手のすべてのリースについて使用権資産とリース負債を計上する会計処理が定められている。

　なお，リース会計基準等に関連して，ASBJおよびJICPAより関連する会計基

準等も改正され，またリース会計基準等の適用により，従来のリース取引会計基準等の適用が終了することとされている。

⑵　会計基準等の概要

①　借手のリースの会計処理

リース会計基準等では，図表特－8のとおり，借手のすべてのリースについて，資産と負債を計上する。これに伴い，借手ではファイナンス・リースとオペレーティング・リースの区分は廃止される。

<図表特－8>　資産と負債の認識

従来のリース取引会計基準等	リース会計基準等
（ファイナンス・リース） リース資産とリース債務を計上	（すべてのリース） 使用権資産とリース負債を計上
（オペレーティング・リース） 通常の賃貸借取引に係る方法に準じて会計処理	

a．借手のリースの費用配分の方法

リース会計基準等では，IFRS第16号の定めと同様に，リースをファイナンス・リースとオペレーティング・リースに区分せず，使用権資産に係る減価償却費とリース負債に係る利息相当額を別個に計上する単一の会計処理モデルが採用されている。

b．借手のリース期間

リース会計基準等では，借手のリース期間は，IFRS第16号の定めと整合的に，借手が原資産を使用する権利を有する解約不能期間に，借手が行使することが合理的に確実であるリースの延長オプションの対象期間および借手が行使しないことが合理的に確実であるリースの解約オプションの対象期間を加えて決定する。これにより，従来のリース取引会計基準等よりリース期間が長くなる場合がある。

c．リース開始日の使用権資産およびリース負債の計上額

リース会計基準等では，IFRS第16号の定めと同様に，使用権資産は，リース開始日に算定されたリース負債の計上額にリース開始日までに支払った借手のリース料，付随費用および資産除去債務に対応する除去費用を加算し，受け取ったリース・インセンティブを控除した額により算定する。リース負債は，原則として，リース開始日において未払である借手のリース料から利息相当額の合理的な見積額を控除し，現在価値により算定する。

d．短期リースおよび少額リースに関する簡便的な取扱い

リース会計基準等では，借手は，一定の要件を満たす短期リースおよび少額リースについて，リース開始日に使用権資産とリース負債を計上せず，借手のリース料をリース期間にわたって原則として定額法により費用として計上することが認められている。

e．利息相当額の各期への配分

リース会計基準等では，従来のリース取引会計基準等におけるファイナンス・リースに関する定めやIFRS第16号の定めと同様に，リース開始日における借手のリース料とリース負債の計上額との差額は利息相当額として借手のリース期間中の各期に利息法により配分する。

ただし，使用権資産総額に重要性が乏しいと認められる場合は，従来のリース取引会計基準等に定められていた簡便的な取扱いも認められている。

f．使用権資産の償却

リース会計基準等では，使用権資産の償却について，基本的に従来のリース取引会計基準等におけるリース資産の償却と同様の会計処理が定められている。

原資産の所有権が借手に移転すると認められるリースに係る使用権資産の減価償却費は，原資産を自ら所有していたと仮定した場合に適用する減価償却方法により算定し，この場合の耐用年数は経済的使用可能予測期間，残存価額は合理的な見積額とする。

第2節　2025年3月期以降に適用となる会計基準等の概要　特13

　一方，原資産の所有権が借手に移転すると認められるリース以外のリースに係る使用権資産の減価償却費は，定額法等により算定し，この場合の耐用年数は借手のリース期間，残存価額はゼロとする。

②　貸手のリースの会計処理

　リース会計基準等では，貸手の会計処理について，次の点を除き，基本的に従来のリース取引会計基準等の定めが踏襲されている。

- 「収益認識に関する会計基準」（企業会計基準第29号）との整合性を図る点
- リースの定義およびリースの識別

　したがって，貸手については，ファイナンス・リースとオペレーティング・リースの区分も従来のリース取引会計基準等と同様に維持されている。

　なお，貸手のリース期間については，次のいずれかの方法を選択して決定する。

- 借手のリース期間と同様に決定
- 借手が原資産を使用する権利を有する解約不能期間に，借手が再リースする意思が明らかな場合の再リース期間を加えて決定

③　リースの定義およびリースの識別（借手・貸手共通）

　リース会計基準等では，IFRS第16号の定めと整合的に，「リース」は，「原資産を使用する権利を一定期間にわたり対価と交換に移転する契約又は契約の一部分」と定義され，また次のようなリースの識別に関する定めが設けられている。そのため，従来のリース取引会計基準等により会計処理されていなかった契約にリースが含まれると判断される場合がある。

- a．契約が特定された資産の使用を支配する権利を一定期間にわたり対価と交換に移転する場合，当該契約はリースを含む。
- b．特定された資産の使用期間全体を通じて，次の(i)および(ii)のいずれも満たす場合，当該契約の一方の当事者（サプライヤー）から当該契約の他方の当事者（顧客）に，当該資産の使用を支配する権利が移転している。
- (i)　顧客が，特定された資産の使用から生じる経済的利益のほとんどすべてを享受する権利を有している。

(ii) 顧客が，特定された資産の使用を指図する権利を有している。

c．借手および貸手は，リースを含む契約について，原則として，リースを構成する部分とリースを構成しない部分とに分けて会計処理を行う。ただし，一定の場合に，リースを構成する部分と関連するリースを構成しない部分とを合わせて取り扱うことができる。

④ セール・アンド・リースバック取引

リース会計基準等では，セール・アンド・リースバック取引について，米国基準の定めを参考に，以下の会計処理が定められている。

a．次のいずれかを満たす場合，売手である借手は，当該セール・アンド・リースバック取引について資産の譲渡とリースバックを一体の取引とみて，金融取引として会計処理を行う。

(i) 他の会計基準等に従うと売手である借手による資産の譲渡が損益を認識する売却に該当しない。

(ii) 他の会計基準等に従うと売手である借手による資産の譲渡が損益を認識する売却に該当するが，リースバックにより，売手である借手が資産からもたらされる経済的利益のほとんどすべてを享受することができ，かつ，資産の使用に伴って生じるコストのほとんどすべてを負担する。

b．上記aの(i)および(ii)を満たさない場合，売手である借手は，資産の譲渡について他の会計基準等に従い損益を認識し，リースバックについてリース会計基準等に従い借手の会計処理を行う。

⑤ 表　示

リース会計基準等では，借手の表示について，IFRS第16号の定めと整合的に，図表特－9のとおり定められている。

<図表特－9>　借手の表示

本　表	表示の概要
貸借対照表	使用権資産について，次のいずれかの方法により表示 ● 対応する原資産を自ら所有していたと仮定した場合の表示科目に含

第2節　2025年3月期以降に適用となる会計基準等の概要　特15

	める方法 ● 対応する原資産の表示区分（有形固定資産，無形固定資産，投資その他の資産等）において使用権資産として区分する方法 リース負債について，貸借対照表において区分表示，またはリース負債が含まれる科目と金額を注記
損益計算書	リース負債に係る利息費用について，損益計算書において区分して表示，またはリース負債に係る利息費用が含まれる科目と金額を注記

　貸手の表示については，従来のリース取引会計基準等を踏襲し，図表特－10のとおり定められている。

＜図表特－10＞　貸手の表示

本　表	表示の概要
貸借対照表	リース債権（所有権移転ファイナンス・リース）およびリース投資資産（所有権移転外ファイナンス・リース）について，重要性が乏しい場合を除き，貸借対照表においてそれぞれを区分表示，またはそれぞれが含まれる科目と金額を注記
損益計算書	次の事項を区分表示，またはそれぞれが含まれる科目と金額を注記 ● ファイナンス・リースに係る販売損益（売上高から売上原価を控除した純額） ● ファイナンス・リースに係るリース債権およびリース投資資産に対する受取利息相当額 ● オペレーティング・リースに係る収益（貸手のリース料に含まれるもののみ）

⑥　注記事項

　リース会計基準等では，開示目的を定めたうえで，IFRS第16号の定めと整合的に，リースに関する注記として，借手について図表特－11の事項，貸手について図表特－12および図表特－13の事項が定められている。ただし，開示目的に照らして重要性に乏しいと認められる注記事項については，記載しないことが認められている。

特16　特別トピック　2025年3月期以降に適用となる会計基準等

<図表特－11>　借手の注記

項　目	開示の概要
会計方針に関する情報	● 会計処理の選択に関する方針
リース特有の取引に関する情報	● 貸借対照表に関する事項（対応する原資産を自ら所有していたと仮定した場合の表示科目ごとの使用権資産の帳簿価額など） ● 損益計算書に関する事項（短期リースに係る費用が含まれる科目と金額など） ● セール・アンド・リースバック取引およびサブリース取引に関する事項
当期および翌期以降のリースの金額を理解するための情報	● リースに係るキャッシュ・アウトフローの合計額（少額リースを除く） ● 使用権資産の増加額 ● 対応する原資産を自ら所有していたと仮定した場合の表示科目ごとの使用権資産に係る減価償却の金額

<図表特－12>　ファイナンス・リースの貸手の注記

項　目	開示の概要
リース特有の取引に関する情報	● 貸借対照表に関する事項（リース債権やリース投資資産におけるリース料債権部分の金額や受取利息相当額など） ● 損益計算書に関する事項
当期および翌期以降のリースの金額を理解するための情報	● リース債権やリース投資資産の残高に重要な変動がある場合の内容 ● リース債権やリース投資資産に係るリース料債権部分について，貸借対照表日後5年以内における1年ごとの回収予定額および5年超の回収予定額

<図表特－13>　オペレーティング・リースの貸手の注記

項　目	開示の概要
リース特有の取引に関する情報	● 損益計算書に関する事項
当期および翌期以降のリースの金額を理解するための情報	● 貸手のリース料について，貸借対照表日後5年以内における1年ごとの受取予定額および5年超の受取予定額

なお，リース負債については，「金融商品に関する会計基準」（企業会計基準第10号）および「金融商品の時価等の開示に関する適用指針」（企業会計基準適用指針第19号）における「金融商品の時価等に関する事項」および「金融商品の時価のレベルごとの内訳等に関する事項」の注記は不要とされているが，満期分析の注記（返済予定額の合計額を一定の期間に区分した金額の注記）は必要とされている。

また，リース債権およびリース投資資産については，「金融商品の時価等に関する事項」の注記は必要とされているが，「金融商品の時価のレベルごとの内訳等に関する事項」の注記は不要とされている。

⑦　適用時期等

リース会計基準等は，2027年4月1日以後開始する事業年度の期首から適用する。ただし，2025年4月1日以後開始する事業年度の期首から早期適用することもできる。

また，リース会計基準等は原則として遡及適用するが，適用初年度の経過措置として，会計方針の変更による累積的影響額を適用初年度の期首の利益剰余金に加減し，当該期首残高から新たな会計方針を適用することができる。

●第3節　2024年12月末時点で公表されている公開草案の概要

第1節の図表特−2に示した公開草案の概要について解説する。

1　「金融商品会計に関する実務指針（案）」

⑴　経　緯

2024年9月に，ASBJより「金融商品会計に関する実務指針（案）」（移管指針公開草案第15号（移管指針第9号の改正案））（以下「本公開草案」という）が公表された。

市場価格のない株式は取得原価をもって貸借対照表価額とするとされている

が，近年，非上場株式を組み入れた組合等が増加しており，組合等の構成資産に含まれる市場価格のない株式を時価評価するように会計基準を改正すべきとの要望が聞かれた。

　こうした状況を踏まえ，本公開草案では，企業（組合等への出資者）の財務諸表における会計処理として，一定の要件を満たす組合等の構成資産に含まれるすべての市場価格のない株式について時価をもって評価し，出資者の会計処理の基礎とすることを認めることが提案されている。

⑵　公開草案の概要

①　適用が認められる組合等の要件および選択に関する方針

　本公開草案では，構成資産である市場価格のない株式について時価をもって評価することが認められる組合等について，次の要件を設けることが提案されている。

- 組合等の運営者は出資された財産の運用を業としている者である。
- 組合等の決算において，組合等の構成資産である市場価格のない株式について時価をもって評価している。

　また，本公開草案では，企業（組合等への出資者）が後述の②の会計処理を適用する組合等の選択に関する方針を定め，当該方針に基づき，組合等への出資時に②の会計処理の適用対象とするかどうかを決定することが提案されている。なお，②の会計処理は，出資後に取りやめることはできないことが提案されている。

②　組合等への出資の会計処理

　本公開草案では，企業（組合等への出資者）は，①の要件を満たす組合等への出資について，当該組合等の構成資産に含まれるすべての市場価格のない株式について時価をもって評価し，出資者の会計処理の基礎として，評価差額の持分相当額を純資産の部に計上することを認めることが提案されている。

　また，この場合，組合等の構成資産に含まれる市場価格のない株式の減損処理については，時価のある有価証券の減損処理に関する定めに従うことが提案されている。

③　注記事項

「時価の算定に関する会計基準の適用指針」（企業会計基準適用指針第31号）では，貸借対照表に持分相当額を純額で計上する組合等への出資について，時価の注記を要しないこととし，その場合，時価を注記していない旨および時価を注記していない組合等への出資の貸借対照表計上額の合計額を注記することが求められている。

この点，②の会計処理を適用する場合には，これらの注記に併せて，次の事項を注記することが提案されている。

- ②の会計処理を適用している旨
- ②の会計処理を適用する組合等の選択に関する方針
- ②の会計処理を適用している組合等への出資の貸借対照表計上額の合計額

④　適用時期等

本公開草案は，最終基準公表から1年程度経過した年の4月1日以後開始する事業年度の期首から適用することが提案されている。また，最終基準公表後最初に到来する年の4月1日以後開始する事業年度の期首から早期適用可能とすることが提案されている。

また，本公開草案では，過去の期間への遡及適用を求めず，適用初年度の期首から将来にわたって適用し，適用初年度の期首時点での評価差額または減損損失の持分相当額を適用初年度の期首のその他の包括利益累計額または利益剰余金に加減することが提案されている。

●第1章

会社法開示制度

●第1節　会社法の開示制度の概要

1　会社法計算書類の意義と役割

(1)　会社計算制度の目的と法的規律

　会社会計の目的として，まず，会社を経営するための会社の財政，損益の状態の把握が挙げられる。しかし，それにとどまらず，会社の所有と経営の分離が進み，また，社員（株主）の責任が有限責任である場合には，分配可能利益の計算，債権者保護など利害関係者のための情報伝達，経営者から社員（株主）に対する成績報告の目的がより重要となる。このように，会社組織の設計によって，会社会計の目的のいずれが重要となるかが異なる場合がある。

　会社法では，会社組織編成の形態（株式会社，持分会社等）が多様化され，また，企業統治の形態（機関設計，持分譲渡制限等）もいくつかのバリエーションが認められている。

　持分会社（合名会社，合資会社および合同会社）は，人的な関係を重視している会社形態であり，持分の譲渡に制限がある。このため，当事者間の自治が広く許容されており，会社法による制約は少ない。これに対し株式会社は，所有と経営が分離された組織形態であるため，相対的に多くの制度的規律が存在する。持分会社に比べて株式会社のほうが制度的規律が多いという点は会社会計制度についても同様である。また，株式会社制度の中においても，一定の範囲で定款自治による機関設計の自由度があり，会社会計制度の規律も，機関設計に応じて異なっている。

　なお，会社計算規則では，株式会社のみならず，持分会社における計算書類についての規定も定められているが，本書では，株式会社を対象として解説する。

(2)　会社計算書類の信頼性を高めるための制度

　健全な企業活動を継続して行うための根幹となる会社計算制度には，信頼性

の確保が求められる。そのため、株式会社には、監査役（監査役会），監査等委員会または監査委員会による監査制度，会計監査人による監査制度および会計参与制度が設けられている。

① 監査役等による監査制度

会社内部の機関である，監査役（監査役会），監査等委員会または監査委員会によって行われる監査制度である。これらは，取締役等の職務の執行を監査する機関として位置づけられており（会社法381Ⅰ，399の2Ⅲ①，404Ⅱ①），その一環として，会社が作成する計算書類や事業報告などの監査を行う（会社法436Ⅰ・Ⅱ）。

② 会計監査人による監査制度

会社が作成する計算書類について，株主総会において選任された会計監査人が，第三者の立場からその適正性に関して記述した監査報告書を作成し（会社法396Ⅰ），計算書類に対する信頼性を付与する制度である。対象としては主として計算書類の作成能力が高い大規模会社を想定している。

大会社（会社法2⑥，資本金5億円以上または負債総額200億円以上の会社），監査等委員会設置会社（会社法2⑪の2）および指名委員会等設置会社（会社法2⑫）は，会計監査人を置かなければならない（会社法328Ⅰ・Ⅱ，327Ⅴ）。それ以外の株式会社も，定款の定めにより会計監査人の設置が可能である（会社法326Ⅱ）。

会計監査人は，会社からの独立性を有する公認会計士または監査法人でなければならない（会社法337）。

③ 会計参与制度

会計参与は，取締役と共同して計算書類およびその附属明細書，臨時計算書類ならびに連結計算書類を作成する職務を行う（会社法374Ⅰ）。また，単独で会計参与報告を作成する（会社法374Ⅰ）。

会計参与制度は，計算書類の作成にあたり専門的な能力を有した人材を介在させることにより，計算書類の信頼性の向上を意図している。会計参与は計算

4 第1章 会社法開示制度

書類を作成する立場にある点で，作成された計算書類の監査を行う会計監査人とは役割が異なる。

会計参与制度は，中小規模の株式会社を想定して設けられているが，会計参与を設置するか否かは，会計監査人などの他の機関の設置の有無や会社の規模にかかわりなく会社の任意である。

会計参与は，公認会計士もしくは監査法人，または税理士もしくは税理士法人でなければならない（会社法333Ⅰ）。

以下，本書においては，主に監査役（監査役会），監査等委員会または監査委員会による監査制度および会計監査人による監査制度を取り扱い，会計参与制度については特に必要と認められる場合を除き，説明を割愛する。

2 会社法における開示書類

⑴ 会社法と下位法令との関係

会社法における開示制度の概要は，会社法本法および会社法施行令で定められている。その具体的な定めについては，法務省令で定める取扱いとして会社法が会社法施行規則に委任している。さらに会社法施行規則では，会社計算に関する事項については会社計算規則，電子公告に関する事項は電子公告規則にそれぞれ委任しているという三層構造となっている（図表1－1参照）。

<図表1－1> 会社法と下位法令との関係

```
        ┌─────────────┐
        │ 会  社  法 │
        └─────────────┘
          │
          ├─┌──────────────────────┐
          │ │ 会社法施行令（政令） │
          │ └──────────────────────┘
          │
          └─┌──────────────────────────┐
            │ 会社法施行規則（法務省令） │
            └──────────────────────────┘
              │
              ├─┌──────────────────┐
              │ │ 会 社 計 算 規 則 │
              │ └──────────────────┘
              │
              └─┌──────────────────┐
                │ 電 子 公 告 規 則 │
                └──────────────────┘
```

会社法において「法務省令で定める」としている場合の「法務省令」は，具体的には会社法施行規則をさす。ただし，会社法において「法務省令で定める」

第1節　会社法の開示制度の概要　5

としている事項のうち，会社計算規則の定めるところによる範囲については会社法施行規則第116条および第159条において，電子公告規則の定めるところによる範囲については同様に会社法施行規則第221条において，それぞれ明示されている。会社が決算に伴い作成する書類のうち，事業報告（およびその附属明細書）に関する記載事項は会社法施行規則にその詳細が定められている一方，計算書類（およびその附属明細書）に関する記載事項は会社計算規則にその詳細が定められている。

　以下，本書においては，会社計算規則について直接的に内容を示す条文を記載し，委任規定を定めている会社法施行規則の条項記載については割愛する。

⑵　開示書類の種類

①　事業報告，計算書類およびそれらの附属明細書

　会社法は，株式会社に対して次の書類の作成を求めている（会社法435Ⅰ・Ⅱ）。

- 会社成立の日における貸借対照表
- 各事業年度に係る計算書類および事業報告ならびにこれらの附属明細書

　ここでの「計算書類」とは，貸借対照表，損益計算書，株主資本等変動計算書および個別注記表である（会社法435Ⅱ，計算規則59Ⅰ）。附属明細書は計算書類に係る附属明細書と事業報告に係る附属明細書の両方が存在する。

②　連結計算書類

　会計監査人設置会社は，各事業年度に係る連結計算書類を作成できる（会社法444Ⅰ）。連結計算書類は，日本基準で作成する場合，連結貸借対照表，連結損益計算書，連結株主資本等変動計算書および連結注記表によって構成される（会社法444Ⅰ，計算規則61①）。一定の場合，指定国際会計基準，修正国際基準または米国基準による作成も可能である（計算規則61②〜④，120Ⅰ，120の2Ⅰ，120の3Ⅰ）。

　また，事業年度の末日において大会社であって金融商品取引法第24条第1項の規定により有価証券報告書を提出している会社は，連結計算書類を作成しなければならない（会社法444Ⅲ）。

6　第1章　会社法開示制度

③　臨時計算書類

　株式会社は，一定の日（臨時決算日）における当該株式会社の財産の状況を把握するために臨時計算書類を作成できる（会社法441Ⅰ）。「臨時計算書類」とは，臨時決算日における貸借対照表，臨時決算日の属する事業年度の初日から臨時決算日までの期間に係る損益計算書をいう（会社法441Ⅰ①・②）。

　臨時決算制度は，主として臨時決算期間中の利益を事業年度の途中で行う配当（随時配当という）の財源に充てるために利用される。すなわち，分配可能額の計算は，通常は前事業年度末の貸借対照表に基づいて行われるため，期中で発生した利益は分配可能額に含まれないが，臨時計算書類の作成により，臨時決算日までの利益を分配可能額の計算に含める取扱いが可能となる。臨時計算書類は，会計監査人設置の有無を問わず作成できる。

④　計算関係書類

　会社成立の日における貸借対照表，各事業年度に係る計算書類およびその附属明細書，臨時計算書類，連結計算書類は，「計算関係書類」（施行規則2Ⅲ⑪）という名称で集約される。この「計算関係書類」という名称は，会計に関する監査対象を表す場合などに用いられる。

　計算関係書類の内訳は，図表1－2のとおりである。

　上記のとおり本来の「計算関係書類」の定義には会社成立の日における貸借対照表が含まれるが，以下，本書においては，「計算関係書類」として各事業年度に係る計算書類およびその附属明細書，連結計算書類，臨時計算書類を想定する。

　また，会社法では，計算書類，事業報告，およびこれらに対する監査報告，会計監査報告をまとめて「計算書類等」（施行規則2Ⅲ⑫イ）といい，臨時計算書類およびこれらに関する監査報告，会計監査報告をまとめて「臨時計算書類等」（施行規則2Ⅲ⑬）と呼んでいる（図表1－3参照）。なお，計算書類等には，計算書類に係る附属明細書および事業報告に係る附属明細書は含まれない。「計算書類等」は，取締役会設置会社における定時株主総会の招集の通知に際して提供される（会社法437）。

第1節 会社法の開示制度の概要 7

<図表1－2> 計算関係書類の範囲

計算関係書類						
会社成立の日における貸借対照表	計算書類		連結計算書類		臨時計算書類	
		貸借対照表		連結貸借対照表		臨時決算日における貸借対照表
		損益計算書		連結損益計算書		臨時決算日の属する事業年度の初日から臨時決算日までの期間に係る損益計算書
		株主資本等変動計算書		連結株主資本等変動計算書		
		個別注記表		連結注記表		
	計算書類に係る附属明細書					

<図表1－3> 会社法施行規則第2条第3項における計算書類等および臨時計算書類等の範囲

計算書類等	臨時計算書類等
計算書類	臨時計算書類
事業報告	－
上記の書類に関する監査報告，会計監査報告	上記の書類に関する監査報告，会計監査報告

3 会社法における開示制度

会社法上，計算関係書類，事業報告およびその附属明細書（それぞれの監査報告や会計監査報告を含む）は，以下の方法で株主その他の利害関係者に伝達される。

(1) 計算書類および事業報告，臨時計算書類の備置きおよび閲覧等（会社法442）

8 第1章 会社法開示制度

(2) 計算書類，連結計算書類および事業報告の株主および定時株主総会への
　　提供等（会社法437，438，444Ⅵ・Ⅶ）
(3) 計算書類の貸借対照表等の公告（決算公告）（会社法440）

(1) 計算書類および事業報告，臨時計算書類の備置きおよび閲覧等

　株式会社は，計算書類および事業報告，臨時計算書類を本店に，その写しを
支店に備え置かなければならない（会社法442Ⅰ・Ⅱ）。その期間は，図表1－
4のとおりである。

<図表1－4>　計算書類および事業報告，臨時計算書類の備置き期間

	本 店	支 店
各事業年度における計算書類および事業報告ならびにこれらの附属明細書（監査報告，会計監査報告を含む）	定時株主総会の日の1週間前の日から5年間（取締役会設置会社の場合は，定時株主総会の2週間前の日から5年間）	定時株主総会の日の1週間前の日から3年間（取締役会設置会社の場合は，定時株主総会の2週間前の日から3年間）
臨時計算書類（監査報告，会計監査報告を含む）	臨時計算書類を作成した日から5年間	臨時計算書類を作成した日から3年間

（注）　会社法第442条に限り，上記備置きおよび閲覧の対象となる書類を総称して「計算書類
　　　等」とされている。

　株式会社の株主および債権者は，株式会社の営業時間内に，これらの備置き
書類の閲覧等を請求できる（会社法442Ⅲ）。
　なお，連結計算書類およびその監査報告，会計監査報告については備置きお
よび閲覧等の定めはない。

**(2) 計算書類，連結計算書類および事業報告の株主および定時株主総会への提
供等**

　計算書類および事業報告（それらに対する監査報告，会計監査報告がある場
合にはそれを含む）ならびに連結計算書類については，株主に対する提供が求

められている。なお，連結計算書類に係る監査報告，会計監査報告の株主への提供は任意とされている（計算規則134Ⅱ・Ⅲ）。

提供する方法は，取締役会設置会社か否かで異なる。取締役会設置会社の場合は，株主総会の招集の通知に際して株主に対して提供する（会社法437，444Ⅵ）とともに，定時株主総会に提出し，または提供する（会社法438Ⅰ③，444Ⅶ①）。

取締役会非設置会社においては，定時株主総会に提出，または提供が求められている（会社法438Ⅰ①・②・④，444Ⅶ②）にとどまり，株主総会の招集通知への添付までは求められていない。

なお，2019年12月に令和元年改正会社法が成立し，定款の定めにより，株主総会参考資料等をウェブサイト上で提供できる制度（電子提供制度）が設けられている（令和元年改正会社法325の2）（第10章参照）。

⑶ 決算公告

株式会社は，定時株主総会の終結後遅滞なく貸借対照表を公告しなければならない。大会社にあっては，貸借対照表および損益計算書を公告しなければならない（会社法440Ⅰ）（第10章第4節参照）。

決算公告は，次の3つのいずれかの方法で行う（会社法939Ⅰ）。

① 官報に掲載する方法
② 時事に関する事項を掲載する日刊新聞紙に掲載する方法
③ 電子公告（または電子開示）

上記①②の方法による場合には，貸借対照表の記載を要約した「貸借対照表の要旨」（大会社にあっては，貸借対照表の要旨および損益計算書の要旨）の公告で足りる（会社法440Ⅱ）。

③の方法による場合には，通常は会社のホームページにおいて貸借対照表（大会社にあっては損益計算書も含む）を自由に閲覧できる状態に置き，それを5年間維持する（会社法440Ⅲ，940Ⅰ②）。

なお，有価証券報告書を内閣総理大臣に提出している会社は，すでに EDINET（金融商品取引法に基づく有価証券報告書等の開示書類に関する電子開示システム）等を通じて広く不特定多数が財務諸表を閲覧できる状態にあるため，決

10　第1章　会社法開示制度

算公告を必要としない（会社法440IV）。

●第2節　会社法計算書類の内容

1　計算書類およびその附属明細書

計算書類は，次の書類から構成される（会社法435Ⅱ，計算規則59Ⅰ）。
- 貸借対照表
- 損益計算書
- 株主資本等変動計算書
- 個別注記表

金融商品取引法に基づいて作成される財務諸表は，貸借対照表，損益計算書，株主資本等変動計算書およびキャッシュ・フロー計算書ならびに附属明細表によって構成される（財務諸表等規則1Ⅰ）が，会社法計算書類は，キャッシュ・フロー計算書を含まない。

個別注記表には，継続企業の前提，重要な会計方針，関連当事者取引，重要な後発事象などに関する注記を記載する。その会社の属性に応じて記載すべき事項は異なる（計算規則98）（第4章図表4－1参照）。

また，計算書類に係る附属明細書は，次の項目から構成される（計算規則117）。
- 有形固定資産および無形固定資産の明細
- 引当金の明細
- 販売費および一般管理費の明細
- （公開会社のみ）会社計算規則第112条第1項ただし書きの規定により省略した事項がある場合には当該事項（関連当事者との取引に関する注記について個別注記表で省略した事項）
- 上記のほか，貸借対照表，損益計算書，株主資本等変動計算書および個別注記表の内容を補足する重要な事項

第2節　会社法計算書類の内容　11

2　連結計算書類

⑴　連結計算書類の構成

　日本基準により作成される連結計算書類は，次の書類から構成される（計算規則61①）。

- 連結貸借対照表
- 連結損益計算書
- 連結株主資本等変動計算書
- 連結注記表

　なお，金融商品取引法に基づいて作成される連結財務諸表では，「連結包括利益計算書（もしくは連結損益及び包括利益計算書）」の作成が求められている（連結財務諸表規則1Ⅰ）が，連結計算書類では，その作成は求められていない（第3章第3節2④参照）。

　連結注記表には，継続企業の前提，連結計算書類の作成のための基本となる重要な事項，重要な後発事象などに関する注記を記載する（計算規則98Ⅱ④）（第4章図表4－1参照）。

　連結計算書類作成会社は，必ず会計監査人設置会社であるため，個別注記表のように会計監査人設置の有無による注記事項の違いは定められていない。

⑵　国際会計基準，米国基準などによる作成

　指定国際会計基準，修正国際基準（「国際会計基準と企業会計基準委員会による修正会計基準によって構成される会計基準」）または米国基準によって連結財務諸表を作成している会社は，連結計算書類も同じ基準によって作成することができる（計算規則61②〜④，120Ⅰ，120の2Ⅰ，120の3Ⅰ）（第6章参照）。「指定国際会計基準」とは「国際会計基準のうち，公正かつ適正な手続の下に作成および公表が行われたものと認められ，公正妥当な企業会計の基準として認められることが見込まれるものとして金融庁長官が定めるものに限る」と定められている（連結財務諸表規則312，平成21年金融庁告示第69号）。

　それぞれの会計基準によって作成される連結計算書類は図表1－5のとおりに区分される。

12　第1章　会社法開示制度

<図表1－5>　採用する会計基準と開示事項

採用する会計基準（計算規則61）	必要な開示事項
Ⅰ　日本基準によって作成される連結計算書類（計算規則57～119）	会社計算規則第57条～第119条で求められる事項
Ⅱ　指定国際会計基準または修正国際基準によって作成される連結計算書類（計算規則120Ⅰ，120の2Ⅰ）	● 上記Ⅰにおいて表示すべき事項に相当する事項（計算規則120Ⅰ，120の2Ⅲ） ● 指定国際会計基準（または修正国際基準）に従って作成した連結計算書類である旨の注記（計算規則120Ⅱ，120の2Ⅱ） ● 会社計算規則第120条第1項後段の規定により省略した事項がある旨の注記（計算規則120Ⅲ，120の2Ⅲ）
Ⅲ　米国基準によって作成される連結計算書類（計算規則120の3Ⅰ）	● 上記Ⅰにおいて表示すべき事項に相当する事項（計算規則120Ⅰ，120の3Ⅲ） ● 当該連結計算書類が準拠している用語，様式および作成方法の注記（計算規則120の3Ⅱ）

3　臨時計算書類

臨時計算書類は，次の書類から構成される（会社法441Ⅰ）。

● 臨時決算日における貸借対照表
● 臨時決算日の属する事業年度の初日から臨時決算日までの期間に係る損益計算書

臨時決算日として，事業年度の中のどの日でも定める取扱いが可能である。臨時決算日を一事業年度の中で複数回定められるが，臨時損益計算書は常に期首から臨時決算日までの累積期間で作成される。

会社法上，貸借対照表および損益計算書の内容について臨時計算書類固有の定めは存在しないため，年度の貸借対照表および損益計算書と同様に作成される。なお，実務上の指針として，「臨時計算書類の作成基準について」（会計制

度委員会研究報告第12号）がある。

●第3節　会社法における機関設計と監査制度

1　株式会社の機関設計

　会社法においては，株式会社の機関設計について，一定の制限はあるものの多くの組み合わせの選択肢が与えられており，具体的には図表1－6のとおり24種類の機関設計のパターンが可能である。

<図表1－6>　株式会社における機関設計のパターン

規模	株式の流動性	意思決定機関	監査などの機関	外部監査	区　分
大会社	公開会社	取締役会	指名委員会，監査委員会および報酬委員会	会計監査人	III
			監査等委員会		III
			監査役会		III
	非公開会社	取締役会	指名委員会，監査委員会および報酬委員会		III
			監査等委員会		III
			監査役会		III
			監査役		II
		取締役	監査役		I
大会社以外	公開会社	取締役会	指名委員会，監査委員会および報酬委員会	会計監査人	III
			監査等委員会		III
			監査役会	会計監査人	III
				なし	VI
			監査役	会計監査人	II
				なし	V

非公開会社	取締役会	指名委員会，監査委員会および報酬委員会	会計監査人	III
		監査等委員会		III
		監査役会	会計監査人	III
			なし	VI
		監査役	会計監査人	II
			なし	V
		会計参与	なし	VII
	取締役	監査役	会計監査人	I
			なし	IV
		なし	なし	VIII

（注）　区分については図表1－7参照。

　機関設計のパターンは，まず，大会社か否か，公開会社か否かにより，大きく4つの分類が可能である。

　「大会社」とは，次に掲げる要件のいずれかに該当する株式会社をいう（会社法2⑥）。

- 最終事業年度に係る貸借対照表に資本金として計上した額が5億円以上
- 最終事業年度に係る貸借対照表の負債の部に計上した額の合計額が200億円以上

　「最終事業年度」とは，定時株主総会の承認（承認特則規定を満たした場合は，取締役会の承認）によって計算書類が確定（第4節1参照）した事業年度のうち最も遅い年度をいう（会社法2㉔）。

　大会社となった場合の会計監査人の設置義務は，期末における資本金が5億円以上または負債総額が200億円以上となっている貸借対照表を承認した時点で生じると考えられる。したがって，その貸借対照表承認の定時株主総会のとき，または承認の取締役会後の最初の株主総会のときに会計監査人を選任する。例えば，負債総額が200億円未満の会社が事業年度の途中で借入により負債総額が200億円以上になった場合においても，その事業年度の計算書類の承認を受けるまでは引き続き大会社とはならない。

一方，大会社であった会社が大会社でなくなる時点は，上記の要件を満たさなくなった最初の貸借対照表を承認する株主総会または取締役会の後になる。そのため，例えば，資本金が5億円以上の大会社であった会社が事業年度の途中で減資により資本金が5億円未満になった場合においても，その事業年度の計算書類の承認を受けるまでは引き続き大会社であり，会計監査人設置会社のままである。

また，「公開会社」とは，その発行する全部または一部の株式の内容として譲渡による当該株式の取得について株式会社の承認を要する旨の定款の定めを設けていない株式会社（会社法2⑤）である。したがって，1株でも譲渡自由な株式を発行していると「公開会社」に該当する。公開会社では，不特定多数の投資家に株式が移転する可能性があるため，株主保護の観点から，会議体により意思決定をより慎重に行うべく複数の取締役により構成される取締役会の設置が求められている。

大会社か否か，公開会社か否かの4つの分類に加えて，さらに下記に掲げる観点の組み合わせで会社の機関設計の選択肢が可能となる。

- 取締役会を置くか否か
- 監査等委員会設置会社とするか，指名委員会等設置会社とするか，監査役設置会社とするか
- 監査役会を置くか否か（監査等委員会設置会社または指名委員会等設置会社としない場合）
- 会計監査人を置くか否か
- 会計参与を置くか否か

これらの選択肢の組み合わせで機関設計が行われるが，なかには許容されない組み合わせもある。具体的には以下の制約が存在する（会社法327，328）。

- 公開会社，監査役会設置会社は取締役会を置かなければならない
- 監査等委員会設置会社，指名委員会等設置会社は，取締役会および会計監査人を置かなければならず，監査役を置いてはならない
- 取締役会設置会社（監査等委員会設置会社，指名委員会等設置会社を除く）は監査役を置かなければならない（公開会社でない会計参与設置会社はこの限りでない）

16 第1章 会社法開示制度

- 会計監査人設置会社（監査等委員会設置会社，指名委員会等設置会社を除く）は監査役を置かなければならない
- 公開会社である大会社（監査等委員会設置会社，指名委員会等設置会社を除く）は監査役会および会計監査人を置かなければならない
- 公開会社でない大会社は会計監査人を置かなければならない

この結果，上記の図表1－6のとおりとなる。

2　監査制度

　図表1－6の24種類の機関設計のパターンは，計算書類等の作成手続および決算・監査スケジュールの観点からは図表1－7のⅠ～Ⅷの区分に類型化される。後述の第4節および第9章では，これらの区分の別に決算・監査スケジュールを説明する。

<図表1－7>　株式会社における機関設計の類型化

会計監査人の有無	区分	機　関　設　計
あり	Ⅰ	取締役，監査役の場合
	Ⅱ	取締役会，監査役の場合
	Ⅲ	取締役会，監査役会または委員会（監査等委員会もしくは指名委員会等）の場合
なし	Ⅳ	取締役，監査役の場合
	Ⅴ	取締役会，監査役の場合
	Ⅵ	取締役会，監査役会の場合
	Ⅶ	取締役会のみの場合（会計参与あり）
	Ⅷ	取締役のみの場合

　会社法においては，監査を行う主体として，監査役，監査等委員会，監査委員会および会計監査人があり，また，監査役で構成される会議体として，監査役会がある。会計参与は計算書類を作成する主体であり，監査を行う主体ではない。以下では，監査役，監査役会，監査等委員会，監査委員会および会計監査人の各監査機関の概要について説明する。

(1)　監査役

　監査役は，取締役の職務の執行を監査する（会社法381Ⅰ）。会社は，定款の定めにより任意で監査役を設置できるが（会社法326Ⅱ），上記のとおり，会計監査人設置会社および取締役会設置会社（公開会社でない会計参与設置会社を除く）では，監査等委員会または監査委員会を設置しない限り監査役を置かなければならない（会社法327Ⅱ・Ⅲ）。逆に，監査等委員会設置会社および指名委員会等設置会社では，監査役を設置できない（会社法327Ⅳ）（図表1－6参照）。

　監査役は，職務の一環として，計算関係書類や事業報告およびその附属明細書に対する監査を行うが（会社法436Ⅰ・Ⅱ，441Ⅱ，444Ⅳ），会社の機関設計や定款の定めにより，監査手続，監査意見の対象および責任の範囲は相違する。

　すなわち，会計監査人設置会社以外の会社では，監査役は，計算関係書類に対する直接の意見を含む監査報告を作成する（計算規則122Ⅰ②）。これに対し，会計監査人設置会社では，監査役は計算関係書類に対する直接的な監査を会計監査人に委ね，その会計監査人の監査の方法および結果が相当であるか否かについて監査報告を作成する（計算規則127②）。ただし，事業報告およびその附属明細書は，会計監査人の監査対象には含まれないため，会計監査人設置会社であるか否かに関係なく，原則として監査役の直接的な監査対象となる（施行規則129）。

　また，公開会社でない会社（監査役会設置会社および会計監査人設置会社を除く）にあっては，定款の定めにより，その監査役の監査の範囲を会計に関する事項に限定可能である（会社法389Ⅰ）。この場合，株主自身が監視権限を担う（会社法357，360，367Ⅰ，371Ⅱ・Ⅲ）。

(2)　監査役会

　監査役会は，すべての監査役で組織される（会社法390Ⅰ）。監査役会設置会社においては，監査役は，3人以上で，そのうち半数以上は，社外監査役でなければならない（会社法335Ⅲ）。

　監査役会設置会社は，取締役会を置かなければならない（会社法327Ⅰ②）。逆にいえば，取締役会非設置会社は，監査役会を設置できない一方で，取締役

18　第1章　会社法開示制度

会設置会社が監査役会を置かない取扱いは認められる。また，公開会社である大会社（監査等委員会設置会社および指名委員会等設置会社を除く）は，監査役会を置かなければならない（会社法328Ⅰ）（図表1－6参照）。

　監査役会制度は，監査の方針等，監査役の職務の執行に関する事項の決定を監査役会で行い（会社法390Ⅱ③），組織的な監査の実施を可能とする制度である。ただし，監査役制度の趣旨から，監査役間で意見の相違がある場合に個人の監査役の意見を無視することは適当でないと考えられるため，監査役会で定めた監査役の職務の執行に関する事項は，監査役が権限を行使することを妨げない（会社法390Ⅱただし書き）。

　また，監査役会設置会社では，各監査役の報告に基づいて監査役会が監査報告を作成する（会社法390Ⅱ①，施行規則130Ⅰ・Ⅲ，計算規則123，128）が，各監査役は，自身の意見が監査役会監査報告と異なる場合には，監査役会監査報告にこれを付記できる（施行規則130Ⅱ，計算規則123Ⅱ，128Ⅱ）。

　なお，監査役会設置会社については，監査役の監査の範囲を会計に関する項目に限定できない（会社法389Ⅰ）。

　その他監査役会を構成する個々の監査役の職務，責任については，⑴に記載した事項と同様である。

⑶　監査等委員会

　監査等委員会設置会社は，監査等委員会を置く株式会社である（会社法2 ⑪の2，326Ⅱ等）。

　監査等委員会設置会社には，会社法上の機関として，取締役会，監査等委員会，会計監査人が設置される（会社法327Ⅰ③・Ⅴ）。指名委員会等設置会社におけるような指名委員会，報酬委員会は設置されない。また，監査役や監査役会も設置されない（会社法327Ⅳ）（図表1－6参照）。

　監査等委員会は，業務を執行しない3人以上の取締役（「監査等委員」）で構成され，その過半数は，社外取締役でなければならない（会社法331Ⅵ，399の2Ⅱ）。この点は，指名委員会等設置会社における監査委員会と同様である。監査等委員である取締役は，他の取締役とは区別して株主総会が選任する（会社法329Ⅱ）。この選任方法の点では，指名委員会等設置会社における監査委員よ

り，むしろ監査役に近い。

　監査等委員会は，取締役の職務の執行を監査し，また，計算関係書類や事業報告およびその附属明細書に関する監査報告を作成する（会社法399の2Ⅲ①，436Ⅱ，441Ⅱ，444Ⅳ，施行規則130の2，計算規則128の2）。監査等委員会設置会社では会計監査人の設置が義務づけられている（会社法327Ⅴ）ため，計算関係書類に対する監査等委員会の監査報告は，会計監査人設置会社における監査役監査意見と同様に，会計監査人の監査の方法および結果が相当であるか否かについて作成される（計算規則128の2Ⅰ②，127②）。また，各監査等委員の意見が監査等委員会の監査報告と異なる場合に監査報告に付記できる（施行規則130の2Ⅰ，計算規則128の2Ⅰ）点も，監査役会の場合と同様である。

⑷　監査委員会

　監査委員会は，指名委員会等設置会社において，指名委員会，報酬委員会とともに設置される委員会のひとつである（会社法2⑫）。

　指名委員会等設置会社には，必ず取締役会，会計監査人が存在する（会社法327Ⅰ④・Ⅴ）。監査等委員会設置会社と同様に，監査役や監査役会は設置されない（会社法327Ⅳ）（図表1−6参照）。

　監査等委員会の場合と同様に，監査委員会の委員（「監査委員」）は，執行に関与しない取締役の中から選定され，3人以上で，うち過半数は社外取締役でなければならない（会社法400Ⅰ・Ⅲ・Ⅳ）。ただし，監査等委員会では，株主総会が，その委員の選任を行う（会社法329Ⅱ）が，監査委員会では，取締役会が，その委員を選定する（会社法400Ⅱ）。

　監査委員会は，執行役および取締役の職務の執行を監査する（会社法404Ⅱ①）。

　その一環として監査委員会は計算関係書類や事業報告およびその附属明細書に関する監査を行い，監査報告を作成する（会社法436Ⅱ，441Ⅱ，444Ⅳ，施行規則131，計算規則129）。計算関係書類に対する監査委員会の監査報告は，会計監査人の監査の方法および結果が相当であるか否かについて作成される点（計算規則129Ⅰ②，127②）や，各監査委員の意見が監査委員会の監査報告と異なる場合に監査報告に付記できる（施行規則131Ⅰ，計算規則129Ⅰ）点は，監査

20 第1章 会社法開示制度

等委員会と同様である。

⑸ **会計監査人**

　会計監査人は，株式会社の計算関係書類を監査し，会計監査報告の作成をその職務とする（会社法396Ⅰ）。

　大会社，監査等委員会設置会社および指名委員会等設置会社は，会計監査人を置かなければならない（会社法327Ⅴ，328Ⅰ・Ⅱ）。また，それら以外の株式会社も定款の定めによる会計監査人の設置は可能（会社法326Ⅱ）である。ただし，会計監査人制度は，監査役，監査役会，監査等委員会および監査委員会との監査範囲の分担を前提として成り立っているため，会計監査人設置会社では，監査役（監査役会），監査等委員会または監査委員会のいずれかの存在が求められる（会社法327Ⅲ・Ⅴ）（図表1－6参照）。

　第1節で述べたとおり，会計監査人は，会社からの独立性を有する公認会計士または監査法人でなければならない（会社法337）。

●第4節　計算書類等の作成および監査の流れ

　計算書類等が作成され，監査を経て正式な計算書類等として取締役会および株主総会で決議，承認（または報告）されるまでのプロセスは，その会社の機関設計により異なる。

1　計算書類およびその附属明細書，臨時計算書類

　計算書類およびその附属明細書，臨時計算書類は，以下の①から⑤のプロセス（該当する機関が存在しない場合には，そのプロセスは行われない（図表1－8参照））を経て確定する。なお，会計監査人設置会社かつ取締役会設置会社において，会計監査人の監査意見が無限定適正意見である等の「承認特則規定」を満たす場合には，⑤株主総会の承認決議は必要とせず，株主総会における報告で足りる（臨時計算書類については株主総会への報告も不要となる）（会社法439，441Ⅳただし書き，計算規則135）。

① 取締役による作成

② 会計監査人の監査（会社法436Ⅱ①，441Ⅱ）

③ 監査役および監査役会（または監査等委員会，監査委員会）の監査（会社法436Ⅰ・Ⅱ①，441Ⅱ）

④ 取締役会の承認（会社法436Ⅲ，441Ⅲ）

⑤ 株主総会の承認決議（会社法438Ⅱ，441Ⅳ）

会社の機関設計の区分ごとにまとめると図表1－8のとおりとなる。

＜図表1－8＞ 計算書類およびその附属明細書，臨時計算書類の確定にあたり必要な手続

区分	機関設計	会計監査人の監査	監査役等の監査	取締役会の承認	株主総会の決議
Ⅰ	会計監査人設置会社で取締役，監査役の場合	○	○	－	△
Ⅱ	会計監査人設置会社で取締役会，監査役の場合	○	○	○	△
Ⅲ	会計監査人設置会社で取締役会，監査役会または委員会（監査等委員会もしくは指名委員会等）の場合	○	○	○	△
Ⅳ	会計監査人設置会社ではなく，取締役，監査役の場合	－	○	－	○
Ⅴ	会計監査人設置会社ではなく，取締役会，監査役の場合	－	○	○	○
Ⅵ	会計監査人設置会社ではなく，取締役会，監査役会の場合	－	○	○	○
Ⅶ	会計監査人設置会社ではなく，取締役会のみの場合(会計参与設置)	－	－	○	○
Ⅷ	会計監査人設置会社ではなく，取締役のみの場合	－	－	－	○

△…「承認特則規定」を満たした場合には株主総会の承認決議は不要であり，株主総会への報告で足りる（臨時計算書類については報告も不要となる）。

22　第1章　会社法開示制度

　上記の「承認特則規定」を満たす場合とは，以下のすべてに該当する場合をいう（計算規則135）。

- 会計監査人の監査意見が無限定適正意見である
- 監査役，監査役会，監査等委員会または監査委員会の監査報告の内容として，会計監査人の監査の方法または結果を相当でないと認める意見がない
- 監査役会，監査等委員会または監査委員会の監査報告に，会計監査人の監査の方法または結果を相当でないと認める意見の付記がない
- 特定監査役が法定期限までに監査報告の内容を通知しない結果，監査を受けたとみなされた計算関係書類ではない
- 取締役会設置会社である

　なお，この「承認特則規定」の要件は，剰余金分配を取締役会に授権する定款の定めの効力発生要件（「分配特則規定」）と同様である（会社法459，計算規則155）。

2　事業報告およびその附属明細書

　事業報告およびその附属明細書は，以下の①から④のプロセス（該当する機関が存在しない場合には，当該プロセスは行われない（図表1－9参照））を経て確定する。なお，計算書類およびその附属明細書の場合と異なり，株主総会の承認決議は不要であり，株主総会への報告（下記④）で足りる。また，事業報告は会計監査人の監査対象とはなっていない。

①　取締役による作成
②　監査役および監査役会（または監査等委員会，監査委員会）の監査（会社法436Ⅰ・Ⅱ②）
③　取締役会の承認（会社法436Ⅲ）
④　株主総会への報告（会社法438Ⅲ）

会社の機関設計の区分ごとにまとめると図表1－9のとおりとなる。

第4節　計算書類等の作成および監査の流れ　23

<図表1－9>　事業報告およびその附属明細書の確定にあたり必要な手続

区分	機関設計	会計監査人の監査	監査役等の監査	取締役会の承認	株主総会への報告
I	会計監査人設置会社で取締役，監査役の場合	－	○	－	○
II	会計監査人設置会社で取締役会，監査役の場合	－	○	○	○
III	会計監査人設置会社で取締役会，監査役会または委員会（監査等委員会もしくは指名委員会等）の場合	－	○	○	○
IV	会計監査人設置会社ではなく，取締役，監査役の場合	－	○	－	○
V	会計監査人設置会社ではなく，取締役会，監査役の場合	－	○	○	○
VI	会計監査人設置会社ではなく，取締役会，監査役会の場合	－	○	○	○
VII	会計監査人設置会社ではなく，取締役会のみの場合(会計参与設置)	－	－	○	○
VIII	会計監査人設置会社ではなく，取締役のみの場合	－	－	－	○

3　連結計算書類

　連結計算書類の確定に至る手続は，以下の①から⑤のプロセス（該当する機関が存在しない場合には，そのプロセスは行われない（図表1－10参照））を経る。連結計算書類は，会計監査人設置会社でしか作成されず，必ず会計監査人の監査が必要となる。また，株主総会における承認決議というプロセスはなく，株主総会に対しては報告されるのみである。計算書類等の「承認特則規定」とは異なり，監査意見の内容等にかかわらず，株主総会における手続は，常に報告で足りる。

　①　取締役による作成

② 会計監査人の監査（会社法444Ⅳ）

③ 監査役および監査役会（または監査等委員会，監査委員会）の監査（会社法444Ⅳ）

④ 取締役会の承認（会社法444Ⅴ）

⑤ 株主総会への報告（会社法444Ⅶ後段）

会社の機関設計の区分ごとにまとめると図表１－10のとおりとなる。

<図表１－10>　連結計算書類の確定にあたり必要な手続

区分	機関設計	会計監査人の監査	監査役等の監査	取締役会の承認	株主総会への報告
Ⅰ	会計監査人設置会社で取締役，監査役の場合	○	○	－	○
Ⅱ	会計監査人設置会社で取締役会，監査役の場合	○	○	○	○
Ⅲ	会計監査人設置会社で取締役会，監査役会または委員会（監査等委員会もしくは指名委員会等）の場合	○	○	○	○

●第５節　会社法の決算スケジュール

　会社法上，決算に関係して，期限が設けられている手続がある。例えば，株主総会開催日（基準日から３か月以内）（会社法124Ⅱ），監査報告の期限（施行規則132Ⅰ，計算規則124Ⅰ，130Ⅰ，132Ⅰ），株主総会招集通知の発送期限（公開会社であれば株主総会の２週間前）（会社法299Ⅰ）が該当する。また，これらの法定期限は，一定の手続により伸縮できる場合がある。

　決算にあたっては，これらの期限を踏まえて，決算のための処理，会計監査人との協議，取締役会や監査役会等の開催，印刷や発送等の手配を行う必要がある。また，会社法上の期限のほか，法人税の申告期限（延長申請を行わない場合は期末日後２か月），有価証券報告書の提出期限（期末日後３か月），上場

会社であれば決算発表，規制業種であれば監督当局に提出する書類の期限等も考慮する必要がある。

　決算スケジュールを検討するにあたって考慮する必要のある会社法上の期限について，会計監査人設置会社とそれ以外の株式会社に分けてまとめた全体像が，図表１－11，図表１－12である。ここでは，図表１－11，図表１－12に沿って，法定期限とその伸縮に焦点を置いて概要を説明する。なお，期限以外の具体的な手続やより詳細な解説は，株主総会については第10章第１節，監査報告については第９章第１節であらためて述べる。

　なお，電子提供制度に基づくウェブサイトへの掲載は，株主総会の日の３週間前または招集通知発送日のいずれか早い日までに行うことになるため，決算スケジュールに与える影響を考慮する必要がある。電子提供制度については，第10章で説明する。

1　定時株主総会の開催日

　定時株主総会の開催日について，会社法による直接の定めは「毎事業年度終了後一定の時期」（会社法296Ⅰ）のみである。しかし，株主の議決権行使の基準日を定めた場合，基準日から３か月以内を権利行使日とする必要がある（会社法124Ⅱ）ため，この定めが株主総会の開催日を制約する。多くの株式会社は，定款で定時株主総会における議決権行使の基準日を事業年度の末日としており，その場合，事業年度の末日から３か月が定時株主総会開催の期限となる。

　なんらかの事情で，定時株主総会を定款で定めた基準日から３か月以内に開催できなくなった場合には，定款の定める基準日とは別に新たな基準日を設定することにより，実質的に定時株主総会の開催日の延期が可能である。ただし，この場合，新たな基準日の２週間以上前までに公告を行う必要がある（会社法124Ⅲ）。また，上記のように定款で定める基準日とは別の基準日を設定する以外に，近年の新型コロナウイルス感染症の拡大など，決算および監査業務を例年どおりに進めることが困難な場合には，当初予定した時期に定時株主総会を開催し，定時株主総会で続行決議（会社法317）により，計算書類，監査報告については，いわゆる「継続会」で報告するような事例が見られる。継続会の開催において，招集通知を発送する定めはないが，必要に応じて招集通知を発送

26　第1章　会社法開示制度

するなど，株主に十分な周知を図る必要がある。

2　事業報告および計算関係書類の作成

　会社法上，計算関係書類，事業報告およびその附属明細書の作成期限が直接定められているわけではない。しかし，取締役会設置会社では，これらの書類について必要な監査を受けたうえで，招集通知発送の際に株主に提供する必要があり（会社法436，437，444④～⑥），取締役会を設置していない会社も，必要な監査を受けたうえで，定時株主総会に提供する必要がある（会社法436，438，444④・⑦）。また，事業報告や計算書類は，本店，支店に備え置く必要がある（会社法442Ⅰ・Ⅱ）。定時株主総会開催日，計算書類等の備置き開始日，招集通知発送期限や監査報告期限からさかのぼって，実務上の作成期限が決定される。

3　監査報告の期限

　例えば，計算書類およびその附属明細書の会計監査人による監査については，
- 計算書類の全部の受領日から4週間を経過した日
- 計算書類の附属明細書の受領日から1週間を経過した日

のいずれか遅い日が監査報告の期限となる（計算規則130Ⅰ①イ・ロ，なお同号ハについては後述）。

　日数は初日不算入で計算し（民法140），「経過した日」はその日を含まないため，監査報告の期限である「受領日から1週間を経過した日」とは，受領日から中7日をはさんだ日となる。例えば，5月15日日曜日に受領した場合，中に7日をはさんだ5月23日火曜日が「1週間を経過した日」となる。

　会計監査人からの監査報告がないままこの期限を経過したとしても，当該期限の日に監査を受けたとみなす効果が発生する（計算規則130Ⅲ）。このため，会社が，招集通知発送等の後続手続を進める対応は可能である。しかし，期限を延長しさえすれば監査が完了するのであればそうした対応が望ましい。また，この規定に基づき監査を受けたとみなした場合には，承認特則規定（第4節1参照）の要件を満たさず株主総会の承認が必要となる（計算規則135①）。監査期間中に，監査報告の期限を延長したい場合は，特定取締役，特定監査役およ

第5節 会社法の決算スケジュール 27

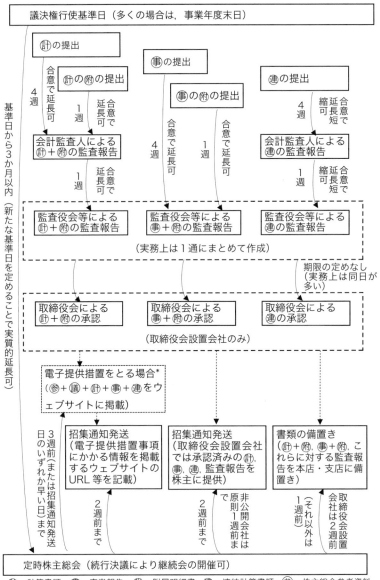

<図表1-11> 会計監査人設置会社の決算スケジュール

28 第1章 会社法開示制度

び会計監査人で合意した期限に延長できる（計算規則130 I ①ハ）。通常，特定取締役は財務経理担当取締役，特定監査役は常勤監査役が，それぞれ該当する場合が多いが，その定義については第9章第1節で解説する。

その他の監査報告の期限（施行規則132 I，計算規則124 I，130 I ③，132 I）の具体的な長さは，図表1−11，図表1−12に示したとおりである。いずれも，期限までに監査報告が行われない場合に監査を受けたとみなす効果が生じる点は，計算書類およびその附属明細書の会計監査人の監査報告と同様である（施行規則132Ⅲ，計算規則124Ⅲ，130Ⅲ，132Ⅲ）。これらについての詳細な解説は第9章第1節で行う。ここでは，監査期限の伸縮に関し，主に計算書類およびその附属明細書の会計監査人の監査報告と異なる点を説明する。

監査役（会）（または監査等委員会，監査委員会）の監査報告も，合意によって期限の延長ができる点は会計監査人の監査報告と同様である。しかし期限の合意に会計監査人は加わらず，特定取締役と特定監査役が行う（施行規則132 I ③，計算規則124 I ①ハ，132 I ①ロ）。

また，連結計算書類の監査報告の期限だけは，他の書類の監査報告の場合とは異なり，期限の延長だけではなく，期限の短縮も，同様の合意によって可能である（計算規則130 I ③，132 I ②）。連結計算書類は，作成し提出するまでにより多くの時間を要し，招集通知の発送期限に間に合わせるためには，監査期間を短縮してもらいたいというニーズがあるためである。

4　電子提供制度に伴うウェブ開示期限

電子提供制度を採用する会社は，株主総会開催日の3週間前または招集通知発送日のいずれか早い日までに計算書類，事業報告書，連結計算書類，株主総会参考資料および議決権行使書面を自社のホームページ等のウェブサイトに掲載（電子提供措置）しなければならない（会社法325の3 I）。

なお，電子提供制度を採用する場合，招集通知の発送期限は非公開会社であっても公開会社の場合と同様に，株主総会の2週間前（会社法325の4 I）となる点に留意が必要である。

第5節 会社法の決算スケジュール 29

<図表1-12> 会計監査人を設置しない株式会社の決算スケジュール

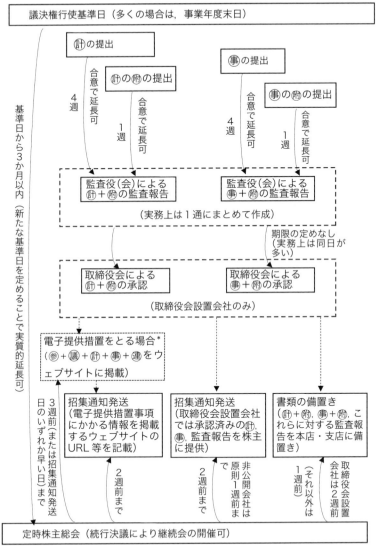

㈹…計算書類，㈭…事業報告，㈥…附属明細書，㈸…連結計算書類，㈱…株主総会参考資料，㈽…議決権行使書面
＊電子提供制度採用会社のみ

5 株主総会の招集通知の発送期限

公開会社の場合，株主総会開催日の2週間前までに招集通知を発送しなければならない（会社法299Ⅰ）。

非公開会社で書面または電磁的方法による議決権行使を採用する場合も，2週間前が発送期限になる。それ以外の非公開会社は，1週間前が発送期限となるが，定款の定めにより期限の短縮が可能である（会社法299Ⅰ）。

なお，日数は初日不算入で計算するので，「2週間前までに」は，中14日をはさんだ日までとなる。例えば，株主総会開催日が6月27日火曜日であれば，6月12日月曜日までに発送する必要がある。

6 計算書類等の備置き開始日

第1節**3**(1)で説明したとおり，株式会社は，計算書類，事業報告，それらの附属明細書，監査報告，会計監査報告を本店に（また，その写しを支店に）備え置かなければならない（会社法442Ⅰ・Ⅱ）。備置き期間は，取締役会設置会社は定時株主総会の2週間前の日から，それ以外の会社は定時株主総会の1週間前の日から開始する。

●第2章

事 業 報 告

※本章で取り上げた事例は197頁に索引があります。

●第1節　事業報告の概要

　事業報告は，株式会社の事業活動の概況を説明するために事業年度ごとに作成される書面である。会社法における機関設計等の多様化により，その規模，組織編成，各種の制限に応じ，記載を必要とする事項は会社によって異なる。

　事業報告は，株式会社において事業年度ごとにその作成が求められている（会社法435Ⅱ）。その作成は書面によるほか，電磁的記録による作成が認められる（会社法435Ⅲ）。通常，作成された事業報告は計算書類とともに定時株主総会に提出，または提供が求められる（会社法438Ⅰ）。特に取締役会設置会社においては，定時株主総会の招集の通知に際して計算書類とともに提供が求められる（会社法437）。その提供にあたっては，書面による場合のほか，電磁的方法による提供も認められる（施行規則133Ⅱ）。

●第2節　事業報告の記載事項の基本的考え方

　上述のとおり，事業報告は株主に対して株式会社の状況に関して報告する書類であるため，株式会社の置かれている状況によって求められている記載事項が異なる。

　会社法施行規則では，その属性により株式会社が区分されている。以下，その区分に従い記載事項を説明する。

- すべての会社において記載すべき事項……本章第3節
- 公開会社である場合の記載事項　　　……本章第4節
- 会計参与を設置した場合の記載事項　……本章第5節
- 会計監査人を設置した場合の記載事項……本章第6節

　なお，事業報告の対象となる期間については，会社法施行規則において特別の定めのない限り，対象となる事業年度の初日から末日までと考えられている（小松岳志・澁谷亮「事業報告の内容に関する規律の全体像」旬刊商事法務1863

号）。

　各事項を記載すべき順序や見出しの項目に特段の制限はないと解されており，事業活動の概況を株主が理解しやすいように適宜工夫した記載が望まれる。

　公開会社かつ会計監査人設置会社である場合，実務上はおおむね図表２－１の順序で記載している事例が多く見られる。

<図表２－１>　記載事項の順序と対象会社

記載事項の順序	すべての会社 （本章第3節）	公開会社 （本章第4節）	会計監査人設置会社 （本章第6節）
①　株式会社の現況に関する事項		○	
②　親会社等との間の取引に関する事項* ③　特定完全子会社に関する事項*	○		
④　株式会社の株式に関する事項 ⑤　株式会社の新株予約権等に関する事項 ⑥　株式会社の会社役員に関する事項		○	
⑦　会計監査人に関する事項			○
⑧　業務の適正を確保するための体制 ⑨　株式会社の支配に関する基本方針	○		
⑩　剰余金の配当等の決定に関する方針			○

＊　公開会社において該当事項がある場合，①「株式会社の現況に関する事項」のうち「重要な親会社および子会社の状況」において記載する事例が多く見られる。

　上場会社では，コーポレートガバナンス・コード（以下「CGコード」という）が適用されており，「コーポレート・ガバナンスに関する報告書」の開示が求められる。事業報告においても，CGコードを意識した開示が考えられる。

　CGコードは，成長戦略の一環として，政府および東京証券取引所により策定されており，実効的なコーポレート・ガバナンスの実現に資する主要な原則が盛り込まれている。これらが適切に実践されることにより，それぞれの会社において持続的な成長と中長期的な企業価値の向上のための自律的な活動を通じて，会社，投資家，ひいては経済全体の発展にも寄与すると考えられている。

　なお，CGコードにおいて開示すべきとされる事項の内容について，コーポ

34 第2章 事業報告

レート・ガバナンスに関する報告書に直接記載する方法のほか，有価証券報告書，アニュアルレポート，自社のウェブサイト等の広く一般に公開される手段により開示している場合には，コーポレート・ガバナンスに関する報告書において，当該内容を参照すべき旨と閲覧方法を記載する方法により対応可能である（東京証券取引所「コーポレート・ガバナンスに関する報告書　記載要領」Ⅰ1.(2)）。また，事業報告や株主総会参考書類を参照する方法も考えられる。この場合には，事業報告や株主総会参考書類においても，CGコードの各原則を意識した開示が行われる必要がある。

　例えば，図表2-2のようなCGコードの各原則を意識した開示が考えられる（樋口達ほか『開示事例から考える「コーポレートガバナンス・コード」対応』商事法務）。

　なお，CGコードは，金融庁および東京証券取引所が事務局を務める「スチュワードシップ・コード及びコーポレートガバナンス・コードのフォローアップ会議」からの提言を踏まえて，一部改訂が行われている。図表2-2には，当該改訂を反映している。

＜図表2-2＞　事業報告や株主総会参考書類においてCGコードを意識した開示例

CGコード	内　容
原則1-3	資本政策の基本的な方針（資金調達，株主還元等）
原則1-4	政策保有株式（方針，議決権行使基準等）
原則2-3	社会・環境問題等のサステナビリティを巡る課題（環境保全や社会貢献等のCSR（企業の社会的責任）に関する取組み等）
原則2-4	女性の活躍促進を含む社内の多様性の確保
原則3-1	情報開示の充実 （ⅰ）会社の目指すところ（経営理念等）や経営戦略，経営計画 （ⅱ）コーポレート・ガバナンスに関する基本的な考え方と基本方針 （ⅲ）取締役会が経営陣幹部・取締役の報酬を決定するにあたっての方針と手続 （ⅳ）取締役会が経営陣幹部の選解任と取締役・監査役候補の指名を行うにあたっての方針と手続

第3節 すべての会社において記載すべき事項　35

	（ⅴ）経営陣幹部の選解任と取締役・監査役候補の指名を行う際の，個々の選解任・指名についての説明
原則4－9	独立社外取締役の独立性判断基準および資質
補充原則4－10①	監査役会設置会社または監査等委員会設置会社であって，独立社外取締役が取締役会の過半に達していない場合における，独立社外取締役を主要な構成員とする独立した指名委員会・報酬委員会の適切な関与・助言
補充原則4－11①	取締役会の全体としての知識，経験，能力のバランス，多様性および規模に関する考え方，各取締役の知識・経験・能力等を一覧化したスキル・マトリックス，取締役候補者の選任方針・手続
補充原則4－11②	取締役・監査役の他の上場会社の役員兼任状況
補充原則4－11③	取締役会評価結果の概要（自己レビュー等）
補充原則4－14②	取締役・監査役に対するトレーニングの方針（役員研修会の実施状況等）
原則5－1	株主との建設的な対話を促進するための体制整備・取組みに関する方針（株主へのアンケートや株主との対話・交流会等）
原則5－2	経営戦略や経営計画の策定・公表（ROE等の数値目標と中期経営計画等）

●第3節　すべての会社において記載すべき事項

　下記の事項は，すべての株式会社の事業報告で記載が求められる事項である（施行規則118）。

　一　当該株式会社の状況に関する重要な事項（計算書類及びその附属明細書並びに連結計算書類の内容となる事項を除く。）……**1参照**
　二　法348条第3項第4号，第362条第4項第6号，第399条の13第1項第1号ロ及びハ並びに第416条第1項第1号ロ及びホに規定する体制の整備についての決定又は決議があるときは，その決定又は決議の内容の概要及び当該体制の運用状況の概要　……**2参照**

36 第2章 事業報告

三 株式会社が当該株式会社の財務及び事業の方針の決定を支配する者の在り方
に関する基本方針を定めているときは，当該基本方針の内容の概要等

……**3参照**

四 当該株式会社（当該事業年度の末日において，その完全親会社等があるもの
を除く。）に特定完全子会社（当該事業年度の末日において，当該株式会社及び
その完全子会社等（法第847条の3第3項の規定により当該完全子会社等とみ
なされるものを含む。以下この号において同じ。）における当該株式会社のある
完全子会社等（株式会社に限る。）の株式の帳簿価額が当該株式会社の当該事業
年度に係る貸借対照表の資産の部に計上した額の合計額の5分の1（法第847
条の3第4項の規定により5分の1を下回る割合を定款で定めた場合にあって
は，その割合）を超える場合における当該ある完全子会社等をいう。以下この
号において同じ。）がある場合には，次に掲げる事項 ……**5参照**

イ 当該特定完全子会社の名称及び住所

ロ 当該株式会社及びその完全子会社等における当該特定完全子会社の株式の
当該事業年度の末日における帳簿価額の合計額

ハ 当該株式会社の当該事業年度に係る貸借対照表の資産の部に計上した額の
合計額

五 当該株式会社とその親会社等との間の取引（当該株式会社と第三者との間の
取引で当該株式会社とその親会社等との間の利益が相反するものを含む。）で
あって，当該株式会社の当該事業年度に係る個別注記表において会社計算規則
第112条第1項に規定する注記を要するもの（同項ただし書の規定により同項
第4号から第6号まで及び第8号に掲げる事項を省略するものを除く。）がある
ときは，当該取引に係る次に掲げる事項 ……**4参照**

イ 当該取引をするに当たり当該株式会社の利益を害さないように留意した事
項（当該事項がない場合にあっては，その旨）

ロ 当該取引が当該株式会社の利益を害さないかどうかについての当該株式会
社の取締役（取締役会設置会社にあっては，取締役会。ハにおいて同じ。）の
判断及びその理由

ハ 社外取締役を置く株式会社において，ロの取締役の判断が社外取締役の意
見と異なる場合には，その意見

1 株式会社の状況に関する重要な事項

「株式会社の状況に関する重要な事項」に関して，具体的に記載する事項は特
に示されていない。記載内容は，後述する「公開会社である場合の記載事項」

第3節 すべての会社において記載すべき事項 37

における「株式会社の現況に関する事項」と多くの点で重複すると考えられる（第4節**2**参照）。

　公開会社でない会社においては，「株式会社の現況に関する事項」の記載内容を踏まえて，株主に対して提供すべき情報として必要な事項を抽出した記載が適切であると考えられる。この場合においても，計算書類およびその附属明細書に記載するような当事業年度の財務数値に関連する事項の記載を求めているものではない点に留意する必要がある。

　公開会社においては，「株式会社の現況に関する事項」の記載により，記載すべき事項はおおむね網羅されていると考えられる。よって，各株式会社の置かれている状況によるが，通常は，特段の区分を設けて記載する必要はないと考えられる。公開会社については，第4節を参照されたい。

2　業務の適正を確保するための体制の整備に関する決議等の内容および当該体制の運用状況

　大会社（会社法2⑥），監査等委員会設置会社および指名委員会等設置会社においては，取締役（指名委員会等設置会社においては執行役）の職務の執行について法令および定款への適合を確保するための体制その他株式会社の業務およびその企業集団の業務の適正を確保するために必要な体制の整備についての決定または決議が求められる（会社法348Ⅲ④・Ⅳ，362Ⅳ⑥・Ⅴ，399の13Ⅰ①ロ・ハ・Ⅱ，416Ⅰ①ロ・ホ，施行規則98，100，110の4Ⅰ・Ⅱ，112Ⅰ・Ⅱ）。

　これらの体制の整備に関する決定または決議が存在する場合，事業報告において，その決定または決議の内容の概要および当該体制の運用状況の概要の記載が求められる（施行規則118②）。具体的な記載内容は，図表2－3のとおりである。また，当事業年度中に決定または決議が行われた場合，その旨が通常記載される。

38　第2章　事業報告

＜図表2－3＞　業務の適正を確保するための体制の具体的な記載内容
（施行規則118②）

No.	①右に記載している以外の会社（施行規則98，100）（会社法348，362）	②監査等委員会設置会社（施行規則110の4）（会社法399の13）	③指名委員会等設置会社（施行規則112）（会社法416）	
事業報告作成会社における業務の適正を確保するための体制				＊1
1-1	取締役（③では執行役）の職務の執行が法令および定款に適合することを確保するための体制 (A)			＊2
1-2	取締役（③では執行役）の職務の執行に係る情報の保存および管理に関する体制			
1-3	損失の危険の管理に関する規程その他の体制 (B)			＊2
1-4	取締役（③では執行役）の職務の執行が効率的に行われる環境を確保するための体制 (C)			＊2
1-5	使用人の職務の執行が法令および定款への適合を確保するための体制 (A)			＊2
1-6	（取締役会設置会社でなく取締役が複数いる場合）取締役の業務の決定が適正に行われることを確保するための体制			
1-7	（監査役設置会社でない場合）取締役が株主に報告すべき事項の報告をするための体制			
企業集団における業務の適正を確保するための体制				＊1
	次に掲げる体制その他の当該株式会社ならびにその親会社および子会社から成る企業集団における業務の適正を確保するための体制			＊3 ＊4
	イ　子会社の取締役等（取締役，執行役，業務を執行する社員，法人が業務執行社員である場合の職務執行者（会社法598Ⅰ）等）の職務の執行に係る事項の事業報告作成会社への報告に関する体制			

2-1	ロ 子会社の損失の危険の管理に関する規程その他の体制 (B)		＊2
	ハ 子会社の取締役等の職務の執行が効率的に行われる環境を確保するための体制 (C)		＊2
	ニ 子会社の取締役等および使用人の職務の執行が法令および定款への適合を確保するための体制 (A)		＊2
事業報告作成会社の監査役等（①では監査役，②では監査等委員会，③では監査委員会）に関する事項			＊1
3-1	監査役がその職務を補助すべき使用人の設置を求めた場合における当該使用人に関する事項	監査等委員会の職務を補助すべき取締役および使用人に関する事項	監査委員会の職務を補助すべき取締役および使用人に関する事項	
3-2	当該使用人の取締役からの独立性に関する事項	当該取締役および使用人の他の取締役（監査等委員である取締役を除く）からの独立性に関する事項	当該取締役および使用人の執行役からの独立性に関する事項	
3-3	当該使用人に対する指示の実効性の確保に関する事項	当該取締役および使用人に対する指示の実効性の確保に関する事項	当該取締役および使用人に対する指示の実効性の確保に関する事項	＊5
3-4	次に掲げる体制その他の監査役等（①では監査役，②では監査等委員会，③では監査委員会）への報告に関する体制			＊6
	イ 事業報告作成会社の取締役（②では監査等委員である取締役，③では監査委員である取締役を除く），執行役および会計参与ならびに使用人が，事業報告作成会社の監査役等に報告をするための体制		
	ロ 事業報告作成会社の子会社の取締役，会計参与，監査役，執行役，業務を執行する社員，法人が業務執行社員である場合の職務執行者（会社法598Ⅰ）等および使用人，またはこれらの者から報告を受けた者が，事業報告作成会社の監査役等に報告をするための体制		
	監査役等に報告をした者が当該報告を理由として不利な取扱いを受		＊7

3-5	けないことを確保するための体制	
3-6	監査役等の職務の執行について生ずる費用の前払または償還の手続その他の費用または債務の処理に係る方針に関する事項	
3-7	その他監査役等の監査が実効的に行われる環境を確保するための体制	
業務の適正を確保するための体制の運用状況		＊1
4-1	業務の適正を確保するための体制の運用状況の概要	＊8

＊1　見出し項目は便宜のために付しており，会社法上の区分ではない。

＊2　(A)(B)(C) の項目はそれぞれグループ化して記載している事例も多く見られる。

＊3　ここで関連する施行規則の各条文においては，企業集団の構成要素に「親会社」の文言があるものの，会社法の各条文においては当該文言がない。これは，昨今，グループ経営が多く行われている中で，子会社の経営効率あるいは適法性の確保の重要性がきわめて増しているという現状を踏まえ，当該株式会社の株主保護の観点から，その会社と子会社から成る企業集団の部分については，法律本体における規程が適切であるという考えに基づいている（坂本三郎『立案担当者による平成26年改正会社法の解説』商事法務）。

＊4　イからニまでに掲げる事項に形式的に区分した決議まで求める主旨ではなく，実質的に当該事項について決議が行われていればよい（2015年2月6日「会社法の改正に伴う会社更生法施行令及び会社法施行規則等の改正に関する意見募集の結果」（以下「パブリックコメント結果」という）第3Ⅱ(9)②）。

　　当該記載は企業集団全体の内部統制についての事業報告作成会社における体制である。すなわち，企業集団における業務の適正の確保を目的とする体制であって，個々の子会社自体の体制を定めてはいない。企業集団を構成する子会社の業種，規模，重要性等を踏まえて，企業集団全体の内部統制についての事業報告作成会社の方針の決定等が想定される（パブリックコメント結果第3Ⅱ(9)③・④）。

＊5　監査役等の職務を補助すべき使用人等に対する指示の実効性の確保に関する事項については，例えば，監査役等の職務を補助すべき使用人について，専属とするのか他の部署と兼務させるのか，異動に関する監査役等の同意の要否，取締役等からの指揮命令権の有無，懲戒に関する監査役等の関与等の決定が考えられる（坂本三郎ほか『立案担当者による平成26年改正会社法関係法務省令の解説』商事法務）。

＊6　監査役等への報告に関する体制については，事業報告作成会社単体における監査役等への報告の体制に加え，子会社の役職員または当該役職員から報告を受けた者が事業報告作成会社の監査役等に報告する体制が含まれている。

　　監査役等への「報告」は，子会社の監査役やグループ内部統制部門等が取りま

第3節　すべての会社において記載すべき事項　41

とめた間接的な報告を含み，監査役等への自発的な報告に限定せず，監査役等が積極的にヒアリングを行う体制等も考えられる（坂本三郎ほか前掲＊5）。

＊7　監査役等に報告した者が当該報告を理由として不利な取扱いを受けないことを確保するための体制については，例えば，監査役等への報告を理由とする解雇等不利益な処分の禁止や，監査役等への報告が直接または報告者の人事権を有していない仲介者を介してなされる体制の構築等も考えられる（坂本三郎ほか前掲＊5）。

＊8　業務の適正を確保するための体制について運用状況の概要の記載が求められる（施行規則118②）。これは，当該体制の客観的な運用状況を意味し，運用状況の評価の記載を求めてはいない（なお，運用状況の評価の記載を妨げるわけではない）。各社の状況に応じた記載が求められるが，内部統制に係る委員会の開催状況については，その内容の1つとなり得るといえる場合が多いと考えられる。他方，単に，「当該『業務の適正を確保するための体制』に則った運用を実施している。」というだけの記載は，通常は，「運用状況の概要」の記載とは言い難いと考えられる（パブリックコメント結果第3Ⅱ(11)①・③）。

　　運用状況の概要として，例えば，社内研修の実施状況，内部統制・内部監査部門の活動状況等の記載が考えられる（坂本三郎ほか前掲＊5）。

（記載例）　業務の適正を確保するための体制①

（福山通運㈱　2024年3月期）

5．会社の体制及び方針

(1)　業務の適正を確保するための体制

　　取締役の職務の執行が法令及び定款に適合することを確保するための体制その他会社の業務並びに当社及びその子会社から成る企業集団の業務の適正を確保するための体制の整備についての決定内容の概要は以下のとおりであります。

　①　取締役及び使用人の職務の執行が法令及び定款に適合することを確保するための体制

　　　当社及び当社グループ会社において，コンプライアンス実践のための遵守すべき行動指針として，「福山通運グループ企業行動憲章」を定める。取締役等に関しては，「役員倫理規程」を制定し，これに則って職務を執行するとともに，他の取締役等の法令，定款または企業倫理に反する行為を発見した場合は，直ちに取締役会及び監査役に報告を行う。使用人に関しては，「コンプライアンス規程」を制定し，法令，定款及び社内規則に対する意識の高揚と遵守の徹底を図るために担当役員を定め，「コンプライアンス委員会」を設置するとともに，コンプライアンスの統括部署として「コ

ンプライアンス室」を設置して各種マニュアルの作成や研修等を行う。また，「内部監査室」は，当社及び当社グループ会社におけるコンプライアンスの実施状況を検証し，取締役会及び監査役会に報告する。さらに，法令，定款，社内規則及び企業倫理に反する行為を早期に発見，是正するために，使用人からの通報を受け付ける「社内通報制度」を設ける。

反社会的勢力への対応については，断固たる態度で臨む旨を「福山通運グループ企業行動憲章」に定め，周知徹底する。また，不当な要求等には，顧問弁護士や警察等の外部機関と協議しつつ，速やかに毅然とした対応を行う。

金融商品取引法に基づく財務報告に係る内部統制については，評価作業を円滑，適正に実施し，法令等に従って信頼性のある財務報告を作成することの重要性を十分に認識し，必要な体制等を適切に整備，運用する。

② 取締役の職務に係る情報の保存及び管理に関する体制

「情報取扱規則」を整備し，これに則り情報の適切な保存，管理を実施する。また，監査役会が求めたときは，いつでも当該情報の提供に応じる。

③ 損失の危険の管理に関する規程その他の体制

当社及び当社グループ会社のリスク管理体制の基礎として「リスク管理規程」を制定し，グループ会社のリスク管理推進の統括責任者として当社担当役員を定める。また，「リスク管理委員会」を設置し，各種マニュアルの作成や研修を行い，「内部監査室」は，当社及び当社グループ会社におけるリスク管理の状況を検証し，取締役会及び監査役会に報告する。さらに危機管理体制として，会社に重大な影響を与える不測の事態が発生した場合に，社長を本部長とする「危機管理本部」を設置し，損害，影響等を最小限にとどめる体制を整える。

④ 取締役の職務の執行が効率的に行われることを確保するための体制

当社及び当社グループ会社の取締役等の職務権限及び意思決定のルールを明確化し，業務の適正化，効率化を図るとともに，全社的な影響を及ぼしうる重要事項に関して，適宜，会議・委員会を設置し，多面的な審議，検討とすみやかな意思の伝達，共有を行う。また，長期及び年度の事業計画，目標を定期的に明示し，それらに基づいた業績管理を行う。

取締役会の諮問機関として，委員の過半数を独立社外取締役で構成する指名・報酬諮問委員会を設置し，審議した内容を取締役会に諮り決定することで，取締役等の指名及び報酬の決定に係る透明性と客観性を高める。

⑤ 当該株式会社並びにその親会社及び子会社から成る企業集団における業務の適正を確保するための体制

「福山通運グループ企業行動憲章」に基づき，ガバナンス体制を図るため

の包括規程として「グループ統括規程」を制定する。当社グループ会社は，経営上の重要案件に関する事前協議や必要に応じて各種会議での報告を行うとともに，それぞれのリスク管理及びコンプライアンスの体制を整える。当社内部監査室は，グループの業務全般にわたる内部統制の適切性・有効性を確保するため，定期的に監査を行う。また，「社内通報制度」を設け，法令，定款，社内規則及び企業倫理に反する行為を早期に発見，是正する。

⑥　監査役がその職務を補助すべき使用人を置くことを求めた場合における当該使用人に関する事項またその使用人の取締役からの独立性に関する事項

　「監査役室」を設置し，監査役の職務を補助するためここで執務を行う使用人は，当社の使用人から任命する。この監査役補助使用人は，監査役の補助業務及び監査役会の事務局業務に専従し取締役等の指揮命令に服さないものとし，その任命，人事異動，懲戒，賃金等については監査役会との事前協議のうえ決定するものとして，取締役等からの独立性を確保する。

⑦　取締役及び使用人が監査役に報告するための体制

　取締役等及び使用人は，当社及び当社グループ会社全体の業務・業績に重大な影響を及ぼす事実を発見したときは，直ちに監査役に報告を行う。また，内部監査室の行う監査の結果や社内通報制度における通報状況についても，文書にて遅滞なく監査役に報告を行う。

⑧　報告をした者が当該報告をしたことを理由として不利な取扱いを受けないことを確保するための体制

　取締役等及び使用人は，当社グループ会社からの法定の事項に加え，内部監査の実施状況等を取締役会及び監査役に報告する。また，社内通報制度による法令・企業倫理・社内規則に反する事案のうち重要なものは，コンプライアンス担当役員から監査役に報告する。

　社内通報制度においては，社内通報規程により通報者に対する不利益な取扱いを禁止する。

⑨　監査役設置会社の監査役の職務の執行について生ずる費用の前払又は償還の手続その他の当該職務の執行について生ずる費用又は債務の処理に係る方針に関する事項

　監査役又は監査役会が，規則に則り職務の執行のために公認会計士，弁護士その他の専門家に助言を求める又は調査その他の事務を委託するなどの費用については，必要でないと認められる場合を除き，当社の費用処理とする。

⑩　その他監査役の監査が実効的に行われることを確保するための体制

44 第2章 事業報告

　　　監査役は，重要な意思決定の過程及び業務の執行状況を把握するため，取締役会やその他重要な会議に出席をするとともに，必要に応じて意見を述べる。また，稟議書その他業務執行に関する文書を閲覧し，必要に応じて当社グループ会社からも事業の報告を求める。なお，取締役等及び使用人は，監査役から要求があった場合は，適宜必要な資料を添えて説明を行う。

(2) **業務の適正を確保するための体制の運用状況の概要**
　① コンプライアンス体制
　　　当社及び当社グループ会社の取締役等及び使用人が遵守すべき行動指針である「福山通運グループ企業行動憲章」に基づき，当社グループの管理責任者を対象とした，コンプライアンス意識の醸成を図るため各種の研修を実施いたしました。今後とも各社の研修等においてコンプライアンスに関する継続的な教育を実施してまいります。

　　　また，コンプライアンス違反行為の早期発見，是正のため，当社及び当社グループ会社を対象とする「社内通報制度」を設け，当社コンプライアンス室及び顧問弁護士を窓口としております。なお，通報を理由として通報者へ不利益な取扱いを禁止するなど通報者を保護する旨を社内通報規程に定めております。

　② リスク管理
　　　当社グループ315店所の内部監査の実施とフォローアップ監査の徹底を図ってまいりました。なお，内部監査の過程においてその結果を集計，数値化し，新たに顕在化したリスクについては，全社的な指導事項の傾向を把握したうえで，各関連部門へのリスク削減の改善を実施し発生リスク要因の消滅に努め，適時内部監査項目に追加を行い，運用状況を確認してまいりました。

　③ 取締役の職務執行
　　　当社及び当社グループ会社において，取締役の職務執行が法令及び定款に則って行われるよう，「福山通運グループ企業行動憲章」や「役員倫理規程」などを制定し，取締役会等において社外取締役の意見を積極的に求め，職務執行の適正化を図りました。併せて，職制規程によって各職務の権限などを明確化し，効率的な業務を行うことができる体制を整備いたしました。

　　　また，企業価値を高め，持続可能な成長を実現することを目指して「中期経営計画」を3年毎に策定し，これに基づいて毎年の業績管理を行っております。

第3節　すべての会社において記載すべき事項　45

④　グループ管理

「グループ統括規程」に基づき，当社の本社各部署から各子会社に業務状況や経営状況について質疑応答を行い牽制機能の強化を図るなど，適宜指導及び業務確認を行っております。また，内部監査室が主体となって，当社及び当社グループ会社における年間監査実施計画を策定し，さらには無通告監査も導入し，監査指摘事項に対するフォローアップ監査を実施するなど管理・指導の充実を図っております。なお，監査結果より発見される業務手順の不備事項は適時に修正を行い，グループ全体として業務の適正が確保できる体制で運用しております。

⑤　監査役

社外監査役3名を含む監査役5名による監査体制により，各種の重要な会議への出席や重要事項の報告，さらに「情報取扱規則」に基づき保管された各重要文書について監査役会の求めに応じて提供することで，内部統制システム全般の整備・運用状況を確認しております。

(記載例)　業務の適正を確保するための体制②（監査等委員会設置会社）

（ユニプレス㈱　2024年3月期）

■ 業務の適正を確保するための体制

当社は，業務の適正性及び財務報告の信頼性を確保し，法令遵守，損失の危険の管理及び効率的な業務執行をするため，以下の通り内部統制体制を整備いたします。

(1)　取締役・執行役員及び使用人の職務の執行が法令及び定款に適合することを確保するための体制

❶　ユニプレスグループ行動規範を制定し，社長執行役員が全役職員にその精神を伝え，法令遵守及び社会倫理の遵守を企業活動の基盤とすることを徹底する。

❷　社長執行役員は，コンプライアンス担当執行役員を任命し，総務担当部門をコンプライアンス統括部署とし，全社のコンプライアンス体制の整備及び問題点の把握を行う。また，サステナビリティ委員会の下に企業倫理委員会を設置し，コンプライアンス上の問題点に対処する体制の整備を実施する。

❸　役職員がコンプライアンス上の問題点を発見した場合に，直接通報・相談することができる「ユニプレス・ホットライン」を設置する。また，通報・相談窓口をコンプライアンス統括部署及びコンプライアンス統括部署

が定める外部機関に設置し，公平性・透明性を確保する。

❹ 社長執行役員は，財務情報適正開示担当執行役員を任命し，経理担当部門を財務情報適正開示統括部署とし，財務情報適正開示体制の整備及び問題点の把握を行う。

❺ 取締役の職務の執行を監査するための独立機関として，監査等委員会を置く。

❻ 社長執行役員直轄の内部監査部門による内部監査を実施し，内部統制の有効性を確保する。

(2) **取締役の職務の執行に係る情報の保存及び管理に関する事項**

社長執行役員は，取締役会・経営会議等の職務の執行に係る情報を，取締役会規程，経営会議規程等の社内規程に従い，関連資料と共に保存する。取締役会情報は総務担当部門，経営会議情報は経営企画担当部門がこれを管理する。なお，情報管理担当部署は，取締役がこれらの文書を常時閲覧できる状態を保持するものとする。

(3) **損失の危険の管理に関する規程その他の体制**

社長執行役員は，リスクマネジメント担当執行役員を任命し，総務担当部門をリスクマネジメント統括部署とし，全社のリスクマネジメント体制の整備及び問題点の把握を行う。また，サステナビリティ委員会の下にリスクマネジメント委員会を設置し，リスクマネジメント推進上の問題点に対処する体制の整備を実施する。

(4) **取締役の職務の執行が効率的に行われることを確保するための体制**

以下の経営システムを用いて，取締役の職務執行の効率化を図る。

❶ 取締役の経営に関する意思決定と業務執行を分離し，経営の意思決定の透明性の確保と業務の効率的運営を図ることを目的に，執行役員制度を制定する。

❷ 執行役員を中心に構成する経営会議を設置し，取締役会の意思決定に基づいた業務執行方針の確認と業務執行進捗を行う。

❸ 経営会議，取締役会にて3ケ年中期経営計画の策定と承認を行う。各担当執行役員は中期経営計画に基づく年度方針を策定し，部門毎の業務計画を承認する。

❹ 各部門を担当する執行役員は，効率的な業務遂行監視体制の下で各部門の業務進捗管理を行う。

❺ 経営会議にて月次業績の進捗管理を実施する。

第3節 すべての会社において記載すべき事項 **47**

(5) **ユニプレスグループにおける業務の適正を確保するための体制**

当社はユニプレスグループとしての適正な業務執行を行うため，子会社各社に対し援助・指導を以下のとおり行う。

❶ ユニプレスグループ行動規範に基づく教育を実施し，法令遵守及び社会倫理の遵守を徹底する。

❷ 「ユニプレス・ホットライン」の通報・相談窓口を子会社各社にも設置し，不正行為等の早期発見と是正を図る。

❸ 子会社各社の内部監査及び内部統制強化のため，当社内部監査担当部門が監査を通じて支援・助言を実施する。

❹ 子会社各社の重要情報は，当社関係会社管理規程に基づき当社経営企画担当部門及び関係部門が報告を受けた上で当社取締役会又は当社経営会議に報告する。

❺ 子会社各社のリスクマネジメントは，当社リスクマネジメント委員会規程及び当社リスクマネジメント運用手順に基づき，実施する。

❻ 取締役の職務の執行が効率的に行われることを確保するため，子会社各社は規模に応じた役員会議体についての規程を制定する。

(6) **監査等委員会の職務を補助すべき取締役及び使用人に関する事項**

監査等委員会の職務補助は総務担当部門が担い，補助担当者を定め，監査等委員会の指示のもと監査業務の補助を行う。

(7) **監査等委員会の職務を補助すべき取締役及び使用人の他の取締役（監査等委員である取締役を除く。）からの独立性に関する事項**

上記補助担当者の人事異動・懲戒処分については，監査等委員会と事前に協議を行う。

(8) **監査等委員会の職務を補助すべき取締役及び使用人に対する指示の実効性の確保に関する事項**

❶ 次の場合には，監査等委員会は社長執行役員又は取締役会に対して必要な要請を行う。

① 監査等委員会の指示により補助使用人が行う会議等への出席，情報収集その他必要な行為が，不当に制限されていると認められる場合。

② 補助使用人に対する監査等委員会の必要な指揮命令権が不当に制限されていると認められる場合。

❷ 監査等委員会の上記要請に対し，社長執行役員又は取締役会が正当な理由なく適切な措置を講じない場合には，監査等委員会における審議を経て，監査報告等においてその旨を指摘する。

48　第2章　事業報告

(9)　当社取締役（監査等委員である取締役を除く。）及び使用人並びに当社子会
社の取締役等が監査等委員会に報告をするための体制

　　監査等委員会に報告すべき事項は，監査等委員会と協議の上で制定し，取
締役又は取締役会から委任を受けた執行役員は次に定める事項を報告する。

❶　経営会議で審議された事項（常勤の監査等委員は経営会議に出席）

❷　当社及び当社子会社に著しい損害を及ぼすおそれのある事項

❸　重大な法令・定款違反に関する事項

❹　ユニプレス・ホットラインの通報状況及び内容に関する事項

❺　その他内部統制上重要な事項

　　また，内部監査担当部門は監査等委員会と連携の上，監査にあたり，四半
期毎に又は必要に応じて，監査結果について監査等委員会に報告を行う。使
用人は重大な事実を発見した場合，直接監査等委員会に相談できるものとす
る。

(10)　上記(9)の報告者が当該報告をしたことを理由として不利な取扱いを受けな
いことを確保するための体制

　　上記体制に基づく監査等委員会への報告者が当該報告をしたことを理由と
して，いかなる不利益な取り扱いも行わないこととし，その旨を内部統制規
程に定めて当社及び当社子会社役職員に周知徹底する。

(11)　監査等委員の職務の執行（監査等委員会の職務の執行に関するものに限
る。）について生ずる費用の前払又は償還の手続その他の当該職務の執行に
ついて生ずる費用又は債務の処理に係る方針に関する事項

　　当社は，監査等委員からその職務の執行に必要な費用等の請求を受けたと
きは，会社法第399条の2第4項に基づいて速やかに当該費用等を処理する。

(12)　その他監査等委員会の監査が実効的に行われることを確保するための体制

　　監査等委員会は代表取締役及び会計監査人と定期的に意見交換を行うとと
もに，各業務執行部門は担当執行役員の指示のもと，監査等委員会の監査に
協力する。

　　また，監査等委員会は必要に応じて弁護士，公認会計士，その他の監査業
務に関するアドバイザーを任用することができる。

2　業務の適正を確保するための体制の運用状況の概要

　当社は，上記に掲げた内部統制システムを整備しておりますが，その基本方針
に基づき以下の具体的な取り組みを行っております。

❶　当社では，役員・従業員等が遵守すべき業務遂行の指針である「ユニプレス

グループ行動規範」及び「ユニプレスグループ行動規範手引き」（解説書）を全役職員に配布し，コンプライアンス・プログラム運用計画に基づく行動規範教育を定期的に実施してその周知徹底に努めております。また，Eラーニング教育とアンケートを通じてその効果を確認し，その結果を取締役会に報告しております。また，企業倫理委員会を3回開催し，コンプライアンス体制の整備に努めております。

❷　財務情報適正開示体制の整備状況及び運用状況については，社長執行役員が直轄する内部監査部門が内部監査を実施して確認し，必要な是正や改善を行い，継続的な体制強化に努めております。

❸　損失の危機の管理に関しては，経営者インタビュー及び当社全部門によるリスク評価・分析を実施し，当社グループとして対応が必要なリスクをグループ重要リスク（電動化・品質・拡販・南海トラフ・サイバー攻撃等）として選定しております。各選定リスク毎に，担当役員（リスクオーナー）を選任し，リスク低減活動を行っております。その選定プロセス・有効性評価については，サステナビリティ委員会で審議承認後，取締役会に報告しております。また，リスクマネジメント委員会を4回開催し，リスクマネジメント推進の体制強化に努めております。

❹　当社では，経営の意思決定と監督機能を業務執行と明確に分離し，迅速な経営判断と業務執行を実現するため，執行役員制度を導入しております。経営会議は随時開催し，業務執行について機動的な意思決定を行っております。取締役会については，15回開催し，経営戦略や経営計画等の基本方針について，自由な意見交換のもとで建設的な議論を行っております。また，各議案について社外取締役に事前説明をすることで社外取締役は議案を前もって検討することができ，業務執行の状況等の監督の実効性は確保されていると考えております。

❺　監査等委員会は，社外取締役2名を含む3名で構成されております。常勤の監査等委員が年間の監査計画に基づき内部統制システム監査や部門監査を実施するとともに，その結果について監査等委員会での質疑・検討を踏まえて代表取締役と面談し，意見交換を行っております。監査等委員会の職務補助については，監査等委員会事務局を総務担当部門に設置し，補助担当者が監査等委員の指示に基づき監査業務の補助を行っております。監査等委員は，四半期毎に会計監査人と面談し，監査結果の報告を受けるとともに，適宜コンプライアンスや内部統制の整備状況など多岐に渡る事項について報告を受け，意見交換を行っております。また，内部監査担当部門からも報告を受けるなどの連携を図っております。

50 第2章 事業報告

（記載例） 業務の適正を確保するための体制③（指名委員会等設置会社）

（三菱自動車工業㈱ 2024年3月期）

> **業務の適正を確保するための体制及び当該体制の運用状況の概要**
>
> **1 業務の適正を確保するための体制**
>
> 　当社は，当社グループの社員が，未来を向き，同じ考えを共有し，一丸となって行動していけるように，ビジョン・ミッションを制定しています。そして，ビジョンを実現するためのミッションに向けて社員一人ひとりが実践しなければならない心構えと行動としての MMC WAY，さらに，これらの基礎となり，全ての役員・社員が守るべき規範としてグローバル行動規範を制定しています。
>
> 　また，業務の適正を確保するための体制を整備するため，取締役会において「内部統制システム構築に関する基本方針」を以下のとおり決議しています。
>
> **「内部統制システム構築に関する基本方針」**
>
> ⑴ **当社の執行役及び使用人の職務の執行が法令及び定款に適合することを確保するための体制**
>
> 　① 当社は，法令や定款，社会規範を遵守するために行動規範の制定，組織体制構築，教育・研修を実施するほか，内部通報窓口を設置するとともに，その情報を予防・是正・再発防止に活用する。
>
> 　② 当社の経営を監視するために社外取締役を選任し，社外取締役である監査委員を含む監査委員会により，監査の充実を図る。
>
> 　③ 当社の内部監査部門は，当社の業務遂行が法令，定款，社内規定等に違反していないかについて厳しく監査する。問題点が発見された場合は，関連する取締役等に報告し，以降の改善状況を定期的に確認する。
>
> 　④ 当社の会社法に基づく内部統制対応の中核組織として，執行役社長を委員長，内部統制・管理担当役員を副委員長とする内部統制委員会を設置する。
>
> ⑵ **当社の損失の危険の管理に関する規程その他の体制**
>
> 　① 当社の業務上のリスクについては，取締役会や経営会議への付議基準をそれぞれ取締役会規則，経営会議規則において明確に定め，それに基づき運用する。
>
> 　② 当社の各部門等の組織単位でリスク管理の責任者を任命し，この責任者を核にリスク管理体制の確立・強化を図る。
>
> 　③ 当社にリスク管理推進担当組織を設置し，全社的なリスク管理体制の整備・強化に努める。
>
> 　④ 不測の事態が発生した場合に備え，速やかに当社の取締役等へ情報を伝

え，迅速で的確な対応ができるよう体制を整備する。

(3) **当社の執行役の職務の執行が効率的に行われることを確保するための体制**

① 当社は，全社的な経営計画を定め，その実現に向けた各機能組織の具体的な業務目標と執行方法を明確にし，取締役が定期的に実施状況の報告を受け，経営効率の維持・向上を図る。

② 当社の取締役及び執行役の責任・権限を明確にし，取締役会規則及び経営会議規則等に基づき，取締役会や経営会議等の効率的な業務執行を行う。

③ 当社の効率的な組織運営・業務執行を行う体制を整備し，迅速かつ機動的に重要事項の意思決定を行える体制を構築するため，取締役会は，法令の定める範囲において，業務執行の決定を幅広く執行役に委任することにより，職務執行が効率的に行われることを確保する。

④ 当社の意思決定の迅速化を図り，意思決定プロセスを明確にするため，明確で透明性の高い権限基準を整備する。

(4) **当社の執行役の職務の執行に係る情報の保存及び管理に関する体制**

・当社は，社内規定等に基づき，執行役の職務の執行に係る情報を文書又は電子データとして作成し，管理責任者を定め，情報の重要度に応じて，作成方法，保存方法，保存期間，複写・廃棄方法等を定め，適正に管理する。

(5) **当社ならびにその親会社及び子会社から成る企業集団における業務の適正を確保するための体制**

① 当社は，各当社子会社の主管組織，当社子会社管理に関する責任と権限，管理の方法等を社内規定等により定め，企業集団における業務の適正な運用を確保する。

② 当社は，当社子会社の規模・業態等に応じ，当社子会社に対する指導・管理等を通じて，当社子会社の役職員による法令及び定款に則った適正な業務遂行，当社の定める行動規範の遵守，及び業務監査の体制整備・充実を図る。

③ 当社は，当社子会社の規模・業態等に応じ，当社子会社に対するリスク管理の実施の指導等を通じて，当社子会社におけるリスク管理体制の整備・強化に努める。

④ 当社は，当社子会社の規模・業態等に応じ，関係会社管理業務規則その他の社内規定等に従った当社子会社の指導，管理等を通じて，当社子会社の強化，発展及び合理化の促進を図る。

⑤ 当社は，当社子会社の事業，業績，財務状況その他の重要な情報について，当社への事前又は事後の説明・報告が行われるよう関係会社管理業務規則その他の社内規定等を整備する。

⑥　当社及び当社子会社が各々の財務情報の適正性を確保し，信頼性のある財務報告を作成・開示するために必要な組織・社内規定等を整備する。

⑹　**当社の監査委員会の職務を補助すべき取締役及び使用人に関する事項**
・当社の監査委員会の職務を補佐するための組織を設け，専任者を配置する。

⑺　**当社の監査委員会の職務を補助すべき取締役及び使用人の当社の執行役からの独立性及び当該取締役及び使用人に対する指示の実効性の確保に関する事項**
①　当社の監査委員会の職務を補助すべき使用人は，執行役又は他部署の使用人を兼務せず，もっぱら監査委員会の指揮命令を受けてその職務を遂行する。
②　当社の監査委員会の職務を補佐するための専任者の人事異動については，事前に監査委員会の意見を徴する。また，当該専任者の評価は，監査委員会が実施する。

⑻　**当社の取締役（監査委員である取締役を除く。），執行役及び使用人並びに当社子会社の取締役・監査役等及び使用人又はこれらの者から報告を受けた者が監査委員会に報告をするための体制その他当社の監査委員会への報告に関する体制**
①　当社の監査委員は，当社の取締役会はもとより，その他の重要な会議に出席する。
②　当社は，経営，コンプライアンス等に係る当社及び当社子会社内の重要情報が確実に監査委員会に提供される仕組みを整備し，運用を徹底する。
③　当社及び当社子会社の役職員は，当社の監査委員会から業務執行に関する事項について報告を求められたときは，速やかに適切な報告を行う。
④　執行役は，会社に著しい損害を及ぼすおそれがある事実を発見したときは，ただちに監査委員に報告する。

⑼　**第8項の報告をした者が当該報告をしたことを理由として不利な取扱いを受けないことを確保するための体制**
・当社は，当社の監査委員会に対して直接又は間接的に報告を行った当社及び当社子会社の役職員に対し，当該報告を行ったことを理由として不利益な取扱いを行うことを禁止し，その旨を当社及び当社子会社の役職員に周知徹底する。

⑽　**当社の監査委員の職務の執行（監査委員会の職務の執行に関するものに限る。）について生ずる費用の前払い又は償還の手続その他の当該職務の執行について生ずる費用又は債務の処理に係る方針に関する事項**
・当社は，当社の監査委員がその職務の執行について，当社に対し，会社法第

404条第4項に基づく費用の前払い等の請求をしたときは，担当部署において審議の上，当該請求に係る費用又は債務が当該監査委員の職務の執行に必要でないと証明された場合を除き，速やかに当該費用又は債務を処理する。

⑾ **その他当社の監査委員会の監査が実効的に行なわれることを確保するための体制**
・当社の監査委員会は，執行役社長との定期的な意見交換を行い，また内部監査部門や会計監査人とも連携を図り，適切な意思疎通及び効果的な監査業務の遂行を図る。

⑿ **反社会的勢力排除に向けた体制**
・当社及び当社子会社は，社会の秩序や安全に脅威を与える反社会的勢力の不当な要求に対しては，組織全体として毅然とした態度で対応し，反社会的勢力との関わりを一切持たないよう対処する。

2　業務の適正を確保するための体制の運用状況の概要

当社は，「内部統制システム構築に関する基本方針」に基づき，毎事業年度において内部統制の運用実施部門における活動が自律的に実施され，必要に応じ改善が図られることを，内部統制委員会及び取締役会で確認しています。具体的な運用状況の概要は以下のとおりです。

⑴ **当社の執行役及び使用人の職務の執行が法令及び定款に適合することを確保するための体制**
・当社は，グローバルな活動を視野に，グローバル行動規範を制定し，内部統制・総務・管理担当役員の下，各本部で任命されたコンプライアンス・オフィサーを通して法令，社内規定，社会規範等を遵守する取組みを浸透させる体制を構築・実践し，発生事案に対する再発防止策に取り組んでいます。そして，これらの取組みは，年に2回開催するコンプライアンス委員会にて，内部統制・総務・管理担当役員を含めた各コンプライアンス・オフィサー間で共有し未然防止に役立てています。なお，国内外主要関係会社においても，コンプライアンス・オフィサーと情報セキュリティ管理責任者を設置し，情報セキュリティ・コンプライアンスのリスク低減活動を継続しています。教育・研修の面においても，コンプライアンス部，人事部門が中心となり，当社新入社員，キャリア社員，昇進者等，階層別にコンプライアンス教育を実施し，当社全従業員向けには，コンプライアンス基礎講座や情報セキュリティ，時間外・休日労働時間などの教育をe-Learningにて行っています。2023年度は外部講師による役員研修や管理職層対象のアサーティブコミュニケー

ション研修などを実施しました。また，国内外の主要関係会社では，各社独自の課題に対する教育や指導を各社で適宜行っております。そして，不正の防止・早期発見及び自浄作用の発揮のために，当社従業員及び国内関係会社従業員が通報，相談することができる社内窓口（社員相談室）や外部弁護士が対応する窓口のほか，国内外の主要関係会社の従業員も利用できる三菱自動車グローバル内部通報窓口を設置しています。この三菱自動車グローバル内部通報窓口は，社外の専門会社に設置し，匿名通報の受付けも可能としています。また，三菱自動車本社が国内外主要関係会社の通報内容も確認できる仕組みとし，グループ全体のリスクを把握・管理する体制を構築し運用しています。

・取締役会は11名の社外取締役を含む13名で構成され，社外取締役は，それぞれの豊富な経験及び高い見識に基づき，取締役会における経営の意思決定及び個々の取締役・執行役の職務の執行をより客観的に監視・監督しています。また，当社は指名委員会等設置会社の形態を採用しており，取締役及び執行役等の指名及び報酬の決定に関する手続の透明性及び客観性を確保するとともに，監督と執行の分離を明確にし，一層のガバナンス強化と経営の透明性の確保に努めています。

・独立性の確保，グローバル対応の監査，及び経営上必要な調査対応への迅速化を図るため，執行役社長直下の監査本部にて監査を実施し，監査委員会及び会計監査人とも適宜情報の共有を図っています。

・執行役社長を委員長，内部統制・総務・管理担当役員を副委員長とする内部統制委員会の下に，コンプライアンス委員会（含む安全保障関連法規遵守委員会），情報セキュリティ委員会，BCM委員会，J-SOX推進会議を設置し，各活動の計画，実施状況及び課題を確認し，内部統制委員会に報告・審議のうえ，取締役会に報告しています。

⑵ 当社の損失の危険の管理に関する規程その他の体制

・当社は，社内規則に基づき，関係会社を含む全社的なリスク管理推進担当組織を設置し，リスク調査や関係役員へのヒアリングを行ったうえで洗い出した全社的リスクに対して，担当する管理責任者を決定し，リスク低減の取組みを実施しています。また，本部等組織単位でリスク管理責任者を任命し，担当業務に関わるリスクの洗い出し及び低減に向けた活動を行っています。これらの取組みや活動の実施状況を内部統制委員会にて確認しています。

・不測の事態の発生に備えて，社内規則に基づき，緊急時の対策本部組織及び対応要領を規定し，速やかに取締役等への情報伝達を行い，迅速で的確な対応ができる体制を整備し運用しています。

第3節　すべての会社において記載すべき事項　55

(3) 当社の執行役の職務の執行が効率的に行われることを確保するための体制
  ・当社は，経営効率の維持・向上を図るため社内規則に基づき，中長期経営計画及び年度経営計画を取締役会等で決議のうえ，取締役会から委任を受けた執行役がその執行を担い，定期的に実施している経営会議や ORM（Operations Review Meeting）で実施状況のフォローを行っています。また，権限委譲規定を制定し，意思決定権限を体系化し，委任事項及びその範囲を定義するとともに，主要事項の意思決定手続きを定め，業務執行の迅速化と，意思決定プロセスの透明性の向上を図っています。

(4) 当社の執行役の職務の執行に係る情報の保存及び管理に関する体制
  ・当社は，取締役会関連文書等の情報の保管・保存について適正な管理を推進するために，社内規定に基づき文書の管理責任者を定め取締役会関連文書等の情報の保管・保存について適正な管理を推進しています。

(5) 当社並びにその親会社及び子会社から成る企業集団における業務の適正を確保するための体制
  ・当社は，主要関係会社においても，各社社長又は CEO を委員長とする内部統制委員会を設置し，内部統制の運用を行っています。また，社内規則に基づき，それぞれの関係会社に対する経営全般の管理責任部門として一次管理担当部門を定めるとともに，機能部門（生産，開発，購買，販売），及びコーポレート部門がその役割に応じて一次管理担当部門をサポートする体制を整備し，関係会社の強化，発展を促進するため様々な支援・牽制・監督を行っています。
  ・当社は，子会社の重要情報について当社へ適時適切な報告が行われるよう社内規則を整備し，これに則った運用を推進しています。
  ・当社は，財務報告の適正性を確保するため，社内規則に基づき，当社及び関係会社の体制整備，評価範囲，評価対象会社の評価状況，改善状況等のフォロー・取りまとめを行う専門の組織を設置し運用しています。

(6) 当社の監査委員会の職務を補助すべき取締役及び使用人に関する事項
  ・当社は，社内規定に基づき，監査委員会の職務を補佐するための組織を設置し，他部署を兼務しない専任スタッフを配置しています。

(7) 当社の監査委員会の職務を補助すべき取締役及び使用人の当社の執行役からの独立性及び当該取締役及び使用人に対する指示の実効性の確保に関する事項
  ・当社の監査委員会の職務を補佐するための専任スタッフは，もっぱら監査委員会の指揮命令により，その職務を遂行し，また，専任スタッフの人事異動は監査委員会の同意の下で実施し，専任スタッフの人事評価は監査委員会が

56　第2章　事業報告

実施しています。

⑻　当社の取締役（監査委員である取締役を除く。），執行役及び使用人並びに当社子会社の取締役・監査役等及び使用人又はこれらの者から報告を受けた者が監査委員会に報告をするための体制その他当社の監査委員会への報告に関する体制

・当社の監査委員は，社内規定に基づき，当社の取締役会その他重要な会議に出席しています。

・当社は社内規定に基づき，当社及び当社子会社の重要情報が確実に監査委員会に提供される体制を整備・運用しています。また，法令に定める文書又は記録を監査委員会に提出するほか監査委員会が必要と認めた文書又は記録の請求がある場合には速やかに対応しています。

⑼　第8項の報告をした者が当該報告をしたことを理由として不利な取扱いを受けないことを確保するための体制

・当社は，当社の監査委員会に対して，直接又は間接的に報告を行った当社及び当社子会社の役職員に対し，当該報告を行ったことを理由として不利益な取扱いを行うことを禁止し，これをグローバル行動規範及び社内規定に定めています。当社は，この規定をイントラネットに掲載し，当社及び当社子会社の役職員への周知を図っています。

⑽　当社の監査委員の職務の執行（監査委員会の職務の執行に関するものに限る。）について生ずる費用の前払い又は償還の手続その他の当該職務の執行について生ずる費用又は債務の処理に係る方針に関する事項

・当社は，当社の監査委員会がその職務の執行について生ずる費用に対応するため，監査委員会からの申請に基づき毎事業年度一定額の予算を確保しています。また，その後追加的に必要になった費用について請求があった場合も，当社が速やかに当該費用又は債務を処理することとしております。

⑾　その他当社の監査委員会の監査が実効的に行なわれることを確保するための体制

・当社の監査委員会は，適切な意思疎通及び効果的な監査業務の遂行を図るため，年度監査計画に基づき，取締役会への監査委員会活動報告及び執行役社長との意見交換を行うとともに，内部監査部門等及び会計監査人と定期ミーティングを実施する等の連携を図っております。なお，内部監査部門の監査結果は，執行役社長への報告及び監査委員会へ報告しております。また，執行役などへのヒアリングを定期的に実施しています。

第3節　すべての会社において記載すべき事項　57

⑿　**反社会的勢力排除に向けた体制**
・当社は，グローバル行動規範において，反社会的勢力との関係を遮断することを規定しています。また，当社及び当社国内子会社では，対応マニュアルを整備のうえ，全役職員への周知を図っています。

3　株式会社の支配に関する基本方針を定めている場合

　株式会社が何らかの買収防衛策を講じている場合，株主側から見ると，現経営陣による経営の安定化のために株主権の一部が制限を受ける場合があり，また株主にとって望ましい買収まで現経営陣に否定される可能性がある。直接的には，株主がこの制限の内容を把握できるようにするために，本記載事項は存在する。

　しかし，「財務及び事業の方針の決定を支配する者の在り方に関する基本方針」は，このような買収防衛策にとどまらず幅広い内容を含んでいる。「経団連ひな型」では，以下のように記載内容を説明している。

【株式会社の支配に関する基本方針】
　事業報告作成会社が当該事業報告作成会社の財務及び事業の方針の決定を支配する者の在り方に関する基本方針を定めた場合には，事業報告に次の事項を記載しなければならない（会社法施行規則第118条第3号）。
1．基本方針の内容の概要
2．次に掲げる取組みの具体的な内容の概要
　⑴　当該事業報告作成会社の財産の有効な活用，適切な企業集団の形成その他の基本方針の実現に資する特別な取組み
　⑵　基本方針に照らして不適切な者によって当該事業報告作成会社の財務及び事業の方針の決定が支配されることを防止するための取組み
3．2の取組みの次に掲げる要件への該当性に関する当該事業報告作成会社の取締役会の判断及びその判断に係る理由（当該理由が社外役員の存否に関する事項のみである場合における当該事項を除く。）
　⑴　当該取組みが基本方針に沿うものであること。
　⑵　当該取組みが当該事業報告作成会社の株主の共同の利益を損なうものではないこと。
　⑶　当該取組みが当該事業報告作成会社の会社役員の地位の維持を目的とするものではないこと。

58　第2章　事業報告

　　上記事項は，基本方針を定めている場合に限り記載が求められるものであり，そのような基本方針を定めていない場合は記載の必要はない。
　　なお，「株式会社の財務及び事業の方針の決定を支配する者の在り方に関する基本方針」とは，いわゆる買収防衛策のみを対象にしているわけではない。基本方針の内容の概要については，特に規制はなく，定型のものがあるわけでもないため，各会社が基本方針として定めた内容をそのまま事業報告に記載することでも足りる。

　　本記載事項は，独立して記載する方法のほか，「業務の適正を確保するための体制の整備に関する決議等の内容」にあわせて記載する方法も考えられる（第3節**2**参照）。

（**記載例**）　支配に関する基本方針

（亀田製菓㈱　2024年3月期）

会社の支配に関する基本方針
1．当社の財務および事業の方針の決定を支配する者の在り方に関する基本方針
　　当社は，当社の財務および事業の方針の決定を支配する者として，当社の株主の皆様，お客様，お得意先様，従業員，地域社会などとの共存・共栄を図り，当社の企業価値ひいては株主共同の利益の確保と向上に資する者が望ましいと考えております。一方で，当社の株主の在り方については，株主は資本市場での自由な取引を通じて決まるものであり，会社を支配する者の在り方は，最終的には株主全体の意思にもとづき判断されるべきものと考えております。
　　しかしながら，実際に資本市場で発生する株式の大規模な買付行為や買付提案の中には，買収の目的等が，企業価値ひいては株主共同の利益に対する明白な侵害をもたらすおそれのあるもの，株主に株式の売却を事実上強要するおそれがあるもの，対象会社の取締役会や株主が当該買付の内容を検討・判断し，あるいは対象会社の取締役会が代替案を提示するための必要な時間や情報を与えることなく行われるもの，買付けの対価の価額，買付けの手法等が対象会社の企業価値および株主に対して不適当なもの，対象会社と対象会社を巡るステークホルダーとの関係の悪化をもたらすおそれのあるものなど，企業価値ひいては株主共同の利益に資さないと考えられるものもあると認識しております。
　　当社は，このような当社の企業価値およびブランド価値ひいては株主共同の利益に反するおそれのある大規模の買付行為や買付提案等を行う者は，当社の財務および事業の方針の決定を支配する者として不適切であると考えます。

2．当社の財産の有効な活用，適切な企業集団の形成その他の会社支配に関する基本方針の実現に資する特別な取り組み

　当社は，多数の投資家の皆様に長期的に当社に投資を継続していただくため，当社の企業価値ひいては株主共同の利益を向上させるための取り組みとして，グループ中期経営計画の策定およびコーポレートガバナンスの整備を実施しております。

①　中期経営計画による企業価値向上への取り組み

　当グループは，お米の恵みを美味しさ・健康・感動という価値に磨き上げ，お客様の健やかなライフスタイルに貢献する，"Better For You" をパーパス（存在意義）として位置付け，お米の可能性を最大限に引き出し，世界で新価値・新市場を創造する姿，ビジョン（目指す姿）"ライスイノベーションカンパニー"の実現を通じて持続的な成長と企業価値向上を目指しています。

②　コーポレートガバナンスの強化に向けた取り組み

　当社は，グローバル化等に伴うリスクの高まりに対し健全に牽制する経営体制の構築・社外取締役による高度なモニタリングモデルの実現を図るため，自主判断により，取締役会について取締役の過半数を独立性の高い社外取締役で構成するとともに，経営監督と執行機能の役割分担を明確にし，業務執行の迅速化を図るために，執行役員制度を導入しております。さらに，監査役会設置会社として，監査役の機能を有効に活用しながら経営に対する監査・監視機能の強化を図っております。また，社外の有識者によるアドバイザリーボードを定期的に開催し，事業戦略やグループ経営全般に対して，代表取締役は評価・助言を受けております。

3．会社支配に関する基本方針に照らして不適切な者によって当社の財務および事業の方針の決定が支配されることを防止するための取り組み

　当社は上記基本方針に照らして不適切な者によって当社の財務および事業の方針の決定が支配されることを防止するための取り組みとして「当社株式の大規模買付への対応策（買収防衛策）」（以下「本プラン」といいます。）を導入しております。

　本プランでは，当社株式に対し20％以上の大規模買付行為を行おうとする者（以下「大規模買付者」といいます。）が大規模買付行為実施前に遵守すべき，大規模買付行為に関する合理的なルール（以下「大規模買付ルール」といいます。）を定めております。大規模買付ルールは，当社株主の皆様が大規模買付行為に応じるか否かを判断するために必要な情報や，当社取締役会の意見を提供し，さらには当社株主の皆様が当社取締役会の代替案の提示を受ける機会を確保することを目的としております。また本プランを適正に運用し，取締役会に

よって恣意的な判断がなされることを防止し，その判断の客観性を担保するため，社外取締役および社外監査役で構成される独立委員会を設置しております。当社取締役会は，大規模買付者に対し，大規模買付行為に関する必要かつ十分な情報を当社取締役会に提供することを要請し，当該情報の提供完了後，大規模買付行為の評価検討のための期間を設定し，当社取締役会としての意見形成や必要に応じ代替案の策定を行い，公表することとします。

　　大規模買付者が，大規模買付ルールを遵守した場合は，当社取締役会は，原則として対抗措置を講じません。ただし，大規模買付ルールを遵守しない場合や，遵守している場合であっても，当該大規模買付行為が，当社の企業価値ひいては株主共同の利益を著しく損なうと当社取締役会が判断した場合には，例外的に，独立委員会の勧告を最大限尊重し，対抗措置の必要性，相当性を十分検討した上で，また，必要に応じて株主総会を開催し，株主の皆様の承認を得た上で，会社法その他の法律および当社定款が認める対抗措置を講じることがあります。

　　本プランは2022年6月14日開催の当社第65期定時株主総会において継続の承認を得ており，その有効期限は3年間（2025年6月開催予定の当社第68期定時株主総会終結の時まで）としております。ただし，本プランは有効期間中であっても，株主総会または取締役会の決議により本プランを廃止する旨の決議が行われた場合には，その時点で廃止されるものとします。

　　なお，上記内容の詳細につきましては，当社のホームページからご覧いただくことができます。

（www.kamedaseika.co.jp）

4．本プランの合理性について（本プランが，会社の支配に関する基本方針に沿うものであり，当社の企業価値ひいては株主共同の利益に合致し，当社の会社役員の地位の維持を目的とするものではないことについて）

　　当社取締役会は，以下の理由から，本プランが基本方針に沿い，当社の企業価値・株主共同の利益を損なうものではなく，かつ当社経営陣の地位の維持を目的とするものではないと判断しております。

① 買収防衛策に関する指針の要件を完全に充足していること

　　本プランは，経済産業省および法務省が2005年5月27日に発表した「企業価値・株主共同の利益の確保または向上のための買収防衛策に関する指針」の定める三原則を完全に充足しています。また，経済産業省に設置された企業価値研究会が2008年6月30日に発表した報告書「近時の諸環境の変化を踏まえた買収防衛策の在り方」および東京証券取引所が2015年6月1日に公表した「コーポレートガバナンス・コード（2021年6月11日改訂）」の「原則1

第3節 すべての会社において記載すべき事項 61

－5いわゆる買収防衛策」の内容も踏まえたものとなっております。

② **株主共同の利益の確保・向上の目的をもって導入されていること**

　　本プランは，当社株式に対する大規模買付行為がなされた際に，当該大規模買付行為に応じるべきか否かを株主の皆様が判断し，あるいは当社取締役会が代替案を提示するために必要な情報や時間を確保し，または株主の皆様のために買付者等と交渉を行うこと等を可能とすることにより，当社の企業価値ひいては株主共同の利益を確保し，向上させるという目的をもって導入したものです。

③ **株主意思を重視するものであること**

　　本プランは，2022年6月14日開催の当社第65期定時株主総会での株主の皆様のご承認により発効しており，株主の皆様のご意向が反映されたものとなっております。また，本プラン継続後，有効期間の満了前であっても，当社株主総会において本プランを廃止する旨の決議が行われた場合には，本プランはその時点で廃止されることになり，株主の皆様のご意向が反映されます。

④ **独立性の高い社外者の判断の重視**

　　本プランにおける対抗措置の発動等の判断に際しては，当社の業務執行から独立している委員で構成される独立委員会へ諮問し，同委員会の勧告を最大限尊重するものとされており，当社の企業価値ひいては株主共同の利益に資するべく本プランの透明な運営が行われる仕組みが確保されています。

⑤ **合理的な客観的要件の設定**

　　本プランは，あらかじめ定められた合理的な客観的要件が充足されなければ，対抗措置が発動されないように設定されており，当社取締役会による恣意的な発動を防止するための仕組みが確保されています。

⑥ **独立した外部専門家の意見の取得**

　　独立委員会は，当社の費用で，独立した第三者である外部専門家（ファイナンシャル・アドバイザー，公認会計士，弁護士，コンサルタントその他の専門家）の助言を得ることができることとしています。これにより，独立委員会による判断の公正さ，客観性がより強く担保される仕組みとしております。

⑦ **デッドハンド型やスローハンド型の買収防衛策ではないこと**

　　本プランは，当社の株主総会で選任された取締役で構成される取締役会により，いつでも廃止することができるものとされており，当社の株式を大量に買付けようとする者が，自己の指名する取締役を当社株主総会で選任し，係る取締役で構成される取締役会により，本プランを廃止することが可能です。従って，本プランは，デッドハンド型買収防衛策（取締役会の構成員の

過半数を交替させてもなお，発動を阻止できない買収防衛策）ではありません。また，当社は取締役の任期を2年としておりますが，当該任期については期差任期制を採用していないため，スローハンド型買収防衛策（取締役会の構成員の交替を一度に行うことができないため，その発動を阻止するのに時間を要する買収防衛策）でもありません。

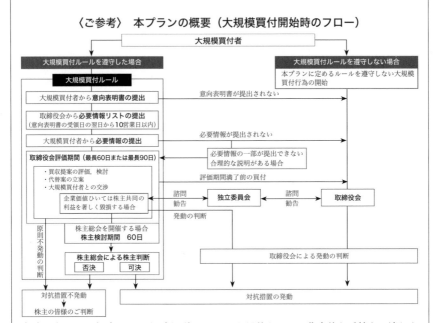

（注）　本図は，本プランのご理解に資することを目的として，代表的な手続きの流れを図式化したものであり，必ずしも全ての手続きを示したものではございません。

（記載例）　買収防衛策以外の基本方針

(㈱バンダイナムコホールディングス　2024年3月期)

(4) 会社の支配に関する基本方針

① 基本方針の内容

当社グループの企業価値

当社グループは，最上位概念である「パーパス"Fun for All into the Future"」のもと，バンダイナムコと世界中のIPファン，あらゆるパートナー，グループ社員，そして社会と常に向き合い，広く，深く，複雑につながる姿を目指します。

第3節　すべての会社において記載すべき事項　63

　一方，変化の速いエンターテインメント業界でグローバル規模の競争を勝ち抜くためには，強固な経営基盤を築くだけでなく，常に時代や環境，顧客のライフスタイルや嗜好などの変化を先取りしたエンターテインメントを創造することが不可欠であり，ひいてはこれが当社の企業価値の向上に繋がるものと考えております。

　したがって，当社の財務および事業の方針の決定を支配する者のあり方を巡っても，当社の企業価値の向上に繋がるものであるか否かが考慮されなければなりません。

当社の財務および事業の方針の決定を支配する者のあり方

　当社の財務および事業の方針の決定を支配する者は，「パーパス "Fun for All into the Future"」に基づく目指すべき姿や戦略およびその遂行を支える人材，IPやコンテンツなどの経営資源，さらには当社にかかわる様々なステークホルダーの重要性を十分理解し，当社の企業価値ひいては株主共同の利益を中長期的に最大化させる者でなければならないと考えます。

　したがって，当社の株式の大量取得を行おうとしている者が，おおむね次のような者として当社の企業価値を害する者である場合には，当社の財務および事業の方針の決定を支配する者としては不適切であると考えます。

・企業価値を毀損することが明白な者
・買収提案に応じなければ不利益な状況を作り出し，株主に売り急がせる者
・会社側に判断のための情報や，判断するための時間を与えない者

② 　取り組みの具体的内容

　当社取締役会は，株主の皆さまから経営を負託された者として，基本方針を実現するため，次のとおり取り組んでおります。

企業価値向上策
・中期計画の推進

　当社グループは，「パーパス "Fun for All into the Future"」のもと，バンダイナムコと世界中のIPファン，あらゆるパートナー，グループ社員，そして社会と常に向き合い，広く，深く，複雑につながる姿を目指し，2022年4月より3カ年の中期計画を推進しております。中期計画においては，中期ビジョン「Connect with Fans」のもと，重点戦略である「IP軸戦略」「人材戦略」「サステナビリティ」に取り組むことにより，エンターテインメント企業グループとしてあらたなステージを目指すとともに企業価値の向上を実現することを目指しております。

・コーポレート・ガバナンス体制の強化

　当社は，主としてユニットの事業統括会社代表取締役社長が当社の取締役などを兼任することにより，持株会社と事業会社，さらには事業会社間の連携を強化するとともに，グループとして迅速な意思決定を行っております。また，コーポレート・ガバナンス体制の強化をはかるとともに，スピーディな意思決定と業務執行を行うことで，企業価値のさらなる向上に取り組むことを目的に，2022年6月より，監査役会設置会社から監査等委員会設置会社へ移行しております。これにより，取締役の14名のうち5名が社外取締役となり，いずれの社外取締役も独立社外取締役とすることで経営監督機能の強化をはかっております。これに加え，取締役会が適切に機能しているかを，客観的な視点から評価することを目的に，独立役員会を組成しております。独立役員会は，独立社外取締役のみで構成され，事務局機能も第三者専門機関に設置しております。これにより，取締役会における，より実効性の高い監督機能の保持を行っております。

・経営効率化の推進

　当社グループにおける事業再建基準を整備し，より迅速に事業動向を見極めるため，継続的なモニタリングの仕組みを強化するとともに，社内で定めた指標に基づき，事業の再生・撤退を迅速に判断しております。このほか，グループ全体の業務プロセスの標準化によりコスト削減をはかり，様々な観点から経営の効率化を推進しております。

・人材戦略の強化

　当社グループは，「パーパス"Fun for All into the Future"」のもと，様々な才能，個性，価値観を持つ多様な人材が生き生きと活躍することができる「同魂異才」の企業集団でありたいと考えます。従来より，新卒・キャリア，性別，年齢，国籍，人種，宗教や性的指向などにこだわらず人材の確保・登用を行うとともに，多様な人材が活躍することができ，心身ともに健康に働くことができる様々な制度や環境の整備に取り組んでまいりました。これらに加えて，社員のチャレンジを支援する取り組み，グローバルでIP軸戦略を推進する人材を育成する取り組みなどを推進するとともに，多様な働き方やあらたな働き方への対応や制度の整備などを推進しております。

・サステナブル活動の強化

　当社グループは，「パーパス"Fun for All into the Future"」のもと，ファンとともに持続可能な社会の実現に向けたサステナブル活動を推進しております。2021年4月には，IP軸戦略のもと，ファンとともに，グループが向きあうべき社会的課題に対応したサステナブル活動を推進すべくバンダイナムコグループの「サステナビリティ方針」を策定しました。中期計画においては，

第3節　すべての会社において記載すべき事項　65

重点戦略の1つに「サステナビリティ」を設定し，グループが向き合うべき社会課題として特定したマテリアリティのもと，具体的なアクションプランを推進しております。マテリアリティ「地球環境との共生」においては，社会が直面している自然環境の問題に対応すべく，エネルギー由来の二酸化炭素排出量削減目標とステップの設定を行い，脱炭素に向けた取り組みを進めております。

・積極的な IR 活動

　　当社は，金融商品取引法および東京証券取引所の定める適時開示規則に沿って，情報開示を適時・的確に行っております。そして，株主をはじめとするステークホルダーの皆さまに対し経営戦略や事業方針について，明確に伝える透明性の高い企業でありたいと考えております。そのため，会社説明会や決算説明会など，代表取締役社長をはじめとした経営者自身が，個人投資家や国内外の機関投資家および証券アナリストなどに対し直接説明し，グループへの理解を深める努力をしております。

・積極的な株主還元策

　　当社は，株主の皆さまへの利益還元を経営の重要施策と位置づけており，当社グループの競争力を一層強化し，財務面での健全性を維持しながら，継続した配当の実施と企業価値の向上を実現していくことを目指しております。具体的には，長期的に安定した配当を維持するとともに，より資本コストを意識し，安定的な配当額として DOE（純資産配当率）2％をベースに，総還元性向50％以上を目標に株主還元を実施することを基本方針としております。

（記載例）　**現時点では特段の定めを行っていない旨の記載（任意記載）**

（杉本商事㈱　2024年3月期）

10．株式会社の支配に関する基本方針

　　当社は現時点では，当該「基本方針」および「買収防衛策」につきましては，特に定めておりません。

　　一方で，大量株式取得行為のうち，当社の企業価値及び株主共同の利益に資さないものについては適切な対応が必要と考えており，今後の法制度の整備や社会的な動向も見極めつつ，今後も慎重に検討を行ってまいります。

66　第2章　事業報告

4　親会社等との間の取引に関する事項

⑴　開示すべき事項

　親会社等との間の取引の条件等の適正を確保し，事業報告作成会社の利益を保護するため，個別注記表において注記された関連当事者との取引（計算規則112Ⅰ）（第4章第2節**13**参照）のうち，親会社等との間の取引について，事業報告において，図表2－4の事項を記載する。

　ここで，会社計算規則上，関連当事者との取引に関する注記を要するのは，会計監査人設置会社または公開会社である。

＜図表2－4＞　親会社等との間の取引に関する開示事項

項目	開示事項（施行規則118⑤）
イ	事業報告作成会社の利益を害さないように留意した事項（当該事項がない場合にあっては，その旨）
ロ	事業報告作成会社の利益を害さないかどうかについての取締役（会）の判断およびその理由
ハ	取締役（会）の判断が，社外取締役の意見と異なる場合，その意見

　「親会社等」には，親会社のほかに，自然人であるオーナー（法人でない支配株主）が含まれる（会社法2④の2，施行規則3の2Ⅱ）。詳細は⑵で説明する。

　「親会社等との間の取引」には，①事業報告作成会社とその親会社等との間の取引（直接取引）だけでなく，②事業報告作成会社と第三者との間の取引で事業報告作成会社とその親会社等との間の利益が相反する取引（債務保証のような間接取引）が含まれる。また，完全親会社との取引も含まれる。

　項目イについては，具体的な記載内容が定められておらず，事業報告作成会社の少数株主や債権者の利益を踏まえた記載を行う。例えば，事業報告作成会社において当該取引と類似の取引を親会社等以外の独立した第三者との間でも行っている場合には，当該第三者との間の取引と同等の取引条件等であることを確認した旨の記載等が考えられる（坂本三郎ほか『立案担当者による平成26年改正会社法関係法務省令の解説』商事法務）。

項目ロの「取締役（会）の判断およびその理由」については，取締役（会）の「判断」とは取締役会の決議（会社法369Ⅰ）による判断を意味する。「その理由」は当該取締役会の決議による判断の理由を意味し，審議の過程に即した内容の記載が求められる。なお，開示の対象となる取引について，個別にまたは取引の時点での判断までが求められるのではなく，取引の類型ごとに包括的に判断し，また，当該判断の内容が記載された事業報告の承認をもって取締役（会）の判断とする対応も許容される（パブリックコメント結果第3Ⅱ(4)④，(11)⑨）。

項目ハについては，取締役（会）の判断と異なる社外取締役の意見を，その理由も含めて記載することが考えられる。

なお，第2節図表2－1でも記載したとおり，この「親会社等との間の取引に関する事項」と本節**5**の「特定完全子会社に関する事項」は，公開会社において該当事項がある場合には「株式会社の現況に関する事項」のうち「重要な親会社および子会社の状況」において記載する事例が多く見られる。そのため，このような事例についても当該箇所（第4節**2**(7)）であわせて紹介している。

また，会社の属性区分ごとの開示の要否と記載箇所は図表2－5のとおりである。なお，会計監査人設置会社以外の公開会社においては，個別注記表における関連当事者との取引に関する注記の一部の項目について，計算書類の附属明細書への記載事項とすることができる（第5章第2節**2**(4)参照）。この場合，親会社等との間の取引に関する事項については，事業報告の附属明細書に記載する（施行規則128Ⅲ）。

<図表2－5> 親会社等との間の取引に関する開示の記載箇所

会社の属性	公開会社	非公開会社
会計監査人設置会社	事業報告で開示	事業報告で開示
会計監査人非設置会社	原則：事業報告で開示 容認：事業報告の附属明細書で開示＊	― （関連当事者取引注記なし）

＊　この場合については，第5章第1節**2**(2)参照。

⑵　親会社等および子会社等とは

　社外取締役および社外監査役の要件や事業報告における親会社等との利益相反取引に関する事項の開示に関連して，会社法および会社法施行規則において「親会社等」および「子会社等」の定義が設けられている。これらは「親会社」および「子会社」の定義と同様に支配の考え方に基づくが，連結の範囲に影響を与える事項ではない。図表2－6で両者の関係を示している。

　両者の違いは，会社を支配している者が会社以外（自然人）である場合を含むかどうかにある。例えば，自然人が株式会社を支配している場合，それぞれ「親会社」「子会社」には該当しないが，「親会社等」「子会社等」には該当する。

<図表2－6>　「親会社等」および「子会社等」と「親会社」
および「子会社」の定義

	支配している者：会社 支配されている者：会社	支配している者：会社以外（自然人） 支配されている者：会社
(1)親会社等	①親会社 会社等(*)が株式会社の財務および事業の方針の決定を支配している場合の当該会社等(*) （会社法2④，施行規則3Ⅱ）	②その他（親会社「等」の部分） ある者（会社等(*)であるものを除く）が株式会社の財務および事業の方針の決定を支配している場合における当該ある者 （会社法2④の2ロ，施行規則3の2Ⅱ）
(2)子会社等	①子会社 会社が他の会社等(*)の財務および事業の方針の決定を支配している場合における当該他の会社等(*) （会社法2③，施行規則3Ⅰ）	②その他（子会社「等」の部分） 会社以外の者が他の会社等(*)の財務および事業の方針の決定を支配している場合における当該他の会社等(*) （会社法2③の2ロ，施行規則3の2Ⅰ）

＊　「会社等」は，会社（外国会社を含む），組合（外国における組合に相当するものを含む）その他これらに準ずる事業体をいい（施行規則2Ⅲ②），自然人は含まれない。なお，「子会社等」「親会社等」に含まれる「等」とは意味が異なる。

　これらの定義のうち「財務および事業の方針の決定を支配している場合」については，会社法施行規則第3条第3項および第3条の2第3項で定められている。支配している者が会社である場合と会社以外（自然人）の場合で基本的

な考え方は共通している。しかし，支配している者が会社以外（自然人）の場合には，その配偶者または二親等内の親族による他の会社の議決権の所有や他の会社の取締役就任等も考慮する必要がある。

図表2－7では，親会社等の具体例を示している。ケース1では，自然人であるP氏は「親会社等」に該当し，事業報告作成会社であるX社は「子会社等」となるため，X社とP氏との取引が「親会社等との間の取引に関する事項」の開示対象となる。ケース2では，X社の事業報告において，P氏との取引に加え，親会社であるA社との取引も開示対象となる。

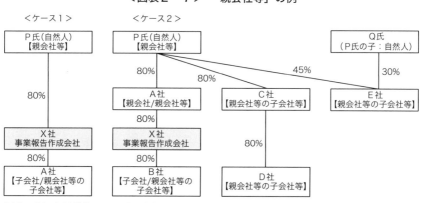

＜図表2－7＞ 「親会社等」の例

(注) 【親会社等】などの括弧内は，事業報告作成会社であるX社の観点から記述している。

なお，ケース1のA社，ケース2のB社，C社，D社およびE社は，事業報告作成会社であるX社の観点から「親会社等の子会社等」に該当する。これは，第4節4で後述する社外役員の要件や社外役員に関する開示に影響する。

5 多重代表訴訟の対象となる特定完全子会社に関する事項

最終完全親会社等の株主がその子会社（完全子会社等）の役員等に対して代表訴訟を提起できる制度，いわゆる多重代表訴訟制度（会社法847の3）に関連して，最終完全親会社等の事業報告において特定完全子会社に関する一定の開示が求められている。

70　第2章　事業報告

(1)　開示すべき事項

　特定完全子会社に関する事項として，図表2－8の内容を記載する必要がある。

<図表2－8>　多重代表訴訟の対象となる特定完全子会社に関する開示事項

項目	開示事項（施行規則118④）
イ	特定完全子会社の名称および住所
ロ	事業報告作成会社およびその完全子会社等における当該特定完全子会社の株式の当該事業年度末日における帳簿価額の合計額
ハ	事業報告作成会社の当該事業年度に係る貸借対照表上の総資産額

　項目ロについては，開示対象となる特定完全子会社が複数存在する場合，個々の特定完全子会社ごとに区分して開示する必要があると考えられる。

　「経団連ひな型」における記載例は以下のとおりである。

【特定完全子会社に関する事項】

　［記載例］
　　特定完全子会社に関する事項

名称	住所	帳簿価額の合計額	当社の総資産額
○○株式会社		○百万円	○百万円

(2)　最終完全親会社等および完全子会社等とは

　「完全親会社等」および「完全子会社等」の関係には，直接的に発行済株式の全部を保有している場合のほか，他の完全子会社等を通じて間接的に発行済株式の全部を保有している場合が該当する。間接保有の判断にあたって，「完全子会社等」には株式会社以外の法人も含まれる（会社法847の3Ⅱ・Ⅲ，847の2Ⅰ，施行規則218の3）。

　多重代表訴訟を提起できる主体は，「最終完全親会社等」の株主であるため（会

社法847の3Ⅰ），事業報告において開示を要する会社は，当該事業年度の末日において，その「完全親会社等」が存在しない「最終完全親会社等」となる。図表2－9では，「完全親会社等」および「完全子会社等」の具体例を示している。

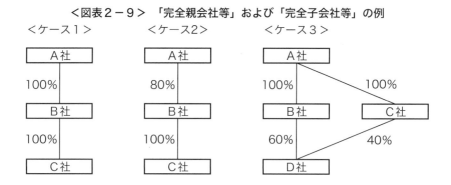

＜図表2－9＞ 「完全親会社等」および「完全子会社等」の例

　ケース1では，A社の観点から，A社が「(最終) 完全親会社等」，B社およびC社が「完全子会社等」に該当する。なお，B社の観点からは，B社が「完全親会社等」，C社が「完全子会社等」に該当するが，B社は「最終完全親会社等」の要件を満たさない。

　ケース2では，A社の観点から，「完全親会社等」および「完全子会社等」は存在しない。B社の観点からは，B社が「(最終) 完全親会社等」，C社が「完全子会社等」に該当する。

　ケース3では，A社の観点から，A社が「(最終) 完全親会社等」，B社，C社およびD社が「完全子会社等」に該当する。

(3) 開示対象となる完全子会社等（特定完全子会社）

　多重代表訴訟の被告となる役員等は，完全子会社等のうち「重要な」完全子会社等である株式会社の役員等に限られる。よって，開示の対象となる重要な完全子会社等（以下「特定完全子会社」という）も，多重代表訴訟の範囲と整合的に，図表2－10の①および②の両方の要件を満たす会社と定められている。

72　第2章　事業報告

　項目①については，上記のとおり完全子会社等には株式会社以外の法人も含まれるが，株式会社のみが開示対象となる。多重代表訴訟制度は，「株式会社」の最終完全親会社等の株主が訴えることができる制度であり（会社法847の3 Ⅰ・Ⅳ），わが国の会社法上，「株式会社」とは，わが国の会社法に準拠して設立された株式会社をいう（会社法2①・②）。したがって，外国の法令に準拠して設立された完全子会社等の役員等は対象とならない（坂本三郎「一問一答平成26年改正会社法（第2版）」189頁）。

　項目②について完全子会社等が多重代表訴訟の対象となるかどうかは，責任の原因となった事実の発生日の数値に基づき「5分の1」を判断する。図表2－8のとおり，事業報告において，これと近似し比較的算定が容易な事業年度の末日の数値に基づく特定完全子会社に関する事項を開示することにより，株主側の便宜と会社側の事務負担の軽減を図っている。

<図表2－10>　開示対象となる特定完全子会社の要件

項目	要件（施行規則118④）
①	事業報告作成会社が直接または間接にすべての株式を有する完全子会社等（株式会社に限る）
②	事業年度の末日において，事業報告作成会社およびその完全子会社等が保有する，ある完全子会社等（特定完全子会社となる会社）の株式の帳簿価額を合計した額が，事業報告作成会社の総資産額として会社法施行規則第218条の6で定める方法により算出される額の5分の1を超える場合。なお，「5分の1」の要件は，定款で緩和できる（会社法847の3Ⅳ）。

●第4節　公開会社である場合の記載事項

1　公開会社に求められている記載事項

　会社法における「公開会社」とは，「その発行する全部又は一部の株式の内容として譲渡による当該株式の取得について株式会社の承認を要する旨の定款の定めを設けていない株式会社」（会社法2⑤）をいう。公開会社では不特定の者

第4節 公開会社である場合の記載事項 73

が株主になりうる状況にあるため，株式会社の現況に関する事項など，株式会社の概要を知るための詳細な情報の記載が求められる。公開会社であるか否かはその事業年度の末日で判断されるため，事業年度の途中において公開会社でなくなった場合にはこれらの事項の記載は不要となる。

公開会社では，第3節「すべての会社において記載すべき事項」に記載した事項に加えて，以下の事項についての記載が求められる（施行規則119）。

一　株式会社の現況に関する事項　……**2参照**
二　株式会社の会社役員に関する事項　……**3，4参照**
二の二　株式会社の役員等賠償責任保険契約に関する事項　……**5参照**
三　株式会社の株式に関する事項　……**6参照**
四　株式会社の新株予約権等に関する事項　……**7参照**

2　株式会社の現況に関する事項

株式会社の現況に関する事項として，以下の事項を記載する必要がある（施行規則120 I）。株式会社の事業が複数の部門に分かれているときは，その部門別に区別された事項の記載が求められる。

一　当該事業年度の末日における主要な事業内容　……**(1)参照**
二　当該事業年度の末日における主要な営業所及び工場並びに使用人の状況
　　　　　　　　　　　　　　　　　　　　　　　　　　　　　……**(2)参照**
三　当該事業年度の末日において主要な借入先があるときは，その借入先及び借入額　……**(3)参照**
四　当該事業年度における事業の経過及びその成果　……**(4)参照**
五　当該事業年度における次に掲げる事項についての状況（重要なものに限る。）
　　　　　　　　　　　　　　　　　　　　　　　　　　　　　……**(5)参照**

　イ　資金調達
　ロ　設備投資
　ハ　事業の譲渡，吸収分割又は新設分割
　ニ　他の会社（外国会社を含む。）の事業の譲受け
　ホ　吸収合併（会社以外の者との合併（当該合併後当該株式会社が存続する合併に限る。）を含む。）又は吸収分割による他の法人等の事業に関する権利義務の承継

74　第2章　事業報告

　　ヘ　他の会社（外国会社を含む。）の株式その他の持分又は新株予約権等の取得
　　　又は処分
　六　直前3事業年度（当該事業年度の末日において3事業年度が終了していない
　　株式会社にあっては，成立後の各事業年度）の財産及び損益の状況
　　　　　　　　　　　　　　　　　　　　　　　　　　　　……(6)参照
　七　重要な親会社及び子会社の状況（当該親会社と当該株式会社との間に当該株
　　式会社の重要な財務及び事業の方針に関する契約等が存在する場合には，その
　　内容の概要を含む。）　……(7)参照
　八　対処すべき課題　……(8)参照
　九　前各号に掲げるもののほか，当該株式会社の現況に関する重要な事項
　　　　　　　　　　　　　　　　　　　　　　　　　　　　……(9)参照

　また，会社が連結計算書類を作成している場合には，当該株式会社およびそ
の子会社からなる企業集団の現況に関する事項として各記載事項を記載でき
る。この場合，当該事項に相当する事項が連結計算書類の内容となっていると
きは，当該事項を事業報告の内容としない取扱いが可能である（施行規則120
Ⅱ）。

　連結ベースで企業集団の現況に関する事項を記載する場合，事業報告作成会
社単独ベースの記載を行わなくてもよいが，記載を行うことも妨げられない。
また，当然ながら，ある項目は連結ベース，ある項目は単独ベースというよう
に項目によって記載対象を選択するような対応は望ましくない。

　連結ベースで記載する場合であっても，連結会社が複数の部門に分かれてい
るときはその部門別に区別した記載が求められる。連結ベースの場合は，通常
セグメントに区分して記載する。

⑴　当該事業年度の末日における主要な事業内容

　会社の行う主要な事業についてわかりやすい記載が求められているが，定款
に記載されている事項をそのまま記載することは求められていない。休止して
いる事業内容について記載する必要はなく，事業年度の末日において行ってい
る事業内容を記載すれば十分であると考えられる。しかし，事業年度の途中に
おいて事業内容を変更した場合には，その変更について記載するのが望ましい。

　事業内容については主な製品・サービスの内容を記載する方法のほか，主要

第4節　公開会社である場合の記載事項　75

な事業部門の記載により事業の内容を示す方法も考えられる。

　なお，後述する(4)「当該事業年度における事業の経過およびその成果」において，事業部門別の経過および成果を記載する場合は，その記載区分と整合した記載が望ましい。

　「経団連ひな型」では，以下のように記載内容を説明している。

【主要な事業内容】

　事業部門名から当該事業の内容が推認できる場合には，主要な事業部門名を記載することで足りる。各部門について「事業の経過及びその成果」を記載することとされているため，「主要な事業内容」について別の項目を立てて重複記載する必要はない。

　それ以外の場合には，主要な製品又はサービスを記載することになるが，これは「事業の経過及びその成果」の中で記載してもよい。

　事業内容としては，事業報告の対象となる事業年度の末日現在の状況を記載する。

（記載例）　主要な事業内容（単独ベース）　　　（日本高純度化学㈱　2024年3月期）

---

(7)　**主要な事業内容**（2024年3月31日現在）

　当社は，電子部品のプリント基板（パッケージ基板を含む。），コネクター及びリードフレーム等の接点・接続部位に使用される貴金属めっき薬品の開発，製造及び販売を主な事業内容としております。特にプロセスアドバイス及びアフターフォロー等までも含めた総合的な提案・提供を行っており，ユーザーのニーズに密着した製品の開発，製造及び販売に努めております。

　連結計算書類を作成している場合，連結ベースで主要な事業内容を記載できる。その場合，セグメント別の事業区分を用いる開示が企業集団の事業内容を説明するためには有効である。

　「経団連ひな型」では，以下のように記載内容を説明している。

【企業集団の主要な事業セグメント】（連結ベースで記載する場合）

　複数の事業セグメントを有しており，その内容がセグメント名から推認できる場合には，主要な事業セグメント名を記載する。各セグメントについて「事業の経過及びその成果」を記載することとされているため，「主要な事業セグメント」

76　第2章　事業報告

について別の項目を立てて重複記載する必要はない。

　事業内容としては，事業報告の対象となる事業年度の末日現在の状況を記載する。

（記載例）　主要な事業内容（連結ベース）　　　　（ニチコン㈱　2024年3月期）

⑺　**主要な事業内容**（2024年3月31日現在）

　　当社グループは，各種コンデンサ，応用機器および回路製品等の製造・販売を行っており，各セグメントの主要な製品は，次のとおりであります。

セグメントの名称	主　要　製　品
コンデンサ事業	アルミ電解コンデンサ，フィルムコンデンサ，小形リチウムイオン二次電池，パワーエレクトロニクス用フィルムコンデンサ，xEV用フィルムコンデンサ
NECST事業	家庭用蓄電システム，V2Hシステム，トライブリッド蓄電システム，EV・PHV用急速充電器，外部給電器，スイッチング電源，機能モジュール，公共・産業用蓄電システム，医療用加速器電源，学術研究用加速器電源

⑵　当該事業年度の末日における主要な営業所および工場ならびに使用人の状況

　この記載は，事業年度の末日において有している物理的な拠点および人材の情報の提供であり，主要な営業所および工場の名称とその所在地，ならびに従業員数の記載を想定している。

　営業所および工場については，事業年度末日現在の状況を記載すればよいと考えられるが，当事業年度中に主要な営業所および工場の新設，閉鎖等があればそれを加えた記載も考えられる。

　使用人の状況については，従業員数の記載が考えられるが，昨今は雇用形態等が多様化している状況を踏まえ，適切に会社の人的資源に関する情報を伝えるよう適宜工夫した記載が望まれる。

　「経団連ひな型」では，以下のように記載内容を説明している。

第4節　公開会社である場合の記載事項　77

【主要な営業所及び工場】

　主要な営業所及び工場の名称及びその所在地を記載する。所在地の記載は都道府県名又は都市名までとすることが考えられる。したがって，営業所，工場名に所在地を示す都道府県名又は都市名が付される場合には，所在地を記載する必要はない。状況としては，事業報告の対象となる事業年度の末日現在のものを記載する。

［記載例］
　①　営業所：大阪，名古屋，九州（福岡），札幌，中国（広島），仙台，
　　　　　　　四国支店（高松）
　②　工　場：大阪，粟津，川崎，小山

【使用人の状況】

　事業年度末における使用人数（就業者数でも可）及び前期末比増減を記載する。その他，使用人の平均年齢や平均勤続年数等を記載することも考えられる。これらはすべて全社的なものとし，事業所別に記載する必要はない。

　子会社等への出向者がある場合には，出向者数を注記することが考えられる（内数又は外数）。

　使用人の構成その他の状況に重要な変動がある場合には，その旨も併せて記載する。状況としては，事業報告の対象となる事業年度の末日現在のものを記載する。

［記載例］
　使用人の状況
　　使用人数　○○○○名（前事業年度末比○○名増）
　　平均年齢　○○歳　　平均勤続年数　○○年

　使用人の状況の記載にあたっては，有価証券報告書における「従業員の状況」の記載との整合性を考慮する。　有価証券報告書では就業人員数ベースでその数，平均年齢，平均勤続年数および平均年間給与の記載が求められているほか，臨時従業員が相当数以上いる場合には事業年度末までの1年間におけるその平均雇用人員を外書きで示し，また事業年度末までの1年間において従業員の人員に著しい増減があった場合はその事情の記載が求められている。

78　第2章　事業報告

記載例　**主要な営業所および工場（単独ベース）**　　　（㈱木曽路　2024年3月期）

⑼　**主要な営業所及び工場**（2024年3月31日現在）

当社

　本　　　　　社：愛知県名古屋市昭和区

　東日本本部：東京都江東区

　西日本本部：大阪府吹田市

　直営店舗：193店舗

店舗の地域別分布

区　　　分	店　舗　数	区　　　分	店　舗　数
栃　　木　　県	2店	岐　　阜　　県	4店
茨　　城　　県	1	三　　重　　県	4
群　　馬　　県	3	和　歌　山　県	1
埼　　玉　　県	16	奈　　良　　県	2
千　　葉　　県	33	大　　阪　　府	18
東　　京　　都	34	兵　　庫　　県	8
神　奈　川　県	17	岡　　山　　県	1
静　　岡　　県	1	福　　岡　　県	3
愛　　知　　県	45	計	193

　名古屋工場：愛知県大府市（調理加工場兼物流センター）

　守山工場：愛知県名古屋市守山区（調理加工場）

　千葉工場：千葉県千葉市中央区（調理加工場）

記載例　**使用人の状況（単独ベース）**　　（㈱ハウス オブ ローゼ　2024年3月期）

⑺　**従業員の状況**（2024年3月31日現在）

従業員数	前事業年度末比増減	平均年齢	平均勤続年数
800（209）名	57名減（20名減）	40.2歳	9.2年

（注）アルバイト及びパートは，（　）内に年間の平均人員を外数で記載しております

　この事項においても，連結計算書類を作成している場合は，連結ベースの記載が認められている。「営業所及び工場」においては，主要な子会社の名称およ

第4節 公開会社である場合の記載事項 79

びその所在地も含めて主要な拠点を記載する方法が考えられる。また，「使用人の状況」についても，企業集団全体の使用人の状況を記載する方法が考えられる。この場合，セグメント別に記載するなどの工夫も有効である。

「経団連ひな型」では，以下のように記載内容を説明している。

【企業集団の主要拠点等】（連結ベースで記載する場合）

企業集団の主要拠点（営業所や工場等）や主要な子会社の名称及びその所在地を記載する。所在地の記載は都道府県名又は都市名までとし，海外展開している場合には，その所在する国名までとする。したがって，営業所，工場名に所在地を示す都道府県名又は都市名，海外展開している場合においては国名が付せられるときには，所在地は記載する必要はない。状況としては，事業報告の対象となる事業年度の末日現在のものを記載する。

［記載例］
① 営　業　所：東京，大阪，アメリカ
② 生産拠点：○○ Inc.（カナダ），ドイツ△△ GmbH，□□有限公司（中国）

【企業集団の使用人の状況】（連結ベースで記載する場合）

【事業報告作成会社の状況について記載する場合】と同様に，使用人数（就業者数でも可）及び前期末比増減を記載するほか，事業セグメント別，あるいは国内・海外別の使用人数（就業者数でも可）などを記載することも考えられる。状況としては，事業報告の対象となる事業年度の末日現在のものを記載する。

記載例 主要な営業所および工場（連結ベース）　　（リョービ㈱　2023年12月期）

⑻ 主要な営業所及び工場

① 当社の主要な営業所及び工場

営業所及び工場	所　在　地
本　　　　　社	広島県府中市
東　京　支　社	東京都北区
虎ノ門オフィス	東京都港区
大　阪　支　店	大阪府高槻市
営　　業　　所	札幌・仙台・浜松・名古屋・富山・広島・福岡
広　島　工　場	広島県府中市

広　島　東　工　場	広島県府中市
静　岡　工　場	静岡県静岡市
菊　川　工　場	静岡県菊川市

② 主要な子会社の本社所在地

	会　社　名	本　社　所　在　地
国内	リョービミラサカ株式会社	広島県三次市
	リョービミツギ株式会社	広島県尾道市
	株式会社東京軽合金製作所	埼玉県行田市
	生野株式会社	兵庫県朝来市
	豊栄工業株式会社	三重県いなべ市
	リョービMHIグラフィックテクノロジー株式会社	広島県府中市
海外	リョービダイキャスティング（USA），INC.	米国インディアナ州シェルビービル市
	アールディシーエム，S. de R.L. de C.V.	メキシコ　グアナファト州イラプアト市
	リョービアルミニウムキャスティング（UK），LIMITED	英国アントリム州キャリクファーガス市
	利優比圧鋳（大連）有限公司	中国遼寧省大連市
	利優比圧鋳（常州）有限公司	中国江蘇省常州市
	リョービダイキャスティング（タイランド）CO., LTD.	タイ　ラヨン県
	利佑比（上海）商貿有限公司	中国上海市

（記載例）　使用人の状況（連結ベース）　　　　　　　（㈱フコク　2024年3月期）

7．使用人の状況（2024年3月31日現在）
　①　企業集団の使用人の状況

第4節　公開会社である場合の記載事項　81

事業区分	使用人数（名）	前連結会計年度末比増減（名）
機　能　品	2,354　（1,743）	△51　（△11）
防　　　振	1,340　　（968）	103　　（63）
金 属 加 工	179　　（106）	△6　　　（5）
ホ　ー　ス	243　　（197）	3　（△6）
産 業 機 器	208　　　（33）	△18　（△2）
全社（共通）	270　　　（4）	△14　　　（2）
合　　　計	4,594　（3,051）	17　　（51）

（注）1．使用人数は就業人員であり，臨時従業員数（契約社員，パート）は（　）に年間の平均人数を外数で記載しております。
　　　2．全社（共通）として記載されている従業員数は，管理部門等に所属しているものであります。

　② 　当社の使用人の状況

使用人数(名)	前事業年度末比増減(名)	平均年齢(歳)	平均勤続年数(年)
1,157　（395）	△28　（△19）	44.0	14.6

（注）使用人数は就業人員であり，臨時従業員数（契約社員，パート）は（　）に年間の平均人数を外数で記載しております。

⑶　当該事業年度の末日において主要な借入先があるときは，その借入先および借入額

　当事業年度の末日における借入による資金調達の源泉を説明する記載であり，主要な借入先別に借入金の残高を記載する。借入先は，金融機関に限らず，一般事業会社や個人であった場合でもその資金調達が重要であれば記載する。事業年度の末日における状況を記載すれば足り，当期に新たな借入れを行った場合等は後述する⑸「当該事業年度における資金調達，設備投資，組織再編等の状況」で記載すればよい。

　「経団連ひな型」では，以下のように記載内容を説明している。

【主要な借入先及び借入額】
　当該事業年度の末日において主要な借入先があるときは，その借入先及び借入

82　第2章　事業報告

額を記載する。具体的には，金融機関等からの借入額がその会社の資金調達において重要性を持つ場合に限って主要な借入先及び借入額を記載する。借入額に重要性がある場合には，金融機関名等と当該金融機関等からの借入額を記載する。

［記載例］

借　　入　　先	借　入　残　高
	（億円）

（記載例）　主要な借入先の状況（単独ベース）

（㈱サカイ引越センター　2024年3月期）

⑻　**主要な借入先の状況**（2024年3月31日現在）

借　　入　　先	借　入　額
株 式 会 社 三 井 住 友 銀 行	1,043百万円
株 式 会 社 三 菱 Ｕ Ｆ Ｊ 銀 行	1,029百万円
み ず ほ 信 託 銀 行 株 式 会 社	909百万円
三 井 住 友 信 託 銀 行 株 式 会 社	328百万円
株 式 会 社 池 田 泉 州 銀 行	200百万円

　連結計算書類を作成している場合には，連結ベースの記載も可能である。この場合，企業集団外からの借入金が記載対象となり，企業集団内の借入金は当然ながら記載対象にならない。また，連結子会社の決算日が親会社の決算日と相違する場合には，連結決算日における子会社の借入額残高が必ずしも連結計算書類における借入金残高と一致しない場合もある。

第4節　公開会社である場合の記載事項　83

記載例　主要な借入先の状況（連結ベース）

(JFE ホールディングス㈱　2024年3月期)

⑽　**主要な借入先**（2024年3月31日現在）
　　当社および連結子会社の主要な借入先は以下のとおりであります。

借　　入　　先	借入残高（百万円）
株 式 会 社 み ず ほ 銀 行	255,433
株 式 会 社 三 井 住 友 銀 行	143,791
株 式 会 社 三 菱 Ｕ Ｆ Ｊ 銀 行	124,604
株 式 会 社 日 本 政 策 投 資 銀 行	108,000

⑷　当該事業年度における事業の経過およびその成果

　一般的に，対象事業年度における，経済環境，会社の行う事業に関連する業界の状況，それに対する事業上の取組み，およびその成果を，主として文章により説明し，事業報告の冒頭に記載する。この説明においては，その成果として財務上の数値（当事業年度の営業利益，経常利益，当期純利益など）を記載する。また，会社が複数の事業部門に分かれているときは，その事業部門別に経過および成果をそれぞれ説明する方法も考えられる。この場合の「事業部門」については，⑴「当該事業年度の末日における主要な事業内容」における事業の説明と整合した記載が望ましい。

　上述のような主要な事業活動のほか，経営上の重要な契約や合併等の組織再編など，状況に応じて会社にとって重要な事象をあわせた開示が望まれる。

　「経団連ひな型」では，以下のように記載内容を説明している。

【事業の経過及びその成果】
　当該事業年度における事業の経過及びその成果について記載する。具体的には，①事業報告作成会社をめぐる経済環境，②業界の状況，③その中での会社の生産，仕入れ及び販売等の状況，売上高，当期純損益等を記載する。場合によっては生産高・生産能力及び稼動率を記載することも考えられる。
　事業の部門が分かれている場合には，部門別の売上高又は生産高等の状況を記載する。ただし，部門別に区別することが困難である場合についてはこの限りではない。

84 第2章 事業報告

> そのほか，その事業年度において起こった重要な経営上の出来事，すなわち経営上の重要な契約の締結・解消，重要な研究開発活動，重要な固定資産の取得・処分等も，その重要性に応じた分量で記載することが考えられる。
> なお，合併等の重要な組織再編については，別項目において記載することとされているが，本項目において記載することも考えられる。

(記載例) 事業の経過およびその成果（単独ベース）

(㈱ノムラシステムコーポレーション　2023年12月期)

⑴　事業の経過及び成果

　当事業年度におけるわが国の経済は，新型コロナウイルス感染症の5類感染症移行により経済活動の正常化が進み景気の回復傾向は見られますが，地政学リスクや物価の高騰，円安の影響により依然として不透明な状況にあります。

　当社を取り巻く環境におきましては，新型コロナウイルス感染症拡大に伴いテレワークが普及したことにより，オンライン会議システムやクラウド型システムの導入，SAP ERP 6.0®の標準サポート保守期限に伴う基幹システム移行対応，デジタルトランスフォーメーション（DX）の取り組みなど，企業のIT投資のペースは引き続き増加する傾向にあります。

　このような経営環境のもと，SAP ERPパッケージ導入のプライム（元請け案件）をより多く受注すべく，当社の強みである人事ソリューションを中心に営業活動を推進してまいりました。合わせて，FIS[※]，RPAの営業も積極的に行い，受注の安定に努め，顧客基盤の拡大を図ってまいりました。

　この結果，当事業年度におきましては，売上高2,945,981千円（前期比9.3％増），営業利益464,347千円（前期比32.0％増），経常利益465,516千円（前期比25.5％増），当期純利益は359,614千円（前期比40.6％増）となりました。

　なお，当社はERPソリューション事業のみの単一セグメントであるため，セグメントごとの記載をしておりません。

（※）FIS（Function Implement Service）
　　SAP導入プロジェクトにおいて業務設計，システム設計から顧客要件を分析し，SAPの実現機能の設計やアドオン（作り込み）設計の技術支援を行う。

　連結計算書類を作成している場合には，連結ベースの記載が可能である。この場合，主要なセグメント別に事業の経過および成果の説明をする方法が考えられる。

　「経団連ひな型」では，以下のように記載内容を説明している。

第4節　公開会社である場合の記載事項　85

【事業の経過及びその成果】（連結ベースで記載する場合）

　①企業集団をめぐる経済環境，②業界の状況，③その中での企業集団の生産，仕入れ及び販売等の状況，売上高，親会社株主に帰属する当期純利益等を記載する。場合によっては企業集団の生産高・生産能力及び稼動率を記載することも考えられる。

　複数の事業セグメントを有している場合には，事業セグメント別の売上高等の状況を記載する。ただし，セグメント毎に区別することが困難である場合については，この限りではない。

　「企業集団」との表現を，「当社グループ」等の適当な表現により代替することも差し支えない。

　そのほか，当連結会計年度中に起った重要な経営上の出来事，すなわち経営上の重要な契約の締結・解消，重要な研究開発活動，重要な固定資産の取得・処分等も，その重要性に応じた分量で記載することが考えられる。

　なお，合併等の重要な組織再編については，別項目において記載することとされているが，本項目において記載することも考えられる。

　なお，有価証券報告書の財務諸表におけるセグメント別の損益情報については，「セグメント情報等の開示に関する会計基準」（企業会計基準第17号）による開示が行われる。上場会社等においては，有価証券報告書における記載内容との整合性を考慮し，これら事業の成果の記載について当該会計基準の適用による金額を記載すれば足りると考えられる。

（記載例）　事業の経過およびその成果（連結ベース）

（エイベックス㈱　2024年3月期）

❶　事業の経過及び成果

　当連結会計年度における我が国経済は，2023年5月に新型コロナウイルス感染症の感染症法上の位置付けが5類感染症に移行したことに伴い，経済活動・社会活動の制限が緩和され，景気は緩やかな回復傾向がみられるものの，世界的な物価上昇や為替変動等により，依然として先行き不透明な状態が続いております。

　当社グループが属するエンタテインメント業界の環境としましては，ライヴの総公演数が前年同期比6.8%増の34,545公演，総売上高は前年同期比29.0%増の5,140億7百万円（2023年1月～12月。一般社団法人コ

売上高

1,333億87百万円

前年度比 **9.7%** 増

ンサートプロモーターズ協会調べ），音楽ビデオを含む音楽ソフトの生産金額が前年同期比9.1％増の2,207億22百万円（2023年1月～12月。一般社団法人日本レコード協会調べ），有料音楽配信売上金額が前年同期比10.9％増の1,164億98百万円（2023年1月～12月。一般社団法人日本レコード協会調べ）となり，当社に関連する市場が大きく成長しております。映像関連市場につきましては，映像ソフトの売上金額が前年同期比0.4％増の1,152億35百万円（2023年1月～12月。一般社団法人日本映像ソフト協会調べ）となり，映像配信市場規模は前年同期比8.0％増の5,250億円（2023年1月～12月。一般財団法人デジタルコンテンツ協会調べ）となり今後も拡大することが予想されます。

営業利益
12億65百万円
前年度比 62.6％ 減

親会社株主に帰属する当期純利益
9億87百万円
前年度比 64.0％ 減

　このような事業環境の下，当社は中期経営計画「avex vision 2027」の実現に向けて，価値創造の起点となる「才能と出会い，育てること」を重点に積極的な投資を行い，長期的な成長を目指せる体制を構築するとともに，海外市場に向けた戦略的な取り組みを推進してまいりました。これらの取り組みにより，各セグメントにおいてIPの発掘・育成や開発・獲得が進捗し，IPポートフォリオの拡充が進んでおります。また，当社の注力領域を明確化し，経営資源を最適化するために，事業ポートフォリオを戦略的に見直し，中期経営計画を実現するための基盤整理に努めてまいりました。

　以上の結果，売上高は1,333億87百万円（前年度比9.7％増），営業利益は12億65百万円（前年度比62.6％減）となり，親会社株主に帰属する当期純利益は，9億87百万円（前年度比64.0％減）となりました。

　セグメント別の経営成績は次のとおりであります。

　※　各セグメントの売上高及び営業利益は，全てセグメント間取引額の消去前の数値です。

(1) **音楽事業**

　　ライヴの売上が増加したものの，売上原価及び販売管理費の増加等により，売上高は1,131億95百万円（前年度比

20.2％増），営業利益は18億88百万円（前年度比19.4％減）となりました。

　　売上構成比：82.1％

(2) **アニメ・映像事業**

　　イベント等のノンパッケージの売上が増加したものの，売上原価の増加等に

より，売上高は161億18百万円（前年度比5.7％増），営業損失は1億29百万円（前年度は営業利益6億21百万円）となりました。

売上構成比：11.6％

(3) デジタル事業

映像配信の売上が減少したものの，販促宣伝費の減少等により，売上高は29億35百万円（前年度比76.2％減），営業損失は2億85百万円（前年度は営業損失1億17百万円）となりました。

売上構成比：2.0％

(4) その他事業

海外事業における印税収入の増加等により売上が増加したものの，売上原価及び販売費の増加等により，売上高は62億71百万円（前年度比4.2％増），営業損失は2億7百万円（前年度は営業利益5億26百万円）となりました。

売上構成比：4.3％

(5) 当該事業年度における資金調達，設備投資，組織再編等の状況

この記載は，対象事業年度における資金調達の状況，設備投資の状況，組織再編等の状況（事業譲渡，吸収分割，新設分割，事業譲受，吸収合併，吸収分割，株式または新株予約権等の取得または処分など）をそれぞれ説明するための記載である。これらの事項は「重要なもの」に限られ，すべての事項を記載する必要はない。

① 資金調達

資金調達の状況においては，資金調達を行った金額およびその資金調達の方法を記載する。増資，社債の発行，重要な設備投資のための資金の調達等が記載対象になると考えられる。

88 第2章 事業報告

　社債の繰上償還，有償減資など調達した資金の返済等は必ずしも記載対象に
ならないと考えられるが，会社にとっての重要性を考慮し，適切と考えられる
情報を記載することが望ましい。

　当該事業年度に重要な資金調達がない場合，経常的な運転資金の調達まで記
載する必要はなく，特記すべき事項がない旨の記載でも足りると考えられる。
ただし，所要資金を自己資金や借入金で賄っている旨を記載している事例も見
られる。

　資金調達の状況については，部門別に展開することは困難な場合が多いと考
えられるため，そのような場合には部門別に記載する必要はない。

　また，重要な資金調達については，使途との関係でみれば設備投資の状況と
の関連で記載が行われる場合が多いため，事業報告における説明にあたっては，
②で後述する「設備投資の状況」とあわせた記載も考えられる。

　「経団連ひな型」では，以下のように記載内容を説明している。

【資金調達】
　当該事業年度中に経常的な資金調達ではない増資又は社債発行その他の重要な
借入れ等があった場合に，その内容を簡潔に記載する。
　事業部門が分かれている場合には，部門別に記載する。ただし，記載が困難な
事項については，この限りではない。

　［記載例］
　　〇月には，公募により〇〇〇〇万株の時価発行（払込金額1株につき〇〇〇
　円）をいたしました。

（記載例）　**資金調達の状況（単独ベース）**

(㈱フジ・コーポレーション　2023年10月期)

4．資金調達の状況
　　当社は，業容拡大に対して機動的な資金調達を行うため，取引銀行12行と当
　座貸越契約を締結しております。なお，当期末における借入極度額と未実行残
　高は次のとおりであります。
　　　当座貸越極度額　　53億円
　　　借入未実行残高　　53億円

第4節　公開会社である場合の記載事項　89

　連結計算書類を作成している場合は，資金調達の状況について連結ベースの記載も認められる。この場合，連結会社間での資金調達を記載する必要はない。「経団連ひな型」では，以下のように記載内容を説明している。

【資金調達】（連結ベースで記載する場合）

　当連結会計年度中に経常的な資金調達ではない増資又は社債発行その他の重要な借入れ等があった場合に，その内容を簡潔に記載する。

　連結会社（会社計算規則第2条第3項第24号）としてグループ全体で外部から資金を調達している場合には，その内容を記載すればよい。

> ［記載例］
> 　○年○月には，当社において，公募により○○○○万株の時価発行（払込金額1株につき○○○円）をいたしました。同年□月には，△△社において，無担保普通社債（○億円）の発行をいたしました。

記載例）　資金調達の状況（連結ベース）①　　　　（㈱アシックス　2023年12月期）

⑹　**資金調達の状況**

　当社グループにおける社債の償還，短期借入金の弁済，運転資金に充当するため，当社として初の個人向け社債である OneASICS 債（第6回無担保社債）15,000百万円および機関投資家向け社債として第7回無担保社債10,000百万円を発行いたしました。

記載例）　資金調達の状況（連結ベース）②

（㈱長谷工コーポレーション　2024年3月期）

⑴　**資金調達**

　当社グループの主な資金調達につきましては，取引金融機関から総額650億円の長期借入金調達に加えて，無担保普通社債200億円を発行いたしました。

　また，取引金融機関と設定しているコミットメントライン契約につきましては，630億円の借入極度額を1,000億円に増額し，最終返済期限が2027年4月となる契約期限の延長をいたしました。

90　第2章　事業報告

（記載例）　資金調達の状況を設備投資の状況とあわせて記載

（㈱イチネンホールディングス　2024年3月期）

> **②　設備投資及び資金調達の状況**
> 　当連結会計年度における設備投資の総額は189億52百万円で，その主なものは自動車リース関連事業の賃貸資産の取得等175億95百万円，ケミカル事業における工場設備の取得等3億17百万円，パーキング事業における駐車場設備の取得等6億70百万円であります。これらの必要な資金に充当するため，自己資金に加え，金融機関からの長期借入を中心とした資金調達を実施しました。

②　設備投資

　事業年度中に行った重要な設備投資の内容を記載する。ここでの記載は重要な固定資産の増加のほか，重要であれば除売却等による減少の記載も考えられる。また，リース契約の締結による固定資産の増加についても記載対象になり，ソフトウェアなどの無形固定資産についても一般的には設備投資に含められると考えられるため，その会社の置かれた状況に応じて適宜工夫した記載が求められる。

　重要な事項のみ記載すればよく，すべての設備投資を記載する必要はないが，設備投資の総額を記載したうえで重要な事項を記載する方法も考えられる。設備投資の総額を記載する場合には，貸借対照表上の有形固定資産等の増加額を記載する方法が一般的であると考えられる。しかし，設備の取得によるキャッシュ・アウトフローの額を記載する事例もあり，明確な定めはない。

　なお，記載にあたっては，複数の部門からなる場合は原則として部門別に区別して記載する。したがって，特定の部門に対応しない本社建物など間接部門に係る設備投資については適宜工夫が必要である。また，設備投資に関する継続中の計画がある場合は当該計画を含めた記載も考えられる。

　「経団連ひな型」では，以下のように記載内容を説明している。

> **【設備投資】**
> 　全社的にみて生産能力の大幅な増強につながる設備投資（重要な設備投資計画を含む。）があれば，その旨を記載する。すなわち，
> ①　当該事業年度中に完成した主要設備（新設，大規模な拡充・改修）

②　当該事業年度において継続中の主要設備の新設・拡充・改修

③　生産能力に重要な影響を及ぼすような固定資産の売却，撤去又は災害等による減失

を記載する。なお，上記①及び②に関し，生産能力がどれほど増加するかを記載することも考えられる。

　事業部門が分かれている場合には，各部門の事業の経過及びその成果の説明の中に設備投資の状況を記載するか，設備投資の状況の項目の中にまとめて記載し，それぞれがどの事業部門に属するかを明示する。ただし，記載が困難な事項については，この限りではない。なお，事業部門が設備の名称によって明らかな場合はどの事業部門に属するかを明示する必要はない。

［記載例］

①　当事業年度中に完成した主要設備

　　○○工場（○○部門）　　○○設備の新設

②　当事業年度において継続中の主要設備の新設・拡充

　　○○工場（○○部門）　　○○設備の新設

（記載例）　**設備投資の状況（単独ベース）**　　　（不二電機工業㈱　2024年1月期）

---

(2)　設備投資

①　当事業年度中における設備投資総額は，125百万円であります。

②　当事業年度中における主要な設備投資は，次のとおりであります。

　　タップ加工装置　35百万円

　　金型投資　　　　52百万円

なお，重要な固定資産の売却，撤去，減失はありません。

　連結計算書類を作成している場合には，当該事項も連結ベースにより記載できる。その場合，原則としてセグメント別にその内容を記載する。なお，通常，子会社株式の取得はそれにより固定資産の残高が増加したとしてもここでの記載には含めず，「株式または新株予約権等の取得または処分」で記載する（**③**参照）。

　「経団連ひな型」では，以下のように記載内容を説明している。

92　第2章　事業報告

【設備投資】（連結ベースで記載する場合）

　企業集団全体で，生産能力の大幅な増強につながる設備投資（重要な設備投資計画を含む。）があれば，その内容等を簡潔に記載する。すなわち，

① 当該連結会計年度中に完成した主要設備（新設，大規模な拡充・改修）

② 当該連結会計年度において継続中の主要設備の新設・拡充・改修

③ 企業集団の生産能力に重要な影響を及ぼすような固定資産の売却，撤去又は災害等による滅失

を記載する。なお，上記①及び②に関し，生産能力がどれほど増加するかを記載することも考えられる。

　複数の事業セグメントを有している場合には，各事業セグメントの企業集団の事業の経過及びその成果の説明の中に設備投資の状況を記載するか，企業集団の設備投資の状況の項目の中にまとめて記載し，それぞれがどの事業セグメントに属するかを明示する。ただし，その記載が困難な事項についてはこの限りではない。

［記載例］

① 当連結会計年度中に完成した主要設備

　　当社○○工場（○○セグメント）　　　　　　　○○設備の新設

② 当連結会計年度において継続中の主要設備の新設・拡充

　　○○株式会社○○工場（○○セグメント）　　　○○設備の新設

記載例　設備投資の状況（連結ベース）　　　　　（㈱商船三井　2024年3月期）

6．設備投資の状況

　当期中に実施した当社グループの設備投資の総額は，3,362億円であり，その主なものは船舶であります。

セグメントの名称	設備投資額
ドライバルク事業	13,742百万円
エネルギー事業	165,562
製品輸送事業	53,152
うち，コンテナ船事業	15,190
ウェルビーイングライフ事業	88,918
うち，不動産事業	84,506
関連事業	2,826

その他		5,677
調整額		6,417
	計	336,296

（注1）記載金額は，百万円未満を切捨てて表示しております。
（注2）調整額には，特定のセグメントに帰属しない全社資産及びセグメント間取引消去を含みます。

　なお，ドライバルク事業，エネルギー事業，製品輸送事業，ウェルビーイングライフ事業及び関連事業で船舶の売却を14隻行いました。

船舶の売却

セグメントの名称	隻数	帳簿価額
ドライバルク事業	2	653百万円
エネルギー事業	3	3,335
製品輸送事業	2	5,000
うち，コンテナ船事業	2	5,000
ウェルビーイングライフ事業	1	0
関連事業	6	156
計	14	9,146

（注）記載金額は，百万円未満を切捨てて表示しております。

③　組織再編等の状況

　組織再編による会社の事業内容の変化や子会社株式等の取得等による会社の事業の拡充あるいは事業の分割や譲渡等を説明する記載事項である。これらも重要な事項のみを記載すれば足りるが，会社の事業が複数の部門に分かれているときは原則として事業部門別の説明が求められる。

　組織再編に関しては，その意思決定から実際の効力の発生まで長期間にわたる事例が多く見られる。会社法施行規則では，原則として当該事業年度における組織再編行為等を記載する。例えば，事業年度中に合併契約を締結した場合のように翌事業年度以降にその効力が発生する場合についても，適宜工夫して記載する必要がある。

94 第2章 事業報告

「経団連ひな型」では，以下のように記載内容を説明している。

【組織再編等】

　当該事業年度中に行われた上記行為のうち，重要なものを，その重要性に応じた分量で記載することが考えられる。事業自体の移転を伴う行為のほか，株式や新株予約権を取得又は処分する行為についても，事業自体の移転と同視しうる場合には，これを記載することが求められている。

［記載例］

① 　○○社は，平成○年○月○日をもって会社分割により，当社の○○事業を承継し，設立された会社です。

② 　当社は，平成○年○月○日をもって○○社を吸収合併いたしました。

③ 　当社は，平成○年○月○日をもって，△△社の発行済株式の全てを取得し，100％子会社といたしました。

④ 　当社は，平成○年○月○日をもって，△△社の発行した第○回新株予約権○○個（目的たる株式の総数○株）の割当を受けました。

　連結計算書類を作成している場合は，連結ベースの記載が可能である。その場合，子会社の行った組織再編等についても，企業集団単位で見て重要であれば記載対象になると考えられる。なお，連結子会社間の合併等は企業集団単位で見れば変化のない結果になるため原則として記載対象には当たらないが，重要な子会社同士の合併等が事業内容に影響を及ぼす場合には記載する対応も考えられる。

　「経団連ひな型」では，以下のように記載内容を説明している。

【組織再編等】（連結ベースで記載する場合）

　記載すべき項目は，上記事業報告作成会社の状況について記載する場合と同様である。ただし，企業集団の状況について記載する場合，事業報告作成会社の行った行為のみならず，子会社等の行った行為についても記載することとなる。

記載例 事業の譲渡　　　　　　　　　　　　　　　（帝人㈱　2024年3月期）

⑷　事業の譲渡，吸収分割又は新設分割の状況

　　当社は，2023年8月1日を効力発生日として，再生医療CDMO（開発製造受託機関）事業に関する権利義務を，帝人リジェネット㈱に承継させる新設分割

第4節　公開会社である場合の記載事項　95

を実施しました。

（記載例）　**吸収分割**　　　　　　　　　　　　　　（三菱地所㈱　2024年3月期）

　7．**重要な企業再編等の状況**
　　・当社子会社であった㈱丸ノ内ホテル及び当社子会社である三菱地所ホテルズ
　　　＆リゾーツ㈱は，ホテル運営機能の一元化並びに運営機能と保有機能の分
　　　離・再編を企図し，本年4月1日を効力発生日として，㈱丸ノ内ホテルを分
　　　割会社，三菱地所ホテルズ＆リゾーツ㈱を承継会社とする吸収分割により，
　　　㈱丸ノ内ホテルのホテル運営機能を承継すると共に，当社及び㈱丸ノ内ホテ
　　　ルは，同日を効力発生日として，当社を存続会社，㈱丸ノ内ホテルを消滅会
　　　社とする吸収合併を実施致しました。

（記載例）　**事業の譲受け**　　　　　　　　　　　　　（エステー㈱　2024年3月期）

　⑤　他の会社の事業の譲受けの状況
　　　当社は，2023年12月6日開催の取締役会において，花王株式会社の猫用シス
　　テムトイレ「ニャンとも清潔トイレ」に関する事業を譲り受けることを決議し，
　　同年12月11日に同社との間で事業譲渡契約を締結しました。これにより，当社
　　は花王株式会社が展開する「ニャンとも清潔トイレ」の製造・販売事業を取得
　　し，2024年6月から事業を開始する予定です。

（記載例）　**吸収合併**　　　　　　（メディカル・データ・ビジョン㈱　2023年12月期）

　⑥　吸収合併又は吸収分割による他の法人等の事業に関する権利義務の承継の状
　　況
　　　当社は，2022年11月14日開催の取締役会において，当社を存続会社として，
　　当社の完全子会社であるMDVトライアル株式会社を吸収合併することを決議
　　し，2023年1月1日付で吸収合併いたしました。

（記載例）　**株式の取得**　　　　　　　　　　　　　（岩谷産業㈱　2024年3月期）

　⑷　他の会社の株式その他の持分又は新株予約権等の取得又は処分の状況
　　　当社は，2023年12月1日付及び2024年3月27日付でコスモエネルギーホール
　　ディングス株式会社の株式を追加取得しました。

96　第2章　事業報告

> この結果，当社の議決権保有割合は20.07％になり，当連結会計年度において同社が関連会社となり，持分法適用の範囲に含めています。

（記載例）　株式の譲渡　　　　　　　　　　（㈱堀場製作所　2023年12月期）

> (9)　他の会社の株式その他の持分または新株予約権等の取得または処分の状況
> 　　当社の連結子会社であるホリバMIRA社（イギリス）は，Iveco Defence Vehicles S.p.A.（イタリア）と2023年1月24日に株式譲渡契約を締結し，2023年2月1日付で保有するMIRA UGV社（現IDV Robotics社）（イギリス）の株式の一部を譲渡しました。これによりMIRA UGV社（現IDV Robotics社）（イギリス）は当社の連結子会社から持分法適用関連会社へ変更となりました。

（記載例）　株式交換　　　　　　　　　　　　（㈱ADEKA　2024年3月期）

> **4．重要な企業再編等の状況**
> 　　当社は，2023年5月1日を効力発生日として，当社を株式交換完全親会社とし，当社の連結子会社である株式会社ヨンゴーを株式交換完全子会社とする簡易株式交換を行い，同社を当社の完全子会社といたしました。

⑹　直前3事業年度の財産および損益の状況

　直前3事業年度の主要な経営指標の推移を記載する。実務上は，当事業年度とあわせて4事業年度分の記載が一般的である。また，会社設立後まだ3事業年度が経過していない場合には設立時から記載する。

　主要な経営指標が何であるかは明示されていないが，財産の状況としては「総資産」「純資産」，損益の状況としては「売上高」「当期純利益」「1株当たり当期純利益」等が考えられる。「経常利益」や「1株当たり純資産額」「潜在株式調整後1株当たり当期純利益」等を主要な経営指標として含める方法も考えられる。株懇（全国株懇連合会）モデルでは「受注高」の記載例が掲げられている。

　この記載は，過去からの時系列的な経営指標の推移を把握するための記載である。このため，時系列の比較可能性を阻害するような事象，例えば重要な特別損益の計上があった場合には，その内容を脚注で簡潔に説明する対応が考え

られる。また，「会計方針の開示，会計上の変更及び誤謬の訂正に関する会計基準」（企業会計基準第24号），「企業結合に関する会計基準」（企業会計基準第21号）等に従い会計方針の変更による遡及処理を行った場合，あるいは暫定的な会計処理の確定を行った場合などに過去の財務数値を修正する場合がある。こうした修正を「直前3事業年度の財産及び損益の状況」に反映させる対応は強制されていないが，反映することも妨げられていない（施行規則120Ⅲ）。

「経団連ひな型」では，以下のように記載内容を説明している。

【直前三事業年度の財産及び損益の状況】

「財産の状況」については，総資産又は純資産の状況を記載する。

「損益の状況」については，①売上高，②当期純利益，③一株当たり当期純利益等の状況を表又はグラフにより表示する。

「直前三事業年度」とは，当該事業年度は含まない，それ以前の三事業年度という趣旨であるが，会社法施行前の実務と同様，当該事業年度分も含め，四期比較で表示することが考えられる。当該事業年度の末日において三事業年度が終了していない場合は，成立後の各事業年度について記載する。

財産及び損益の状況に関する説明については，特に記載を求められていないが，これらの状況が著しく変動し，その要因が明らかなときは，主要な要因を概略説明することが考えられる。

（以下略）

［記載例］

（財産及び損益の状況）

区　　分	第○期	第○期	第○期	第○期 (当事業年度)
売上高　　　　　　（十億円） 当期純利益　　　　（十億円） 一株当たり当期純利益(円) 総資産又は純資産(十億円)				

98　第2章　事業報告

記載例 　財産および損益の状況（単独ベース）　　　（㈱ハブ　2024年2月期）

⑼　財産及び損益の状況の推移

区　分 ＼ 年　度	2021年2月期 （第23期）	2022年2月期 （第24期）	2023年2月期 （第25期）	2024年2月期 （第26期） （当事業年度）
売　上　高（千円）	3,828,878	2,386,097	7,550,814	9,780,764
経常利益 又は経常損失（△）（千円）	△1,572,932	△1,214,976	△561,698	255,392
当期純利益 又は当期純損失（△）（千円）	△2,751,523	143,327	△283,706	270,628
1株当たり当期純利益 又は1株当たり当期純損失（△）	△249円84銭	11円62銭	△22円56銭	21円52銭
総　資　産（千円）	5,703,728	7,661,095	7,376,793	6,931,732
純　資　産（千円）	1,430,385	2,573,684	2,246,140	2,516,748
1株当たり純資産額	129円88銭	204円62銭	178円58銭	200円09銭

(注) 1．1株当たり当期純利益又は1株当たり当期純損失（△）は，自己株式数を控除
　　　した期中平均発行済株式数により，1株当たり純資産額は自己株式数を控除し
　　　た期末発行済株式数により算出しております。
　　 2．「収益認識に関する会計基準」（企業会計基準第29号　2020年3月31日）等を第
　　　25期の期首から適用しており，第25期以降に係る主要な経営指標等については，
　　　当該会計基準を適用した後の指標等となっております。

　連結計算書類を作成している場合は，連結ベースの記載が可能である。この場合，必ずしも単独ベースの記載を行う必要はないが，任意で単独ベースの記載を行う方法も考えられる。

　「経団連ひな型」では，以下のように記載内容を説明している。

【直前三事業年度の財産及び損益の状況】（連結ベースで記載する場合）
　「財産の状況」については，総資産又は純資産を記載する。
　「損益の状況」については，企業集団の過去3年間の①売上高，②親会社株主に帰属する当期純利益，③一株当たり当期純利益等を表又はグラフにより表示する。
　「直前三事業年度」の考え方については，事業報告作成会社の状況について記載する場合と同様である。
　財産及び損益の状況に関する説明については，特に記載を要することとされていないが，これらの状況が著しく変動し，その要因が明らかなときは，主要な要因を概略説明することが考えられる。

なお，企業集団の財産及び損益の状況を記載する場合においては，事業報告作成会社の財産及び損益の状況を省略することが可能であるが，会社法施行前の実務の取扱いと同様，事業報告作成会社の財産及び損益の状況も記載しておくことも考えられる。

［記載例］

(企業集団の財産及び損益の状況)

区　　分	第○期	第○期	第○期	第○期 (当連結会計年度)
売上高　　　　　(十億円)				
親会社株主に帰属する 当期純利益　　　(十億円)				
一株当たり当期純利益 (円)				
総資産又は純資産 (十億円)				

(事業報告作成会社の財産及び損益の状況)

区　　分	第○期	第○期	第○期	第○期 (当事業年度)
売上高　　　　　(十億円)				
当期純利益　　　(十億円)				
一株当たり当期純利益 (円)				
総資産又は純資産 (十億円)				

100　第2章　事業報告

(記載例) 財産および損益の状況（連結ベース・単独ベースも記載）

（古河電気工業㈱　2024年3月期）

(2) 財産および損益の状況

❶ 当社グループの財産および損益の状況の推移

区　分		第199期 2020年度	第200期 2021年度	第201期 2022年度	第202期（当期） 2023年度
売上高	（百万円）	811,600	930,496	1,066,326	1,056,528
営業利益	（百万円）	8,429	11,428	15,441	11,171
経常利益	（百万円）	5,189	19,666	17,258	10,267
親会社株主に帰属する当期純利益	（百万円）	10,001	10,093	15,894	6,508
1株当たり当期純利益	（円）	141.88	143.40	225.80	92.40
総資産	（百万円）	832,044	935,876	933,469	985,007
純資産	（百万円）	291,617	314,062	329,095	358,038

（注）1．第200期より「収益認識に関する会計基準」（企業会計基準第29号 2020年3月31
日）等を適用しており，第200期以降に係る当社グループおよび単独の各数値に
ついては，当該会計基準等を適用した後の数値となっております。

2．当社の持分法適用関連会社である㈱UACJは，第202期より従来の日本基準に替
えて国際財務報告基準（IFRS）を適用しており，第201期の関連する各数値に
ついては，当該会計方針の変更を反映した遡及適用後の数値となっております。

❷ 単独の財産および損益の状況の推移

区　分		第199期 2020年度	第200期 2021年度	第201期 2022年度	第202期（当期） 2023年度
売上高	（百万円）	392,616	292,424	305,835	296,766
営業利益または営業損失（△）	（百万円）	△6,919	501	△1,761	△9,087
経常利益	（百万円）	5,591	6,461	8,686	330
当期純利益または当期純損失（△）	（百万円）	24,333	△525	25,235	1,913
1株当たり当期純利益または1株当たり当期純損失（△）	（円）	345.10	△7.47	358.40	27.15
総資産	（百万円）	570,121	608,376	593,768	632,447
純資産	（百万円）	190,070	183,515	201,845	199,212

（注）第200期より「収益認識に関する会計基準」（企業会計基準第29号 2020年3月31日）
等を適用しており，第200期以降に係る当社グループおよび単独の各数値について
は，当該会計基準等を適用した後の数値となっております。

第4節　公開会社である場合の記載事項　101

記載例　財産および損益の状況（株式分割あり）　（モロゾフ㈱　2024年1月期）

⑷　財産および損益の状況の推移

①　企業集団の財産および損益の状況

区　分	第91期 2020年度 (2020.2.1～ 2021.1.31)	第92期 2021年度 (2021.2.1～ 2022.1.31)	第93期 2022年度 (2022.2.1～ 2023.1.31)	第94期 2023年度 (2023.2.1～ 2024.1.31)
売　上　高　（百万円）	－	－	32,505	34,933
経　常　利　益　（百万円）	－	－	2,615	2,517
親会社株主に帰属する 当　期　純　利　益　（百万円）	－	－	1,703	1,715
1株当たり当期純利益　（円）	－	－	242.08	244.64
総　資　産　（百万円）	－	－	26,595	27,919
純　資　産　（百万円）	－	－	18,580	19,719
1株当たり純資産額　（円）	－	－	2,640.42	2,850.79

（注）1．第93期より連結計算書類を作成しているため，第92期以前の各数値については
　　　記載しておりません。
　　　2．1株当たり当期純利益は期中平均発行済株式総数，1株当たり純資産額は期末
　　　発行済株式総数に基づき算出しております。なお，期中平均発行済株式総数お
　　　よび期末発行済株式総数は，いずれも自己株式数を控除して算出しております。

②　当社の財産および損益の状況

区　分	第91期 2020年度 (2020.2.1～ 2021.1.31)	第92期 2021年度 (2021.2.1～ 2022.1.31)	第93期 2022年度 (2022.2.1～ 2023.1.31)	第94期 2023年度 (2023.2.1～ 2024.1.31)
売　上　高　（百万円）	25,672	27,207	31,677	33,698
経　常　利　益　（百万円）	862	2,126	2,666	2,577
当　期　純　利　益　（百万円）	352	1,028	1,674	1,806
1株当たり当期純利益　（円）	50.08	146.29	237.94	257.57
総　資　産　（百万円）	24,039	25,113	26,922	27,974
純　資　産　（百万円）	16,778	17,578	19,002	19,914
1株当たり純資産額　（円）	2,386.21	2,499.30	2,700.38	2,878.92

（注）1．1株当たり当期純利益は期中平均発行済株式総数，1株当たり純資産額は期末

102 第2章 事業報告

発行済株式総数に基づき算出しております。なお，期中平均発行済株式総数お
よび期末発行済株式総数は，いずれも自己株式数を控除して算出しております。
2．「収益認識に関する会計基準」（企業会計基準第29号　2020年3月31日）等を第
93期の期首から適用しており，第93期以降に係る各数値については，当該会計
基準等を適用した後の数値となっております。
3．2022年2月1日付で普通株式1株につき2株の割合で株式分割を実施したため，
第91期の期首に当該株式分割が行われたと仮定し，1株当たり当期純利益およ
び1株当たり純資産額を算定しております。

⑺　重要な親会社および子会社の状況

　当該記載は，事業報告を作成する会社を含む企業集団の概要を把握するため
の親会社および子会社の情報を提供する。その会社の名称のほか，議決権比率
（あるいは出資比率），当該会社との事業上の関係等を記載する。

　また，上場子会社における少数株主保護の観点から，当該株式会社と親会社
との間に当該株式会社の重要な財務および事業の方針に関する契約等が存在す
る場合は，その内容の概要について記載が求められる（施行規則120Ⅰ⑦）。

　親会社および子会社はそれぞれ会社法第2条第4号，第2条第3号に掲げる
会社であり，その詳細は会社法施行規則第3条各号で定められているが，金融
商品取引法および財務諸表等規則における親会社および子会社と実質的に同じ
概念である。

　当該記載に関しては，「当該事業年度の末日における」という時点の制限がな
く，当事業年度中における親会社および子会社の変動についても記載すべきで
あると考えられる。すべての親会社および子会社の変動を記載する必要はなく，
重要な事項のみを記載すれば十分である。

　また，この記載は連結計算書類の作成の有無にかかわらず記載が求められて
いる事項である。連結計算書類の作成の有無によってこの記載内容に変化はな
いと考えられるが，連結計算書類を作成している場合には，親会社および子会
社をセグメントに関連づけて説明するなど，適宜工夫した記載が望ましい。

　なお，第3節4⑴で記載したとおり，すべての会社において記載すべき事項
である「親会社等との間の取引に関する事項」（第3節4参照）および「特定完
全子会社に関する事項」（第3節5参照）を，この「重要な親会社および子会社
の状況」において記載する事例が多く見られるため，以下に紹介している。

第4節　公開会社である場合の記載事項　103

「経団連ひな型」では，以下のように記載内容を説明している。

【重要な親会社及び子会社の状況】
　　すべての子会社についての状況の記載が必要となるものではなく，事業報告への記載にあたっては，企業集団に重要な影響を及ぼす会社等に関する基準を設定し，当該基準を充足する会社について継続的に開示することとなる。
　　親会社については，その名称等を記載し，事業上の関係があればその内容等を記載することが考えられる。子会社についても，その名称や出資比率，主要な事業内容等を記載し，子会社の増加減少等があればその内容を記載することが考えられる。
　　その他，「当該事業年度中の親会社の交替（株式移転による持株会社の設立を含む。）」，「子会社（子法人等）の設立」については，引き続き，異動又はその計画の公表があった場合に，その旨を記載することなどが考えられる。
　　また，改正省令により，事業報告作成会社とその親会社との間に事業報告作成会社の重要な財務及び事業の方針に関する契約等が存在する場合には，その内容の概要を記載する必要がある。
　　「契約等」とは，事業報告作成会社とその親会社との間でされた合意をいい，契約という形態に限られない。また，事業報告作成会社の重要な財務及び事業の方針の決定を支配する内容（会社法施行規則第3条第3項第2号ハ）に限らず，当該方針に影響を及ぼす重要な契約等について記載する必要がある。
　　そのため，親子会社間で締結される経営管理契約等においてグループに関する様々な事項が合意されていたとしても，事業報告に記載する必要があるのは，「重要な財務及び事業の方針に関する契約等」に該当する合意の内容の概要のみであり，それ以外の合意について，その概要を記載する必要はない。また，事業報告作成会社において，親会社が当該事業報告作成会社の重要な財務及び事業の方針に及ぼす影響を踏まえ，親会社との間で，少数株主保護のための措置を講ずる合意をしている場合には，その内容の概要等を記載することが考えられる。
　　なお，事業報告作成会社とその親会社との間でされた合意のみが「契約等」に該当するため，事業報告作成会社が関知していない親会社における方針等や，いわゆる株主間契約（事業報告作成会社が当事者となっていない契約）の内容の概要を記載する必要はない。

　［記載例］
　　重要な親会社及び子会社の状況
　　①　親会社の状況
　　　　当社の親会社は○○株式会社であり，同社は当社の株式を○○株（出資比率○％）保有しています。当社は親会社から主として○○などの仕入れ

104　第2章　事業報告

を行うとともに，親会社へ主として××などを販売するなどの取引を行っています。
②　子会社の状況

名称	出資比率	主要な事業内容
○○株式会社		
××株式会社		

記載例　重要な親会社および子会社の状況①　（GMO ペパボ㈱　2023年12月期）

⑽　**重要な親会社及び子会社の状況**

❶　**親会社等の状況**

（i）　親会社との関係

　　当社の親会社は GMO インターネットグループ株式会社で，同社は直接保有，間接保有含め当社の株式3,139,400株（議決権比率59.6％（うち2.0％は間接保有））を保有しております。

　　なお，当社は親会社からの役員の兼任があり，親会社との間に営業上の取引関係があります。

（ii）　親会社等との間の取引に関する事項

　　当社は，親会社等との取引に関して，取引条件等の内容の適正性をその他業者との取引条件との比較などから慎重に検討して決定しておりますので，妥当性はあると考えております。また，当社取締役会を中心とした当社独自の基準に基づく意思決定を行っており，手続の正当性について問題はないものと考えております。

❷　**重要な子会社の状況**

会社名	資本金（百万円）	当社の議決権比率（％）	主要な事業内容
GMO クリエイターズネットワーク株式会社	100	76.6	フリーランス向け金融支援事業

❸　**事業年度末日における特定完全子会社の状況**

　　該当事項はありません。

❹　**その他重要な企業結合の状況**

　　特記すべき事項はありません。

第4節　公開会社である場合の記載事項　105

記載例　重要な親会社および子会社の状況②　（協和キリン㈱　2023年12月期）

⑧　重要な親会社及び子会社の状況

①　親会社の状況

当社の親会社はキリンホールディングス株式会社であり，同社は当社の株式を288,819千株（持株比率53.49％，自己株式を控除すると持株比率53.72％）保有しております。

②　親会社との重要な契約等の概要

当社は，親会社であるキリンホールディングス株式会社との間で2007年10月22日付「統合契約書」を締結しております。当該契約において，当社は，キリンホールディングス株式会社のグループ運営の基本方針を尊重しつつ，自主性・機動性を発揮した自律的な企業活動を行うと共に，引き続き上場会社としての経営の独立性を確保し，株主全体の利益最大化及び企業価値の持続的拡大を図ることを合意しております。

③　親会社との間の取引に関する事項

（ア）当該取引をするに当たり当社の利益を害さないように留意した事項

親会社との資金貸付の取引については，当社独自の運用方針に従い，貸付金の利率は，貸出期間に応じた市場金利を勘案の上，合理的な判断に基づき決定しております。

（イ）当該取引が当社の利益を害さないかどうかについての当社の取締役会の判断及びその理由

上記の取引は，当社が社内規程に基づき，親会社から独立して最終的な意思決定を行っており，当社の利益を害することはないと当社の取締役会は判断しております。

（ウ）取締役会の判断が社外取締役の意見と異なる場合の当該意見

該当事項はありません。

④　重要な子会社の状況

会社名	資本金	当社の持株比率	主要な事業内容
Kyowa Kirin USA Holdings, Inc.	76,300千米ドル	100％	傘下子会社の統括・管理
Kyowa Kirin, Inc.	0千米ドル	100％	医療用医薬品の研究開発・販売
Kyowa Kirin International plc	13,849千ポンド	100％	傘下子会社の統括・管理

106　第2章　事業報告

Kyowa Kirin Asia Pacific Pte. Ltd.	123,045千シンガポールドル	100％	傘下子会社の統括・管理 医療用医薬品の販売

(注)1．当社の持株比率は，間接保有も含めた持株比率を記載しております。
　　2．特定完全子会社に該当する会社はありません。

（記載例）　**重要な親会社および子会社の状況③**

（トレックス・セミコンダクター㈱　2024年3月期）

⑶　**重要な親会社及び子会社の状況**

　①　親会社の状況
　　　該当事項はありません。
　②　子会社の状況

会社名	資本金	当社の議決権比率	主要な事業内容
TOREX SEMICONDUCTOR (S) PTE LTD	100千シンガポールドル	100.0％	半導体集積回路等の販売
TOREX USA Corp.	2,700千米ドル	100.0	半導体集積回路等の販売及び開発
TOREX SEMICONDUCTOR EUROPE LIMITED	1千英ポンド	100.0	半導体集積回路等の販売
特瑞仕芯电子(上海)有限公司	600千米ドル	100.0	半導体集積回路等の販売
TOREX (HONG KONG) LIMITED	2,500千香港ドル	100.0	半導体集積回路等の販売
台湾特瑞仕半導體股份有限公司	11,500千台湾ドル	100.0	半導体集積回路等の販売
TOREX VIETNAM SEMICONDUCTOR CO.,LTD	5,800千米ドル	100.0	半導体後工程（組立工程）
フェニテックセミコンダクター株式会社	1,600,000千円	100.0	半導体前工程（ウエハ製造）及びウエハ販売

③　特定完全子会社の状況

名称	住所	株式の帳簿価額	当社の総資産額
フェニテックセミコンダクター株式会社	岡山県井原市木之子町6833番地	5,325百万円	16,541百万円

⑻　対処すべき課題

　会社が識別した課題に将来どのように取り組んでいくかを記載する。一般的に，会社を取り巻く経営環境から現状についての課題を分析し，その課題に対して取り組むべき方針を明確に記載する。

　近年，上場企業においては，CGコードの改訂等を踏まえてサステナビリティ情報に関する取組みおよびその開示が急速に進んでいる。2023年1月31日には「企業内容等の開示に関する内閣府令及び特定有価証券の内容等の開示に関する内閣府令の一部を改正する内閣府令」（令和5年内閣府令第11号，以下「改正開示府令」という）等が公表され，有価証券報告書において，2023年3月31日以後終了する事業年度からサステナビリティ情報の開示が求められることとなった。

　会社法施行規則においては，サステナビリティ情報の記載に関する具体的な規定はないものの，サステナビリティ情報に関する事項が重要な経営課題となっている場合は，事業報告において記載することが望ましいと考えられる。昨今株主の関心も高まっており，事業報告においてサステナビリティ情報を記載することは有用であると考えられる。

　現状，サステナビリティ情報については「対処すべき課題」（施行規則120 I ⑧）において記載している企業が比較的多く見られる。このほか，先述した「株式会社の状況に関する重要な事項」（施行規則118①）における記載内容は「対処すべき課題」を含む「株式会社の現況に関する事項」と多くの点で重複すると考えられるため，「株式会社の状況に関する重要な事項」に記載することも考えられる（第3節1参照）。

　このほか，継続企業の前提に関する重要な不確実性が認められるまでには至らないため計算書類では注記を行わない場合であっても，継続企業の前提に重

108 第2章 事業報告

要な疑義を生じさせるような事象または状況が存在する場合には，当該事項を開示する対応が望ましい。当該記載については，この「対処すべき課題」や「その他株式会社の現況に関する重要な事項」（(9)参照），あるいは「当該事業年度における事業の経過およびその成果」（(4)参照）等に含める記載が考えられる（「継続企業の前提に関する開示について」（監査・保証実務委員会報告第74号））。

連結計算書類を作成している場合には，「対処すべき課題」についても連結ベースで記載できる。

「経団連ひな型」では，以下のように記載内容を説明している。

【対処すべき課題】

（単独ベースで記載する場合）

事業の推進のために克服すべき当面の主要課題を事業の経過及びその成果の記載との関連において記載する。これは，当該事業年度の事業の経過及び成果を踏まえて，現時点における対処すべき課題を報告するものであるから，対処すべき課題としては事業報告作成時点のものを記載する。

なお，「対処すべき課題」には，社会的・経済的制度にかかわるもの及び長期的視点にたっての課題は含めなくてもよい。

（連結ベースで記載する場合）

企業集団の事業の推進のために克服すべき当面の主要課題を事業の経過及びその成果の記載との関連において記載する。これは，当該事業年度の事業の経過及び成果を踏まえて，現時点における対処すべき課題を報告するものであるから，対処すべき課題としては事業報告作成時点のものを記載する。

なお，「対処すべき課題」には，社会的・経済的制度にかかわるもの及び長期的視点にたっての課題は含めなくてもよい。

記載例 対処すべき課題（単独ベース）　　　　　　（㈱デンソー　2024年3月期）

(4) **対処すべき課題－将来の価値創造に向けた取り組み－**

当社を取り巻く環境は大きく変化しており，社会の要請を踏まえた対応が求められています。脱炭素に向けカーボンニュートラルの動きが加速，価値観の多様化により単一ではない複数の課題解決方法（マルチソリューション）の準備が求められています。また，最適生産・最適消費の循環型社会へ移行が進んでいます。こうした大きな変化を支えるため，ハードに頼るのではなく，ハー

ドとソフトを組み合わせた統合システムのニーズが高まっています。社会の要請に対しては，自動車業界だけではなく，クルマも含めた社会全体で対応することが求められています。

事業環境の変化と社会からの要請

これまで	これから	社会からの要請
低炭素	脱炭素	カーボンニュートラルの加速
グローバリゼーション	多様化	マルチソリューション
大量生産/消費	最適生産/消費	循環型社会
ハード	ハード×ソフト	統合システム

私たちの取り組み

　　当社は「環境」「安心」「共感」の理念を基に，環境負荷や交通事故のない社会を目指し，「地球にやさしくもっと豊かな環境が広がる社会」「誰もが安全で快適・自由に移動できる社会」の実現に取り組んできました。当社は，クルマで培ってきた強みを活かし，課題解決の視点をクルマだけの視点から，クルマも含めた社会全体に高め取り組むことで，社会課題解決に貢献します。

私たちの進化

　　当社は創業以来，「技術で夢を形にし，お客様に貢献する」ことに拘ってきました。「形にする」とは，「コンセプトだけで終わらせるのではなく，自分たちの手で製品やシステムを具現化し，世に出せるレベルまで完成度を高める」ことを意味しています。今後も当社の理念である「環境」「安心」に基づき，クルマで培った強みを活かしつつ，「クルマ」も含めた「モビリティ社会」全体の価値最大化に貢献し，「自動車業界のTier1」から「モビリティ社会のTier1」へと進化していきます。

（イラスト）

「モビリティ社会のTier1」

　　"クルマが進化し，クルマ以外と繋がり"，さらには"クルマの技術の適用範囲が拡がる"「モビリティ社会」において，当社は商品やサービスを利用されるエンドユーザーの視点を持って，優れた技術と確かな品質に基づく価値を，広くお客様にお届けする存在を目指します。

110　第2章　事業報告

（記載例） 対処すべき課題（連結ベース）　　　　（ローム㈱　2024年3月期）

⑷　対処すべき課題

　当社グループは，永続的かつ総合的な企業価値の創造と向上を図るに当たって，事業活動の中で革新的な商品開発や質の高いモノづくりを進めることが，お客様満足度を向上させるとともに社会への貢献につながると考えております。そして，そのことが，従業員の自信と誇りを高め，新たな挑戦を生み出すと信じております。当社グループでは，こうした活動の循環をCSV（共通価値の創造）活動と位置づけ，真摯に取り組むことで，ステークホルダーの皆様にとって魅力溢れるものにすることを，経営上の重要な命題の一つとして位置づけております。

　これら事業活動によって生み出される付加価値が，競争力を強化する事業投資のための内部留保と，株主・従業員・地域社会などのステークホルダーの皆様に適切に配分，又は還元されることが必要であり，そのことについて全てのステークホルダーの皆様のご理解とご協力を得ることが肝要と考えております。このような観点のもと，当社グループは，世界市場をリードする商品の開発を進めるとともに，独自の生産技術を駆使することによりコスト競争力のある高品質な商品を永続かつ大量に供給し，世界の半導体・電子部品市場のリーダーシップをとっていくことを基本方針としております。

　また，サステナブル社会の実現に向けて「気候変動」「資源循環」「自然共生」の3つのテーマを柱にした「ロームグループ環境ビジョン2050」を掲げています。カーボンゼロ（CO_2排出量実質ゼロ）及びゼロエミッションを目指すとともに，生物多様性の保護に向けて自然サイクルと調和した事業活動を一層推進し，環境問題の解決に向けて取り組みを加速しております。

　商品を通じた環境負荷軽減においては，「脱炭素」をキーワードに当社の主力製品である半導体の役割がますます大きくなるなか，全世界の電力消費量の大半を占めると言われる「モータ」や「電源」の効率改善に向けて，様々な省エネルギーデバイスの開発を進めております。生産工程など事業活動全般における環境負荷軽減については，国内主要事業所やタイ工場，フィリピン工場，SiCウエハとデバイス製造の主要な生産工程で使用する電力を，再生可能エネルギー100%で賄っており，継続して環境配慮型の事業体制構築に取り組んでまいります。

　世界のエレクトロニクス市場は，省エネルギー化のニーズ拡大や自動車の電動化などにより中長期的な成長が続くものと予想されますが，技術競争はより激化しております。グローバル市場に対応した新商品・新技術の開発を進めるとともに，コストダウンにも取り組み，国際的に競争力の高い商品を世界中に

供給していく必要性がますます高まると考えられます。

このような状況のもと，当社グループは，自動車市場，産業機器市場に重点を置くとともに，白物家電や情報通信関連などの幅広い市場において，継続して業界のニーズを先取りする高付加価値商品の開発に努め，更に，持続可能な社会の実現に貢献するためのCSV活動や，事業継続のためのリスク管理体制も継続して強化してまいります。

⑼　その他株式会社の現況に関する重要な事項

その他株式会社の現況に関する重要な事項では，例えば，訴訟事件，不祥事，重要な契約等に関する事項でこれまでに列挙した項目のいずれにも当てはまらない重要な事項について記載が求められる。連結計算書類を作成している場合には，連結ベースの記載も可能である。

後発事象のうち，会計上の後発事象については，計算関係書類の個別注記表に記載されるが，会計事象ではない後発事象はこの記載箇所での記載が想定されている。

「経団連ひな型」では，以下のように記載内容を説明している。

【その他株式会社の現況に関する重要な事項】
（略）

具体的には，重要な訴訟の提起・判決・和解，事故・不祥事，社会貢献等について記載することが考えられるが，これらの事項は「事業の経過及びその成果」や「対処すべき課題」に記載することも考えられる。

なお，いわゆる後発事象については，計算関係書類に関連する事実は，計算書類の注記（会社計算規則第114条）に移動しており，事業報告への記載は，原則として求められていない。もっとも，事業年度の末日後に生じた財産・損益に影響を与えない重要な事象が生じた場合には，本部分において記載することが求められる。

記載例　その他株式会社の現況に関する重要な事項①

（㈱ケアネット　2023年12月期）

⑿　その他企業集団の現況に関する重要な事項

株式会社東京証券取引所よりご承認いただき，2023年11月29日付で，当社株

112　第2章　事業報告

式は東京証券取引所グロース市場から同取引所プライム市場に市場区分を変更
いたしました。

（記載例） **その他株式会社の現況に関する重要な事項②**　（㈱瑞光　2024年2月期）

10．その他企業集団の現況に関する重要な事項
　　当社は，2023年5月18日開催の第60回定時株主総会決議に基づき，同日付で
監査等委員会設置会社に移行しております。

3　株式会社の会社役員に関する事項

　公開会社については，会社役員に関する詳細な情報の開示が求められている。
公開会社では不特定多数の者が株主になる可能性があるため，人的な関係のな
い中で会社の株主となった場合に，会社役員の概要を十分に知る機会を確保す
る必要があり，詳細な情報がより重要になると考えられるためである。

　ここでの「会社役員」とは，当該株式会社の取締役，会計参与，監査役およ
び執行役をいう（施行規則2Ⅲ④）。その会社の機関設計に応じて，該当する役
員が存在する場合にはその役員のすべてが開示対象となる。

　会社役員に関する事項について，対象となる会社役員の在任期間は，原則と
して限定されていないが，特定の項目については期間が定められている。具体
的には，会社役員の氏名，兼職状況等，主に属性に関する事項については，直
前の定時株主総会の終結の日の翌日以降に在任していた者が記載の対象とな
る。一方，会社役員の報酬等に関する事項ならびに会社役員の辞任または解任
に関する事項等については，在任期間の特段の制限がない。すなわち，事業年
度内であれば，直前の定時株主総会の終結の日以前に退任した者に関する事項
も原則として開示対象となる。さらに報酬等に関しては，後述(5)のとおり「当
該事業年度において受け，または受ける見込みの額が明らかとなった会社役員
の報酬等」が記載対象とされている。したがって，例えば，過年度に退任した
役員に対する報酬等（退職慰労金等）が，過年度の時点では金額未定のため開
示されておらず，当事業年度に支給された，または金額が確定した等の場合に
も，記載が必要になると考えられる（松本真・小松岳志「「会社法施行規則及び

会社計算規則の一部を改正する省令」の解説－平成20年法務省令12号－」旬刊経理情報1179号）。それぞれの事項について，開示が求められる対象期間内に一時でも在任していれば，途中で退任したとしても記載対象となる取扱いに変わりはない。

なお，当該事業年度の末日後，事業報告の作成日までに就任または辞任した会社役員については，後述⑩のとおり，その他の株式会社の会社役員に関する重要な事項（施行規則121⑪）として記載することが考えられる。

具体的な記載事項は以下のとおりである（施行規則121）。

一　会社役員（直前の定時株主総会の終結の日の翌日以降に在任していた者に限る。次号から第3号の2まで，第8号及び第9号並びに第128条第2項において同じ。）の氏名（会計参与にあっては，氏名又は名称）　……**(1)参照**

二　会社役員の地位及び担当　……**(1)参照**

三　会社役員（取締役又は監査役に限る。以下この号において同じ。）と当該株式会社との間で法第427条第1項の契約を締結しているときは，当該契約の内容の概要（当該契約によって当該会社役員の職務の執行の適正性が損なわれないようにするための措置を講じている場合にあっては，その内容を含む。）　……**(2)参照**

三の二　会社役員（取締役，監査役又は執行役に限る。以下この号において同じ。）と当該株式会社との間で補償契約を締結しているときは，次に掲げる事項　……**(3)参照**

　イ　当該会社役員の氏名

　ロ　当該補償契約の内容の概要（当該補償契約によって当該会社役員の職務の執行の適正性が損なわれないようにするための措置を講じている場合にあっては，その内容を含む。）

三の三　当該株式会社が会社役員（取締役，監査役又は執行役に限り，当該事業年度の前事業年度の末日までに退任した者を含む。以下この号及び次号において同じ。）に対して補償契約に基づき法第430条の2第1項第1号に掲げる費用を補償した場合において，当該株式会社が，当該事業年度において，当該会社役員が同号の職務の執行に関し法令の規定に違反したこと又は責任を負うことを知ったときは，その旨　……**(3)参照**

三の四　当該株式会社が会社役員に対して補償契約に基づき法第430条の2第1項第2号に掲げる損失を補償したときは，その旨及び補償した金額　……**(3)参照**

四　当該事業年度に係る会社役員の報酬等について，次のイからハまでに掲げる

場合の区分に応じ，当該イからハまでに定める事項　……**(4)参照**

　　イ　会社役員の全部につき取締役（監査等委員会設置会社にあっては，監査等
　　　委員である取締役又はそれ以外の取締役。イ及びハにおいて同じ。），会計参
　　　与，監査役又は執行役ごとの報酬等の総額（当該報酬等が業績連動報酬等又
　　　は非金銭報酬等を含む場合には，業績連動報酬等の総額，非金銭報酬等の総
　　　額及びそれら以外の報酬等の総額。イ及びハ並びに第124条第5号イ及びハ
　　　において同じ。）を掲げることとする場合　取締役，会計参与，監査役又は執
　　　行役ごとの報酬等の総額及び員数

　　ロ　会社役員の全部につき当該会社役員ごとの報酬等の額（当該報酬等が業績
　　　連動報酬等又は非金銭報酬等を含む場合には，業績連動報酬等の額，非金銭
　　　報酬等の額及びそれら以外の報酬等の額。ロ及びハ並びに第124条第5号ロ
　　　及びハにおいて同じ。）を掲げることとする場合　当該会社役員ごとの報酬等
　　　の額

　　ハ　会社役員の一部につき当該会社役員ごとの報酬等の額を掲げることとする
　　　場合　当該会社役員ごとの報酬等の額並びにその他の会社役員についての取
　　　締役，会計参与，監査役又は執行役ごとの報酬等の総額及び員数

五　当該事業年度において受け，又は受ける見込みの額が明らかとなった会社役
　　員の報酬等（前号の規定により当該事業年度に係る事業報告の内容とする報酬
　　等及び当該事業年度前の事業年度に係る事業報告の内容とした報酬等を除く。）
　　について，同号イからハまでに掲げる場合の区分に応じ，当該イからハまでに
　　定める事項　……**(5)参照**

五の二　前二号の会社役員の報酬等の全部又は一部が業績連動報酬等である場合
　　には，次に掲げる事項　……**(5)参照**

　　イ　当該業績連動報酬等の額又は数の算定の基礎として選定した業績指標の内
　　　容及び当該業績指標を選定した理由

　　ロ　当該業績連動報酬等の額又は数の算定方法

　　ハ　当該業績連動報酬等の額又は数の算定に用いたイの業績指標に関する実績

五の三　第四号及び第五号の会社役員の報酬等の全部又は一部が非金銭報酬等で
　　ある場合には，当該非金銭報酬等の内容　……**(5)参照**

五の四　会社役員の報酬等についての定款の定め又は株主総会の決議による定め
　　に関する次に掲げる事項　……**(5)参照**

　　イ　当該定款の定めを設けた日又は当該株主総会の決議の日

　　ロ　当該定めの内容の概要

　　ハ　当該定めに係る会社役員の員数

六　法第361条第7項の方針又は法第409条第1項の方針を定めているときは，次
　　に掲げる事項　……**(6)参照**

イ　当該方針の決定の方法

ロ　当該方針の内容の概要

ハ　当該事業年度に係る取締役（監査等委員である取締役を除き，指名委員会等設置会社にあっては，執行役等）の個人別の報酬等の内容が当該方針に沿うものであると取締役会（指名委員会等設置会社にあっては，報酬委員会）が判断した理由

六の二　各会社役員の報酬等の額又はその算定方法に係る決定に関する方針（前号の方針を除く。）を定めているときは，当該方針の決定の方法及びその方針の内容の概要　……(6)**参照**

六の三　株式会社が当該事業年度の末日において取締役会設置会社（指名委員会等設置会社を除く。）である場合において，取締役会から委任を受けた取締役その他の第三者が当該事業年度に係る取締役（監査等委員である取締役を除く。）の個人別の報酬等の内容の全部又は一部を決定したときは，その旨及び次に掲げる事項　……(6)**参照**

イ　当該委任を受けた者の氏名並びに当該内容を決定した日における当該株式会社における地位及び担当

ロ　イの者に委任された権限の内容

ハ　イの者にロの権限を委任した理由

ニ　イの者によりロの権限が適切に行使されるようにするための措置を講じた場合にあっては，その内容

七　辞任した会社役員又は解任された会社役員（株主総会又は種類株主総会の決議によって解任されたものを除く。）があるときは，次に掲げる事項（当該事業年度前の事業年度に係る事業報告の内容としたものを除く。）　……(7)**参照**

イ　当該会社役員の氏名（会計参与にあっては，氏名又は名称）

ロ　法第342条の2第1項若しくは第4項又は第345条第1項（同条第4項において読み替えて準用する場合を含む。）の意見があるときは，その意見の内容

ハ　法第342条の2第2項又は第345条第2項（同条第4項において読み替えて準用する場合を含む。）の理由があるときは，その理由

八　当該事業年度に係る当該株式会社の会社役員（会計参与を除く。）の重要な兼職の状況　……(1)**参照**

九　会社役員のうち監査役，監査等委員又は監査委員が財務及び会計に関する相当程度の知見を有しているものであるときは，その事実　……(8)**参照**

十　次のイ又はロに掲げる場合の区分に応じ，当該イ又はロに定める事項

……(9)**参照**

イ　株式会社が当該事業年度の末日において監査等委員会設置会社である場合常勤の監査等委員の選定の有無及びその理由

116 第2章 事業報告

ロ　株式会社が当該事業年度の末日において指名委員会等設置会社である場合　常勤の監査委員の選定の有無及びその理由
十一　前各号に掲げるもののほか，株式会社の会社役員に関する重要な事項
……⑽参照

⑴　会社役員の氏名，地位および担当，重要な兼職の状況

　会社役員の氏名（会計参与にあっては，氏名または名称），地位および担当，他の法人等との重要な兼職が存在する場合にはその事実を記載する。なお，会計参与には税理士法人や監査法人が就任する可能性があるため，氏名または名称を記載するとされている。

　「重要な兼職の状況」については，会社役員の職務執行が適正に行われているかどうかの判断のための情報として求められている。すべての兼職の状況を記載する必要はなく，重要な事項を記載すれば足りる。その重要性の判断については，会社と兼職先との取引関係，兼職先での地位等を勘案して行う。その記載方法は，通常，会社役員の氏名一覧に兼職状況等の記載欄を設けて記載するが，会社の置かれている状況を考慮して工夫した記載方法が求められる。

　会社役員の氏名，地位および担当ならびに重要な兼職の状況の記載については，直前の定時株主総会の終結の日の翌日以降に在任していた者が開示対象となる。また，事業年度の途中で兼職が解消された場合であっても，兼職に関する記載の趣旨に鑑みると，事業年度中に重要な兼職の実績があれば記載すべきであると考えられる。

　「経団連ひな型」では，以下のように記載内容を説明している。

【氏名，地位及び担当】
　当該事業年度における取締役及び監査役（指名委員会等設置会社の場合は取締役及び執行役）の氏名，会社における地位及び担当（代表取締役若しくは代表執行役，又は使用人兼務取締役若しくは執行役である旨の記載，監査等委員である旨の記載，業務担当取締役の「○○担当」といった記載を含む。）を記載する。取締役であっても，固有の担当がない場合には，担当の箇所には特段の記載を要しない。なお，監査役については，職務の分担を定めることは可能と解されているものの，各人について固有の担当は存しないものと解されているため（会社法施行規則第76条第2項第3号参照），担当については特段の記載を要しない。これに

対し，監査等委員については，監査等委員会は，独任性の機関である監査役と異なり，会議体として組織的な監査を行うため，その構成員である監査等委員には「担当」があり得ると解されている。

また，指名委員会等設置会社にあっては，所属する委員会があれば，その名称，執行役兼務取締役であれば，その旨も記載する。

社外取締役あるいは社外監査役については，社外役員（会社法施行規則第2条第3項第5号）である場合についてのみ，その旨を注記することが考えられる。

なお，「主な職業」については，事業報告においては，必ずしも記載が求められていない。ただし，主な職業が事業報告作成会社の役員のほかにあるときは，「重要な兼職の状況」（会社法施行規則第121条第8号）として記載する又は「会社役員に関する重要な事項」（会社法施行規則第121条第11号）として，その職業を注記することが考えられる。

【重要な兼職の状況】

会計参与を除く会社役員の重要な兼職の状況を記載する。会社役員が他の法人等の代表者であったとしても，当然には本項目の記載対象とはならず，当該兼任のうち「重要な兼職」に該当するもののみを記載すれば足りる。重要な兼職であるか否かは，兼職先が取引上重要な存在であるか否か，当該取締役等が兼職先で重要な職務を担当するか否か等を総合的に考慮して判断するため，兼職先の代表者であったとしても「重要な兼職」に該当しない場合もありうる。

例えば，事業報告作成会社と全く取引のない団体や単なる財産管理会社，休眠会社の代表者である場合などは，「重要な兼職」には該当しないものと解されうる。「兼職の状況」としては，兼職先や兼職先での地位を記載することが考えられる。

記載の方法としては，後記記載例のとおり，会社役員に関する事項中に氏名や地位及び担当と並べて重要な兼職の状況を記載する方法のほか，兼職状況について会社役員に関する事項とは別の一覧表を作成する方法が考えられる。

［記載例］

当社の会社役員に関する事項

氏名	地位及び担当	重要な兼職の状況
	代表取締役会長 ○○担当	
	代表取締役社長 ○○担当	
	代表取締役副社長 ○○担当	

	専務取締役 ○○担当	
	常務取締役 ○○担当	
	取締役 ○○担当	
××××	取締役	○○株式会社代表取締役
●●	常勤監査役	
○○	監査役	
△△	監査役	

注1．取締役××××氏は，会社法第2条第15号に定める社外取締役であります。

注2．監査役○○氏及び△△氏は，会社法第2条第16号に定める社外監査役であります。

注3．常勤監査役●●氏は，○年間当社の経理業務を担当しており，財務及び会計に関する相当程度の知見を有するものであります。
　　　監査役○○氏は，公認会計士の資格を有しており，財務及び会計に関する相当程度の知見を有するものであります。

注4．取締役○○○○氏は，○年○月○日辞任いたしました。

注5．監査役△△△△氏は，○年○月○日辞任いたしました。当該辞任に関し，△△△△氏より，次のとおり辞任の理由が述べられております。
　　　…………………………………………………………………………

注6．当事業年度の末日後に◎◎氏が当社取締役（××担当）として就任しております。

注7．○○株式会社は，当社と○○という関係にあります。

注8．当社の親会社である●●の代表取締役は，社外取締役××××氏の三親等内の親族であります。

注9．社外監査役△△氏の甥は，当社の経理部長として勤務しております。

注10．当社は社外取締役◎◎氏，監査役●●氏及び社外監査役××氏との間で，その職務を行うにつき善意でありかつ重大な過失がなかったときは，金○○円又は会社法第425条第1項に定める最低責任限度額のいずれか高い額をその責任の限度とする旨の契約を締結しております。

注11．当社は取締役◎◎氏，監査役●●氏との間で，会社法第430条の2第1項に規定する補償契約を締結しております。当該補償契約では，同項第1号の費用及び同項第2号の損失を法令の定める範囲内において当社が補償することとしております。

注12．当社は当社及び当社子会社である○○株式会社の取締役及び監査役の全員を被保険者とする会社法第430条の3第1項に規定する役員等賠償責任保険契約を保険会社との間で締結しております。当該保険契約では，被保険者が会社の役員等の地位に基づき行った行為（不作為を含みます。）に起因して損害賠償請求がなされたことにより，被保険者が被る損害賠償金や訴訟費用等が填補されることとなります。

第 4 節　公開会社である場合の記載事項　119

記載例　会社役員の氏名等①　　　　　　　　　（住友電設㈱　2024年3月期）

❸　会社役員に関する事項

⑴　取締役及び監査役の氏名等

地　位	氏　名	担　当	重要な兼職の状況
代表取締役 取締役会長	○○○○		
代表取締役 取締役社長	○○○○		
取　締　役	○○○○	専務執行役員，施設統括本部長，国際本部長，資材統括部担当，機械設備事業部担当	タイ セムコン CO.,LTD. 取締役，PT タイヨー シ ナール ラヤ テクニク 取締役，スミセツ フィリ ピンズ，INC. 取締役，テマコン エンジニアリ ング SDN.BHD. 取締役，住設機電工程（上海）有限公司　董事
取　締　役	○○○○	常務執行役員，本社部門担当（総務，東京総務，人事，人材開発，安全品質管理，監査，保険），全社コンプライアンス担当	
○　取　締　役	○○○○	常務執行役員，総合企画部長，経理部担当，情報システム部担当	
社外取締役	○○○○		公益財団法人日本共同証券財団　事務局長
社外取締役	○○○○		株式会社滋賀銀行　社外取締役，令和アカウンティング・ホールディングス株式会社常任監査役
○社外取締役	○○○○		住友ゴム工業株式会社　社外監査役，日立造船株式会社　社外監査役

○常勤監査役	○○○○		株式会社セメック　監査役
常勤監査役	○○○○		エスイーエム・ダイキン株式会社　監査役
社外監査役	○○○○		公認会計士，税理士，開成公認会計士共同事務所代表，株式会社ウィル社外監査役
社外監査役	○○○○		
社外監査役	○○○○		弁護士，田辺総合法律事務所　パートナー

(注)1．○○○○氏（社外取締役）は，2023年12月22日付で取締役を辞任により退任いたしました。

2．○○○○氏（常勤監査役）は，2023年6月27日付で監査役を任期満了により退任いたしました。

3．○印の取締役及び監査役は，2023年6月27日開催の第98期定時株主総会において新たに選任され就任いたしました。

4．監査役　○○○○氏は，当社において経理担当取締役を経験しており，財務及び会計に関する相当程度の知見を有するものであります。

5．監査役　○○○○氏は，公認会計士及び税理士の資格を有しており，財務及び会計に関する相当程度の知見を有するものであります。

6．監査役　○○○○氏は，米国会計事務所及び国内税理士法人における経験を有しており，財務及び会計に関する相当程度の知見を有するものであります。

7．取締役　○○○○氏，取締役　○○○○氏，取締役　○○○○氏，監査役　○○○○氏，監査役　○○○○氏及び監査役　○○○○氏は，株式会社東京証券取引所の定めに基づき届け出た独立役員であります。

8．取締役　○○○○氏は，2023年6月1日付で専務執行役員に就任し，国際本部長を担当しております。

9．取締役　○○○○氏は，2023年6月1日より本社部門（安全品質管理）を担当しております。

上記（注）1及び2の（　）内は退任時の地位等を示します。

第4節　公開会社である場合の記載事項　121

（記載例） 会社役員の氏名等②（指名委員会等設置会社）

（三菱マテリアル㈱　2024年3月期）

❸　当社役員に関する事項

⑴　取締役及び執行役の状況

①　取締役の状況（2024年3月31日現在）

地　位	氏　名	担　　当	重要な兼職の状況
取締役会長 取締役会議長	○○○○	監査委員	
取　締　役	○○○○ 注1	サステナビリティ委員	
取　締　役	○○○○ 注1		
取　締　役	○○○○ 注1		
取　締　役	○○○○ 注2, 14	指名委員（委員長） 報酬委員	ヤマトホールディングス㈱ 社外取締役注3 ㈱資生堂　社外取締役注4
取　締　役	○○○○ 注2, 14	指名委員 報酬委員	公益財団法人国際通貨研究 所　理事長注5 オリックス㈱　社外取締役注6
取　締　役	○○○○ 注2, 14	指名委員 報酬委員（委員長） サステナビリティ委員	
取　締　役	○○○○ 注2, 7, 14	指名委員 監査委員 報酬委員	三菱UFJ信託銀行㈱　特別 顧問注8 三菱倉庫㈱　社外取締役注9
取　締　役	○○○○ 注2, 14	指名委員 監査委員 サステナビリティ委員 （委員長）	
取　締　役	○○○○ 注2, 10, 11, 14	監査委員（委員長） サステナビリティ委員	
取　締　役	○○○○ 注2, 12, 14	監査委員 報酬委員 サステナビリティ委員	スクワイヤ外国法共同事業 法律事務所　パートナー弁 護士注13

122　第2章　事業報告

注1：取締役○○○○，○○○○及び○○○○の各氏は，執行役を兼任しています。

注2：取締役○○○○，○○○○，○○○○，○○○○，○○○○，○○○○，○○○○の各氏は，会社法第2条第15号に定める社外取締役です。

注3：当社とヤマトホールディングス㈱との間に取引関係はありません。当社は，同社の特定子会社であるヤマト運輸㈱等との間に運送委託等の取引関係がありますが，その取引額は当社及び同社の連結売上高の1％未満です。

注4：当社と㈱資生堂との間に取引関係はありません。

注5：当社と公益財団法人国際通貨研究所との間に取引関係はありません。

注6：当社は，オリックス㈱との間にリース等の取引関係がありますが，その取引額は当社及び同社の連結売上高の1％未満です。

注7：監査委員○○○○氏は，金融機関の経営者としての経験があり，財務及び会計に関する相当の知見を有しています。

注8：当社は，三菱UFJ信託銀行㈱との間に株式事務代行委託等の取引関係がありますが，その取引額は当社及び同社の連結売上高の1％未満です。
また，同社からの資金の借入はありません。

注9：当社は，三菱倉庫㈱との間に運送委託等の取引関係がありますが，その取引額は当社及び同社の連結売上高の1％未満です。

注10：監査委員長○○○○氏は，上場企業の主要子会社において最高財務責任者（CFO）としての経験があり，財務及び会計に関する相当の知見を有しています。

注11：取締役○○○○氏は，常勤監査委員です。当社は，監査委員会監査の実効性を向上させるため，常勤監査委員を設置することとしています。

注12：○○○○氏の戸籍上の氏名は，○○○○です。

注13：当社は，スクワイヤ外国法共同事業法律事務所との間に取引関係はありません。

注14：取締役○○○○，○○○○，○○○○，○○○○，○○○○，○○○○，○○○○の各氏につきましては，㈱東京証券取引所の規定に基づき独立役員（一般株主と利益相反が生じるおそれのない社外役員）としてそれぞれ届け出ています。

②　執行役の状況（2024年3月31日現在）

地　位	氏　名	担　　当	重要な兼職の状況
執行役社長 （代表執行役）	○○○○ 注1	CEO注2，全般統括，監査，再生可能エネルギー事業，エネルギー事業センター担当	
執行役常務	○○○○	CGO注3，業務プロセス変革推進，SCQ推進，コーポレートセクレタリィ，関連事業担当	
執行役常務	○○○○ 注1	CFO注4，戦略・経理財務統括，地球環境，コーポレートコミュニケーション担当	

第4節　公開会社である場合の記載事項　123

執 行 役 常 務	○○○○ 注5	CHRO注6，人事企画，D&I・健康経営推進担当	
執 行 役 常 務 （代表執行役）	○○○○ 注1	CTO注7，CDO注8，ものづくり・R&D戦略，DX推進，システム戦略担当	
執 行 役 常 務	○○○○ 注9	プロフェッショナルCoE　プレジデント	
執 行 役 常 務	○○○○	金属事業カンパニー　プレジデント	
執 行 役 常 務	○○○○	高機能製品カンパニー　プレジデント	
執 行 役 常 務	○○○○	加工事業カンパニー　プレジデント	

注1：執行役○○○○，○○○○及び○○○○の各氏は，取締役を兼任しています。
注2：CEOは，Chief Executive Officer の略称です。
注3：CGOは，Chief Governance Officer の略称です。
注4：CFOは，Chief Financial Officer の略称です。
注5：○○○○氏の戸籍上の氏名は，○○○○です。
注6：CHROは，Chief Human Resources Officer の略称です。
注7：CTOは，Chief Technical Officer の略称です。
注8：CDOは，Chief Digital Officer の略称です。
注9：執行役○○○○氏は，2024年3月31日をもって執行役を退任しました。

　なお，以下の執行役は，2024年4月1日付で次のとおり担当が変更となりました。

地　位	氏　名	担　　当	重要な兼職の状況
執 行 役 常 務	○○○○	CSuO注1，業務プロセス統括，安全環境品質，環境保全センター，地球環境，法務・コンプライアンス担当	
執 行 役 常 務	○○○○	CFO，経理財務，経営戦略，物流資材，コーポレートコミュニケーション担当注2	
執 行 役 常 務	○○○○	CHRO，人材・組織開発，人事労政，HRBP，総務，秘書担当	

124　第2章　事業報告

| 執 行 役 常 務
（代表執行役） | ○○○○ | CTO, ものづくり・R&D 戦略,
DX 推進, システム戦略担当 | |

注1：CSuO は，Chief Sustainability Officer の略称です。
注2：上記に加え，2024年5月1日付で，執行役○○○○氏の担当に「欧州新社準備」が
　　　追加されました。

（記載例）　会社役員の氏名等③（監査等委員会設置会社）

（稲畑産業㈱　2024年3月期）

⑶　会社役員の状況

①　取締役の状況（2024年3月31日現在）

地　　位	氏　名	担当及び重要な兼職の状況
代 表 取 締 役 社 長 執 行 役 員	○○○○	
代 表 取 締 役 専 務 執 行 役 員	○○○○	情報電子・生活産業セグメント担当，欧米地区担当 稲畑ファインテック株式会社 取締役
代 表 取 締 役 専 務 執 行 役 員	○○○○	管理部門全般担当
取　　締　　役 常 務 執 行 役 員	○○○○	化学品セグメント担当，情報電子セグメント担当補佐，北東アジア地区担当 TAIWAN INABATA SANGYO CO., LTD. 取締役
取　　締　　役	○○○○	住友化学株式会社　顧問 住友精化株式会社　取締役（非業務執行）
取　　締　　役	○○○○	株式会社 DDD　代表取締役 株式会社ツインバード　社外取締役 NEC キャピタルソリューション株式会社　社外取締役
取　　締　　役	○○○○	公益財団法人キユーピーみらいたまご財団　理事長
取　　締　　役 （監査等委員）	○○○○	ウシオ電機株式会社　特別顧問 株式会社ニチレイ　社外取締役
取　　締　　役 （監査等委員）	○○○○	玉井哲史公認会計士事務所　所長 東邦レマック株式会社　社外監査役 株式会社ピーシーデポコーポレーション　社外監査役

取　締　役 (監査等委員)	○○○○	東京ガス株式会社　参与
取　締　役 (監査等委員)	○○○○	
取　締　役 (監査等委員)	○○○○	ニュートン・インベストメント・パートナーズ株式会社　シニア・アドバイザー

(注)1．取締役○○○○及び○○○○並びに取締役（監査等委員）○○○○，○○○○，○○○○，○○○○及び○○○○の各氏は，社外取締役であります。

2．当社は，取締役○○○○及び○○○○並びに取締役（監査等委員）○○○○，○○○○，○○○○，○○○○及び○○○○の各氏を東京証券取引所の定めに基づく独立役員として指定し，同取引所に届け出ております。

3．取締役（監査等委員）○○○○氏は，公認会計士の資格を有しており，財務及び会計に関する相当程度の知見を有するものであります。

4．当社は，監査等委員会の職務を補助するための専任の組織として監査等委員会室を設置し，監査等委員でない取締役から独立した適任者を配置し，社内会議への出席等を通じて情報を収集し監査等委員会と共有しております。また，内部監査室や内部統制部門と緊密な連携を保ち，内部統制システムを通じた組織的な監査を実施しているため，常勤の監査等委員を選定しておりません。

5．なお，上記4名以外の当社執行役員は次のとおりであります。

地　位	氏　名	担　当
常務執行役員	○○○○	合成樹脂セグメント担当，東南アジア地区担当，東南アジア総支配人
執　行　役　員	○○○○	名古屋支店長
執　行　役　員	○○○○	合成樹脂セグメント担当補佐，合成樹脂第一本部長，コンパウンド統括室長
執　行　役　員	○○○○	生活産業セグメント担当補佐，化学品本部長
執　行　役　員	○○○○	稲畑ファインテック株式会社　代表取締役社長
執　行　役　員	○○○○	情報電子第一本部長
執　行　役　員	○○○○	財務経営管理室長
執　行　役　員	○○○○	北東アジア総支配人
執　行　役　員	○○○○	リスク管理室長

6．当社は，監査等委員会の職務を補助する役割を担う監査等特命役員を選任しております。

氏　名	担　当
○○○○	監査等委員会室長

(2) 会社役員との責任限定契約に関する事項

　株式会社は，定款の定めに基づき取締役（業務執行取締役等以外）または監査役と責任限定契約（会社法427Ⅰ）を締結することができる。この場合，株主にとっては，会社が損害を被ったときの担保的機能が一部失われる結果になるため，責任限定契約の内容の概要の記載が求められている（施行規則121③）。

　「契約の内容の概要」として，責任の限度額や契約上の条件を記載する対応が考えられる。これに加え，契約によって当該会社役員の職務執行の適正性が損なわれないようにするための措置を講じている場合には，その内容も記載する。

　なお，記載対象となる会社役員は，直前の定時株主総会の終結の日の翌日以降に存在していた者であるため（施行規則121①），事業報告の対象となる事業年度中に在任していた会社役員であっても，事業年度中に開催された定時株主総会の終結の時をもって退任した者などは対象とならない。

　記載の方法としては，会社役員に関する事項の脚注として記載する方法や，独立の項目として記載する方法が考えられる。

　「経団連ひな型」における独立の項目として記載する場合の記載例は，以下のとおりである。

【責任限定契約に関する事項】

［記載例］
（責任限定契約の内容の概要）
　当社は，○年○月○日開催の第○回定時株主総会で定款を変更し，取締役（業務執行取締役等を除く）及び監査役の責任限定契約に関する規定を設けております。当該定款に基づき当社が取締役○○○○氏及び監査役の全員と締結した責任限定契約の内容の概要は次のとおりであります。
① 　取締役の責任限定契約
　取締役は，本契約締結後，会社法第423条第1項の責任について，その職務を行うにつき善意でありかつ重大な過失がなかったときは，金○○円又は会社法第425条第1項に定める最低責任限度額のいずれか高い額を限度として損害賠償責任を負担するものとする。
② 　監査役の責任限定契約
　監査役は，本契約締結後，会社法第423条第1項の責任について，その職務を行うにつき善意でありかつ重大な過失がなかったときは，金○○円又は会社法

第4節　公開会社である場合の記載事項　127

> 第425条第1項に定める最低責任限度額のいずれか高い額を限度として損害賠償責任を負担するものとする。

（記載例）責任限定契約①（法令が定める額）　　　　（TOTO㈱　2024年3月期）

⑵　責任限定契約に関する事項

　　当社は，2006年6月29日開催の第140期定時株主総会において定款を変更し，社外取締役との責任限定契約に関する規定を設けています。

　　当該定款に基づき，当社が社外取締役の全員と締結している責任限定契約の内容の概要は次のとおりであります。

　（責任限定契約の内容の概要）

　　在任中，その任務を怠ったことにより会社に損害を与えた場合において，社外役員が職務を行うにつき善意でかつ重大な過失がないときは，会社法第425条第1項に定める最低責任限度額を限度として，会社に対し損害賠償責任を負うものとし，当該限度額を超える部分については，会社は社外役員を免責する。

（記載例）責任限定契約②（法令が定める額または予め定めた金額のいずれか高い額）

　　　　　　　　　　　　　　　　　　　　　　　　　　（ぴあ㈱　2024年3月期）

⑵　責任限定契約の内容の概要

　　当社と各取締役（業務執行取締役等であるものを除く。）ならびに各監査役は，会社法第427条第1項の規定に基づき，同法第423条第1項の損害賠償責任を限定する契約を締結しております。当該契約に基づく損害賠償責任の限度額は500万円または法令が定める額のいずれか高い額としております。

⑶　会社役員との補償契約に関する事項

　株式会社が会社役員（取締役，監査役または執行役）との間で，当該会社役員の職務の執行に関し，法令違反の疑義または責任追及の請求に対処するために支出する費用，または第三者に対する賠償金または和解金に係る損失の全部または一部を当該株式会社が補償する契約（以下「補償契約」という）（会社法430の2Ⅰ）を締結している場合は，当該会社役員の氏名および当該補償契約の内容の概要を記載する（施行規則121（3の2））。当該補償契約により当該会社役

員の職務執行の適正性が損なわれないようにする措置を講じている場合は，その内容について記載する（施行規則121③の②ロ）。

　また，株式会社が補償契約に基づき会社役員（当該事業年度の前事業年度の末日までに退任した者を含む）の法令違反または責任追及に係る費用（会社法430の2Ⅰ①）を補償している場合で，当該事業年度において当該会社役員が職務の執行に関して法令に違反した事実，または責任を負う事実を知ったときは，その旨を記載する（施行規則121③の③）。株式会社が補償契約に基づき会社役員の第三者に対する賠償金または和解金に係る損失（会社法430の2Ⅰ②）を補償したときは，その旨および補償した金額を記載する（施行規則121③の④）。

　「経団連ひな型」では，以下のように記載内容を説明している。

【補償契約に関する事項】
　事業報告作成会社が取締役，監査役又は執行役との間で補償契約（会社法第430条の2第1項の契約）を締結している場合には，①契約の相手方の氏名と共に，②当該契約の内容の概要を記載する。
　「契約の内容の概要」としては，補償の対象（会社法第430条の2第1項各号のいずれの事項が補償の対象となるか）を記載することが考えられるが，これに加え，契約によって当該取締役，監査役又は執行役の職務の執行の適正性が損なわれないようにするための措置を講じている場合（補償契約において事業報告作成会社が補償する額について限度額を設けた場合や，事業報告作成会社が当該取締役，監査役又は執行役に対して責任を追及する場合及び当該役員に故意又は重過失が認められる場合には当該役員に生じる防御費用については補償することができないこととした場合など）には，その内容をも記載することとなる。
　記載の方法としては，会社役員に関する事項に注記する方法や，補償契約に関する事項として，別項目を立てて記載する方法が考えられる。

【補償契約に基づく補償に関する事項】
　補償契約を締結した事業報告作成会社が会社役員（取締役，監査役又は執行役に限る。以下この事項において同じ。）に対して補償契約に基づき補償を行った場合，その内容に応じて以下の事項を記載する。
①　会社法第430条の2第1項第1号の費用を補償した場合
　　事業報告作成会社が，当該事業年度において，当該会社役員が同号の職務の執行に関し法令の規定に違反したこと又は責任を負うことを知ったときは，その旨

第4節　公開会社である場合の記載事項　129

② 会社法第430条の2第1項第2号の損失を補償した場合
　その旨及び補償した金額

　①に該当する場合，当該事業年度において，「補償契約に基づき補償をした会社役員」が会社法第430条の2第1項第1号の職務の執行に関し，「法令の規定に違反したこと」又は「責任を負うこと」のいずれを知ったのかを明らかにして記載する必要があるが，費用の補償を受けた会社役員の氏名や法令違反等に該当する事実の概要等までを記載する必要はない。

　②に該当する場合，当該事業年度中に同一の事由に関して複数の会社役員に対して損失を補償したときであっても，個別の会社役員ごとに記載する必要はなく，当該会社役員らに対して補償した旨及び補償した金額の合計額をまとめて記載すれば足りる。なお，会社法第430条の2第1項第2号イ又はロの損失のいずれを補償したかを明らかにして記載する必要があるが，損失の補償を受けた会社役員の氏名や損失の具体的な内容等を記載する必要はなく，補償契約に基づき会社役員に対して会社法第430条の2第1項第2号イ（又はロ）に掲げる損失を補償した旨を記載すれば足りる。

　記載の方法としては，会社役員に関する事項に注記する方法や，補償契約に基づく補償に関する事項として，別項目を立てて記載する方法が考えられる。

記載例　**補償契約に関する事項**　　　　　（㈱ファンケル　2024年3月期）

(3)　補償契約の内容の概要
　　　当社は，「前記(1)取締役および監査役の状況」に記載の取締役9名，監査役5名および執行役員等との間で，会社法第430条の2第1項に規定する補償契約を締結しており，同条第1項第1号の費用および同項第2号の損失を法令の定める範囲内において当社が補償することとしております。補償契約においては，法令違反の行為であることを認識して行った行為に起因する損害は除くなどの一定の免責事由を定めているほか，免責金額も設けております。

(4)　**当該事業年度に係る取締役，会計参与，監査役または執行役ごとの報酬等**

　「報酬等」とは「報酬，賞与その他の職務執行の対価として株式会社から受ける財産上の利益」（会社法361）をいう。また，現金による支給以外でも，著しく低額での不動産や乗用車の賃貸に基づく経済的利益（いわゆるフリンジベネフィット）や，ストック・オプションによる新株予約権の付与も含む。

130　第2章　事業報告

　役員に対する報酬等の総額は図表2－11のとおり，事前の承認手続が必要となっている。

<図表2－11>　会社役員の報酬等に関する定め

| 指名委員会等設置会社以外の会社 | 取締役，会計参与，監査役 | 定款もしくは株主総会の決議によって定める（会社法361，379，387） |
| 指名委員会等設置会社 | 執行役，取締役，会計参与 | 報酬委員会の決定により定める（会社法404Ⅲ） |

　公開会社にあっては，株式会社の事業執行の透明性を確保する観点から，会社役員に対する報酬等の開示が求められている。実際に支払われ，または支払うことが決定された報酬等に関する事項を事後的に開示することで，利害関係者は会社役員に対する報酬等の支払が，事前の承認手続に従って適切に行われているか判断することができる。また，会社役員の責任が限定されている場合においては，その責任の範囲を特定するための基礎ともなりうる。

　会社役員の報酬等に関連する事項は，開示対象となる役員の在任期間の制限が設けられていないため，事業年度内に在任していた役員すべてが対象となる。この項目で開示対象となる報酬は，事業報告の対象となる事業年度に帰属する報酬と考えられる。具体的な金額の算定にあたっては，実際に現金や現物として支給した額ではなく，その事業年度の職務執行の対価の額が対象となる。したがって，役員賞与について，実際に支給されていないとしても，その事業年度の職務執行に対応する役員賞与と評価でき，会計上も引当金繰入額が計上されているような状況においては，当該繰入額が対象となる。

　報酬等の集計にあたっては，①役員退職慰労金，②使用人兼務役員の使用人部分の報酬等，③ストック・オプション，④業績連動報酬等および非金銭報酬等について注意が必要となる。

　①役員退職慰労金については，役員退職慰労引当金を計上している場合であっても，実質的に各事業年度に対応する退職慰労金の額が定まっているとはいいがたい場合もあるため，必ずしも会計処理とは連動せず，その事業年度の職務執行に対応すると評価できる部分について事業報告に記載する（当事業年度の損益計算書に計上されていないが開示を要する事項については，(5)参照）。

②使用人兼務役員の使用人部分の報酬等については，これらを会社役員の報酬等の額に含めるべきではないと考えられる。通常は使用人分給与を含んでいない旨を記載するが，当該使用人部分の報酬が多額な場合には別途の開示も考えられる（⑩参照）。

③ストック・オプションについては，「ストック・オプション等に関する会計基準」（企業会計基準第8号，以下「ストック・オプション会計基準」という）に従った場合，権利付与から権利確定までの期間にわたり期間按分などの方法により費用計上されるため，ストック・オプション費用の当該事業年度に対応する金額が開示の対象になると考えられる。報酬等の記載方法については，「取締役」「会計参与」「監査役」「執行役」ごとにその総額を記載する方法，会社役員ごとに報酬を記載する方法またはこれらの組み合わせによる方法のいずれも認められる（施行規則121④）。また，監査等委員会設置会社にあっては，監査等委員である取締役とそれ以外の取締役とで区分して開示する（施行規則121④イ）。

④業績連動報酬等および非金銭報酬等は報酬等に含まれる（施行規則121④）。「業績連動報酬等」とは，利益の状況を示す指標，株式の市場価格の状況を示す指標その他当該株式会社（関係会社を含む）の業績を示す指標（以下「業績指標」という）を基礎としてその額または数が算定される報酬等をいう（施行規則98の5②）。また，「非金銭報酬等」とは，金銭でない報酬等（募集株式または募集新株予約権と引換えにする払込みに充てるための金銭を取締役の報酬等とする場合における当該募集株式または募集新株予約権を含む）をいう（施行規則98の5③）。会社役員ごとの報酬等に業績連動報酬等または非金銭報酬等が含まれる場合は，業績連動報酬等または非金銭報酬等の総額（会社役員ごとに開示する場合には報酬等の額），およびそれら以外の報酬等の総額（会社役員ごとに開示する場合には報酬等の額）についての記載が求められる（施行規則121④）。

報酬等を総額で記載する場合には，取締役，会計参与，監査役または執行役ごとの員数をあわせて記載すると定められている。これは，氏名等が開示される会社役員と報酬等の開示の対象とされる会社役員が同一とは限らないために提供される追加的な情報である。また，「事業報告における会社役員等の報酬等

132　第2章　事業報告

の開示の趣旨が会社役員に対して支給する報酬等の額の適正さを株主が判断するための材料の提供にある主旨に鑑みると，報酬等の開示における「員数」には，無報酬の会社役員は含まれないと解される。」(松本真・小松岳志「「会社法施行規則及び会社計算規則の一部を改正する省令」の解説－平成20年法務省令12号－」旬刊経理情報1179号)。

　記載にあたっては，さまざまな形態による会社役員に対する報酬等の支払がありうるものの，これらを形態別に分類して記載する必要はなく，総額により記載すれば十分であると考えられる。

⑤　当該事業年度において受け，または受ける見込みの額が明らかとなった会社役員の報酬等

　「当該事業年度において受け」とは，当該事業年度において会社から会社役員に支給された報酬であり，例えば前事業年度の事業報告作成時点で金額が算定されていなかった退職慰労金が当期に支給された場合が考えられる。また「当該事業年度において受ける見込みの額が明らかになった」とは，当該事業年度に支給予定額が明らかになった報酬を指す。

　なお，報酬の金額は事業報告内で一度開示されれば十分と考えられるため，当該事業年度に係る事業報告の内容とする（前述の⑷により開示される）報酬および過年度の事業報告の内容とした報酬等は除かれる。しかし，過年度において役員賞与や役員退職慰労金に関する引当金を計上し，その繰入額を事業報告において開示していた場合であっても，実際の報酬額が引当金残高を上回るような場合には，その差額の開示を検討する必要がある。

　会社役員の報酬等に含まれる業績連動報酬等および非金銭報酬等の額の記載が求められている（前述の⑷参照）ことを受けて，当該報酬等に業績連動報酬等が含まれる場合には，業績連動報酬等の算定の基礎として選定した業績指標の内容および選定した理由，当該業績連動報酬等の算定方法，さらに当該業績指標の算定に用いた業績指標に関する実績を記載することが求められる（施行規則121⑤の2）。また，当該報酬等に非金銭報酬等が含まれる場合は，当該非金銭報酬等の内容を記載する（施行規則121⑤の3）。なお，会社役員の報酬等が定款または株主総会の決議により定められている場合は，当該事項を定めた

日，定めた内容の概要，および定められた会社役員の数を記載する（施行規則121⑤の④）。

「経団連ひな型」では，以上の会社役員の報酬等についての詳細な記載内容を説明している。

【取締役，会計参与，監査役又は執行役ごとの報酬等の総額（業績連動報酬等，非金銭報酬等，それら以外の報酬等の総額）】

　会社役員に支払った報酬その他の職務執行の対価である財産上の利益(以下「報酬等」という）の額を，①業績連動報酬等，②非金銭報酬等，③それら以外の報酬等の種類別に，かつ，取締役，会計参与及び監査役（監査等委員会設置会社の場合は監査等委員である取締役以外の取締役及び監査等委員である取締役並びに会計参与，指名委員会等設置会社の場合は取締役及び執行役並びに会計参与）ごとに区分して，それぞれの総額と員数を記載する。

　「業績連動報酬等」とは，報酬等のうち，利益の状況を示す指標，株式の市場価格の状況を示す指標その他の当該株式会社又はその関係会社（会社計算規則第2条第3項第25号に規定する関係会社をいう。）の業績を示す指標（連結業績を示す指標を含む。）を基礎としてその額又は数が算定されるものである（会社法施行規則第98条の5第2号）。

　「非金銭報酬等」とは，報酬等のうち，金銭でないもの（募集株式又は募集新株予約権と引換えにする払込みに充てるための金銭を取締役の報酬等とする場合における当該募集株式又は募集新株予約権を含む。）である。

　「それら以外の報酬等」とは，報酬等のうち，上記いずれにも該当しないものであるが，典型的には，固定額の金銭報酬などがこれに該当する。

　これらの結果，事業報告への記載の対象となる「報酬等」は次のとおり整理される。

(1)　使用人兼務役員の使用人部分の給与等

　事業報告への記載の対象は，役員として受ける報酬等のみであり，使用人兼務役員の使用人部分の給与等を「報酬等」に合算して記載することは認められない。

　使用人兼務役員の使用人部分の給与等については，原則として，事業報告への開示は不要であるが，使用人分給与等が多額である場合等には，別途，「株式会社の会社役員に関する重要な事項」（会社法施行規則第121条第11号）として記載することが求められる。

(2)　役員賞与

　役員賞与も，他の報酬等と同様，職務執行の対価であるので，①から③の区分に応じ，報酬等の総額に含めて記載することが求められる。事業報告への記載が

求められる「当該事業年度に係る役員報酬等」に含まれる役員賞与とは，事業年度が終了した後に現実に支払われた賞与の額ではなく，当該事業年度の業績等を踏まえて，当該事業年度について給付するものと定めた額，すなわち，今後支払い予定であるが，未だ支払われていない額も含めた額である。

したがって，役員賞与に関する議案を定時株主総会に提出する場合には，事後的に報酬等の総額が変更される場合がありうるが，事業報告の内容としては，あらかじめ定めていた額を記載することで差し支えない。ただし，実際に支給された賞与の総額があらかじめ定めていた額として事業報告に記載した額を上回った場合，その差額に相当する部分は，会社役員が当該賞与を受けた事業年度に係る事業報告において記載することとなる。なお，実際に支給された賞与の総額があらかじめ定めていた額を下回った場合については，差額の記載は不要である。事業報告の対象となる事業年度に客観的に対応する報酬等であっても，当該報酬等の額がその事業年度に係る事業報告作成時に判明しない場合には，その後に会社役員が当該報酬等を「受け，又は受ける見込みの額が明らかとなった」事業年度に係る事業報告において記載することとなる（会社法施行規則第121条第5号）。

(3) 株式報酬及びストック・オプション

株式報酬及びストック・オプションは，その付与の際に株主総会の有利発行決議を経たか否かなどにかかわらず，職務執行の対価としての性格を有していれば，会社法上の報酬等として取り扱われる。この場合，株式報酬及びストック・オプションとして与えられた報酬等の総額も，②の非金銭報酬等として（業績連動報酬等の定義に当てはまる場合には業績連動報酬等としても），事業報告への記載が求められる。

具体的には，株式報酬及びストック・オプションの付与時期にかかわらず，会社役員に与えられた株式報酬及びストック・オプションの価値のうち，当該事業年度の報酬分に相当するものの記載が求められるが，会計基準において，当該事業年度において費用計上されるものが基準となる。

(4) 退職慰労金

退職慰労金も他の報酬等と同様，報酬等に含めて記載することが求められる。具体的には，退任時期等により，次のとおり記載することが考えられる。

① 事業報告の提出される定時株主総会において退任予定の会社役員への退職慰労金

当該事業年度に客観的に対応する額が特定されれば，当該事業年度に係る会社役員の報酬等（会社法施行規則第121条第4号）に含めて，それ以外は，当該事業年度において受ける見込みの額が明らかになった会社役員の報酬等（同第5号）として開示することとなる。退職慰労金の見込みの額が明らかにならない場合は，支給した事業年度又は支給する見込みの額が明らかになっ

た事業年度の事業報告で開示する（同第5号）。

　なお，当該事業年度において受け，又は受ける見込みの額が明らかになった会社役員の報酬等の開示にあたり，各事業年度毎に退職慰労金の引当金を積んでいるような場合において，各事業年度に係る事業報告（解釈上，会社法施行前の営業報告書も該当するものと考えられる。）に，当該事業年度分の報酬等の額として，当該引当金等の額を含めて記載しているときは，すでに各事業年度において開示がなされた額についての記載は不要となる（会社法施行規則第121条第5号括弧書き）。

② 退職慰労金の打ち切り支給を行う場合

　退職慰労金の打ち切り支給を行う場合には，実際の支給時期にかかわらず，①と同様の基準により退職慰労金に関する事項の記載を行うこととなり，当該記載を行えば，その後，現に退職慰労金の支給が行われた事業年度においてすでに開示された内容につき重ねて開示を行う必要はない（会社法施行規則第121条第5号括弧書き）。ただし，支給される見込みの額として記載された額を超える額がその後の事業年度において現に支給され，又は支給される見込みとなった場合には，その差額は，「当該事業年度前の事業年度に係る事業報告の内容」とはされていないことになるので，現に支給が行われた，又は支給される見込みが明らかとなった事業年度に係る事業報告において記載する必要がある。なお，現に支給され，又は支給される見込みとなった額が支給される見込みの額として記載された額を下回った場合には，その差額の記載は不要である。

③ 既に退職慰労金制度の廃止及び退職慰労金の打ち切り支給を株主総会で決議し，支給対象役員が退任する際に支給することとしている場合

　通常は，退職慰労金制度の廃止や退職慰労金の打ち切り支給を株主総会で決議した時点の事業報告において，①や②に従った開示が行われるので，支給時に改めて記載の必要はない。ただし，(i)当該事業年度前の事業年度に係る事業報告に一切記載しないまま退職慰労金を支払った場合における当該額，及び(ii)当該事業年度前の事業年度に係る事業報告において支給される見込みの額として記載された額を超える額がその後の事業年度において現に支給された場合における当該差額は，「当該事業年度前の事業年度に係る事業報告の内容」には含まれていないことになるので，現に支給が行われた事業年度に係る事業報告において記載する必要がある。なお，現に支給された額が支給される見込みの額として記載された額を下回った場合には，その差額の記載は不要である。

⑸ 記載方法

報酬等について，①から③までの区分に応じてその総額を記載することが求め

られるが，それぞれの区分の中に複数の種類の報酬（株式報酬とストック・オプションなど）が含まれている場合でも，その内訳等を示す必要はなく，区分ごとの総額を開示することで足りる。

　①業績連動報酬等，②非金銭報酬等，③それら以外の報酬等が区分して記載されていればよく，その具体的内容が分かる限りにおいて，それぞれにつき異なる名称を用いる（③について「基本報酬」や「固定報酬」とする）ことでも差し支えない。

[記載例]
(1)　当事業年度に係る役員の報酬等の総額等

区分	支給人数	報酬等の種類別の額			計	摘要
		基本報酬	業績連動報酬等	非金銭報酬等		
取締役	人	円	円	円	円	
監査役	人	円	円	円	円	
計	人	円	円	円	円	

注１．上記業績連動報酬等の額には，第○回定時株主総会において決議予定の役員賞与○○円（取締役××円，監査役△△円）を含めております。
注２．上記のほか，当事業年度に退任した取締役○名に対し業績連動報酬等と非金銭報酬等以外の報酬等である退職慰労金○円を支給しております。
注３．上記業績連動報酬等は，○○（業績連動報酬等に関する事項を記載する）
注４．上記非金銭報酬等は，○○（非金銭報酬等に関する事項を記載する）

(2)　取締役および監査役の報酬等についての株主総会の決議に関する事項
(3)　取締役の個人別の報酬等の内容に係る決定方針に関する事項
(4)　取締役の個人別の報酬等の決定に係る委任に関する事項

【業績連動報酬等に関する事項】
　報酬等に業績連動報酬等が含まれている場合には，当該業績連動報酬等について次の事項を記載する必要がある。
　　イ　当該業績連動報酬等の額又は数の算定の基礎として選定した業績指標の内容及び当該業績指標を選定した理由
　　ロ　当該業績連動報酬等の額又は数の算定方法
　　ハ　当該業績連動報酬等の額又は数の算定に用いたイの業績指標に関する実績

　イの業績指標の内容については，当該業績連動報酬等が会社役員に適切なイン

センティブを付与するものであるかを判断するために必要な記載が求められるが，当該業績連動報酬等の算定の基礎として選定された全ての業績指標を網羅的に記載することが必ずしも求められるものではない。

ロの業績連動報酬等の額又は数の算定方法については，業績連動報酬等と業績指標との関連性等，業績連動報酬等の算定に関する考え方を株主が理解することができる程度の記載が求められるが，計算式を記載することや，株主が開示された業績指標に関する実績等から業績連動報酬等の具体的な額又は数を導くことができるような記載が必ずしも求められるものではない。

ハの業績指標に関する実績については，具体的な数値を記載することが考えられるが，必ずしも数値を記載することを求めるものではなく，有価証券報告書において「当該業績連動報酬に係る指標の『目標及び実績』」の記載が求められる（企業内容等の開示に関する内閣府令第二号様式記載上の注意(57) c）のと同様，実績について記載することでも足りる。

【非金銭報酬等に関する事項】

報酬等に非金銭報酬等が含まれている場合には，当該非金銭報酬等の内容を記載する必要がある。

非金銭報酬等の内容としては，当該非金銭報酬等によって会社役員に対して適切なインセンティブが付与されているかを株主が判断するために必要な程度の記載が求められる。例えば，株式報酬の場合，当該株式の種類，数や当該株式を割り当てた際に付された条件の概要等を記載することが考えられる。

【報酬等に関する定款の定め又は株主総会決議に関する事項】

会社役員の報酬等についての定款の定め又は株主総会の決議による定めがある場合，それぞれにつき，以下の事項を記載する必要がある。

　　イ　当該定款の定めを設けた日又は当該株主総会の決議の日
　　ロ　当該定めの内容の概要
　　ハ　当該定めに係る会社役員の員数

ハの会社役員の員数については，イの定款の定めが設けられ，又は株主総会の決議がされた時点において，それらの定めの対象とされていた会社役員の員数を記載する必要がある。

なお，会社役員の報酬等であっても，当該報酬等についての定款の定め又は株主総会の決議による定めがない場合には，記載は不要である。

138 第2章 事業報告

（記載例） 役員報酬等① （㈱ダイセル 2024年3月期）

⑵ 取締役および監査役の報酬等

① 取締役および監査役の報酬等の総額等

区　分	支給人員	支給額（年額）				
		現金報酬分		株式報酬分	計	
		月額報酬分	業績連動賞与分			
取締役 （うち社外取締役）	12名 （8名）	271百万円 （79百万円）	120百万円 （－）	55百万円 （－）	447百万円 （79百万円）	
監査役 （うち社外監査役）	6名 （3名）	111百万円 （39百万円）	－	－	111百万円 （39百万円）	
計	18名	383百万円	120百万円	55百万円	559百万円	

（注）1．上記支給人員および支給額には，2023年6月23日開催の第157回定時株主総会終結の時をもって退任した取締役2名および監査役1名を含んでおります。

2．取締役の報酬額は，2019年6月21日開催の第153回定時株主総会において年額500百万円以内（うち社外取締役分は年額80百万円以内）と決議いただいております。当該定時株主総会終結時点の取締役の員数は10名（うち，社外取締役は5名）です。また，この報酬額とは別枠で，譲渡制限付株式の付与のための報酬額として，2018年6月22日開催の第152回定時株主総会において年額100百万円以内（社外取締役を除く）と決議いただいております。当該定時株主総会終結時点の取締役の員数は8名（うち，社外取締役は4名）です。さらに，第153回定時株主総会において決議いただいた取締役の報酬額につき，2022年6月22日開催の第156回定時株主総会において，取締役全体の報酬総額は変更することなく，社外取締役分の報酬額のみを年額100百万円以内とすることを決議いただいております。当該定時株主総会終結時点の取締役の員数は10名（うち，社外取締役は6名）です。

3．監査役の報酬額は，2018年6月22日開催の第152回定時株主総会において年額120百万円以内と決議いただいております。当該定時株主総会終結時点の監査役の員数は5名です。

4．非金銭報酬等として取締役に対して譲渡制限付株式を交付しております。当該株式報酬の内容については，本事業報告末尾 別紙1「取締役および監査役の報酬等の額の決定に関する方針」の「4．株式報酬について」に記載のとおりです。当該株式報酬の交付状況については「2.⑸当事業年度中に職務執行の対価として会社役員に交付した株式の状況」に記載のとおりです。

5．業績連動報酬等として，取締役に対して，業績連動賞与を交付しております。業績連動報酬等の額または数の算定の基礎として選定した業績指標の内容および当該業績指標を選定した理由ならびに当該業績連動報酬等の額または数の算定方法については，別紙1「取締役および監査役の報酬等の額の決定に関する方針」の「3．業績連動賞与の算定方法」に記載のとおりです。当事業年度を含

第4節　公開会社である場合の記載事項　139

む当該業績指標の推移は，「1．(6)財産および損益の状況の推移」に記載のとおりです。

(記載例)　役員報酬等②（指名委員会等設置会社）

（㈱フジシールインターナショナル　2024年3月期）

③　取締役および執行役に支払った報酬等の総額

役員区分	報酬等の総額（百万円）	報酬等の種類別の総額（百万円）			対象となる役員の員数（名）
		基本報酬	業績連動報酬	非金銭報酬等	
社 外 取 締 役	26	26	－	－	3
取 締 役（社外取締役を除く）	4	4	－	－	1
執 行 役	248	234	－	13	11

(注)1．期末現在の人員は，取締役6名（うち社外取締役3名），執行役11名（うち取締役を兼務3名）であります。なお，上表には当事業年度中に任期満了で退任した取締役1名を含んでおります。
　　2．取締役と執行役を兼務している者の報酬は，執行役の欄に記載しております。
　　3．執行役のうち，子会社の業務執行を主とする者の報酬は，子会社で支払っております。
　　4．業績連動報酬等に係る業績指標は，「②　2．報酬制度の概要」に記載のとおりであります。当事業年度の業績連動報酬は，前連結会計年度の業績達成度他に基づき支給しており，その主たる実績は2022年5月11日公表の連結業績予想に対し，売上高達成率102.8%，営業利益達成率は73.8%であります。当該指標を重視する理由は，当社成長力および収益力を示す指標として重要な指標の一部であると考えるからです。なお，当事業年度は業績連動報酬を支給しておりません。
　　5．非金銭報酬等の内容は当社の譲渡制限付株式であり，当事業年度に費用計上した額であります。当事業年度における交付状況は「2．(1)⑤　当事業年度中に職務執行の対価として会社役員に交付した株式の状況」に記載しております。
　　6．上記のほか社外取締役が，当社子会社から当事業年度の役員として受けた報酬額は1百万円であります。

140　第2章　事業報告

（記載例）　役員報酬等③（監査等委員会設置会社）

(㈱日清製粉グループ本社　2024年3月期)

3．取締役の報酬等の額

当事業年度に係る取締役の報酬等の総額

区　　分	報酬等の総額（百万円）	報酬等の種類別の総額（百万円）			対象となる役員の員数（名）
		基本報酬	業績連動報酬等（賞与）	非金銭報酬等（株式報酬）	
取締役（監査等委員である取締役を除く）	238	162	47	28	13
取締役（監査等委員）	43	43	－	－	5
（上記のうち社外取締役）	(60)	(57)	(－)	(3)	(7)

(注)1．上記の取締役（監査等委員である取締役を除く。）及び取締役（監査等委員）の人員には，当事業年度中に退任した取締役（監査等委員である取締役を除く。）3名及び取締役（監査等委員）1名が含まれております。

　　2．業績連動報酬等（賞与）は，当社グループの経営活動全般の活動成果を反映するために連結経常利益等を，また，気候変動影響への対応としての CO_2 排出量削減を推進するために CO_2 削減ロードマップの目標達成状況を，それぞれ指標としております。支給額は，基本的には連結経常利益の前期比増減率等に基づき前年の賞与額を増減することにより算定しておりますが，CO_2 削減ロードマップの目標達成状況に応じた評価も反映することとしております。なお，当事業年度を含む連結経常利益の実績は，「1企業集団の現況に関する事項」の「(3)当社グループの財産及び損益の状況」に記載のとおりであります。また，当事業年度における CO_2 削減ロードマップの目標については，概ね達成を見込んでおります。

　　3．非金銭報酬等（株式報酬）については，取締役（監査等委員である取締役を除く。）に対して，役位別の基準額に応じて算定された数の当社株式と金銭（納税対応分）を交付及び支給し，付与した株式については，一定の譲渡制限期間を設けております。なお，当事業年度における費用計上額を記載しております。

　　4．職責やグループ経営への影響の大きさ等を踏まえた各取締役（監査等委員である取締役を除く。以下，(注)4において同じ。）の個人評価は，グループ全体の業務執行を統括する者が行うことが適していると考えられることから，各取締役の報酬等の額は，取締役会から委任を受けた取締役社長（○○○○）が決定しております。但し，当該決定は，上記1．により定められた取締役の個人別の報酬等の内容に係る決定方針を踏まえ，かつ基本報酬及び非金銭報酬等（株式報酬）については役位別の基準額等に基づき，業績連動報酬等（賞与）については上記（注）2のとおり連結経常利益の前期比増減率等や CO_2 削減ロードマップの目標達成状況に基づき行われており，報酬決定過程の適正性・客観性が確保されております。当社取締役会は，当事業年度に係る取締役の個人別の報酬

等の内容が取締役会で決議された決定方針に整合することを確認しており，当該決定方針に沿うものであると判断しております。

⑹　各会社役員の報酬等の額またはその算定方法に係る決定方針を定めているときは，当該方針の決定の方法およびその方針の内容の概要

　指名委員会等設置会社においては，報酬委員会が執行役等の個人別の報酬等の内容に係る決定に関する方針を定めなければならない（会社法409Ⅰ）。また，監査役会設置会社（公開会社であり，かつ，大会社に限る）であり発行株式に係る有価証券報告書を内閣総理大臣に提出する会社（金融商品取引法24Ⅰ）および監査等委員会設置会社においては，当該株式会社の取締役会が，定款または株主総会の決議による定めに基づく取締役の個人別の報酬等の内容についての決定に関する方針を決定することが求められる（会社法361Ⅶ）。

　上述の取締役または執行役等の個人別の報酬等の内容に係る決定に関する方針を定めている場合は，当該方針の決定方法，当該方針の内容の概要，および当該事業年度に係る取締役（監査等委員である取締役は除く）または執行役の個人別の報酬等の内容が当該方針に沿うものであると取締役会または報酬委員会が判断した理由などを記載することが求められる（施行規則121⑥）。

　また，上述の監査役会設置会社（公開会社かつ大会社に限る）である有価証券報告書提出会社，監査等委員会設置会社または指名委員会等設置会社が，各会社役員（例えば，監査等委員である取締役）の報酬等の額またはその算定方法に係る決定に関する方針を定めている場合は，当該方針の決定方法および当該方針の内容の概要を記載する必要がある（施行規則121⑥の2）。ただし，それ以外の株式会社において当該記載を省略できる（施行規則121ただし書き）。

　当該事業年度の末日において取締役会設置会社（指名委員会等設置会社を除く）である株式会社について，取締役会から委任を受けた者が当該事業年度に係る取締役（監査等委員である取締役を除く）の個人別の報酬等の内容を決定する場合は，その旨，委任を受けた者の氏名等，委任された権限の内容，権限を委任した理由，および権限が適切に行使されるようにするための措置を講じた場合はその内容を記載する（施行規則121⑥の3）。

　「経団連ひな型」では，以下のように記載内容を説明している。

【各会社役員の報酬等の額又はその算定方法に係る決定方針に関する事項】
　株式会社において，各会社役員の報酬等の額又はその算定方法に係る決定方針（会社法第361条第7項の方針又は会社法第409条第1項の方針）を定めているときは，以下の事項を記載する。
① 　当該方針の決定の方法
② 　その方針の内容の概要
③ 　当該事業年度に係る取締役（監査等委員である取締役を除き，指名委員会等設置会社にあっては，執行役等）の個人別の報酬等の内容が当該方針に沿うものであると取締役会（指名委員会等設置会社にあっては，報酬委員会）が判断した理由
　また，会社法第361条第7項の方針又は会社法第409条第1項の方針の対象外である会社役員（監査等委員である取締役，監査役又は会計参与）の報酬等の額又はその算定方法に係る決定に関する方針が任意に定められている場合，当該方針の決定の方法及びその方針の内容の概要についても事業報告に記載する必要がある。

　①の「当該方針の決定の方法」としては，取締役会の決議により決定したこと等に加えて，例えば，方針を決定するに当たって任意に設置した報酬諮問委員会の答申を得たことや外部の専門家の助言を受けたことなど，当該方針を決定する過程に関する重要な事実があれば，それを記載することが考えられる。
　②の方針の内容の概要について，その記載の順序等について特に定めはなく，また，「概要」であることから，会社法施行規則第98条の5各号の事項を網羅的に記載しなければならないわけでもない。そのため，会社が定めたいわゆる報酬プログラムや報酬ポリシーの中に同条各号に掲げる方針の内容の概要が含まれていれば，報酬プログラムや報酬ポリシーとしてまとめて開示することもできる。
　③の記載は，取締役の個人別の報酬等の内容についての決定の全部又は一部を取締役その他の第三者に委任する場合にも必要となる。
　事業報告に方針について記載する場合，どの時点において存在する方針について記載すべきかは，事業報告の作成時又は当該事業年度末日のいずれの考え方もあり得ると考えられる。ただし，事業年度中又は事業年度末日後に当該方針について変更があった場合には，変更前の当該方針についても，当該事業年度に係る取締役又は執行役の個人別の報酬等の内容が当該方針に沿うものであると取締役会が判断した理由の説明のために必要な記載をすることが考えられる。

第4節　公開会社である場合の記載事項　143

【各会社役員の報酬等の額の決定の委任に関する事項】

　株式会社が当該事業年度の末日において取締役会設置会社（指名委員会等設置会社を除く。）である場合において，取締役会から委任を受けた取締役その他の第三者が当該事業年度に係る取締役（監査等委員である取締役を除く。）の個人別の報酬等の内容の全部又は一部を決定したときは，その旨及び以下の事項を記載する。

　① 　当該委任を受けた者の氏名並びに当該内容を決定した日における当該株式会社における地位及び担当
　② 　①の者に委任された権限の内容
　③ 　①の者に②の権限を委任した理由
　④ 　①の者により②の権限が適切に行使されるようにするための措置を講じた場合にあっては，その内容

　①について，社外取締役から構成される任意の報酬委員会が取締役の個人別の報酬等の内容の全部又は一部を決定したときは，当該委員会の各構成員が「当該委任を受けた者」に該当するものとして①の事項を記載する。

　④に該当する措置を講じていない場合には，特段の記載を要しない。

（記載例）　報酬等の決定に関する方針①（指名委員会等設置会社）

（日立建機㈱　2024年3月期）

３．取締役及び執行役の報酬等の内容の決定に関する方針

⑴　**方針の決定の方法**

　当社は，指名委員会等設置会社に関する会社法の規定により，報酬委員会が取締役及び執行役の個人別の報酬等の内容の決定に関する方針を定めています。

⑵　**方針の概要**

①　取締役及び執行役に共通する事項

　他社の支給水準を勘案の上，当社の業容規模・範囲，当社役員に求められる能力及び責任・リスク等を踏まえた報酬の水準を設定します。

②　取締役

　取締役の報酬は，月額報酬となります。

　・月額報酬は，職務が監督機能であることに鑑み，固定金額として定めることとし，その支給水準については，常勤・非常勤の別，基本手当，所属する委員会の委員手当及び職務の内容に応じて決定します。

　なお，執行役を兼務する取締役には，取締役としての報酬は支給しません。

③ 執行役

執行役の報酬は，月額報酬及び業績連動報酬からなります。

・月額報酬は，役位ごとに基準額を設けます。

・執行役の月額報酬及び業績連動報酬の内訳は以下のとおりです。

区分	月額報酬	業績連動報酬	
		業績連動賞与	譲渡制限付株式報酬
会長・社長	60%	30%	10%
執行役	70%	20%	10%

・業績連動賞与の基準額は，標準業績目標達成度合い及び担当業務における成果に応じて変動させることとし，変動幅は 0 ～200％程度とします。評価方法は，原則として以下のとおりの割合で実施します。

区分	全社業績	部門業績	個人/部門ミッション
会長・社長	80%	－	20%
執行役	50%	30%	20%

・業績連動賞与の評価指標及び構成比率は以下のとおりです。

区分	評価指標	構成比率			
		社長		その他執行役	
①全社業績	調整後営業利益率	32%	80%	20%	50%
	連結営業キャッシュ・フロー	16%		10%	
	連結バリューチェーン売上高	16%		10%	
	ESG 評価	16%		10%	
②部門業績目標		－		30%	
③部門目標（組織健康度を含む経営課題 3 指標）		20%		20%	

※ ESG 評価は CDP の気候変動/水セキュリティ，DJSI（Dow Jones Sustainability Indices）選定及び生産・製品 CO2 削減率の進捗状況を総合的に評価

※ 組織健康度は，従業員エンゲージメントやダイバーシティ＆インクルージョン等の様々な観点から組織の健康状態を評価する指標

※ 外国人執行役の報酬水準は，人財確保の観点から各国・地域の報酬水準をベンチマークし，報酬の市場競争力も勘案して決定

・当社は，当社の執行役に対する企業価値の中長期的かつ持続的な向上を図るインセンティブを与えるとともに，株主の皆さまとの一層の価値共有を進めることを目的に，譲渡制限付株式報酬制度を導入しています。当該制度の内容は，普通株式を用いた譲渡制限付株式の交付とし，在任中はその保有を義務付けます。執行役に対して当社が割り当てる譲渡制限付株式の総数・配分は，報酬委員会が当該制度の目的，当社の業況，対象執行役の責任の範囲等を勘案し，毎年決定します。

なお，当事業年度中に職務執行の対価として執行役に交付した株式の状況は，対象交付者数16名に対して，25,072株です。

・2024年3月29日開催の報酬委員会において，上記方針の内容を一部変更し，2024年4月1日以降の執行役の報酬額について新たに決議しています。

主な変更点は以下のとおりです。

a．執行役の月額報酬及び業績連動報酬の内訳

区分	月額報酬	業績連動報酬	
		業績連動賞与	譲渡制限付株式報酬
会長・社長	42％	42％	16％
副社長	55％	30％	15％
専務以下	60％	25％	15％

b．業績連動賞与の評価方法

区分	全社業績	部門業績	個人/部門ミッション
CEO・COO・副社長	80％	－	20％
執行役	60％	30％	10％

146　第2章　事業報告

　c．業績連動賞与の評価指標及び構成比率

区分	評価指標	構成比率			
		CEO・COO・副社長		専務以下	
①全社業績	当期利益	50%	80%	30%	60%
	連結営業キャッシュ・フロー	20%		10%	
	連結バリューチェーン売上高	－		10%	
	ESG 評価	10%		10%	
②部門業績目標		－		30%	
③部門目標（組織健康度を含む経営課題3指標）		20%		10%	

（記載例）　報酬等の決定に関する方針②（指名委員会等設置会社以外の会社）

（日本碍子㈱　2024年3月期）

④　取締役及び監査役の個人別の報酬等の内容に係る決定方針に関する事項

　　当社は，「取締役等の報酬等の内容の決定に関する方針」を，取締役会の諮問を受け，委員の過半数を独立社外取締役で構成する指名・報酬諮問委員会（委員長：独立社外取締役）において審議し，取締役会が同委員会の答申を踏まえて決定しております。その内容と概要は以下の通りです。

イ．基本的な考え方

　　当社の役員報酬については，NGK グループ理念の実践，NGK グループビジョンの実現を通じ，グループの持続的成長と中長期的な企業価値向上に資することを目的としてその制度を定める。報酬等の水準や構成等は上記の目的に照らして適切であるか適宜見直しを行い，また，報酬ガバナンスの透明性と公正性を確保すべく努める。

ロ．報酬等の水準

　　報酬等の水準の決定に際しては，社会経済情勢や当社が置かれた経営環境に拠り，信頼できる外部調査機関の役員報酬に関する集計データを参照し，また，必要に応じて類似規模の企業群や国内外の人材市場における報酬水準等を勘案する。

ハ．報酬等の構成

　(a) 取締役（社外取締役を除く）及び執行役員

業績向上のための健全なリスクテイクを促し役員の意欲を高めること，株主との価値共有を進めること，将来の企業価値向上に対する意識付けを行うこと，これらの観点から報酬等の構成を以下の通りとする。また，現金報酬部分についてその職分に応じた代表取締役手当，取締役手当を設定する。

・現金報酬①：年額固定の基本報酬
・現金報酬②：単年度の業績に応じて変動する業績連動賞与
・株式関連報酬：株価を通じて中長期の企業価値向上に連動する譲渡制限付株式

（ただし，譲渡制限付株式の付与について，一時的ではない海外居住者である執行役員に対しては別の取扱いをすることがある）

(b) 社外取締役及び監査役

それぞれ，経営の監督機能，経営の監査業務を担うことから，経営からの独立性を重視する観点に立ち，年額固定の基本報酬のみを支給して業績連動賞与及び譲渡制限付株式は支給しない。

監査役の個人別の報酬等は監査役の協議により決定する。

ニ．報酬等の内容

(a) 基本報酬の算定方法の決定方針

報酬全体の水準並びに後記(b)及び(c)の変動報酬部分の割合を決定した上で，適切な年額固定の基本報酬額を設定する。その額は役職位に応じて決定する。

(b) 業績連動賞与に関わる業績指標の内容及び算定方法の決定方針

連結の売上高，営業利益，親会社株主に帰属する当期純利益（以下，純利益という。），資本効率等の指標，並びに当社の中期的な重要経営課題として掲げる事項を指標とし，当該年度の業績の実績と外部公表を行った業績目標及び前年度業績との比較，また，中期的経営課題の当該年度の達成度の評価等により業績連動賞与の支給額を算定する。

その算定の考え方は，取締役（社外取締役を除く）及び執行役員の役職位ごとに基準となる賞与額を定め（以下，基準額という。），基準額に対して一定の幅で変動するターゲット方式とする。

(c) 譲渡制限付株式の内容及び算定方法の決定方針

取締役（社外取締役を除く）及び執行役員に対して，株価への感度をより引き上げること，株価変動によるメリットとリスクの株主との一層の共有，中長期的な企業価値向上への意欲を高めること等を目的として，譲渡制限付株式を付与する。譲渡制限付株式は，予めこれを付与した上で原則

148　第2章　事業報告

として在任中は保有を義務付け，譲渡制限は当社の役職員の地位のうち当社の取締役会が予め定める地位から退任した時をもって解除する。ただし，正式な事由以外の事由により退任した場合には，譲渡制限を解除する株式数及び時期を必要に応じて合理的に調整し，当社は，譲渡制限の解除の直後の時点において譲渡制限が解除されていない譲渡制限付株式を当然に無償で取得する。株価の変動がその価値に直結することから，譲渡制限付株式は付与金額を固定するのではなく，その付与数を役職位に応じて固定的に設定する。

(d)　基本報酬，業績連動賞与及び譲渡制限付株式が占める割合の決定方針

当社の事業が産業や生活の社会的基盤に資する製品を多く取り扱っている素材型産業であること，また新製品や新事業の創出に際して材料技術や生産技術など自社が独自に開発した技術を重視し，その開発と新製品の上市及び収益への貢献には比較的長期間を要していることから，中長期の業績の安定と向上を重視する観点に立ち，業績連動賞与の額と譲渡制限付株式の金額換算を合計した変動報酬部分が，報酬等の合計額の適切な割合を占めるよう設定する。

なお，当事業年度における取締役の報酬等の構成比率は下記の通りです。

支給対象者	基本報酬	業績連動賞与	株式関連報酬
代表取締役	55%	30%	15%
取締役（社外取締役を除く）	64%	22%	14%
社外取締役	100%	－	－

(e)　報酬等を支給または付与する時期

年額固定の基本報酬は，その12分の1を毎月末に支払う。

業績連動賞与は，当期の業績確定後にこれを反映した額を毎年6月末に支払う。譲渡制限付株式は，取締役（社外取締役を除く）及び執行役員の選任後原則1ヶ月の内に取締役会で行われる決議に基づき各対象者に支給される金銭報酬債権の全部について，当該取締役会決議後原則1ヶ月の内に定められた払込期日において現物出資財産として払い込みを受け，これに対し当社普通株式の付与を行う。

ホ．報酬ガバナンス

(a)　役員の報酬等に関わる指名・報酬諮問委員会の権能

独立社外取締役を過半数として設置した指名・報酬諮問委員会は，取締役，執行役員及び監査役の報酬等に関わる以下の項目について取締役会か

らの諮問を受け，これを審議し，決議した内容を取締役会に答申する。
- ・報酬等の決定に関する方針と手続
- ・取締役及び監査役全体の報酬等の総額の上限
- ・取締役及び執行役員の各個人の役職位に応じた基本報酬額，業績連動賞与の基準額，及び譲渡制限付株式の付与数（譲渡制限付株式の付与のための報酬等として支給する金銭債権の水準）
- ・取締役の各個人の業績連動賞与の支給額

また，執行役員の各個人の業績連動賞与の支給額は，取締役会からの諮問を受け，指名・報酬諮問委員会が確認し，取締役会に報告する。

(b) 取締役会決議による決定

取締役会は，指名・報酬諮問委員会の答申を受け，これを十分に斟酌した上で，その決議により取締役及び執行役員の各個人の役職位に応じた基本報酬額，業績連動賞与の基準額，及び譲渡制限付株式の付与数（譲渡制限付株式の付与のための報酬等として支給する金銭債権の水準）並びに取締役の各個人の業績連動賞与の支給額を決定する。

ヘ．取締役の個人別の報酬等の内容が当該方針に沿うものであると取締役会が判断した理由

当事業年度における取締役の個人別の報酬等の内容については，委員の過半数を独立社外取締役で構成する指名・報酬諮問委員会（委員長：独立社外取締役）において当該方針と報酬等の額の決定方法の整合性，報酬等の額を算出する方法の合理性をはじめとする事項について審議し，取締役会は同委員会の審議及び答申の内容を確認した上で決定を行っていることから，当該方針に沿うものであると判断しております。

当事業年度における指名・報酬諮問委員会の構成員の氏名等は以下の通りです。また，審議プロセスの適正性確認のため，社外監査役１名がオブザーバーとして出席しております。

委員長	社外取締役	○○○○※
委員	社外取締役	○○○○※，○○○○※
	代表取締役	○○○○，○○○○
オブザーバー	社外監査役	○○○○※

※社外取締役の３名及び社外監査役１名は当社の独立役員であります。

（記載例） 報酬等の額の決定の委任　　　　　　（久光製薬㈱　2024年2月期）

③　取締役の個人別の報酬等の内容の決定の委任に関する事項

個人別の報酬額については取締役会決議にもとづき代表取締役社長の○○○

150 第2章 事業報告

○がその具体的内容について委任を受けるものとし，その権限の内容は，各取締役の基本報酬の額及び各取締役の担当分野の業績を踏まえた賞与の評価配分としております。

これらの権限を委任した理由は，当社全体の業績や経営内容等を最も熟知しており，個々の取締役の担当業務の評価を総合的に行うのに代表取締役社長が最も適しているからであります。

取締役会は，当該権限が代表取締役社長によって適切に行使されるよう，指名・報酬委員会に原案を諮問し答申を得るものとし，上記の委任を受けた代表取締役社長は，当該答申の内容に従って決定をしなければならないこととしておりますので，取締役会はその内容が決定方針に沿うものであると判断しております。

なお，株式報酬は，指名・報酬委員会の答申を踏まえ，取締役会で取締役個人別の割当株式数を決議しております。

(7) 辞任した会社役員または解任された会社役員（株主総会または種類株主総会の決議によって解任されたものを除く）があるときの記載事項

任期満了によらず辞任した役員もしくは解任された役員については，その氏名または名称を記載する（施行規則121⑦）。役員は株主総会で選任されている以上，その職務を全うせず自発的または非自発的に途中でその地位を退いたとしても，在任期間における役員としての忠実義務等は存在する。その関係を明確にする意味でもこの記載が求められる。

また，監査等委員である取締役，会計参与，または監査役については，監査等委員である取締役，会計参与，または監査役の選任もしくは解任または辞任について意見を述べることができる（会社法342の2Ⅰ，345Ⅰ・Ⅳ）。辞任した者は，辞任後最初に招集される株主総会において辞任した旨とその理由を述べることができる（会社法342の2Ⅱ，345Ⅱ・Ⅳ）。さらに，監査等委員会が選定する監査等委員は，監査等委員ではない取締役の選任もしくは解任または辞任について株主総会において監査等委員会の意見を述べることができる（会社法342の2Ⅳ）。これらの解任または辞任についての意見がある場合には，その内容を記載しなければならない。

なお，株主総会または種類株主総会で解任された会社役員の記載は不要である。また，当該事業年度前の事業年度に係る事業報告の内容としたものを除く

第4節　公開会社である場合の記載事項　151

ため，当該事業年度の開始後の退任であっても，前事業年度に係る事業報告の内容とした事項の記載は不要である。

「経団連ひな型」では，以下のように記載内容を説明している。

【辞任した会社役員又は解任された会社役員に関する事項】

　辞任した又は解任された会社役員（株主総会又は種類株主総会の決議によって解任されたものを除く。）が存するときは，次の事項を記載する。なお，任期満了により退任した会社役員は含まれない。

① 　氏名

② 　辞任又は解任について株主総会において述べられる予定の又は述べられた意見（会社法第342条の2第1項又は第345条第1項・第4項）があるときは，その意見の内容（監査等委員である取締役，会計参与又は監査役に限る。）

③ 　辞任した者により株主総会において述べられる予定の又は述べられた辞任の理由（会社法第342条の2第2項又は第345条第2項・第4項）があるときは，その理由（監査等委員である取締役，会計参与又は監査役に限る。）

　上記に加えて，監査等委員会設置会社においては，監査等委員会が選定する監査等委員は，株主総会において，監査等委員である取締役以外の取締役の選任若しくは解任又は辞任について意見を述べることができる（会社法第342条の2第4項）。したがって，監査等委員である取締役以外の取締役の辞任又は解任について，監査等委員会が選定する監査等委員により株主総会において述べられる予定の意見又は述べられた意見があるときは，その意見の内容も事業報告に記載することとなる。

（以下略）

⑻　監査役，監査等委員および監査委員が財務および会計に関する相当程度の知見を有しているものであるときは，その事実

　近年，事業活動および会計基準は一層高度化かつ複雑化する中で，監査役，監査等委員および監査委員（以下，この⑻において「監査役等」という）に財務および会計に関する相当程度の知見があれば監査の実効性はより高まるという期待がある。そのような観点から，監査役等に財務および会計に関する相当程度の知見があると考えられる場合には，その旨の記載が求められる（施行規則121⑨）。

　ここでいう「財務及び会計に関する相当程度の知見」とは，公認会計士や税

152　第2章　事業報告

理士などの一定の法的な資格を有する者のほか，例えば経理部門で経験を積んでいるなどの事実であっても差し支えないとされている（相澤哲・郡谷大輔「新会社法関係法務省令の解説(4)　事業報告（上）」旬刊商事法務1762号）。

　しかし，会社は監査役等に財務および会計に関する相当程度の知見を有する人材を置かなければならないという義務があるわけではなく，監査役等がそのような知見を有していなければならないという義務もない。その記載によって，株主にとっては，監査役，監査等委員会および監査委員会の監査が一層効果的に行われると期待できるため，監査役等の注意義務のレベルは相対的に高まると考えるのが自然であろう。

　記載方法については，会社役員の氏名を列挙する記載の脚注として行う方法が一般的である。

　財務および会計に関する相当程度の知見に関する記載についても，会社役員の氏名等と同様に，直前の定時株主総会の終結の日の翌日以降に在任していた者が開示対象となる。

　「経団連ひな型」では，以下のように記載内容を説明している。

【財務及び会計に関する相当程度の知見】
　監査役，監査等委員又は監査委員が財務及び会計に関する相当程度の知見を有している場合には，その内容を記載する。
　「相当程度の知見を有している場合」の範囲は，公認会計士資格や税理士資格など一定の法的な資格を有する場合に限定されず，「会社の経理部門において〇年間勤務した経験を有する」といった内容でも構わない。
　記載場所としては，役員の地位・担当等を記載する際にあわせて注記として記載することが考えられる。

⑼　常勤の監査等委員または監査委員の選定の有無およびその理由

　事業報告作成会社が事業年度の末日において監査等委員会設置会社または指名委員会等設置会社である場合，常勤の監査等委員または監査委員の選定の有無およびその理由を事業報告において記載しなければならない（施行規則121⑩）。

　会社法は，常勤の監査等委員または監査委員の選定を義務づけていない。し

かし，社内情報の把握につき常勤者が重要な役割を果たしているとの指摘を踏まえ，「選定の有無」および「その理由」を事業報告において開示することとされている。なお，選定していない場合だけでなく，選定している場合にも「その理由」の開示が求められる理由は，会社法上，常勤者の選定は義務づけられていないこと等による（坂本三郎ほか『立案担当者による平成26年改正会社法関係法務省令の解説』商事法務）。

⑽ その他株式会社の会社役員に関する重要な事項

上記⑴から⑼までに掲げられた事項以外で会社役員に関する重要な事項があれば記載する。

具体的には，使用人兼務役員の使用人部分の報酬が多額な場合の記載や，対象となる事業年度末以降に就任または辞任した会社役員に関する事項等が考えられる。

「経団連ひな型」では，以下のように記載内容が説明されている。

【その他会社役員に関する重要な事項】

上記事項の他に，会社役員に関する重要な事項があれば，当該事項を記載する。

なお，本項目における「会社役員」の範囲には，在任期間の限定が付されていない点に注意が必要である。具体的には，事業年度開始前にすでに役員を退任した者や，事業年度終了後，定時株主総会までの間に開催された臨時株主総会において役員に選任された者や，事業年度終了後に補欠役員から正規の役員に就任した者，事業年度終了後定時株主総会までの間に辞任した者等についても，重要な事項があれば記載することとなる。

---

4 社外役員等に関する特則

⑴ 社外役員の定義

会社法における「社外役員」とは，次のイとロの両方に該当する役員をいう（施行規則2Ⅲ⑤）。

五 社外役員 会社役員のうち，次のいずれにも該当するものをいう。

イ 当該会社役員が社外取締役又は社外監査役であること。

ロ　当該会社役員が次のいずれかの要件に該当すること。
　(1)　当該会社役員が法第327条の2（社外取締役の設置義務），第331条第6項（監査等委員会設置会社において監査等委員である取締役3人以上のうち過半数必要な社外取締役），第373条第1項第2号（取締役会設置会社において特別取締役制度を採用する場合に1人以上必要な社外取締役），第399条の13第5項（監査等委員会設置会社において重要な業務執行の決定を取締役に委任する場合に取締役会の過半数必要な社外取締役）又は第400条第3項（指名委員会等設置会社において各委員会で過半数必要である社外取締役）の社外取締役であること。
　(2)　当該会社役員が法第335条第3項（監査役会設置会社において監査役3人以上のうち半数以上必要である社外監査役）の社外監査役であること。
　(3)　当該会社役員を当該株式会社の社外取締役又は社外監査役であるものとして計算関係書類，事業報告，株主総会参考書類その他当該株式会社が法令その他これに準ずるものの規定に基づき作成する資料に表示していること。

　社外取締役の要件は厳格化されており，親会社等の関係者，および親会社等から指揮命令を受けるいわゆる兄弟会社の業務執行取締役等や，当該株式会社の業務執行取締役等の近親者は，当該株式会社の社外取締役に就任できない（会社法2⑮ハ～ホ）。また，取締役への就任前における株式会社またはその子会社との関係に係る要件（過去要件）の対象となる期間は原則として10年間とされ，一定の場合にはさらに過去の期間まで遡る（会社法2⑮イ・ロ）（坂本三郎「一問一答　平成26年改正会社法（第2版）」101頁）。これと同様に，社外監査役の要件も厳格化されている（会社法2⑯）。

　会社法上，「社外取締役」および「社外監査役」は，図表2－12の要件のすべてに該当する必要がある。なお，「親会社等」および「子会社等」の定義については，第3節4(2)を参照されたい。

　「社外取締役」，「社外監査役」はその本人の経歴によって適合する場合には該当するが，さらに一定の条件を満たす場合のみ，「社外役員」に該当する（施行規則2Ⅲ⑤ロ）。

第4節　公開会社である場合の記載事項　155

<図表2－12>　社外取締役および社外監査役の要件

	社外取締役（会社法2⑮）	社外監査役（会社法2⑯）
イ	当該株式会社またはその子会社の業務執行取締役（株式会社の第363条第1項各号に掲げる取締役および当該株式会社の業務を執行したその他の取締役をいう。以下同じ）もしくは執行役または支配人その他の使用人（以下「業務執行取締役等」という）でなく、かつ、その就任の前10年間当該株式会社またはその子会社の業務執行取締役等であったことがない	その就任の前10年間当該株式会社またはその子会社の取締役、会計参与(会計参与が法人であるときは、その職務を行うべき社員。ロにおいて同じ)もしくは執行役または支配人その他の使用人であったことがない
ロ	その就任の前10年内のいずれかの時において当該株式会社またはその子会社の取締役、会計参与（会計参与が法人であるときは、その職務を行うべき社員）または監査役であったことがある者（業務執行取締役等であったことがあるものを除く）にあっては、当該取締役、会計参与または監査役への就任の前10年間当該株式会社またはその子会社の業務執行取締役等であったことがない	その就任の前10年内のいずれかの時において当該株式会社またはその子会社の監査役であったことがある者にあっては、当該監査役への就任の前10年間当該株式会社またはその子会社の取締役、会計参与もしくは執行役または支配人その他の使用人であったことがない
ハ	当該株式会社の親会社等（自然人であるものに限る）または親会社等の取締役もしくは執行役もしくは支配人その他の使用人でない	当該株式会社の親会社等（自然人であるものに限る）または親会社等の取締役、監査役もしくは執行役もしくは支配人その他の使用人でない
ニ	当該株式会社の親会社等の子会社等（当該株式会社およびその子会社を除く）の業務執行取締役等でない	当該株式会社の親会社等の子会社等（当該株式会社およびその子会社を除く）の業務執行取締役等でない
ホ	当該株式会社の取締役もしくは執行役もしくは支配人その他の重要な使用人または親会社等（自然人であるものに限る）の配偶者または2親等内の親族でない	当該株式会社の取締役もしくは支配人その他の重要な使用人または親会社等（自然人であるものに限る)の配偶者または2親等内の親族でない

156　第2章　事業報告

⑵　社外役員に関する追加記載事項

　社外役員がいる場合には，会社役員に関する事項の記載のほか，以下の社外役員に関する事項を追加的に記載する必要がある（施行規則124）。この「社外役員等に関する特則」は第4節3「株式会社の会社役員に関する事項」の追加記載事項である点に留意する必要がある。

　なお，社外役員がいる場合であっても，公開会社でない会社のときには以下の事項の記載は不要である。

　一　社外役員（直前の定時株主総会の終結の日の翌日以降に在任していた者に限る。次号から第4号までにおいて同じ。）が他の法人等の業務執行者であることが第121条第8号に定める重要な兼職に該当する場合は，当該株式会社と当該他の法人等との関係　……**①参照**

　二　社外役員が他の法人等の社外役員その他これに類する者を兼任していることが第121条第8号に定める重要な兼職に該当する場合は，当該株式会社と当該他の法人等との関係　……**②参照**

　三　社外役員が次に掲げる者の配偶者，3親等以内の親族その他これに準ずる者であることを当該株式会社が知っているときは，その事実（重要でないものを除く。）　……**③参照**

　　イ　当該株式会社の親会社等（自然人であるものに限る。）

　　ロ　当該株式会社又は当該株式会社の特定関係事業者の業務執行者又は役員（業務執行者であるものを除く。）

　四　各社外役員の当該事業年度における主な活動状況（次に掲げる事項を含む。）

　　　　　　　　　　　　　　　　　　　　　　　　　　　　　　……**④参照**

　　イ　取締役会（当該社外役員が次に掲げる者である場合にあっては，次に定めるものを含む。ロにおいて同じ。）への出席の状況

　　　⑴　監査役会設置会社の社外監査役　監査役会

　　　⑵　監査等委員会設置会社の監査等委員　監査等委員会

　　　⑶　指名委員会等設置会社の監査委員　監査委員会

　　ロ　取締役会における発言の状況

　　ハ　当該社外役員の意見により当該株式会社の事業の方針又は事業その他の事項に係る決定が変更されたときは，その内容（重要でないものを除く。）

　　ニ　当該事業年度中に当該株式会社において法令又は定款に違反する事実その他不当な業務の執行（当該社外役員が社外監査役である場合にあっては，不正な業務の執行）が行われた事実（重要でないものを除く。）があるときは，各社外役員が当該事実の発生の予防のために行った行為及び当該事実の発生

後の対応として行った行為の概要

　　ホ　当該社外役員が社外取締役であるときは，当該社外役員が果たすことが期待される役割に関して行った職務の概要（イからニまでに掲げる事項を除く。）

五　当該事業年度に係る社外役員の報酬等について，次のイからハまでに掲げる場合の区分に応じ，当該イからハまでに定める事項　　……⑤**参照**

　　イ　社外役員の全部につき報酬等の総額を掲げることとする場合　社外役員の報酬等の総額及び員数

　　ロ　社外役員の全部につき当該社外役員ごとの報酬等の額を掲げることとする場合　当該社外役員ごとの報酬等の額

　　ハ　社外役員の一部につき当該社外役員ごとの報酬等の額を掲げることとする場合　当該社外役員ごとの報酬等の額並びにその他の社外役員についての報酬等の総額及び員数

六　当該事業年度において受け，又は受ける見込みの額が明らかとなった社外役員の報酬等（前号の規定により当該事業年度に係る事業報告の内容とする報酬等及び当該事業年度前の事業年度に係る事業報告の内容とした報酬等を除く。）について，同号イからハまでに掲げる場合の区分に応じ，当該イからハまでに定める事項　　……⑤**参照**

七　社外役員が次のイ又はロに掲げる場合の区分に応じ，当該イ又はロに定めるものから当該事業年度において役員としての報酬等を受けているときは，当該報酬等の総額（社外役員であった期間に受けたものに限る。）　　……⑤**参照**

　　イ　当該株式会社に親会社等がある場合　当該親会社等又は当該親会社等の子会社等（当該株式会社を除く。）

　　ロ　当該株式会社に親会社等がない場合　当該株式会社の子会社

八　社外役員についての前各号に掲げる事項の内容に対して当該社外役員の意見があるときは，その意見の内容　　……⑥**参照**

　当該記載の趣旨は，もともと社外取締役および社外監査役は会社から独立した立場でその職務の執行が期待されている機関であるが，その独立性が十分確保され期待された職務を十分に執行しているかを判断するための情報を提供することにある。

　社外役員についても会社役員と同様に，兼職状況等については直前の定時株主総会の終結の日の翌日以降に在任していた者を記載対象とする一方，社外役員の報酬等に関する事項等については，特段の在任期間の制限を設けていない。また，社外役員の特徴的な記載事項である，主な活動状況については，直前の

定時株主総会の終結の日の翌日以降に在任していた者を記載対象としている。

①　社外役員が他の法人等の業務執行者である場合

　社外役員が他の法人等の業務執行者であり，これが「重要な兼職」に該当する場合には，追加的記載事項として，株式会社と当該他の法人等との関係の記載が求められる。社外役員が他の法人等において業務を執行しうる立場にある場合，他の法人と当該会社との取引関係等の記載により，当該役員が独立性を十分に保持しながら業務執行を行ったかを判断する材料となりうるという考え方による記載事項である。ただし，すべての取引関係等を網羅的に記載する必要はなく，重要な取引関係等を記載すれば十分である。

　「経団連ひな型」では，その重要な取引関係等の考え方も含めて以下のとおり記載内容を説明している。

【他の法人等の業務執行者との重要な兼職に関する事項】
　社外役員が他の法人等の業務執行者であることが会社法施行規則第121条第8号に定める「重要な兼職」に該当するときには，事業報告作成会社と当該他の法人等との関係を記載する（会社法施行規則第124条第1号）。
　「業務執行者」（会社法施行規則第2条第3項第6号）とは，業務執行取締役，執行役，業務を執行する社員若しくは持分会社の法人業務執行社員の職務を行うべき者その他これに類する者又は使用人を意味する。ただし，令和元年改正法第348条の2第1項及び第2項の規定による委託を受け，当該委託に基づき業務を執行した社外取締役はこれに該当しない。
　会社以外に兼職状況が問題となりうる法人等の例としては，業界団体などの協会や一般（公益）財団法人，一般（公益）社団法人，法人格のない社団などが考えられる。
　なお，重要な兼職に該当する場合に開示される「当該他の法人等との関係」については，明文上重要なものに限るという限定は特に付されていないが，社外役員としての職務執行に何ら影響を与えるおそれがない一般的な取引条件に基づく単なる取引関係等については，開示の対象とならないと解されている。
　兼職の状況そのもの（兼職先や兼職先での地位など）は，会社法施行規則において，社外役員の兼任等を含め，開示の必要となる兼職関係の概念をすべて「重要な兼職」として統一して整理したことに伴い，社外役員に関するものであっても他の会社役員と同様に会社役員に関する事項として開示される。これに対し，本項目における開示事項である「兼職先（他の法人等）との関係」は，社外役員

第4節　公開会社である場合の記載事項　159

に固有の開示事項である。しかしながら，開示内容の一覧性の観点からすれば，兼職の状況そのもの（兼職先や兼職先での地位など）と密接な関連性を有する「兼職先との関係」についても，同一の箇所（本ひな型における「会社役員に関する事項」の一覧表）において開示することが考えられる。

②　社外役員が他の法人等の社外役員である場合

社外役員が他の法人等の社外役員を兼職しており，これが「重要な兼職」に該当する場合にも，株式会社と当該他の法人等との関係の記載が求められる。業務執行者の重要な兼職関係と同様に，社外役員の独立性の保持を株主が確認するために有用な情報であると考えられる。

「経団連ひな型」では，以下のように記載内容を説明している。

【他の法人等の社外役員等との重要な兼職に関する事項】
　社外役員が他の法人等の社外役員その他これに類する者である場合で，その兼職が会社法施行規則第121条第8号に定める「重要な兼職」に該当するときには，当該他の法人等との関係を記載する（会社法施行規則第124条第1項第2号）。本項目の記載の方法は「他の法人等の業務執行者との重要な兼職に関する事項」と同様である。

③　社外役員がその近親者である事実を記載すべき対象

この記載事項も社外役員の独立性の確保に関する判断に資するための情報である。社外役員が，図表2－13に掲げる者の近親者（配偶者，3親等以内の親族その他これに準ずる者）である事実を当該株式会社が知っている場合には，重要でない項目を除き，その事実を記載しなければならない（施行規則124③）。

<図表2－13>　社外役員がその近親者である事実を記載すべき対象

対象（施行規則124③）
イ　当該株式会社の親会社等（自然人であるものに限る）
ロ　当該株式会社または当該株式会社の特定関係事業者の業務執行者または役員（業務執行者であるものを除く）

「特定関係事業者」，「業務執行者」および「役員」の定義は，図表2－14のとおりである。

160　第2章　事業報告

<図表2−14>　特定関係事業者，業務執行者および役員の定義

特定関係事業者（施行規則2Ⅲ⑲）		
イ	(1)　親会社等がある場合	(2)　親会社等がない場合
	親会社等	
	親会社等の子会社等（当該株式会社を除く）	当該株式会社の子会社
	親会社等の関連会社（当該親会社等が会社でない場合におけるその関連会社に相当するものを含む）	当該株式会社の関連会社
ロ	当該株式会社の主要な取引先である者（法人以外の団体を含む）	
業務執行者（施行規則2Ⅲ⑥）		
業務執行取締役，執行役その他の法人等の業務を執行する役員，業務を執行する社員，法第598条第1項（法人が業務を執行する社員である場合）の職務を行うべき者その他これに相当する者または使用人		
役員（施行規則2Ⅲ③）		
取締役，会計参与，監査役，執行役，理事，監事その他これらに準ずる者		

　また，「親会社<u>等</u>」および「子会社<u>等</u>」の定義については，第3節**4(2)**を参照されたい。

　「経団連ひな型」では，以下のように記載内容を説明している。

【自然人である親会社等，　事業報告作成会社又は事業報告作成会社の特定関係事業者の業務執行者又は役員との親族関係（会社が知っているもののうち，重要なものに限る。）】

　社外役員が，事業報告作成会社の自然人である親会社等，事業報告作成会社又はその特定関係事業者の業務執行者又は役員（業務執行者であるものを除く）の配偶者，三親等以内の親族その他これに準ずる者であることを事業報告作成会社が知っているときは，重要でないものを除き，当該事実を記載する（会社法施行規則第124条第3号）。

　「親会社等」とは，①事業報告作成会社の親会社又は②事業報告作成会社の経営を支配している者（法人であるものを除く）として法務省令（会社法施行規則第3条の2）で定めるものである（会社法施行規則第2条第1項，会社法第2条第4号の2）。

　「特定関係事業者」とは，①事業報告作成会社が親会社等を有する場合，当該親

会社等並びに当該親会社等の子会社等（当該事業報告作成会社を除く）及び関連会社（当該親会社等が会社でない場合におけるその関連会社に相当するものを含む）と主要な取引先であり，②事業報告作成会社に親会社等がない場合には，当該事業報告作成会社と，主要な取引先である（会社法施行規則第2条第3項第19号）。

「主要な取引先」とは，当該株式会社における事業等の意思決定に対して，親子会社・関連会社と同程度の影響を与えうる取引関係がある取引先が当たる。具体的には，当該取引先との取引による売上高等が当該株式会社の売上高の相当部分を占めている相手や，当該株式会社の事業活動に欠くことのできないような商品・役務の提供を行っている相手などが考えられる。

「重要でないもの」の判断に当たっては，当該事業報告作成会社又は当該事業報告作成会社の特定関係事業者における当該親族の役職の重要性及び社外役員と当該親族との交流の有無などが考慮される。

「知っているとき」とは，当該事項が事業報告の記載事項となっていることを前提として行われた調査の結果，知っている場合を意味する。

本項目の記載については，独立した記載項目として取り上げることのほか，社外役員の重要な兼職の状況と共に記載することが考えられる（本ひな型における「会社役員に関する事項」の一覧表参照）。

④　各社外役員の主な活動状況

社外役員が期待されている職務執行を果たしているかについて記載する。主として出席すべき会議体への出席の実績，そのときの発言の内容等の記載が求められる。これにより社外役員が，株主の期待している活動を十分に行っているか，社外役員としての機能を果たしているかの判断が可能になる。

なお，社外役員が社外取締役である場合には，当該社外役員が果たすことが期待される役割に関して行った職務の概要も記載することが求められる（施行規則124④ホ）。

「経団連ひな型」では，以下のように記載内容を説明している。

【各社外役員の主な活動状況】
　各社外役員毎に①取締役会及び監査役会（監査等委員会，監査委員会）への出席の状況，②発言の状況について記載する。書面決議への参加は，出席には含まれない。出席の状況については，取締役会ごとの出欠状況まで明らかにする必要はないが，取締役会への社外役員の参加状況が明らかになるよう記載する。なお，

162　第2章　事業報告

欠席の理由等の記載は不要である。

　監査役，監査等委員及び監査委員については，取締役会と監査役会（監査等委員会，監査委員会）それぞれに対する出席・発言状況をあわせて記載することも考えられる。

　発言の状況については，どのような分野についてどのような観点で発言したか等，発言の概要を記載すれば足りる。

　また，③社外役員の意見により会社の事業の方針又は事業その他の事項に係る決定が変更されたときは，重要でないものを除き，その内容を記載する。ただし，企業秘密に該当する事項を記載する必要はなく，社外役員の意見によって変更されたか否かが判然としない場合には，記載する必要はない。通常の場合は開示すべき事項はないと考えられる。

　会社において法令又は定款に違反する事実その他不当な業務の執行（社外監査役の場合は，不正な業務の執行）が行われた場合，重要でないものを除き，各社外役員が当該事実の発生の予防のために行った行為及び当該事実の発生後の対応として行った行為の概要を記載する。不当・不正な行為がなければ，開示すべきものはない。

　さらに，社外役員のうち社外取締役については，上記①から③の事項に加え，④当該社外役員が果たすことが期待される役割に関して行った職務の概要を記載する。

　当該社外役員が果たすことが期待される役割に関して行った職務が上記①から③の事項と重複する場合であっても，社外役員が果たすことが期待される役割との関連性を示した上で，当該社外役員が行った職務の概要をより具体的に記載することとなる。なお，例えば，社外取締役が，事業報告作成会社に設置された任意の委員会（指名報酬委員会など）の委員となって活動している場合などにおいては，当該委員会における出席・発言等の状況なども職務の概要に該当すると考えられる。

　記載方法としては，④を別項目として記載する方法のほか，主な活動状況として，①②と同じ項目の中で記載することが考えられる。

［記載例］

（社外役員の主な活動状況）

区　分	氏　名	主な活動状況
取締役		当事業年度開催の取締役会のほぼ全回に出席し，主に○○の観点から，議案・審議等につき必要な発言を適宜行っております。また，上記のほか，当社の経営陣幹部の人事などを審議す

第4節　公開会社である場合の記載事項　163

		る指名諮問委員会の委員長を務め，当事業年度開催の委員会の全て（○回）に出席することなどにより，独立した客観的立場から会社の業績等の評価を人事に反映させるなど，経営陣の監督に務めております。
監査役		当事業年度開催の取締役会及び監査役会の全てに出席し，必要に応じ，主に弁護士としての専門的見地から，当社のコンプライアンス体制の構築・維持についての発言を行っております。
監査役		当事業年度開催の取締役会のうち8割に，また，当事業年度開催の監査役会のうち9割に出席し，必要に応じ，主に公認会計士としての専門的見地から，監査役会の場において，当社の経理システムの変更・当社監査基準の改定についての発言を行っております。

（記載例）　社外役員の主な活動状況①　　　　（㈱ジーフット　2024年2月期）

② 当事業年度における主な活動状況

区　分	氏　名	出席状況，発言状況及び社外取締役に期待される役割に関して行った職務の概要
取　締　役	○○○○	当事業年度に開催された全ての取締役会に出席いたしました。取締役会では，弁護士として豊富な経験と実績並びに企業法務，コンプライアンス及びコーポレート・ガバナンス等に関しての豊富な見識に基づき，公正かつ独立の立場から発言を行っております。特に，コーポレート・ガバナンス，法務に対して，数多くの有益な助言・提案を行い，取締役会の監督機能・意思決定機能の向上，透明性の高いガバナンス体制の構築等に貢献しました。また，指名・報酬諮問委員会の委員長として，当事業年度に開催された委員会5回の全てに出席し，客観的・中立的立場で当社の役員候補者の選定や役員報酬等の決定過程における監督機能を主導しております。
		当事業年度に開催された全ての取締役会に出席いたしました。取締役会では，不動産ビジネスに関する

取　締　役	○○○○	豊富な経験と実績，並びにコンプライアンス及びコーポレート・ガバナンス等に関しての豊富な見識に基づき，公正かつ独立の立場から発言を行っております。特に，ガバナンス，経営全般に対して数多くの有益な助言・提案を行い，取締役会の監督機能・意思決定機能の向上，取締役会の議論の活性化等に貢献しました。また，指名・報酬諮問委員会の委員として，当事業年度に開催された委員会5回の全てに出席しており，客観的・中立的立場で当社の役員候補者の選定や役員報酬等の決定過程における監督機能を担っております。
常勤監査役	○○○○	当事業年度に開催された全ての取締役会・監査役会に出席し，公正かつ独立の立場から，取締役会及び監査役会の意思決定の妥当性・適正性を確保するための発言を行うとともに，監査役会の議長として，監査役会の事前準備，議事運営を行い，各監査役に対して，監査状況の報告や意見表明を行っております。
監　査　役	○○○○	当事業年度に開催された取締役会15回のうち14回に出席し，また，監査役会全てに出席し，税理士としての専門的見地から，取締役会及び監査役会の意思決定の妥当性・適正性を確保するための発言を行っております。また，指名・報酬諮問委員会の委員として，当事業年度に開催された委員会5回の全てに出席し，客観的・中立的立場で当社の役員候補者の選定や役員報酬等の決定過程における監督機能を担っております。
監　査　役	○○○○	当事業年度に開催された全ての取締役会・監査役会に出席し，公正かつ独立の立場から，取締役会及び監査役会の意思決定の妥当性・適正性を確保するための発言を行っております。また，指名・報酬諮問委員会の委員として，当事業年度に開催された委員会5回の全てに出席しており，客観的・中立的立場で当社の役員候補者の選定や役員報酬等の決定過程における監督機能を担っております。
		2023年5月18日就任以降に開催された全ての取締役会・監査役会に出席し，弁護士として豊富な経験と実績並びに一般企業法務，M&A，企業のコンプラ

第4節　公開会社である場合の記載事項　165

監　査　役	○○○○	イアンスの分野及び上場規則に基づく情報開示規制等に関しての豊富な見識に基づき，公正かつ独立の立場から，取締役会及び監査役会の意思決定の妥当性・適正性を確保するための発言を行っております。また，指名・報酬諮問委員会の委員として，2023年5月18日就任以降に開催された委員会3回の全てに出席しており，客観的・中立的立場で当社の役員候補者の選定や役員報酬等の決定過程における監督機能を担っております。

（記載例）　社外役員の主な活動状況②（監査等委員会設置会社）

（㈱コア　2024年3月期）

② 社外役員の主な活動状況

区分	氏名	出席状況，発言状況及び社外取締役に期待される役割に関して行った職務の概要
社外取締役（監査等委員）	○○○○	当事業年度開催の取締役会14回中14回に出席し，公認会計士としての経験に基づいて，主に監査，会計についての発言を行っております。また，当事業年度開催の監査等委員会13回中13回に出席し，監査結果についての意見交換，監査に関する重要事項の協議等を行っております。
	○○○○	当事業年度開催の取締役会14回中14回に出席し，また，当事業年度開催の監査等委員会13回中13回に出席し，MBA取得及び長年にわたる豊富な経験と幅広い見識をもとに経営を監督し，経営全般についての発言を行っております。
	○○○○	当事業年度開催の取締役会14回中12回に出席し，また，当事業年度開催の監査等委員会13回中11回に出席し，幅広い経歴を通しての豊富な経験と見識をもとに経営を監督し，経営全般についての発言を行っております。

（注）上記の取締役会の開催回数のほか，会社法第370条及び当社定款第25条の規定に基づき，取締役会決議があったものとみなす書面決議が1回ありました。

166　第2章　事業報告

⑤　社外役員の報酬等に関する事項

　会社役員については報酬等の記載が求められるが，社外役員がいる場合には
そのうち社外役員部分の報酬等を追加的に開示する。具体的な記載内容は第4
節3「株式会社の会社役員に関する事項」における報酬等の記載と同じであり，
総額，社外役員ごともしくはその組み合わせにより記載できる点，および，総
額で記載する場合は員数の記載が求められる点も同様である。員数を記載する
際には現に報酬等の支給の対象となった者の員数のみが記載対象となり，無報
酬の社外役員は員数に含まれない点に留意する必要がある。また，第4節3(5)
の「当該事業年度において受け，または受ける見込みの額が明らかとなった会
社役員の報酬等」と同様の記載も求められる。

　親会社等または親会社等の子会社等の役員が，当該会社の社外役員を兼ねて
いる場合など，企業集団内で役員を兼任していても「社外役員」に該当する場
合がある。その場合には，親会社等や親会社等の子会社等（親会社等がない場
合にあっては，当該株式会社の子会社）からも当該社外役員に役員としての報
酬等が支払われている場合，当該社外役員の当該会社の経営からの独立性が損
なわれる可能性を否定できない。よって，そのような報酬等がある場合には，
当該報酬の総額の記載が求められる（施行規則124⑦）。なお，当該社外役員が
親会社等または親会社等の子会社等の使用人である場合には，使用人分の報酬
等の記載は求められない。

　会社を支配している者が会社以外（自然人）である場合を含む「親会社等」
および「子会社等」という概念（詳細は第3節4(2)参照）により，社外役員が
受けている役員報酬等の総額の開示について「親会社」および「子会社」から
範囲が拡大している。例えば，事業報告作成会社の経営を支配している者が会
社等ではなく自然人である場合，当該自然人は「親会社等」に該当し，当該自
然人が経営を支配している他の会社等は「子会社等」に該当する。したがって，
当該「親会社等」の「子会社等」から社外役員が受けている役員報酬等につい
ても開示を要する。なお，当該株式会社も「親会社等」の「子会社等」に該当
するが，当該株式会社から社外役員が受けている報酬等の額は別途開示されて
いるため，ここでの開示金額には含まれない（施行規則124⑦イ）。

　当該社外役員の報酬等の記載方法としては，第4節3「株式会社の会社役員

に関する事項」の役員の報酬等の開示に併せて記載（括弧書き）する方法や，「社外役員に関する事項」の一部として独立の項目を設けて記載する方法が考えられる。いずれの場合でも会社役員の報酬等の開示は社外役員部分を含み，社外役員の報酬等の開示がその内数である取扱いは同様である。

「経団連ひな型」では，以下のように記載内容を説明している。

【社外役員の報酬等の総額（業績連動報酬等，非金銭報酬等，それら以外の報酬等の総額）】

社外役員については，通常の役員報酬の記載とは別に，社外役員全体の報酬等の総額と員数を，①業績連動報酬等，②非金銭報酬等，③それら以外の報酬等の種類別に記載する。また，社外役員のうちに，事業報告作成会社の親会社等又は当該親会社等の子会社等（当該事業報告作成会社を除く）又は事業報告作成会社に親会社等がない場合における当該事業報告作成会社の子会社の役員を兼ねている者がいる場合には，当該兼任者が当該兼任先の会社から受けた役員報酬等の総額のうち，当該事業年度において社外役員であった期間に受けたものを記載する。したがって，事業報告作成会社の経営を支配している者が会社等ではなく自然人である場合にも，当該自然人が経営を支配している他の子会社等から社外役員が受けている役員報酬等についても，事業報告への記載を要することとなる。ただし，役員としての報酬等を記載すれば足り，社外役員が親会社等，当該親会社等の子会社等又は事業報告作成会社の子会社の使用人を兼ねている場合における使用人分給与を記載する必要はない。また，兼任先の会社から受けた役員報酬については，種類別に記載する必要はない。

各社外役員毎の内訳の記載はもとより，社外取締役と社外監査役が存する会社における，社外取締役と社外監査役との内訳の記載も義務付けられていないが，有価証券報告書やコーポレート・ガバナンスに関する報告書の記載実務に照らし，社外取締役と社外監査役とを区分して開示することも考えられる。

記載方法としては，例えば次の方法のほか，社外役員が事業報告作成会社から受ける報酬等の額については，役員全体の報酬等を記載する箇所において，社外役員を区分開示する方法も考えられる。

168　第2章　事業報告

［記載例］

（社外役員の報酬等の総額等）

支給人数	報酬等の種類別の額			計	親会社等又は当該親会社等の子会社等からの役員報酬等
	基本報酬	業績連動報酬等	非金銭報酬等		
人	円	円	円	円	円

⑥　記載内容についての社外役員の意見

　事業報告における社外役員に関する記載事項が，事業報告作成会社により一方的に作成された場合，株主が判断を行うにあたり公正中立な観点が損なわれるおそれがある。このため，社外役員は自身に関する記載内容について意見を記載する機会が与えられている。

　「経団連ひな型」では，以下のように記載内容を説明している。

【記載内容についての社外役員の意見】
　事業報告における社外役員についての記載内容に対して当該記載の対象となった社外役員の意見があるときは，その意見の内容を記載する。
　社外役員の意見がないときは，記載の必要はない。

5　株式会社の役員等賠償責任保険契約に関する事項

　株式会社が保険者との間で締結する保険契約のうち，会社役員がその職務執行に関して責任を負うことまたは責任追及に係る請求により生じる損害を保険者が補填する役員等賠償責任保険契約（会社法430の3Ⅰ）を締結している場合は，株式会社の役員等賠償責任保険契約に関する事項（施行規則119②の2）として，役員等賠償責任保険契約の被保険者の範囲および内容の概要を記載する（施行規則121の2）。

　「経団連ひな型」では，以下のように記載内容を説明している。

【役員等賠償責任保険契約に関する事項】

事業報告作成会社が保険者との間で役員等賠償責任保険契約を締結している場合，以下の事項を記載する。

① 当該役員等賠償責任保険契約の被保険者の範囲

② 当該役員等賠償責任保険契約の内容の概要（被保険者が実質的に保険料を負担している場合にはその負担割合，填補の対象とされる保険事故の概要及び当該役員等賠償責任保険契約によって被保険者である役員等（当該株式会社の役員等に限る）の職務の執行の適正性が損なわれないようにするための措置を講じている場合にはその内容を含む）

役員等賠償責任保険契約とは，株式会社が保険者との間で締結する保険契約のうち，役員等がその職務の執行に関し責任を負うこと又は当該責任の追及に係る請求を受けることによって生ずることのある損害を保険者が填補することを約するものであって役員等を被保険者とするもののうち，以下のものを除くものとなる（会社法第430条の3第1項，会社法施行規則第115条の2）。

(1) 被保険者に保険者との間で保険契約を締結する株式会社を含む保険契約であって，当該株式会社がその業務に関連し第三者に生じた損害を賠償する責任を負うこと又は当該責任の追及に係る請求を受けることによって当該株式会社に生ずることのある損害を保険者が填補することを主たる目的として締結されるもの（いわゆる生産物賠償責任保険（PL保険），企業総合賠償責任保険（CGL保険），使用者賠償責任保険，個人情報漏洩保険等がこれに該当しうる。）

なお，主契約と特約が一体のものとして役員等賠償責任保険契約を構成する場合には，上記「主たる目的」は，主契約と特約を合わせた契約全体について判断されることとなる。また，被保険者に役員と会社の両方を含む役員等賠償責任保険契約についても，それぞれを被保険者とする部分を別の保険契約であると整理することが適切でない場合には，契約全体について「主たる目的」が判断されることとなる。なお，これらの判断は，主契約か特約かなどの外形的な事情だけでなく，経済的な機能等にも着目し行う。

(2) 役員等が第三者に生じた損害を賠償する責任を負うこと又は当該責任の追及に係る請求を受けることによって当該役員等に生ずることのある損害（役員等がその職務上の義務に違反し若しくは職務を怠ったことによって第三者に生じた損害を賠償する責任を負うこと又は当該責任の追及に係る請求を受けることによって当該役員等に生ずることのある損害を除く。）を保険者が填補することを目的として締結されるもの（自動車損害賠償責任保険，任意の自動車保険，海外旅行保険等がこれに該当しうる）

①については，当該役員等賠償責任保険契約の保険契約者である事業報告作成会社の役員等でない者が被保険者に含まれている場合，当該役員等でない者も記載の対象となる。被保険者の氏名の記載までは要しないが，被保険者の範囲等の記載により，被保険者となる者が特定できることが必要である。

②の「役員等賠償責任保険契約の内容の概要」については，当該役員等賠償責任保険契約の内容の重要な点（特約がある場合には，主契約と特約を合わせた契約全体の重要な点）を理解するに当たり必要な事項を記載することが求められ，「填補の対象とされる保険事故」の概要としては，その重要な点を理解するに当たり必要な事項を記載することが求められる。

②の「被保険者である役員等の職務の執行の適正性が損なわれないようにするための措置」の一例としては，役員等賠償責任保険契約に免責額についての定めを設け，一定額に至らない損害については填補の対象としないこととすることなどが考えられるが，特段の措置を講じていない場合には，記載を要しない。

記載の対象となる役員等賠償責任保険契約の範囲については，事業報告の対象とする事業年度の初日から末日までに有効であった全ての役員等賠償責任保険契約に関する記載が必要となる。

記載の方法としては，会社役員に関する事項に注記する方法や，役員等賠償責任保険契約に関する事項として，別項目を立てて記載する方法が考えられる。

［記載例］（別項目を立てて記載する際の例）
（役員等賠償責任保険契約の内容の概要）
①被保険者の範囲
　当社および当社のすべての子会社のすべての取締役，執行役および監査役。
②保険契約の内容の概要
　被保険者が①の会社の役員としての業務につき行った行為（不作為を含む。）に起因して損害賠償請求がなされたことにより，被保険者が被る損害賠償金や争訟費用等を補償するもの。ただし，贈収賄などの犯罪行為や意図的に違法行為を行った役員自身の損害等は補償対象外とすることにより，役員等の職務の執行の適正性が損なわれないように措置を講じている。保険料は全額当社が負担する。

第4節 公開会社である場合の記載事項 171

（記載例） 役員等賠償責任保険契約に関する事項

（㈱博報堂 DY ホールディングス 2024年3月期）

> **3．役員等賠償責任保険契約の内容の概要**
>
> (1) 被保険者の範囲
>
> 　　当社及び当社の全ての子会社の取締役，監査役及び執行役員等，マネジメント職務を行っている者
>
> (2) 保険契約の内容の概要
>
> 　　当社は，保険会社との間で，会社法第430条の3第1項に規定する役員等賠償責任保険契約（マネジメントリスクプロテクション保険契約）を締結しております。
>
> 　　当該保険契約では，被保険者が会社の役員等の地位に基づき行った行為（不作為も含みます。）に起因して，株主や第三者等から損害賠償請求がなされた場合において，被保険者が負担することになる損害賠償金や訴訟費用等が填補されることとされています。但し，法令違反の行為であることを認識して行った行為に起因して被保険者が負担することになる損害賠償金や訴訟費用等は填補されないなど，一定の免責事由があります。このような仕組みにより，被保険者による職務の執行の適正性が損なわれないようにするための措置を講じております。保険料は全て当社が負担しており，被保険者の保険料負担はありません。

6　株式会社の株式に関する事項

　公開会社においては，不特定多数の株主が株式を保有する可能性がある。主として当該株式会社の支配関係を明らかにするため，以下の主要な株主の情報やその他の情報を記載する（施行規則122 I）。

> 一　当該事業年度の末日において発行済株式（自己株式を除く。次項において同じ。）の総数に対するその有する株式の数の割合が高いことにおいて上位となる10名の株主の氏名又は名称及び当該株主の有する株式の数（種類株式発行会社にあっては，株式の種類及び種類ごとの数を含む。）及び当該株主の有する株式に係る当該割合　　　　　　　　　　　　　　　　　……(1)参照
>
> 二　当該事業年度中に当該株式会社の会社役員（会社役員であった者を含む。）に対して当該株式会社が交付した当該株式会社の株式（職務執行の対価として交付したものに限り，当該株式会社が会社役員に対して職務執行の対価として募集株式と引換えにする払込みに充てるための金銭を交付した場合において，当

172　第2章　事業報告

該金銭の払込みと引換えに当該株式会社の株式を交付したときにおける当該株式を含む。以下この号において同じ。）があるときは，次に掲げる者（次に掲げる者であった者を含む。）の区分ごとの株式の数（種類株式発行会社にあっては，株式の種類及び種類ごとの数）及び株式の交付を受けた者の人数　……**(2)参照**

イ　当該株式会社の取締役（監査等委員である取締役及び社外役員を除き，執行役を含む。）

ロ　当該株式会社の社外取締役（監査等委員である取締役を除き，社外役員に限る。）

ハ　当該株式会社の監査等委員である取締役

ニ　当該株式会社の取締役（執行役を含む。）以外の会社役員

三　前2号に掲げるもののほか，株式会社の株式に関する重要な事項

……**(3)参照**

⑴　主要な株主の氏名または名称および当該株主の有する当該株式会社の株式の数

当事業年度の末日において発行済株式（自己株式を除く）の総数に対する株式の保有割合の高い上位10名に該当する株主の氏名（個人の場合）または名称（法人等の場合），当該株主の有する株式会社の株式の数および当該株主の有する株式に係る当該割合を記載する。上位10名の株式の保有割合の計算にあたっては，株主名簿における保有株式数を基準として算出するが，自己株式はこの計算において分母，分子から除外される。そのため，自社を上位10名に含めない。脚注等で自己株式の存在を記載する方法や，発行済株式総数の記載に付記する方法などが考えられる。

株式会社が種類株式を発行している場合，上位10名の株主は株式の種類ごとに判定するといった取扱いは求められておらず，議決権の有無も問われていないため，普通株式と種類株式の合計数で判定する。

これにより記載対象とされた上位10名の株主については，株式の合計数に加え，内訳として株式の種類および種類ごとの数の記載が必要となる。他方，株式の保有割合については株式の種類ごとの記載は求められていないため，合計数に基づく割合のみを記載する（小松岳志・澁谷亮「事業報告の内容に関する規律の全体像」旬刊商事法務1863号）。

第4節　公開会社である場合の記載事項　173

　なお，事業年度の末日に代えて，定時株主総会における議決権の行使ができる者について定めた一定の日（「基準日」）において株式の保有割合が上位10名の株主に関する事項の開示が認められている。この場合においては，当該基準日を記載する必要がある（施行規則122Ⅱ）。

(2)　会社役員に対する報酬等として付与される株式

　株式会社が会社役員に対して，当該事業年度において職務執行の対価として付与した当該株式会社の株式について，当該会社役員の区分ごとの株式の数および株式の交付を受けた者の人数を記載する。なお，対象となる会社役員には会社役員であった者を含み，株式会社が募集株式と引換えにする払込みに充てるための金銭を交付した場合には，当該金銭の払込みと引換えに交付される当該株式会社の株式を含む（施行規則122Ⅰ②）。

(3)　その他株式会社の株式に関する重要な事項

　当該記載に関して，具体的に内容を示す会社法上の規定はない。事業報告の利用者にとって有用となる情報として，発行可能株式総数，発行済株式総数，当事業年度末の株主数などが考えられる。

　「経団連ひな型」における株式に関する事項の記載例は，以下のとおりである。

【株式に関する事項】

［記載例］
①　発行可能株式総数　　　　○○○○株
②　発行済株式の総数　　　　○○○○株（自己株式○○株を除く）
③　当事業年度末の株主数　　○○○○名
④　上位10名の株主

株　主　名	持　株　数	持　株　比　率

⑤ 当事業年度中に当社役員に対して職務執行の対価として交付された株式の状況

	株式の種類及び数	交付された者の人数
取締役（社外取締役を除く）	当社普通株式 〇〇株	〇名
社外取締役	当社普通株式 〇〇株	〇名
監査役	当社普通株式 〇〇株	〇名

記載例　会社の株式に関する事項①　　　　　　　　　　(㈱ヨータイ　2024年3月期)

2　会社の株式に関する事項

(1) 発行可能株式総数　　70,000,000株
(2) 発行済株式の総数　　20,664,000株
(3) 株主数　　　　　　　　　　2,481名

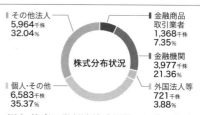

(注) 比率は発行済株式総数より自己株式数（2,049千株）を控除して計算しています。

(4) 大株主（上位10名）

株　主　名	持株数	持株比率
住友大阪セメント株式会社	3,589千株	19.29　%
日本マスタートラスト信託銀行株式会社（信託口）	1,431	7.69
立花証券株式会社	1,028	5.52

	株式数	持株比率
サンシャインD号投資事業組合　業務執行組合員 UGSアセットマネジメント株式会社	1,020	5.48
チャレンジ2号投資事業組合　業務執行組合員　有限会社キャピタル・マネジメント	1,000	5.37
株式会社中国銀行	908	4.88
株式会社キャピタルギャラリー	810	4.35
三栄興産株式会社	750	4.03
サンシャインG号投資事業組合　業務執行組合員 UGSアセットマネジメント株式会社	511	2.74
日本生命保険相互会社	446	2.39

(注) 持株比率は，自己株式2,049千株を控除して計算しております。

⑸　当事業年度中に職務執行の対価として会社役員に対して交付した株式の状況

	株式数	交付対象者数
取締役（監査等委員である取締役及び社外取締役を除く。）	10,840株	4名

(注) 当社の株式報酬の内容につきましては，事業報告18頁「4 会社役員に関する事項⑶ 当事業年度に係る役員の報酬等」に記載しております。

⑹　その他株式に関する重要な事項

（自己株式の消却）

　当社は，2024年4月19日開催の取締役会において，会社法第178条の規定に基づき，自己株式を消却することを決議いたしました。

⑴　自己株式の消却を行う理由

　　自己株式の保有・消却に関する基本方針に基づき，自己株式の消却を行うものであります。

⑵　消却に係る事項の内容

　　①　消却する株式の種類　　当社普通株式

　　②　消却する株式の数　　　1,070,000株

　　③　消却日　　　　　　　　2024年4月30日

　　④　消却後の発行済株式数　19,594,000株

　　⑤　消却後の自己株式数　　979,069株

176　第2章　事業報告

（記載例）　会社の株式に関する事項②（種類株式あり）

（東京電力ホールディングス㈱　2024年3月期）

❷　株式に関する事項（2024年3月31日現在）

1．発行可能株式総数 …………141億株

2．発行可能種類株式総数

　普通株式 ………………………350億株

　A種優先株式 …………………50億株

　B種優先株式……………………5億株

3．発行済株式の総数

　普通株式 …………16億701万7,531株

　A種優先株式 …………………16億株

　B種優先株式 …………3億4,000万株

4．株主数

　普通株式 ………………63万1,958名

　A種優先株式……………………1名

　B種優先株式……………………1名

■ 所有者別株式保有状況

政府・地方公共団体
1.2%
43,381千株
（47名）

金融機関
11.6%
410,801千株
（76名）

個人・その他
14.9%
529,887千株
（627,069名）

発行済株式総数
3,547,017千株
（631,959名）

金融商品取引業者
0.9%
31,214千株
（79名）

外国法人等
15.4%
545,502千株
（1,395名）

その他の法人
56.0%
1,986,230千株
（3,293名）

5．上位10名の株主

株主名	持株数（千株）				出資比率（%）
	普通株式	A種優先株式	B種優先株式	合計	
原子力損害賠償・廃炉等支援機構	－	1,600,000	340,000	1,940,000	54.75
日本マスタートラスト信託銀行株式会社（信託口）	214,448	－	－	214,448	6.05
株式会社日本カストディ銀行（信託口）	80,390	－	－	80,390	2.27
東京電力グループ従業員持株会	50,664	－	－	50,664	1.43
東京都	42,676	－	－	42,676	1.20
THE BANK OF NEW YORK MELLON 140044	39,527	－	－	39,527	1.12
株式会社三井住友銀行	35,927	－	－	35,927	1.01
STATE STREET BANK WEST CLIENT - TREATY 505234	30,670	－	－	30,670	0.87
日本生命保険相互会社	26,400	－	－	26,400	0.75
JP MORGAN CHASE BANK 385781	21,367	－	－	21,367	0.60

（注）出資比率は，自己株式（普通株式3,342,511株）を控除して計算しております。

7 株式会社の新株予約権等に関する事項

公開会社については，新株予約権等を発行している場合に以下を記載する（施行規則123）。

一　当該事業年度の末日において当該株式会社の会社役員（当該事業年度の末日において在任している者に限る。以下この条において同じ。）が当該株式会社の新株予約権等（職務執行の対価として当該株式会社が交付したものに限り，当該株式会社が会社役員に対して職務執行の対価として募集新株予約権と引換えにする払込みに充てるための金銭を交付した場合において，当該金銭の払込みと引換えに当該株式会社の新株予約権を交付したときにおける当該新株予約権を含む。以下この号及び次号において同じ。）を有しているときは，次に掲げる者の区分ごとの当該新株予約権等の内容の概要及び新株予約権等を有する者の人数

　イ　当該株式会社の取締役（監査等委員であるもの及び社外役員を除き，執行役を含む。）

　ロ　当該株式会社の社外取締役（監査等委員であるものを除き，社外役員に限る。）

　ハ　当該株式会社の監査等委員である取締役

　ニ　当該株式会社の取締役（執行役を含む。）以外の会社役員

二　当該事業年度中に次に掲げる者に対して当該株式会社が交付した新株予約権等があるときは，次に掲げる者の区分ごとの当該新株予約権等の内容の概要及び交付した者の人数

　イ　当該株式会社の使用人（当該株式会社の会社役員を兼ねている者を除く。）

　ロ　当該株式会社の子会社の役員及び使用人（当該株式会社の会社役員又はイに掲げる者を兼ねている者を除く。）

三　前2号に掲げるもののほか，当該株式会社の新株予約権等に関する重要な事項

「新株予約権等」は，新株予約権その他当該法人等に対して行使することにより当該法人等の株式その他の持分の交付を受けることができる権利（会社計算規則第2条第3項第34号に規定する株式引受権を除く）をいう（施行規則2Ⅲ⑭）。

注記の内容は，会社役員および使用人等に対して交付したストック・オプション等に関する記載と，株式会社が発行しているそれ以外の新株予約権等に関す

178　第2章　事業報告

る記載に分かれる。前者のストック・オプション等については，事業年度の末日現在において在任している会社役員に対する事業年度の末日現在の残高情報と，使用人等に対して当事業年度中に付与したフロー情報からなる。

　会社役員に対するストック・オプション等の残高については，取締役，社外役員である社外取締役のうち監査等委員でないもの，監査等委員である取締役，その他の役員の区分に分けてその新株予約権等の内容の概要および新株予約権等を有する者の人数を記載する。なお，株式会社が募集新株予約権と引換えにする払込みに充てるための金銭を交付した場合において，当該金銭の払込みと引換えに付与される当該株式会社の新株予約権を含む（施行規則123①）。

　使用人等に対して当事業年度中にストック・オプション等を付与したフロー情報については，使用人，子会社の役員および使用人の区分ごとに，付与した新株予約権等の内容の概要および交付した者の人数を記載する。

　ここでの「新株予約権等の内容の概要」は，「経団連ひな型」では，目的である株式の種類および数，発行価額，行使の条件等の記載が考えられるとされている。発行された年月日によってこれらの内容は異なるため，通常は発行年月日ごとに区分して記載する。

　ストック・オプション等以外の新株予約権等に関する重要な事項については，例えば新株予約権付社債を発行している場合に当該事項を記載する取扱いが考えられる。具体的な記載項目は明らかにされていないため，内容に応じて適宜記載を行う。

　なお，「従業員等に対して権利確定条件付き有償新株予約権を付与する取引に関する取扱い」（実務対応報告第36号）により，権利確定条件付き有償新株予約権（いわゆる有償ストック・オプション）についても，原則としてストック・オプション会計基準におけるストック・オプションに該当する。

　「経団連ひな型」では，以下のように記載内容を説明している。

【新株予約権等に関する事項】
　「新株予約権等」とは，会社法施行規則第2条第3項第14号に「新株予約権その他当該法人等に対して行使することにより当該法人等の株式その他の持分の交付を受けることができる権利（株式引受権（会社計算規則第2条第3項第34号に規定する株式引受権をいう。以下同じ。）を除く。）」と定義されている。したがって，

新株予約権以外にも，新株予約権と類似した内容を有する権利についても記載の対象となる。

　新株予約権等については，次の事項を記載する。

(1) 事業年度の末日時点において在任している会社役員が「職務執行の対価として当該株式会社が交付した」新株予約権等を同末日時点において有している場合

　次に定める役員の区分ごとに当該新株予約権等の内容の概要及び新株予約権等を有する者の人数をそれぞれ記載する。なお，事業報告作成会社が新株予約権を職務執行の対価として直接交付する場合のみならず，事業報告作成会社が会社役員に対して職務執行の対価として当該会社の募集新株予約権と引換えにする払込みに充てるための金銭を交付し，当該金銭の払込みと引換えに新株予約権を交付した場合も記載の対象となるが，それぞれを区別して記載する必要はない。

　①取締役（指名委員会等設置会社においては取締役及び執行役）のうち，監査等委員又は社外役員でないもの

　②社外役員である社外取締役のうち，監査等委員でないもの

　③監査等委員である取締役

　④取締役及び執行役以外の会社役員（監査役及び会計参与）

　「職務執行の対価として当該株式会社が交付した」か否かの判断に際しては，「特に有利な条件又は金額」により発行されたか否か（会社法第238条第3項各号）を問わない。

　「新株予約権等の内容の概要」としては，会社法第236条で定める「新株予約権の内容」を勘案して記載することとなるが，目的である株式の種類及び数や，発行価額，行使の条件等を記載することが考えられる。

(2) 事業年度中に以下の①②の使用人等（「当社従業員・子会社取締役等」といった適宜の用語を用いることで構わない。）に対し，新株予約権等を職務執行の対価として交付した場合

　①事業報告作成会社の使用人（事業報告作成会社の会社役員を兼ねている者を除く。）

　②事業報告作成会社の子会社の役員及び使用人（事業報告作成会社の会社役員又は①を兼ねている者を除く。）

　記載対象者の区分ごとに，新株予約権等の内容の概要及び交付した者の人数をそれぞれ記載する。

[記載例]

当社の新株予約権等に関する事項

① 当事業年度の末日に当社役員が有する職務執行の対価として交付された新株予約権等の内容の概要

名　　　称	第〇回新株予約権
新株予約権の数	〇個
保有人数 　当社取締役（社外役員を除く） 　当社社外取締役（社外役員に限る） 　当社監査役	 〇名 〇名 〇名
新株予約権の目的である株式の種類及び数	当社普通株式　〇〇株
新株予約権の発行価額	
新株予約権の行使に際して出資される財産の価額	
新株予約権の行使期間	
新株予約権の主な行使条件	

② 当事業年度中に当社使用人，子会社役員及び使用人に対して職務執行の対価として交付された新株予約権の内容の概要

名　　　称	第〇回新株予約権
発行決議の日	〇年〇月〇日
新株予約権の数	〇個
交付された者の人数 　当社使用人（当社の役員を兼ねている者を除く。） 　当社の子会社の役員及び使用人（当社の役員又は使用人を兼ねている者を除く。）	 〇名 〇名
新株予約権の目的である株式の種類及び数	当社普通株式　〇〇株
新株予約権の発行価額	
新株予約権の行使に際して出資される財産の価額	
新株予約権の行使期間	
新株予約権の主な行使条件	

第4節　公開会社である場合の記載事項　181

（記載例）　会社の新株予約権等に関する事項　　　　　（東レ㈱　2024年3月期）

３．会社の新株予約権等に関する事項

⑴　当期末日に当社役員が保有する職務執行の対価として交付された新株予約権の概要

	第１回新株予約権	第２回新株予約権	第３回新株予約権
発 行 決 議 の 日	2011年7月29日	2012年7月19日	2013年7月26日
新 株 予 約 権 の 数	42個	52個	38個
保 有 者 数	取締役　1名	取締役　1名	取締役　1名
目的となる株式の種類および数	普通株式　42,000株	普通株式　52,000株	普通株式　38,000株
新株予約権の発行価額	513円	394円	546円
行 使 価 額	1円	1円	1円
権 利 行 使 期 間	2011年8月21日から2041年8月20日まで	2012年8月5日から2042年8月4日まで	2013年8月11日から2043年8月10日まで

	第４回新株予約権	第５回新株予約権	第６回新株予約権
発 行 決 議 の 日	2014年7月23日	2015年7月28日	2016年7月27日
新 株 予 約 権 の 数	64個	42個	67個
保 有 者 数	取締役　3名	取締役　3名	取締役　5名
目的となる株式の種類および数	普通株式　64,000株	普通株式　42,000株	普通株式　67,000株
新株予約権の発行価額	605円	987円	902円
行 使 価 額	1円	1円	1円
権 利 行 使 期 間	2014年8月10日から2044年8月9日まで	2015年8月23日から2045年8月22日まで	2016年8月21日から2046年8月20日まで

	第７回新株予約権	第８回新株予約権	第９回新株予約権
発 行 決 議 の 日	2017年7月24日	2018年7月25日	2019年7月25日
新 株 予 約 権 の 数	64個	73個	88個
保 有 者 数	取締役　5名	取締役　5名	取締役　5名

182 第2章 事業報告

目的となる株式の種類および数	普通株式 64,000株	普通株式 73,000株	普通株式 88,000株
新株予約権の発行価額	899円	710円	684円
行 使 価 額	1円	1円	1円
権 利 行 使 期 間	2017年8月20日から2047年8月19日まで	2018年8月19日から2048年8月18日まで	2019年8月18日から2049年8月17日まで

	第10回新株予約権	第11回新株予約権	第12回新株予約権
発 行 決 議 の 日	2020年7月22日	2021年7月21日	2022年7月21日
新 株 予 約 権 の 数	205個	134個	145個
保 有 者 数	取締役 8名	取締役 8名	取締役 8名
目的となる株式の種類および数	普通株式 205,000株	普通株式 134,000株	普通株式 145,000株
新株予約権の発行価額	421円	686円	685円
行 使 価 額	1円	1円	1円
権 利 行 使 期 間	2020年8月16日から2050年8月15日まで	2021年8月15日から2051年8月14日まで	2022年8月21日から2052年8月20日まで

	第13回新株予約権
発 行 決 議 の 日	2023年7月20日
新 株 予 約 権 の 数	165個
保 有 者 数	取締役 8名
目的となる株式の種類および数	普通株式 165,000株
新株予約権の発行価額	677円
行 使 価 額	1円
権 利 行 使 期 間	2023年8月20日から2053年8月19日まで

(注) 社外取締役には新株予約権を交付しておりません。

⑵　当期中に当社従業員等に職務執行の対価として交付された新株予約権の概要

	第13回新株予約権
発 行 決 議 の 日	2023年 7 月20日
新 株 予 約 権 の 数	396個
交 付 さ れ た 者 の 人 数	当社執行役員，エグゼクティブフェロー，理事　56名
目 的 と な る 株 式 の 種 類 お よ び 数	普通株式　396,000株
新株予約権の発行価額	677円
行 　 使 　 価 　 額	1円
権 利 行 使 期 間	2023年 8 月20日から 2053年 8 月19日まで

●第 5 節　会計参与を設置した場合の記載事項

　株式会社が当該事業年度末において会計参与を設置している場合は，以下の事項の記載が求められる（施行規則125）。

> 一　会計参与と当該株式会社との間で法第427条第 1 項の契約を締結しているときは，当該契約の内容の概要（当該契約によって当該会計参与の職務の執行の適正性が損なわれないようにするための措置を講じている場合にあっては，その内容を含む。）　……**1参照**
>
> 二　会計参与と当該株式会社との間で補償契約を締結しているときは，次に掲げる事項　……**2参照**
>
> 　イ　当該会計参与の氏名又は名称
>
> 　ロ　当該補償契約の内容の概要（当該補償契約によって当該会計参与の職務の執行の適正性が損なわれないようにするための措置を講じている場合にあっては，その内容を含む。）
>
> 三　当該株式会社が会計参与（当該事業年度の前事業年度の末日までに退任した者を含む。以下この号及び次号において同じ。）に対して補償契約に基づき法第430条の 2 第 1 項第 1 号に掲げる費用を補償した場合において，当該株式会社

184 第2章 事業報告

> が，当該事業年度において，当該会計参与が同号の職務の執行に関し法令の規
> 定に違反したこと又は責任を負うことを知ったときは，その旨　……**2参照**
> 四　当該株式会社が会計参与に対して補償契約に基づき法第430条の2第1項第
> 2号に掲げる損失を補償したときは，その旨及び補償した金額　……**2参照**

1　会計参与との責任限定契約に関する事項

　株式会社が会計参与との間で責任限定契約（会社法427Ⅰ）を締結している場合，会社役員との責任限定契約に関する記載事項（第4節**3(2)**参照）と同様に，当該契約の内容の概要のほか，当該契約によって当該会計参与の職務の適正性が損なわれないようにするための措置を講じている場合にあっては，その内容もあわせて記載する。

　なお，会計参与設置会社でありながら責任限定契約を締結していないときは，会計参与について特段の記載を行う必要はない。ただし，会計参与は「会社役員」に含まれるため，株式会社が公開会社である場合には会社役員としてその氏名または名称，報酬額等を第4節**3**「株式会社の会社役員に関する事項」に記載する（第4節**3(1)**参照）。

2　会計参与との補償契約に関する事項

　株式会社が会計参与との間で，補償契約（会社法430の2Ⅰ）を締結している場合は，会社役員との補償契約に関する記載事項（第4節**3(3)**参照）と同様に，当該会計参与の氏名または名称，および当該補償契約の内容の概要を記載する（施行規則125②）。当該補償契約により会計参与の職務執行の適正性が損なわれないようにする措置を講じている場合は，その内容を含む（施行規則125②ロ）。

　また，会社役員の場合と同様に，株式会社が補償契約に基づき会計参与の法令違反または責任追及に係る費用（会社法430の2Ⅰ①）を補償している場合で，当該事業年度において当該会計参与が職務の執行に関して法令に違反したこと，または責任を負うことを知ったときは，その旨を記載する（施行規則125③）。さらに，株式会社が補償契約に基づき会計参与の第三者に対する賠償金ま

たは和解金に係る損失（会社法430の2Ⅰ②）を補償したときは，その旨および補償した金額を記載する（施行規則125④）。

●第6節　会計監査人を設置した場合の記載事項

1　会計監査人設置会社

「会計監査人設置会社」とは，会計監査人を置く株式会社または会社法の規定により会計監査人を置かなければならない株式会社をいう（会社法2⑪）。会社法の規定により会計監査人を置かなければならない会社は，大会社（最終事業年度末の資本金が5億円以上または負債総額が200億円以上），監査等委員会設置会社および指名委員会等設置会社である（会社法2⑥，327Ⅴ，328Ⅰ・Ⅱ）。

2　会計監査人設置会社における追加記載事項

株式会社が当該事業年度末日において会計監査人設置会社である場合，事業報告において以下の事項の記載が求められる（施行規則126）。これらのうち，二〜四は，株式会社が当該事業年度末日において公開会社（発行株式の全部または一部について定款の定めによる株式譲渡制限を設けていない会社（会社法2⑤））ではない場合には記載を要しない。

なお，これらのうち十以外は，会計監査人に関する事項である。十については，会計監査人設置会社において認められている取締役会の決議による配当に関する事項であり，記載箇所も会計監査人に関する事項とは別に事業報告の末尾とされる場合が多く見られる。

一　会計監査人の氏名又は名称　……**(1)参照**
二　当該事業年度に係る各会計監査人の報酬等の額及び当該報酬等について監査役（監査役会設置会社にあっては監査役会，監査等委員会設置会社にあっては監査等委員会，指名委員会等設置会社にあっては監査委員会）が法第399条第1項の同意をした理由　……**(2)参照**
三　会計監査人に対して公認会計士法第2条第1項の業務以外の業務（以下この

号において「非監査業務」という。）の対価を支払っているときは，その非監査業務の内容　……**(3)参照**

四　会計監査人の解任又は不再任の決定の方針　……**(4)参照**

五　会計監査人が現に業務の停止の処分を受け，その停止の期間を経過しない者であるときは，当該処分に係る事項　……**(5)参照**

六　会計監査人が過去2年間に業務の停止の処分を受けた者である場合における当該処分に係る事項のうち，当該株式会社が事業報告の内容とすることが適切であるものと判断した事項　……**(6)参照**

七　会計監査人と当該株式会社との間で法第427条第1項の契約を締結しているときは，当該契約の内容の概要（当該契約によって当該会計監査人の職務の執行の適正性が損なわれないようにするための措置を講じている場合にあっては，その内容を含む。）　……**(7)参照**

七の二　会計監査人と当該株式会社との間で補償契約を締結しているときは，次に掲げる事項　……**(8)参照**

　イ　当該会計監査人の氏名又は名称

　ロ　当該補償契約の内容の概要（当該補償契約によって当該会計監査人の職務の執行の適正性が損なわれないようにするための措置を講じている場合にあっては，その内容を含む。）

七の三　当該株式会社が会計監査人（当該事業年度の前事業年度の末日までに退任した者を含む。以下この号及び次号において同じ。）に対して補償契約に基づき法第430条の2第1項第1号に掲げる費用を補償した場合において，当該株式会社が，当該事業年度において，当該会計監査人が同号の職務の執行に関し法令の規定に違反したこと又は責任を負うことを知ったときは，その旨
……**(8)参照**

七の四　当該株式会社が会計監査人に対して補償契約に基づき法第430条の2第1項第2号に掲げる損失を補償したときは，その旨及び補償した金額
……**(8)参照**

八　株式会社が法第444条第3項に規定する大会社であるときは，次に掲げる事項　……**(9)参照**

　イ　当該株式会社の会計監査人である公認会計士（公認会計士法第16条の2第5項に規定する外国公認会計士を含む。以下この条において同じ。）又は監査法人に当該株式会社及びその子会社が支払うべき金銭その他の財産上の利益の合計額（当該事業年度に係る連結損益計算書に計上すべきものに限る。）

　ロ　当該株式会社の会計監査人以外の公認会計士又は監査法人（外国におけるこれらの資格に相当する資格を有する者を含む。）が当該株式会社の子会社（重要なものに限る。）の計算関係書類（これに相当するものを含む。）の監査

（法又は金融商品取引法（これらの法律に相当する外国の法令を含む。）の規定によるものに限る。）をしているときは，その事実

九　辞任した会計監査人又は解任された会計監査人（株主総会の決議によって解任されたものを除く。）があるときは，次に掲げる事項（当該事業年度前の事業年度に係る事業報告の内容としたものを除く。）　……⑩参照

イ　当該会計監査人の氏名又は名称
ロ　法第340条第3項の理由があるときは，その理由
ハ　法第345条第5項において読み替えて準用する同条第1項の意見があるときは，その意見の内容
ニ　法第345条第5項において読み替えて準用する同条第2項の理由又は意見があるときは，その理由又は意見

十　法第459条第1項の規定による定款の定めがあるときは，当該定款の定めにより取締役会に与えられた権限の行使に関する方針　……⑪参照

会計監査人に関する記載事項については，「会計監査人設置会社における会計監査人に関する事項に係る事業報告の記載例（中間報告）」（法規委員会研究報告第5号）が公表されており，こちらも参考となる。

⑴　会計監査人の氏名または名称

会計監査人は，公認会計士，監査法人の場合のいずれもありうるため，氏名または名称を記載する。会計監査人を複数選任する場合も当然にありうるが，この場合には，すべての会計監査人の氏名または名称を記載する。また，事業年度の始めから末日までの期間に存在していた会計監査人の氏名または名称を記載する。

会計監査人設置会社の事業年度終了後に監査法人の名称が変更になった場合は，その旨を脚注する（法規委員会研究報告第5号Ⅱ1）。なお，事業年度中において監査法人の名称に変更がある場合について，その旨を記載している事例も見られる。

［記載例］
会計監査人の名称　　PwC Japan有限責任監査法人
　（注）　PwCあらた有限責任監査法人は，2023年12月1日付でPwC京都監査法人と合併し，名称をPwC Japan有限責任監査法人に変更しております。

188 第2章 事業報告

⑵ 当該事業年度に係る各会計監査人の報酬等の額および監査役等が同意をした理由

当該記載事項は，会計監査人の行う監査が適正な水準であるかを株主が判断し，監査役等による会計監査人の報酬同意権の実効性を高めるための情報を提供することが目的である。当該記載対象は，公開会社に限られている。

記載すべき会計監査人の報酬等の額は，公認会計士法第2条第1項の業務に基づく報酬である。公認会計士法第2条第1項では，公認会計士の業務について，「公認会計士は，他人の求めに応じ報酬を得て，財務書類の監査又は証明をすることを業とする。」とされている。この財務書類の監査または証明をする業務を監査業務という。監査業務に基づく報酬に関しては，対象事業年度に係る監査報酬の金額を開示する。

監査業務に該当しない業務に関連して業務の対価を得る場合を非監査業務といい，会計監査人が非監査業務による報酬を得ている場合には，独立性の保持の観点から当該非監査業務の内容を別途開示する必要がある（⑶参照）。この趣旨に鑑み，報酬の合計額を記載したうえで，内訳として監査業務に基づく報酬と非監査業務に基づく報酬を記載する方法も考えられる。非監査業務による報酬の額について記載する場合は，当該事業年度の損益計算書に計上された金額を開示する。

報酬等のうち会社法に基づく監査報酬と金融商品取引法に基づく監査報酬を明確に区分できない場合は，これらを含む金額を記載し，その旨を注記する対応が考えられる。

なお，監査業務または非監査業務に基づく報酬について，事業報告における開示の範囲と，監査報告書に記載する報酬関連情報における開示の範囲との関係については，第9章第2節1⑴を参照されたい。

また，当該事業年度に係る各会計監査人の報酬等について，監査役（監査役会設置会社にあっては監査役会，監査等委員会設置会社にあっては監査等委員会，指名委員会等設置会社にあっては監査委員会）が同意をした理由を事業報告に記載する。「同意をした理由」の記載内容は，各社の状況に応じた記載となるが，日本監査役協会が公表している「会計監査人との連携に関する実務指針」や「会計監査人の評価及び選定基準策定に関する監査役等の実務指針」などを

参考にした記載が想定される。具体的には，取締役，社内関係部署および会計監査人からの必要な資料の入手や報告の聴取を通じて，会計監査人の監査計画の内容，前期の監査実績の分析・評価，監査計画と実績の対比，監査体制および報酬額の見積りの相当性などを検討して同意した旨の記載が考えられる。

連結計算書類を作成している場合には，連結ベースの金銭その他の財産上の利益の額（監査業務に基づく報酬および非監査業務に基づく報酬の合計額）を別途開示する必要がある（(9)参照）。当該記載を，この項目にあわせて行う方法も考えられる。

また，会計監査人が複数いる場合は各会計監査人の別に記載する対応が考えられる。

連結計算書類を作成している場合の，「経団連ひな型」における記載例は以下のとおりである。

【各会計監査人の報酬等の額及び当該報酬等について監査役会が同意した理由】

［記載例］

①	報酬等の額	○万円
②	当社及び当社子会社が支払うべき金銭その他の財産上の利益の合計額	○万円

注１．当社監査役会は，日本監査役協会が公表する「会計監査人との連携に関する実務指針」を踏まえ，○○などを確認し，検討した結果，会計監査人の報酬等につき，会社法第399条第１項の同意を行っております。

注２．当社は，会計監査人に対して，公認会計士法第２条第１項の業務以外の業務である，○○についての対価を支払っております。

注３．当社の子会社である○○社は，当社の会計監査人以外の公認会計士（又は監査法人）の監査を受けております。

---

(3) 会計監査人に対して非監査業務の対価を支払っているときは，その非監査業務の内容

株式会社が会計監査人に対し，公認会計士法第２条第１項の業務以外の業務（非監査業務）の対価を支払っているときは，非監査業務の内容を開示する必要がある。当該記載対象は公開会社に限られている。

公認会計士または監査法人が，非監査業務を多く行っている場合，監査の独立性が損なわれ公正な監査を期待することができない場合がある。この記載の趣旨は，株式会社と会計監査人との適正な関係が保たれているかを判断するための情報の提供にある。この項目は，独立して記載する方法のほか，(2)に掲げた報酬等の額にあわせて記載する方法が考えられる。

(4) 会計監査人の解任または不再任の決定の方針

会計監査人の選任は株主総会の決議事項であるが，会計監査人の独立性を確保するために，選解任等に関する議案の内容は監査役等（監査役，監査役会，監査等委員会または監査委員会）が決定する（会社法344，399の2Ⅲ②，404Ⅱ②）。その際に，既存の会計監査人の適格性として，どのような状況になったら，その解任または不再任の議案を株主総会に提出するか等についての方針を定める場合がある。日本監査役協会が公表する「会計監査人の評価及び選定基準策定に関する監査役等の実務指針」などを参考に，各社の実情に応じた方針を定めている場合はこれを記載する。何ら方針を定めていない場合であっても，その旨を記載する方法が考えられる。この記載対象は公開会社のみである。

具体的には，公認会計士または監査法人が一定水準の行政処分を受けた場合には不再任とする等の方針を記載する方法，あるいは，会社法第340条第1項各号に該当した場合（義務違反等または職務懈怠，非行，心身の故障）や職務の遂行に支障が生じた場合等の一般的な判断基準を記載する方法が考えられる。

(5) 会計監査人が現に業務の停止の処分を受け，その停止の期間を経過しない者であるときは，当該処分に係る事項

会計監査人選任の議案を提示するにあたり，現在の会計監査人が何らかの業務停止処分を受けている場合には，会計監査人選任決議における株主の判断に資するために情報を提供する。事業報告作成時において業務停止処分中である場合に，金融庁が公表した処分の内容を簡潔に記載する方法が考えられる。

第6節　会計監査人を設置した場合の記載事項　191

⑹　**会計監査人が過去２年間に業務の停止の処分を受けた者である場合における当該処分に係る事項のうち，当該株式会社が事業報告の内容とすることが適切であるものと判断した事項**

　上記⑸と同様に，会計監査人選任の議案を提示するにあたり，現在の会計監査人が何らかの業務停止処分を過去２年以内に受けている場合には，会計監査人選任決議における株主の判断に資するために情報を提供する。当該事項の記載の要否については，事業報告作成時点から起算して過去２年間で判断する。株式会社がその内容を記載するかどうかを判断し，記載することが適切であると判断した場合に記載する。

⑺　**会計監査人との責任限定契約に関する事項**

　会社役員の場合と同様，会社法では，株式会社と会計監査人との間で責任の範囲を限定する契約を締結することができる（会社法427Ⅰ）。責任限定契約の締結により善意かつ無重過失の場合には，会計監査人の株式会社に対する損害賠償責任の上限が定められる。

　責任限定契約が存在する場合，その内容として責任の限度額や契約上の条件を記載する対応が考えられる。また，責任限定契約の存在によって会計監査人の職務が適正に行われないリスクに対する手当てを講じている場合には，その内容をあわせて記載する。

⑻　**会計監査人との補償契約に関する事項**

　株式会社が会計監査人との間で，補償契約（会社法430の２Ⅰ）を締結している場合は，会社役員との補償契約に関する記載事項と同様に（第４節**3**⑶参照），当該会計監査人の氏名または名称，および当該補償契約の内容の概要を記載する（施行規則126⑦の２）。当該補償契約により会計監査人の職務執行の適正性が損なわれないようにする措置を講じている場合は，その内容を記載する（施行規則126⑦の２ロ）。

　また，会社役員の場合と同様に，株式会社が補償契約に基づき会計監査人の法令違反または責任追及に係る費用（会社法430の２Ⅰ①）を補償している場合で，当該事業年度において当該会計監査人が職務の執行に関して法令に違反し

192　第2章　事業報告

たこと，または責任を負うことを知ったときは，その旨を記載する（施行規則126(7の3)）。さらに，株式会社が補償契約に基づき会計監査人の第三者に対する賠償金または和解金に係る損失（会社法430の2Ⅰ②）を補償したときは，その旨および補償した金額を記載する（施行規則126(7の4)）。

(9)　会社が連結計算書類を作成している場合の記載事項

　株式会社が連結計算書類を作成している場合，当該株式会社の子会社に対しても同一の会計監査人があわせて業務を提供している場合がある。そのような場合には，株式会社およびその子会社が会計監査人に対して支払うべき金銭その他の財産上の利益の額に関する情報を開示する。

　この金銭その他の財産上の利益の額は，監査業務に基づく報酬および非監査業務に基づく報酬の両方を含む。監査業務に基づく報酬について対象連結会計年度に係る監査報酬の額と，それ以外の財産上の利益の額について当該連結会計年度の損益計算書に計上された金額との合計額を開示し，それぞれの額を記載する必要はない。

　具体的な記載方法として，独立して記載する方法のほか，(2)に掲げた報酬等の額にあわせて記載する方法が考えられる。

　また，当該株式会社の子会社（重要なものに限る）の計算関係書類（これに相当するものを含む）の監査（会社法や金融商品取引法（これらの法律に相当する外国の法令を含む）の規定によるものに限る）を当該株式会社の会計監査人以外が行っている場合がある。その場合は当該事実を記載する必要がある。会計監査人と業務提携関係にある海外の会計事務所も，会計監査人以外の公認会計士または監査法人に該当するため，この記載対象となる。

(10)　辞任した会計監査人または解任された会計監査人があるときの記載事項

　会計監査人が事業年度の途中で辞任したか，もしくは解任された場合，その事実を記載する。会計監査人の辞任もしくは解任は通常のことではなく，監査役等との意見の相違等による場合もある。会社法では，会計監査人の身分の確保の観点から，会計監査人を解任した監査役等に対して株主総会での報告義務を課す（会社法340Ⅲ）とともに，その理由を事業報告に記載する取扱いが求め

られている。

　また，会計監査人は会計監査人の選任，解任もしくは不再任または辞任について，株主総会に出席して意見を述べることができ（会社法345 I・V），辞任した，または解任された会計監査人は解任後または辞任後最初に招集される株主総会に出席して辞任した旨とその理由を述べることができる（会社法345 II・V）。ここでは，上記の規定に従い意見を述べる場合の当該意見の記載が求められている。

　ただし，株主総会の決議によって会計監査人が解任された場合は，これらの記載は不要である。また，前事業年度に係る事業報告ですでに記載された場合，改めて同じ内容を当事業年度に係る事業報告に記載する必要はない（施行規則126⑨）。

（記載例）　会計監査人の状況（連結・非監査業務あり）

（阪急阪神ホールディングス㈱　2024年3月期）

会計監査人に関する事項

1．会計監査人の名称
　　有限責任あずさ監査法人

2．当事業年度における会計監査人の報酬等の額
　(1)　当事業年度に係る会計監査人としての報酬等の額
　　　37百万円
　(2)　当社及び当社の子会社が支払うべき金銭その他の財産上の利益の合計額
　　　401百万円
　　(注) 1．当社と会計監査人との間の監査契約において，会社法に基づく監査と金融商品取引法に基づく監査の額を区分しておりませんので，上記(1)の金額には金融商品取引法に基づく監査の報酬等を含めております。
　　　　2．監査等委員会は，会計監査人の監査計画の内容，従前年度の職務遂行状況，報酬見積明細等を検討した結果，会計監査人としての報酬等の額について相当であると認め，同意いたしました。

3．非監査業務の内容
　　当社は，会計監査人に対し，財務及び税務デューデリジェンス業務並びにコンフォートレター作成業務を委託しております。

4．会計監査人の解任又は不再任の決定の方針
　　当社は，会社法第340条第1項各号に定める事項に該当する場合に，監査等委員会が会計監査人の解任を検討するほか，監督官庁から業務停止処分を受ける

194 第2章 事業報告

> 等，会計監査人が職務を適切に遂行することが困難であると監査等委員会が判断した場合に，会計監査人の解任又は不再任に関する議案を株主総会に提出いたします。

⑾ 剰余金の配当を取締役会が決定する旨の定款の定めのあるときの，当該定款の定めにより取締役会に与えられた権限の行使に関する方針

当該記載事項は，会計監査人に関する事項ではないが，会計監査人設置会社でのみ記載される事項である。

会計監査人設置会社では，定款の定めにより，計算書類に対する会計監査人の無限定適正意見が付されているなどの所定の条件を満たす場合に，取締役会の決議で剰余金を分配できる（会社法459Ⅰ・Ⅱ）。これにより，取締役会が自由に剰余金の分配を決議できる場合，株主にとっては，どのタイミングでどのような配当が行われるかわからず，株主の意思決定に支障をきたす可能性があるため，取締役会の権限の行使に関する方針の記載が求められている。

当該方針については，さまざまな記載方法が考えられるが，有価証券報告書提出会社においては有価証券報告書に記載する配当方針の記載との整合性に考慮する必要がある。

「経団連ひな型」では，以下のように記載内容を説明している。

> 【剰余金の配当等を取締役会が決定する旨の定款の定めがあるときの権限の行使に関する方針】
> 　監査役会設置会社，監査等委員会設置会社，指名委員会等設置会社のいずれの機関設計を採用しているかにかかわらず，剰余金の配当等を取締役会が決定する旨の定款の定め（会社法第459条第1項）がある会社全てに記載が求められる。
> 　記載が求められる「方針」は，剰余金の配当に関する中長期的な方針に限られない。
> 　本事項は，会社法施行規則上は，会計監査人設置会社における特則に位置付けられている（会社法施行規則第126条第10号）。
> 　ただし，会社の現況に関する事項の一環として，当該事業年度に係る剰余金の配当について記載する場合，剰余金の配当等の方針についても併せて記載することが考えられる。

第6節　会計監査人を設置した場合の記載事項　195

［記載例］

　当社では，株主に対する利益の還元を経営上重要な施策の一つとして位置付けております。

　当社は，将来における安定的な企業成長と経営環境の変化に対応するために必要な内部留保資金を確保しつつ，経営成績に応じた株主への利益還元を継続的に行うことを基本方針としております。

　なお，配当性向については，年間約〇パーセントを目途としております。今期については，平成〇年〇月〇日に中間配当として1株あたり〇円を実施しており，期末配当×円と合計で1株あたり△円の利益配当を予定しております。

記載例　剰余金の配当等の決定に関する方針　　（日本ハム㈱　2024年3月期）

⑶　剰余金の配当等に関する事項

　①　剰余金の配当等の決定に関する方針

　　　当社は，従前より株主の皆様への利益還元を経営の重要課題として認識し，中長期的な企業価値向上を目的とした最適資本負債構成の実現に向けた資本政策の一環として位置付け，安定的な配当の実施に努めてまいりました。

　　　今般，『中期経営計画2026』を策定し，株主の皆様の求める価値を創出する企業を目指すために，改めて当社における資本コストと最適な負債資本構成を設定した上で，投下資本効率の向上を意識した経営を行っていくものとしております。

　　　その上で，株主の皆様への還元についてさらに充実させるため，配当方針を下記のとおり変更いたします。

　　　現在当社で採用しておりますDOE（親会社所有者帰属持分配当率）については，『中期経営計画2026』期間において3％程度への引上げを目指し，株主の皆様への還元を安定・継続的に成長させてまいります。同時に，配当性向については40％以上を目安とすることで充実させてまいります。

　　　また，当社は負債資本構成について，資本コストの逓減と資金調達に必要な信用力の維持を両立するD/Eレシオを想定しております。この方針に基づき，自己株式取得を機動的に行い，当社が資本コストの観点から最も効率的と判断する株主資本の水準への最適化を進めることで，企業価値の向上を実現してまいります。

② 剰余金の配当の状況

　　当期の配当につきましては，上記の方針に基づき，1株当たり119円（DOE2.4％，配当性向43.5％）とさせていただきました。

第2章 「事業報告」の事例索引　197

第2章　「事業報告」の事例索引

項目	記載内容	会社名	掲載頁
業務の適正を確保するための体制	業務の適正を確保するための体制①	福山通運㈱	41
	業務の適正を確保するための体制②（監査等委員会設置会社）	ユニプレス㈱	45
	業務の適正を確保するための体制③（指名委員会等設置会社）	三菱自動車工業㈱	50
株式会社の支配に関する基本方針	支配に関する基本方針	亀田製菓㈱	58
	買収防衛策以外の基本方針	㈱バンダイナムコホールディングス	62
	現時点では特段の定めを行っていない旨の記載（任意記載）	杉本商事㈱	65
株式会社の現況に関する事項（主要な事業内容）	主要な事業内容（単独ベース）	日本高純度化学㈱	75
	主要な事業内容（連結ベース）	ニチコン㈱	76
株式会社の現況に関する事項（主要な営業所および工場ならびに使用人の状況）	主要な営業所および工場（単独ベース）	㈱木曽路	78
	使用人の状況（単独ベース）	㈱ハウス オブ ローゼ	78
	主要な営業所および工場（連結ベース）	リョービ㈱	79
	使用人の状況（連結ベース）	㈱フコク	80
株式会社の現況に関する事項（主要な借入先の状況）	主要な借入先の状況（単独ベース）	㈱サカイ引越センター	82
	主要な借入先の状況（連結ベース）	JFE ホールディングス㈱	83
株式会社の現況に関する事項（事業の経過およびその成果）	事業の経過およびその成果（単独ベース）	㈱ノムラシステムコーポレーション	84
	事業の経過およびその成果（連結ベース）	エイベックス㈱	85

198　第2章　事業報告

項目	記載内容	会社名	掲載頁
株式会社の現況に関する事項（資金調達，設備投資の状況）	資金調達の状況（単独ベース）	㈱フジ・コーポレーション	88
	資金調達の状況（連結ベース）①	㈱アシックス	89
	資金調達の状況（連結ベース）②	㈱長谷工コーポレーション	89
	資金調達の状況を設備投資の状況とあわせて記載	㈱イチネンホールディングス	90
	設備投資の状況（単独ベース）	不二電機工業㈱	91
	設備投資の状況（連結ベース）	㈱商船三井	92
株式会社の現況に関する事項（組織再編等の状況）	事業の譲渡	帝人㈱	94
	吸収分割	三菱地所㈱	95
	事業の譲受け	エステー㈱	95
	吸収合併	メディカル・データ・ビジョン㈱	95
	株式の取得	岩谷産業㈱	95
	株式の譲渡	㈱堀場製作所	96
	株式交換	㈱ADEKA	96
株式会社の現況に関する事項（財産および損益の状況）	財産および損益の状況（単独ベース）	㈱ハブ	98
	財産および損益の状況（連結ベース・単独ベースも記載）	古河電気工業㈱	100
	財産および損益の状況（株式分割あり）	モロゾフ㈱	101
株式会社の現況に関する事項（重要な親会社および子会社の状況）	重要な親会社および子会社の状況①	GMOペパボ㈱	104
	重要な親会社および子会社の状況②	協和キリン㈱	105
	重要な親会社および子会社の状況③	トレックス・セミコンダクター㈱	106

第2章 「事業報告」の事例索引　199

項目	記載内容	会社名	掲載頁
株式会社の現況に関する事項（対処すべき課題）	対処すべき課題（単独ベース）	㈱デンソー	108
	対処すべき課題（連結ベース）	ローム㈱	110
その他株式会社の現況に関する重要な事項	その他株式会社の現況に関する重要な事項①	㈱ケアネット	111
	その他株式会社の現況に関する重要な事項②	㈱瑞光	112
株式会社の会社役員に関する事項	会社役員の氏名等①	住友電設㈱	119
	会社役員の氏名等②（指名委員会等設置会社）	三菱マテリアル㈱	121
	会社役員の氏名等③（監査等委員会設置会社）	稲畑産業㈱	124
	責任限定契約①（法令が定める額）	TOTO㈱	127
	責任限定契約②（法令が定める額または予め定めた金額のいずれか高い額）	ぴあ㈱	127
	補償契約に関する事項	㈱ファンケル	129
	役員報酬等①	㈱ダイセル	138
	役員報酬等②（指名委員会等設置会社）	㈱フジシールインターナショナル	139
	役員報酬等③（監査等委員会設置会社）	㈱日清製粉グループ本社	140
	報酬等の決定に関する方針①（指名委員会等設置会社）	日立建機㈱	143
	報酬等の決定に関する方針②（指名委員会等設置会社以外の会社）	日本碍子㈱	146
	報酬等の額の決定の委任	久光製薬㈱	149
	社外役員の主な活動状況①	㈱ジーフット	163

項目	記載内容	会社名	掲載頁
	社外役員の主な活動状況②（監査等委員会設置会社）	㈱コア	165
	役員等賠償責任保険契約に関する事項	㈱博報堂 DY ホールディングス	171
株式会社の株式に関する事項	会社の株式に関する事項①	㈱ヨータイ	174
	会社の株式に関する事項②（種類株式あり）	東京電力ホールディングス㈱	176
	会社の新株予約権等に関する事項	東レ㈱	181
会計監査人の状況	会計監査人の状況（連結・非監査業務あり）	阪急阪神ホールディングス㈱	193
剰余金の配当等の決定に関する方針	剰余金の配当等の決定に関する方針	日本ハム㈱	195

●第**3**章

貸借対照表・損益計算書・株主資本等変動計算書

※本章で取り上げた事例は260頁に索引があります。

202 第3章 貸借対照表・損益計算書・株主資本等変動計算書

●第1節 概　要

1　計算書類の構成および作成規定

　株式会社は，各事業年度に係る計算書類（貸借対照表，損益計算書，株主資本等変動計算書および個別注記表）および事業報告ならびにこれらの附属明細書の作成が求められる（会社法435Ⅱ，計算規則59Ⅰ）。

　計算書類の作成にあたっては，一般に公正妥当と認められる企業会計の慣行に従う必要がある（会社法431）。そのうえで，計算書類作成のよりどころとなる会社計算規則における条文の用語の解釈および規定の適用に関して，一般に公正妥当と認められる企業会計の基準その他の企業会計の慣行をしん酌しなければならない旨が定められている（計算規則3）。そのため，会社法および会社計算規則に基づいて計算書類を作成するにあたり，企業会計基準委員会や企業会計審議会，日本公認会計士協会等から公表される会計基準等や実務指針，委員会報告書などをしん酌する必要がある。

　また，財務諸表等規則「別記」において規定されている，建設業，銀行・信託業，第一種金融商品取引業（有価証券関連業に該当する事業に限る），保険業，民営鉄道業，電気通信業，電気業，ガス業などの「別記事業」については，当該別記事業の所管官庁に提出する計算関係書類の用語，様式および作成方法に関して，特に法令の定めがある場合や，所管官庁が計算書類準則を制定した場合には，その法令や準則に定める方法により計算関係書類を作成する（計算規則118Ⅰ）。ただし，その法令または準則に定めのない事項については，会社計算規則などに基づく（計算規則118Ⅰただし書き）。

　なお，本章では，「連結計算書類」との区別を明確化するために，会社が個別に作成する計算書類（貸借対照表，損益計算書等）について，「個別」を付している箇所がある。

2 作成期間および金額単位，表示方法

　各事業年度に係る計算書類およびその附属明細書は，当該事業年度に係る会計帳簿に基づいて作成する（計算規則59Ⅲ）。その作成に係る期間は，当該事業年度の前事業年度の末日の翌日（設立初年度は成立の日）から当該事業年度の末日までの期間とし，1年（決算期変更をした最初の事業年度については，1年6か月）を超えた期間を設定することはできない（計算規則59Ⅱ）。

　各連結会計年度に係る連結計算書類は，親会社および連結子会社の計算書類を基礎として作成する（計算規則65, 66, 67）。その作成に係る期間は，親会社の事業年度と原則として同一である。事業年度の末日が親会社と異なる連結子会社は，親会社の事業年度の末日において，連結計算書類の作成の基礎となる計算書類を作成するために必要とされる決算を行わなければならない。ただし，連結子会社と親会社の事業年度の末日の差異が3か月を超えない場合，当該連結子会社の事業年度に係る計算書類を基礎として連結計算書類を作成する取扱いが許容されている（計算規則64）。

　計算書類，附属明細書および連結計算書類における記載金額については，1円単位，千円単位，または百万円単位をもって表示するが（計算規則57Ⅰ），いずれによるかは，会社の科目金額に応じて，利害関係者が財務情報を把握しやすいように，各会社において検討し選択する。また，日本語での表示が原則であるが，日本語以外の言語による表示も不当でない限り容認されている（計算規則57Ⅱ）。

　なお，計算書類および連結計算書類の作成においては，貸借対照表，損益計算書その他の書類を，必ずしもそれぞれ別個の書面等に表示する必要はない旨が明らかにされている（計算規則57Ⅲ）。例えば，個別注記表を，貸借対照表，損益計算書および株主資本等変動計算書と別個に作成せず，個別注記表の記載事項を貸借対照表，損益計算書および株主資本等変動計算書の脚注とするなど各会社の判断で適切な形態で表示すればよい。

3 会計帳簿ならびに資産および負債の評価

　会社は，計算書類の作成の基礎となる正確な会計帳簿を作成しなければなら

ない（会社法432 I）。会計帳簿には，原則として，資産は取得価額，負債は債務額を付さなければならないとされており，会社計算規則においてその評価に関する通則が定められている（計算規則5，6）。しかし，これらの規定は通則であるため，より具体的な取扱いは，一般に公正妥当と認められる企業会計の基準や，その他の企業会計の慣行をしん酌する必要がある。

なお，資産および負債の評価方法の例外については，会社計算規則において図表3－1のとおり定められている。

<図表3－1> 資産および負債の評価方法の例外

	項　目	評価方法	根拠条文
資産	(1)原則的方法	取得価額	計算規則5 I
	(2)償却資産の相当の償却	償却資産については，事業年度の末日において相当の償却を行う。	計算規則5 II
	(3)強制評価減および減損損失等の計上	時価が取得原価より著しく低い資産（当該資産の時価がその時の取得原価まで回復すると認められるものを除く）については，事業年度の末日における時価を付す。予測できない減損が生じた資産または減損損失を認識すべき資産は，取得原価から相当の減額をした額を付す。	計算規則5 III
	(4)債権に係る取立不能見込額の控除	取立不能のおそれのある債権について，事業年度末日における取立不能見込額を控除する。	計算規則5 IV
	(5)債権に係る償却原価法等の適用	取得価額が債権金額と異なる場合その他相当の理由がある場合，適正な価格を付す取扱いが可能である。	計算規則5 V
	(6)低価法の適用および時価による評価	特定の資産*1について，事業年度の末日における時価または適正な価格を付す取扱いが可能である。	計算規則5 VI
負債	(1)原則的方法	債務額	計算規則6 I
	(2)時価または適正な価格による評価	特定の負債*2について，事業年度の末日における時価または適正な価格を付す取扱いが可能である。	計算規則6 II

＊1 ① 事業年度の末日における時価がその時の取得原価より低い資産
　　 ② 市場価格のある資産（子会社株式および関連会社株式ならびに満期保有目的の債券を除く）
　　 ③ ①および②以外で，事業年度の末日における時価または適正な価格の使用が適当な資産
＊2 ① 退職給付引当金のほか，将来の費用または損失の発生に備えて，その合理的な見積額のうち当該事業年度の負担に属する金額を費用または損失としての繰入れにより計上すべき引当金
　　 ② 払込みを受けた金額が債務額と異なる社債
　　 ③ ①および②以外で，事業年度の末日における時価または適正な価格の使用が適当な負債

4　連結計算書類の構成および作成規定

　連結計算書類は，連結貸借対照表，連結損益計算書，連結株主資本等変動計算書および連結注記表で構成されている（計算規則61）。したがって，連結財務諸表規則で要求されている連結キャッシュ・フロー計算書，連結包括利益計算書および連結附属明細表の作成は求められない。

　会社法では，事業年度の末日において大会社（資本金5億円以上または負債総額200億円以上の会社）であって，有価証券報告書の提出が義務づけられる会社には，連結計算書類を作成する義務がある（会社法444Ⅲ）。また，当該会社に該当しない場合であっても，会計監査人設置会社に該当する場合は，任意で連結計算書類を作成できる（会社法444Ⅰ）。

　なお，会社法では，大会社ならびに監査等委員会設置会社および指名委員会等設置会社に会計監査人の設置が義務づけられている（会社法327Ⅴ，328）。これ以外の会社については，定款の定めにより，会計監査人の設置が可能になっている（会社法326Ⅱ）。

●第2節　貸借対照表の作成実務

1　貸借対照表

⑴　概　要

　会社計算規則において，貸借対照表に通常表示が求められている項目の例は，図表3－2のとおりである（計算規則73～76）。

<図表3－2>　貸借対照表の記載項目

資産の部	××	負債の部	××
流動資産	××	流動負債	××
……	××	……	××
……	××	……	××
固定資産	××	固定負債	××
有形固定資産	××	……	××
……	××	……	××
……	××	純資産の部	××
無形固定資産	××	株主資本	××
……	××	資本金	××
……	××	新株式申込証拠金	××
投資その他の資産	××	資本剰余金	××
……	××	資本準備金	××
……	××	その他資本剰余金	××
繰延資産	××	利益剰余金	××
……	××	利益準備金	××
……	××	その他利益剰余金	××
		自己株式	××
		自己株式申込証拠金	××
		評価・換算差額等	××
		その他有価証券評価差額金	××
		繰延ヘッジ損益	××
		土地再評価差額金	××
		株式引受権	××
		新株予約権	××
	××		××

第2節 貸借対照表の作成実務 207

(2) 貸借対照表の表示

会社計算規則は，貸借対照表について，全体を資産の部，負債の部，純資産の部に区分したのち，各部を流動資産，固定資産などの項目に区分し，必要に応じてより小さな項目に区分することを求めている。会社計算規則上，一定の勘定科目については帰属する項目が定められているものの，その他の科目については一般に公正妥当と認められる企業会計の基準等の範囲内で，各会社が実態に即して選択する（計算規則73～76）。

① 区分表示

貸借対照表において，区分表示が求められている項目は，図表3-3のとおりである。

<図表3-3> 貸借対照表の区分表示

貸借対照表 資産，負債，純資産の部に区分（計算規則73 I）	資産の部 流動，固定，繰延資産に区分（計算規則74 I）	流動資産*1	
		固定資産 有形，無形，投資その他に区分（計算規則74 II）	有形固定資産*1
			無形固定資産*1
			投資その他の資産*1
		繰延資産*1	
	負債の部 流動，固定負債に区分（計算規則75 I）	流動負債*1	
		固定負債*1	
	純資産の部 株主資本，評価・換算差額等，株式引受権，新株予約権に区分（計算規則76 I ①）	株主資本 資本金等に区分（計算規則76 II）	資本金
			新株式申込証拠金
			資本剰余金 資本準備金等に区分（計算規則76IV）
			利益剰余金 利益準備金等に区分（計算規則76 V）
			自己株式

208　第3章　貸借対照表・損益計算書・株主資本等変動計算書

		自己株式申込証拠金
		評価・換算差額等＊3
		株式引受権
		新株予約権＊4

＊1　適当な項目に細分しなければならない（計算規則74Ⅰ・Ⅱ，75Ⅰ）。
＊2　適当な名称を付した項目に細分して表示できる（計算規則76Ⅵ）。ただし，その他利益
　　剰余金については，「貸借対照表の純資産の部の表示に関する会計基準」（企業会計基準第
　　5号，以下「純資産会計基準」という）第6項(2)において一部内訳の表示が求められてい
　　るため，計算書類上も通常は細分して表示する。
＊3　その他有価証券評価差額金，繰延ヘッジ損益，土地再評価差額金その他適当な名称を付
　　した項目に細分しなければならない（計算規則76Ⅶ）。
＊4　自己新株予約権に係る項目を控除項目として区分できる（計算規則76Ⅷ）。

　資産および負債項目の流動・固定分類は，一般に正常営業循環基準および1
年基準による。会社計算規則では，貸借対照表の各区分（流動資産，有形固定
資産，無形固定資産，投資その他の資産，流動負債，固定負債）について，そ
れぞれに属する資産および負債が具体的に列挙されている（計算規則74Ⅲ，75
Ⅱ）。当該分類は，財務諸表等規則と実質的に同等であると考えられる。

②　細分表示

　貸借対照表の各区分のうち一定の項目（図表3－3の＊1～＊4を参照）は，
適当な項目に細分しなければならない（計算規則74Ⅰ・Ⅱ，75Ⅰ，76Ⅶ），また
は細分可能である（計算規則76Ⅵ・Ⅷ）。

　会社計算規則は，各区分に属する資産および負債の科目を列挙している。こ
れらは，例示列挙に過ぎず表示科目を限定するものではないと解されている。
したがって，特段の定めがある場合を除き，実際に使用する科目の決定にあ
たっては，一般に公正妥当と認められる企業会計の慣行に従う。ただし，一般
的な実務では財務諸表等規則や「経団連ひな型」を参考としている。

　貸借対照表の「経団連ひな型」における記載例は，以下のとおりである。

第2節　貸借対照表の作成実務　209

経団連ひな型（貸借対照表）

[記載例]

貸借対照表
（○年○月○日現在）

（単位：百万円）

科　　　目	金　　額	科　　　目	金　　額
（資産の部）		（負債の部）	
流動資産	×××	流動負債	×××
現金及び預金	×××	支払手形	×××
受取手形	×××	買掛金	×××
売掛金	×××	短期借入金	×××
契約資産	×××	リース債務	×××
有価証券	×××	未払金	×××
商品及び製品	×××	未払費用	×××
仕掛品	×××	未払法人税等	×××
原材料及び貯蔵品	×××	契約負債	×××
前払費用	×××	前受金	×××
その他	×××	預り金	×××
貸倒引当金	△×××	前受収益	×××
固定資産	×××	○○引当金	×××
有形固定資産	×××	その他	×××
建物	×××	固定負債	×××
構築物	×××	社債	×××
機械装置	×××	長期借入金	×××
車両運搬具	×××	リース債務	×××
工具器具備品	×××	○○引当金	×××
土地	×××	その他	×××
リース資産	×××	負債合計	×××
建設仮勘定	×××	（純資産の部）	
その他	×××	株主資本	×××
無形固定資産	×××	資本金	×××
ソフトウェア	×××	資本剰余金	×××
リース資産	×××	資本準備金	×××
のれん	×××	その他資本剰余金	×××
その他	×××	利益剰余金	×××
投資その他の資産	×××	利益準備金	×××
投資有価証券	×××	その他利益剰余金	×××
関係会社株式	×××	○○積立金	×××
長期貸付金	×××	繰越利益剰余金	×××
繰延税金資産	×××	自己株式	△×××
その他	×××	評価・換算差額等	×××
貸倒引当金	△×××	その他有価証券評価差額金	×××

繰延資産		×××	繰延ヘッジ損益	×××
社債発行費		×××	土地再評価差額金	×××
			株式引受権	×××
			新株予約権	×××
			純資産合計	×××
資産合計		×××	負債・純資産合計	×××

　なお，連結財務諸表作成会社のうち会計監査人設置会社（別記事業を営む株式会社または指定法人を除く）は「特例財務諸表提出会社」とされ，金融商品取引法に基づく個別財務諸表の本表（貸借対照表，損益計算書および株主資本等変動計算書）を会社法の要求水準に合わせた様式（財務諸表等規則様式第5号の2，第6号の2，第7号の2）により作成する取扱いが認められている（財規1の2，127Ⅰ）。したがって，個別財務諸表の本表をこれらの様式に従って作成する会社は，個別計算書類と個別財務諸表で実質的に同一の開示が可能となっている。

⑶　貸借対照表の表示に関する留意事項

①　棚卸資産

　棚卸資産の表示科目については，会社計算規則において区分に関する定めはない。このため，同規則で例示列挙されている個別の表示科目（計算規則74Ⅲ①ト～ヲ）を用いる方法のほか，財務諸表等規則で示されている「商品及び製品（半製品を含む）」「仕掛品」「原材料及び貯蔵品」といった集約された科目を用いる方法（財規17Ⅰ⑦～⑨）が多く見られる。

　また，財務諸表等規則では「棚卸資産」の科目により一括して掲記したうえで，当該科目に含まれる棚卸資産の内訳および金額を注記する方法も定められている（財規17Ⅲ）。そこで，計算書類の貸借対照表上でも，「棚卸資産」と表示している例も見られる。

②　棚卸資産および工事損失引当金の相殺表示

　同一の工事契約に係る棚卸資産と工事損失引当金がある場合には，両者を相殺した差額を棚卸資産または工事損失引当金として流動資産または流動負債に

表示できる（計算規則77）。

③ 契約資産および契約負債

「収益認識に関する会計基準」（企業会計基準第29号，以下「収益認識会計基準」という）を適用している会社については，原則として，契約資産，契約負債または顧客との契約から生じた債権を，適切な科目を用いて貸借対照表に区分して表示する。区分して表示しない場合には，それぞれの残高を注記する（計算規則3，116，収益認識会計基準79項）。

④ 資産に係る貸倒引当金等

資産に係る引当金等は，次のいずれかの方法により表示する（計算規則78，103②）。

- ａ．各資産の項目に対する控除項目として表示する（原則）。
- ｂ．流動資産，投資その他の資産等の区分に応じ，控除項目として区分ごとに一括して表示する。
- ｃ．各資産の金額から直接控除し，その控除残高を各資産の金額として表示する。この場合，各資産の項目別の引当金の金額，または適当な場合には，流動資産，投資その他の資産等の区分ごとに一括した引当金の金額を注記する。

（記載例） 一括控除方式　　　　　　　　　（サカタインクス㈱　2023年12月期）

	（単位：百万円）
流動資産	**36,347**
現金及び預金	2,813
受取手形	2,317
電子記録債権	7,610
売掛金	16,550
商品及び製品	3,218
仕掛品	745
原材料及び貯蔵品	1,753
前渡金	21
前払費用	300
その他	1,070
貸倒引当金	△55

⑤　破産更生債権等

破産債権，再生債権，更生債権その他これらに準ずる債権で，明らかに1年内に弁済の受取りができない債権は，投資その他の資産に表示する（計算規則74Ⅲ①・④）。

⑥　有形固定資産に対する減価償却累計額

有形固定資産に対する減価償却累計額は，次のいずれかの方法により表示する（計算規則79，103③）。

a．各有形固定資産の項目に対する控除項目として表示する（原則）。

b．有形固定資産に対する控除項目として一括して表示する。

c．有形固定資産の金額から直接控除し，その控除残高を有形固定資産の金額として表示する。この場合，各資産の項目別の減価償却累計額，また適当な場合には各資産について一括した減価償却累計額を注記する。

一般的には，cの直接控除方式によっている会社が多く見られる。なお，記載例については，第4章第2節**5**を参照されたい。

⑦　有形固定資産に対する減損損失累計額

有形固定資産に対する減損損失累計額は，減価償却累計額と同様に，次のいずれかの方法により表示する（計算規則80，103④）。

a．各有形固定資産の項目に対する控除項目として表示する。

b．有形固定資産に対する控除項目として一括して表示する。

c．有形固定資産の金額から直接控除し，その控除残高を有形固定資産の金額として表示する（原則）。

d．減価償却累計額および減損損失累計額の両方がaまたはbの間接控除方式によっている場合，これらを合算して減価償却累計額の項目をもって表示できる。この場合，減価償却累計額に減損損失累計額が含まれている旨を注記する。

一般的には，減価償却累計額と同様に，cの直接控除方式によっている会社が多く見られる。減損損失累計額については減価償却累計額と異なり，直接控除方式の場合の注記は求められていない。

⑧　**無形固定資産に対する減価償却累計額および減損損失累計額**

　無形固定資産に対する減価償却累計額および減損損失累計額は，無形固定資産の金額から直接控除し，その控除残高を無形固定資産の金額として表示する（計算規則81）。

⑨　**ファイナンス・リース取引に係る資産および負債**

　ファイナンス・リース取引は，「リース取引に関する会計基準」（企業会計基準第13号，以下「リース取引会計基準」という）および「リース取引に関する会計基準の適用指針」（企業会計基準適用指針第16号）に基づいて，通常の売買取引に係る方法に準じた会計処理を行う。

　ファイナンス・リース取引の借手は，リース取引開始日に，リース物件とこれに係る債務をリース資産およびリース債務として計上する（リース取引会計基準10項）。資産科目としては，有形固定資産，無形固定資産の別に一括して「リース資産」として表示する方法が原則であるが，有形固定資産または無形固定資産に属する各科目に含める取扱いも可能である（リース取引会計基準16項）。負債項目としては，「リース債務」を用いて表示し，1年基準により流動負債または固定負債に区分計上する（リース取引会計基準17項）。計算書類においても同様に「リース資産」および「リース債務」の科目を用いた表示が多く見られる（計算規則74Ⅲ②チ・③ヌ，75Ⅱ①チ・②ト）。

　これに対して，ファイナンス・リース取引の貸手は，リース取引開始日に，所有権移転ファイナンス・リース取引については「リース債権」として，所有権移転外ファイナンス・リース取引については「リース投資資産」として計上する（リース取引会計基準13項）。リース債権およびリース投資資産については，当該企業の主目的たる営業取引により発生した場合には流動資産に表示し，当該企業の営業の主目的以外の取引により発生した場合には，1年基準により流動資産または固定資産に区分表示する（リース取引会計基準18項）。計算書類においても同様に「リース債権」および「リース投資資産」の科目を用いた表示が多く見られる（計算規則74Ⅲ①ニ・ホ，④ヘ・ト）。

214　第3章　貸借対照表・損益計算書・株主資本等変動計算書

⑩　関係会社株式等

関係会社株式または関係会社出資金は，「関係会社株式」または「関係会社出資金」の科目をもって別に表示しなければならない（計算規則82）。ここで，「関係会社」とは，親会社，子会社および関連会社ならびにその他の関係会社（当該株式会社が他の会社等の関連会社である場合における当該他の会社等）をいう（計算規則2Ⅲ㉕）。関連当事者より範囲は狭く，例えば兄弟会社（親会社の他の子会社）は関係会社に含まれない。

⑪　関係会社に対する金銭債権または金銭債務

関係会社に対する金銭債権または金銭債務は，次のいずれかの方法で明らかにしなければならない（計算規則103⑥）。

　a．貸借対照表において，その金銭債権または金銭債務が属する項目ごとに，他の金銭債権または金銭債務と区分して表示する。

　b．貸借対照表において区分表示していない場合は，個別注記表において，当該関係会社に対する金銭債権または金銭債務が属する項目ごとの金額または2以上の項目について一括した金額を注記する。

売上債権および仕入債務を含めた，関係会社に対する金銭債権および金銭債務のすべての項目を貸借対照表上区分表示している例はまれである。多くの場合，売掛金や買掛金などの金額に関係会社に対する金銭債権および金銭債務を含め，bの方法により注記されている。しかし，関係会社に対する貸付金などは貸借対照表において区分表示している例も見られる。

⑫　繰延税金資産等

繰延税金資産および繰延税金負債は，その差額を投資その他の資産または固定負債に表示しなければならない（計算規則83Ⅰ）。

⑬　繰延資産

会社計算規則では，繰延資産として計上することが適当であると認められる項目は，繰延資産に属するとされている（計算規則74Ⅲ⑤）。「繰延資産の会計処理に関する当面の取扱い」（実務対応報告第19号）では，当面必要と考え

られる実務上の取扱いとして，ａ．株式交付費，ｂ．社債発行費等（新株予約権の発行に係る費用を含む），ｃ．創立費，ｄ．開業費，ｅ．開発費の５項目を繰延資産として列挙している。原則として支出時に費用として処理するが，繰延資産として計上する取扱いも認められている。

なお，繰延資産に対する償却累計額は，繰延資産の金額から直接控除し，その控除残高を繰延資産の金額として表示する（計算規則84）。

⑭　借入金等

その他の負債であって，１年内に支払または返済されると認められる負債は流動負債とする（計算規則75Ⅱ①ヌ）。

したがって長期借入金または社債のうち，１年内返済予定の長期借入金または１年内償還予定の社債については流動負債に含まれ，例えば「１年内返済予定の長期借入金」，「１年内償還予定の社債」等の科目を用いた表示が考えられる。

⑮　未払法人税等，未収還付法人税等

法人税，住民税および事業税等＊のうち納付されていない税額については，貸借対照表の流動負債の区分に，「未払法人税等」などその内容を示す科目をもって表示する。追徴税額のうち納付されていない税額が存在する場合もこれに含めて表示する（「法人税，住民税及び事業税等に関する会計基準」（企業会計基準第27号，以下「法人税等会計基準」という）11項，計算規則75Ⅱ①ヌ）。

ただし，グローバル・ミニマム課税制度に係る未払法人税等のうち，貸借対照表日の翌日から起算して１年を超えて支払の期限が到来するものは，法人税等会計基準第11項の定めにかかわらず，貸借対照表の固定負債の区分に「長期未払法人税等」などその内容を示す科目をもって表示する（「グローバル・ミニマム課税制度に係る法人税等の会計処理及び開示に関する取扱い」（実務対応報告第46号，以下「グローバル・ミニマム課税実務対応報告」という）８項）。

還付税額のうち受領されていない税額が存在する場合，貸借対照表の流動資産の区分に，「未収還付法人税等」などその内容を示す科目をもって表示する（法人税等会計基準12項，計算規則74Ⅲ①タ）。

　＊　所得に対する法人税，地方法人税，住民税および事業税（所得割）のほか，住

216 第3章 貸借対照表・損益計算書・株主資本等変動計算書

民税（均等割）および事業税（付加価値割および資本割）を含む。

⑯ 資産除去債務

資産除去債務については，1年内に履行されると認められる資産除去債務は流動負債に，それ以外の資産除去債務は固定負債に計上する（計算規則75Ⅱ①リ・②チ）。

⑰ 自己株式および自己新株予約権

自己株式は，純資産の部における株主資本に係る項目の控除項目として表示する（計算規則76Ⅱ⑤）。

自己新株予約権の額は，純資産の部における新株予約権の金額から直接控除し，その控除残高を新株予約権の金額として表示する。ただし，控除項目とした表示も可能である（計算規則76Ⅷ，86）。

⑱ 株式引受権

「株式引受権」とは，取締役または執行役がその職務の執行として株式会社に対して提供した役務の対価として当該株式会社の株式の交付を受けることができる権利（新株予約権を除く）をいう（計算規則2Ⅲ㉞）。株式引受権は，取締役等が株式会社に対して会社法第202条の2第1項(同条第3項の規定により読み替えて適用する場合を含む)の募集株式に係る割当日前に，その職務の執行として募集株式を対価とする役務を提供した場合に計上する(計算規則54の2，76Ⅰハ)。

第2節　貸借対照表の作成実務　217

記載例　一般的な記載例①　　　　　　　　　　　　　（原田工業㈱　2024年3月期）

貸借対照表
（2024年3月31日現在）

（単位：千円）

科　　目	金　額	科　　目	金　額
（資　産　の　部）		**（負　債　の　部）**	
流　動　資　産	9,685,273	**流　動　負　債**	19,172,948
現　金　及　び　預　金	1,028,692	支　払　手　形	16,678
電　子　記　録　債　権	282,860	電　子　記　録　債　務	835,082
売　　　掛　　　金	4,346,299	買　　　掛　　　金	2,193,047
商　品　及　び　製　品	1,993,813	短　期　借　入　金	14,516,787
仕　　　掛　　　品	5,582	リ　ー　ス　債　務	9,658
原材料及び貯蔵品	232,887	未　払　法　人　税　等	967,582
未　　収　　入　　金	1,620,291	賞　与　引　当　金	239,687
短　期　貸　付　金	227,130	そ　　　の　　　他	394,424
そ　　　の　　　他	160,569	**固　定　負　債**	301,103
貸　倒　引　当　金	△212,854	リ　ー　ス　債　務	23,671
固　定　資　産	16,094,754	資　産　除　去　債　務	52,805
有　形　固　定　資　産	852,618	そ　　　の　　　他	224,626
建　　　　　　　物	367,137	**負　債　合　計**	19,474,051
構　　　築　　　物	0	**（純　資　産　の　部）**	
機　械　及　び　装　置	5,579	**株　主　資　本**	6,194,644
車　両　運　搬　具	0	**資　本　金**	2,019,181
工具，器具及び備品	8,163	**資　本　剰　余　金**	1,859,981
土　　　　　　　地	427,900	資　本　準　備　金	1,859,981
リ　ー　ス　資　産	32,808	**利　益　剰　余　金**	2,317,967
建　設　仮　勘　定	11,029	利　益　準　備　金	214,500
無　形　固　定　資　産	32,335	そ　の　他　利　益　剰　余　金	2,103,467
ソ　フ　ト　ウ　ェ　ア	28,856	別　途　積　立　金	1,000,000
そ　　　の　　　他	3,479	繰　越　利　益　剰　余　金	1,103,467
投　資　そ　の　他　の　資　産	15,209,800	**自　己　株　式**	△2,486
投　資　有　価　証　券	184,637	**評価・換算差額等**	111,332
関　係　会　社　株　式	3,783,872	その他有価証券評価差額金	111,332
関　係　会　社　出　資　金	1,366,521	**純　資　産　合　計**	6,305,977
関係会社長期貸付金	9,058,428		
前　払　年　金　費　用	373,779		
繰　延　税　金　資　産	1,587,012		
そ　　　の　　　他	463,224		
貸　倒　引　当　金	△1,607,675		
資　産　合　計	25,780,028	**負　債　純　資　産　合　計**	25,780,028

218　第3章　貸借対照表・損益計算書・株主資本等変動計算書

(記載例)　一般的な記載例②　（近鉄グループホールディングス㈱　2024年3月期）

貸 借 対 照 表
（令和6年3月31日現在）

(単位：百万円)

科　　目	金　額	科　　目	金　額
（資 産 の 部）		**（負 債 の 部）**	
流 動 資 産	258,135	**流 動 負 債**	422,156
現 金 及 び 預 金	71,357	短 期 借 入 金	344,608
未 収 入 金	2,648	1 年 以 内 償 還 社 債	73,137
短 期 貸 付 金	183,604	未 払 金	1,954
貯 蔵 品	54	未 払 費 用	864
前 払 費 用	396	未 払 法 人 税 等	48
そ の 他	479	前 受 金	0
貸 倒 引 当 金	△404	預 り 金	245
固 定 資 産	1,351,098	賞 与 引 当 金	78
有 形 固 定 資 産	10,140	そ の 他	1,218
建 物	3,208	**固 定 負 債**	914,289
構 築 物	82	社 債	263,917
工 具 器 具 備 品	1,911	長 期 借 入 金	582,359
土 地	4,930	繰 延 税 金 負 債	66,888
建 設 仮 勘 定	0	再評価に係る繰延税金負債	1,116
そ の 他	7	そ の 他	8
無 形 固 定 資 産	977	**負 債 合 計**	1,336,446
ソ フ ト ウ ェ ア	966	**（純資産の部）**	
そ の 他	10	**株 主 資 本**	270,587
投 資 そ の 他 の 資 産	1,339,980	資 本 金	126,476
投 資 有 価 証 券	9,404	資 本 剰 余 金	60,240
関 係 会 社 株 式	719,952	資 本 準 備 金	59,014
長 期 貸 付 金	606,814	その他資本剰余金	1,225
そ の 他	3,824	利 益 剰 余 金	84,629
貸 倒 引 当 金	△16	その他利益剰余金	84,629
繰 延 資 産	1,767	繰越利益剰余金	84,629
社 債 発 行 費	1,767	自 己 株 式	△759
		評価・換算差額等	3,967
		その他有価証券評価差額金	2,518
		土 地 再 評 価 差 額 金	1,449
		純 資 産 合 計	274,555
資 産 合 計	1,611,001	**負 債 純 資 産 合 計**	1,611,001

第2節　貸借対照表の作成実務　219

記載例　一般的な記載例③　　　　　　　　　　　　（キッコーマン㈱　2024年3月期）

貸　借　対　照　表
（2024年3月31日現在）

（単位：百万円）

科　　目	金　額	科　　目	金　額
資産の部		**負債の部**	
流動資産	130,182	**流動負債**	169,556
現金及び預金	76,252	買掛金	511
売掛金	31,145	短期借入金	129,724
貯蔵品	72	1年内返済予定の長期借入金	32,631
前払費用	237	リース債務	14
関係会社短期貸付金	19,535	未払金	3,133
その他	2,944	未払費用	358
貸倒引当金	△6	未払法人税等	133
固定資産	187,373	預り金	114
有形固定資産	20,034	賞与引当金	943
建物	10,311	役員賞与引当金	140
構築物	448	その他	1,851
機械及び装置	101	**固定負債**	41,912
車両運搬具	4	長期借入金	14,400
工具，器具及び備品	1,324	関係会社長期借入金	13,985
土地	7,736	リース債務	24
リース資産	36	繰延税金負債	7,308
建設仮勘定	70	退職給付引当金	1,834
無形固定資産	559	役員退職慰労引当金	430
特許権	185	関係会社事業損失引当金	1,601
ソフトウェア	368	役員株式報酬引当金	219
その他	5	その他	2,108
投資その他の資産	166,779	**負債合計**	211,468
投資有価証券	60,887	**純資産の部**	
関係会社株式	83,191	**株主資本**	84,638
関係会社出資金	4,290	**資本金**	11,599
従業員に対する長期貸付金	65	**資本剰余金**	21,194
関係会社長期貸付金	16,143	資本準備金	21,192
更生債権等	673	その他資本剰余金	2
前払年金費用	2,510	**利益剰余金**	68,699
その他	1,231	利益準備金	2,899
貸倒引当金	△2,214	その他利益剰余金	65,799
		従業員福利基金	10
		従業員退職手当基金	50
		研究基金	50
		配当準備積立金	420
		納税積立金	362
		固定資産圧縮積立金	1,136
		特別償却準備金	33
		繰越利益剰余金	63,738
		自己株式	△16,855
		評価・換算差額等	21,448
		その他有価証券評価差額金	21,448
		純資産合計	106,087
資産合計	317,555	**負債純資産合計**	317,555

220　第3章　貸借対照表・損益計算書・株主資本等変動計算書

(記載例)　2期比較形式　　　　　　　　　　（第一工業製薬㈱　2024年3月期）

貸借対照表（2024年3月31日現在）　　　　　　　　　　　　　　（単位：百万円）

科　目	当期末 2024年 3月31日現在	前期末 (ご参考) 2023年 3月31日現在	科　目	当期末 2024年 3月31日現在	前期末 (ご参考) 2023年 3月31日現在
資産の部			**負債の部**		
流動資産	39,447	33,054	**流動負債**	18,136	15,447
現金及び預金	11,557	4,913	買掛金	8,869	8,268
受取手形	73	149	電子記録債務	512	359
売掛金	14,311	12,167	長期借入金（1年以内返済）	6,014	4,628
電子記録債権	811	645	リース債務	480	444
商品及び製品	8,312	10,486	未払金	1,382	1,031
仕掛品	5	4	未払費用	147	148
原材料及び貯蔵品	1,659	2,110	未払法人税等	144	82
前払費用	305	276	未払事業所税	30	30
その他	2,410	2,300	賞与引当金	350	326
固定資産	30,160	30,037	その他	203	128
有形固定資産	19,339	20,326	**固定負債**	24,371	22,275
建物	7,008	7,509	社債	6,000	6,000
構築物	1,421	1,568	長期借入金	16,068	14,083
機械装置	1,658	2,132	リース債務	1,818	2,103
車輌運搬具	9	20	繰延税金負債	392	－
工具器具備品	455	487	退職給付引当金	14	11
土地	6,120	6,120	資産除去債務	74	74
リース資産	2,048	2,257	その他	2	2
建設仮勘定	617	231	**負債合計**	42,508	37,723
無形固定資産	261	307	**純資産の部**		
投資その他の資産	10,559	9,402	**株主資本**	25,431	24,898
投資有価証券	5,161	3,623	資本金	8,895	8,895
関係会社株式	4,067	4,145	資本剰余金	7,272	7,278
長期貸付金	10	14	資本準備金	6,655	6,655
関係会社長期貸付金	65	98	その他資本剰余金	617	622
長期前払費用	333	473	利益剰余金	11,725	11,212
前払年金費用	629	527	利益準備金	478	478
繰延税金資産	－	299	その他利益剰余金	11,247	10,734
その他	292	225	繰越利益剰余金	11,247	10,734
貸倒引当金	－	△5	自己株式	△2,462	△2,488
			評価・換算差額等	1,668	470
			その他有価証券評価差額金	1,668	470
			純資産合計	27,100	25,368
資産合計	69,608	63,091	**負債及び純資産合計**	69,608	63,091

（注）記載金額は，表示単位未満を切り捨てて表示しております。

第2節　貸借対照表の作成実務　221

2　連結貸借対照表

連結貸借対照表の表示は，会社計算規則第3編第2章「貸借対照表等」（計算規則72～86）において，個別貸借対照表とともに定められている。

連結貸借対照表は，株式会社の連結会計年度に対応する期間に係る連結会社の個別貸借対照表の資産，負債および純資産の金額を基礎として作成されなければならない。なお，連結会社の個別貸借対照表に計上された資産，負債および純資産の金額を，連結貸借対照表の適切な項目に計上できる（計算規則65）。

上記の会社計算規則第65条後段は，連結貸借対照表の基礎となる親会社および子会社の個別貸借対照表の各項目の金額を，当該項目とは異なる項目に振り替える表示を認めている。これにより，個別貸借対照表の資本準備金を，連結貸借対照表では資本剰余金に振り替えて表示する場合のように，個別と連結で表示すべき項目が異なる場合の振替えの容認を明らかにしている。

以下では，個別貸借対照表と規定が異なる部分を記載する。

①　連結会社が2以上の異なる種類の事業を営んでいる場合（計算規則73Ⅲ）

連結貸借対照表の資産の部および負債の部は，その営む事業の種類ごとに区分できる。

②　純資産の部の区分等（計算規則76Ⅰ②，Ⅱ，Ⅶ）

純資産の部は，以下のとおり区分または細分する。

a．株主資本
  (a)　資本金
  (b)　新株式申込証拠金
  (c)　資本剰余金*1
  (d)　利益剰余金*1
  (e)　自己株式
  (f)　自己株式申込証拠金
b．評価・換算差額等またはその他の包括利益累計額*2
  (a)　その他有価証券評価差額金

222 第3章 貸借対照表・損益計算書・株主資本等変動計算書

- (b) 繰延ヘッジ損益
- (c) 土地再評価差額金
- (d) 為替換算調整勘定
- (e) 退職給付に係る調整累計額
- c．株式引受権
- d．新株予約権
- e．非支配株主持分
- ＊1　資本剰余金および利益剰余金は，個別貸借対照表と異なりその内訳を区分表示しない。
- ＊2　「包括利益の表示に関する会計基準」（企業会計基準第25号，以下「包括利益会計基準」という）が適用される会社は「その他の包括利益累計額」として区分することが義務づけられる（計算規則3）。

③　**連結貸借対照表について，次に掲げるものに計上すべきもの**（計算規則76IX）

- a．自己株式　次に掲げる額の合計額
  - 当該株式会社（連結計算書類を作成する株式会社）が保有する当該株式会社の株式の帳簿価額
  - 連結子会社ならびに持分法を適用する非連結子会社および関連会社が保有する当該株式会社の株式の帳簿価額のうち，当該株式会社のこれらの会社に対する持分に相当する額
- b．為替換算調整勘定

  外国にある子会社または関連会社の資産および負債の換算に用いる為替相場と純資産の換算に用いる為替相場とが異なるために生じる換算差額
- c．退職給付に係る調整累計額

  未認識数理計算上の差異，未認識過去勤務費用，その他退職給付に係る調整累計額に計上することが適当であると認められる金額の合計額

④　**繰延税金資産等**（計算規則83）

繰延税金資産および繰延税金負債は，異なる納税主体に係る部分を除き，その差額のみを投資その他の資産または固定負債に表示しなければならない。

第2節　貸借対照表の作成実務　223

　個別貸借対照表との違いとして，異なる納税主体に係る部分は相殺しない旨
が追加されている（計算規則83Ⅱ）。

⑤　連結貸借対照表ののれん（計算規則85）

　連結貸借対照表に表示するのれんには，連結子会社に係る投資の金額がこれ
に対応する連結子会社の資本の金額と異なる場合に生ずるのれんが含まれる。

⑥　関係会社株式等（計算規則82Ⅱ）

　連結貸借対照表では，個別貸借対照表と異なり，関係会社株式または関係会
社出資金の区分表示は求められない。

⑦　関係会社に対する金銭債権または金銭債務

　連結貸借対照表では，個別貸借対照表とは異なり，関係会社に対する金銭債
権または金銭債務の区分表示や注記は求められない（計算規則103⑥）。

　連結貸借対照表の「経団連ひな型」における記載例は，以下のとおりである。

経団連ひな型（連結貸借対照表）

[記載例]

連結貸借対照表
（○年○月○日現在）

（単位：百万円）

科　　目	金　額	科　　目	金　額
（資産の部）		（負債の部）	
流動資産	×××	流動負債	×××
現金及び預金	×××	支払手形及び買掛金	×××
受取手形	×××	短期借入金	×××
売掛金	×××	リース債務	×××
契約資産	×××	未払金	×××
有価証券	×××	未払法人税等	×××
商品及び製品	×××	契約負債	×××
仕掛品	×××	○○引当金	×××
原材料及び貯蔵品	×××	その他	×××
その他	×××	固定負債	×××
貸倒引当金	△×××	社債	×××
固定資産		長期借入金	×××

有形固定資産	×××	リース債務	×××
建物及び構築物	×××	繰延税金負債	×××
機械装置及び運搬具	×××	○○引当金	×××
土地	×××	退職給付に係る負債	×××
リース資産	×××	その他	×××
建設仮勘定	×××	負債合計	×××
その他	×××	（純資産の部）	
無形固定資産	×××	株主資本	×××
ソフトウェア	×××	資本金	×××
リース資産	×××	資本剰余金	×××
のれん	×××	利益剰余金	×××
その他	×××	自己株式	△ ×××
投資その他の資産	×××	その他の包括利益累計額	×××
投資有価証券	×××	その他有価証券評価差額金	×××
繰延税金資産	×××	繰延ヘッジ損益	×××
その他	×××	土地再評価差額金	×××
貸倒引当金	△ ×××	為替換算調整勘定	×××
繰延資産	×××	退職給付に係る調整累計額	×××
社債発行費	×××	株式引受権	×××
		新株予約権	×××
		非支配株主持分	×××
		純資産合計	×××
資産合計	×××	負債・純資産合計	×××

第2節　貸借対照表の作成実務　225

（記載例）　一般的な記載例　　　　　　　　　　（㈱西島製作所　2024年3月期）

連結貸借対照表
（2024年3月31日現在）

（単位：百万円）

資　産　の　部		負　債　の　部	
科　　　目	金　額	科　　　目	金　額
流動資産	68,357	流動負債	34,634
現金及び預金	13,402	支払手形及び買掛金	11,845
受取手形	1,828	短期借入金	5,613
売掛金及び契約資産	33,592	未払法人税等	1,324
商品及び製品	403	契約負債	6,542
仕掛品	12,564	賞与引当金	1,119
原材料及び貯蔵品	2,943	製品保証引当金	1,215
前渡金	1,866	工事損失引当金	900
その他	2,746	その他	6,073
貸倒引当金	△990	固定負債	14,294
固定資産	33,202	長期借入金	9,211
有形固定資産	17,993	繰延税金負債	2,476
建物及び構築物	9,091	役員退職慰労引当金	7
機械装置及び運搬具	2,667	退職給付に係る負債	400
工具，器具及び備品	446	その他	2,197
土地	2,786	負　債　合　計	48,928
リース資産	2,462	純　資　産　の　部	
建設仮勘定	540	株主資本	44,644
無形固定資産	672	資本金	1,592
ソフトウェア	282	資本剰余金	6,369
その他	390	利益剰余金	38,546
投資その他の資産	14,536	自己株式	△1,863
投資有価証券	11,526	その他の包括利益累計額	7,584
長期貸付金	25	その他有価証券評価差額金	4,344
退職給付に係る資産	2,652	繰延ヘッジ損益	△999
繰延税金資産	111	為替換算調整勘定	2,955
その他	1,220	退職給付に係る調整累計額	1,283
貸倒引当金	△1,000	新株予約権	77
		非支配株主持分	326
		純　資　産　合　計	52,632
資　産　合　計	101,560	負　債　純　資　産　合　計	101,560

（注）記載金額は，百万円未満を切り捨てて表示しております。

226　第3章　貸借対照表・損益計算書・株主資本等変動計算書

（記載例） **2期比較形式** （東京エレクトロン デバイス㈱ 2024年3月期）

連結貸借対照表

（単位：百万円）

科　目	第38期 （ご参考） 2023年 3月31日現在	第39期 2024年 3月31日現在	科　目	第38期 （ご参考） 2023年 3月31日現在	第39期 2024年 3月31日現在
資産の部			**負債の部**		
流動資産	134,309	151,336	**流動負債**	70,595	89,035
現金及び預金	6,538	6,867	買掛金	20,214	22,690
受取手形,売掛金及び契約資産	57,737	57,234	短期借入金	20,949	22,401
電子記録債権	4,801	4,241	コマーシャル・ペーパー	—	5,000
商品及び製品	40,402	53,275	1年内返済予定の長期借入金	3	7,000
原材料	2,680	3,161	未払法人税等	2,827	1,870
前払費用	17,332	19,416	前受金	21,082	23,724
その他	4,821	7,229	賞与引当金	2,706	2,401
貸倒引当金	△4	△90	その他	2,811	3,947
固定資産	9,143	11,231	**固定負債**	33,859	27,341
有形固定資産	3,481	3,356	長期借入金	24,700	17,700
建物及び構築物	2,205	2,150	退職給付に係る負債	7,626	7,440
機械及び装置	154	137	その他	1,533	2,201
工具,器具及び備品	314	311	**負債合計**	104,455	116,377
土地	586	586	**純資産の部**		
その他	220	171	**株主資本**	36,816	42,869
無形固定資産	226	2,192	資本金	2,495	2,495
投資その他の資産	5,435	5,682	資本剰余金	5,652	5,684
退職給付に係る資産	352	449	利益剰余金	30,482	36,363
繰延税金資産	4,146	3,867	自己株式	△1,813	△1,674
その他	980	1,689	**その他の包括利益累計額**	1,031	2,172
貸倒引当金	△43	△323	その他有価証券評価差額金	82	129
			繰延ヘッジ損益	△136	124
			為替換算調整勘定	973	1,744
			退職給付に係る調整累計額	111	174
			非支配株主持分	1,148	1,148
			純資産合計	38,997	46,190
資産合計	143,452	162,567	**負債・純資産合計**	143,452	162,567

（注）記載金額は，百万円未満を切り捨てて表示しております。

●第3節　損益計算書の作成実務

1　損益計算書

⑴　概　要

　会社計算規則において, 損益計算書に通常表示が求められている項目の例は, 図表3－4のとおりである（計算規則88～94）。

<図表3－4>　損益計算書の記載項目

売上高 *1	××
売上原価 *1	××
売上総利益（売上総損失）	××
販売費及び一般管理費 *1	××
営業利益（営業損失）	××
営業外収益 *1	××
営業外費用 *1	××
経常利益（経常損失）	××
特別利益 *2	××
固定資産売却益	××
前期損益修正益 *3	××
負ののれん発生益	××
……	××
特別損失 *2	××
固定資産売却損	××
減損損失	××
災害による損失 *3	××
前期損益修正損 *3	××
……	××
税引前当期純利益（税引前当期純損失）	××
法人税, 住民税及び事業税	××
法人税等調整額	××

228　第3章　貸借対照表・損益計算書・株主資本等変動計算書

当期純利益（当期純損失）	××

＊1　適当な項目に細分する取扱いが可能である（計算規則88 I）。
＊2　特別利益および特別損失は，別掲されている各項目のほか，その他の項目の区分に従い，細分しなければならない（金額が重要でない特別損益を除く）（計算規則88 II・III・IV）。ただし，特別損益の内容については(2)③eを参照。
＊3　具体的な名称を付す対応が望ましいと考えられる。

(2)　損益計算書の表示

①　区分表示

　損益計算書は，ａ.売上高（売上高以外の名称を付すことが適当な場合には，当該名称を付した項目。以下同じ），ｂ.売上原価，ｃ.販売費及び一般管理費，ｄ.営業外収益，ｅ.営業外費用，ｆ.特別利益，ｇ.特別損失に区分して表示しなければならない（計算規則88 I）。

②　段階損益の表示

　段階損益が利益である場合は，売上総利益，営業利益，経常利益，税引前当期純利益，当期純利益の各項目により表示し，段階損益が損失である場合は，売上総損失，営業損失，経常損失，税引前当期純損失，当期純損失の各項目により表示しなければならない（計算規則89〜92，94）。

③　細分表示

　区分して表示した各項目について細分する取扱いが適当な場合には，適当な項目に細分する取扱いが可能である（計算規則88 I）。ただし，特別損益については，その金額が重要でない項目を除き，細分しなければならない（計算規則88 II・III・IV）。

　ａ.売上高

　売上高を細分している例は多くはないが，事業の種類ごとに細分している表示や，売上高について役務収益などを区分している表示などが見られる。

　ｂ.売上原価

　売上原価を細分している例も多くはないが，売上高と同様に事業の種類ごとに細分している表示や，有価証券報告書における財務諸表のように商品（また

は製品）の期首残高，当期仕入高（または製造原価），商品（または製品）の期末残高に区分している表示などが見られる。

c．販売費及び一般管理費

販売費及び一般管理費については，附属明細書に明細の記載が求められているため，細分して表示している例は少ない。

d．営業外損益

営業外収益および営業外費用については，売上高等とは異なり，多くの会社が細分して表示を行っている。

細分表示する場合には，一般的に財務諸表等規則の科目などを参考にする。財務諸表等規則第90条および第93条ならびにこれらのガイドラインでは，営業外収益に属する収益として，受取利息，有価証券利息，受取配当金，仕入割引等を，また営業外費用に属する費用として，支払利息，社債利息等を例示列挙している。なお，会社計算規則ではこのような定めはなく，表示する項目は会社の判断に委ねられている。

e．特別損益

特別損益については，特別利益を固定資産売却益，前期損益修正益*，負ののれん発生益その他の項目の区分に従い，特別損失を固定資産売却損，減損損失，災害による損失，前期損益修正損*その他の項目の区分に従い，細分した表示が求められている（計算規則88Ⅱ・Ⅲ）。ただし，その金額が重要でない項目については細分しない対応も可能である（計算規則88Ⅳ）。

　＊　「会計方針の開示，会計上の変更及び誤謬の訂正に関する会計基準」（企業会計基準第24号，以下「会計方針開示基準」という）が適用される会社においては，会計方針の変更を遡及適用した場合，あるいは過去の誤謬を訂正した場合における損益の影響額は，計算書類では，原則として損益計算書を経由せず当該事業年度の期首における純資産額に対する影響額として株主資本等変動計算書に直接反映させるため，これらの区分は用いられないと考えられる。

損益計算書の「経団連ひな型」における記載例は，以下のとおりである。

230　第3章　貸借対照表・損益計算書・株主資本等変動計算書

経団連ひな型（損益計算書）

［記載例］

損益計算書

（自○年○月○日　至○年○月○日）

（単位：百万円）

科　　　　目	金	額
売上高		×××
売上原価		×××
売上総利益		×××
販売費及び一般管理費		×××
営業利益		×××
営業外収益		
受取利息及び配当金	×××	
その他	×××	×××
営業外費用		
支払利息	×××	
その他	×××	×××
経常利益		×××
特別利益		
固定資産売却益	×××	
その他	×××	×××
特別損失		
固定資産売却損	×××	
減損損失	×××	
その他	×××	×××
税引前当期純利益		×××
法人税，住民税及び事業税	×××	
法人税等調整額	×××	×××
当期純利益		×××

⑶ 損益計算書の表示に関する留意事項

① 法人税等

法人税等の区分には図表3－5の項目が含まれ，その内容を示す名称を付した項目をもって表示する（計算規則93）。

<図表3－5> 法人税等の表示

項　　　目	表示科目の例[*1]
a．当該事業年度に係る法人税等[※2]	「法人税，住民税及び事業税」
b．法人税等調整額（税効果会計の適用により計上される法人税等の調整額）	「法人税等調整額」
c．法人税等の更正，決定等による納付税額 　または還付税額	「法人税等還付税額」 「法人税等追徴額」 「過年度法人税等」

[*1]　会社計算規則には具体的な定めはないが，一般に用いられる名称を例示している。

[*2]　グローバル・ミニマム課税制度に係る法人税等は，当該事業年度に係る法人税等を表示した科目の次にその内容を示す科目をもって区分して表示するか，当該事業年度に係る法人税等に含めて表示し当該金額を注記する。ただし，重要性が乏しい場合，当該事業年度に係る法人税等に含めて表示することができ，当該金額の注記を要しない（グローバル・ミニマム課税実務対応報告11項，12項）。

当該事業年度に係る法人税等は，その発生源泉となる取引等に応じて，損益，株主資本および評価・換算差額等に区分して計上する（法人税等会計基準5項，5－2項）。すなわち，株主資本または評価・換算差額等に対して課される当該事業年度に係る法人税等は株主資本または評価・換算差額等の対応する内訳項目から控除し，それ以外の法人税等を「法人税，住民税及び事業税」などの科目により損益に計上する。なお，株主資本または評価・換算差額等に係る法人税等の金額に重要性が乏しい場合や，法人税等が複数の区分に関連しており，かつ，株主資本または評価・換算差額等に係る法人税等の金額を算定することが困難な場合には，当該税額を損益に計上することができる（法人税等会計基準5-3項）。

事業税のうち付加価値割および資本割は，法人税等の区分には含まれず，販売費及び一般管理費の区分で表示する必要がある。ただし，合理的な配分方法

232　第3章　貸借対照表・損益計算書・株主資本等変動計算書

に基づきその一部を売上原価として表示できる（法人税等会計基準10項）。

　法人税等の更正，決定等による納付税額または還付税額がある場合，過去の誤謬に起因しないときには当該事業年度に係る法人税等の項目の次に表示する。ただし，金額の重要性が乏しい場合は当該事業年度に係る法人税等の項目の金額に含めて表示できる（計算規則93Ⅱ）。

（記載例）　過年度法人税等　　　　　　　　　　（㈱不二越　2023年11月期）

（単位　百万円）

税　引　前　当　期　純　利　益		6,012
法人税，住民税及び事業税	637	
過　年　度　法　人　税　等	32	
法　人　税　等　調　整　額	697	1,367
当　　期　　純　　利　　益		4,645

②　その他区分に留意が必要な項目

　その他，会社計算規則に直接の定めはないものの，一般に公正妥当と認められる企業会計の慣行として，区分に留意を要する事項を以下に示す。

　ａ．収益認識

　収益認識会計基準が適用される顧客との契約から生じる収益は，適切な科目をもって損益計算書に表示する。なお，顧客との契約から生じる収益については，それ以外の収益と区分して損益計算書に表示するか，または区分して表示しない場合には，顧客との契約から生じる収益の額を注記する（収益認識会計基準78-2項）。

　ｂ．仕入値引・戻し高・割戻

　仕入値引，仕入戻し高および仕入割戻は，仕入高から控除することにより売上原価に反映させる（財規79，財規ガイドライン79）。

　値引とは量目不足，品質不良，破損等の理由により代価から控除される額をいい，割戻とは一定期間に多額または多量の取引をした取引先に対する返金（リベート）等をいう。

ｃ．棚卸資産の評価損益

「棚卸資産の評価に関する会計基準」（企業会計基準第9号，以下「棚卸資産会計基準」という）に従い，棚卸資産の評価損益は次のとおり取り扱う。

(a) 通常の販売目的で保有する棚卸資産の収益性の低下による帳簿価額の切下げ（棚卸資産会計基準17項）

　原則として，売上原価として表示する。ただし，収益性の低下が棚卸資産の製造に関連し不可避的に発生すると認められるときには製造原価とする。また，臨時の事象に起因しかつ多額であるときには特別損失として表示する。

(b) トレーディング目的で保有する棚卸資産に係る損益（棚卸資産会計基準19項）

　原則として，純額で売上高に表示する。

ｄ．のれんの償却額

のれんの償却額は販売費及び一般管理費に表示する（財規ガイドライン84）。

ｅ．有価証券の売却損益

有価証券の売却損益は以下の区分に表示する（「金融商品会計に関するQ&A」（移管指針第12号）Q68）。

(a) 売買目的有価証券

　売買を主たる事業としている場合には営業損益に純額表示する。それ以外の場合は営業外損益に純額表示する。

(b) 子会社株式および関連会社株式

　原則として特別損益に売却益と売却損を相殺せずに総額表示する。

(c) 満期保有目的の債券

　合理的な理由による売却の場合には営業外損益に純額表示する。それ以外の場合は特別損益に表示する。

(d) その他有価証券

　業務上の関係を有する株式の売却等，臨時的な損益は特別損益に表示する。市場動向の推移を見ながら売却（転売）を目的として取得した有価証券（いわゆる純投資）の売却等，ある程度経常性が認められる取引から生じる損益は営業外損益に表示する。

234 第3章 貸借対照表・損益計算書・株主資本等変動計算書

(記載例) 一般的な記載例　　　　　　　　　　　　（伯東㈱　2024年3月期）

損益計算書（2023年4月1日から2024年3月31日まで）　　　　（単位：百万円）

科　　　　目	金　　額	
売上高		152,660
売上原価		131,437
売上総利益		21,222
販売費及び一般管理費		15,008
営業利益		6,214
営業外収益		
受取利息及び配当金	1,116	
その他	148	1,265
営業外費用		
支払利息	170	
売上債権売却損	19	
為替差損	588	
その他	20	798
経常利益		6,681
特別利益		
固定資産売却益	18	
投資有価証券売却益	1,672	1,691
特別損失		
固定資産除売却損	2	2
税引前当期純利益		8,369
法人税，住民税及び事業税	1,777	
法人税等調整額	323	2,100
当期純利益		6,269

第3節　損益計算書の作成実務　235

記載例）当期純損失　　　　　　　　（㈱ドリームインキュベータ　2024年3月期）

損益計算書（2023年4月1日から2024年3月31日まで）　　　　　（単位：百万円）

科目	金	額
売上高		5,000
売上原価		4,204
売上総利益		795
販売費及び一般管理費		2,343
営業損失（△）		△1,547
営業外収益		
受取利息	9	
有価証券利息	9	
貸倒引当金戻入額	20	
その他	7	47
営業外費用		
支払利息	4	
支払手数料	36	
固定資産除却損	0	
その他	0	42
経常損失（△）		△1,541
税引前当期純損失（△）		△1,541
法人税，住民税及び事業税	△4	
法人税等調整額	137	132
当期純損失（△）		△1,674

236　第3章　貸借対照表・損益計算書・株主資本等変動計算書

（記載例） 売上高・売上原価を細分している例 （神奈川中央交通㈱　2024年3月期）

損益計算書

（2023年4月1日から
2024年3月31日まで）

科　　　　　目	金	額
	百万円	百万円
売　　　　　上　　　　　高		
旅 客 自 動 車 事 業 営 業 収 益	41,268	
不 動 産 事 業 営 業 収 益	5,261	
そ の 他 の 事 業 営 業 収 益	3,794	50,323
売　　　　　上　　　　　原　　　　　価		
旅 客 自 動 車 事 業 運 送 費	36,108	
不 動 産 事 業 売 上 原 価	3,066	
そ の 他 の 事 業 売 上 原 価	2,455	41,630
売　　　上　　　総　　　利　　　益		**8,693**
販 売 費 及 び 一 般 管 理 費		
旅 客 自 動 車 事 業 一 般 管 理 費	3,039	
不 動 産 事 業 販 売 費 及 び 一 般 管 理 費	352	
その他の事業販売費及び一般管理費	1,299	4,690
営　　　業　　　利　　　益		**4,002**
営 業 外 収 益		
受 取 利 息	0	
受 取 配 当 金	616	
助 成 金 収 入	100	
関 係 会 社 事 業 損 失 引 当 金 戻 入 額	345	
そ の 他	140	1,202
営 業 外 費 用		
支 払 利 息	320	
関 係 会 社 事 業 損 失 引 当 金 繰 入 額	159	
そ の 他	78	558
経　　　常　　　利　　　益		**4,646**
特 別 利 益		
固 定 資 産 売 却 益	19	
補 助 金 収 入	59	
関 係 会 社 株 式 売 却 益	34	
そ の 他	8	122
特 別 損 失		
固 定 資 産 売 却 及 び 除 却 損	747	
固 定 資 産 圧 縮 損	67	
減 損 損 失	910	1,725
税 引 前 当 期 純 利 益		**3,042**
法 人 税, 住 民 税 及 び 事 業 税		492
法 人 税 等 調 整 額		△83
当　　期　　純　　利　　益		**2,633**

第3節　損益計算書の作成実務　237

（記載例） 顧客との契約から生じる収益をそれ以外の収益と区分して表示している
　　　例
（㈱ルネサンス　2024年3月期）

損益計算書

$$\left(\begin{array}{l}\text{自}\quad 2023年4月1日 \\ \text{至}\quad 2024年3月31日\end{array}\right)$$

（単位：千円）

科　目	金　額	
売上高		
フィットネス売上高	39,069,630	
商　品　売　上　高	818,590	
その他の営業収入	3,160,073	43,048,294
売上原価		39,437,152
売上総利益		3,611,141
販売費及び一般管理費		2,346,255
営業利益		1,264,886
営業外収益		
受取利息及び配当金	18,207	
為　　替　　差　　益	118,782	
転　リ　ー　ス　差　益	10,316	
受　取　手　数　料	1,669	
受　取　補　償　金	80,000	
関係会社事業損失引当金戻入額	25,906	
そ　　の　　他	57,724	312,605
営業外費用		
支　払　利　息	578,657	
関係会社貸倒引当金繰入額	144,554	
そ　　の　　他	36,743	759,956
経常利益		817,535
特別損失		
固定資産除却損	14,646	
減　損　損　失	149,738	
店舗閉鎖損失引当金繰入額	21,705	
そ　　の　　他	4,471	190,562
税引前当期純利益		626,972
法人税, 住民税及び事業税	164,243	
法人税等調整額	△127,026	37,217
当　期　純　利　益		589,755

238　第3章　貸借対照表・損益計算書・株主資本等変動計算書

（記載例） 2期比較形式　　　　　　　　　　　　（太平洋工業㈱　2024年3月期）

損益計算書

科　　　目	当事業年度 （2023年4月1日から 2024年3月31日まで）	前事業年度（ご参考） （2023年4月1日から 2024年3月31日まで）
	百万円	百万円
売上高	79,144	82,784
売上原価	65,803	71,436
売上総利益	13,340	11,348
販売費及び一般管理費	7,093	6,430
営業利益	6,247	4,917
営業外収益	7,022	6,086
受取利息及び配当金	4,438	3,243
為替差益	1,308	938
投資有価証券売却益	—	649
その他	1,276	1,254
営業外費用	292	252
支払利息	263	222
その他	28	30
経常利益	12,977	10,750
特別利益	15,520	—
投資有価証券売却益	15,520	—
特別損失	6,992	86
関係会社株式評価損	6,389	—
固定資産除売却損	302	86
その他	300	—
税引前当期純利益	21,505	10,664
法人税，住民税及び事業税	7,241	2,333
法人税等調整額	△202	102
当期純利益	14,466	8,228

第3節　損益計算書の作成実務　239

2　連結損益計算書

　連結損益計算書の表示は，会社計算規則第3編第3章「損益計算書等」（計算規則87〜94）において，個別損益計算書とともに定められている。

　連結損益計算書は，株式会社の連結会計年度に対応する期間に係る連結会社の個別損益計算書の収益もしくは費用，または利益もしくは損失の金額を基礎として作成しなければならない。なお，連結会社の個別損益計算書に計上された収益もしくは費用，または利益もしくは損失の金額を，連結損益計算書の適切な項目に計上できる（計算規則66）。

　上記の会社計算規則第66条後段は，連結貸借対照表（計算規則65）と同様に，連結損益計算書についても連結損益計算書の基礎となる個別損益計算書の各項目の金額を当該項目とは異なる項目に振り替えて表示することを認めている。

　以下では，個別損益計算書と規定が異なる部分を記載する。

①　連結会社が2以上の異なる種類の事業を営んでいる場合（計算規則88Ⅴ）

　連結会社が2以上の異なる種類の事業を営んでいる場合には，売上高，売上原価および販売費及び一般管理費を，その営む事業の種類ごとに区分できる。

②　のれんの償却，持分法による投資利益等（計算規則88Ⅵ）

　連結損益計算書には，次に定める額を相殺した後の額を表示できる。

a．連結貸借対照表の資産の部に計上されたのれんの償却額および負債の部に計上されたのれんの償却額が生ずる場合（これらの償却額が重要である場合を除く）　連結貸借対照表の資産の部に計上されたのれんの償却額および負債の部に計上されたのれんの償却額*

b．持分法による投資利益および持分法による投資損失が生ずる場合　投資利益および投資損失

*　「企業結合に関する会計基準」（企業会計基準第21号）等を適用する会社の（連結）計算書類においては，2008年の改正（原則として2010年4月1日以後実施される企業結合から適用）の適用後は，負ののれんは生じた事業年度の特別利益として処理される。したがって，ここで相殺の対象となるのれんの償却額はその適

240　第3章　貸借対照表・損益計算書・株主資本等変動計算書

用より前に負債計上された負ののれんの償却額に限られる。

③　法人税等

グローバル・ミニマム課税制度に係る法人税等は，当該事業年度に係る法人税等を示す科目に表示する。重要な場合は当該金額を注記する（グローバル・ミニマム課税実務対応報告9項，10項）。

④　当期純利益等の表示（計算規則92，94）

連結損益計算書には，以下の項目および金額を表示しなければならない。

a．税金等調整前当期純利益（または税金等調整前当期純損失）

b．当期純利益（または当期純損失）

c．当期純利益（または当期純損失）として表示した額のうち非支配株主に帰属する部分（「非支配株主に帰属する当期純利益（または非支配株主に帰属する当期純損失）」などその内容を示す名称を付した項目をもって表示）

d．親会社株主に帰属する当期純利益（または親会社株主に帰属する当期純損失)

連結損益計算書の「経団連ひな型」における記載例は，以下のとおりである。

経団連ひな型（連結損益計算書）

［記載例］

連結損益計算書

（自〇年〇月〇日　至〇年〇月〇日）

（単位：百万円）

科　　　目	金　　額	
売上高		×××
売上原価		×××
売上総利益		×××
販売費及び一般管理費		×××
営業利益		×××
営業外収益		
受取利息及び配当金	×××	

第3節　損益計算書の作成実務　241

有価証券売却益	×　×　×	
持分法による投資利益	×　×　×	
その他	×　×　×	×　×　×
営業外費用		
支払利息	×　×　×	
有価証券売却損	×　×　×	
その他	×　×　×	×　×　×
経常利益		×　×　×
特別利益		
固定資産売却益	×　×　×	
その他	×　×　×	×　×　×
特別損失		
固定資産売却損	×　×　×	
減損損失	×　×　×	
その他	×　×　×	×　×　×
税金等調整前当期純利益		×　×　×
法人税，住民税及び事業税	×　×　×	
法人税等調整額	×　×　×	×　×　×
当期純利益		×　×　×
非支配株主に帰属する当期純利益		×　×　×
親会社株主に帰属する当期純利益		×　×　×

242　第3章　貸借対照表・損益計算書・株主資本等変動計算書

記載例　一般的な記載例①　　　　　　　　　　（タツタ電線㈱　2024年3月期）

連結損益計算書（2023年4月1日から2024年3月31日まで）　　　（単位：百万円）

科　目	金　額	
売上高		64,119
売上原価		51,986
売上総利益		12,132
販売費及び一般管理費		9,584
営業利益		2,547
営業外収益		157
受取利息及び配当金	29	
雑収入	127	
営業外費用		15
支払利息	9	
雑支出	6	
経常利益		2,688
特別利益		26
固定資産売却益	2	
ゴルフ会員権売却益	0	
投資有価証券売却益	23	
特別損失		278
固定資産廃棄損	103	
固定資産譲渡損	35	
投資有価証券評価損	105	
公開買付関連費用	34	
税金等調整前当期純利益		2,437
法人税，住民税及び事業税	837	
法人税等調整額	△165	671
当期純利益		1,765
親会社株主に帰属する当期純利益		1,765

第 3 節　損益計算書の作成実務　243

（記載例）　一般的な記載例②　　　　　　　　（㈱クロップス　2024年 3 月期）

連結損益計算書

$$\begin{pmatrix} 2023年 4 月 1 日から \\ 2024年 3 月31日まで \end{pmatrix}$$

（単位：百万円）

科　　　　目	金	額
売　　上　　高		54,487
売　上　原　価		40,809
売　上　総　利　益		13,678
販売費及び一般管理費		11,551
営　業　利　益		2,127
営　業　外　収　益		
受取利息及び配当金	49	
違　約　金　収　入	30	
為　替　差　益	78	
受　取　補　償　金	50	
そ　の　他	51	260
営　業　外　費　用		
支　払　利　息	9	
支　払　補　償　費	28	
控除対象外消費税等	14	
そ　の　他	19	71
経　常　利　益		2,316
特　別　利　益		
投資有価証券売却益	2	
そ　の　他	2	5
特　別　損　失		
減　損　損　失	39	
固定資産除売却損	22	
投資有価証券評価損	5	
そ　の　他	2	69
税金等調整前当期純利益		2,252
法人税, 住民税及び事業税	745	
法人税等調整額	△23	722
当　期　純　利　益		1,530
非支配株主に帰属する当期純利益		324
親会社株主に帰属する当期純利益		1,206

244　第3章　貸借対照表・損益計算書・株主資本等変動計算書

⑤　連結計算書類における包括利益の表示の取扱い

　会社法上，包括利益を表示する計算書の開示は求められていない。ただし，公正な会計慣行をしん酌する観点から，包括利益会計基準を適用して連結計算書類において包括利益を表示することは認められており，参考資料として開示されている事例が見られる。

　法務省は，連結計算書類において包括利益に関する表示を求めるかどうかについては，株主・債権者にとっての包括利益に関する情報の有用性の程度等が明らかになった将来において改めて検討すべきであるとし，現時点では，連結計算書類において包括利益の表示に関する根拠規定を設けない対応が相当であるとしている。

　また，法務省は，包括利益会計基準における1計算書方式または2計算書方式のいずれであるかを問わず，会社が任意に参考資料として作成した連結包括利益計算書の開示は禁止されていないとする考えを示している。

（記載例）　参考として連結包括利益計算書を開示している例

（森永乳業㈱　2024年3月期）

（ご参考）

連結包括利益計算書（2023年4月1日から2024年3月31日まで）　　（単位：百万円）

科　目	金　額
当期純利益	61,347
その他の包括利益	
その他有価証券評価差額金	3,369
繰延ヘッジ損益	98
為替換算調整勘定	940
退職給付に係る調整額	2,021
持分法適用会社に対する持分相当額	13
その他の包括利益合計	6,443
包括利益	67,790
（内訳）	
親会社株主に係る包括利益	68,161
非支配株主に係る包括利益	△370

●第4節　株主資本等変動計算書の作成実務

1　株主資本等変動計算書

⑴　概　要

　会社計算規則において，株主資本等変動計算書に通常表示が求められている項目の例は図表3－6のとおりであり，貸借対照表の純資産の部の内訳と基本的に同一である。この項目に従い，以下の事項を明らかにしなければならない（計算規則96）。

　　①　株主資本の各項目に関しては当期首残高，各変動事由ごとの当期変動額，および当期末残高

　　②　評価・換算差額等，株式引受権および新株予約権に関しては当期首残高，当期末残高，およびその差額（当期変動額として純額で表示）

<図表3－6>　株主資本等変動計算書の記載項目

```
株主資本
  資本金
  新株式申込証拠金
  資本剰余金
    資本準備金
    その他資本剰余金*1
  利益剰余金
    利益準備金
    その他利益剰余金*1
  自己株式
  自己株式申込証拠金
評価・換算差額等*2
  その他有価証券評価差額金
  繰延ヘッジ損益
  土地再評価差額金
株式引受権
新株予約権
```

＊1　適当な名称を付した項目に細分する取扱いが可能である（計算規則96Ⅳ）。ただし，その他利益剰余金に関しては，純資産会計基準第6項(2)で貸借対照表において一部内訳の表示が求められており，「株主資本等変動計算書に関する会計基準」（企業会計基準第6号，以下「株主資本等会計基準」という）第5項では，株主資本等変動計算書における各項目の記載を貸借対照表上の純資産の部の期末残高と整合させる対応が求められているため，通常は細分化して表示する。

＊2　その他有価証券評価差額金，繰延ヘッジ損益，土地再評価差額金その他適当な名称を付した項目に細分する取扱いが可能である（計算規則96Ⅴ）。貸借対照表上の純資産の部で内訳の表示が求められているため，＊1と同様の理由により，通常は細分して表示する。

なお，会計方針開示基準に従って遡及適用または誤謬の訂正を行った場合には，当期首残高に加え，これに対する影響額を明らかにしなければならない（計算規則96Ⅶ①）。

(2)　株主資本等変動計算書の表示に関する留意事項

①　株主資本等変動計算書の様式

会社計算規則は株主資本等変動計算書に関して表示すべき項目のみを示し，様式については特段の定めを置いていない。このため多くの場合，「株主資本等変動計算書に関する会計基準の適用指針」（企業会計基準適用指針第9号，以下「株主資本等適用指針」という），財務諸表等規則や「経団連ひな型」が参考にされる。

株主資本等変動計算書の「経団連ひな型」における記載例は，以下のとおりである。なお，後者の記載例では期首残高に対する会計方針の変更による累積的影響額の記載が示されている。

[記載例]

株主資本等変動計算書
(自○年○月○日　至○年○月○日)

(単位：百万円)

| | 株主資本 | | | | | | | | | |
	資本金	資本準備金	その他資本剰余金	資本剰余金合計	利益準備金	○○積立金	繰越利益剰余金	利益剰余金合計	自己株式	株主資本合計
○年○月○日残高	×××	×××	×××	×××	×××	×××	×××	×××	△×××	×××
事業年度中の変動額										
新株の発行	×××	×××		×××						×××
剰余金の配当					×××		△×××	△×××		△×××
当期純利益							×××	×××		×××
自己株式の処分									×××	×××
○○○○○										
株主資本以外の項目の事業年度中の変動額(純額)										
事業年度中の変動額合計	×××	×××	−	×××	×××	−	×××	×××	×××	×××
○年○月○日残高	×××	×××	×××	×××	×××	×××	×××	×××	△×××	×××

| | 評価・換算差額等 | | | | 株式引受権 | 新株予約権 | 純資産合計 |
	その他有価証券評価差額金	繰延ヘッジ損益	土地再評価差額金	評価・換算差額等合計			
○年○月○日残高	×××	×××	×××	×××	×××	×××	×××
事業年度中の変動額							
新株の発行							×××
剰余金の配当							△×××
当期純利益							×××
自己株式の処分							×××
○○○○○							
株主資本以外の項目の事業年度中の変動額(純額)	×××	×××	×××	×××	×××	×××	×××
事業年度中の変動額合計	×××	×××	×××	×××	×××	×××	×××
○年○月○日残高	×××	×××	×××	×××	×××	×××	×××

［記載例］

株主資本等変動計算書
（自〇年〇月〇日　至〇年〇月〇日）

（単位：百万円）

	株主資本									
		資本剰余金			利益剰余金				自己株式	株主資本合計
	資本金	資本準備金	その他資本剰余金	資本剰余金合計	利益準備金	その他利益剰余金		利益剰余金合計		
						〇〇積立金	繰越利益剰余金			
〇年〇月〇日残高	×××	×××	×××	×××	×××	×××	×××	×××	△×××	×××
会計方針の変更による累積的影響額							×××	×××		×××
遡及処理後当期首残高	×××	×××	×××	×××	×××	×××	×××	×××	△×××	×××
事業年度中の変動額										
新株の発行	×××	×××		×××						×××
剰余金の配当					×××		△×××	△×××		△×××
当期純利益							×××	×××		×××
自己株式の処分									×××	×××
〇〇〇〇〇										
株主資本以外の項目の事業年度中の変動額（純額）										
事業年度中の変動額合計	×××	×××	−	×××	×××	−	×××	×××	×××	×××
〇年〇月〇日残高	×××	×××	×××	×××	×××	×××	×××	×××	△×××	×××

	評価・換算差額等				株式引受権	新株予約権	純資産合計
	その他有価証券評価差額金	繰延ヘッジ損益	土地再評価差額金	評価・換算差額等合計			
〇年〇月〇日残高	×××	×××	×××	×××	×××	×××	×××
会計方針の変更による累積的影響額							×××
遡及処理後当期首残高	×××	×××	×××	×××	×××	×××	×××
事業年度中の変動額							
新株の発行							×××
剰余金の配当							△×××
当期純利益							×××
自己株式の処分							×××
〇〇〇〇〇							

株主資本以外の項目の事業年度中の変動額(純額)	×××	×××	×××	×××	×××	×××	×××
事業年度中の変動額合計	×××	×××	×××	×××	×××	×××	×××
○年○月○日残高	×××	×××	×××	×××	×××	×××	×××

　株主資本等変動計算書の様式には，一般に純資産の各項目を横に並べる様式と縦に並べる様式が存在する。現在は，上記の「経団連ひな型」のように，純資産の各項目を横に並べる様式によっている事例が多く見られる。なお，有価証券報告書の財務諸表においては純資産の各項目を横に並べる様式となっている。

②　株主資本の変動事由

　株主資本等変動計算書では株主資本の各項目の変動事由ごとの表示が求められる(株主資本等会計基準6項)。変動事由の例は，図表3－7のとおりである。

＜図表3－7＞　株主資本の変動事由

株主資本の各項目の変動事由	a．当期純利益または当期純損失 b．新株の発行または自己株式の処分 c．剰余金(その他資本剰余金またはその他利益剰余金)の配当 d．自己株式の取得・消却 e．企業結合(合併，会社分割，株式交換，株式移転，株式交付など)による増加または分割型の会社分割による減少 f．株主資本の計数の変動(資本金・準備金・剰余金間の振替または剰余金の内訳科目間の振替)

③　株主資本以外の各項目の変動事由の記載方法

　株主資本の各項目について，原則として当期変動額を変動事由ごとに記載するが，株主資本以外の各項目(「その他有価証券評価差額金」等)は，当期首残高と当期末残高の差額を原則として純額で表示するのみである。ただし，株主資本以外の各項目についても，主要な当期変動額について，その変動事由とともに明らかにする取扱いが可能である(計算規則96Ⅷ，株主資本等適用指針9

項）。この場合，株主資本等変動計算書に主な変動事由およびその事由ごとの金額を表示する方法，または株主資本等変動計算書に当期変動額を純額で記載し，主な変動事由およびその金額を注記により開示する方法のいずれかを選択する（株主資本等適用指針10項）。したがって，原則的な方法も含め以下の表示方法が考えられる。

- a．株主資本等変動計算書に当期変動額を純額で記載（原則）
- b．株主資本等変動計算書に主な変動事由およびその事由ごとの金額を表示
- c．株主資本等変動計算書に当期変動額を純額で記載し，主な変動事由およびその金額を注記により開示

当該表示方法は，変動事由または金額の重要性などを勘案し，事業年度ごとに，また，項目ごとに選択できる。したがって，当該表示方法の選択は，表示方法の継続性が求められていない（株主資本等適用指針20項）。

事例では，原則的な方法によって純額のみ記載している場合が多く見られる。

④　その他有価証券の売却または減損処理による増減の表示方法

上記③において株主資本以外の各項目の変動事由を表示する場合で，時価評価の対象となるその他有価証券の売却または減損処理を行ったときには，その他有価証券評価差額金の増減の表示は，以下のいずれかの方法による（株主資本等適用指針12項）。

- a．損益計算書に計上されたその他有価証券の売却損益等の額に，関連する法人税等および税効果を調整した後の額を表示
- b．損益計算書に計上されたその他有価証券の売却損益等の額を表示（この場合，関連する法人税等および税効果の額を別の変動事由として表示）

また，繰延ヘッジ損益についても同様に取り扱う。

⑤　内訳の記載に代えて注記として開示できる項目

a．その他利益剰余金

その他利益剰余金については，一般的には任意積立金（設定目的を示す科目表示が望ましい）および繰越利益剰余金などの内訳科目に細分して記載する。ただし，株主資本等適用指針第4項では，その他利益剰余金の内訳科目の注記

による開示が認められている。

　ｂ．評価・換算差額等

　評価・換算差額等については，一般的にはその他有価証券評価差額金，繰延ヘッジ損益，土地再評価差額金などの内訳科目に細分して記載する。ただし，株主資本等適用指針第5項では，評価・換算差額等の内訳科目を注記により開示する取扱いが認められている。

252 第3章 貸借対照表・損益計算書・株主資本等変動計算書

（記載例）　一般的な記載例①　　　（㈱ファンコミュニケーションズ　2023年12月期）

株主資本等変動計算書

$$\left(\begin{array}{l}\text{2023年1月1日から}\\\text{2023年12月31日まで}\end{array}\right)$$

（単位：千円）

	株主資本					
		資本剰余金		利益剰余金		
	資本金	資本準備金	資本剰余金合計	利益準備金	その他利益剰余金 繰越利益剰余金	利益剰余金合計
当 期 首 残 高	1,173,673	278,373	278,373	105,401	20,768,934	20,874,336
当 期 変 動 額						
剰 余 金 の 配 当	－	－	－	－	△1,259,894	△1,259,894
当 期 純 利 益	－	－	－	－	1,113,418	1,113,418
自 己 株 式 の 取 得	－	－	－	－	－	－
株主資本以外の項目の当期変動額（ 純 額 ）	－	－	－	－	－	－
当 期 変 動 額 合 計	－	－	－	－	△146,475	△146,475
当 期 末 残 高	1,173,673	278,373	278,373	105,401	20,622,459	20,727,860

	株主資本		評価・換算差額等		新株予約権	純資産合計
	自己株式	株主資本合計	その他有価証券評価差額金	評価・換算差額等合計		
当 期 首 残 高	△4,754,180	17,572,202	27,356	27,356	78,053	17,677,612
当 期 変 動 額						
剰 余 金 の 配 当	－	△1,259,894	－	－	－	△1,259,894
当 期 純 利 益	－	1,113,418	－	－	－	1,113,418
自 己 株 式 の 取 得	△25,066	△25,066	－	－	－	△25,066
株主資本以外の項目の当期変動額（ 純 額 ）	－	－	52,710	52,710	5,476	58,186
当 期 変 動 額 合 計	△25,066	△171,542	52,710	52,710	5,476	△113,355
当 期 末 残 高	△4,779,247	17,400,660	80,066	80,066	83,529	17,564,256

第4節　株主資本等変動計算書の作成実務　253

(記載例)　一般的な記載例②　　　　　　　　　　　　　（㈱大塚商会　2023年12月期）

株主資本等変動計算書（2023年1月1日から2023年12月31日まで）

（単位：百万円）

	株主資本									
		資本剰余金		利益剰余金					自己株式	株主資本合計
					その他利益剰余金			利益剰余金合計		
	資本金	資本準備金	資本剰余金合計	利益準備金	オープンイノベーション促進積立金	別途積立金	繰越利益剰余金			
当期首残高	10,374	16,254	16,254	2,593	37	67,350	186,540	256,521	△140	283,010
当期変動額										
剰余金の配当							△23,700	△23,700		△23,700
当期純利益							43,150	43,150		43,150
オープンイノベーション促進積立金の取崩					△37		37	―		―
土地再評価差額金の取崩							△871	△871		△871
自己株式の取得									△0	△0
株主資本以外の項目の当期変動額（純額）										
当期変動額合計	―	―	―	―	△37	―	18,615	18,578	△0	18,577
当期末残高	10,374	16,254	16,254	2,593	―	67,350	205,156	275,099	△141	301,588

	評価・換算差額等			純資産合計
	その他有価証券評価差額金	土地再評価差額金	評価・換算差額等合計	
当期首残高	6,726	△6,141	584	283,595
当期変動額				
剰余金の配当				△23,700
当期純利益				43,150
オープンイノベーション促進積立金の取崩				
土地再評価差額金の取崩				△871
自己株式の取得				△0
株主資本以外の項目の当期変動額（純額）	563	871	1,435	1,435
当期変動額合計	563	871	1,435	20,013
当期末残高	7,290	△5,269	2,020	303,608

（注）記載金額は百万円未満を切り捨てて表示しております。

254 第3章 貸借対照表・損益計算書・株主資本等変動計算書

2 連結株主資本等変動計算書

連結株主資本等変動計算書の表示については，会社計算規則第3編第4章「株主資本等変動計算書等」（計算規則96）において，個別株主資本等変動計算書とともに定められている。

連結株主資本等変動計算書は，株式会社の連結会計年度に対応する期間に係る連結会社の個別株主資本等変動計算書の株主資本等を基礎として作成しなければならない。なお，連結会社の個別株主資本等変動計算書に計上された株主資本等に係る額を，連結株主資本等変動計算書の適切な項目に計上できる（計算規則67）。

以下では，個別株主資本等変動計算書と規定が異なる部分を記載する。

① 連結株主資本等変動計算書の区分等（計算規則96Ⅱ②・Ⅲ②・Ⅴ）

連結株主資本等変動計算書は，以下のとおり区分または細分される。

a．株主資本

  (a) 資本金

  (b) 新株式申込証拠金

  (c) 資本剰余金

  (d) 利益剰余金

  (e) 自己株式

  (f) 自己株式申込証拠金

b．評価・換算差額等またはその他の包括利益累計額

  (a) その他有価証券評価差額金

  (b) 繰延ヘッジ損益

  (c) 土地再評価差額金

  (d) 為替換算調整勘定

  (e) 退職給付に係る調整累計額

c．株式引受権

d．新株予約権

e．非支配株主持分

第4節　株主資本等変動計算書の作成実務　255

　これらの区分または細分は，連結貸借対照表の純資産の部と基本的に同一である。

　評価・換算差額等またはその他の包括利益累計額の内訳については，連結貸借対照表では必ず細分しなければならないが，連結株主資本等変動計算書では細分は任意とされている（計算規則76Ⅶ，96Ⅴ）。しかし，一般的には項目を連結貸借対照表にあわせて細分される例が多く見られる。また，注記の方法による対応も可能である（株主資本等適用指針5項）。

② **連結株主資本等変動計算書に計上される自己株式, 為替換算調整勘定等**(計算規則96Ⅸ)
　a．自己株式　次に掲げる額の合計額
　　● 当該株式会社（連結計算書類を作成する株式会社）が保有する当該株式会社の株式の帳簿価額
　　● 連結子会社ならびに持分法を適用する非連結子会社および関連会社が保有する当該株式会社の株式の帳簿価額のうち，当該株式会社のこれらの会社に対する持分に相当する額
　b．為替換算調整勘定
　　　外国にある子会社または関連会社の資産および負債の換算に用いる為替相場と純資産の換算に用いる為替相場とが異なるために生じる換算差額
　c．退職給付に係る調整累計額
　　　未認識数理計算上の差異，未認識過去勤務費用，その他退職給付に係る調整累計額に計上することが適当であると認められる金額の合計額

　連結株主資本等変動計算書の「経団連ひな型」における記載例は，以下のとおりである。なお，後者の記載例では期首残高に対する会計方針の変更による累積的影響額の記載が示されている。

256 第3章 貸借対照表・損益計算書・株主資本等変動計算書

経団連ひな型（連結株主資本等変動計算書）

［記載例］

連結株主資本等変動計算書

（自○年○月○日　至○年○月○日）

（単位：百万円）

	株　　　　主　　　　資　　　　本				
	資本金	資本剰余金	利益剰余金	自己株式	株主資本合計
○年○月○日残高	×××	×××	×××	△×××	×××
連結会計年度中の変動額					
新株の発行	×××	×××			×××
剰余金の配当			△×××		△×××
親会社株主に帰属する当期純利益			×××		×××
○○○○○					×××
自己株式の処分				×××	×××
株主資本以外の項目の連結会計年度中の変動額（純額）					
連結会計年度中の変動額合計	×××	×××	×××	×××	×××
○年○月○日残高	×××	×××	×××	△×××	×××

	その他の包括利益累計額					
	その他有価証券評価差額金	繰延ヘッジ損益	土地再評価差額金	為替換算調整勘定	退職給付に係る調整累計額	その他の包括利益累計額合計
○年○月○日残高	×××	×××	×××	×××	×××	×××
連結会計年度中の変動額						
新株の発行						
剰余金の配当						
親会社株主に帰属する当期純利益						
○○○○○						
自己株式の処分						
株主資本以外の項目の連結会計年度中の変動額（純額）	×××	×××	×××	×××	×××	×××
連結会計年度中の変動額合計	×××	×××	×××	×××	×××	×××
○年○月○日残高	×××	×××	×××	×××	×××	×××

第4節　株主資本等変動計算書の作成実務　257

	株式引受権	新株予約権	非支配株主持分	純資産合計
○年○月○日残高	×××	×××	×××	×××
連結会計年度中の変動額				
新株の発行				×××
剰余金の配当				△×××
親会社株主に帰属する　当期純利益				×××
○○○○○				×××
自己株式の処分				×××
株主資本以外の項目の連結　会計年度中の変動額（純額）	△×××	△×××	×××	×××
連結会計年度中の変動額合計	△×××	△×××	×××	×××
○年○月○日残高	×××	×××	×××	×××

［記載例］

連結株主資本等変動計算書

（自○年○月○日　至○年○月○日）

（単位：百万円）

	株主資本				
	資本金	資本剰余金	利益剰余金	自己株式	株主資本合計
○年○月○日残高	×××	×××	×××	△×××	×××
会計方針の変更による累積的影響額			×××		×××
遡及処理後当期首残高	×××	×××	×××	△×××	×××
連結会計年度中の変動額					
新株の発行	×××	×××			×××
剰余金の配当			△×××		△×××
親会社株主に帰属する　当期純利益			×××		×××
○○○○○					×××
自己株式の処分				×××	×××
株主資本以外の項目の連結　会計年度中の変動額（純額）					
連結会計年度中の変動額合計	×××	×××	×××	×××	×××
○年○月○日残高	×××	×××	×××	△×××	×××

258　第3章　貸借対照表・損益計算書・株主資本等変動計算書

	その他の包括利益累計額					
	その他有価証券評価差額金	繰延ヘッジ損益	土地再評価差額金	為替換算調整勘定	退職給付に係る調整累計額	その他の包括利益累計額合計
○年○月○日残高	×××	×××	×××	×××	×××	×××
会計方針の変更による累積的影響額						
遡及処理後当期首残高	×××	×××	×××	×××	×××	×××
連結会計年度中の変動額						
新株の発行						
剰余金の配当						
親会社株主に帰属する当期純利益						
○○○○○						
自己株式の処分						
株主資本以外の項目の連結会計年度中の変動額（純額）	×××	×××	×××	×××	×××	×××
連結会計年度中の変動額合計	×××	×××	×××	×××	×××	×××
○年○月○日残高	×××	×××	×××	×××	×××	×××

	株式引受権	新株予約権	非支配株主持分	純資産合計
○年○月○日残高	×××	×××	×××	×××
会計方針の変更による累積的影響額				×××
遡及処理後当期首残高	×××	×××	×××	×××
連結会計年度中の変動額				
新株の発行				×××
剰余金の配当				△×××
親会社株主に帰属する当期純利益				×××
○○○○○				×××
自己株式の処分				×××
株主資本以外の項目の連結会計年度中の変動額（純額）	△×××	△×××	×××	×××
連結会計年度中の変動額合計	△×××	△×××	×××	×××
○年○月○日残高	×××	×××	×××	×××

第4節　株主資本等変動計算書の作成実務　259

記載例　一般的な記載例　　　　　　　　　　　　　（㈱ニチレイ　2024年3月期）

連結株主資本等変動計算書［2023年4月1日から2024年3月31日まで］

（単位：百万円）

	株主資本				
	資本金	資本剰余金	利益剰余金	自己株式	株主資本合計
当期首残高	30,512	5,492	187,333	△16,847	206,490
当期変動額					
新株の発行	51	51			103
剰余金の配当			△8,045		△8,045
親会社株主に帰属する当期純利益			24,495		24,495
非支配株主との取引に係る親会社の持分変動		△30			△30
自己株式の取得				△10	△10
自己株式の処分		0		0	0
株主資本以外の項目の当期変動額(純額)					
当期変動額合計	51	21	16,449	△9	16,513
当期末残高	30,563	5,513	203,783	△16,856	223,003

	その他の包括利益累計額				非支配株主持分	純資産合計
	その他有価証券評価差額金	繰延ヘッジ損益	為替換算調整勘定	その他の包括利益累計額合計		
当期首残高	12,342	1,436	4,173	17,952	9,070	233,513
当期変動額						
新株の発行						103
剰余金の配当						△8,045
親会社株主に帰属する当期純利益						24,495
非支配株主との取引に係る親会社の持分変動						△30
自己株式の取得						△10
自己株式の処分						0
株主資本以外の項目の当期変動額(純額)	6,812	732	4,903	12,447	3,467	15,915
当期変動額合計	6,812	732	4,903	12,447	3,467	32,428
当期末残高	19,155	2,168	9,076	30,400	12,537	265,942

260 第3章 貸借対照表・損益計算書・株主資本等変動計算書

第3章 「貸借対照表・損益計算書・株主資本等変動計算書」の事例索引

項目	記載内容	連結・個別	会社名	掲載頁
資産に係る貸倒引当金等	一括控除方式	個別	サカタインクス㈱	211
貸借対照表	一般的な記載例①	個別	原田工業㈱	217
	一般的な記載例②	個別	近鉄グループホールディングス㈱	218
	一般的な記載例③	個別	キッコーマン㈱	219
	2期比較形式	個別	第一工業製薬㈱	220
連結貸借対照表	一般的な記載例	連結	㈱西島製作所	225
	2期比較形式	連結	東京エレクトロンデバイス㈱	226
法人税等	過年度法人税等	個別	㈱不二越	232
損益計算書	一般的な記載例	個別	伯東㈱	234
	当期純損失	個別	㈱ドリームインキュベータ	235
	売上高・売上原価を細分している例	個別	神奈川中央交通㈱	236
	顧客との契約から生じる収益をそれ以外の収益と区分して表示している例	個別	㈱ルネサンス	237
	2期比較形式	個別	太平洋工業㈱	238
連結損益計算書	一般的な記載例①	連結	タツタ電線㈱	242
	一般的な記載例②	連結	㈱クロップス	243
連結包括利益計算書	参考として連結包括利益計算書を開示している例	連結	森永乳業㈱	244
株主資本等変動計算書	一般的な記載例①	個別	㈱ファンコミュニケーションズ	252
	一般的な記載例②	個別	㈱大塚商会	253
連結株主資本等変動計算書	一般的な記載例	連結	㈱ニチレイ	259

●第4章

注　記　表

※本章で取り上げた事例は488頁に索引があります。

●第1節　注記表開示の概要

　計算書類に係る注記表については，図表4－1の記載事項が会社計算規則で規定されており，計算書類の種類によって記載の必要がない事項もある。なお，表中に本章における掲載箇所を示している。

<図表4－1>　計算書類の種類による注記表記載事項の相違

項　　　　目 （計算規則98Ⅰ）	計算書類			連結計算 書類（計 算規則98 Ⅱ④）	掲載 箇所
	会計監査 人設置会 社	会計監査人 設置会社以外			
		公開会社 （計算規則 98Ⅱ②）	非公開会 社（計算規 則98Ⅱ①）		
①継続企業の前提に関する注記	○	－	－	○	第2節1
②重要な会計方針に係る事項に関する注記*1	○	○	○	○	第2節2 および3
③会計方針の変更に関する注記	○	○	○	○	第2節4 (3)
④表示方法の変更に関する注記	○	○	○	○	第2節4 (4)
⑤会計上の見積りに関する注記	○	－	－	○	第2節4 (5)
⑥会計上の見積りの変更に関する注記	○	－	－	○	第2節4 (6)
⑦誤謬の訂正に関する注記	○	○	○	○	第2節4 (7)
⑧貸借対照表等に関する注記	○	○	－	○	第2節5
⑨損益計算書に関する注記	○	○	－	－	第2節6

⑩株主資本等変動計算書等に関する注記*2	○	○	○	○	第2節7
⑪税効果会計に関する注記	○	○	—	—	第2節8
⑫リースにより使用する固定資産に関する注記	○	○	—	—	第2節9
⑬金融商品に関する注記	○	○	—	○	第2節10
⑭賃貸等不動産に関する注記	○	○	—	○	第2節11
⑮持分法損益等に関する注記	—*3	—			第2節12
⑯関連当事者との取引に関する注記	○	○	—	—	第2節13
⑰1株当たり情報に関する注記	○	○	—	○	第2節14
⑱重要な後発事象に関する注記	○	○	—	○	第2節15
⑲連結配当規制適用会社に関する注記	○	—	—	—	第2節16
⑳収益認識に関する注記	○	○	○	○	第2節17
㉑その他の注記	○	○	○	○	第2節18

＊1　連結注記表にあっては，連結計算書類の作成のための基本となる重要な事項および連結の範囲または持分法の適用の範囲の変更に関する注記

＊2　連結注記表にあっては，連結株主資本等変動計算書に関する注記

＊3　大会社かつ有価証券報告書提出会社で，連結計算書類を作成していない場合にのみ注記（計算規則98Ⅱ③，111Ⅱ）

　計算書類に係る注記には個別注記表と連結注記表の2種類があり，図表4－1のとおり，それぞれに固有の注記や，連結計算書類を作成している場合に個別注記表では省略が認められる項目もある。

　次節以降では，個別注記表および連結注記表のそれぞれにおいて開示内容に違いがある注記については，その違いを明らかにして解説する。また，個別注記表および連結注記表で開示内容に違いがない注記についてはその旨に言及

264　第4章　注記表

し，必要に応じて個別および連結双方の記載例等を示す。

　注記項目については，すべての会社に画一的に記載を求める形ではなく，利害関係者に対する有益な情報の提供と各社における事務処理の負担に鑑みて，会社の分類ごとに必要な項目が定められている。

　貸借対照表，損益計算書または株主資本等変動計算書等の特定の項目に関連する注記については，その関連を明らかにする必要がある（計算規則99）。

　連結注記表においては，「連結貸借対照表に関する注記」について，関係会社や役員に対する金銭債権および金銭債務の注記が省略されている（計算規則103）。また，「連結損益計算書に関する注記」については，項目そのものが省略されている（計算規則98Ⅱ④）。ただし，「税効果会計に関する注記」および「リースにより使用する固定資産に関する注記」に関しては，連結注記表において記載している例も見られる。また，連結損益計算書の科目に関する説明など，重要な事項が存在する場合には「連結損益計算書に関する注記」を記載している例も見られる。

●第2節　注記表の記載事項

1　継続企業の前提に関する注記

　計算書類に計上されている資産および負債は，将来の継続的な事業活動において回収または返済が予定されている。すなわち，事業の継続を前提に会計処理が行われているため，この基本的な前提に疑義がある場合は，すみやかな利害関係者に対する情報開示が求められる。

　継続企業の前提に関する注記は，事業年度の末日において，会社が将来にわたって事業活動を継続する前提（以下「継続企業の前提」という）に重要な疑義を生じさせるような事象または状況が存在する場合であって，当該事象または状況を解消し，または改善するための対応をしてもなお継続企業の前提に関する重要な不確実性が認められるときに記載を求められる。ただし，当該事業年度の末日後に当該重要な不確実性が認められなくなった場合は記載する必要

はない（計算規則100）。

　開示する内容は次の事項である（計算規則100）。

① 　当該事象または状況が存在する旨およびその内容
② 　当該事象または状況を解消し，または改善するための対応策
③ 　当該重要な不確実性が認められる旨およびその理由
④ 　当該重要な不確実性の影響を計算書類（連結注記表にあっては，連結計算書類）に反映しているか否かの別

　この規定は，財務諸表等規則第8条の27および同ガイドライン8の27-1から5の規定と同様の内容である。また，「継続企業の前提に関する開示について」（監査・保証実務委員会報告第74号，以下「監査・保証実務委員会報告第74号」という）において，開示の考え方がまとめられている。計算書類上の開示も，これら一連の会計基準等をしん酌して具体的な取扱いを検討する。

　継続企業の前提に重要な疑義を生じさせるような事象または状況として，監査・保証実務委員会報告第74号に記載されている次の例が参考となる。

＜図表４－２＞　継続企業の前提に重要な疑義を生じさせるような事象や状況の例

財務指標関係	① 　売上高の著しい減少 ② 　継続的な営業損失の発生または営業キャッシュ・フローのマイナス ③ 　重要な営業損失，経常損失または当期純損失の計上 ④ 　重要なマイナスの営業キャッシュ・フローの計上 ⑤ 　債務超過
財務活動関係	⑥ 　営業債務の返済の困難性 ⑦ 　借入金の返済条項の不履行や履行の困難性 ⑧ 　社債等の償還の困難性 ⑨ 　新たな資金調達の困難性 ⑩ 　債務免除の要請 ⑪ 　売却を予定している重要な資産の処分の困難性 ⑫ 　配当優先株式に対する配当の遅延または中止
営業活動関係	⑬ 　主要な仕入先からの与信または取引継続の拒絶 ⑭ 　重要な市場または得意先の喪失 ⑮ 　事業活動に不可欠な重要な権利の失効 ⑯ 　事業活動に不可欠な人材の流出

	⑰ 事業活動に不可欠な重要な資産の毀損，喪失または処分	
	⑱ 法令に基づく重要な事業の制約	
その他	⑲ 巨額な損害賠償金の負担の可能性	
	⑳ ブランド・イメージの著しい悪化	

　継続企業の前提に関する重要な不確実性が認められるか否かについては，例えば，重要な疑義を生じさせるような事象または状況が各企業の実態を反映した事象または状況であるか否か，対応策を講じてもなお継続企業の前提に関する重要な不確実性が認められるか否かといった観点から，総合的かつ実質的に判断を行う。したがって，上記の事象や状況が存在するか否かといった画一的な判断を行わないように留意する（財規ガイドライン8の27-3）。また，期末日後に継続企業の前提に重要な疑義を生じさせるような事象または状況が発生した場合であって，当該事象または状況を解消し，または改善するための対応をしてもなお継続企業の前提に関する重要な不確実性が認められ，翌事業年度以降の財政状態，経営成績およびキャッシュ・フローの状況に重要な影響を及ぼすときは，当該重要な不確実性の存在は，重要な後発事象に該当する（財規ガイドライン8の27-5）ため，重要な後発事象としての注記の要否を検討する必要がある。

　なお，継続企業の前提に関する重要な疑義を生じさせるような事象または状況を解消し，または改善するための対応策については，財務諸表作成時現在において計画されており，効果的で実行可能であるかどうかについて留意する必要がある（監査・保証実務委員会報告第74号5）。また，注記にあたっては，少なくとも期末日の翌日から1年間に講じる対応策を記載する必要がある（財規ガイドライン8の27-4，監査・保証実務委員会報告第74号6）。

　このほか，連結財務諸表を作成する際には，親会社の個別財務諸表に関する継続企業の前提の評価の過程に加え，連結ベースの財務指標や，子会社において発生した継続企業の前提に重要な疑義を生じさせるような事象または状況のうち，親会社の継続企業の前提に重要な影響を及ぼす項目についても検討する必要がある（監査・保証実務委員会報告第74号4）。

　計算書類上の取扱いについても，上記の取扱いをしん酌して検討を行う。

第2節　注記表の記載事項　267

　また，計算書類では注記を行わない場合であっても，継続企業の前提に重要な疑義を生じさせるような事象または状況が存在する場合には，当該事項を開示する対応が望ましい。第2章第4節**2(8)**を参照されたい。

（記載例）　継続企業の前提に関する注記（営業損失）（連結）

(㈱ジャパンディスプレイ　2024年3月期)

1．継続企業の前提に関する注記

　当社グループは，当連結会計年度において7期連続で営業損失及び重要な減損損失を，10期連続で親会社株主に帰属する当期純損失を計上したことにより，継続企業の前提に重要な疑義を生じさせるような状況が存在しております。

　当該状況を解消するため，当社グループは，全社的な事業構造改革として，設備利用効率の改善，資産規模の適正化による生産性向上，及びサプライチェーンの見直し等によるコストの更なる削減に取り組んでおります。この戦略的取組みの一環として，2023年3月に生産を終了した東浦工場の建物の譲渡契約を，同月末にソニーセミコンダクタマニュファクチャリング株式会社との間で締結し，2024年4月1日付で譲渡を完了いたしました。また，2023年8月2日開催の取締役会において，LTPS技術と比較してディスプレイの高性能化への対応が限定的であるa-Si技術を採用する鳥取工場について，2025年3月までに生産終了することを決議いたしました。

　上記施策に加え，技術基盤を価値創造の源泉とし，脱過当競争・脱コモディティ化により収益性の抜本的な改善を図るための成長戦略「METAGROWTH 2026」を2022年5月13日付で発表し，引き続き事業モデルの変革を推進しております。本成長戦略における主な事業戦略として，同年3月30日に発表した高移動度酸化物半導体バックプレーン技術「HMO」，同年5月13日に発表した次世代OLED「eLEAP」のほか，車載及びVR製品，並びにそれらに関連する知的財産権の積極活用等を中心に製品・事業ポートフォリオを再編し，早期の黒字体質の安定化と事業成長を図っていく方針であります。

　上記「METAGROWTH 2026」の拡大と加速化への寄与を目的とし，2023年5月31日，株式会社JOLEDの事業の一部であるOLEDディスプレイに関する技術開発ビジネス関連事業を当社子会社JDI Design and Development合同会社が承継する事業譲渡契約を，当社を含む3社間で締結し，同年7月18日付で実施を完了いたしました。

　また，当社は，中国の蕪湖経済技術開発区と2023年9月29日付で次世代

268　第4章　注記表

OLED「eLEAP」の事業立ち上げに関する覚書を締結後2度の延期を経て，2024年5月現在，関係当局からの許認可取得及び同年10月までの最終契約締結に向けて協議を継続しております。

　以上のように，今後も事業モデルの改革を進め，収益性の更なる向上に向けた経営資源の最適化に引き続き取り組んでまいります。

　財務面では，世界的なインフレ高進やサプライチェーンにおけるリスクの継続に備えた手許資金確保の重要性に鑑み，当社はいちごトラスト（以下「いちご」といいます。）より，当連結会計年度において新規借入（2023年5月から2024年2月まで計7回，元本総額335億円）を実施したほか，連結計算書類作成日までに，当該新規借入の一部に係る弁済期日を延長（2023年5月31日付元本総額40億円及び同年8月17日付元本総額40億円につき2024年5月31日まで，2023年6月29日付元本総額80億円につき2024年6月28日まで，2023年7月28日付元本総額40億円及び同年10月30日付元本総額40億円並びに2024年1月30日付元本総額50億円につき2024年7月31日まで）することについて，いちごとの間で合意いたしました。今後も資金需要に応じた機動的な借入実施，いちごによる第13回新株予約権の行使要請（調達総額最大約1,734億円）のほか，低効率資産の売却及び営業債権等の流動化も含め，引き続き適時適切な資金調達策を講じてまいります。

　一方で，昨今の世界的な原材料費の高騰，エネルギー費高止まりによる動力費や輸送費の負担増加，及び世界的高金利の影響等により早期の業績回復による黒字転換が遅延し，当社グループ資金繰りに重要な影響を及ぼす可能性を勘案すると，現時点では継続企業の前提に関する重要な不確実性が認められます。

　なお，連結計算書類は継続企業を前提として作成しており，このような継続企業の前提に関する重要な不確実性の影響を連結計算書類に反映しておりません。

（記載例）　継続企業の前提に関する注記（営業損失・財務制限条項に抵触）（個別）

(㈱エヌジェイホールディングス　2024年6月期)

（継続企業の前提に関する注記）

　当社グループの当連結会計年度の業績は，ゲーム事業における営業体制の強化やモバイル事業における収益性の改善により，営業利益102百万円を計上し，黒字転換いたしました。また，資産売却等を実施した結果，金融負債1,100百万円に対し，現金及び預金1,693百万円と手元資金が増加しております。このように施策の成果が表れる一方で，当社グループは前連結会計年度まで2期連続して営業損失

及び経常損失を計上し，財務制限条項に抵触したことから，現時点でもシンジケート団から新たな融資を受けられず，また，直近の短期借入金の更新期間が半年となっている状況であり，業績改善による取引規模の拡大に伴う運転資金の増加や事業環境の変化に備えた財務基盤の強化を勘案すると，十分な手元資金があると言えない状況にあります。

このような状況から，継続企業の前提に重要な疑義を生じさせるような状況が存在しております。

当社グループは，当該状況の解消又は改善を図るべく，以下のとおり，業績の安定化に向けた施策を講じるとともに，財務基盤の改善に取り組んでおります。

1. 事業収支の改善について
① ゲーム事業の収益性の安定化
当社グループのゲーム事業の収益性の安定化に向けて，引き続き，営業体制を強化し案件受注に取り組んでおります。

また，従来の施策に加え，当期におきましては，個社では対応できない案件引き合いに対して，グループ共同営業による受注可能性の追求やグループ混成チームを組成しての提案を可能にするため，当社グループ経営トップの下，グループ各社の営業状況を把握する責任者を配置し，全社営業体制による取り組みを開始しております。これに併せて，グループ各社に存在する人材情報の相互把握も進めており，受注機会の拡大と提案力の向上に取り組んでおります。これにより，これまでの営業体制では受注できなかったと思われる案件の獲得が実現し始めております。

その他，既存案件を含めた将来の受注動向の変化について，従来は直近実績ベースで把握し対策を実施しておりましたが，少なくとも3ヶ月先の状況を予測する体制を構築し，将来見込みベースでの業績リスクの拡大の抑制に取り組んでおります。

これらの施策により，ゲーム事業の収益性の安定化を図ってまいります。

② ゲーム事業のリスク管理体制の強化
当社グループは，投資経営委員会を設け，重大な収支悪化の防止に向けて受注条件や受注体制に対するチェック機能を強化する取り組みを進めております。

当期におきましては，既存案件や開発の初期フェーズの案件が多く，大型の投資や大きな受注リスクが伴う契約締結など審議の対象となる案件はありませんでしたが，既存案件に係るリスクの潜在性や受注契約の条件及び締結見通し

270　第4章　注記表

などの状況について，取締役会及び監査役会を中心に積極的に情報の収集を行い，投資経営委員会として詳細審議が必要な案件が生じていないかについて状況の能動的な把握に努めております。

　　今後においても，ゲーム事業の開発案件に対するリスク管理に努めてまいります。

③　モバイル事業の収益性の改善
　　前期末に実施した不採算店舗の撤退の効果により，当社グループのモバイル事業の収益性が大きく改善しました。
　　既存店舗においては，1顧客当たりの獲得利益の確保に取り組むとともに，ドミナント戦略を強化し，モバイル事業及びその周辺分野も含めた地域密着型の店舗運営ビジネスの機会を捉えて収益拡大を追求することで，引き続き，一層のモバイル事業の収益性の改善，収益拡大を図ってまいります。

2．財務基盤の改善について
①　運転資金の確保
　　モバイル事業の不採算店舗の撤退に伴う差入保証金の返還及び棚卸資産の圧縮，当社グループによるシナジー効果の薄い関連会社株式の譲渡，並びに本業に影響のない投資不動産の売却等の実施により，当面の事業継続に必要な資金は確保しておりますが，財務体質改善のため，引き続き様々な資金確保の手段を検討してまいります。
　　取引金融機関とは緊密に連携を行い，出来る限り早い時期に長期・調達枠の拡大といった条件での契約を締結していただける様に協議を行い，また，将来必要となる資金についてもご支援いただけるよう良好な関係を継続できるよう対応してまいります。

②　財務体質の抜本的な改善
　　財務体質を抜本的に改善し，財務基盤の安定性を回復するため，金融機関以外からの調達についても適宜検討を進めてまいります。

　　しかしながら，これらの対応策は実施途上であり，今後の事業環境の変化によっては計画どおりの改善効果が得られない可能性があること，また，現時点でもシンジケート団から新たな融資を受けられず，また，直近の短期借入金の更新期間が半年となっている状況であることから，現在時点においては継続企業の前提に関する重要な不確実性が存在するものと認識しております。

第2節　注記表の記載事項　271

> なお，計算書類及びその附属明細書は継続企業を前提として作成されており，継続企業の前提に関する重要な不確実性の影響を計算書類及びその附属明細書に反映しておりません。

2　重要な会計方針に係る事項に関する注記

　貸借対照表や損益計算書は，複数の会計処理が認められている場合において，会社が自社にとって合理的であると判断した会計処理の原則や手続を採用して作成される。したがって，株主や債権者等の利害関係者が会社の財政状態および経営成績を適切に理解できるよう，採用した会計処理の原則や手続を明確に説明する必要がある。この点，会計基準等の定めが明らかであり，当該会計基準等において代替的な会計処理の原則および手続が認められていない場合には，会計方針に関する注記を省略できる（「会計方針の開示，会計上の変更及び誤謬の訂正に関する会計基準」（企業会計基準第24号，以下「会計方針開示基準」という）4‐6項）。

　重要な会計方針に係る事項に関する注記は，計算書類の作成のために採用している会計処理の原則および手続ならびに表示方法その他計算書類作成のための基本となる事項である。具体的には，次の事項（重要性の乏しい項目を除く）をいう（計算規則101）。

---

① 資産の評価基準および評価方法
② 固定資産の減価償却の方法
③ 引当金の計上基準
④ 収益および費用の計上基準
⑤ その他計算書類の作成のための基本となる重要な事項

　なお，連結注記表において会計方針は，本節3で解説する「連結計算書類の作成のための基本となる重要な事項」の1項目として取り扱われる。連結注記表では，「④収益および費用の計上基準」が開示すべき項目から省略されているほかには，開示すべき会計方針の項目，記載すべき内容について個別注記表と大きな差はない。ただし，項目名についてはそれぞれ若干の違いが見られる点について，留意が必要である（計算規則102Ⅰ③）。

272　第4章　注記表

> ①　重要な資産の評価基準および評価方法
> ②　重要な減価償却資産の減価償却の方法
> ③　重要な引当金の計上基準
> ④　その他連結計算書類の作成のための重要な事項

以下，これら重要な会計方針として記載する項目について解説する。

(1)　資産の評価基準および評価方法

　有価証券，金銭信託，デリバティブ取引，棚卸資産などの評価基準および評価方法について記載する。資産の評価基準とは，貸借対照表価額の決定基準であり，原価法，時価法，低価法，償却原価法などがある。また評価方法とは，原価の配分方法をいい，先入先出法，総平均法，移動平均法などの方法がある。

　「経団連ひな型」における記載例は，以下のとおりである。

［記載例］
　1．資産の評価基準及び評価方法
　　(1)　有価証券の評価基準及び評価方法
　　　　　売買目的有価証券……………………時価法（売却原価は移動平均法
　　　　　　　　　　　　　　　　　　　　　　により算定）
　　　　　満期保有目的の債券………………償却原価法（定額法）
　　　　　子会社株式及び関連会社株式……移動平均法による原価法
　　　　　その他有価証券
　　　　　　市場価格のない株式等以外のもの……時価法（評価差額は全部
　　　　　　　　　　　　　　　　　　　　　　純資産直入法により処理し，売却原
　　　　　　　　　　　　　　　　　　　　　　価は移動平均法により算定）
　　　　　　市場価格のない株式等……移動平均法による原価法
　　(2)　デリバティブの評価基準及び評価方法
　　　　　デリバティブ……………時価法
　　(3)　棚卸資産の評価基準及び評価方法
　　　　　製品，原材料，仕掛品…移動平均法による原価法（貸借対照表価
　　　　　　　　　　　　　　　　　額は収益性の低下による簿価切下げの方
　　　　　　　　　　　　　　　　　法により算定）
　　　　　貯蔵品………………………最終仕入原価法

連結注記表においても，個別注記表と同様の項目を連結ベースで記載する。ただし，有価証券の評価基準および評価方法において，連結対象である子会社株式の記載は不要である。

「経団連ひな型」における連結注記表の記載例は，以下のとおりである。

［記載例］
　3．会計方針に関する事項
　(1)　資産の評価基準及び評価方法
　　①　有価証券の評価基準及び評価方法
　　　　売買目的有価証券………………時価法（売却原価は移動平均法により算定）
　　　　満期保有目的の債券……………償却原価法（定額法）
　　　　その他有価証券
　　　　　市場価格のない株式等以外のもの……時価法（評価差額は全部純資産直入法により処理し，売却原価は移動平均法により算定）
　　　　　市場価格のない株式等……移動平均法による原価法
　　②　デリバティブの評価基準及び評価方法
　　　　デリバティブ……………時価法
　　③　棚卸資産の評価基準及び評価方法
　　　　製品，原材料，仕掛品…移動平均法による原価法（貸借対照表価額は収益性の低下による簿価切下げの方法により算定）
　　　　貯蔵品………………………最終仕入原価法

---

①　有価証券の評価基準および評価方法

有価証券は，原則として，取得価額により評価する（計算規則5Ⅰ）。ただし，事業年度の末日における時価がその時の取得原価より低い有価証券や，子会社株式および関連会社株式と満期保有目的の債券を除く市場価格のある有価証券については，当該事業年度の末日における時価または適正な価格を付す取扱いが可能である。これは，いわゆる低価基準（低価法）や時価基準（時価法）の適用の容認を示している（計算規則5Ⅵ①②）。

274　第4章　注記表

　「金融商品に関する会計基準」（企業会計基準第10号，以下「金融商品会計基準」という）および「金融商品会計に関する実務指針」（移管指針第9号，以下「金融商品実務指針」という）などの会計基準等では，図表4－3に示したとおり有価証券をその保有目的ごとに区分し，それぞれについて評価基準や会計処理を定めているため，それらをしん酌して適用する。

　評価方法については，具体的な定めはないが，移動平均法，総平均法などの方法が一般的に用いられる。

　計算書類における会計方針の開示においては，有価証券を保有目的ごとに区分し，それぞれについて評価基準と評価方法を注記する記載が個別・連結ともに一般的である。

<図表4－3>　金融商品会計基準における有価証券の区分と会計処理

有価証券の区分	評価基準	会計処理
①　売買目的有価証券	時価	評価差額は当期の損益
②　満期保有目的の債券	取得原価 ただし，取得価額と債券金額との差額の性格が金利の調整と認められるときは，償却原価	償却原価法では，取得価額と債券金額との差額を原則として利息法（定額法も可）により償却
③　子会社株式および関連会社株式	取得原価	－
④　その他有価証券	時価 （市場価格のない株式等は取得原価）	評価差額は洗い替え方式に基づき次のいずれかの方法により処理 ●全部純資産直入法 ●部分純資産直入法

　なお，その他有価証券（市場価格のない株式等を除く）については，評価差額の処理として，全部純資産直入法のほか，部分純資産直入法も認められているため，評価基準および評価方法において，評価差額の処理方法も記載する必要がある。

第2節　注記表の記載事項　275

記載例　一般的な記載例　　　　　　　　　（㈱共立メンテナンス　2024年3月期）

（個別）

(1)　有価証券の評価基準および評価方法
満期保有目的の債券…………償却原価法（定額法）によっております。 　　子会社株式および…………移動平均法による原価法によっております。 　　関連会社株式 　　その他有価証券 　　　市場価格のない株式等……時価法（評価差額は全部純資産直入法により処 　　　以外のもの　　　　　　　理し，売却原価は移動平均法により算定）に 　　　　　　　　　　　　　　　よっております。 　　　市場価格のない株式等……移動平均法による原価法によっております。 　　　　　　　　　　　　　　　投資事業有限責任組合およびこれに類する組合 　　　　　　　　　　　　　　　への出資（金融商品取引法第2条第2項により 　　　　　　　　　　　　　　　有価証券とみなされるもの）については，組合 　　　　　　　　　　　　　　　契約に規定される決算報告日に応じて入手可能 　　　　　　　　　　　　　　　な最近の決算報告書を基礎とし，持分相当額を 　　　　　　　　　　　　　　　純額で取り込む方法によっております。

（連結）

(1)　有価証券の評価基準および評価方法
満期保有目的の債券…………償却原価法（定額法）によっております。 　　その他有価証券 　　　市場価格のない株式等……時価法（評価差額は全部純資産直入法により処 　　　以外のもの　　　　　　　理し，売却原価は移動平均法により算定）に 　　　　　　　　　　　　　　　よっております。 　　　市場価格のない株式等……移動平均法による原価法によっております。 　　　　　　　　　　　　　　　投資事業有限責任組合およびこれに類する組合 　　　　　　　　　　　　　　　への出資（金融商品取引法第2条第2項により 　　　　　　　　　　　　　　　有価証券とみなされるもの）については，組合 　　　　　　　　　　　　　　　契約に規定される決算報告日に応じて入手可能 　　　　　　　　　　　　　　　な最近の決算報告書を基礎とし，持分相当額を 　　　　　　　　　　　　　　　純額で取り込む方法によっております。

276　第4章　注記表

記載例　デリバティブおよび金銭の信託（連結）　（大平洋金属㈱　2024年3月期）

② デリバティブ取引により生じる正味の債権及び債務の評価基準及び評価方法
　　時価法を採用しております。
③ 運用目的の金銭の信託の評価基準及び評価方法
　　時価法を採用しております。

記載例　組込デリバティブ・投資事業有限責任組合等への出資（連結）

（セガサミーホールディングス㈱　2024年3月期）

(1) 重要な資産の評価基準及び評価方法
　① 満期保有目的の債券
　　　償却原価法（定額法）
　② その他有価証券
　　　市場価格のない株式等以外のもの
　　　　　時価法（評価差額は，全部純資産直入法により処理し，売却原価は移動
　　　　平均法により算定）
　　　　　なお，組込デリバティブを区分して測定することができない複合金融商
　　　　品は，複合金融商品全体を時価評価し，評価差額を当連結会計年度の損益
　　　　に計上しております。
　　　市場価格のない株式等
　　　　　移動平均法による原価法
　　　　　なお，投資事業有限責任組合及びこれに類する組合への出資（金融商品
　　　　取引法第2条第2項により有価証券とみなされるもの）については，組合
　　　　契約に規定される決算報告日に応じて入手可能な決算書を基礎として持分
　　　　相当額を純額で取り込む方法によっております。

②　棚卸資産の評価基準および評価方法

　棚卸資産は，取得価額，すなわち取得原価または製造原価により評価する（計
算規則5Ⅰ）。また，事業年度の末日における時価がその時の取得原価より低い
棚卸資産については，当該事業年度の末日における時価を付すことが可能であ
り，いわゆる低価法の適用が容認されている（計算規則5Ⅵ①）。しかし，一般
に公正妥当と認められる企業会計の基準その他の企業会計の慣行をしん酌する
ため，「棚卸資産の評価に関する会計基準」（企業会計基準第9号，以下「棚卸

資産会計基準」という）を適用して，図表4－4に示すとおり取得原価基準のもとで，その収益性が低下した場合に帳簿価額を正味売却価額まで切り下げる処理が求められる。

評価方法については，先入先出法，総平均法，移動平均法，個別法，売価還元法が一般的に用いられる（棚卸資産会計基準6‐2項）。

会計方針における棚卸資産の評価基準および評価方法として，商品，製品，原材料等の種類別に，先入先出法による原価法などの開示を行う。

また，会計方針において，収益性の低下に基づく簿価切下げの方法により棚卸資産の貸借対照表価額を算定している旨を付記する。

＜図表4－4＞　棚卸資産会計基準における棚卸資産の区分と評価基準等

区分	評価基準等
通常の販売目的で保有する棚卸資産	評価時点で，正味売却価額（売価から見積追加製造原価および見積販売直接経費を控除したもの）が，その帳簿価額を下回っていれば，当該正味売却価額まで簿価を切下げ（売却市場での市場価格が観察できないときは，合理的に算定された価額を売価とする） ただし，営業循環過程から外れた資産について，合理的に算定された価額の使用が困難な場合には，次のような方法により処理 ●処分見込価額（ゼロまたは備忘価額を含む）まで切下げ ●一定の回転期間を超える場合，規則的に切下げ
トレーディング目的で保有する棚卸資産	時価をもって貸借対照表価額とし，帳簿価額との差額は，当期の損益として，原則，純額で売上高として処理

記載例　一般的な記載例　　　　　　　（カルビー㈱　2024年3月期）

（個別）

②	棚卸資産の評価基準及び評価方法
	通常の販売目的で保有する棚卸資産
	製品及び仕掛品　　　　　　　　総平均法による原価法
	（貸借対照表価額は，収益性の低下による簿価切下げの方法により算定）
	商品・原材料及び貯蔵品　　　　移動平均法による原価法

278　第4章　注記表

> （貸借対照表価額は，収益性の低下による簿価
> 切下げの方法により算定）

（連結）

> (ロ)　棚卸資産
> 通常の販売目的で保有する棚卸資産
> 製品及び仕掛品　　　　　総平均法による原価法
> 　　　　　　　　　　　　（貸借対照表価額は，収益性の低下による簿価
> 　　　　　　　　　　　　切下げの方法により算定）
> 商品・原材料及び貯蔵品　移動平均法による原価法
> 　　　　　　　　　　　　（貸借対照表価額は，収益性の低下による簿価
> 　　　　　　　　　　　　切下げの方法により算定）

（記載例） トレーディング目的で保有する棚卸資産がある場合（個別）

（双日㈱　2024年3月期）

> (4)　棚卸資産
> 通常の販売目的で保有する棚卸資産
> 　…個別法又は移動平均法による原価法（貸借対照表価額は収益性の低下に
> 　　基づく簿価切下げの方法により算定）によっております。
> トレーディング目的で保有する棚卸資産
> 　…時価法によっております。

（記載例） 建設業（個別）

（五洋建設㈱　2024年3月期）

> ③　棚卸資産
> 未成工事支出金……個別法による原価法
> 棚卸不動産…………個別法による原価法
> 材料貯蔵品…………先入先出法による原価法
> 　なお，未成工事支出金を除く棚卸資産の貸借対照表価額は収益性の低下に
> 基づく簿価切下げの方法により算定している。

(2)　固定資産の減価償却の方法

　固定資産については，償却が行われる（計算規則5Ⅱ）。減価償却は，固定資産の計画的，規則的な原価配分により適正な損益計算の実現を目的とする会計

処理であり，合理的に決定された一定の方式に従って毎期計画的，規則的に実施する。通常は，固定資産を有形固定資産・無形固定資産等の区分ごとかつ資産の種類ごとに区分し，それぞれについて複数の認められた方法から減価償却方法を選択する。そのため，選択した方法を会計方針として開示する。

「経団連ひな型」における記載例は，以下のとおりである。

［記載例］
2．固定資産の減価償却の方法
(1) 有形固定資産（リース資産を除く）
　定率法（ただし，1998年4月1日以降に取得した建物（附属設備を除く）並びに2016年4月1日以降に取得した建物附属設備及び構築物は定額法）を採用しております。
(2) 無形固定資産（リース資産を除く）
　定額法を採用しております。
(3) リース資産
　所有権移転ファイナンス・リース取引に係るリース資産
　　自己所有の固定資産に適用する減価償却方法と同一の方法を採用しております。
　所有権移転外ファイナンス・リース取引に係るリース資産
　　リース期間を耐用年数とし，残存価額を零とする定額法を採用しております。

また，連結注記表における記載についても特に相違はない。「経団連ひな型」における連結注記表の記載例は，以下のとおりである。

［記載例］
(2) 固定資産の減価償却の方法
① 有形固定資産（リース資産を除く）
　定率法（ただし，1998年4月1日以降に取得した建物（附属設備を除く）並びに2016年4月1日以降に取得した建物附属設備及び構築物は定額法）を採用しております。
② 無形固定資産（リース資産を除く）
　定額法を採用しております。
③ リース資産

> 所有権移転ファイナンス・リース取引に係るリース資産
>   自己所有の固定資産に適用する減価償却方法と同一の方法を採用
> しております。
> 所有権移転外ファイナンス・リース取引に係るリース資産
>   リース期間を耐用年数とし，残存価額を零とする定額法を採用し
> ております。

　このほか，有形固定資産の各項目別の主な耐用年数についても記載の追加が
考えられる。この場合には，貸借対照表に表示した科目別に耐用年数を記載し，
「○年（最短期間）から○年（最長期間）」と年数に幅をもたせた事例が多く見
られる。

　「経団連ひな型」では，個別注記表および連結注記表における記載として，そ
れぞれ以下のような記載を追加することが考えられる旨が，関連する記載上の
注意として示されている。

> なお，主な耐用年数は次のとおりであります。
>   建物　　　　　○年～○年
>   構築物　　　　○年～○年
>   機械装置　　　○年～○年
>   車両運搬具　　○年～○年
>   工具器具備品　○年～○年

> なお，主な耐用年数は次のとおりであります。
>   建物及び構築物　　　　○年～○年
>   機械装置及び運搬具　　○年～○年

　同様に，「経団連ひな型」では，無形固定資産の各項目別の主な耐用年数につ
いても記載の追加が考えられる旨が示されている。この場合にも，のれん，自
社利用のソフトウェア等の項目ごとに償却期間の最短期間と最長期間に幅をも
たせた事例が多く見られる。

> なお，主な耐用年数は次のとおりであります。
>   自社利用のソフトウェア　　　○年～○年

のれん	○年～○年

　また，「経団連ひな型」では，所有権移転外ファイナンス・リース取引における借主側の注記において，リース取引開始日が「リース取引に関する会計基準」（企業会計基準第13号，以下「リース取引会計基準」という）の適用初年度開始前のリース取引で，「リース取引に関する会計基準の適用指針」（企業会計基準適用指針第16号，以下「リース取引適用指針」という）第79項に基づいて，引き続き通常の賃貸借取引に係る方法に準じた会計処理を適用する場合には，その旨および改正前のリース取引会計基準で必要とされていた事項の記載の追加が考えられる旨が示されている。

> なお，リース物件の所有権が借主に移転すると認められるもの以外のファイナンス・リース取引のうち，リース取引開始日が企業会計基準第13号「リース取引に関する会計基準」の適用初年度開始前のリース取引については，通常の賃貸借取引に係る方法に準じた会計処理によっております。

①　有形固定資産の減価償却の方法

　有形固定資産の減価償却方法としては，定率法，定額法，生産高比例法などがある。資産の種類ごとに最も適した減価償却方法を選択するが，同じ種類の資産であっても，合理的であると判断されれば異なる減価償却方法を採用することもありうる。また，固定資産の耐用年数や残存価額については，計算書類では必ずしも開示が求められていないものの，会計上の見積りに関する有益な情報としてあわせて開示する対応が考えられる。ただし，図表４－５に示すとおり税制改正により会計方針等の開示が複雑化しているため，詳細な情報を開示する場合には注意が必要である。一覧性の観点から，主要部分に限定した要約開示によることも考えられる。

<図表４－５>　税制改正に関連した減価償却方法の注記に関する留意事項

留意すべき事象	開示上の対応
平成10年度税制改正	1998年3月31日以前に取得した建物について定率法を採用し，4月1日以後取得した建物については定額法を採用している場合は，当該取得の時期を区分して，それぞれ

282　第4章　注記表

	償却方法を記載する。
平成19年度税制改正（新定額法または新定率法（250%定率法））	2007年4月1日以後に取得した資産，2007年3月31日以前に取得した資産の，それぞれについて，新旧定額法または新旧定率法の減価償却パターンが存在する。
平成19年度税制改正（既存資産の残存部分の5年均等償却）	2007年4月1日以後開始する事業年度から適用されている。
平成23年12月税制改正（200%定率法）	2012年4月1日以後取得する資産（新規取得資産）に適用される法人税法の定率法の償却率が，原則として，定額法の償却率の200%相当に変更されている（200%定率法）。また，既存資産のうち，従来250%定率法を採用している資産については，一定の届け出を行って，そのすべてを200%定率法へ変更できる。
平成28年度税制改正（建物附属設備および構築物の定率法廃止）	2016年4月1日以後に取得する建物附属設備および構築物の法人税法上の減価償却方法について，定率法が廃止され，定額法のみとなっている。

②　無形固定資産の減価償却の方法

　無形固定資産に属する科目としては，特許権，借地権（地上権を含む），商標権，実用新案権，意匠権，鉱業権，漁業権，ソフトウェア，のれんなどがある。これら無形固定資産についても，償却資産と非償却資産が存在し，償却資産の減価償却方法は，ほとんどの場合，定額法による。

　しかし，ソフトウェアについては，「研究開発費等に係る会計基準」（企業会計審議会）および「研究開発費及びソフトウェアの会計処理に関する実務指針」（移管指針第8号，以下「ソフトウェア実務指針」という）において，ソフトウェアの制作目的ごとに会計処理方法が定められており，その中で複数の減価償却方法が示されている。具体的には，制作目的ごとに性格やその利用の実態に応じて最も合理的と考えられる方法の採用が求められており，図表4－6に示す方法が合理的な方法として挙げられている。

第2節 注記表の記載事項 283

＜図表４－６＞ ソフトウェア制作目的ごとの減価償却方法

【市場販売目的のソフトウェア】

● 見込販売数量（または見込販売収益）に基づく減価償却

$$\text{当事業年度の} \atop \text{減価償却額} = \text{当事業年度の期首（初年度は販売開始時）のソフトウェアの未償却残高} \times \frac{\text{当事業年度の実績販売数量（または 実績販売収益）}}{\text{当事業年度の期首（初年度は販売開始時）の見込販売数量（または見込販売収益）}}$$

ただし，毎期の減価償却額は残存有効期間に基づく均等配分額を下回ってはならない。また，当初における販売可能な有効期間の見積りは，原則として３年以内の年数とし，３年を超える年数とする場合は合理的な根拠が必要である。

【自社利用目的のソフトウェア】

● 定額法による償却

耐用年数は，当該ソフトウェアの利用可能期間によるが，原則５年以内の年数とし，５年を超える年数とする場合は合理的な根拠が必要である。

　なお，市場販売目的のソフトウェアの見込販売数量（または見込販売収益）や自社利用のソフトウェアの利用可能期間を変更した場合の減価償却は，過去の時点で合理的な見積りが行われている限り，会計上の見積りの変更を行った時と同様の会計処理の適用が定められており，留意が必要である（ソフトウェア実務指針43項）。

③ リース資産の減価償却の方法

　リース取引会計基準では，ファイナンス・リース取引の借手は，リース資産について減価償却の方法の注記の記載が求められており（リース取引会計基準19項），計算書類の会計方針における記載が適切と考えられる。

　減価償却の方法において見出しの項目を「有形固定資産(リース資産を除く)」「無形固定資産（リース資産を除く）」とし，これらとは別に「リース資産」という項目を設けて，減価償却の方法を記載している事例が多く見られる。

284　第4章　注記表

記載例　**一般的な記載例①（個別）**

（ジャパンエレベーターサービスホールディングス㈱　2024年3月期）

(2)　固定資産の減価償却の方法
　①　有形固定資産（リース資産を除く）
　　主に定額法を採用しております。
　　なお，主な耐用年数は以下のとおりであります。
　　　　建物及び構築物　　　　3年〜50年
　　　　工具，器具及び備品　2年〜17年
　②　無形固定資産（リース資産を除く）
　　定額法を採用しております。
　　なお，自社利用のソフトウエアについては，社内における利用可能期間（5年）に基づいております。
　③　リース資産
　　・所有権移転外ファイナンス・リース取引に係るリース資産
　　　　リース期間を耐用年数として，残存価額を零とする定額法を採用しております。

記載例　**一般的な記載例②（所有権移転ファイナンス・リース取引を含む）（連結）**

（小松マテーレ㈱　2024年3月期）

(2)　重要な減価償却資産の減価償却の方法
　①　有形固定資産（リース資産を除く）
　　当社及び国内連結子会社は主として定率法（ただし，1998年4月1日以降に取得した建物（建物附属設備を除く）並びに2016年4月1日以降に取得した建物附属設備及び構築物については定額法）を採用しております。なお，耐用年数及び残存価額については，法人税法に規定する方法と同一の基準によっております。
　　在外子会社は定額法を採用しております。
　②　無形固定資産（リース資産を除く）
　　定額法を採用しております。なお，自社利用のソフトウェアについては，社内における利用可能期間（5年）に基づいております。
　③　リース資産
　　所有権移転ファイナンス・リース取引に係るリース資産
　　　　自己所有の固定資産に適用する減価償却方法と同一の方法を採用しております。

第2節　注記表の記載事項　285

所有権移転外ファイナンス・リース取引に係るリース資産

　リース期間を耐用年数とし，残存価額を零とする定額法を採用しております。

記載例　定期借地上の建物について記載（連結）

（㈱サンドラッグ　2024年3月期）

② 重要な減価償却資産の減価償却の方法

　イ．有形固定資産（リース　　　主として定率法を採用しております。
　　　資産を除く）　　　　　　なお，1998年4月1日以降に取得した建物（建
　　　　　　　　　　　　　　　物附属設備を除く）並びに2016年4月1日以降
　　　　　　　　　　　　　　　に取得した建物附属設備及び構築物について
　　　　　　　　　　　　　　　は，定額法を採用しております。
　　　　　　　　　　　　　　　また，事業用定期借地契約による借地上の建物
　　　　　　　　　　　　　　　については，耐用年数を定期借地権の残存期間
　　　　　　　　　　　　　　　とし，残存価額を零とする定額法によっておりま
　　　　　　　　　　　　　　　す。なお，主な耐用年数は次のとおりであります。
　　　　　　　　　　　　建物及び構築物3〜50年

記載例　無形固定資産の償却方法（連結）　　　（タカノ㈱　2024年3月期）

ロ．無形固定資産（リース資産を除く）　定額法
　なお，主な償却期間は以下のとおりです。
　　自社利用のソフトウェア　5年（社内利用可能期間）
　　のれん　　　　　　　　　5年（投資効果の及ぶ期間）
　　顧客関連資産　　　　　　20年（対価の算定根拠となった将来の収益獲得
　　　　　　　　　　　　　　　　　期間）
　　技術資産　　　　　　　　10年（同上）

　のれんの償却については，記載箇所が明確に定められていない。個別注記表では無形固定資産の償却方法に含めて記載している例のほか，「のれんの償却に関する事項」等の個別の項目として「その他計算書類作成のための基本となる重要な事項」に記載している事例が見られる。また，連結注記表においても，無形固定資産の償却方法に含めて記載している事例のほか，会計方針に関する

286　第4章　注記表

事項の1つとして，別個に記載している事例も見られる。

　なお，2010年より適用となった「企業結合に関する会計基準」（企業会計基準第21号）等の改正により，負ののれんは発生した事業年度もしくは連結会計年度の利益とされる。しかし，当該基準の適用前に発生した負ののれんについては従前から実施していた償却を継続するため，このような負ののれんが存在する場合にはその旨とその償却について追加して記載する方法が考えられる。

（記載例）　のれんの償却に関する事項①（個別）

（㈱ジャパンディスプレイ　2024年3月期）

> ⑽　のれんの償却方法及び償却期間
> 　のれんの償却については，20年以内の一定の期間にわたり定額法により償却を行っております。

（記載例）　のれんの償却に関する事項②（連結）

（㈱クラウドワークス　2023年9月期）

> ⑶　のれんの償却方法及び償却期間
> 　のれんの償却については，効果の発現する期間を合理的に見積もり，当該期間にわたり均等償却しております。

⑶　引当金の計上基準

　引当金は，適正な期間損益計算を行うために計上する項目で，会社計算規則において一般的な定義はない。企業会計原則注解【注18】において，「将来の特定の費用または損失であって，その発生が当期以前の事象に起因し，発生の可能性が高く，かつ，その金額の合理的な見積りができる場合に，当期の負担に属する金額を当期の費用または損失として繰り入れ」た場合，引当金として貸借対照表の負債科目または資産の控除科目とする取扱いが定められている。

　引当金の計上基準は，企業によって異なるため，その内容を会計方針として注記表に開示する必要がある。

　連結注記表においても，基本的に個別注記表と同様の項目を連結ベースで記載する必要がある。なお，退職給付に関する記載については，個別と連結で会計

第2節　注記表の記載事項　287

処理が異なるため，個別注記表では退職給付引当金として「引当金の計上基準」
に開示するが，連結注記表では退職給付に係る会計処理の方法などの名称で，
「その他連結計算書類の作成のための基本となる重要な事項」に含めて記載する。
　「経団連ひな型」における個別・連結注記表の記載例は，それぞれ以下のとお
りである。

（個別）

［記載例］
3．引当金の計上基準
　(1)　貸倒引当金
　　　売上債権，貸付金等の債権の貸倒れによる損失に備えるため，一般債権
　　については貸倒実績率により，貸倒懸念債権等特定の債権については個別
　　に回収可能性を検討し，回収不能見込額を計上しております。
　(2)　退職給付引当金
　　　従業員の退職給付に備えるため，当事業年度末における退職給付債務及
　　び年金資産の見込額に基づき計上しております。
　　　過去勤務費用は，その発生時の従業員の平均残存勤務期間以内の一定の
　　年数（○年）による定額法により費用処理しております。
　　　数理計算上の差異は，各事業年度の発生時における従業員の平均残存勤
　　務期間以内の一定の年数（○年）による定額法により按分した額を，それ
　　ぞれ発生の翌事業年度から費用処理しております。
　(3)　役員退職慰労引当金
　　　役員の退職慰労金の支給に備えるため，役員退職慰労金規程に基づく期
　　末要支給額を計上しております。

（連結）

［記載例］
　(3)　引当金の計上基準
　　①　貸倒引当金
　　　　売上債権，貸付金等の債権の貸倒れによる損失に備えるため，一般債
　　　権については貸倒実績率により，貸倒懸念債権等特定の債権については
　　　個別に回収可能性を検討し，回収不能見込額を計上しております。
　　②　役員退職慰労引当金
　　　　役員の退職慰労金の支給に備えるため，役員退職慰労金規程に基づく

288　第4章　注記表

> 期末要支給額を計上しております。
>
> （中略）
>
> (5)　その他連結計算書類の作成のための基本となる重要な事項
>
> 　③　退職給付に係る会計処理の方法
>
> 　　　退職給付に係る負債は，従業員の退職給付に備えるため，当連結会計年度末における見込額に基づき，退職給付債務から年金資産の額を控除した額を計上しております。なお，退職給付債務の算定にあたり，退職給付見込額を当連結会計年度までの期間に帰属させる方法については，給付算定式基準によっております。
>
> 　　　過去勤務費用は，主としてその発生時の従業員の平均残存勤務期間以内の一定の年数（○年）による定額法により費用処理しております。
>
> 　　　数理計算上の差異は，主として各連結会計年度の発生時における従業員の平均残存勤務期間以内の一定の年数（○年）による定額法（一部の連結子会社は定率法）により按分した額を，それぞれ発生の翌連結会計年度から費用処理しております。
>
> 　　　未認識数理計算上の差異及び未認識過去勤務費用については，税効果を調整の上，純資産の部におけるその他の包括利益累計額の退職給付に係る調整累計額に計上しております。

　引当金は，その性格から負債として計上される負債性引当金と資産の控除科目として計上される評価性引当金に区分される。

　企業会計原則注解【注18】において掲記されている引当金の主な具体例をその区分ごとに分類すると図表4－7のとおりである。

＜図表4－7＞　引当金の分類および表示

引当金の分類	引当金の名称	開　示
負債性引当金	製品保証引当金 賞与引当金 工事補償引当金 退職給与（付）引当金 修繕引当金 特別修繕引当金 債務保証損失引当金 損害補償損失引当金	将来の特定の費用または損失のうち当期の負担に属する金額を見積り，流動負債または固定負債に計上

評価性引当金	貸倒引当金	資産に係る将来の損失のうち当期の負担に属する金額を見積り，当該金額を資産から控除する形で計上

　引当金は，合理的な方法により金額を見積って計上されるが，計上金額が小さくない事例が多い。したがって，その計上基準の明確な記載は，利害関係者が会社の財政状態および経営成績を適切に理解するために重要である。

　以下で，一般的な事例として多く見られる賞与引当金，退職給付引当金，役員賞与引当金，役員退職慰労引当金，貸倒引当金，製品保証引当金など各種引当金について，会計上の考え方および取扱いを解説する。

　なお，「経団連ひな型」における記載例では，退職給付引当金を除き，個別注記表と連結注記表で記載内容や文言等に関して特別な違いはない。以下においても，一部の事例について個別と連結の双方を示しているが，個別ベース・連結ベースのそれぞれに応じて記載されているのみであり，特に内容等に相違は見られない。

① 賞与引当金

　従業員の賞与は，会社との労働協約や給与規程等に基づき，支給および支給時期が約束されている場合がほとんどであり，勤務期間およびその期間の勤怠状況や会社の業績等に応じて支給される。よって，将来の賞与の支給見込額のうち当事業年度の負担に属すると判断される額を，当事業年度に費用計上する。その場合の貸借対照表表示科目として賞与引当金が用いられる場合がある。

　将来の賞与の支給見込額のうち，当事業年度の負担に属する金額を計上する際の表示科目の考え方については，「未払従業員賞与の財務諸表における表示科目について」（リサーチ・センター審理情報No. 15）が公表されている。内容をまとめると，図表4－8のとおりである。

290　第4章　注記表

<図表4－8>　賞与支給予定額の開示科目

支給額の確定状況		表示科目
支給額が確定している (個々の従業員への賞与支給額が確定している場合のほか, 例えば, 賞与の支給率, 支給月数, 支給総額が確定している場合等が含まれる)	賞与支給額が支給対象期間に対応して算定されている	未払費用
	賞与支給額が支給対象期間以外の基準に基づいて算定されている (臨時的な要因に基づいて算定された成功報酬型賞与など)	未払金
支給額が確定していない		賞与引当金

　支給予定額が確定していない賞与について,賞与引当金として計上する場合,会社ごとに置かれている状況に応じて,さまざまな算定・計上方法が考えられる。そのため,どのような方法によっているかについての開示が必要である。引当計上する場合の算定・計上方法としては,過去の実績等から支給予定額を見積る方法,従前の法人税法の規定における支給対象期間基準による繰入限度額を基礎に将来の支給見込みを加味して算定する方法などがある。なお,支給見込額に基づいて計上している旨の開示が多く見られる。

記載例　一般的な記載例①（個別）

(㈱コンコルディア・フィナンシャルグループ　2024年3月期)

> (1)　賞与引当金
> 　　賞与引当金は,従業員への賞与の支払いに備えるため,従業員に対する賞与の支給見込額のうち,当事業年度に帰属する額を計上しております。

記載例　一般的な記載例②（連結）　　　　　(ユニプレス㈱　2024年3月期)

> ❷　賞与引当金
> 　　当社及び一部の連結子会社は,従業員の賞与の支給に備えるため,支給見積額のうち,当連結会計年度に帰属する部分を計上しております。

②　退職給付引当金

従業員の退職金は,労働協約や退職金規程等に基づき,会社ごとに定める方

法で，支給時期および支給額が決定される。将来の一定の時期に支給される退職金は給与の後払いの性格を有し，勤務期間を通じてその支給債務は追加的に発生し，累積していく。従業員の退職金制度は，退職一時金制度，確定拠出年金制度，確定給付企業年金制度や，これらを複数組み合わせた制度など，会社によってさまざまである。

退職給付関係については，「退職給付に関する会計基準」（企業会計基準第26号，以下「退職給付会計基準」という）と「退職給付に関する会計基準の適用指針」（企業会計基準適用指針第25号，以下「退職給付適用指針」という）に基づいて，会計処理を行う必要がある。

a．退職給付会計の概要

退職給付会計基準および退職給付適用指針に基づく確定給付制度における退職給付引当金（連結財務諸表では退職給付に係る負債）の原則的な計上方法は図表4－9のとおりである。なお，退職給付会計基準第39項において，個別財務諸表における当面の取扱いが定められており，未認識数理計算上の差異の取扱いや貸借対照表における科目名称など，連結財務諸表における取扱いと一部異なる点に留意する必要がある。

<図表4－9> 退職給付引当金／退職給付に係る負債の計上方法

退職給付引当金／退職給付に係る負債の計上
（個別財務諸表） 退職給付債務に未認識数理計算上の差異②および未認識過去勤務費用③を加減した額から年金資産の額④を控除した額を「退職給付引当金」として計上（退職給付会計基準39項）
（連結財務諸表） 退職給付債務①から年金資産の額④を控除した額を「退職給付に係る負債」として計上（退職給付会計基準13項および27項）
①　退職給付債務の計算 退職給付見込額のうち，期末までに発生していると認められる額を，割り引いて計算（退職給付会計基準16項）

292　第4章　注記表

---

② 未認識数理計算上の差異の額

　「数理計算上の差異」とは，年金資産の期待運用収益と実際の運用成果との差異，退職給付債務の数理計算に用いた見積数値と実績との差異および見積数値の変更等により発生した差異をいう（退職給付会計基準11項）。

　数理計算上の差異は，原則として，発生年度に費用処理または平均残存勤務期間内の一定の年数で定額法により費用処理するが，定率法による費用処理も可能である。数理計算上の差異の発生額については，当期の発生額を翌期から費用処理する方法も適用できる（退職給付会計基準24項，退職給付適用指針35項，退職給付会計基準注解（注7））。

③ 未認識過去勤務費用の額

　「過去勤務費用」とは，退職給付水準の改訂等に起因して発生した退職給付債務の増加または減少額をいう（退職給付会計基準12項）。

　原則として，発生年度に費用処理または平均残存勤務期間内の一定の年数で定額法により費用処理するが，定率法による費用処理も可能である（退職給付会計基準25項，退職給付適用指針42項および35項，退職給付会計基準注解（注9））。

④ 年金資産の額

　年金資産とは，特定の退職給付制度のために，退職金規程等に基づき積み立てられた，以下のすべてを満たす特定の資産をいう（退職給付会計基準7項）。
　(1) 退職給付以外に使用できない
　(2) 事業主および事業主の債権者から法的に分離されている
　(3) 積立超過分を除き，事業主への返還，事業主からの解約・目的外の払出等が禁止されている
　(4) 資産を事業主の資産と交換できない

　退職給付引当金／退職給付に係る負債を計上する際の費用項目である退職給付費用の構成および算定方法は，図表4－10のとおりである。

<図表4－10>　退職給付費用の構成および算定方法

退職給付費用の構成および算定方法
以下の項目の当期に係る額は，退職給付費用として計上（退職給付会計基準14項） ① 勤務費用 ② 利息費用 ③ 期待運用収益 ④ 数理計算上の差異および過去勤務費用の費用処理額
① 勤務費用

退職給付見込額のうち当期に発生したと認められる額を割り引いて計算（退職給付会計基準17項）

② 利息費用
　期首の退職給付債務に割引率を乗じて計算（退職給付会計基準21項）

③ 期待運用収益
　期首の年金資産の額に合理的に期待される収益率（長期期待運用収益率）を乗じて計算（退職給付会計基準23項）

④ 数理計算上の差異および過去勤務費用の費用処理額
　原則として，各期の発生額について平均残存勤務期間以内の一定の年数で按分した額を毎期費用処理（退職給付会計基準24項・25項）

　なお，小規模企業等（原則として従業員数300人未満の企業）については，一定の場合，期末自己都合要支給額を退職給付債務とする等の簡便法の適用が容認されている（退職給付適用指針47項から51項）。

b．会計基準等における退職給付の開示の概要

　会計方針の開示は，退職給付制度の種類等にかかわらず，退職給付債務および年金資産の見込額に基づき計上している旨の概括的な記載が一般的に行われている。また，個別財務諸表では，過去勤務費用の償却方法および数理計算上の差異の償却方法をともに記載する取扱いが望ましい。

　連結財務諸表を作成する会社については，個別財務諸表において，未認識数理計算上の差異および未認識過去勤務費用の貸借対照表における取扱いが連結財務諸表と異なる旨の注記が求められている（退職給付会計基準39項(4)）。

　その他に，確定給付制度に関する注記事項についても，図表4－11に示したとおり，連結財務諸表と個別財務諸表では異なる。

<図表4－11> 確定給付制度の注記事項

会計基準等で要求される確定給付制度の注記事項	
(1)　退職給付の会計処理基準に関する事項	
(2)　企業の採用する退職給付制度の概要	＊1
(3)　退職給付債務の期首残高と期末残高の調整表	＊1
(4)　年金資産の期首残高と期末残高の調整表	＊1

(5) 退職給付債務および年金資産と貸借対照表に計上された退職給付に係る負債および資産の調整表	＊1
(6) 退職給付に関連する損益	＊1
(7) その他の包括利益に計上された数理計算上の差異および過去勤務費用の内訳	＊2
(8) 貸借対照表のその他の包括利益累計額に計上された未認識数理計算上の差異および未認識過去勤務費用の内訳	＊2
(9) 年金資産に関する事項（年金資産の主な内訳を含む）	＊1
(10) 数理計算上の計算基礎に関する事項	＊1
(11) その他の事項	＊1

＊1 連結財務諸表で注記している場合には，個別財務諸表において注記を要しない。
＊2 個別財務諸表では開示されない注記項目である。

ｃ．会社計算規則での取扱い

会社計算規則では，図表4－12のとおり，勘定科目名称が定められているのみである。これらの用語の意義が退職給付会計基準等の一般に公正妥当と認められる企業会計の基準により明確であるため，会社計算規則において改めて定義等の規定を設ける必要はないとされている。

<図表4－12>　会社計算規則の定める勘定科目

個別貸借対照表	●「前払年金費用」（計算規則74Ⅲ④ニ） ●「退職給付引当金」（計算規則75Ⅱ②ニ）
連結貸借対照表	●「退職給付に係る資産」（計算規則74Ⅲ④ニ） ●「退職給付に係る負債」（計算規則75Ⅱ②ニ） ●「退職給付に係る調整累計額」（計算規則76Ⅶ⑤・Ⅸ③）
連結株主資本等 変動計算書	●「退職給付に係る調整累計額」（計算規則96Ⅴ⑤・Ⅸ③）

また，会社計算規則では，注記事項について詳細な規定は設けられていないため（図表4－13参照），退職給付会計基準等をしん酌した概括的な開示が考えられる。

第2節　注記表の記載事項　295

＜図表４－13＞　注記事項

計算書類	退職給付の会計処理基準に関する事項や企業の採用する退職給付制度の概要が，企業の財産または損益の状況を正確に判断するために必要である場合には，前者は「重要な会計方針に係る事項に関する注記」（計算規則98Ⅰ②，101Ⅰ③）として，後者は「その他の注記」として記載（計算規則98Ⅰ⑲，116）
連結計算書類	●「退職給付に係る負債」の計上基準について，重要性がある場合には，「その他連結計算書類の作成のための重要な事項」（計算規則102Ⅰ③ニ）に記載＊ ●退職給付見込額の期間帰属方法ならびに数理計算上の差異および過去勤務費用の費用処理方法に重要性がある場合には，「その他連結計算書類の作成のための基本となる重要な事項」（計算規則102Ⅰ③ニ参照）として，これらの事項を記載

＊　「退職給付に係る負債の計上基準」等の項目を付す対応は妨げられない。

（記載例）　一般的な記載例　　　　　　　　　　　（カルビー㈱　2024年3月期）

（個別）

⑤　退職給付引当金

　　従業員の退職給付に備えるため，当事業年度末における退職給付債務及び年金資産の見込額に基づき，当事業年度末において発生していると認められる額を計上しております。なお，従業員のうち準社員については，内規に基づく期末要支給額の全額を計上しております。

　　退職給付引当金及び退職給付費用の処理方法は以下のとおりです。

（イ）退職給付見込額の期間帰属方法

　　　退職給付債務の算定にあたり，退職給付見込額を当事業年度末までの期間に帰属させる方法については，給付算定式基準によっております。

（ロ）数理計算上の差異及び過去勤務費用の費用処理方法

　　　数理計算上の差異は，各事業年度の発生時における従業員の平均残存勤務期間以内の一定の年数（12年）による定額法により按分した額をそれぞれ発生の翌事業年度から費用処理しております。

　　　過去勤務費用は，その発生時における従業員の平均残存勤務期間以内の一定の年数（5年）による定額法により費用処理しております。

（連結）

（イ）退職給付に係る会計処理の方法

296　第4章　注記表

・退職給付見込額の期間帰属方法
　　退職給付債務の算定にあたり，退職給付見込額を当連結会計年度末までの
　期間に帰属させる方法については，給付算定式基準によっております。
・数理計算上の差異及び過去勤務費用の費用処理方法
　　数理計算上の差異は，各連結会計年度の発生時における従業員の平均残存
　勤務期間以内の一定の年数（12年）による定額法により按分した額をそれぞ
　れ発生の翌連結会計年度から費用処理しております。
　　過去勤務費用は，その発生時における従業員の平均残存勤務期間以内の一
　定の年数（5年）による定額法により費用処理しております。
・小規模企業等における簡便法の採用
　　当社従業員のうち準社員については，内規に基づく連結会計年度末要支給
　額の全額を計上しております。
　　一部の連結子会社については，退職給付に係る負債及び退職給付費用の計
　算に，退職給付に係る期末自己都合要支給額を退職給付債務とする方法を用い
　いた簡便法を適用しております。

（記載例）　小規模企業等の簡便法　　　　　　　（国際計測器㈱　2024年3月期）
（個別）

(4)　退職給付引当金
　　従業員の退職給付に備えるため，当期末における退職給付債務見込額及び年
　金資産残高に基づき計上しております。

（連結）

①　退職給付に係る会計処理の方法
　　当社及び一部連結子会社は，退職給付に係る負債及び退職給付費用の計算
　に，退職給付に係る期末自己都合要支給額を退職給付債務とする方法を用いた
　簡便法を適用しており，退職給付債務から年金資産を控除した金額を退職給付
　に係る負債としております。

③　役員賞与引当金

　役員賞与は，会社法のもとでは，役員の職務執行に対する対価と規定され（会
社法361Ⅰ），役員報酬と同様の性格を持つ支払として位置づけられている。
「役員賞与に関する会計基準」（企業会計基準第4号）に基づき，発生した会計

期間の費用として処理する。

　現行の実務では，役員賞与の支給について過去からの慣行に基づき株主総会の決議事項とする会社が多く，この場合は当事業年度に係る株主総会で決議されるであろう金額を見積り，引当金を計上する。

（記載例）　一般的な記載例①（個別）　　　　　　　（SCSK㈱　2024年3月期）

> (3)　役員賞与引当金……役員に対して支給する賞与の支出に充てるため，支給見
> 　　　　　　　　　　　込額に基づき計上しております。

（記載例）　一般的な記載例②（連結）　　　　　　（伊藤忠食品㈱　2024年3月期）

> ③　役員賞与引当金
> 　　役員の賞与の支給に備えて，支給見込額のうち当連結会計年度負担額を計上
> しております。

④　役員退職慰労引当金

　役員退職慰労金は，役員の在任期間における役務提供の対価の後払いの性格を有し，その在任期間中にすでに当該費用は発生していると考えられる。定款に定めがない場合，役員退職慰労金の支給には株主総会の承認決議が必要である（会社法361Ⅰ，387Ⅰ）が，通常，取締役会で承認された役員退職慰労金に係る内規に基づいて支給額が確定するため，会計上は，適正な期間損益計算のために，役員退職慰労引当金として引当計上する。

　役員退職慰労引当金に関しては，内規に基づく要支給額を計上する方法が一般的であり，その旨を記載した事例が多く見られる。なお，役員退職慰労金は，内規に示されている在任期間等に基づく計算式により算定した金額のほかに，功労加算金などを上乗せして支給される場合もある。しかし，功労加算金は役員の退任時に決定され，多くの場合，在任期間中は金額が確定していないため，役員退職慰労引当金の要支給額の計算に含めている会社は少ないと考えられる。

　近年は，役員退職慰労金制度を廃止する事例が増加しており，注記においても，役員退職慰労金の廃止とその会計処理について言及している例が見られる。

298　第4章　注記表

記載例　**一般的な記載例（個別）**　　（㈱西武ホールディングス　2024年3月期）

> (4)　役員退職慰労引当金
> 　役員の退職慰労金の支給に備えるため，役員退職慰労金規則に基づく期末要支給額を計上しております。

記載例　**役員退職慰労金制度の廃止**　　（初穂商事㈱　2023年12月期）
（個別）

③　役員退職慰労引当金	役員の退職慰労金の支出に備えるため，内規に基づく期末要支給額を計上しておりましたが，2023年3月28日開催の第65回定時株主総会において，役員退職慰労金制度の廃止に伴う退職慰労金の打切り支給を決議いたしました。これに伴い，「役員退職慰労引当金」154,022千円を取り崩し，「長期未払金」として固定負債の「その他」に含めて表示しております。

（連結）

③　役員退職慰労引当金	当社は，役員の退職慰労金の支出に備えるため，内規に基づく期末要支給額を計上しておりましたが，2023年3月28日開催の第65回定時株主総会において，役員退職慰労金制度の廃止に伴う退職慰労金の打切り支給を決議いたしました。これに伴い，当社にて計上しておりました「役員退職慰労引当金」154,022千円を取り崩し，「長期未払金」として固定負債の「その他」に含めて表示しております。 一部の連結子会社は，役員の退職慰労金の支出に備えるため，内規に基づく期末要支給額を計上しております。

⑤　貸倒引当金

　貸倒引当金は，受取手形や売掛金，未収入金，貸付金などの金銭債権について，回収不能額を見積計上する科目で，資産から控除する形で表示する（計算規則5Ⅳ）。

　具体的な計上基準については，金融商品会計基準や金融商品実務指針などに

基づく。これらの会計基準では，債権を債務者の信用状態に応じて3種類に分類したうえで，それぞれの貸倒見積高の算定方法について，図表4−14のように説明している。

<図表4−14> 債権の分類による貸倒引当金の算定方法

【一般債権】
経営状態に重大な問題が生じていない債務者に対する債権（金融商品会計基準27項(1)）
（貸倒実績率法）
債権全体または同種・同類の債権ごとに，債権の状況に応じて求めた過去の貸倒実績率等合理的な基準により貸倒見積高を算定する方法（金融商品会計基準28項(1)）
【貸倒懸念債権】
経営破綻の状態には至っていないが，債務の弁済に重大な問題が生じているかまたは生じる可能性の高い債務者に対する債権（金融商品会計基準27項(2)）
債権の状況に応じて，次のいずれかの方法により貸倒見積高を算定（金融商品会計基準28項(2)） ［財務内容評価法］ 　債権額から担保の処分見込額および保証による回収見込額を減額し，その残額について債務者の財政状態および経営成績を考慮して貸倒見積高を算定する方法（金融商品会計基準28項(2)①） ［キャッシュ・フロー見積法］ 　債権の元本の回収および利息の受取りに係るキャッシュ・フローの合理的な見積りが可能な債権について，元本の回収および利息の受取りが見込まれるときから当期末までの期間にわたり当初の約定利子率で割り引いた現在価値の総額と債権の帳簿価額との差額を貸倒見積高とする方法（金融商品会計基準28項(2)②）
【破産更生債権等】
経営破綻または実質的に経営破綻に陥っている債務者に対する債権（金融商品会計基準27項(3)）
［財務内容評価法］ 　債権額から担保の処分見込額および保証による回収見込額を減額し，その残額を貸倒見積高とする方法（金融商品会計基準28項(3)）

　貸倒見積高の算定方法の開示については，一般債権は貸倒実績率法によって

300　第4章　注記表

いる旨，貸倒懸念債権は財務内容評価法とキャッシュ・フロー見積法のうち採用している方法，破産更生債権等は財務内容評価法によっている旨を記載する例が多く見られる。また，一般債権以外の債権について，貸倒懸念債権と破産更生債権等をあわせて，個別に回収可能性を検討して回収不能見込額を計上している旨の記載を行っている例も見られる。

記載例　**一般的な記載例（連結）**　　　　　　（伊藤忠食品㈱　2024年3月期）

> ①　貸倒引当金
> 　　売上債権等の貸倒による損失の計上に備えて，一般債権については貸倒実績率により，貸倒懸念債権等特定の債権については個別に回収可能性を検討し，回収不能見込額を計上しております。

⑥　製品保証引当金

　製品保証引当金は，財またはサービスに対する保証が合意された仕様に従っているかという保証のみである場合に，財またはサービスの提供後，自社の責任に属する，将来における負担が予想される無償修理費用等を見積り，引当計上する科目である。例えば，製造会社が製品の販売後一定の保証期間において無償による保証を約款等で定めている場合に計上される。

　会計方針として，製品保証引当金の計上額をどのように算定しているのかを開示する。実務上は，無償修理費用等の過去の実績等に基づき算定している場合が多いと考えられる。

　同様の性格を有する項目として，完成工事補償引当金がある。

記載例　**製品保証引当金①（個別）**　　　　　（㈱日本トリム　2024年3月期）

製品保証引当金	販売済製品の無償修理費用に備えるため，過去の実績率に基づく無償修理見込額を計上しております。

記載例　**製品保証引当金②（連結）**　　　　　　　（㈱FUJI　2024年3月期）

ロ．製品保証引当金	製品の保証期間に発生する当社及び連結子会社の瑕疵による費用の支出に備えるため，過去の実績額を基礎とし

て経験率を算定し，これを売上高に乗じた額と，金額に
重要性のある個別案件に対する見積額の合計額を計上し
ております。

（記載例）　完成工事補償引当金（連結）

（ピーエス・コンストラクション㈱　2024年3月期）

③　完成工事補償引当金
　　当社及び国内連結子会社は完成工事等にかかる瑕疵担保等の費用に備えるた
め，過去の実績率を基礎とする将来の見積補修費を計上しております。

⑦　債務保証損失引当金

　債務保証損失引当金は，会社が子会社等の債務保証を行っている場合で，そ
の被保証先が財政状態の悪化等により債務の返済ができなくなるなど，保証人
として当該債務の返済を担う可能性が高くなり，かつ，金額について合理的な
見積りが可能な場合に，引当計上する科目である。引当計上する場合，その計
上金額は債務保証の総額から，主たる債務者の返済可能額および担保により保
全される額等の求償債権についての回収見積額を控除した額となる（「債務保証
及び保証類似行為の会計処理及び表示に関する監査上の取扱い」（監査・保証実
務委員会実務指針第61号）　4(1)(2)）。

（記載例）　債務保証損失引当金①（連結）　　　　（スターゼン㈱　2024年3月期）

③　債務保証損失引当金……債務保証に係る損失に備えるため，被保証会社の財
　　　　　　　　　　　　　政状態等を勘案し，損失負担見込額を計上しており
　　　　　　　　　　　　　ます。

（記載例）　債務保証損失引当金②（個別）　　　（㈱クレディセゾン　2024年3月期）

(6)　債務保証損失引当金
　　債務保証のうち提携金融機関が行っている個人向けローン等及び，家賃保証
事業に係る債務保証について将来発生する危険負担に備えるため，将来発生す
ると見込まれる損失見込額を，実績率等を勘案して債務保証損失引当金として

302　第4章　注記表

計上しております。

（記載例）　債務保証損失引当金（関係会社への債務保証）（個別）

（日本電気㈱　2024年3月期）

債務保証損失引当金……関係会社への債務保証等に係る損失に備えるため，被保証者の財政状態等を勘案し，損失負担見込額を計上しています。

⑧　投資損失引当金

投資損失引当金は，主として，個別財務諸表において，出資している子会社株式や関連会社株式（以下「子会社株式等」という）の実質価額が低下した場合に，実質価額の低下相当額を対象資産から控除する方法で処理する評価性引当金である。「子会社株式等に対する投資損失引当金に係る監査上の取扱い」（監査委員会報告第71号）において，同引当金を計上できる場合として次の2つが挙げられている。

　a．子会社株式等の実質価額が著しく低下してはいないがある程度低下した場合に健全性の観点から引当金を計上する場合

　b．子会社株式等の実質価額が著しく低下したものの，回復可能性が見込めると判断して減損処理しなかったが，健全性の観点からリスクに備えて引当金を計上する場合

なお，金融商品会計基準により減損処理の対象となる場合には，投資損失引当金を計上する処理は認められない。

評価性引当金であるため，通常は投資その他の資産の控除項目として表示される。

（記載例）　投資損失引当金（個別）

（住友電気工業㈱　2024年3月期）

投資損失引当金

　子会社等に対する投資に係る損失に備えるため，当該会社の財政状態等を勘案して必要額を計上しております。

第2節　注記表の記載事項　303

⑨　工事損失引当金

　工事損失引当金の会計処理や表示等については,「収益認識に関する会計基準の適用指針」(企業会計基準適用指針第30号,以下「収益認識適用指針」という)において明確にされている。

　収益認識適用指針では,工事原価総額等が工事収益総額を超過する可能性が高く,かつ,その金額について合理的な見積りが可能な場合に,その超過すると見込まれる額(工事損失)のうち,すでに計上された損益の額を控除した残額を,工事損失が見込まれた期の損失として処理し,貸借対照表において対応する工事損失引当金を計上することが求められる(収益認識適用指針90項)。また,同一の工事契約に関する棚卸資産と工事損失引当金がともに計上される結果となる場合には,貸借対照表における相殺表示が容認されている(計算規則77,収益認識適用指針106項)。

記載例　工事損失引当金（連結）　　　　　　　　　　(㈱大林組　2024年3月期)

③　工事損失引当金	受注工事に係る将来の損失に備えるため,当連結会計年度末手持工事のうち損失の発生が確実視され,かつ,その金額を合理的に見積ることができる工事について,当該損失見込額を計上している。

---

⑩　修繕引当金・特別修繕引当金

　修繕引当金とは,過去から毎期継続的に修繕工事を行っている実績があるにもかかわらず,ある期間の修繕が何らかの要因で実施されなかった,または固定資産について翌期以降に修繕の実施が確実と判断される状況にあり,かつその金額について合理的な見積りが可能な場合などに,それら固定資産の修繕に備えて計上される引当金である。

　また,特別修繕引当金とは,船舶,溶鉱炉等の定期的な大規模修繕に要する支出に備えるために計上される引当金である。もともと法人税法において,比較的規模の大きな設備で,その修繕に多額の費用が必要となる設備等への取扱いが定められていた。会計上は,税法基準ではなく,当該定期的な大規模修繕について,引当金の計上要件を満たす場合に,翌期以降に行われる修繕費用を

304　第4章　注記表

見積計上する必要がある。

（記載例） **修繕引当金（連結）**　　　　　　（日東紡績㈱　2024年3月期）

> ｃ．修繕引当金
> 　当社及び一部の連結子会社は製造設備の定期的修繕に備えるため，前回の修繕費用を基準として次回の修繕費用を見積り，次回の改修までの期間に按分して繰り入れております。

（記載例） **特別修繕引当金（個別）**　　　　　　（HOYA㈱　2024年3月期）

> (4)　特別修繕引当金　　連続熔解炉の一定期間毎に行う大修繕の支出に備えるため，前回の大修繕における支出額を基礎とした見積額によって計上しております。

⑪　その他の引当金

　これまで解説してきた引当金のほかにも，引当金の計上要件を満たす場合には，適当な名称を付して引当金として計上する必要があり，会社ごとにさまざまな引当金が見られる。以下に具体例を挙げる。

（記載例） **事業構造改善引当金（連結）**　　　　（三洋化成工業㈱　2024年3月期）

> ⑤　事業構造改革引当金
> 　事業構造改革に伴い発生する費用及び損失に備えるため，その発生見込額を計上しております。

（記載例） **事業整理損失引当金①（個別）**　　　（㈱ノーリツ　2023年12月期）

> ⑥　事業整理損失引当金……事業の撤退に伴い発生すると予想される損失に備えるため，当該損失見積額を計上しております。

（記載例） **事業整理損失引当金②（連結）**
　　　　　　　　　　　　　　　（KPP グループホールディングス㈱　2024年3月期）

> ⑥　事業整理損失引当金……事業整理に伴い発生する将来の損失に備えるため，

第2節 注記表の記載事項 305

今後発生すると見込まれる損失額を計上しております。

> **記載例** 関係会社整理損失引当金①（個別） （蝶理㈱ 2024年3月期）

(3) 関係会社整理損失引当金	関係会社の事業の整理に伴う損失に備えるため，関係会社に対する出資金額及び債権金額等を超えて当社が負担することとなる損失見込額を計上しております。

> **記載例** 関係会社整理損失引当金②（連結）
> （日本コークス工業㈱ 2024年3月期）

④ 関係会社整理損失引当金……関係会社の整理により，当社が将来負担することとなり，かつ，合理的に見積もることが可能なものについては，当該損失見込額を計上しております。

> **記載例** 特別法上の引当金（個別） （北海道電力㈱ 2024年3月期）

(3) 渇水準備引当金 　渇水による損失に備えるため，電気事業法等の一部を改正する法律（平成26年法律第72号）附則第16条第3項の規定により，なおその効力を有するものとして読み替えて適用される同法第1条の規定による改正前の電気事業法（昭和39年法律第170号）第36条の定める基準によって計算した限度額を計上している。

⑷ 収益および費用の計上基準

収益の認識を取り扱う会計基準のうち，顧客との契約から生じる収益の認識については，「収益認識に関する会計基準」（企業会計基準第29号，以下「収益認識会計基準」という）と収益認識適用指針（以下あわせて「収益認識会計基準等」という）に従い，約束した財またはサービスの顧客への移転を当該財またはサービスと交換に会社が権利を得ると見込む対価の額で描写するよう，収益を認識する会計処理が求められる（収益認識会計基準16項）。収益認識会計基

準等で定められた基本となる原則に従って収益を認識するために，具体的には，次の①から⑤のステップを適用する（収益認識会計基準17項）。

① 顧客との契約を識別する
② 契約における履行義務を識別する
③ 取引価格を算定する
④ 契約における履行義務に取引価格を配分する
⑤ 履行義務を充足した時に，または充足するにつれて収益を認識する

　また，収益認識適用指針では，期間がごく短い工事契約および受注制作のソフトウェアに関する工事完成基準の適用や出荷基準等の取扱いなど，代替的な取扱いが定められている（収益認識適用指針164項）。

　会社計算規則においても，会社が顧客との契約に基づく義務の履行の状況に応じて当該契約から生ずる収益を認識するときには，会計方針における収益の計上基準として，以下の項目の開示が求められている（計算規則101Ⅱ）。

① 当該会社の主要な事業における顧客との契約に基づく主な義務の内容
② ①の義務に係る収益を認識する通常の時点
③ ①②に掲げるもののほか，当該会社が重要な会計方針に含まれると判断したもの

　会社計算規則において，顧客との契約から生じる収益に関する記載項目は，収益認識会計基準等において定められている注記事項との間で以下の図表4−15に示す関係がある。

<図表4−15> 重要な会計方針に係る事項に関する注記

会社計算規則に基づく記載項目	具体的な注記内容
① 当該会社の主要な事業における顧客との契約に基づく主な義務の内容	履行義務に関する情報（収益認識会計基準80-13項，80-14項） ●財またはサービスが他の当事者により顧客に提供されるように手配する履行義務（すなわち，企業が他の当事者の代理人として行動する場合） ●返品，返金およびその他の類似の義務 ●財またはサービスに対する保証および関連する義務

② ①の義務に係る収益を認識する通常の時点	履行義務を充足する通常の時点（収益を認識する通常の時点）（収益認識会計基準80-18項(1)）
③ ①②に掲げるもののほか，当該会社が重要な会計方針に含まれると判断したもの	重要な会計方針に含まれると判断した内容については，重要な会計方針として注記（収益認識会計基準80-3項） a．重要な支払条件に関する情報（収益認識会計基準80-13項(2)，80-15項） ● 通常の支払期限 ● 対価に変動対価が含まれる場合のその内容 ● 変動対価の見積りが通常制限される場合のその内容 ● 契約に重要な金融要素が含まれる場合のその内容 b．一定の期間にわたり充足される履行義務について，収益を認識するために使用した方法および当該方法が財またはサービスの移転の忠実な描写となる根拠（収益認識会計基準80-18項(2)） c．一時点で充足される履行義務について，約束した財またはサービスに対する支配を顧客が獲得した時点を評価する際に行った重要な判断（収益認識会計基準80-18項(3)）

　なお，図表4－15の②に関連して，収益認識適用指針第98項における代替的な取扱い（出荷基準等の取扱い）を適用した場合には，「収益を認識する通常の時点」と「履行義務を充足する通常の時点」が異なる場合がある。そのような場合には，重要な会計方針として「収益を認識する通常の時点」について注記する（収益認識会計基準163項）。

　会計方針の記載については，会社計算規則に基づく記載項目によれば，会社の実情を考慮して，③に該当する項目の注記を要しないと合理的に判断される場合等を勘案し，収益および費用の計上基準の開示は以下の図表4－16に示した組み合わせによる記載が許容される。

308 第4章 注記表

<図表4−16> 重要な会計方針に係る事項に関する記載項目

会社計算規則に基づく記載項目	パターン1	パターン2
① 当該会社の主要な事業における顧客との契約に基づく主な義務の内容	記載あり	記載あり
② ①の義務に係る収益を認識する通常の時点	記載あり	記載あり
③ ①②に掲げるもののほか，当該会社が重要な会計方針に含まれると判断したもの	記載あり	記載なし

　また，収益認識の注記の記載に関連し，会社が③に該当するものとして重要な会計方針に記載した事項がある場合には，当該事項については本節**17**で解説する「収益認識に関する注記」における記載は必要とされない。

　「経団連ひな型」における個別・連結注記表の記載例は，以下のとおりである。

［記載例］

　4．収益及び費用の計上基準

　商品又は製品の販売に係る収益は，主に卸売又は製造等による販売であり，顧客との販売契約に基づいて商品又は製品を引き渡す履行義務を負っております。当該履行義務は，商品又は製品を引き渡す一時点において，顧客が当該商品又は製品に対する支配を獲得して充足されると判断し，引渡時点で収益を認識しております。

　保守サービスに係る収益は，主に商品又は製品の保守であり，顧客との保守契約に基づいて保守サービスを提供する履行義務を負っております。当該保守契約は，一定の期間にわたり履行義務を充足する取引であり，履行義務の充足の進捗度に応じて収益を認識しております。

　当社が代理人として商品の販売に関与している場合には，純額で収益を認識しております。

［重要な会計方針に含まれると判断したものを記載する例］

　当社の取引に関する支払条件は，通常，短期のうちに支払期日が到来し，契約に重要な金融要素は含まれておりません。

　取引価格は，変動対価，変動対価の見積りの制限，契約における重要な金融要素，現金以外の対価などを考慮して算定しております。

　取引価格のそれぞれの履行義務に対する配分は，独立販売価格の比率に基づ

第2節　注記表の記載事項　309

いて行っており，また，独立販売価格を直接観察できない場合には，独立販売価格を見積っております。

　このほか，収益および費用の計上基準について，顧客との契約から生じる収益以外のその他の収益として，ファイナンス・リース取引に係る収益の計上基準を記載している例が見られる。

（記載例）　**収益の計上基準①（個別）**　　　　（ウシオ電機㈱　2024年3月期）

(4)　収益および費用の計上基準

　①　製品の販売

　　　当社は主に Industrial Process 事業，Visual Imaging 事業，Life Science 事業および Photonics Solution 事業における製品の製造および販売を行っています。

　　　各事業における各種ランプ等の販売については，顧客に製品それぞれを引渡した時に支配が移転すると判断しているため，引渡し時点で収益を認識しております。なお，「収益認識に関する会計基準の適用指針」第98項に定める代替的な取扱いを適用し，商品または製品の国内の販売において，出荷時から当該商品または製品の支配が顧客に移転される時までの期間が通常の期間である場合には，出荷時に収益を認識しております。

　　　Industrial Process 事業における各種光学装置の販売については，顧客との契約に基づき据付作業を伴う製品については，据付作業無しでは顧客が便益を享受することが困難なことから，製品と据付作業を一体の履行義務として識別しております。このような場合においては，顧客が製品の検収等による合意された性能確認を完了した時に資産の支配が顧客に移転するため，当該時点で収益を認識しております。また，一部の据付作業を伴わない製品については，顧客に製品それぞれを引渡した時に支配が移転すると判断しているため，引渡し時点で収益を認識しております。

　②　保守メンテナンスサービスの提供

　　　Industrial Process 事業における各種光学装置においては，販売した製品に対して別途の契約に基づく保守メンテナンスサービスを提供しております。保守メンテナンスサービスは，主に保守品の交換を含めた製品の安定稼働を保証するものであります。履行義務の識別について，主に時の経過にわたり履行義務が充足される契約に関しては契約期間に応じて収益を認識しております。なお，光学装置（その他）の一部の製品においては，製品の稼働率に

310　第4章　注記表

応じた変動対価が含まれており，その発生の不確実性がその後に解消される際に，認識した収益の累計額の重大な戻入れが生じない可能性が非常に高い範囲でのみ取引価格に含めております。

（記載例）　収益の計上基準②（連結）　㈱ヤマダホールディングス　2024年3月期

⑥　重要な収益及び費用の計上基準

　当社及び連結子会社の顧客との契約から生じる収益に関する主要な事業における主な履行義務の内容及び当該履行義務を充足する通常の時点（収益を認識する通常の時点）は以下のとおりであります。

デンキ事業

　デンキ事業は，主要な事業として家電・情報家電等の販売，リフォーム，家具・インテリア等の住まいに関する商品販売を行っております。商品の販売については，商品の引渡時点において顧客が当該商品に対する支配を獲得し，履行義務が充足されると判断しているため主として商品の引渡時点で収益を認識しております。また，収益は，顧客との契約において約束された対価から値引き，返品などを控除した金額で測定しております。

　リフォームについては，ごく短期な工事であることから，一時点において収益を認識しております。

　販売した家電等一部の製品に対して，保証期間内における正常使用の範囲内で発生した故障に係る修理費を当社グループが負担する無償の延長保証サービス，及び別個の契約に基づく有償の長期保証サービスを提供しております。当該サービスについては履行義務を識別し，メーカー保証のある期間は据え置き，延長保証の期間に応じて均等分配し，一定期間にわたり収益を認識しております。なお，無償の延長保証サービスについては将来の保証見込み等を考慮して算定された独立販売価格を基礎に取引価格の配分を行っております。

　また，カスタマー・ロイヤルティ・プログラムによる物品の販売については，顧客に対する販促活動にかかる支出を履行義務として識別し，将来の失効見込み等を考慮して算定された独立販売価格を基礎として取引価格の配分を行い，顧客が財またはサービスの支配を獲得した時点で履行義務を充足したと考えられるため，当該時点において，収益を認識しております。

　なお，一部の携帯電話端末やPOSAカードの販売等，顧客との約束が，財又はサービスを当社及び当社の連結子会社ではない他の当事者によって提供されるように手配する履行義務である場合には，代理人として純額で収益を認識しております。

住建事業

　住建事業は，主要な事業として戸建て住宅を中心とした住宅販売及びバスやキッチン等の住宅設備機器の製造・販売を行っております。

　住宅の販売については，注文住宅の請負等，工事契約を伴うものについては履行義務を充足するにつれて一定の期間で収益を認識しております。なお，オーナーリフォーム，ごく短期な工事及び工事契約を伴わない住宅等の販売については，住宅等の引渡時点において顧客が当該住宅等に対する支配を獲得し，履行義務が充足されると判断しているため，一時点において収益を認識しております。その他，住宅設備機器の販売については，主として商品の引渡時点で収益を認識しております。

金融事業

　金融事業は，主要な事業として各種住宅ローンの取扱，クレジット会社と提携したクレジットカードの発行及び運用，保険代理店として各種保険の取次ぎを行っております。

　住宅ローンについては，融資の際，顧客から手数料をいただいており，融資手続きに関する手数料として融資実行時点で履行義務が充足されると判断しているため，融資実行時点で収益を認識しております。また融資に関わる利息収入については，融資期間で収益を認識しております。

　クレジットサービスについては，業務提携に応じてクレジット会社から手数料をいただいており，顧客が当社グループの提供する決済手段を利用した時点で履行義務が充足されるものと判断して収益を認識し，決済手数料受取額で収益の額を測定しております。

　各種保険の取次ぎについては，保険会社との保険代理店委託契約に基づき，保険契約の締結の媒介及び付帯業務を行っており，通常，保険契約が有効となった時点で主な履行義務が充足されることから，当該履行義務を充足した時点で，顧客との契約から見込まれる代理店手数料の金額を収益として認識しております。

環境事業

　環境事業は，主要な事業として産業廃棄物の処理受託業務及び家電・情報家電等の廃品回収，リサイクル，リユース商品の販売を行っております。

　産業廃棄物の処理受託業務については，受託した産業廃棄物の処理が完了した時点で履行義務が充足されたと考えられるため，当該時点において，収益を認識しております。

　家電・情報家電等の廃品回収については，家電・情報家電等を回収した時点

312　第4章　注記表

で当社グループが当該廃品の支配を獲得するため，主として廃品の回収時点で
収益を認識しております。
　　リユース商品の販売については，商品の引渡時点において顧客が当該商品に
対する支配を獲得し，履行義務が充足されると判断しているため，主として商
品の引渡時点で収益を認識しております。

記載例　**収益の計上基準③（個別・連結）**　　（㈱カプコン　2024年3月期）
（個別）

4．収益及び費用の計上基準
　(1)　主要な事業における主な履行義務の内容及び収益を認識する通常の時点
　　①　デジタルコンテンツ事業
　　　　デジタルコンテンツ事業においては，家庭用ゲームおよびモバイルコン
　　　テンツの開発・販売を行っております。

　　　（パッケージ販売とデジタルダウンロード販売について）
　　　　通常，当社がゲームソフトおよびコンテンツ内で利用するアイテムを顧
　　　客に引き渡した時点で，顧客が当該ゲームソフトおよびコンテンツ内で使
　　　用するアイテムに対する支配を獲得し，履行義務を充足したと判断できる
　　　ものは，引き渡し時点で収益を認識しております。
　　　（無償ダウンロードコンテンツについて）
　　　　また，当社が顧客に販売したゲームソフトのうち，オンライン機能を有
　　　したゲームソフトには，発売日後，大型のアップデートが予定されている
　　　ものがあります。その中には，顧客が無償でプレイ可能なゲームコンテン
　　　ツの配信が含まれており，その配信を当社は公表し，顧客もその配信を期
　　　待しております。当社はそのような無償ダウンロードコンテンツ（以下，
　　　「無償DLC」）を，将来において顧客へ配信する履行義務を有していると考
　　　えております。そのため，当社は，発売時にプレイ可能な「本編」と，発
　　　売日後，大型のアップデート等により追加的に提供される「無償DLC」を
　　　別個の履行義務として識別し，顧客に販売したゲームソフトの取引価格を，
　　　独立販売価格に基づき，それぞれに配分しております。その上で，会計期
　　　間末日時点において未提供の無償DLCに係る収益を認識しておりません。
　　　　本編および無償DLCの独立販売価格は直接観察することができないこ
　　　とから，ゲームジャンル，本編およびダウンロードコンテンツの内容，販
　　　売方法等の類似性を考慮し選定したゲームソフトの本編と有償ダウンロー
　　　ドコンテンツ等（以下，「有償DLC等」）の合計販売価格に占める有償DLC

等の販売価格比率の平均値（以下，「販売価格比率」）を算出し，当社が顧客に販売したゲームソフトの販売価格に当該販売価格比率を乗じることにより無償 DLC の価格を算定しております。

当社は顧客に無償 DLC を配信し，顧客がそれをプレイ可能な状態とすることにより履行義務が充足されるものと考えております。このため，未提供の無償 DLC は，発売日以降の配信期間にわたり，その配信された事実に基づき収益を認識しております。

（ライセンス取引について）

また，当社が開発し製品化したゲームソフトの著作権者として，顧客とライセンス契約を締結しその配信権や素材の使用権を供与します。これらライセンス供与に係る収益のうち，返還不要の契約金および最低保証料については，ライセンスの供与時点において，顧客が当該ライセンスに対する支配を獲得することで当社の履行義務が充足されると判断した場合，一時点で収益を認識しております。

また，売上高に基づくロイヤリティに係る収益は契約相手先の売上等を算定基礎として測定し，その発生時点を考慮して履行義務の充足を判断し，一時点で収益を認識しております。

取引の対価は履行義務を充足してからおおよそ 3 ヵ月以内に受領しており，重要な金融要素は含まれておりません。

② アミューズメント施設事業

アミューズメント施設事業においては，ゲーム機器等を設置した店舗の運営をしており，顧客との契約から生じる収益は，ゲーム機器等による商品又はサービスの販売によるものであり，顧客に提供した一時点で収益を認識しております。

取引の対価は履行義務を充足してからおおよそ 3 ヵ月以内に受領しており，重要な金融要素は含まれておりません。

③ アミューズメント機器事業

アミューズメント機器事業においては，店舗運営業者等に販売する遊技機等の開発・製造・販売をしております。製品を顧客に引き渡した時点で履行義務を充足したと判断できるものは，一時点で収益を認識しております。

取引の対価は履行義務を充足してからおおよそ 3 ヵ月以内に受領しており，重要な金融要素は含まれておりません。

314 第4章 注記表

④ その他事業

その他事業においては，キャラクターライセンス事業等を行っております。

当社が開発し製品化したゲームソフトやキャラクターの著作権者として，顧客とライセンス契約を締結しその商品化権や素材の使用権を供与します。これらライセンス供与に係る収益のうち，返還不要の契約金および最低保証料については，ライセンスの供与時点において，顧客が当該ライセンスに対する支配を獲得することで当社の履行義務が充足されると判断した場合，一時点で収益を認識しております。

また，売上高に基づくロイヤリティに係る収益は契約相手先の売上等を算定基礎として測定し，その発生時点を考慮して履行義務の充足を判断し，一時点で収益を認識しております。

取引の対価は履行義務を充足してからおおよそ3ヵ月以内に受領しており，重要な金融要素は含まれておりません。

（連結）

(4) 重要な収益及び費用の計上基準
① 主要な事業における主な履行義務の内容及び収益を認識する通常の時点
a．デジタルコンテンツ事業

デジタルコンテンツ事業においては，家庭用ゲームおよびモバイルコンテンツの開発・販売を行っております。

（パッケージ販売とデジタルダウンロード販売について）

通常，当社グループがゲームソフトおよびコンテンツ内で利用するアイテムを顧客に引き渡した時点で，顧客が当該ゲームソフトおよびコンテンツ内で使用するアイテムに対する支配を獲得し，履行義務を充足したと判断できるものは，引き渡し時点で収益を認識しております。

（無償ダウンロードコンテンツについて）

また，当社グループが顧客に販売したゲームソフトのうち，オンライン機能を有したゲームソフトには，発売日後，大型のアップデートが予定されているものがあります。その中には，顧客が無償でプレイ可能なゲームコンテンツの配信が含まれており，その配信を当社グループは公表し，顧客もその配信を期待しております。当社グループはそのような無償ダウンロードコンテンツ（以下，「無償DLC」）を，将来において顧客へ配信する履行義務を有していると考えております。そのため，当社グループは，発

売時にプレイ可能な「本編」と，発売日後，大型のアップデート等により追加的に提供される「無償DLC」を別個の履行義務として識別し，顧客に販売したゲームソフトの取引価格を，独立販売価格に基づき，それぞれに配分しております。その上で，会計期間末日時点において未提供の無償DLCに係る収益を認識しておりません。

本編および無償DLCの独立販売価格は直接観察することができないことから，ゲームジャンル，本編およびダウンロードコンテンツの内容，販売方法等の類似性を考慮し選定したゲームソフトの本編と有償ダウンロードコンテンツ等（以下，「有償DLC等」）の合計販売価格に占める有償DLC等の販売価格比率の平均値（以下，「販売価格比率」）を算出し，当社グループが顧客に販売したゲームソフトの販売価格に当該販売価格比率を乗じることにより無償DLCの価格を算定しております。

当社グループは顧客に無償DLCを配信し，顧客がそれをプレイ可能な状態とすることにより履行義務が充足されるものと考えております。このため，未提供の無償DLCは，発売日以降の配信期間にわたり，その配信された事実に基づき収益を認識しております。

（ライセンス取引について）

また，当社グループが開発し製品化したゲームソフトの著作権者として，顧客とライセンス契約を締結しその配信権や素材の使用権を供与します。これらライセンス供与に係る収益のうち，返還不要の契約金および最低保証料については，ライセンスの供与時点において，顧客が当該ライセンスに対する支配を獲得することで当社グループの履行義務が充足されると判断した場合，一時点で収益を認識しております。

また，売上高に基づくロイヤリティに係る収益は契約相手先の売上等を算定基礎として測定し，その発生時点を考慮して履行義務の充足を判断し，一時点で収益を認識しております。

取引の対価は履行義務を充足してからおおよそ3ヵ月以内に受領しており，重要な金融要素は含まれておりません。

b．アミューズメント施設事業

アミューズメント施設事業においては，ゲーム機器等を設置した店舗の運営をしており，顧客との契約から生じる収益は，ゲーム機器等による商品又はサービスの販売によるものであり，顧客に提供した一時点で収益を認識しております。

取引の対価は履行義務を充足してからおおよそ3ヵ月以内に受領してお

316 第4章 注記表

り，重要な金融要素は含まれておりません。

c．アミューズメント機器事業
　アミューズメント機器事業においては，店舗運営業者等に販売する遊技機等の開発・製造・販売をしております。製品を顧客に引き渡した時点で履行義務を充足したと判断できるものは，一時点で収益を認識しております。

　取引の対価は履行義務を充足してからおおよそ3ヵ月以内に受領しており，重要な金融要素は含まれておりません。

d．その他事業
　その他事業においては，キャラクターライセンス事業等を行っております。
　当社グループが開発し製品化したゲームソフトやキャラクターの著作権者として，顧客とライセンス契約を締結しその商品化権や素材の使用権を供与します。これらライセンス供与に係る収益のうち，返還不要の契約金および最低保証料については，ライセンスの供与時点において，顧客が当該ライセンスに対する支配を獲得することで当社グループの履行義務が充足されると判断した場合，一時点で収益を認識しております。
　また，売上高に基づくロイヤリティに係る収益は契約相手先の売上等を算定基礎として測定し，その発生時点を考慮して履行義務の充足を判断し，一時点で収益を認識しております。

　取引の対価は履行義務を充足してからおおよそ3ヵ月以内に受領しており，重要な金融要素は含まれておりません。

記載例　リース取引の貸手①（連結）

（NEC キャピタルソリューション㈱　2024年3月期）

(6)　重要な収益及び費用の計上基準
　①　ファイナンス・リース取引に係る収益の計上基準
　　リース料を収受すべき時に売上高と売上原価を計上する方法によっております。
　②　オペレーティング・リース取引に係る収益の計上基準
　　リース契約期間に基づくリース契約上の収受すべき月当たりのリース料を基準として，その経過期間に対応するリース料を計上しております。

第2節　注記表の記載事項　317

（記載例）　リース取引の貸手②（個別）

（セントケア・ホールディングス㈱　2024年3月期）

(1)　収益及び費用の計上基準	
ファイナンス・リース取引（貸主側）に係る収益計上基準	売上高を計上せずに利息相当額を各期へ配分する方法によっております。

（記載例）　リース取引の貸手③（個別）

（第一実業㈱　2024年3月期）

ファイナンス・リース取引に係る収益の計上は，リース取引開始日に売上高と売上原価を計上する方法によっております。

⑸　その他計算書類作成のための基本となる重要な事項

その他計算書類の作成のための基本となる重要な事項は，上記以外の会計方針であって，会社が計算書類作成のための基本となる重要な事項と判断した項目である。

会社計算規則では具体的な記載内容を定めていないため，個別注記表，連結注記表ともに一般に公正妥当と認められる企業会計の基準等をしん酌して記載する場合が多い。

以下に比較的開示例が多い事項を示している。開示する項目およびその内容の選択は会社の判断による。

また，「関連する会計基準等の定めが明らかでない場合」（会計方針開示基準4-3項）に採用した会計処理の原則および手続について，当該採用した会計処理の原則および手続が計算書類を理解するために重要であると考えられる場合には，「その他計算書類の作成のための基本となる重要な事項」に該当し，その概要を注記する必要がある。

「経団連ひな型」における記載例は，以下のとおりである。

［記載例］
5．その他計算書類の作成のための基本となる重要な事項
　⑴　繰延資産の処理方法
　　　　株式交付費…支出時に全額費用として処理しております。
　　　　社債発行費…社債償還期間（○年間）にわたり均等償却しております。

318 第4章 注記表

> (2) ヘッジ会計の処理
> 　原則として繰延ヘッジ処理によっております。なお，振当処理の要件を満たしている為替予約及び通貨スワップについては振当処理によっており，特例処理の要件を満たしている金利スワップについては特例処理によっております。

また，「経団連ひな型」における連結注記表の記載例は，以下のとおりである。

> ［記載例］
> (5) その他連結計算書類の作成のための基本となる重要な事項
> ① 繰延資産の処理方法
> 　株式交付費…支出時に全額費用として処理しております。
> 　社債発行費…社債償還期間（○年間）にわたり均等償却しております。
> ② ヘッジ会計の処理
> 　原則として繰延ヘッジ処理によっております。なお，振当処理の要件を満たしている為替予約及び通貨スワップについては振当処理によっており，特例処理の要件を満たしている金利スワップについては特例処理によっております。
> ③ 退職給付に係る会計処理の方法
> 　（略）

① 消費税等の会計処理

　消費税および地方消費税（以下「消費税等」という）の会計処理方法には，税抜方式と税込方式の2つがある。しかし，収益認識会計基準等を適用する場合には，顧客との契約から生じる収益について，税抜方式を採用する必要がある。そのため，収益認識会計基準等を適用する一般事業会社については実質的に選択適用ではなくなっており，記載する会社は少なくなっている。なお，控除対象外消費税等の会計処理は継続して記載する事例も見られる。

第2節　注記表の記載事項　319

記載例　消費税等の会計処理（控除対象外消費税①）（個別）

(㈱メディカルシステムネットワーク　2024年3月期)

③　控除対象外消費税等の会計処理
　　控除対象外消費税等については，当事業年度の費用として処理しております。
　　ただし，固定資産に係る控除対象外消費税等については，投資その他の資産のその他に計上し，5年間で均等償却を行っております。

記載例　消費税等の会計処理（控除対象外消費税②）（連結）

(大東建託㈱　2024年3月期)

7）消費税等の会計処理	消費税及び地方消費税の会計処理は，税抜方式によっています。 なお，控除対象外消費税等は，当連結会計年度の費用として処理しています。

②　リース取引の処理方法

　ファイナンス・リース取引については，リース取引会計基準およびリース取引適用指針に基づき，原則としてすべて通常の売買取引に係る方法に準じて会計処理を行う。しかし，借手において個々のリース資産に重要性が乏しいと認められる場合や，リース取引開始日がリース取引会計基準の適用初年度（2008年4月1日以降開始事業年度）開始前の所有権移転外ファイナンス・リース取引について経過措置を適用する場合には，引き続き賃貸借処理の適用が容認されている（リース取引適用指針34項，35項，79項，82項）。

　リース取引会計基準に基づき，すべてのファイナンス・リース取引について売買処理を行った場合は，基本的に会計方針の注記は必要ないと考えられる。ただし，リース取引会計基準の適用初年度開始前の取引で，経過措置の適用により賃貸借処理を行っている場合は，その旨を記載することが考えられる。

　なお，リース取引の処理方法の注記を，「その他計算書類の作成のための基本となる重要な事項」として記載する方法も考えられるが，借手については，「固定資産の減価償却の方法」にあわせて記載する事例も多く見られる（⑵参照）。

③ 外貨建資産および負債の本邦通貨への換算基準

「外貨建取引等会計処理基準」（企業会計審議会）および「外貨建取引等の会計処理に関する実務指針」（移管指針第2号，以下「外貨建取引等実務指針」という）において，外貨建取引やその結果として生じる外貨建資産および負債の換算基準が定められており，これらの基準に従う方法が原則であるため，当該方法によっている場合は，計算書類上，特に開示が求められる項目ではない。しかし，企業会計原則注解【注1-2】において，外貨建資産・負債の本邦通貨への換算基準は，会計方針の例として挙げられているため，開示されている事例も見られる。

外貨建取引は，原則として，当該取引発生時の為替相場による円換算額により帳簿に記録する（外貨建取引等会計処理基準一1）。

外貨建取引により発生した外貨建資産および負債の決算時における原則的な換算方法は図表4-17のとおりである（外貨建取引等会計処理基準一2）。

<図表4-17> 外貨建資産・負債の換算方法

外貨建資産・負債の種類	換算方法 （外貨額×為替相場）	
	外貨額	為替相場
a．外国通貨	取得価額	決算日レート＊2
b．外貨建金銭債権債務（外貨預金，売掛金，買掛金，貸付金，借入金等）	取得価額＊1	決算日レート＊2
c．外貨建有価証券 ● 売買目的有価証券およびその他有価証券 ● 満期保有目的の債券 ● 子会社株式および関連会社株式	 時価 取得価額＊1 取得価額	 決算日レート＊2 決算日レート＊2 取得日レート
d．外貨建デリバティブ取引等 デリバティブ取引や，その他上記a～c以外の外貨建金融商品	時価	決算日レート＊2

＊1 償却原価法を適用する場合は償却原価による（外貨建取引等会計処理基準注解【注9】）。
＊2 決算日の直物為替相場のほか，決算日の前後一定期間の直物為替相場の平均相場を適用できる（外貨建取引等会計処理基準注解【注8】）。

第2節　注記表の記載事項　321

　外貨建金銭債権債務の換算など，決算時の換算によって生じた換算差額は，原則として当事業年度の為替差損益として処理する。ただし，外貨建有価証券の期末における時価評価や減損処理により生じる評価差額および評価損に含まれる為替差損益部分の取扱いは，主に図表4－18による。

＜図表4－18＞　外貨建有価証券の評価差額等の処理

	評価差額等の額	
	評価損益部分 （外貨による評価差額×決算日レート）	為替の変動による部分
（時価評価による評価差額）		
売買目的有価証券 （外貨建取引等実務指針12項）	評価損益	評価損益
その他有価証券 （外貨建取引等実務指針16項）	その他有価証券評価差額金	その他有価証券評価差額金 （外貨建債券の場合は，為替差損益も可）
満期保有目的の債券（償却原価法を適用する場合の当期償却額） （外貨建取引等実務指針13項）	利息の調整項目 （外貨建ての当期償却額×期中平均相場）	為替差損益
（減損処理による評価損）		
（外貨建取引等会計処理基準一2(2)）	評価損	評価損

（記載例）　外貨建資産および負債の換算基準①（連結）

（リンナイ㈱　2024年3月期）

重要な外貨建の資産又は負債の本邦通貨への換算の基準	外貨建金銭債権債務は，連結決算日の直物為替相場により円貨に換算し，換算差額は損益として処理しております。なお，在外子会社等の資産及び負債は，決算日の直物為替相場により円

貨に換算し，収益及び費用は期中平均相場により円貨に換算し，換算差額は純資産の部における為替換算調整勘定及び非支配株主持分に含めて計上しております。

（記載例）　**外貨建資産および負債の換算基準②（個別）**

(㈱エンプラス　2024年3月期)

(6)　外貨建の資産及び負債の本邦通貨への換算基準

外貨建金銭債権債務は，期末日の直物為替相場により円貨に換算し，換算差額は損益として処理しております。ただし，為替予約等の振当処理の対象となっている外貨建金銭債権債務については，当該為替予約等の円貨額に換算しております。

（記載例）　**外貨建資産および負債の換算基準③（個別）**

(㈱三菱 UFJ フィナンシャル・グループ　2024年3月期)

(2)　外貨建の資産及び負債の本邦通貨への換算基準

外貨建の資産及び負債は，取得時の為替相場による円換算額を付す子会社株式及び関連会社株式を除き，決算日の為替相場による円換算額を付しております。

---

④　繰延資産の処理方法

繰延資産は，すでに代価の支払が完了し，または支払義務が確定し，これに対応する役務の提供を受けたにもかかわらず，その効果が将来にわたって発現すると期待される費用で，次期以後の期間に配分して処理するために経過的に貸借対照表の資産の部に記載できる項目である(企業会計原則　第三　一D，企業会計原則注解【注15】)。

会社法では，繰延資産としての計上が適当であるとされている項目のみが繰延資産とされる（計算規則74Ⅲ⑤）。具体的な取扱いは，一般に公正妥当と認められる企業会計の基準その他の企業会計の慣行をしん酌する。

「繰延資産の会計処理に関する当面の取扱い」(実務対応報告第19号，以下「繰延資産実務対応報告」という）においては，図表4−19に示すとおり繰延資産

に該当する項目としてa. 株式交付費, b. 社債発行費等（新株予約権の発行に係る費用を含む), c. 創立費, d. 開業費, e. 開発費の5項目を列挙している。原則として支出時に費用として処理するとしつつ, 繰延資産として計上する取扱いも認められている。

<図表4−19>　繰延資産の処理方法

繰延資産	資産計上する場合の償却期間	償却方法
a. 株式交付費	株式交付のときから3年以内のその効果の及ぶ期間	定額法
b-1. 社債発行費	社債の償還までの期間	利息法（原則）または定額（継続適用を条件として採用可）
b-2. 新株予約権の発行に係る費用（資金調達などの財務活動に係る費用）	新株予約権の発行のときから3年以内のその効果の及ぶ期間	定額法
c. 創立費	会社の成立のときから5年以内のその効果の及ぶ期間	定額法
d. 開業費	開業のときから5年以内のその効果の及ぶ期間	定額法
e. 開発費	支出のときから5年以内のその効果の及ぶ期間	定額法その他の合理的な方法

繰延資産の処理方法は, 各社における選択となるため, 発生時に費用処理する方法や一定の年数で均等償却する方法など, 採用した方法を開示する必要がある。

なお, 会計処理を変更する場合の開示においては継続性の観点から図表4−20の取扱いに留意する（繰延資産実務対応報告3(7)）。

<図表4−20>　繰延資産の継続性の適用

【原則】
● 同一の繰延資産項目については, 適用する会計処理方法は, 同一の方法による
● 同一の繰延資産項目の会計処理が前事業年度にも行われている場合で, 当事業年

324　第4章　注記表

度の処理方法が前事業年度の処理方法と異なる場合は，原則，会計方針の変更として取り扱う

【処理方法を変更しても会計方針の変更とはならない場合】

● 前事業年度において同一の繰延資産項目がないため，会計処理が前事業年度において行われていない場合

● 同一の繰延資産項目の会計処理が前事業年度にも行われているが，その支出内容に著しい変化がある場合
　➢ 　新たな会計事実の発生とみて，新たな会計処理方法を選択可能
　➢ 　この場合，新たな会計処理方法を選択した旨，引き続き同一の会計処理方法を採用したと仮定した場合と比較したときの影響額，および，会計方針の変更として取り扱わなかった理由（新たな会計事実の発生と判断した理由）を追加情報として注記

（**記載例**）　**繰延資産の処理方法①（連結）**　　（リゾートトラスト㈱　2024年3月期）

⑶　**重要な繰延資産の処理方法**
　イ．株式交付費
　　　支出時に全額費用として処理しております。
　ロ．社債発行費
　　　支出時に全額費用として処理しております。

（**記載例**）　**繰延資産の処理方法②（連結）**　　（三菱商事㈱　2024年3月期）

5．**繰延資産の処理方法**
　　社債発行費については，社債の償還までの期間にわたり利息法により償却しています。

⑤　ヘッジ会計の方法

　ヘッジ取引がヘッジ会計の要件を満たす場合には，ヘッジ対象に係る損益とヘッジ手段に係る損益を同一の会計期間に認識して，ヘッジの効果を会計に反映することができる（金融商品会計基準29項）。ヘッジ会計の適用は，原則として，時価評価されているヘッジ手段に係る損益または評価差額をヘッジ対象に係る損益が認識されるまで純資産の部に繰り延べる方法（繰延ヘッジ）による

（金融商品会計基準32項）。

　ヘッジ会計の方法については，原則的な繰延ヘッジ処理であっても，当該取引および処理が行われている事実を示すよう，会計方針として開示する事例が多く見られる。また，図表４−21のような取引については，例外的処理が容認されているため，これらの処理を行っている場合には会計方針の開示が必要である。

＜図表４−21＞　ヘッジ会計の例外的処理

方法	例外的処理が容認されているケース	例外的処理方法
時価ヘッジ	ヘッジ会計の要件を満たすその他有価証券（金融商品実務指針185項）	ヘッジ対象である資産または負債に係る相場変動等を損益に反映させる会計処理により，その損益とヘッジ手段に係る損益とを同一の会計期間に認識（金融商品会計基準32項ただし書き）
金利スワップの特例処理	資産または負債に係る金利の受払条件の変換を目的として利用されている金利スワップが，金利変換の対象となる資産または負債とヘッジ会計の要件を満たしており，かつ，その想定元本，利息の受払条件および契約期間が当該資産または負債とほぼ同一である場合	金利スワップを時価評価せず，その金銭の受払の純額等を当該資産または負債に係る利息に加減（金融商品会計基準（注14））
為替予約等の振当処理	外貨建金銭債権債務等について，為替予約等（通貨オプション，通貨スワップを含む）により，円貨でのキャッシュ・フローが固定され，為替変動リスクがヘッジされた場合	為替予約等をヘッジ対象である外貨建金銭債権債務等に振り当てる（金融商品実務指針167項）

（記載例）　ヘッジ会計の方法①（連結）　　　　（大和ハウス工業㈱　2024年３月期）

⑥　重要なヘッジ会計の方法	
１）ヘッジ会計の方法	繰延ヘッジ処理を採用しております。なお，金利スワップについて特例処理の条件を充たしている場合には特例処理を，通貨スワッ

326 第4章 注記表

プ及び為替予約について振当処理の要件を充た
している場合には振当処理を採用しておりま
す。

2）ヘッジ手段とヘッジ対象　　ヘッジ手段…金利スワップ，通貨スワップ及び
為替予約等
ヘッジ対象…借入金，社債，外貨建予定取引等

3）ヘッジ方針　　　　　　　　金利変動リスク及び為替変動リスクの低減並び
に金融収支改善のため，ヘッジを行っておりま
す。

4）ヘッジ有効性評価の方法　　ヘッジ開始時から有効性判定時点までの期間に
おいて，ヘッジ対象とヘッジ手段の相場変動の
累計を比較し，両者の変動額等を基礎にして判
断しております。なお，特例処理の要件を充た
している場合には，有効性の評価を省略してお
ります。

※「LIBOR を参照する金融商品に関するヘッジ会計の取扱い」を適用している
ヘッジ関係

上記のヘッジ関係のうち，「LIBOR を参照する金融商品に関するヘッジ会計の
取扱い」（実務対応報告第40号2022年3月17日）の適用範囲に含まれるヘッジ関
係のすべてに，当該実務対応報告に定められる特例的な取扱いを適用しており
ます。当該実務対応報告を適用しているヘッジ関係の内容は以下のとおりであ
ります。

ヘッジ会計の方法・・・金利スワップの特例処理
ヘッジ手段・・・・・・金利スワップ
ヘッジ対象・・・・・・外貨建借入金
ヘッジ取引の種類・・・キャッシュ・フローを固定するもの

記載例 **ヘッジ会計の方法②（連結）**　　（㈱エス・エム・エス　2024年3月期）

⑤　重要なヘッジ会計の方法
(a)　ヘッジ会計の方法
繰延ヘッジ処理を採用しております。
なお，金利スワップについて特例処理の要件を満たしている場合には特例
処理を，通貨スワップについて振当処理の要件を満たしている場合には振当
処理を採用しております。
(b)　ヘッジ手段とヘッジ対象

ヘッジ手段・・・金利スワップ，通貨スワップ

ヘッジ対象・・・外貨建長期借入金及びその利息

(c) ヘッジ方針

金利変動リスク及び為替変動リスクを低減・回避する目的で，金利スワップ及び通貨スワップを行っております。

(d) ヘッジ有効性評価の方法

ヘッジ開始時から有効性判定時点までの期間において，ヘッジ対象とヘッジ手段の相場変動の累計を比較し，両者の変動額等を基礎にして判断しております。

なお，特例処理の要件を満たしている金利スワップについては，有効性の判定を省略しております。

（「LIBOR を参照する金融商品に関するヘッジ会計の取扱い」を適用しているヘッジ関係）

上記のヘッジ関係のうち，「LIBOR を参照する金融商品に関するヘッジ会計の取扱い」（実務対応報告第40号　2022年 3 月17日）の適用範囲に含まれるヘッジ関係の全てに，当該実務対応報告に定められる特例的な取扱いを適用しております。当該実務対応報告を適用しているヘッジ関係の内容は，以下のとおりであります。

ヘッジ会計の方法…繰延ヘッジ処理によっております。

ヘッジ手段…金利スワップ，通貨スワップ

ヘッジ対象…外貨建長期借入金及びその利息

ヘッジ取引の種類…キャッシュ・フローを固定するもの

（記載例） ヘッジ会計の方法（金利リスク・ヘッジ，その他有価証券の時価ヘッジ）（個別）　　　　　　　　　　　　　　　　　（㈱ゆうちょ銀行　2024年 3 月期）

8．ヘッジ会計の方法

(1) 金利リスク・ヘッジ

金融資産・負債から生じる金利リスクに対するヘッジ会計の方法は，繰延ヘッジを適用しております。

小口多数の金銭債務に対する包括ヘッジについては，「銀行業における金融商品会計基準適用に関する会計上及び監査上の取扱い」（日本公認会計士協会業種別委員会実務指針第24号 2022年 3 月17日）に規定する繰延ヘッジを適用しております。

328　第4章　注記表

　　　　ヘッジの有効性評価の方法については，小口多数の金銭債務に対する包括
　　　ヘッジの場合には，相場変動を相殺するヘッジについて，ヘッジ対象となる
　　　貯金とヘッジ手段である金利スワップ取引等を一定の残存期間ごとにグルー
　　　ピングのうえ特定し評価しております。
　　　　個別ヘッジの場合には，ヘッジ対象とヘッジ手段に関する重要な条件が金
　　　利スワップの特例処理の要件とほぼ同一となるヘッジ指定を行っているた
　　　め，高い有効性があるとみなしており，これをもって有効性の評価に代えて
　　　おります。
　(2)　為替変動リスク・ヘッジ
　　　　外貨建有価証券の為替相場の変動リスクに対するヘッジ会計の方法は，繰
　　　延ヘッジ，時価ヘッジ又は振当処理を適用しております。
　　　　外貨建有価証券において，事前にヘッジ対象となる外貨建有価証券の銘柄
　　　を特定し，当該外貨建有価証券について外貨ベースで取得原価以上の直先負
　　　債が存在すること等を条件に包括ヘッジとしております。
　　　　ヘッジの有効性評価は，個別ヘッジの場合には，ヘッジ対象とヘッジ手段
　　　に関する重要な条件がほぼ同一となるようなヘッジ指定を行っているため，
　　　高い有効性があるとみなしており，これをもって有効性の評価に代えており
　　　ます。

（記載例）　**ヘッジ会計の方法（有効性の評価の省略）（個別）**

（ブラザー工業㈱　2024年3月期）

　(4)　ヘッジ会計
　　①　ヘッジ会計の方法
　　　　繰延ヘッジ処理を採用しております。通貨金利スワップ取引について一体
　　　処理（特例処理，振当処理）の要件を満たしている場合には一体処理を，金
　　　利スワップ取引について特例処理の条件を満たしている場合には特例処理を
　　　採用しております。
　　②　ヘッジ手段とヘッジ対象
　　　　ヘッジ手段　　　　　　　ヘッジ対象
　　　　通貨金利スワップ取引　　外貨建借入金
　　　　金利スワップ取引　　　　借入金
　　③　ヘッジ方針
　　　　通貨金利スワップ取引に関しては為替変動リスク及び金利変動リスクを回
　　　避するためのものであります。金利スワップ取引に関しては，金利変動リス
　　　クを回避するためのものであります。

④　ヘッジ有効性評価の方法

　　ヘッジ対象の相場変動又はキャッシュ・フロー変動の累計とヘッジ手段の相場変動又はキャッシュ・フロー変動の累計を比較し，両者の変動額を基礎にして有効性を判断しております。

　　なお，一体処理の要件を満たしており，一体処理によっている通貨金利スワップ取引及び特例処理の要件を満たしており，特例処理によっている金利スワップ取引については，有効性の評価を省略しております。

⑥　グループ通算制度

　グループ通算制度を適用し，「グループ通算制度を適用する場合の会計処理及び開示に関する取扱い」（実務対応報告第42号）に従って法人税等および地方法人税等の会計処理またはこれらに関する税効果の会計処理を行っている場合には，その旨を税効果会計に関する注記の内容とあわせて記載する（実務対応報告第42号28項）。税効果会計の注記については，本節**8**を参照されたい。

⑦　その他

　重要な会計方針に係る事項に関する注記として，①から⑥のほかにも，会社によって重要な事項であり開示すべきと判断される項目が挙げられる。

記載例　支払利息の取得原価算入（連結）　　　　（日本郵船㈱　2024年3月期）

(ix)　その他連結計算書類の作成のための重要な事項
　　i　支払利息の処理方法
　　　支払利息については原則として発生時の費用処理としていますが，長期かつ金額の重要な事業用資産で一定の条件に該当するものに限って建造期間中の支払利息を事業用資産の取得原価に算入しています。

記載例　特別法上の準備金（連結）（SOMPO ホールディングス㈱　2024年3月期）

⑥　価格変動準備金
　　国内保険連結子会社は，株式等の価格変動による損失に備えるため，保険業法第115条の規定に基づき計上しております。

330　第4章　注記表

> **記載例** 端数の処理（注記表に記載）（連結）　　　（鴻池運輸㈱　2024年3月期）

（ロ）　金額の記載方法
　　記載金額は，百万円未満を切り捨てて表示しております。

> **記載例** 端数の処理（貸借対照表等の脚注として記載）（連結）
> 　　　　　　　　　　　　　　　　　　　　　（TOTO㈱　2024年3月期）

（注）記載金額は百万円未満を切り捨てて表示しています。

3　連結計算書類の作成のための基本となる重要な事項および連結の範囲または持分法の適用の範囲に関する注記

　連結注記表については，重要な会計方針に係る事項のほかに連結計算書類の作成のための基本となる事項として，連結子会社・持分法適用会社の範囲およびその変更についても注記が求められている。以下では，連結計算書類においてのみ記載の求められる事項を解説する。

⑴　連結の範囲に関する事項（計算規則102 Ⅰ ①）

　連結範囲に関しては，以下の事項を注記しなければならない。

---

　①　連結子会社の数および主要な連結子会社の名称
　②　非連結子会社がある場合には，次に掲げる事項
　　ａ．主要な非連結子会社の名称
　　ｂ．非連結子会社を連結の範囲から除いた理由
　③　株式会社が議決権の過半数を自己の計算において所有している会社等を子会社としなかったときは，当該会社等の名称および子会社としなかった理由
　④　支配が一時的あるいは利害関係人の判断を著しく誤らせるおそれがあると認められるため連結の範囲から除かれた子会社の財産または損益に関する事項であって，当該企業集団の財産および損益の状態の判断に影響を与えると認められる重要な事項があるときは，その内容
　⑤　開示対象特別目的会社（会社法施行規則第4条の規定により当該特別目的会社に資産を譲渡した会社の子会社に該当しないと推定されるもの）がある場合には，次に掲げる事項その他の重要な事項

第2節　注記表の記載事項　331

　　a．開示対象特別目的会社の概要
　　b．開示対象特別目的会社との取引の概要および取引金額

　連結の範囲に関する事項についての「経団連ひな型」における記載例は，以下のとおりである。

［記載例］
1．連結の範囲に関する事項
　(1)　連結子会社の数及び主要な連結子会社の名称
　　　　連結子会社の数　　　　　　　　　　○社
　　　　　主要な連結子会社の名称
　　　　　　○○○株式会社，○○○株式会社，○○○株式会社
　　　　　　　このうち，○○○株式会社については，当連結会計年度において新たに設立したことにより，また，○○○株式会社については，重要性が増したことによりそれぞれ当連結会計年度から連結子会社に含めることとし，○○○株式会社については，保有株式を売却したことにより，連結子会社から除外しております。
　(2)　主要な非連結子会社の名称等
　　　　　主要な非連結子会社の名称
　　　　　　○○○株式会社，○○○株式会社
　　　　　連結の範囲から除いた理由
　　　　　　　非連結子会社は，いずれも小規模であり，合計の総資産，売上高，当期純損益（持分に見合う額）及び利益剰余金（持分に見合う額）等は，いずれも連結計算書類に重要な影響を及ぼしていないためであります。
　(3)　議決権の過半数を自己の計算において所有している会社等のうち子会社としなかった会社の名称等
　　　　　会社等の名称
　　　　　　○○○株式会社
　　　　　子会社としなかった理由
　　　　　　　同社は，会社更生法の規定による更生手続開始の決定を受け，かつ，有効な支配従属関係が存在しないと認められたためであります。
　(4)　支配が一時的であると認められること等から連結の範囲から除かれた子会社の財産または損益に関する事項
　　　　　………………
　(5)　開示対象特別目的会社

> 開示対象特別目的会社の概要，開示対象特別目的会社を利用した取引の
> 概要及び開示対象特別目的会社との取引金額等については，「開示対象特別
> 目的会社に関する注記」に記載しております。

　なお，「開示対象特別目的会社」とは，①適正な価額で譲り受けた資産から
生ずる収益をその発行する証券の所有者に享受させることを目的として設立さ
れていること，および②当該特別目的会社の事業がその目的に従って適切に遂
行されていることの2要件に該当する会社で，当該特別目的会社に資産を譲渡
した会社の子会社に該当しないものと推定された会社をいう（施行規則4）。
「開示対象特別目的会社に関する注記」では，開示対象特別目的会社の概要，
開示対象特別目的会社との取引の概要および取引金額その他の重要な事項を記
載する。

　開示対象特別目的会社に関する注記についての「経団連ひな型」における記
載例は，以下のとおりである。

［記載例］
1．開示対象特別目的会社の概要及び開示対象特別目的会社を利用した取引の
　概要

　　当社では，資金調達先の多様化を図り，安定的に資金を調達することを目的
　として，リース債権，割賦債権，営業貸付金の流動化を実施しております。当
　該流動化にあたり，特別目的会社を利用しておりますが，これらには特例有限
　会社や株式会社，資産流動化法上の特定目的会社があります。当該流動化にお
　いて，当社は，前述したリース債権，割賦債権，営業貸付金を特別目的会社に
　譲渡し，譲渡した資産を裏付けとして特別目的会社が社債の発行や借入によっ
　て調達した資金を，売却代金として受領します。

　　さらに，当社は，いくつかの特別目的会社に対し回収サービス業務を行い，
　また，譲渡資産の残存部分を留保しております。このため，当該譲渡資産が見
　込みより回収不足となった劣後的な残存部分については，○年○月末現在，適
　切な評価減などにより，将来における損失負担の可能性を会計処理に反映して
　おります。

　　流動化の結果，○年○月末において，取引残高のある特別目的会社は○社あ
　り，当該特別目的会社の直近の決算日における資産総額（単純合算）は×××
　百万円，負債総額（単純合算）は×××百万円です。なお，いずれの特別目的
　会社についても，当社は議決権のある株式等は有しておらず，役員や従業員の

派遣もありません。

2．開示対象特別目的会社との取引金額等

（単位：百万円）

	主な取引の金額又は当連結会計年度末残高	主な損益	
		（項目）	（金額）
譲渡資産（注1）：			
リース債権	×,×××	売却益	×××
割賦債権	×,×××	売却益	×××
営業貸付金	×,×××	売却益	×××
譲渡資産に係る残存部分（注2）	×,×××	分配益	×××
回収サービス業務（注3）	×××	回収サービス業務収益	××

（注1）　譲渡資産に係る取引の金額は，譲渡時点の帳簿価額によって記載しております。また，譲渡資産に係る売却益は，営業外収益に計上されております。

（注2）　譲渡資産に係る残存部分の取引の金額は，当期における資産の譲渡によって生じたもので，譲渡時点の帳簿価額によって記載しております。○年○月末現在，譲渡資産に係る残存部分の残高は，××,×××百万円であります。また，当該残存部分に係る分配益は，営業外収益に計上されております。

（注3）　回収サービス業務収益は，通常得べかりし収益を下回るため，下回る部分の金額は，回収サービス業務負債として固定負債「その他」に計上しております。回収サービス業務収益は，営業外収益に計上されております。

(2) 持分法の適用に関する事項 （計算規則102Ⅰ②）

持分法の適用に関しては，以下の事項を注記しなければならない。

① 持分法を適用した非連結子会社または関連会社の数およびこれらのうち主要な会社等の名称

② 持分法を適用しない非連結子会社または関連会社があるときは，次に掲げる事項
　a．当該非連結子会社または関連会社のうち主要な会社等の名称
　b．当該非連結子会社または関連会社に持分法を適用しない理由

③ 当該株式会社が議決権の100分の20以上，100分の50以下を自己の計算におい

334　第4章　注記表

て所有している会社等を関連会社としなかったときは，当該会社等の名称およ
び関連会社としなかった理由
④　持分法の適用の手続について特に示す必要があると認められる事項がある場
合には，その内容

持分法の適用に関する事項についての「経団連ひな型」における記載例は，
以下のとおりである。

［記載例］
　2．持分法の適用に関する事項
　⑴　持分法を適用した非連結子会社及び関連会社の数及び主要な会社等の名
　　　称
　　　　　持分法を適用した非連結子会社の数　　○社
　　　　　　主要な会社等の名称　　○○○株式会社，○○○株式会社
　　　　　持分法を適用した関連会社の数　　○社
　　　　　　主要な会社等の名称　　○○○株式会社，○○○株式会社
　⑵　持分法を適用しない非連結子会社及び関連会社の名称等
　　　　　主要な会社等の名称
　　　　　　（非連結子会社）
　　　　　　○○○株式会社，○○○株式会社
　　　　　　（関連会社）
　　　　　　○○○株式会社，○○○株式会社
　　　　　持分法を適用していない理由
　　　　　　持分法を適用していない非連結子会社または関連会社は，当期純損
　　　　　益（持分に見合う額）及び利益剰余金（持分に見合う額）等からみて，
　　　　　持分法の対象から除いても連結計算書類に及ぼす影響が軽微であり，
　　　　　かつ，全体としても重要性がないためであります。
　⑶　議決権の100分の20以上，100分の50以下を自己の計算において所有して
　　　いる会社等のうち関連会社としなかった会社等の名称等
　　　　　会社等の名称
　　　　　　○○○株式会社
　　　　　関連会社としなかった理由
　　　　　　同社は，民事再生法の規定による再生手続開始の決定を受け，かつ，
　　　　　財務及び営業または事業の方針の決定に対して重要な影響を与えるこ
　　　　　とができないと認められたためであります。
　⑷　持分法の適用の手続について特に記載すべき事項

　　　　　持分法適用会社のうち，決算日が連結決算日と異なる会社については，各社の直近の事業年度に係る計算書類を使用しております。

⑶　連結の範囲または持分法の適用の範囲を変更した場合（計算規則102Ⅱ）

　連結の範囲または持分法の適用の範囲を変更した場合には，重要性の乏しい変更であるときを除き，その旨および変更の理由を記載しなければならない。

　記載方法および記載箇所について明確な定めはない。⑴および⑵の「経団連ひな型」の記載例と同様に，連結の範囲および持分法の適用の項目に，変更があった旨と理由を併せて記載する方法が一般的と考えられるが，「連結の範囲および持分法の適用の範囲の変更」等の項目名で，別途開示している事例も見られる。

記載例　**連結の範囲に関する事項・持分法の適用に関する事項①**

(㈱モスフードサービス　2024年3月期)

(1)　連結の範囲に関する事項
　①　連結子会社の数及び連結子会社の名称
　・連結子会社の数　9社
　・連結子会社の名称
　㈱エム・エイチ・エス，㈱モスクレジット，㈱モスストアカンパニー，㈱モスシャイン，モスフード・シンガポール社，魔術食品工業（股），モスフード香港社，モスサプライ・フィリピン社，モストレーディング・ベトナム社
　②　主要な非連結子会社の名称等
　・主要な非連結子会社の名称
　モグ インドネシア社
　（連結の範囲から除いた理由）
　　非連結子会社は，小規模会社であり，合計の総資産，売上高，当期純損益（持分に見合う額）及び利益剰余金（持分に見合う額）等は，いずれも連結計算書類に重要な影響を及ぼしていないためであります。
(2)　持分法の適用に関する事項
　①　持分法を適用した非連結子会社　1社
　・会社等の名称
　モグ インドネシア社

336　第4章　注記表

（持分法適用範囲の変更）

　　香港モスバーガーインベストメント社は，当連結会計年度において清算結了したため，持分法の適用範囲から除外しております。

② 持分法を適用した関連会社　7社

・会社等の名称

紅梅食品工業㈱，タミー食品工業㈱，安心食品服務（股），モスバーガー・タイランド社，モスバーガー・オーストラリア社，モスバーガーコリア社，モスバーガー・フィリピン社

（持分法適用範囲の変更）

　　モスバーガー・ベトナム社は，当連結会計年度において当社の全持分を売却したため，持分法の適用範囲から除外しております。

③ 持分法を適用していない関連会社等の数及び会社等の名称等

・㈱モスファーム熊本　他6社

（持分法を適用しない理由）

　　持分法非適用会社は，当期純損益（持分に見合う額）及び利益剰余金（持分に見合う額）等からみて，持分法の対象から除いても連結計算書類に及ぼす影響が軽微であり，かつ，全体としても重要性がないため，持分法の適用範囲から除外しております。

（記載例）　連結の範囲に関する事項・持分法の適用に関する事項②

（㈱ゲオホールディングス　2024年3月期）

１．連結の範囲に関する事項

⑴ 連結子会社の数及び主要な連結子会社の名称

連結子会社の数　31社

新規設立や取得等に伴い6社増加しております。また，1社が合併により減少しております。

⑵ 主要な非連結子会社の名称等

主要な非連結子会社の名称

有限会社ヴォガ

連結の範囲から除いた理由

　　非連結子会社は，いずれも小規模であり，合計の総資産，売上高，当期純損益（持分に見合う額）及び利益剰余金（持分に見合う額）等は，いずれも連結計算書類に重要な影響を及ぼしていないためであります。

２．持分法の適用に関する事項

⑴ 持分法を適用した関連会社の数及び主要な会社等の名称

持分法を適用した関連会社の数　1社
会社等の名称
　株式会社ティー・アンド・ジー
(2)　持分法を適用していない非連結子会社及び関連会社の名称等
主要な会社等の名称
　有限会社ヴォガ
持分法を適用していない理由
　持分法を適用していない非連結子会社及び関連会社は，当期純損益（持分に見合う額）及び利益剰余金（持分に見合う額）等からみて，持分法の対象から除いても連結計算書類に及ぼす影響が軽微であり，かつ，全体としても重要性がないためであります。

⑷　連結子会社の事業年度等に関する事項

　連結子会社の事業年度が連結計算書類作成会社の事業年度と異なる場合に記載する事項である。会社法で記載が求められていないが，有価証券報告書と同様にこの項目を記載している場合も多く見られる。

　連結子会社の事業年度等に関する事項についての「経団連ひな型」における記載例は，以下のとおりである。なお，このひな型では持分法の適用に関する事項の一部として取り扱っているが，独立の項目とする事例も多く見られる。

［記載例］
　2．持分法の適用に関する事項
　　(5)　連結子会社の事業年度等に関する事項（注　任意的記載事項）
　　　　連結子会社の決算日は，○○○株式会社（○月○日）及び○○○株式会社（○月○日）を除き，連結決算日と一致しております。なお，○○○株式会社については，連結決算日で本決算に準じた仮決算を行った計算書類を基礎とし，また，○○○株式会社については，同社の決算日現在の計算書類を使用して連結決算を行っております。ただし，連結決算日との間に生じた○○○株式会社との重要な取引については，連結上必要な調整を行っております。

338 第4章 注記表

記載例 連結子会社の事業年度等に関する事項① （リンナイ㈱ 2024年3月期）

3．連結子会社の事業年度等に関する事項
連結決算日と事業年度の末日が異なる連結子会社
（決算日12月31日）
　リンナイオーストラリア㈱，リンナイアメリカ㈱，リンナイニュージーランド㈱，リンナイホールディングス（パシフィック）㈱，林内香港有限公司，台湾林内工業股份有限公司，リンナイコリア㈱，上海林内有限公司，リンナイタイ㈱，リンナイベトナム㈲，アール・ビー・コリア㈱，リンナイカナダホールディングス㈱，リンナイブラジルヒーティングテクノロジー㈲，リンナイインドネシア㈱，リンナイイタリア㈲，広州林内燃具電器有限公司，リンナイマニュファクチャリングマレーシア㈱，セントラルヒーティングニュージーランド㈱，インダストリアスマス㈱，アイゾーン㈱

ほか8社

　連結計算書類の作成に当たっては，同決算日現在の計算書類を使用しております。ただし，1月1日から連結決算日3月31日までの期間に発生した重要な取引については，連結上必要な調整を行っております。

記載例 連結子会社の事業年度等に関する事項② （㈱ Aoba-BBT 2024年3月期）

3．連結子会社の事業年度等に関する事項
　すべての連結子会社の決算日は，連結決算日と一致しております。

4 会計方針開示基準

⑴ 概 要

　会計方針開示基準は，会社が自発的に会計方針を変更した場合や財務諸表の表示方法を変更した場合に，過去の財務諸表へ新たに採用した方法を遡及適用し，これを表示することを求めている。

　具体的には，「会計上の変更」（会計方針の変更，表示方法の変更，会計上の見積りの変更）のうち，会計方針の変更と表示方法の変更については，遡及して適用し，会計上の見積りの変更については，将来にわたってのみその変更を反映させる。また，過去の誤謬については，当該過去の誤謬が正しく訂正されたとして，財務諸表を修正再表示する。会計方針開示基準は，これらの会計上

第2節　注記表の記載事項　339

の変更および誤謬の訂正が行われた場合の注記事項を明らかにしている。

(2)　会社法計算書類における関連規定

　会社計算規則では，過年度に定時株主総会において承認または報告したものとは異なる過年度の（連結）貸借対照表，（連結）損益計算書または（連結）株主資本等変動計算書（過年度事項）を併せて提供する対応が許容されている（計算規則133Ⅲ，134Ⅳ）。また，会計方針開示基準および「会計上の見積りの開示に関する会計基準」（企業会計基準第31号，以下「見積り開示基準」という）に対応した注記に関する定めがある。会社計算規則で求められる注記事項をまとめると図表4－22のとおりである。詳細は(3)から(7)において解説する。

<図表4－22>　会計方針開示基準等に対応する計算書類の注記

注記表の区分	注記事項
会計方針の変更に関する注記（計算規則102の2Ⅰ）……(3)参照	● 当該会計方針の変更の内容 ● 当該会計方針の変更の理由 ● 遡及適用した場合には，当該事業年度の期首における純資産額に対する影響額 ● 当該事業年度より前の事業年度の全部または一部について遡及適用しなかった場合には，以下の事項 　➢ 計算書類または連結計算書類の主な項目に対する影響額 　➢ 当該事業年度より前の事業年度の全部または一部について遡及適用しなかった理由ならびに当該会計方針の変更の適用方法および適用開始時期（会計方針の変更と会計上の見積りの変更との区別が困難なときは記載不要） 　➢ 当該会計方針の変更が当該事業年度の翌事業年度以降の財産または損益に影響を及ぼす可能性がある場合であって，当該影響に関する事項を注記することが適切であるときは，当該事項
表示方法の変更に関する注記（計算規則102の3Ⅰ）……(4)参照	● 当該表示方法の変更の内容 ● 当該表示方法の変更の理由
会計上の見積りに関する注記（計算規則102	① 会計上の見積りにより当該事業年度に係る計算書類または連結計算書類にその額を計上した項目であって，翌

の 3 の 2 Ⅰ）……(5)参照	事業年度に係る計算書類または連結計算書類に重要な影響を及ぼす可能性がある項目 ②　当該事業年度に係る計算書類または連結計算書類の①の項目に計上した額 ③　②のほか，①の項目に係る会計上の見積りの内容に関する理解に資する情報
会計上の見積りの変更に関する注記（計算規則102の 4）……(6)参照	● 当該会計上の見積りの変更の内容 ● 当該会計上の見積りの変更の計算書類または連結計算書類の項目に対する影響額 ● 当該会計上の見積りの変更が当該事業年度の翌事業年度以降の財産および損益に影響を及ぼす可能性があるときは，当該影響に関する事項
誤謬の訂正に関する注記（計算規則102の 5）……(7)参照	● 当該誤謬の内容 ● 当該事業年度の期首における純資産額に対する影響額

　一部の注記事項については，個別注記表に注記すべき事項と連結注記表に注記すべき事項が同一である場合で，個別注記表にその旨を注記するときには，個別注記表における当該事項の注記の省略が認められている（計算規則102の 2 Ⅱ，102の 3 Ⅱ，102の 3 の 2 Ⅱ）。

(3)　会計方針の変更に関する注記

　「会計方針」とは，計算書類または連結計算書類の作成にあたって採用する会計処理の原則および手続であると定められている（計算規則 2 Ⅲ⑫）。会計方針開示基準において会計方針と表示方法が区分して定義され，それぞれについて取扱いが定められている（会計方針開示基準36項，37項）。これに対応して，会社計算規則においても同様の規定が適用される。なお，表示方法の変更については(4)において説明する。

　会計方針は，毎期継続して適用しなければならない（企業会計原則注解【注 3 】，会計方針開示基準 5 項）が，正当な理由がある場合には，その変更も考えられる。正当な理由による会計方針の変更は，次のように分類される。

①　会計基準等の改正に伴う会計方針の変更

　会計基準等の改正によって特定の会計処理の原則および手続が強制される場

合や，従来認められていた会計処理の原則および手続を任意に選択する余地が
なくなる場合など，会計基準等の改正に伴って行われる会計方針の変更をいう。
会計基準等の改正には，既存の会計基準等の改正または廃止のほか，新たな会
計基準等の設定も含まれる。なお，会計基準等に定められた早期適用の取扱い
を適用する場合も，会計基準等の改正に伴う会計方針の変更に含まれる（会計
方針開示基準5項(1)）。

② ①以外の正当な理由に基づく自発的な会計方針の変更

「自発的な会計方針の変更」とは，正当な理由に基づく自発的な会計方針の変
更をいう（会計方針開示基準5項(2)）。1つの会計事象や取引について一般に公
正妥当と認められる複数の会計方針が定められている場合，会社の状況に対し
て最も合理的であると判断される会計方針を選択し適用する。上述のとおり，
会計方針は毎期継続した適用が原則とされる。これは，複数の会計処理が認め
られている場合に，いったん選択した会計方針を毎期継続して適用しないと，
同一の会計事象や取引について異なる金額が算出されるため，財務諸表の期間
比較が困難となり，その結果，会社の財務内容に関する利害関係者の判断を誤
らせる可能性があるためである。

しかし，会社をめぐる経営環境の変化などにより，採用した会計方針では会
社の実態を適切に表しているとはいい難くなる場合には，一般に公正妥当と認
められる別の会計方針の採用を検討する必要性も生じる。その結果，正当な理
由があると判断される場合には，採用している会計方針をより適切な会計方針
に変更する。

「会計方針の開示，会計上の変更及び誤謬の訂正に関する会計基準の適用指
針」（企業会計基準適用指針第24号，以下「会計方針開示適用指針」という）で
は，正当な理由がある場合とは，以下の2つの要件が満たされている場合とし
ている（会計方針開示適用指針6項）。

- 会計方針の変更が企業の事業内容または企業内外の経営環境の変化に対応して行われる
- 会計方針の変更が会計事象等を財務諸表に，より適切に反映するために行われる

342　第4章　注記表

　また,「正当な理由による会計方針の変更等に関する監査上の取扱い」(監査・保証実務委員会実務指針第78号) では, 会計方針の変更のための正当な理由があるかどうかの判断にあたっては, 以下の事項を総合的に勘案する必要があるとされている。

- 会計方針の変更が企業の事業内容または企業内外の経営環境の変化に対応して行われる
- 会計方針の変更が会計事象等を財務諸表に, より適切に反映するために行われる
- 変更後の会計方針が一般に公正妥当と認められる企業会計の基準に照らして妥当である
- 会計方針の変更が利益操作等を目的としていない
- 会計方針について当該事業年度における変更が妥当である

③　計算書類における注記事項

　正当な理由により会計方針の変更を行った場合, 計算書類において注記が必要となる。

　会計方針開示基準では会計上の変更を行った場合の注記事項が列挙されているが, これらの事項は比較情報として開示される過年度財務諸表を前提としている。しかし, 計算書類は単年度開示を原則としているため, 会社計算規則においては, 同基準で求められている注記事項のすべてではなく, 計算書類に必要とされる事項のみの記載が求められている。

　会計方針の変更に関する注記として, 会社計算規則における記載事項 (計算規則102の2 Ⅰ) と会計方針開示基準における記載事項の比較は, 図表4－23のとおりである。なお, 重要性が乏しい場合にはこれらの注記を要しない。また, 一部の項目については, 連結注記表に注記すべき事項と同一である場合には, 個別注記表ではその旨を注記し, 当該記載を省略できる (計算規則102の2 Ⅱ)。

第2節　注記表の記載事項　343

<図表4−23>　「会計方針の変更に関する注記」の記載事項

会社計算規則（計算規則102の2Ⅰ）	会計方針開示基準	
	会計基準等の改正に伴う会計方針の変更	その他の会計方針の変更（自発的な会計方針の変更）
当該会計方針の変更の内容（同①）	会計方針の変更の内容（10項(2)，11項(1)）	
当該会計方針の変更の理由（同②）	会計基準等の名称（10項(1)）	会計方針の変更を行った正当な理由（11項(2)）
遡及適用した場合には，当該事業年度の期首における純資産額に対する影響額*1（同③）	表示されている財務諸表のうち，最も古い期間の期首の純資産の額に反映された，表示期間より前の期間に関する会計方針の変更による遡及適用の累積的影響額（10項(6)本文，11項(4)本文）	
	当期の期首時点において，過去の期間のすべてに新たな会計方針を遡及適用した場合における累積的影響額の算定はできるものの，表示期間のいずれかにおいて，当該期間に与える影響額の算定が実務上不可能な場合（9項(1)），累積的影響額を反映させた期におけるその金額（10項(6)ただし書き，11項(4)ただし書き）	
	当期の期首時点において，過去の期間のすべてに新たな会計方針を遡及適用した場合における累積的影響額の算定が実務上不可能な場合（9項(2)），その旨（10項(6)ただし書き，11項(4)ただし書き）	
当該事業年度より前の事業年度の全部または一部について遡及適用しなかった場合には，計算書類または連結計算書類の主な項目に対する影響額（同④イ）	経過的な取扱いに従って会計処理を行った場合ならびに上記第9項(1)または(2)に該当する場合で，表示する過去の財務諸表について遡及適用して	上記第9項(1)または(2)に該当する場合で，表示する過去の財務諸表について遡及適用していないときには，表示期間の各該当期間において，実務上

	いないときには，表示期間の各該当期間において，実務上算定が可能な，影響を受ける財務諸表の主な表示科目に対する影響額および1株当たり情報に対する影響額（10項(5)ただし書き）	算定が可能な，影響を受ける財務諸表の主な表示科目に対する影響額および1株当たり情報に対する影響額（11項(3)ただし書き）
当該事業年度より前の事業年度の全部または一部について遡及適用しなかった場合には，その理由ならびに当該会計方針の変更の適用方法および適用開始時期*1, *2, *3（同④ロ）	経過的な取扱いに従って会計処理を行った場合，その旨および当該経過的な取扱いの概要（10項(3)）	—
—	遡及適用の原則的な取扱いが実務上不可能な場合（9項参照）には，その理由，会計方針の変更の適用方法および適用開始時期（10項(7), 11項(5)）	
当該事業年度より前の事業年度の全部または一部について遡及適用しなかった場合に当該会計方針の変更が当該事業年度の翌事業年度以降の財産または損益に影響を及ぼす可能性がある場合であって，当該影響に関する事項の注記が適切であるときは当該事項*1, *3（同④ハ）	経過的な取扱いが将来に影響を及ぼす可能性がある場合には，その旨および将来への影響(ただし，将来への影響が不明またはこれについて合理的な見積りが困難である場合には，その旨（10項(4)）)	—

＊1　連結注記表に注記すべき事項と同一である場合，個別注記表にその旨を注記すれば省略可。

＊2　当該会計方針の変更と会計上の見積りの変更との区別が困難なときは記載しない。

＊3　会計監査人設置会社以外の株式会社の場合，省略可。

第2節　注記表の記載事項　345

　会計方針開示基準では，会計方針を変更した場合，表示期間より前の期間に
関する遡及適用による累積的影響額については，表示されている財務諸表のう
ち最も古い期間の期首の資産，負債および純資産の額に反映する。それととも
に，表示する過去の各期間の財務諸表に，各期間の影響額を反映する（同基準
7項）。そのうえで，最も古い期間の期首の純資産の額に反映された，表示期間
より前の期間に関する累積的影響額の注記が求められている（同基準10項(6)，
11項(4)）。計算書類においても同様の注記が求められるが，計算書類は単年度開
示を原則としているため，開示の対象となる累積的影響額は当事業年度の期首
における累積的影響額となる。そのため2期比較の形で開示される有価証券報
告書に含まれる財務諸表の注記における影響額とは相違する可能性がある。
　また，「当該事業年度より前の事業年度の全部または一部について遡及適用し
なかった場合」の注記事項は図表4－23に記載のとおりであるが，その「遡及
適用しなかった場合」としては図表4－24の4つの事例が想定される。

<図表4－24>　遡及適用しなかった場合

事　　例	参考規定
①　会計基準等の改正に伴う会計方針の変更であって，経過的な取扱い（適用開始時に遡及適用を行わない対応を定めた取扱い等）に従い，過去の事業年度の全部または一部につき遡及適用しなかった場合	会計方針開示基準6項(1)
②　遡及適用の原則的な取扱いが実務上不可能な場合	会計方針開示基準9項
a．当期の期首時点において，過去の期間のすべてに新たな会計方針を遡及適用した場合における累積的影響額の算定はできるものの，表示期間のいずれかにおいて，当該期間に与える影響額の算定が実務上不可能な場合	
b．当期の期首時点において，過去の期間のすべてに新たな会計方針を遡及適用した場合における累積的影響額の算定が実務上不可能な場合	
③　会計方針の変更と会計上の見積りの変更との区別が困難な場合	会計方針開示基準19項

　遡及適用しなかった場合のうち「遡及適用の原則的な取扱いが実務上不可能

346　第4章　注記表

な場合」として，図表4−24の②においてaおよびbの2つの事例が挙げられる。しかし，単年度開示を原則とする計算書類においては，遡及適用した場合の累積的影響額は当事業年度の計算書類に反映され，②aの事例は想定され得ないため，「実務上不可能な場合」とは②bの事例のみを指す結果になる。

　なお，図表4−24の③「会計方針の変更と会計上の見積りの変更との区別が困難な場合」について，会計方針開示基準では，会計方針の変更に該当するものの，会計上の見積りの変更と同様に遡及適用しないとされている。この定めは，主として減価償却方法の変更（例えば，定額法から定率法への変更）を企図した取扱いである（同基準20項，59項〜62項）と考えられている。会社計算規則も同様の取扱いを前提に，遡及適用に関する注記事項等を除き，会計方針の変更に関する注記として記載を求めている（計算規則102の2Ⅰ）。

　「経団連ひな型」における会計方針の変更に関する注記（個別）の記載例は，以下のとおりである。連結注記表も同様の記載例となっている（当事業年度が当連結会計年度に，株主資本等変動計算書が連結株主資本等変動計算書になるといった違いのみ）。

［記載例］

会計方針の変更

　(1)　○○○の評価基準及び評価方法

　　　　○○○の評価基準及び評価方法は，従来，○○法によっておりましたが，当事業年度より○○法に変更いたしました。この変更は，○○○（変更理由を具体的に記載する）ために行ったものであります。当該会計方針の変更は遡及適用され，会計方針の変更の累積的影響額は当事業年度の期首の純資産の帳簿価額に反映されております。この結果，株主資本等変動計算書の利益剰余金の遡及適用後の期首残高は×××百万円増加しております。

　(2)　○○○に関する会計基準の適用

　　　　当事業年度より，「○○○に関する会計基準」を適用しております。当該会計基準は遡及適用され，会計方針の変更の累積的影響額は当事業年度の期首の純資産の帳簿価額に反映されております。この結果，株主資本等変動計算書の利益剰余金の遡及適用後の期首残高は×××百万円増加しております。

第 2 節　注記表の記載事項　347

　なお，会計方針開示基準では，すでに公表されているものの，未だ適用され
ていない新しい会計基準等がある場合に一定の注記が求められるが（会計方針
開示基準22-2項），会社計算規則ではそのような定めはない。

（記載例）　会計方針の変更（自発的な変更）（連結）

（オムロン㈱　2024年3月期）

> 〈会計方針の変更に関する注記〉
> （棚卸資産の評価方法の変更）
> 　当連結会計年度より，棚卸資産の評価方法について，これまで主として先入先
> 出法による低価法を採用していた当社および国内連結子会社並びに一部の海外連
> 結子会社につきまして，主として平均法による低価法に変更しています。
> 　この変更は，2022年度にスタートした長期ビジョン「Shaping The Future 2030」
> および中期経営計画（SF 1st Stage）に基づき，不確実性が高まった近年の社会や
> 事業環境に対応するための販売，生産，在庫保有方針や在庫管理システムの見直
> しを契機として，平均法にて棚卸資産の評価を行う方が，より適切に期間損益計
> 算を行うことができると判断し，実施したものであります。
> 　なお，当該変更が連結計算書類に与える影響は軽微です。

⑷　表示方法の変更に関する注記

　「表示方法」とは，計算書類または連結計算書類の作成にあたって採用する
表示の方法をいう（計算規則2Ⅲ㉔）。財務諸表の期間比較性を確保する観点
から，会計方針と同様に，表示方法についてもいったん選択した表示方法の毎
期継続した適用が求められる。ただし，①表示方法を定めた会計基準または法
令等の改正により表示方法の変更を行う場合，および②会計事象等を財務諸表
により適切に反映するために表示方法の変更を行う場合のみ表示方法の変更が
認められる（会計方針開示基準13項）。

　表示方法の変更に関する注記として，会社計算規則における記載事項（計算
規則102の3Ⅰ）と会計方針開示基準における記載事項の比較は，図表4-25の
とおりである。なお，重要性が乏しい場合には当該注記を要しない。また，当
該表示方法の変更の理由については，連結注記表に注記すべき事項と同一であ
る場合には，個別注記表ではその旨を注記し，当該記載を省略できる（計算規
則102の3Ⅱ）。

348　第4章　注記表

<図表4-25>　「表示方法の変更に関する注記」の記載事項

会社計算規則（計算規則102の3Ⅰ）	会計方針開示基準
当該表示方法の変更の内容	財務諸表の組替えの内容（16項(1)）
当該表示方法の変更の理由	財務諸表の組替えを行った理由（16項(2)）
―	組み替えられた過去の財務諸表の主な項目の金額（16項(3)），原則的な取扱いが実務上不可能な場合（15項参照）には，その理由（16項(4)）

　前提として，計算書類は単年度開示であり過年度の計算書類は開示されないため，過年度の財務諸表の組替えは行われず，その影響額の開示も求められない。なお，実務では前事業年度の計算書類を任意で比較期として開示している事例，あるいは，前事業年度の金額を開示したり，組替えをしている事例も見られる。

　「経団連ひな型」における表示方法の変更に関する注記の記載例は，以下のとおりである。

［記載例］
○○の表示方法の変更
　　○○の表示方法は，従来，貸借対照表上，○○（前事業年度×××百万円）に含めて表示しておりましたが，重要性が増したため，当事業年度より，○○（当事業年度×××百万円）として表示しております。

（記載例）　表示方法の変更①（前年度の計算書類を任意で開示）（個別）

（㈱エムディーアイ　2023年9月期）

Ⅲ．表示方法の変更に関する注記

（貸借対照表）
　前事業年度において，独立掲記していました「無形固定資産」の「特許権」および「商標権」は，金額的重要性が乏しくなったため，当事業年度より「その他」に含めて表示しています。この表示方法の変更を反映させるため，前事業年度の計算書類の組替えを行っています。

この結果，前事業年度の貸借対照表において，「無形固定資産」に表示していた「特許権」14,219千円，「商標権」10,252千円および「その他」137,998千円は，「その他」162,470千円として組み替えています。

また，前事業年度において，独立掲記していました「投資その他の資産」の「従業員に対する長期貸付金」は，金額的重要性が乏しくなったため，当事業年度より「その他」に含めて表示しています。この表示方法の変更を反映させるため，前事業年度の計算書類の組替えを行っています。
この結果，前事業年度の貸借対照表において，「投資その他の資産」に表示していた「従業員に対する長期貸付金」8千円および「その他」82,810千円は，「その他」82,818千円として組み替えています。

（損益計算書）
前事業年度において，独立掲記していました「営業外収益」の「助成金等収入」は，営業外収益の総額の100分の10以下となったため，当事業年度より「その他」に含めて表示しています。この表示方法の変更を反映させるため，前事業年度の計算書類の組替えを行っています。
この結果，前事業年度の損益計算書において，「営業外収益」に表示していた「助成金等収入」8,234千円および「その他」15,458千円は，「その他」23,693千円として組み替えています。

（記載例） 表示方法の変更②（連結） （㈱マネーフォーワード　2023年11月期）

3．表示方法の変更に関する注記
（連結貸借対照表関係）
前連結会計年度において，「流動負債」の「その他」に含めておりました「預り金」（前連結会計年度2,264,560千円）は，金額的重要性が増したため，当連結会計年度より区分掲記しております。

（連結損益計算書関係）
前連結会計年度において，「営業外費用」の「その他」に含めておりました「為替差損」（前連結会計年度89,744千円）および「投資事業組合運用損」（前連結会計年度22,047千円）は，営業外費用総額における金額的重要性が増したため，当連結会計年度より区分掲記しております。

350　第4章　注記表

⑸　会計上の見積りに関する注記

　「会計上の見積り」とは，計算書類または連結計算書類に表示すべき項目の金額に不確実性がある場合において，計算書類または連結計算書類の作成時に入手可能な情報に基づき，それらの合理的な金額を算定することをいう（計算規則2Ⅲ㊻）。当事業年度における，会計上の見積りにより財務諸表に計上した金額のうち，翌事業年度の財務諸表に重要な影響を及ぼすリスクがある項目における会計上の見積りの内容について，財務諸表利用者の理解に資する情報の開示を目的とした見積り開示基準に対応して，会社計算規則では，「会計上の見積りに関する注記」に関する規定が設けられている。

　会計上の見積りに関する注記として，会社計算規則における記載事項（計算規則102の3の2Ⅰ）と見積り開示基準における記載事項の比較は，図表4−26のとおりである。なお，一部の項目については，連結注記表に注記すべき事項と同一である場合には，個別注記表ではその旨を注記し，当該記載を省略できる（計算規則102の3の2Ⅱ）。

＜図表4−26＞　「会計上の見積りに関する注記」の記載事項

会社計算規則（計算規則102の3の2Ⅰ）	見積り開示基準
①　会計上の見積りにより当該事業年度に係る計算書類または連結計算書類にその額を計上した項目であって，翌事業年度に係る計算書類または連結計算書類に重要な影響を及ぼす可能性がある項目	会計基準に基づいて識別した会計上の見積りの内容を表す項目名（6項）
②　当該事業年度に係る計算書類または連結計算書類の①の項目に計上した額	当年度の財務諸表に計上した金額（7項⑴）
③　②のほか，①の項目に係る会計上の見積りの内容に関する理解に資する情報＊1	会計上の見積りの内容について財務諸表利用者の理解に資するその他の情報（7項⑵）

＊1　連結注記表に注記すべき事項と同一である場合，個別注記表にその旨を注記すれば省略可。

　このように会社計算規則と見積り開示基準の注記事項は基本的には同じであ

る。「会計上の見積りに関する注記」として，図表4−26の事項の記載が求められており，見積り開示基準を参考にして，各社の実情に応じて，必要な記載を行う（計算規則102の3の2Ⅰ）。

会社計算規則の用語の解釈に関しては，一般に公正妥当と認められる企業会計の基準をしん酌しなければならないとされている（計算規則3）。会社計算規則では，注記対象となる項目について，会計上の見積りにより当該事業年度に係る計算書類または連結計算書類にその額を計上した項目であって，翌事業年度に係る計算書類または連結計算書類に重要な影響を及ぼす可能性があるものと定めている。ここにいう「可能性がある」とは，見積り開示基準第4項における「リスク（有利となる場合及び不利となる場合の双方が含まれる。）がある」と同義であるとする考え方が法務省より「「会社計算規則の一部を改正する省令案」に関する意見募集の結果について」（2020年8月12日）において示されている。

また，図表4−26の③に関しては，会社計算規則において，見積り開示基準第8項で示されているような例示（金額の算出方法，主要な仮定，翌年度の財務諸表に与える影響）は示されていない。この点について，同様に法務省から「会計上の見積りの開示に関する会計基準第8項において具体的に例示された事項であったとしても，各株式会社の実情を踏まえ，計算書類においては当該事項の注記を要しないと合理的に判断される場合には，計算書類において当該事項について注記しないことも許容されると考えられる」とする考え方が示されている。

「経団連ひな型」における会計上の見積りに関する注記の記載例は，以下のとおりである。

［記載例（会計上の見積りの内容に関する理解に資する情報の注記を要しないと合理的に判断される場合）］

会計上の見積りにより当事業年度に係る計算書類にその額を計上した項目であって，翌事業年度に係る計算書類に重要な影響を及ぼす可能性があるものは，次のとおりです。

繰延税金資産　×××百万円

352　第4章　注記表

> ［会計上の見積りの内容に関する理解に資する情報を記載する例］
> 　繰延税金資産の認識は，将来の事業計画に基づく課税所得の発生時期及び金額によって見積っております。当該見積りは，将来の不確実な経済条件の変動などによって影響を受ける可能性があり，実際に発生した課税所得の時期及び金額が見積りと異なった場合，翌事業年度の計算書類において，繰延税金資産の金額に重要な影響を与える可能性があります。

（記載例）　**会計上の見積りに関する注記①（個別）**

（いすゞ自動車㈱　2024年3月期）

11．会計上の見積りに関する注記
　(1)　市場措置（リコール等）に関連する債務
　　①　当事業年度の計算書類に計上した金額

	貸借対照表計上額
市場措置（リコール等）に関連する未払費用	8,553百万円

　　②　識別した項目に係る重要な会計上の見積りの内容に関する情報
　　　①の金額の算出方法は，「連結注記表　連結計算書類作成のための基本となる重要な事項に関する注記　5．会計上の見積りに関する注記　(1)市場措置（リコール等）に関連する債務」の内容と同一のため，注記を省略しています。
　(2)　関係会社株式等の減損
　　①　当事業年度の計算書類に計上した金額

投資先	貸借対照表計上額
中国に拠点を置く製造子会社の出資金	14,731百万円

　　②　識別した項目に係る重要な会計上の見積りの内容に関する情報
　　　当社は新興国を含む多様な国に事業投資を行っています。関係会社株式等について，発行会社の財政状態の悪化により，実質価額が著しく低下し，かつ回復可能性が十分な証拠によって裏付けられない場合は，関係会社株式等に対する減損処理を行い，実質価額をもって貸借対照表価額としています。
　　　関係会社株式等の実質価額は，原則として一般に公正妥当と認められる会計基準に準拠して作成された発行会社の直近の計算書類にその後の状況で財政状態に重要な影響を及ぼす事項を加えたものを基礎に，資産等の時

価評価に基づく評価差額等を加味した1株当たりの純資産額に所有株式数を乗じることにより算定しています。

関係会社株式等について，実質価額が著しく低下したときとは，実質価額が取得価額に比べて50％程度以上低下した場合としています。

回復可能性の判定が必要な場合は，事業計画等による回復可能性の判定を行います。回復可能性の判定に用いる事業計画の見積りに重要な影響を与える仮定は，主に将来の販売見通しです。これらについて，当社は入手可能な最新の情報を基に継続的に見直しています。

回復可能性の判定を行った結果，実質価額が著しく低下し，かつ回復可能性が十分な証拠によって裏付けられない関係会社株式等については，取得価額を実質価額まで減額します。

当事業年度において，実質価額が著しく低下し，かつ回復可能性の判定が必要な重要な関係会社株式等はありません。

自動車の需要は経済状況の影響を強く受けるため，景気後退及びそれに伴う将来の販売見通しの悪化により将来の投資先の業績不振等が発生した場合，減損損失の計上が必要となる可能性があります。

（記載例）　会計上の見積りに関する注記②（連結）　（㈱第一興商　2024年3月期）

会計上の見積りに関する注記

1．固定資産の減損

(1)　科目名及び当連結会計年度計上額

科目名	金額（百万円）
減損損失	1,091

(2)　その他見積りの内容に関する理解に資する情報

固定資産については，キャッシュ・フローを生み出す最小単位にグルーピングし，減損の兆候の有無の判定を行い，兆候がある場合には，減損損失を認識するかどうかを判定のうえ，減損損失の測定を実施しております。

固定資産のグルーピングにあたっては，社内管理区分を考慮して資産グループを決定しており，遊休不動産及び賃貸用不動産については各物件を，カラオケルーム及び飲食店舗については主に各店舗を，資産グループとしております。

減損の兆候の有無の判定にあたっては，資産又は資産グループに以下の事象が生じている場合には，減損の兆候があるものと判定しております。

・資産又は資産グループが使用されている営業活動から生ずる損益が継続

してマイナスとなっているか，あるいは，継続してマイナスとなる見込みであること。

・資産又は資産グループの使用されている範囲又は方法について，当該資産又は資産グループの回収可能価額を著しく低下させるような変化が生じたか，あるいは，生ずる見込みであること。

・資産又は資産グループが使用されている事業に関連して，経営環境が著しく悪化したか，あるいは，悪化する見込みであること。

・資産又は資産グループの市場価格の下落。

　減損損失を認識するかどうかの判定にあたっては，資産又は資産グループから得られる割引前将来キャッシュ・フローの総額が帳簿価額を下回る場合に，減損損失を認識しており，減損損失を認識した資産又は資産グループについては，帳簿価額と回収可能価額との差額を当連結会計年度の減損損失として計上しております。回収可能価額は，主に使用価値により算定しておりますが，その際に用いられる割引率は，貨幣の時間価値と将来キャッシュ・フローがその見積値から乖離するリスクを反映したものであり，借入資本コストと自己資本コストを加重平均した資本コストによっております。なお，当連結会計年度において，使用価値の算定に用いた割引率は次のとおりであります。

	当連結会計年度
割引率	4.7%

　当該見積りに用いた主要な仮定は，減損損失を認識するかどうかの判定及び使用価値の算定において用いる各資産グループの将来計画における売上高等であります。将来計画は，過去の実績を基礎とし，経営環境などの外部要因に関する情報や当社グループが用いている内部の情報に基づき整合的に補正し算定しております。

　当該見積り及び当該見積りに用いた主要な仮定について，将来の不確実な経済情勢の変動等により見直しが必要となった場合，翌連結会計年度以降の連結計算書類において追加の減損損失（特別損失）が発生する可能性があります。

2．繰延税金資産の回収可能性
(1)　科目名及び当連結会計年度計上額

科目名	金額（百万円）
繰延税金資産	5,065

(2)　その他見積りの内容に関する理解に資する情報

第2節　注記表の記載事項　355

　　繰延税金資産については，納税主体ごとに将来減算一時差異の回収可能性を検討し，将来の課税所得に対して利用できる可能性が高いと判断した範囲内で認識しております。

　　当該判断にあたっては，収益力に基づく一時差異等加減算前課税所得の十分性，タックス・プランニングに基づく一時差異等加減算前課税所得の十分性及び将来加算一時差異の十分性のいずれかを満たす場合には，将来の課税所得に対して利用できる可能性が高いものと判断しております。

　　収益力に基づく一時差異等加減算前課税所得の十分性を判断するにあたっては，一時差異等の解消見込年度及び繰戻・繰越期間における課税所得を見積っております。

　　当該見積りに用いた主要な仮定は，課税所得の見積りにおいて用いる将来計画（納税主体ごとの当期純利益及び永久差異による加減算項目等の予測値）であります。将来計画は，過去の実績を基礎とし，経営環境などの外部要因に関する情報や当社グループが用いている内部の情報に基づき整合的に補正し算定しております。

　　当該見積り及び当該見積りに用いた主要な仮定について，将来の不確実な経済情勢の変動等により見直しが必要となった場合，翌連結会計年度以降の連結計算書類において認識する繰延税金資産及び法人税等調整額の金額に重要な影響を与える可能性があります。

（記載例）　会計上の見積りに関する注記③（連結）　　（㈱マンダム　2024年3月期）

（会計上の見積りに関する注記）
（企業結合取引により計上したのれん及びその他の無形固定資産の評価）

　　当社グループは2027年のありたい姿「VISION2027」の実現に向け，国内外において積極的な事業展開を行っております。

　　2019年1月4日に，マレーシアを中心に若年層の女性向けメイクアップブランドなどを展開する事業会社3社を保有する持株会社ACG INTERNATIONAL SDN. BHD.（以下，ACGI社）の株式を100%取得し，連結子会社としました（以下，ACGI社と事業会社3社を合わせてACGIグループ）。

　　ACGI社株式の取得価額は，ACGIグループのブランド力や今後見込まれる超過収益力を考慮して決定されており，取得原価の配分においてのれん，商標権および顧客関係資産（以下，のれん等）を無形固定資産として計上し，15年間の定額法により償却を行っております。

　　取得原価のうちのれん等に配分された金額が相対的に多額であるため，当社は減損の兆候を識別し，ACGIグループを資産グループとして減損損失を認識する

356　第4章　注記表

かどうかの判定（以下，減損テスト）を行っております。

その結果，減損損失は認識されておりません。

１．当連結会計年度の連結計算書類に計上した金額及び残存償却年数

勘定科目	金額（百万円）	残存償却年数
のれん	2,629	10年
商標権	802	10年
顧客関係資産	1,254	10年

２．識別した項目に係る重要な会計上の見積りの内容に関する情報

減損テストにあたって見積もられる割引前将来キャッシュ・フローは，経営者により承認された ACGI グループの中期事業計画を基礎とし，当該事業計画を超える期間については各国の市場成長見込等を用いて，のれん等の残存償却年数にわたって算定しております。

割引前将来キャッシュ・フローの算定は見積りによるため，経営環境の変化，事業計画の進捗状況や各国の市場成長見込等の状況により変動し，翌連結会計年度の連結計算書類に重要な影響を与える可能性があります。

⑹　会計上の見積りの変更に関する注記

「会計上の見積りの変更」とは，新たに入手可能となった情報に基づき，当該事業年度より前の事業年度に係る計算書類または連結計算書類の作成にあたって行った会計上の見積りを変更することをいう（計算規則 2 Ⅲ⑯）。

会計上の見積りの変更に関する注記として，会社計算規則における記載事項（計算規則102の 4 ）と会計方針開示基準における記載事項の比較は，図表 4 － 27のとおりである。会計上の見積りの変更の場合，過年度の財務諸表に遡及適用しないため，記載事項は会計方針開示基準で求められる記載内容とほぼ同様である（会計方針開示基準18項参照）。なお，重要性が乏しい場合にはこれらの注記を要しない。

<図表4－27>　「会計上の見積りの変更に関する注記」の記載事項

会社計算規則（計算規則102の4）	会計方針開示基準
当該会計上の見積りの変更の内容	会計上の見積りの変更の内容（18項(1))

第2節 注記表の記載事項 357

当該会計上の見積りの変更の計算書類または連結計算書類の項目に対する影響額	会計上の見積りの変更が，当期に影響を及ぼす場合は当期への影響額（18項(2)）
当該会計上の見積りの変更が当該事業年度の翌事業年度以降の財産または損益に影響を及ぼす可能性があるときは，当該影響に関する事項	当期への影響がない場合でも将来の期間に影響を及ぼす可能性があり，かつ，その影響額の合理的な見積りができるときには，当該影響額。ただし，将来への影響額の合理的な見積りが困難な場合には，その旨（18項(2)）

「経団連ひな型」における会計上の見積りの変更に関する注記（個別）の記載例は，以下のとおりである。連結も同様の記載例である（当事業年度が当連結会計年度に，税引前当期純利益が税金等調整前当期純利益になるといった違いのみ）。

［記載例］
会計上の見積りの変更

　　当社が保有する備品Ｘは，従来，耐用年数を10年として減価償却を行ってきましたが，当事業年度において，○○○（変更を行うこととした理由などの変更の内容を記載する。）により，耐用年数を6年に見直し，将来にわたり変更しております。

　　この変更により，従来の方法と比べて，当事業年度の減価償却費が××× 百万円増加し，営業利益，経常利益及び税引前当期純利益が同額減少しております。

記載例　会計上の見積りの変更①（個別）

（㈱ライフコーポレーション　2024年2月期）

7．会計上の見積りの変更に関する注記

　　当社は2023年8月31日開催の取締役会において，東京本社の移転方針を決議し，2024年2月26日に移転しました。これに伴い，旧東京本社の不要となる固定資産の耐用年数を移転日までの期間に見直しております。

　　また，建物賃貸借契約に伴う原状回復費用に係る資産除去債務についても，最新の見積り情報に基づき原状回復費用及び使用見込期間の見積りを変更し，

358　第4章　注記表

移転日までの期間で資産除去債務の費用計上が完了するように変更しております。

　これにより，従来の方法に比べて，当事業年度の営業利益，経常利益及び税引前当期純利益がそれぞれ483百万円減少しております。

（記載例）　会計上の見積りの変更②（連結）

（太平洋工業㈱　2024年3月期）

（会計上の見積りの変更）

有形固定資産の耐用年数の変更

　米国子会社が保有する一部の機械装置について，従来，耐用年数を7年として減価償却を行ってきましたが，近年の設備投資の大型化等の状況変化に応じて，機械装置の使用実態を見直した結果，当連結会計年度より，耐用年数を15年に見直し，将来にわたり変更しております。

　この変更により，従来と比べて，当連結会計年度の営業利益，経常利益および税金等調整前当期純利益がそれぞれ16億20百万円増加しております。

⑺　誤謬の訂正に関する注記

　「誤謬」とは，意図的であるかどうかにかかわらず，計算書類または連結計算書類の作成時に入手可能な情報を使用しなかった結果，またはこれを誤って使用した結果生じた誤りをいう。そして，「誤謬の訂正」とは，当該事業年度より前の事業年度に係る計算書類または連結計算書類における誤謬を訂正したと仮定した計算書類または連結計算書類の作成をいう（計算規則2Ⅲ㊻・㊽）。ここにいう「誤謬の訂正」は，会計方針開示基準における「修正再表示」と同様の概念である。誤謬の訂正は，会社法の定めに従って過去の株主総会での決議等によりすでに確定した過年度の計算書類を修正する手続ではなく，また新たにこれを確定するという手続でもない。

　誤謬の訂正に関する注記として，会社計算規則における記載事項（計算規則102の5）と会計方針開示基準における記載事項の比較は，図表4−28のとおりである。なお，重要性が乏しい場合にはこれらの注記を要しない。

第2節　注記表の記載事項　359

<図表4−28>　「誤謬の訂正に関する注記」の記載事項

会社計算規則（計算規則102の5）	会計方針開示基準
当該誤謬の内容	過去の誤謬の内容（22項(1)）
−	表示期間のうち過去の期間について，影響を受ける財務諸表の主な表示科目に対する影響額および1株当たり情報に対する影響額（22項(2)）
当該事業年度の期首における純資産額に対する影響額	表示されている財務諸表のうち，最も古い期間の期首の純資産の額に反映された，表示期間より前の期間に関する修正再表示の累積的影響額（22項(3)）

　計算書類は単年度開示を原則としているため，開示の対象となる影響額は当事業年度の期首における影響額となり，会計方針開示基準で求められている表示期間のうち過去の期間における影響額の注記は求められない。この取扱いは，会計方針の変更により遡及修正した場合と同様である。

5　貸借対照表等に関する注記

　貸借対照表等および連結貸借対照表等に関する注記は次の事項（連結注記表では，(6)から(9)までの項目を除く）である（計算規則103）。

(1)　資産が担保に供されている場合における次に掲げる事項　……**(1)参照**
　①　資産が担保に供されている事実
　②　担保に供されている資産の内容およびその金額
　③　担保に係る債務の金額
(2)　資産に係る引当金を直接控除した場合における各資産の資産項目別の引当金の金額　……**(2)参照**
(3)　資産に係る減価償却累計額を直接控除した場合における各資産の資産項目別の減価償却累計額　……**(3)参照**
(4)　資産に係る減損損失累計額を減価償却累計額に合算して減価償却累計額の項目をもって表示した場合にあっては，減価償却累計額に減損損失累計額が含まれている旨　……**(4)参照**
(5)　保証債務，手形遡求債務，重要な係争事件に係る損害賠償義務その他これらに準ずる債務（負債の部に計上したものを除く）があるときは，当該債務の内

360 第4章 注記表

容および金額 ……**(5)参照**

(6) 関係会社に対する金銭債権または金銭債務をその金銭債権または金銭債務が属する項目ごとに，他の金銭債権または金銭債務と区分して表示していないときは，当該関係会社に対する金銭債権または金銭債務の当該関係会社に対する金銭債権または金銭債務が属する項目ごとの金額または2以上の項目について一括した金額 ……**(6)参照**

(7) 取締役，監査役および執行役との間の取引による取締役，監査役および執行役に対する金銭債権があるときはその総額 ……**(7)参照**

(8) 取締役，監査役および執行役との間の取引による取締役，監査役および執行役に対する金銭債務があるときはその総額 ……**(7)参照**

(9) 当該株式会社の親会社株式の各表示区分別の金額 ……**(8)参照**

以下で，上記の各項目について解説する。

(1) 担保に供している資産および担保に係る債務

担保資産と担保に係る債務についての開示項目である（計算規則103①）。

資産が担保に供されている場合，以下を注記する。

---

① 資産が担保に供されている事実
② 担保に供されている資産の内容およびその金額
③ 担保に係る債務の金額

会社が保有している資産に担保権が設定されているかどうかは，債権者等の利害関係者にとって重要な情報である。担保資産には，質権，抵当権などの通常の担保権が設定されている資産のほか，担保予約など，状況に応じて担保として差し入れる旨の約定がある場合も含まれると考えられる。

担保資産の内容およびその金額については，貸借対照表および連結貸借対照表の勘定科目別に金額を表示する方法が一般的である。担保に係る債務については内容の記載は求められていないものの，同様に勘定科目別に表示する事例が多く見られる。また，担保資産として表示した注記のなかに担保予約等が含まれている場合は，その旨の付記が望ましい。

「経団連ひな型」における記載例は，個別・連結ともに，以下のとおりである。

第2節　注記表の記載事項　361

［記載例］

1．担保に供している資産及び担保に係る債務

(1)　担保に供している資産

定期預金	×××	百万円
建　　物	×××	百万円
土　　地	×××	百万円
計	×××	百万円

(2)　担保に係る債務

短期借入金	×××	百万円
長期借入金	×××	百万円
計	×××	百万円

（記載例）　担保資産等①（個別）　　　　　（住友商事㈱　2024年3月期）

1．担保に供している資産及び担保に係る債務

(1)　担保に供している資産

種類	期末残高
建物	2,326百万円
土地	354百万円
無形固定資産	767百万円
投資有価証券	28,917百万円
関係会社株式	155,872百万円
長期貸付金	1,220百万円
その他（注2）	33,041百万円
合計	222,497百万円

（注1）担保に供している資産には，関係会社の借入金等に対して担保提供を行った当社資産も含めています。

（注2）主にデリバティブ取引に係る差入保証金及び賃貸物件に係る敷金です。

(2)　担保に係る債務

その他の流動負債等	10,885百万円
合計	10,885百万円

362　第4章　注記表

（記載例）　担保資産等②（連結）　　　（㈱西武ホールディングス　2024年3月期）

> 2．担保資産及び担保付債務
> 　(1)　担保に供している資産は，次のとおりであります。
> 　　　（財団抵当）
> 　　　　土地　　　　　　　　　　　　　　　　　　107,343百万円
> 　　　　建物及び構築物　　　　　　　　　　　　　163,266百万円
> 　　　　機械装置及び運搬具　　　　　　　　　　　　44,745百万円
> 　　　　有形固定資産「その他」　　　　　　　　　　2,183百万円
> 　　　　　合計　　　　　　　　　　　　　　　　　317,539百万円
> 　　　（その他担保に供している資産）
> 　　　　現金及び預金　　　　　　　　　　　　　　　　16百万円
> 　　　担保付債務は，次のとおりであります。
> 　　　　長期借入金　　　　　　　　　　　　　　　　97,438百万円
> 　　　　1年内返済予定の長期借入金（短期借入金）　　9,068百万円
> 　　　　鉄道・運輸機構長期未払金　　　　　　　　　4,020百万円
> 　　　　鉄道・運輸機構未払金（流動負債「その他」）　　617百万円
> 　　　　支払手形及び買掛金　　　　　　　　　　　　　　16百万円
> 　(2)　上記のほか，投資有価証券220百万円について，出資先の債務の担保として
> 　　質権が設定されております。

⑵　資産から直接控除した引当金

　資産に係る引当金である評価性引当金については，資産の総額と引当金額を表示する間接控除方式が原則であり，資産の総額から引当金を直接控除し，その残高を純額で表示する直接控除方式も認められている（計算規則78）。

　直接控除方式による場合は，控除された引当金の金額を明らかにするため，各資産の資産項目別に引当金の金額を注記するか，一括して注記する取扱いが適当な場合は，流動資産，有形固定資産，無形固定資産，投資その他の資産または繰延資産ごとに一括した引当金の金額を注記する（計算規則103②）。

　実務上は，間接控除方式を採用している会社が多く見られ，直接控除方式による注記の事例は少ない。

　「経団連ひな型」における記載例（個別）は，以下のとおりである（連結貸借対照表に関する注記の記載例においては，連結貸借対照表にあわせて「売掛金」

第2節　注記表の記載事項　363

の前に「受取手形」が記載されている）。

[記載例]
　2．資産から直接控除した貸倒引当金
　　　売掛金　　　　　　　　　　　　　　　×××百万円
　　　破産更生債権等　　　　　　　　　　　×××百万円
　　　長期貸付金　　　　　　　　　　　　　×××百万円

（記載例）　資産から直接控除した引当金（連結）

（㈱リテールパートナーズ　2024年2月期）

2．資産から直接控除した貸倒引当金	
長期貸付金	44,467千円
計	44,467千円

⑶　資産から直接控除した減価償却累計額

　有形固定資産に係る減価償却累計額については，⑵と同様に，有形固定資産の総額と減価償却累計額を表示する間接控除方式が原則であり，資産の総額から減価償却累計額を直接控除し，その残高を純額で表示する直接控除方式も認められている（計算規則79）。

　直接控除方式による場合は，⑵と同様に，各資産の資産項目別に減価償却累計額の金額を注記するか，一括して注記する取扱いが適当な場合は，各資産について一括した減価償却累計額を注記する（計算規則103③）。

　実務上は，直接控除方式を採用したうえで，減価償却累計額の総額を注記している例が多く見られる。

　「経団連ひな型」における記載例は，個別・連結ともに，以下のとおりである。

[記載例]
　3．有形固定資産の減価償却累計額　　　　×××　百万円

364　第4章　注記表

（記載例）　資産から直接控除した減価償却累計額（個別）

（日本高純度化学㈱　2024年3月期）

（単位：千円）

有 形 固 定 資 産	160,442
建 　　　物	39,161
機 械 及 び 装 置	7,102
車 両 運 搬 具	542
工 具，器 具 及 び 備 品	102,525
建 設 仮 勘 定	11,110
2．貸借対照表に関する注記	
有形固定資産の減価償却累計額	789,120千円

⑷　資産に係る減損損失累計額が減価償却累計額に含まれている場合

　減損処理を行った有形固定資産の表示は，直接控除方式が原則である。減損損失累計額については，直接控除方式の場合においても，注記は求められていない。減価償却を行う有形固定資産については間接控除方式による表示も認められている（計算規則80）。間接控除方式には，減損損失累計額を取得原価から間接控除する形式で表示する独立間接控除方式と，減損損失累計額を減価償却累計額と合算して表示する合算間接控除方式の2つがある。

　このうち，合算間接控除方式を採用している場合は，減損損失累計額が減価償却累計額に含まれている旨を注記する（計算規則103④）。

　実務上は，直接控除方式によっている例が多く見られる。

　「経団連ひな型」における記載例（個別。合算間接控除方式）は，以下のとおりである（連結貸借対照表に関する注記の記載例においては，「貸借対照表」は「連結貸借対照表」とされている）。

［記載例］
　4．有形固定資産の減損損失累計額
　　　貸借対照表上，減価償却累計額に含めて表示しております。

第2節　注記表の記載事項　365

⑸　偶発債務

　偶発債務には，主たる債務者が債務を履行しない場合に保証人等が当該債務を履行する責任を負う保証債務や，手形遡求債務，重要な係争事件に係る賠償義務などが含まれる。これらのうち，負債の部に計上されていない債務について，当該債務の内容と金額を開示する（計算規則103⑤）。

　発生可能性が高くない場合や金額の合理的な見積りが不可能である場合など，引当金の計上要件は満たさないが，事象の状況によって，契約等に基づき債務履行を負担する可能性があると考えられる場合には，その内容を明確にすることで，計算書類の利用者が会社の財産の状態を適切に把握できるよう，注記が求められている。

　一方，主たる債務者に財政状態の悪化等による債務不履行の可能性があり，その結果として債務保証から生じる求償権が回収不能となる可能性が高く，かつこれによって生じる損失額の合理的な見積りができる場合，偶発債務の注記ではなく，債務保証損失引当金などの科目で負債の部に引当金を計上する。

　注記は，財務諸表等規則ガイドライン58をしん酌し，債務の保証（債務の保証と同様の効果を有する取引を含む）については，その種類および保証先等を，また係争事件に係る賠償義務については，当該事件の概要および相手方等を示したうえで，それぞれ金額を記載する取扱いが適当であると考えられる。

　なお，「債務保証及び保証類似行為の会計処理及び表示に関する監査上の取扱い」（監査・保証実務委員会実務指針第61号）では，債務保証には，保証債務，手形遡求義務などの通常の債務保証のほかに，図表4－29のとおり保証予約や経営指導念書等の差入れなどの保証類似行為も含まれる場合があるとされている。特に経営指導念書等については，記載内容に基づく法的効力が保証契約または保証予約契約と同様と認められる場合，債権者との関係や差入れの経緯等の状況から実質的に債務保証義務等を負っている場合，または保証予約と同様であると認められる場合は，注記対象に含める必要がある。

　通常，連結計算書類では，債務保証は「連結子会社以外の会社（他の会社）」に対して行う債務保証が注記対象となる。例えば，親会社が，連結子会社における金融機関からの借入金について債務保証を行っている場合は，貸借対照表に関する注記として記載される一方，連結貸借対照表に当該借入金自体が表示

されるため注記の対象から除かれる。

<図表4-29> 保証類似行為の取扱い

項　目		取　扱　い
保証予約	停止条件付保証契約	実務における法律的効果や経済的実態は，債務保証とおおむね同一の性格を有すると考えられるため，債務保証に準ずる取引として注記の対象に含める。
	予約完結権行使型保証予約	
	保証契約締結義務型保証予約	法律上は保証契約成立に係る承諾の意思表示を行わない限り保証は成立しないが，現実には保証契約を締結せざるを得ない状況が通常であるため，原則として，債務保証に準ずる取引として注記の対象に含める。
経営指導念書等の差入れ（名称を問わない）	法的効力を有する	記載内容に基づく法的効力が保証契約または保証予約契約と同様と認められる経営指導念書等の差入れについては，債務保証または保証予約の取扱いに準ずる。
	実質的状況に基づく	上記以外であっても，以下の場合には，債務保証に準じて注記の対象に含める。 ●債権者との関係および経営指導念書等の差入れの経緯その他の状況から，実質的に，債務保証義務または損害担保義務を負っていると認められる場合 ●実質的に保証予約と同様であると認められる場合

「経団連ひな型」における記載例は，個別・連結ともに，以下のとおりである。

［記載例］
5．保証債務
　　他の会社の金融機関等からの借入債務に対し，保証を行っております。
　　　　株式会社○○○　　　　　　　　　　×××　百万円
　　　　株式会社○○○　　　　　　　　　　×××　百万円
　　　そ　の　他　　　　　　　　　　　×××　百万円
　　　　　　計　　　　　　　　　　　　×××　百万円

第2節　注記表の記載事項　367

記載例　偶発債務（保証債務①）（個別）　（関東電化工業㈱　2024年3月期）

３．保証債務
　　関係会社の金融機関からの借入債務に対し，保証を行っております。
　　関東電化ファインプロダクツ韓国㈱　　　　　　　　2,823百万円

記載例　偶発債務（保証債務②）（連結）　（住友重機械工業㈱　2024年3月期）

３．偶発債務
　(1)　保証債務
　　　連結会社以外の会社の金融機関等からの借入等に対し，下記のとおり保証
　　を行っております。
　　　三井住友ファイナンス＆リース株式会社
　　　　　　　　　　　　　　　（リース契約に伴う買取保証等）　3,598百万円
　　　株式会社ダイヤモンド建機（リース契約に伴う買取保証等）　　592百万円
　　　NTT・TCリース株式会社　（リース契約に伴う買取保証等）　　465百万円
　　　みずほリース株式会社　　（リース契約に伴う買取保証等）　　368百万円
　　　東銀リース株式会社　　　（リース契約に伴う買取保証等）　　126百万円
　　　その他9件　　　　　　　（リース契約に伴う買取保証等）　　170百万円
　　　　合計　　　　　　　　　　　　　　　　　　　　　　　5,320百万円
　　上記には外貨建保証債務48百万人民元（962百万円）が含まれております。

記載例　偶発債務（保証予約）（個別）　（㈱ジャックス　2024年3月期）

　(3)　営業上の保証予約
　　　当社は，金融機関が保有する貸付金（個人向け住宅ローン，カードローン他）
　　等について，債務保証を行っている保証会社に契約上定められた事由が生じた
　　場合に，当該保証会社に代わって当社が債務保証を行うこととなる保証予約契
　　約を締結しており，当該保証予約契約の対象となっている貸付金等の残高を偶
　　発債務として記載しております。
　　　保証会社　　　　　　　　　　　　　　　　　　　　268,415百万円

368 第4章 注記表

［記載例］ 偶発債務（経営指導念書）（連結）

(阪急阪神ホールディングス㈱ 2024年3月期)

> 4．保証債務（保証予約を含む。） 46,144百万円
>
> 　なお，上記のほか，在外関連会社の資金調達1,710百万円に付随して経営指導念書等を差し入れております。

［記載例］ 偶発債務（売掛債権流動化）（個別）

(東京エレクトロン デバイス㈱ 2024年3月期)

> (2)　債権流動化に伴う買戻義務限度額 1,387百万円

［記載例］ 偶発債務（受取手形の割引）（個別） (阪和興業㈱ 2024年3月期)

> 4．受取手形（輸出手形含む）割引高 6,940百万円

［記載例］ 偶発債務（受取手形の裏書譲渡）（個別） (アイホン㈱ 2024年3月期)

> (5)　受取手形裏書譲渡高 9百万円

［記載例］ 偶発債務（他者による再保証額を含む）（個別） (帝人㈱ 2024年3月期)

> 3．保証債務等
> 　保証債務（保証予約，経営指導念書等を含む） 99,631百万円
> 　　（内他者による再保証額 433百万円）
> 　当社は，一部の連結子会社における得意先への製品供給義務の履行を確実にするために，当該連結子会社に対して財務上，経営上及び技術的な支援とサポートを提供すること等を約した経営指導念書を当該得意先へ差し入れています。

［記載例］ 偶発債務（再保証）（個別） (松田産業㈱ 2024年3月期)

> (4)　保証債務等
> 　保証債務 5,034百万円
> 　（注）当社の子会社の特定仕入先からの債務に関する他社の保証債務に対し，当社が

第2節 注記表の記載事項 369

再保証を行っております。

（記載例） 偶発債務（社債の債務履行引受契約）（個別）

（明治ホールディングス㈱ 2024年3月期）

② 社債の債務履行引受契約に係る偶発債務	
当社第7回無担保社債	10,000百万円
計	10,000百万円

⑹ 関係会社に対する金銭債権または金銭債務の金額（個別注記表のみ）

　関係会社との取引は一般の取引と異なり，支配従属関係あるいは影響力等の観点から通例的でない取引が行われる可能性があるため，このような取引に関する情報は利害関係者の判断に有用と考えられる。関係会社に対する金銭債権および金銭債務について，貸借対照表上区別して表示していない場合は注記により開示する（計算規則103⑥）。

　開示対象である金銭債権および金銭債務として，関係会社間の営業取引により発生した売掛金・買掛金のほか，貸付金・借入金，出向者給与や経営指導料に係る未収入金・未払金などが考えられる。ただし，出資（子会社株式など）は含まれない。

　注記は，属する科目ごとに，または2つ以上の科目について一括して金額を記載する。実務上は，旧商法施行規則が支配株主および子会社に対する金銭債権債務の開示を短期と長期の別に求めていたこともあり，本注記においても短期と長期の別に金銭債権および金銭債務を開示している事例が多く見られる。しかし，短期と長期を分けずに記載している例や，勘定科目別に記載している例も見られる。

　なお，その他関連当事者取引に関する注記との比較については，本節13⑷を参照されたい。

　「経団連ひな型」における記載例（個別）は，以下のとおりである。

［記載例］
　6．関係会社に対する金銭債権及び金銭債務（区分表示したものを除く）

370　第4章　注記表

短期金銭債権	×××百万円
長期金銭債権	×××百万円
短期金銭債務	×××百万円
長期金銭債務	×××百万円

（記載例）　**関係会社に対する金銭債権および金銭債務①（個別）**

(㈱新日本科学　2024年3月期)

1．関係会社に対する短期金銭債権	2,445,082千円
関係会社に対する長期金銭債権	2,524,995千円
関係会社に対する短期金銭債務	4,312,520千円
関係会社に対する長期金銭債務	2,723,940千円

（記載例）　**関係会社に対する金銭債権および金銭債務②（個別）**

(㈱ふくおかフィナンシャルグループ　2024年3月期)

2．関係会社に対する金銭債権及び金銭債務		
金銭債権	預金	4,426百万円
	前払費用	76百万円
	未収入金	249百万円
金銭債務	短期借入金	123,300百万円
	未払金	1,236百万円

（記載例）　**関係会社に対する金銭債権および金銭債務（区分表示したものを除く）（個別）**

(富士通㈱　2024年3月期)

（単位：百万円）

3．関係会社に対する金銭債権及び金銭債務（区分表示したものを除く）	
短期金銭債権………………………………………………………	268,529
長期金銭債権………………………………………………………	415
短期金銭債務………………………………………………………	212,933
長期金銭債務………………………………………………………	1,421

第2節　注記表の記載事項　371

⑺　取締役，監査役および執行役に対する金銭債権または金銭債務の総額（個別注記表のみ）

会社と取締役等の間の取引では，取締役等が自らの利益のために会社の利益を犠牲にするおそれがある。そのため，このような利益相反取引についての規制として，取締役会（取締役会非設置会社においては株主総会）による取引の事前の承認，および，取引後において遅滞なく当該取引にかかる重要な事実を取締役会へ報告することが義務づけられている（会社法356Ⅰ，365Ⅱ）。

利益相反取引規制において，計算書類における利益相反取引により生じた金銭債権債務の額の開示は，取締役等と会社との取引が計算書類に与える影響についての情報を利害関係者に提供する役割を担う。注記対象は，利益相反取引から生じた金銭債権債務である。そのため，預金，保険取引などのように，明白に取引条件が一般の取引と同様である定型的な取引など，会社の利益を損ねる可能性がない取引に係る金銭債権債務の額については，開示しなくともよいと解される。

実際の開示においては，取締役等との取引が存在していないため当該注記項目を記載していない事例が多く見られる一方で，役員退職慰労金を債務として表示している事例も見られる。注記が求められる取締役等に対する金銭債務には「未払金（未払報酬等（賞与や退職慰労金を含む）も含む）などが含まれるのは当然である」（弥永真生『コンメンタール会社計算規則・商法施行規則（第4版)』）とする解釈もある。しかし，実務上必ずしも開示の範囲は統一されていないため，注記の趣旨に照らして慎重な検討が必要である。

「経団連ひな型」における記載例（個別）は，以下のとおりである。

［記載例］
　7．取締役，監査役（執行役）に対する金銭債権及び金銭債務
　　　金銭債権　　　　　　　　　　　　　　　×××百万円
　　　金銭債務　　　　　　　　　　　　　　　×××百万円

(記載例)　役員に対する金銭債権および金銭債務（個別）

（エイベックス㈱　2024年３月期）

4　取締役等に対する金銭債権及び金銭債務	
金　銭　債　権	0百万円
金　銭　債　務	109百万円

(記載例)　役員に対する金銭債務（役員退職慰労金）（個別）

（㈱スペース　2023年12月期）

> 3．取締役に対する金銭債務
> 長期金銭債務…………………………………………………… 316,077千円
> 上記の取締役に対する金銭債務は，役員退職慰労金未支給額であります。

⑻　親会社株式の各表示区分別の金額（個別注記表のみ）

親会社株式は１年基準に従い，１年以内に処分する予定の親会社株式は流動資産の部，１年を超えて保有する予定の親会社株式は固定資産の部の投資その他の資産に「関係会社株式」の科目に含めて表示し（計算規則82），当該表示区分別の金額を注記する（計算規則103⑨）。

会社計算規則においては，旧商法計算書類規則において定められていた，親会社株式を流動資産に限定する規定が削除されている。これは，親会社株式の１年以内の処分が予定されていない場合があるためである。例えば，親会社が連結配当規制適用会社（計算規則２Ⅲ55）であれば，分配可能額の計算上，子会社が保有する親会社株式は控除項目として算入される。したがって，子会社を通じた親会社財産の流出は生じず，子会社は必ずしも親会社株式を早期に処分する必要がない。その結果，保有している親会社株式が固定資産の部の投資その他の資産に計上される場合がある。

「経団連ひな型」における記載例（個別）は，以下のとおりである。

> ［記載例］
> 8．親会社株式
> 流動資産（関係会社株式）　×××百万円

⑼ その他の貸借対照表等に関する注記

⑴から⑻の貸借対照表等に関する注記のほか，会社（連結注記表においては，企業集団）の財産または損益の状態を正確に判断するために必要な事項を注記する場合がある（計算規則116）。貸借対照表および連結貸借対照表に関連する注記としては，例えば，期末日満期手形，コミットメントライン契約，財務制限条項および土地の再評価などに関する注記が考えられる（本節**18**参照）。

6　損益計算書に関する注記

⑴　関係会社との取引高（個別注記表のみ）

関係会社との営業取引による取引高の総額および営業取引以外の取引による取引高の総額について，損益計算書に関する注記として開示が求められる（計算規則104）。損益計算書における関係会社との取引に係る注記と貸借対照表における関係会社に対する金銭債権債務に係る注記は，どちらもその規定の趣旨は同じである。

営業取引による取引高については，売上高，仕入高，販売費及び一般管理費の区分ごとに総額を記載し，営業取引以外の取引による取引高については，区分を設けずに一括して総額を記載する事例が多く見られる。

「経団連ひな型」における記載例（個別）は，以下のとおりである。

```
［記載例］
 関係会社との取引高
  営業取引による取引高
   売上高                      ×××百万円
   仕入高                      ×××百万円
  営業取引以外の取引による取引高    ×××百万円
```

(記載例)　関係会社との取引高（個別）　　　　　（富士石油㈱　2024年3月期）

関係会社との取引高	
売上高	12,381百万円
仕入高	483,238百万円
その他の営業取引高	1,900百万円

374　第4章　注記表

営業取引以外の取引高	348百万円

（記載例） 関係会社との取引高（営業取引以外の詳細を記載）（個別）

（東邦チタニウム㈱　2024年3月期）

1．関係会社との取引高	
営業取引による取引高	
売　上　高	1,686百万円
仕　入　高	19,080百万円
営業取引以外の取引による取引高	
受　取　利　息	6百万円
受　取　配　当　金	104百万円
受　取　技　術　料	11百万円
固定資産賃貸料	25百万円
そ　の　他	8百万円

⑵　その他の損益計算書等に関する注記

⑴の関係会社との取引高の注記のほか，会社（連結注記表においては，企業集団）の財産または損益の状態を正確に判断するために必要な事項を注記する場合がある（計算規則116）。損益計算書および連結損益計算書に関連する注記としては，例えば，売上原価に含まれる棚卸資産評価損，研究開発費の総額，特別損益項目などの注記が考えられる（本節**18**を参照）。

7　株主資本等変動計算書等に関する注記

株主資本等変動計算書および連結株主資本等変動計算書に関する注記事項は，図表4−30のとおりである（計算規則105，106）。

連結注記表を作成する株式会社は，連結注記表に同様の記載がある図表4−30の⑴⑶⑷⑸について，個別注記表における記載を省略できる旨が定められているため，個別注記表では，⑵のみを記載すれば足りる。

第2節 注記表の記載事項 375

＜図表４－30＞ 株主資本等変動計算書および連結株主資本等変動計算書*1の注記事項

	注記項目
(1) 発行済株式の数	当該事業年度の末日における発行済株式の数（種類株式発行会社にあっては，種類ごとの発行済株式の数）
(2) 自己株式の数（個別注記表のみ）*2	当該事業年度の末日における自己株式の数（種類株式発行会社にあっては，種類ごとの自己株式の数）
(3) 剰余金の配当に関する事項	当該事業年度中に行った剰余金の配当（当該事業年度の末日後に行う剰余金の配当のうち，剰余金の配当を受ける者を定めるための基準日が当該事業年度中の剰余金の配当を含む）に関する次に掲げる事項その他の事項 　① 配当財産が金銭である場合における当該金銭の総額 　② 配当財産が金銭以外の財産である場合における当該財産の帳簿価額（当該剰余金の配当をした日においてその時の時価を付した場合にあっては，当該時価を付した後の帳簿価額）の総額
(4) 株式引受権に係る株式の数	当該事業年度の末日における株式引受権に係る当該株式会社の株式の数（種類株式発行会社にあっては，種類および種類ごとの数）
(5) 新株予約権の目的となる株式の数	当該事業年度の末日における当該株式会社が発行している新株予約権（権利行使期間の初日が到来していない新株予約権を除く）の目的となる当該株式会社の株式の数（種類株式発行会社にあっては，種類および種類ごとの数）

＊１ 連結株主資本等変動計算書について本項を参考とする場合には，「事業年度」を「連結会計年度」と読み替えるものとする。
＊２ (2)について，連結注記表においては連結ベースでの自己株式の数は求められていないが，記載している事例も見られる。

(3)の剰余金の配当に関する事項については，例えば以下のような場合はすべて記載対象となる。

① 前事業年度の利益に係る配当を定時株主総会で承認して配当を行った場合（当該事業年度中に行った剰余金の配当）
② 取締役会の決議によりいわゆる中間配当を行った場合（当該事業年度中に行った剰余金の配当）

376　第4章　注記表

③　当事業年度の末日後の定時株主総会において当事業年度の利益に係る配当を
　　決議予定の場合（配当基準日が当該事業年度中である配当）

　このうち③の配当基準日が当事業年度中である配当に関して，配当を末日後
の定時株主総会で決議することとしている会社においては，いまだ決議されて
いない議案事項であるため，定時株主総会で決議される予定である旨の記載が
適当と考えられる。

　(5)の新株予約権の目的となる株式の数とは，権利行使されたと仮定した場合
の増加株式数をいう。

　一方，株主資本等変動計算書および連結株主資本等変動計算書については，
「株主資本等変動計算書に関する会計基準」（企業会計基準第6号）および「株
主資本等変動計算書に関する会計基準の適用指針」（企業会計基準適用指針第9
号，以下あわせて「株主資本等会計基準等」という）の定めがある。図表4－
31に示すとおり会社計算規則と株主資本等会計基準等の記載事項はほぼ同じ
であるが，発行済株式，自己株式および新株予約権に関する当期中の変動事由
の概要など，株主資本等会計基準等がより詳細な開示を求める部分もあり，こ
れらに従った開示も考えられる。

<図表4－31>　株主資本等会計基準等と会社計算規則の記載事項

項目	開示内容
(1)発行済株式の種類および総数に関する事項	【株主資本等会計基準等】 ●発行済株式の種類ごとに，当期首，当期末，当期中の増加・減少の各数量および変動事由の概要を記載
	【会社計算規則】 ●発行済株式の種類ごとに，事業年度の末日時点の数量を記載
(2)自己株式の種類および株式数に関する事項	【株主資本等会計基準等】 ●自己株式の種類ごとに，当期首，当期末，当期中の増加・減少の各数量および変動事由の概要を記載 ●連結株主資本等変動計算書では連結ベースでの数量を記載
	【会社計算規則】 ●自己株式の種類ごとに，事業年度の末日時点の数量を記載 ●連結注記表には記載を要しない

(3)新株予約権および自己新株予約権に関する事項	【株主資本等会計基準等】 ● 新株予約権の目的となる株式の種類ごとに，当期首，当期末，当期中の増加・減少の各数量および変動事由の概要を記載 ● 新株予約権の目的となる株式は「ストック・オプション等に関する会計基準」（企業会計基準第8号）により注記事項とされる事項を除く ● 新株予約権の目的となる株式のうち権利行使期間の初日が到来していない新株予約権については，それが明らかになるように記載 ● 新株予約権の目的となる株式のうち，親会社が発行した新株予約権を連結子会社が保有している場合には，それが明らかになるように記載 ● 新株予約権の当期末残高（ストック・オプション等として交付された新株予約権を含む）を親会社と連結子会社に区分して記載 ● 自己新株予約権については，新株予約権との対応が明らかとなるように記載 【会社計算規則】 ● 事業年度の末日時点の新株予約権の目的となる株式の種類ごとの数量を記載 ● 行使期間の初日が到来していない新株予約権を除く ● 自己新株予約権についての定めはない
(4)株式引受権に関する事項	【株主資本等会計基準等】 ● 株式引受権についての定めはない （ただし，「取締役の報酬等として株式を無償交付する取引に関する取扱い」（実務対応報告第41号）に準拠して，事後交付型の株式の無償交付について注記する場合には，株式引受権について，株式数等の注記が求められる） 【会社計算規則】 ● 事業年度の末日時点の株式引受権に係る株式の種類ごとの数量を記載
(5)配当に関する事項	【株主資本等会計基準等】 ● 配当財産が金銭の場合，株式の種類ごとの配当金の総額，1株当たり配当額，基準日および効力発生日 ● 配当財産が金銭以外の場合，株式の種類ごとに配当財産の種類およびその帳簿価額，1株当たり配当額，基準日および効力発生日 ● 基準日が当期に属する配当のうち，配当の効力発生日が翌期となる剰余金の配当については，配当の原資および上記2項目に準ずる事項

> 【会社計算規則】
> - 配当財産が金銭である場合,当該金銭の総額
> - 配当財産が金銭以外の財産である場合,当該財産の帳簿価額の総額
> - 当該事業年度の末日後に行う剰余金の配当のうち,「基準日」が当該事業年度中の剰余金の配当についても,上記2項目とその他の事項を記載

　財務諸表等規則により財務諸表を作成している会社は,株主資本等変動計算書に係る注記および連結株主資本等変動計算書に係る注記についても,株主資本等会計基準等の注記の定めを適用することにより,会社計算規則の定めはほぼ充足される。ただし,新株予約権および自己新株予約権については,会社計算規則では行使期間の初日が到来していない新株予約権を除いて注記を記載するのに対し,株主資本等会計基準等においては権利行使期間の初日が到来していない新株予約権を含めつつ,初日が到来していない新株予約権が明らかになるよう記載する取扱いとなっているため,計算書類で同様の注記を行う場合には,権利行使期間の初日が到来している新株予約権と到来していない新株予約権を区分して記載するなどの対応が必要である。また,株式引受権については,会社計算規則では事業年度の末日時点の数量の注記が求められている(計算規則105Ⅳ,106Ⅲ)のに対し,株主資本等会計基準等においては注記は求められていない。

　なお,上記の(1)発行済株式,(2)自己株式,(3)新株予約権および自己新株予約権に関する事項については,会社計算規則に従い期末の数量のみを記載している事例と,株主資本等会計基準等に従い期首から期末までの動きを記載している事例の両方が見られる。

　「経団連ひな型」における記載例(個別・連結)は,それぞれ以下のとおりである。

> 【株主資本等変動計算書に関する注記】(連結注記表を作成する株式会社の記載例)
> ［記載例］
> 　当事業年度末における自己株式の種類及び株式数
> 　　普通株式

【連結株主資本等変動計算書に関する注記】

[記載例]

1. 当連結会計年度末の発行済株式の種類及び総数

　　　普　通　株　式　　　　　　　　　　　　　　　　　　○○株

2. 配当に関する事項

　(1) 配当金支払額

決　議	株式の種類	配当金の総額（百万円）	1株当たり配当額（円）	基準日	効力発生日
○年○月○日定時株主総会	普通株式	×××	×××	○年○月○日	○年○月○日
○年○月○日取締役会	普通株式	×××	×××	○年○月○日	○年○月○日
計		×××			

　(2) 基準日が当連結会計年度に属する配当のうち，配当の効力発生日が翌期となるもの

　　　○年○月○日開催の定時株主総会の議案として，普通株式の配当に関する事項を次のとおり提案しております。

　　① 配当金の総額　　　　　　　　　　×××百万円

　　② 1株当たり配当額　　　　　　　　　×××円

　　③ 基準日　　　　　　　　　　　　　○年○月○日

　　④ 効力発生日　　　　　　　　　　　○年○月○日

　　　なお，配当原資については，利益剰余金とすることを予定しております。

3. 当連結会計年度末の株式引受権に係る株式の種類及び総数

　　　普　通　株　式　　　　　　　　　　　　　　　　　　○○株

4. 当連結会計年度末の新株予約権（権利行使期間の初日が到来していないものを除く。）の目的となる株式の種類及び数

　　　普　通　株　式　　　　　　　　　　　　　　　　　　○○株

380 第4章 注記表

計算例 株主資本等変動計算書（連結計算書類を作成していない会社）（個別）

(㈱PALTAC　2024年3月期)

(株主資本等変動計算書に関する注記)

1．発行済株式の種類及び総数並びに自己株式の種類及び株式数に関する事項

	当事業年度期首 株式数（株）	当事業年度増加 株式数（株）	当事業年度減少 株式数（株）	当事業年度末 株式数（株）
発行済株式				
普通株式	63,553,485	－	－	63,553,485
合計	63,553,485	－	－	63,553,485
自己株式				
普通株式^(注)	706,698	98	－	706,796
合計	706,698	98	－	706,796

(注)　自己株式の株式数の増加98株は，単元未満株式の買取りによる増加であります。

2．剰余金の配当に関する事項

(1)　配当金の支払額等

決議	株式の種類	配当金の総額 （百万円）	1株当たり 配当額（円）	基準日	効力発生日
2023年5月11日 取締役会	普通株式	2,576	41	2023年3月31日	2023年6月2日
2023年10月30日 取締役会	普通株式	2,828	45	2023年9月30日	2023年12月1日

(2)　基準日が当事業年度に属する配当のうち，配当の効力発生日が翌事業年度
となるもの

決議	株式の種類	配当金の総額 （百万円）	配当の原資	1株当たり 配当額（円）	基準日	効力発生日
2024年5月13日 取締役会	普通株式	3,079	利益剰余金	49	2024年 3月31日	2024年 5月31日

第2節 注記表の記載事項 381

記載例 株主資本等変動計算書（連結計算書類を作成している会社）（期末の自己株式のみを記載）（個別）　　　（日本空調サービス㈱　2024年3月期）

株主資本等変動計算書に関する注記
当事業年度の末日における自己株式の種類及び株式数
普通株式　　　　　　　　　　　　　　　　　　　　　　　1,421,638株

記載例 株主資本等変動計算書（連結計算書類を作成している会社）（自己株式の変動要因を記載）（個別）　　　（㈱ファンケル　2024年3月期）

5．株主資本等変動計算書に関する注記
　　自己株式の種類及び株式数に関する事項

株式の種類	当事業年度期首 株式数（株）	当事業年度増加 株式数（株）	当事業年度減少 株式数（株）	当事業年度末 株式数（株）
普通株式	9,430,462	15,753	46,376	9,399,839

（注）1　自己株式（普通株式）の増加15,753株は，譲渡制限付株式報酬に関する株式の無償取得による増加15,694株および単元未満株式の買取請求による増加59株であります。
　　　2　自己株式（普通株式）の減少46,376株は，役員報酬BIP信託が保有する当社株式交付による減少3,876株および新株予約権の行使による減少42,500株であります。
　　　3　当事業年度末の自己株式数には，役員報酬BIP信託が保有する当社株式206,039株が含まれております。

8　税効果会計に関する注記（個別注記表のみ）

　税効果会計に関する注記について，繰延税金資産（その算定にあたり繰延税金資産から控除された金額がある場合における当該金額を含む）と繰延税金負債の発生の主な原因に関する事項の記載が求められている（重要でない事項を除く）（計算規則107）。繰延税金資産とその評価性引当額，および繰延税金負債の金額について，その発生原因を明らかにする注記は，利害関係者に対して有益な情報を提供すると考えられる。会社計算規則においては，発生の主な原因という「定性的」記載が求められており，発生原因別の内訳およびその金額の明細などの「定量的」な記載までは求められていないと考えられる。

　一方，「税効果会計に係る会計基準」（以下「税効果会計基準」という）第四および財務諸表等規則第8条の12においては，図表4−32の項目についての注

記，および，同図表 4 －32①繰延税金資産の発生原因別の主な内訳における，評価性引当額の内訳および税務上の繰越欠損金に関する情報として図表 4 －33の内容の注記が求められている。これらの注記事項は，会社計算規則では求められていない。このため，計算書類においては，当該追加された注記事項の記載は任意となる。当該定めよりも大幅に簡略化された会社計算規則における定めは，小規模会社等の事務負担を考慮した対応と考えられる。

　実務的には，主な発生原因を文章により定性的に示している例や，主な発生原因別の内訳および金額を定量的に示している例，加えて税引前利益に対する法人税等の比率と法定実効税率との差異も示している例など，会社の規模や方針によって開示内容はさまざまである。

<図表 4 －32>　税効果会計基準の注記項目

①　繰延税金資産および繰延税金負債の発生原因別の主な内訳（繰延税金資産から控除された額（評価性引当額）または税務上の繰越欠損金がある場合には図表 4 －33の内容を併せて記載）（税効果会計基準注 8 ）
②　税引前当期純利益または税金等調整前当期純利益に対する法人税等（法人税等調整額を含む）の比率と法定実効税率との間に重要な差異があるときは，当該差異の原因となった主要な項目別の内訳
③　税率の変更により繰延税金資産および繰延税金負債の金額が修正されたときは，その旨および修正額
④　決算日後に税率の変更があった場合には，その内容およびその影響

<図表 4 －33>　繰延税金資産の発生原因別の主な内訳に関する注記の追加項目

評価性引当額の内訳に関する情報	
数値情報	税務上の繰越欠損金に係る評価性引当額と将来減算一時差異等の合計に係る評価性引当額に区分して記載
定性的な情報	評価性引当額（合計額）に重要な変動が生じている場合，当該評価性引当額の変動の主な内容を記載*
税務上の繰越欠損金に関する情報*	
数値情報	繰越期限別に次の数値を記載 ●税務上の繰越欠損金の額に税率を乗じた額 ●税務上の繰越欠損金に係る評価性引当額

第2節 注記表の記載事項 383

| | ●税務上の繰越欠損金に係る繰延税金資産の額 |
| 定性的な情報 | 税務上の繰越欠損金に係る重要な繰延税金資産を計上している場合，回収可能と判断した主な理由を記載 |

* 連結財務諸表を作成している場合，個別財務諸表における記載を要しない。

「経団連ひな型」における記載例（個別）は，以下のとおりである。

税効果会計に関する注記

［記載例］
　繰延税金資産の発生の主な原因は，減価償却限度超過額，退職給付引当金の否認等であり，繰延税金負債の発生の主な原因は，その他有価証券評価差額であります。

［発生の原因別の内訳を記載する例］
繰延税金資産及び繰延税金負債の発生の主な原因別の内訳
　繰延税金資産

減価償却費	×××	百万円
投資有価証券評価損	×××	百万円
退職給付引当金	×××	百万円
その他	×××	百万円
繰延税金資産小計	×××	百万円
評価性引当額	△　×××	百万円
繰延税金資産合計	×××	百万円
繰延税金負債		
その他有価証券評価差額金	×××	百万円
その他	×××	百万円
繰延税金負債合計	×××	百万円
繰延税金資産の純額	×××	百万円

記載例 税効果会計（発生原因を定性的に記載①）（個別）

（九州旅客鉄道㈱　2024年3月期）

Ⅸ　税効果会計に関する注記
　繰延税金資産の発生の主な原因は，減損損失，繰越欠損金等であります。

384　第4章　注記表

　　なお，繰延税金資産から控除された金額（評価性引当額）は93,194百万円であります。

記載例　税効果会計（発生原因を定性的に記載②）（個別）

（東日本旅客鉄道㈱　2024年3月期）

7　税効果会計に関する注記

　繰延税金資産の発生の主な原因は，税務上の繰越欠損金，退職給付引当金等であり，繰延税金負債の発生の主な原因は，固定資産圧縮積立金，その他有価証券評価差額金等であります。

　なお，繰延税金資産から控除された金額（評価性引当額）は66,973百万円であります。

記載例　税効果会計（発生原因別内訳を記載）（個別）

（ファナック㈱　2024年3月期）

税効果会計に関する注記
1．繰延税金資産および繰延税金負債の発生の主な原因別の内訳
　繰延税金資産

退職給付引当金	11,899百万円
減価償却費	15,511百万円
未払事業税	163百万円
未払費用	5,168百万円
投資有価証券	315百万円
その他	8,140百万円
繰延税金資産小計	41,196百万円
評価性引当額	△699百万円
繰延税金資産合計	40,497百万円
繰延税金負債	
その他有価証券評価差額金	△7,985百万円
その他	△32百万円
繰延税金負債合計	△8,017百万円
繰延税金資産の純額	32,480百万円

第2節　注記表の記載事項　385

（記載例）　税効果会計（財務諸表等規則に準じて記載）（個別）

（㈱ SUMCO　2023年12月期）

V.　税効果会計に関する注記

1.　繰延税金資産及び繰延税金負債の発生の主な原因別の内訳

繰延税金資産

関係会社株式	26,111百万円
退職給付引当金	3,972百万円
固定資産	1,397百万円
棚卸資産	1,152百万円
その他	1,761百万円
繰延税金資産　小計	34,395百万円
評価性引当額	△32,453百万円
繰延税金資産　合計	1,942百万円

繰延税金負債

前払年金費用	△200百万円
固定資産	△117百万円
繰延税金負債　合計	△318百万円

繰延税金資産の純額	1,624百万円
再評価に係る繰延税金負債	△1,342百万円

2.　法定実効税率と税効果会計適用後の法人税等の負担率との差異の原因となった主要な項目別内訳

法定実効税率	30.4%
（調整）	
受取配当金益金不算入	△8.8%
試験研究費等税額控除	△1.6%
評価性引当額	0.9%
その他	0.2%
税効果会計適用後の法人税等の負担率	21.1%

　会社がグループ通算制度を適用し，「グループ通算制度を適用する場合の会計処理及び開示に関する取扱い」（実務対応報告第42号）に従って法人税等および

386　第4章　注記表

地方法人税等の会計処理またはこれらに関する税効果の会計処理を行っている場合には，本節**2⑸⑥**に示したとおり，その旨を税効果会計の注記の内容とあわせて記載する（実務対応報告第42号28項）。

（記載例）　税効果会計（グループ通算制度）

（㈱スクウェア・エニックス・ホールディングス　2024年3月期）

> **5．税効果会計に関する注記**
> ⑴　繰延税金資産及び繰延税金負債の発生の主な原因別の内訳
> 　　繰延税金資産の発生の主な原因は，会社分割に伴う子会社株式に係る一時差異であります。
> ⑵　法人税及び地方法人税の会計処理又はこれらに関する税効果会計の会計処理
> 　　当社は，グループ通算制度を適用しており，「グループ通算制度を適用する場合の会計処理及び開示に関する取扱い」（企業会計基準委員会　実務対応報告第42号　2021年8月12日）に従って，法人税及び地方法人税の会計処理又はこれらに関する税効果会計の会計処理並びに開示を行っております。

　令和5年度税制改正において，グローバル・ミニマム課税に対応する法人税に係る規定（以下「グローバル・ミニマム課税制度」という）が創設され，2024年4月1日以後開始する対象会計年度から適用されている。

　グローバル・ミニマム課税制度に係る法人税および地方法人税（以下「グローバル・ミニマム課税制度に係る法人税等」という）の注記については，「グローバル・ミニマム課税制度に係る法人税等の会計処理及び開示に関する取扱い」（実務対応報告第46号）で定められている。同実務対応報告では，個別損益計算書においては，グローバル・ミニマム課税制度に係る法人税等を示す科目をもって区分表示するか，法人税，地方法人税，住民税および事業税（所得割）を示す科目に含めて表示して当該金額を注記することが求められている（同実務対応報告11項）。また，連結損益計算書においては，グローバル・ミニマム課税制度に係る法人税等を法人税，地方法人税，住民税および事業税（所得割）を示す科目に含めて表示し，当該法人税等が重要な場合には当該金額を注記することが求められている（同実務対応報告9項，10項）。

第2節 注記表の記載事項　387

　これに対し，グローバル・ミニマム課税制度に係る税効果会計の適用については，「グローバル・ミニマム課税制度に係る税効果会計の適用に関する取扱い」（実務対応報告第44号）により，「税効果会計に係る会計基準の適用指針」（企業会計基準適用指針第28号）の定めにかかわらず，当面の間，グローバル・ミニマム課税制度の影響を反映しないとされ，特段の開示も求められていない。

9　リースにより使用する固定資産に関する注記（個別注記表のみ）

　リースにより使用する固定資産に関する注記は，ファイナンス・リース取引の借主である会社が当該ファイナンス・リース取引について通常の売買取引に係る方法に準じて会計処理を行っていない場合におけるリース物件に関する事項を記載する（計算規則108）。

　本節**2⑸②**に詳述したとおり，リース取引会計基準等に基づきファイナンス・リース取引と判断された取引については，原則として通常の売買取引に係る方法に準じて会計処理を行う。したがって，基本的には，当該注記を要する新規のファイナンス・リース取引はないと考えられる。

　しかし，リース取引会計基準の経過措置等を適用してファイナンス・リース取引の借手が通常の売買取引に係る方法に準じて会計処理を行っていない場合，すなわちリース取引開始日がリース取引会計基準の適用初年度開始前のリース取引で，リース取引適用指針第79項に基づいて，引き続き通常の賃貸借取引に係る方法に準じた会計処理を適用する場合には注記が必要である。

　その際，注記すべきリース物件に関する事項としては，主要なリース資産の内容について文章による定性的な開示で足りると解されている。これは，会社法においては小規模会社等の事務負担等を考慮しているためである。また，リース物件の全部または一部に係る次に掲げる事項（各リース物件について，一括して注記する場合にあっては，一括して注記すべきリース物件に関する事項）を含める記載も妨げられない（計算規則108）。

（リース資産の注記について記載が認められている事項）
①　当該事業年度の末日における取得原価相当額

388 第4章 注記表

 ② 当該事業年度の末日における減価償却累計額相当額
 ③ 当該事業年度の末日における未経過リース料相当額
 ④ 上記①②③のほか，当該リース物件に係る重要な事項

「経団連ひな型」における記載例（個別）は，以下のとおりである。

リースにより使用する固定資産に関する注記

［記載例］
 貸借対照表に計上した固定資産のほか，事務機器，製造設備等の一部については，所有権移転外ファイナンス・リース契約により使用しております。

［取得原価相当額の金額等を記載した例］
 貸借対照表に計上した固定資産のほか，事務機器，製造設備等の一部については，所有権移転外ファイナンス・リース契約により使用しております。
1．リース物件の取得原価相当額，減価償却累計額相当額及び期末残高相当額

	取得原価相当額	減価償却累計額相当額	期末残高相当額
建　物	×××百万円	×××百万円	×××百万円
機械装置	×××百万円	×××百万円	×××百万円
工具器具備品	×××百万円	×××百万円	×××百万円
合　計	×××百万円	×××百万円	×××百万円

2．未経過リース料期末残高相当額
 1年内　　　　　×××　百万円
 1年超　　　　　×××　百万円
 合　計　　　　　×××　百万円
3．支払リース料，減価償却費相当額及び支払利息相当額
 支払リース料　　　×××　百万円
 減価償却費相当額　×××　百万円
 支払利息相当額　　×××　百万円
4．減価償却費相当額の算定方法
 リース期間を耐用年数とし，残存価額を零とする定額法によっております。
5．利息相当額の算定方法
 リース料総額とリース物件の取得価額相当額との差額を利息相当額とし，各期への配分方法については，利息法によっております。

第2節　注記表の記載事項　389

（記載例） リースにより使用する固定資産（定性的な記載）（個別）

（信越化学工業㈱　2024年3月期）

（リースにより使用する固定資産に関する注記）

　貸借対照表に計上した固定資産のほか，事務機器，製造設備等の一部については，所有権移転外ファイナンス・リース契約により使用しています。

（記載例） リースにより使用する固定資産（財務諸表等規則に準じて記載）（個別）

（㈱ルネサンス　2024年3月期）

Ⅷ．リース取引関係

　貸借対照表に固定資産として計上したリース資産の他，スポーツクラブ設備（建物）の一部については，所有権移転外ファイナンス・リース契約により使用しております。当該所有権移転外ファイナンス・リース取引は，リース取引開始日が2008年3月31日以前であるため，通常の賃貸借取引に係る方法に準じた会計処理によっております。その内容は以下のとおりであります。

1．リース物件の取得価額相当額，減価償却累計額相当額，減損損失累計額相当額及び期末残高相当額

	取得価額相当額 （千円）	減価償却累計額 相当額 （千円）	減損損失累計額 相当額 （千円）	期末残高相当額 （千円）
建物	9,280,963	7,957,032	620,961	702,969
合計	9,280,963	7,957,032	620,961	702,969

2．未経過リース料期末残高相当額及びリース資産減損勘定期末残高

未経過リース料期末残高相当額	
1年内	376,461千円
1年超	455,270千円
合計	831,731千円
リース資産減損勘定期末残高	391,659千円

3．支払リース料，減価償却費相当額及び支払利息相当額

支払リース料	849,437千円
リース資産減損勘定取崩し額	194,282千円
減価償却費相当額	486,028千円
支払利息相当額	101,751千円

4．減価償却費相当額の算定方法

390 第4章 注記表

リース期間を耐用年数とした定額法によっております。なお，残存価額については，リース契約上に残価保証の取決めがある場合は当該残価保証額とし，それ以外の場合は零としております。
5．利息相当額の算定方法
リース料総額とリース物件の取得価額相当額の差額を利息相当額とし，各期への配分方法については，利息法によっております。

10　金融商品に関する注記

　会社計算規則では，「金融商品に関する注記」の記載が定められている（計算規則109 I）。この「金融商品に関する注記」については，重要性の乏しい項目を除き，次の事項の記載が求められる。

　(1)　金融商品の状況に関する事項（図表4－34参照）

　(2)　金融商品の時価等に関する事項（図表4－35参照）

　(3)　金融商品の時価の適切な区分ごとの内訳等に関する事項（図表4－36参照）

　この定めに従い，金融商品会計基準および「金融商品の時価等の開示に関する適用指針」（企業会計基準適用指針第19号，以下「時価等開示適用指針」という）を参考に，必要な情報を記載する。ただし，有価証券報告書の提出義務がある大会社以外の株式会社は，(3)の記載を省略することができる（計算規則109 I）。なお，連結注記表を作成する会社は，個別注記表における記載を省略することができる（計算規則109 II）。

　(3)の金融商品の時価の適切な区分ごとの内訳等に関する事項とは，「金融商品に関する会計基準等における「金融商品の時価のレベルごとの内訳等に関する事項」と同義である」とする考え方が法務省より「「会社計算規則の一部を改正する省令案」に関する意見募集の結果について」（2020年3月31日）において示されている。この考え方では，「必ずしも，金融商品の時価等の開示に関する適用指針において「金融商品の時価のレベルごとの内訳等に関する事項」として注記を求められる全ての事項について，注記を求めることとするのではなく，各株式会社の実情に応じて必要な限度で開示することもできる」とされている。さらに，「金融商品の時価等の開示に関する適用指針において金融商品の時価の

レベルごとの内訳等に関する事項として注記を求められる事項であったとしても，各社の実情を踏まえ，計算書類において当該事項の注記を要しないと合理的に判断される場合には，計算書類において当該事項について注記しないことも許容される」とされている。

　また，投資信託と組合等への出資については，「時価の算定に関する会計基準の適用指針」（企業会計基準適用指針第31号，以下「時価算定適用指針」という）を参考に，必要な情報を記載する。

＜図表４－34＞　金融商品の状況に関する注記事項
（金融商品会計基準40-2項(1)，時価等開示適用指針3項）

注記事項	開示内容
金融商品に対する取組方針	① 金融資産であれば資金運用方針，金融負債であれば資金調達方針およびその手段（内容），償還期間の状況など ② 金融資産と金融負債との間や金融商品と非金融商品との間に重要な関連がある場合には，その概要 ③ 金融商品の取扱いが主たる業務である場合には，当該業務の概要
金融商品の内容およびそのリスク	① 内容として，取り扱っている主な金融商品の種類（例えば，有価証券であれば，株式および債券等，デリバティブ取引であれば，先物取引，オプション取引，先渡取引およびスワップ取引等）やその説明 ② リスクとして，信用リスクや市場リスク，資金調達に係る流動性リスクなど（次の点に注意して記載） 　信用リスク…ある企業集団，業種や地域などに著しく集中している場合は，その概要を記載 　市場リスク…為替，金利などの種類ごとに記載 ③ 現物の金融資産または金融負債のうちでリスクが高い金融商品やデリバティブ取引の対象物の価格変動に対する当該取引の時価の変動率が大きい特殊な金融商品については，その概要 ④ デリバティブ取引については，取引の内容，取引に係るリスク，取引の利用目的
金融商品に係るリスク管理体制	① リスク管理方針，リスク管理規程および管理部署の状況，リスクの減殺方法または測定手続等 ② 総資産および総負債の大部分を占める金融資産および金融負債の双方が事業目的に照らして重要であり，主要な市場リス

392　第4章　注記表

<table>
<tr><td></td><td>クに係るリスク変数（金利や為替，株価等）の変動に対する当該金融資産および金融負債の感応度が重要な企業は，リスク管理上，市場リスクに関する定量的分析を利用している金融商品であるか否かに基づき，次のいずれかを記載
ａ．定量的分析を利用している金融商品
　　定量的分析に基づく定量的情報およびこれに関連する情報
ｂ．定量的分析を利用していない金融商品
　　定量的分的を利用していない旨，リスク変数の変動を合理的な範囲で想定した場合における貸借対照表日の時価の増減額およびこれに関連する情報など</td></tr>
<tr><td>金融商品の時価等に関する事項についての補足説明</td><td>金融商品の時価に関する重要な前提条件など</td></tr>
</table>

＜図表４－35＞　金融商品の時価等に関する注記事項

（金融商品会計基準40-2項(2)，時価等開示適用指針4項，5項，時価算定適用指針24-7項，24-12項，24-16項）

注記事項	開示内容
時価等	①　金融商品に関する貸借対照表の科目ごとに，貸借対照表計上額，貸借対照表日における時価およびその差額。ただし，現金および短期間で決済されるため時価が帳簿価額に近似するものについては，注記を省略可能 ②　個別財務諸表における子会社株式と関連会社株式は，それぞれ区分して記載
有価証券	①　上記時価等に加え，保有目的ごとの区分に応じ，次の事項を記載 　ａ．売買目的有価証券 　　当期の損益に含まれた評価差額 　ｂ．満期保有目的の債券 　(a)　当該債券を，貸借対照表日における時価が貸借対照表日における貸借対照表計上額を超えるものと超えないものに区分し，当該区分ごとの当該貸借対照表計上額，当該時価およびその差額 　(b)　当期中に売却したものがある場合には，債券の種類ごとの売却原価，売却額，売却損益および売却の理由

	c．その他有価証券 　(a)　当該有価証券を，貸借対照表日における貸借対照表計上額が取得原価または償却原価を超えるものと超えないものに区分し，当該区分ごとの取得原価または償却原価，当該貸借対照表計上額およびその差額 　(b)　当期中に売却したものがある場合には，売却額，売却益の合計額および売却損の合計額 ②　当期中に保有目的を変更した場合には，その旨，理由（満期保有目的の債券の保有目的を変更した場合に限る）および財務諸表に与える影響 ③　当期中に有価証券の減損処理を行った場合には，その旨および減損処理額
デリバティブ取引	上記時価等に加え，取引の対象物の種類（通貨，金利，株式，債券および商品等）ごとに，ヘッジ会計の適用の有無に区分し，次の事項を記載 ①　貸借対照表日における契約額または契約において定められた元本相当額 ②　貸借対照表日における時価 ③　貸借対照表日における評価損益（ヘッジ会計が適用されているものについては記載不要） なお，ヘッジ会計が適用されていないものについては，デリバティブ取引の種類，市場取引とそれ以外の取引，買付約定に係るものと売付約定に係るもの，貸借対照表日から取引の決済日または契約の終了時までの期間等の区分により，デリバティブ取引の状況が明瞭に示されるように記載する。また，ヘッジ会計が適用されているものについては，ヘッジ会計の方法，デリバティブ取引の種類，ヘッジ対象の内容等の区分により，ヘッジ会計の状況が明瞭に示されるように記載する。
金銭債権および満期がある有価証券（ただし，売買目的有価証券を除く）	償還予定額の合計額を一定の期間に区分した金額 有価証券および投資有価証券の場合は，その他有価証券および満期保有目的の債券の別にそれぞれ有価証券の種類ごと（株式および債券等をいい，債券である場合には債券の種類ごと）に記載
社債，長期借入金，リース債務およびその他の有利子負債	返済予定額の合計額を一定の期間に区分した金額

金銭債務	上記時価等に加えて，次のいずれか（企業自身の信用リスクまたはその変化を反映していない金額）を開示できる。ただし，この場合には，当該金額の算定方法および時価との差額についての適切な補足説明を行う。 　a．約定金利に金利水準の変動のみを反映した利子率で割り引いた金銭債務の金額 　b．無リスクの利子率で割り引いた金銭債務の金額
投資信託	基準価額を時価とみなす取扱いを適用した投資信託については，金融商品の時価のレベルごとの内訳等に関する事項の注記は不要であるが，当該投資信託の貸借対照表計上額の合計額が重要性に乏しい場合を除き，以下の内容を注記 ①　基準価額を時価とみなす取扱いを適用した投資信託が含まれている旨 ②　金融商品の時価のレベルごとの内訳等に関する事項を注記していない旨 ③　当該投資信託の貸借対照表計上額の合計額 ④　期首残高から期末残高への調整表 ⑤　投資信託財産が金融商品である投資信託の場合，時価の算定日における解約等に関する制限の内容ごとの内訳
市場価格のない株式等	時価を注記せず，当該金融商品の概要および貸借対照表計上額を記載
組合等への出資	貸借対照表に持分相当額を純額で計上する組合等への出資については，金融商品の時価等に関する事項の注記は不要であるが，以下の事項を注記 ①　当該取扱いを適用しており，金融商品の時価等に関する事項を注記していない旨 ②　当該組合等への出資の貸借対照表計上額の合計額

＜図表４－36＞　金融商品の時価の適切な区分ごとの内訳等に関する注記事項

(金融商品会計基準40‐2項(3)，時価等開示適用指針5‐2項)

注記事項	開示内容
(1)　時価をもって貸借対照表価額とする金融資産・負債	適切な区分に基づく，貸借対照表日における以下の金額 ①　レベル1の時価の合計額 ②　レベル2の時価の合計額 ③　レベル3の時価の合計額

第2節　注記表の記載事項　395

(2)　上記(1)以外の，貸借対照表日における時価を注記する金融資産・負債	適切な区分に基づく，貸借対照表日における以下の金額 ①　レベル1の時価の合計額 ②　レベル2の時価の合計額 ③　レベル3の時価の合計額
(3)　(1)および(2)のうち，貸借対照表日における時価がレベル2またはレベル3の時価に分類される金融資産・負債	適切な区分に基づく，以下の内容 ①　時価の算定に用いた評価技法およびインプットの説明 ②　時価の算定に用いる評価技法またはその適用を変更した場合，その旨および変更の理由
(4)　(1)のうち，当該時価がレベル3の時価に分類される金融資産・負債	適切な区分に基づく，以下の内容 ①　時価の算定に用いた重要な観察できないインプットに関する定量的情報（企業自身が観察できないインプットを推計していない場合には記載不要） ②　期首残高から期末残高への調整表 ③　レベル3の時価についての企業の評価プロセスの説明 ④　①の重要な観察できないインプットを変化させた場合に貸借対照表日における時価が著しく変動するときは，当該観察できないインプットを変化させた場合の時価に対する影響に関する説明

「経団連ひな型」における記載例（連結）は，以下のとおりである。

［金融商品の時価のレベルごとの内訳等に関する事項も記載する記載例］
　1．金融商品の状況に関する事項
　　　　当社グループは，資金運用については短期的な預金等に限定し，銀行等金融機関からの借入により資金を調達しております。
　　　　受取手形及び売掛金に係る顧客の信用リスクは，与信管理規程に沿ってリスク低減を図っております。また，投資有価証券は主として株式であり，上場株式については四半期ごとに時価の把握を行っています。
　　　　借入金の使途は運転資金（主として短期）及び設備投資資金（長期）であ

396 第4章 注記表

り，一部の長期借入金の金利変動リスクに対して金利スワップ取引を実施して支払利息の固定化を実施しております。なお，デリバティブは内部管理規程に従い，実需の範囲で行うこととしております。

2．金融商品の時価等に関する事項

〇年〇月〇日（当期の連結決算日）における連結貸借対照表計上額，時価及びこれらの差額については，次のとおりであります。なお，市場価格のない株式等（連結貸借対照表計上額×××百万円）は，「その他有価証券」には含めておりません。また，現金は注記を省略しており，預金は短期間で決済されるため時価が帳簿価額に近似することから，注記を省略しております。

（単位：百万円）

	連結貸借対照表計上額（＊）	時価（＊）	差　額
(1)　受取手形	×××	×××	×××
(2)　売掛金	×××	×××	×××
(3)　投資有価証券			
その他有価証券	×××	×××	×××
(4)　支払手形及び買掛金	(×××)	(×××)	－
(5)　短期借入金	(×××)	(×××)	－
(6)　長期借入金	(×××)	(×××)	×××
(7)　デリバティブ取引	－	－	－

（＊）　負債に計上されているものについては，（　）で示しております。

3．金融商品の時価のレベルごとの内訳等に関する事項

金融商品の時価を，時価の算定に用いたインプットの観察可能性及び重要性に応じて，以下の3つのレベルに分類しております。

レベル1の時価：同一の資産又は負債の活発な市場における（無調整の）相場価格により算定した時価

レベル2の時価：レベル1のインプット以外の直接又は間接的に観察可能なインプットを用いて算定した時価

レベル3の時価：重要な観察できないインプットを使用して算定した時価

時価の算定に重要な影響を与えるインプットを複数使用している場合には，それらのインプットがそれぞれ属するレベルのうち，時価の算定における優先順位が最も低いレベルに時価を分類しております。

第2節 注記表の記載事項 397

(1) 時価をもって連結貸借対照表計上額とする金融資産及び金融負債

(単位：百万円)

区分	時価			
	レベル1	レベル2	レベル3	合計
投資有価証券 その他有価証券 株式	×××	－	－	×××

(2) 時価をもって連結貸借対照表計上額としない金融資産及び金融負債

(単位：百万円)

区分	時価			
	レベル1	レベル2	レベル3	合計
受取手形	－	×××	－	×××
売掛金	－	×××	－	×××
支払手形及び買掛金	－	×××	－	×××
短期借入金	－	×××	－	×××
長期借入金	－	×××	－	×××

(注) 時価の算定に用いた評価技法及びインプットの説明

投資有価証券

　　上場株式は相場価格を用いて評価しております。上場株式は活発な市場で取引されているため，その時価をレベル1の時価に分類しております。

デリバティブ取引

　　金利スワップの特例処理によるものは，ヘッジ対象とされている長期借入金と一体として処理されているため，その時価は，当該長期借入金の時価に含めて記載しております（下記「長期借入金」参照）。

受取手形及び売掛金

　　これらの時価は，一定の期間ごとに区分した債権ごとに，債権額と満期までの期間及び信用リスクを加味した利率を基に割引現在価値法により算定しており，レベル2の時価に分類しております。

支払手形及び買掛金，並びに短期借入金

　　これらの時価は，一定の期間ごとに区分した債務ごとに，その将来キャッシュ・フローと，返済期日までの期間及び信用リスクを加味した利率を基に割

398　第4章　注記表

引現在価値法により算定しており，レベル2の時価に分類しております。

長期借入金

　　これらの時価は，元利金の合計額と，当該債務の残存期間及び信用リスクを加味した利率を基に，割引現在価値法により算定しており，レベル2の時価に分類しております。なお，変動金利による長期借入金は金利スワップの特例処理の対象とされており（上記「デリバティブ取引」参照），当該金利スワップと一体として処理された元利金の合計額を用いて算定しております。

［金融商品の時価のレベルごとの内訳等に関する事項に関して定性的な情報を記載している記載例］

1．金融商品の状況に関する事項

　　当社グループは，資金運用については短期的な預金等に限定し，銀行等金融機関からの借入により資金を調達しております。

　　受取手形及び売掛金に係る顧客の信用リスクは，与信管理規程に沿ってリスク低減を図っております。また，投資有価証券は主として株式であり，上場株式については四半期ごとに時価の把握を行っています。

　　借入金の使途は運転資金（主として短期）及び設備投資資金（長期）であり，一部の長期借入金の金利変動リスクに対して金利スワップ取引を実施して支払利息の固定化を実施しております。なお，デリバティブは内部管理規程に従い，実需の範囲で行うこととしております。

2．金融商品の時価等に関する事項

　　○年○月○日（当期の連結決算日）における連結貸借対照表計上額，時価及びこれらの差額については，次のとおりであります。なお，市場価格のない株式等（連結貸借対照表計上額×××百万円）は，「その他有価証券」には含めておりません。また，現金は注記を省略しており，預金は短期間で決済されるため時価が帳簿価額に近似することから，注記を省略しております。

（単位：百万円）

	連結貸借対照表計上額（＊）	時価（＊）	差　額
(1)　受取手形	×××	×××	×××
(2)　売掛金	×××	×××	×××
(3)　投資有価証券			
その他有価証券	×××	×××	×××
(4)　支払手形及び買掛金	（×××）	（×××）	―

(5) 短期借入金	(×××)	(×××)	－
(6) 長期借入金	(×××)	(×××)	×××
(7) デリバティブ取引	－	－	－

（＊） 負債に計上されているものについては，（　）で示しております。

(注) 時価の算定に用いた評価技法及びインプットの説明

　金融商品の時価を，時価の算定に用いたインプットの観察可能性及び重要性に応じて，以下の3つのレベルに分類しております。
　　　レベル1の時価：同一の資産又は負債の活発な市場における（無調整の）相場価格により算定した時価
　　　レベル2の時価：レベル1のインプット以外の直接又は間接的に観察可能なインプットを用いて算定した時価
　　　レベル3の時価：重要な観察できないインプットを使用して算定した時価
　時価の算定に重要な影響を与えるインプットを複数使用している場合には，それらのインプットがそれぞれ属するレベルのうち，時価の算定における優先順位が最も低いレベルに時価を分類しております。

投資有価証券
　　上場株式は相場価格を用いて評価しております。上場株式は活発な市場で取引されているため，その時価をレベル1の時価に分類しております。

デリバティブ取引
　　金利スワップの特例処理によるものは，ヘッジ対象とされている長期借入金と一体として処理されているため，その時価は，当該長期借入金の時価に含めて記載しております（下記「長期借入金」参照）。

受取手形及び売掛金
　　これらの時価は，一定の期間ごとに区分した債権ごとに，債権額と満期までの期間及び信用リスクを加味した利率を基に割引現在価値法により算定しており，レベル2の時価に分類しております。

支払手形及び買掛金，並びに短期借入金
　　これらの時価は，一定の期間ごとに区分した債務ごとに，その将来キャッシュ・フローと，返済期日までの期間及び信用リスクを加味した利率を基に割引現在価値法により算定しており，レベル2の時価に分類しております。

長期借入金
　　これらの時価は，元利金の合計額と，当該債務の残存期間及び信用リスクを

400　第4章　注記表

加味した利率を基に，割引現在価値法により算定しており，レベル2の時価に分類しております。なお，変動金利による長期借入金は金利スワップの特例処理の対象とされており（上記「デリバティブ取引」参照），当該金利スワップと一体として処理された元利金の合計額を用いて算定しております。

（記載例）　金融商品①（連結）　　　　　　　　　　　　（㈱ダイヘン　2024年3月期）

〔金融商品に関する注記〕

1．金融商品の状況に関する事項

　　当社グループは，資金運用については主に短期的な預金等で行い，また，資金調達については銀行等金融機関からの借入により行っております。

　　受取手形及び売掛金に係る顧客の信用リスクは，与信管理規程に沿ってリスク低減を図っております。

　　営業債務である支払手形及び買掛金並びに電子記録債務は，1年以内の支払期日であります。

　　投資有価証券は株式であり，上場株式については四半期ごとに時価の把握を行っています。

　　借入金の使途は運転資金（主として短期）及び設備投資資金（長期）であります。なお，デリバティブ取引は内規に従い，実需の範囲で行うこととしております。

2．金融商品の時価等に関する事項

　　当連結会計年度末における連結貸借対照表計上額，時価及びこれらの差額については，次のとおりであります。

　　なお，市場価格のない株式等は，「その他有価証券」には含めておりません。（（注）を参照ください。）

　　また，現金は注記を省略しており，預金，受取手形及び売掛金，支払手形及び買掛金，電子記録債務並びに短期借入金は短期間で決済されるため時価が帳簿価額に近似することから，注記を省略しております。

（単位：百万円）

	連結貸借対照表計上額（＊1）	時価（＊1）	差額
(1) 投資有価証券 その他有価証券 株式	12,138	12,138	－

(2) 長期借入金（＊2）	(35,972)	(35,043)	△928
(3) デリバティブ取引	(30)	(30)	－

（＊1）負債に計上されているものについては，（　）で示しております。
（＊2）長期借入金には，1年内返済予定のものを含んでおります。

(注) 市場価格のない株式等

（単位：百万円）

区分	連結貸借対照表計上額
非上場株式	501
子会社・関連会社株式	1,895
合計	2,397

これらについては，「その他有価証券」には含めておりません。

3．金融商品の時価レベルごとの内訳等に関する事項

　金融商品の時価を，時価の算定に用いたインプットの観察可能性及び重要性に応じて，以下の3つのレベルに分類しております。

　　　レベル1の時価：同一の資産又は負債の活発な市場における（無調整の）相場価格により算定した時価
　　　レベル2の時価：レベル1のインプット以外の直接又は間接的に観察可能なインプットを用いて算定した時価
　　　レベル3の時価：重要な観察できないインプットを使用して算定した時価

　時価の算定に重要な影響を与えるインプットを複数使用している場合には，それらのインプットがそれぞれ属するレベルのうち，時価の算定における優先順位が最も低いレベルに時価を分類しております。

(1)　時価で連結貸借対照表に計上している金融商品

（単位：百万円）

区分	時価			
	レベル1	レベル2	レベル3	合計
投資有価証券				
その他有価証券				
株式	12,138	－	－	12,138
デリバティブ取引	－	(30)	－	(30)

402　第4章　注記表

(2)　時価で連結貸借対照表に計上している金融商品以外の金融商品

(単位：百万円)

区分	時　価			
	レベル1	レベル2	レベル3	合計
長期借入金	－	(35,043)	－	(35,043)

(注)　時価の算定に用いた評価技法及び時価の算定に係るインプットの説明

投資有価証券

　上場株式は相場価格を用いて評価しております。上場株式は活発な市場で取引されているため，その時価をレベル1の時価に分類しております。

デリバティブ取引

　通貨スワップ及び為替予約の時価は，先物為替相場等を用いて評価しております。

　通貨スワップ及び為替予約の時価は，主に外国為替相場等の観察可能なインプットを用いたモデルに基づき測定しており，レベル2の時価に分類しております。

長期借入金

　これらの時価は，元利金の合計額と，当該債務の残存期間及び信用リスクを加味した利率を基に割引現在価値法により算定しており，レベル2の時価に分類しております。

【記載例】　金融商品②（連結）　　　　　　　　　(㈱)ハイマックス　2024年3月期)

3．金融商品に関する注記
　(1)　金融商品の状況に関する事項
　　①　金融商品に対する取組方針
　　　　当社グループは，資金運用については預金等に限定し，資金調達については全て自己資金にて運営しており，外部からの調達は行っておりません。また，投機的なデリバティブ取引は行わない方針であります。
　　②　金融商品の内容及びそのリスク並びにリスク管理体制
　　　イ．信用リスク（取引先の契約不履行等に係るリスク）の管理
　　　　　営業債権である売掛金は，顧客の信用リスクに晒されています。当該リスクに関しては，当社グループの与信管理規則に従い，取引先ごとの

期日管理及び残高管理を行うとともに，主な取引先の信用状況を1年ごとに把握する体制としています。

ロ．市場リスク（為替や金利等の変動リスク）の管理

投資有価証券は，業務上の関係を有する企業の株式であり，市場価格の変動リスクに晒されております。

投資有価証券については，定期的に時価や発行体（取引先企業）の財務状況等を把握し，取引先企業との関係を勘案して保有状況を継続的に見直しております。

ハ．資金調達に係る流動性リスク（支払期日に支払いを実行できなくなるリスク）の管理

当社は，各部署からの報告に基づき財務部が適時に資金繰計画を作成・更新することにより，流動性リスクを管理しております。

③ 信用リスクの集中

当連結会計年度末における営業債権のうち29％が特定の大口顧客に対するものであります。

(2) 金融商品の時価等に関する事項

「現金及び預金」については，現金であること，及び預金は短期間で決済されるため時価が帳簿価額に近似するものであることから，記載を省略しております。

「売掛金」，「買掛金」については，短期間で決済されるため時価が帳簿価額に近似するものであることから，記載を省略しております。

(3) 金融商品の時価の適切な区分ごとの内訳等に関する事項

金融商品の時価を，時価の算定に係るインプットの観察可能性及び重要性に応じて，以下の3つのレベルに分類しております。

レベル1の時価：観察可能な時価の算定に係るインプットのうち，活発な市場において形成される当該時価の算定の対象となる資産又は負債に関する相場価格により算定した時価

レベル2の時価：観察可能な時価の算定に係るインプットのうち，レベル1のインプット以外の時価の算定に係るインプットを用いて算定した時価

レベル3の時価：観察できない時価の算定に係るインプットを使用して算定した時価

時価の算定に重要な影響を与えるインプットを複数使用している場合には，それらのインプットがそれぞれ属するレベルのうち，時価の算定における優先順位が最も低いレベルに時価を分類しております。

① 時価で連結貸借対照表に計上している金融商品

404　第4章　注記表

重要性が乏しいため，記載を省略しております。
② 時価で連結貸借対照表に計上している金融商品以外の金融商品
該当事項はありません。

(記載例)　**金融商品③（連結）**　　　　　　　　（㈱ゆうちょ銀行　2024年3月期）

（金融商品関係）

1．金融商品の状況に関する事項

(1) 金融商品に対する取組方針

　　当行グループは，預入限度額内での預金（貯金）業務，シンジケートローン等の貸出業務，有価証券投資業務，為替業務，国債，投資信託及び保険商品の窓口販売，住宅ローン等の媒介業務，クレジットカード業務などを行っております。

　　当行グループは，主に個人から預金の形で資金を調達し，国内債券や外国債券等の有価証券，あるいは貸出金等で運用しております。これらの金融資産及び金融負債の多くは，市場変動による価値変化等の市場リスクを伴うものであるため，将来の金利・為替変動等により安定的な期間損益の確保が損なわれる等の不利な影響が生じないように管理していく必要があります。このため，当行グループでは，資産・負債の総合管理（ALM）により収益及びリスクの適切な管理に努めており，その一環として，金利スワップ，通貨スワップ等のデリバティブ取引も行っております。

　　また，当行グループは，2007年10月の民営化以降，運用対象の拡充を通じ，収益源泉の多様化を進める中で，金融資産に占める信用リスク資産の残高を徐々に増加させておりますが，信用リスクの顕在化等により生じる損失が過大なものとならないように，投資する銘柄や投資額に十分配意しながら運用を実施しております。

(2) 金融商品の内容及びそのリスク

　　当行グループが保有する金融資産の主なものは，国内債券や外国債券等の有価証券であり，これらは，それぞれ発行体の信用リスク及び金利の変動リスク，市場価格の変動リスク等に晒されております。また，債券等と比べると少額でありますが，貸付や金銭の信託を通じた株式への投資などがあります。

　　当行グループでは，ALMの観点から，金利関連取引については，金利変動に伴う有価証券・貸出金・定期性預金等の将来の経済価値変動リスク・金利（キャッシュ・フロー）変動リスクを回避するためのヘッジ手段として，金利スワップ等を行っております。また，通貨関連取引については，当行グループが保有する外貨建有価証券の為替評価額及び償還金・利金の円貨換算額の

為替変動リスクを回避するためのヘッジ手段として，通貨スワップ等を行っております。

なお，デリバティブ取引でヘッジを行う際には，財務会計への影響を一定の範囲にとどめるため，所定の要件を満たすものについてはヘッジ会計を適用しております。当該ヘッジ会計に関するヘッジ手段，ヘッジ対象，ヘッジ方針及びヘッジの有効性の評価方法等については，「連結計算書類作成のための基本となる重要な事項　4．会計方針に関する事項　⑭　ヘッジ会計の方法」に記載しております。

(3)　金融商品に係るリスク管理体制

①　リスク管理の方針

リスク管理・運営のため，経営会議の諮問機関として専門委員会（リスク管理委員会，ALM委員会）を設置し，各種リスクの特性を考慮した上でその管理状況を報告し，リスク管理の方針やリスク管理態勢などを協議しております。

②　信用リスクの管理

当行グループでは，信用リスク管理に関する諸規程に基づき，統計的な手法であるVaR（バリュー・アット・リスク：保有する資産・負債に一定の確率のもとで起こり得る最大の損失額を把握するための統計的手法）により信用リスク量を定量的に計測し，自己資本等の経営体力を勘案して定めた資本配賦額の範囲内に信用リスク量が収まるよう，信用リスク限度枠等の上限を設定しモニタリング・管理等を実施しております。

また，信用集中リスクを抑えるために，個社・企業グループ及び国・地域ごとにエクスポージャーの上限を設定しモニタリング・管理等を実施しております。

リスク管理統括部では，信用リスク計測，信用集中リスク管理，内部格付制度等の信用リスク管理に関する統括を，審査部では，内部格付の付与，債務者モニタリング，大口与信先管理，融資案件審査等の個別与信管理を行っております。

信用リスク管理態勢の整備・運営に関する事項及び信用リスク管理の実施に関する事項については，定期的にリスク管理委員会・ALM委員会・経営会議を開催し，協議・報告を行っております。

③　市場リスクの管理

当行グループは，ALMに関する方針のもとで，バンキング業務として国内外の債券や株式等への投資を行っており，金利，為替，株価等の変動の影響を受けるものであることから，市場リスク管理に関する諸規程に基づき，統計的な手法であるVaRにより市場リスク量を定量的に計測し，自己

資本等の経営体力を勘案して定めた資本配賦額の範囲内に市場リスク量が収まるよう，市場リスク限度枠や損失額等の上限を設定しモニタリング・管理等を実施しております。

当行グループにおいて，主要な市場リスクに係るリスク変数（金利，為替，株価）の変動の影響を受ける主たる金融商品は，「コールローン」，「買入金銭債権」，「金銭の信託」，「有価証券」，「貸出金」，「貯金」，「デリバティブ取引」であります。

当行グループではVaRの算定にあたって，ヒストリカル・シミュレーション法（保有期間240営業日（１年相当），片側99％の信頼水準，観測期間1,200営業日（５年相当））を採用しております。なお，負債側については，内部モデルを用いて計測しております。

2024年３月31日現在での市場リスク量（損失額の推計値）は，全体で4,553,233百万円であります。なお，VaRは過去の相場変動をベースに統計的に算出した一定の発生確率での市場リスク量を計測するものであることから，通常では考えられないほど市場環境が激変する状況下におけるリスクについて捕捉できない場合があります。このリスクに備えるため，さまざまなシナリオを用いたストレス・テストを実施しております。

市場リスク管理態勢の整備・運営に関する事項及び市場リスク管理の実施に関する事項については，定期的にリスク管理委員会・ALM委員会・経営会議を開催し，協議・報告を行っております。

また，当行グループでは，市場運用中心の資産・貯金中心の負債という特徴を踏まえ，当行グループにおける金利リスクの重要性についても十分認識した上で，ALMにより，さまざまなシナリオによる損益シミュレーションを実施するなど，多面的に金利リスクの管理を行っており，適切にリスクをコントロールしております。

ALMに関する方針については，経営会議で協議した上で決定し，その実施状況等について，ALM委員会・経営会議に報告を行っております。

なお，デリバティブ取引に関しては，取引の執行，ヘッジ有効性の評価，事務管理に関する部門をそれぞれ分離し内部牽制を確立するとともに，デリバティブに関する諸規程に基づき実施しております。

④ 資金調達に係る流動性リスクの管理

当行グループでは，資金の調達環境について常にモニタリングを行い，必要に応じて適時適切に対応するとともに，予期しない資金流出等に備えて常時保有すべき流動性資産の額を管理しております。

資金流動性リスク管理を行うにあたっては，安定的な資金繰りを達成することを目的として，資金繰りに関する指標等を設定し，モニタリング・

管理等を行っております。

　　資金流動性リスク管理態勢の整備・運営に関する事項及び資金流動性リスク管理の実施に関する事項については，定期的にリスク管理委員会・ALM委員会・経営会議を開催し，協議・報告を行っております。

⑷　金融商品の時価等に関する事項についての補足説明

　　金融商品の時価の算定においては一定の前提条件等を採用しているため，異なる前提条件等によった場合，当該価額が異なることもあります。

2．金融商品の時価等に関する事項

　　2024年3月31日における連結貸借対照表計上額，時価及びこれらの差額は，次のとおりであります。

　　また，現金預け金，コールローン，買現先勘定，売現先勘定及び債券貸借取引受入担保金は，短期間で決済されるため時価が帳簿価額に近似することから注記を省略しております。

（単位：百万円）

	連結貸借対照表計上額	時価	差額
⑴　買入金銭債権	515,606	515,606	－
⑵　商品有価証券			
売買目的有価証券	54	54	－
⑶　金銭の信託（＊1）	2,716,064	2,716,064	－
⑷　有価証券			
満期保有目的の債券	37,540,157	36,633,000	△907,156
その他有価証券（＊1）	108,795,509	108,795,509	－
⑸　貸出金	6,848,393		
貸倒引当金（＊2）	△149		
	6,848,244	6,801,638	△46,606
資産計	156,415,636	155,461,874	△953,762
⑴　貯金	192,800,717	192,814,714	13,997
⑵　借用金	1,984,900	1,974,958	△9,941
負債計	194,785,617	194,789,673	4,056
デリバティブ取引（＊3）			
ヘッジ会計が適用されていないもの	(240,269)	(240,269)	－

ヘッジ会計が適用されているもの（＊４）	(1,965,890)	(1,965,890)	－
デリバティブ取引計	(2,206,159)	(2,206,159)	－

（＊１）「時価の算定に関する会計基準の適用指針」（企業会計基準適用指針第31号 2021年6月17日）第24-3項及び第24-9項の基準価額を時価とみなす取扱いを適用した投資信託が含まれております。

（＊２）貸出金に対応する一般貸倒引当金及び個別貸倒引当金を控除しております。

（＊３）その他資産・負債に計上しているデリバティブ取引を一括して表示しております。
デリバティブ取引によって生じた正味の債権・債務は純額で表示しており，合計で正味の債務となる項目については，（　）で表示しております。
なお，為替予約等の振当処理によるものは，ヘッジ対象とされている有価証券と一体として処理されているため，その時価は当該有価証券の時価に含めて記載しております。

（＊４）ヘッジ対象である有価証券等の相場変動を相殺するためにヘッジ手段として指定した金利スワップ等であり，主に繰延ヘッジを適用しております。なお，これらのヘッジ関係に，「LIBORを参照する金融商品に関するヘッジ会計の取扱い」（実務対応報告第40号 2022年3月17日）を適用しております。

（注１）市場価格のない株式等及び組合出資金の連結貸借対照表計上額は次のとおりであり，金融商品の時価情報の「資産(3) 金銭の信託」及び「資産(4) 有価証券」には含まれておりません。

（単位：百万円）

区分	連結貸借対照表計上額
金銭の信託（＊１）（＊２）	3,447,520
有価証券	
非上場株式（＊１）	30,551
組合出資金（＊２）	124,444
合計（＊３）	3,602,516

（＊１）非上場株式等については，「金融商品の時価等の開示に関する適用指針」（企業会計基準適用指針第19号 2020年3月31日）第5項に基づき，時価開示の対象とはしておりません。

（＊２）組合出資金については，「時価の算定に関する会計基準の適用指針」（企業会計基準適用指針第31号 2021年6月17日）第24-16項に基づき，時価開示の対象とはしておりません。

（＊３）当連結会計年度において，4,267百万円減損処理を行っております。

（注２）金銭債権及び満期のある有価証券の連結決算日後の償還予定額

（単位：百万円）

	1年以内	1年超3年以内	3年超5年以内	5年超7年以内	7年超10年以内	10年超
買入金銭債権	103	65,818	31,871	66,026	110,755	246,281
有価証券	17,204,462	18,137,548	13,804,979	7,414,556	11,953,176	30,047,847
満期保有目的の債券	4,821,870	5,422,468	4,901,562	1,852,846	6,028,140	14,718,508
その他有価証券のうち満期があるもの	12,382,592	12,715,079	8,903,417	5,561,709	5,925,036	15,329,338
貸出金（＊）	4,533,342	701,451	599,938	355,140	346,840	307,716
合計	21,737,909	18,904,817	14,436,789	7,835,722	12,410,772	30,601,844

（＊）貸出金のうち，破綻先，実質破綻先及び破綻懸念先に対する債権等，償還予定額が見込めない0百万円は含めておりません。

（注３）有利子負債の連結決算日後の返済予定額

（単位：百万円）

	1年以内	1年超3年以内	3年超5年以内	5年超7年以内	7年超10年以内	10年超
貯金（＊）	134,274,034	12,100,083	21,602,676	11,953,081	12,870,840	－
借用金	686,100	5,200	1,293,600	－	－	－
合計	134,960,134	12,105,283	22,896,276	11,953,081	12,870,840	－

（＊）貯金のうち，要求払預金については，「1年以内」に含めて開示しております。

3．金融商品の時価のレベルごとの内訳等に関する事項

　　金融商品の時価を，時価の算定に用いたインプットの観察可能性及び重要性に応じて，以下の3つのレベルに分類しております。

　　　　レベル1の時価：観察可能な時価の算定に係るインプットのうち，活発な市場において形成される当該時価の算定の対象となる資産又は負債に関する相場価格により算定した時価
　　　　レベル2の時価：観察可能な時価に係るインプットのうち，レベル1のインプット以外の時価の算定に係るインプットを用いて算定した時価
　　　　レベル3の時価：観察できない時価の算定に係るインプットを使用して算定した時価

410　第4章　注記表

　時価の算定に重要な影響を与えるインプットを複数使用している場合には，それらのインプットがそれぞれ属するレベルのうち，時価の算定における優先順位が最も低いレベルに時価を分類しております。

(1)　時価で連結貸借対照表に計上している金融商品

（単位：百万円）

区分	時価			
	レベル1	レベル2	レベル3	合計
買入金銭債権	－	－	515,606	515,606
金銭の信託（＊1）	2,374,354	－	－	2,374,354
商品有価証券及び有価証券				
売買目的有価証券				
国債	54			54
その他有価証券				
株式	1,637	－	－	1,637
国債	23,211,415	101,541	－	23,312,956
地方債	－	1,334,299	－	1,334,299
短期社債	－	891,924		891,924
社債	－	3,671,172		3,671,172
その他	10,556,762	61,996,626	106,945	72,660,334
うち外国債券	10,556,762	11,744,829	106,945	22,408,537
うち投資信託（＊1）	－	50,251,797		50,251,797
資産計	36,144,223	67,995,564	622,551	104,762,340
デリバティブ取引（＊2）				
金利関連	－	46,445	－	46,445
通貨関連	－	(2,252,626)	－	(2,252,626)
クレジット・デリバティブ	－	21	－	21
デリバティブ取引計	－	(2,206,159)	－	(2,206,159)

（＊1）「時価の算定に関する会計基準の適用指針」（企業会計基準適用指針第31号 2021年6月17日）第24-3項及び第24-9項の基準価額を時価とみなす取扱いを適用した投資信託は含まれておりません。第24-3項の取扱いを適用した投資信託の連結貸借対照表計上額は6,923,184百万円，第24-9項の取扱いを適用した投資信託の連結貸借対照表計上額は165,320百万円であります。

（＊2）その他資産・負債に計上しているデリバティブ取引を一括して表示しております。デリバティブ取引によって生じた正味の債権・債務は純額で表示しており，合計で正味の債務となる項目については，（　）で表示しております。

第2節 注記表の記載事項 411

(2) 時価で連結貸借対照表に計上している金融商品以外の金融商品

（単位：百万円）

区分	時価			
	レベル1	レベル2	レベル3	合計
金銭の信託	−	176,389	−	176,389
有価証券				
満期保有目的の債券				
国債	19,795,920	−	−	19,795,920
地方債	−	4,259,596	−	4,259,596
社債	−	5,701,248	−	5,701,248
その他	1,833,833	5,042,401	−	6,876,235
貸出金	−	−	6,801,638	6,801,638
資産計	21,629,753	15,179,636	6,801,638	43,611,028
貯金	−	192,814,714	−	192,814,714
借用金	−	1,974,958	−	1,974,958
負債計	−	194,789,673	−	194,789,673

（注1）時価の算定に用いた評価技法及び時価の算定に係るインプットの説明
資　産
買入金銭債権
　買入金銭債権については，ブローカー等の第三者から提示された価格を時価としており，レベル3の時価に分類しております。

金銭の信託
　金銭の信託において信託財産を構成している有価証券のうち，株式及び市場における取引価格が存在する投資信託については取引所の価格，債券については日本証券業協会が公表する店頭売買参考統計値によっており，主にレベル1の時価に分類しております。また，市場における取引価格が存在しない投資信託について，解約又は買戻請求に関して市場参加者からリスクの対価を求められるほどの重要な制限がある場合には，「時価の算定に関する会計基準の適用指針」（企業会計基準適用指針第31号 2021年6月17日）第24-9項に基づき，基準価額を時価とみなす取扱いを適用しており，レベルを付しておりません。
　なお，保有目的ごとの金銭の信託に関する注記事項については「（金銭の信託関係）」に記載しております。

412 第4章 注記表

商品有価証券

日本銀行の買取価格を時価としており，活発な市場における無調整の相場価格を利用できるため，レベル1の時価に分類しております。

有価証券

株式については，取引所の価格を時価としており，活発な市場における無調整の相場価格を利用できるため，レベル1の時価に分類しております。

債券については，日本証券業協会が公表する店頭売買参考統計値，比準価格方式により算定された価額又は外部ベンダー，ブローカー等の第三者から提示された価格を時価としております。

日本証券業協会が公表する店頭売買参考統計値，比準価格方式により算定された価額を時価とする債券のうち，主に国債・国庫短期証券はレベル1，それ以外の債券はレベル2の時価に分類しております。また，外部ベンダー，ブローカー等の第三者から提示された価格を時価とする債券は，入手した価格や価格に使用されたインプット等の市場での観察可能性に基づき，レベル1，レベル2又はレベル3の時価に分類しております。

為替予約等の振当処理の対象とされた債券については，当該為替予約等の時価を反映しております。

また，市場における取引価格が存在しない投資信託について，解約又は買戻請求に関して市場参加者からリスクの対価を求められるほどの重要な制限がない場合には基準価額を時価とし，レベル2の時価に分類しております。重要な制限がある場合には，「時価の算定に関する会計基準の適用指針」（企業会計基準適用指針第31号 2021年6月17日）第24-3項に基づき，基準価額を時価とみなす取扱いを適用しており，レベルを付しておりません。

なお，保有目的ごとの有価証券に関する注記事項については「（有価証券関係）」に記載しております。

貸出金

貸出金のうち，変動金利によるものは，短期間で市場金利を反映するため，貸出先の信用状態が実行後大きく異なっていない場合は時価と帳簿価額が近似していることから，帳簿価額を時価としております。固定金利によるものは，貸出金ごとに，元利金の合計額を当該貸出金の残存期間及び信用リスクを加味した利率で割り引いた現在価値を時価としております。当該時価はレベル3の時価に分類しております。

また，貸出金のうち貯金担保貸出等，当該貸出を担保資産の一定割合の範囲内に限っているものについては，返済期間及び金利条件等により，時価は帳簿価額と近似していることから，当該帳簿価額を時価としております。当該時価はレベ

ル3の時価に分類しております。

負　債
貯金
　振替貯金，通常貯金等の要求払預金については，連結決算日に要求された場合の支払額（帳簿価額）を時価としており，レベル2の時価に分類しております。
　定期貯金については，一定の期間ごとに区分して，将来のキャッシュ・フロー発生見込額を割り引いた現在価値を時価としており，レベル2の時価に分類しております。
　定額貯金については，一定の期間ごとに区分して，過去の実績から算定された期限前解約率を反映した将来キャッシュ・フロー発生見込額を割り引いた現在価値を時価としております。観察できないインプットの影響が重要でない場合はレベル2の時価に分類し，重要な観察できないインプットを用いている場合はレベル3の時価に分類しております。
　なお，定期貯金及び定額貯金の割引率は，新規に貯金を受け入れる際に適用する利率を用いております。

借用金
　借用金については，将来のキャッシュ・フロー発生見込額を同様の借入において想定される利率で割り引いた現在価値を時価としております。なお，残存期間が短期間（1年以内）のものは，時価は帳簿価額と近似していることから，当該帳簿価額を時価としております。当該時価はレベル2の時価に分類しております。

デリバティブ取引
　デリバティブ取引については，活発な市場における無調整の相場価格を利用できる場合はレベル1の時価に分類しております。
　ただし，大部分のデリバティブ取引は店頭取引であり，公表された相場価格が存在しないため，取引の種類や満期までの期間に応じて割引現在価値法等の評価技法を利用して時価を算定しております。それらの評価技法で用いている主なインプットは，金利や為替レート等であります。また，取引相手の信用リスク及び当行自身の信用リスクに基づく価格調整を必要に応じて，加味しております。観察できないインプットを用いていない又はその影響が重要でない場合はレベル2の時価に分類しており，プレイン・バニラ型の金利スワップ取引，為替予約取引等が含まれます。重要な観察できないインプットを用いている場合はレベル3の時価に分類しております。

414 第4章 注記表

（注2）時価で連結貸借対照表に計上している金融商品のうちレベル3の時価に
関する情報

(1) 重要な観察できないインプットに関する定量的情報

当行自身が観察できないインプットを推計していないため，記載しており
ません。

(2) 期首残高から期末残高への調整表，当期の損益に認識した評価損益

（単位：百万円）

| | 期首残高 | 当期の損益又はその他の包括利益 | | 購入，売却，発行及び決済の純額 | レベル3の時価への振替 | レベル3の時価からの振替 | 期末残高 | 当期の損益に計上した額のうち連結貸借対照表日において保有する金融資産及び金融負債の評価損益（＊） |
		損益に計上（＊）	その他の包括利益に計上					
買入金銭債権	478,286	△6	△2,605	39,932	－	－	515,606	－
有価証券								
その他有価証券								
社債	539	－	△0	△538	－	－	－	－
その他	98,660	2,783	△35	5,536	－	－	106,945	1,544

（＊）主に連結損益計算書の「その他業務収益」に含まれております。

(3) 時価の評価プロセスの説明

時価検証部署において，時価の算定に関する方針及び手続を定めており，
これに沿って各時価算定部署が時価を算定しております。算定された時価
は，時価算定部署から独立した時価検証部署において，時価の算定に用いら
れた評価技法及びインプットの妥当性を検証し，当該検証結果に基づき，時
価のレベルの分類を行っております。検証結果はALM委員会に報告され，時
価の算定の方針及び手続に関する適切性が確保されております。

時価の算定にあたっては，個々の金融商品の性質，特性及びリスクを最も
適切に反映できる評価モデルを用いております。また，第三者から入手した
相場価格を利用する場合においても，利用されている評価技法及びインプッ
トの確認や類似の金融商品の時価との比較等の適切な方法により価格の妥当
性を検証しております。

(4) 重要な観察できないインプットを変化させた場合の時価に対する影響に関する説明

当行自身が観察できないインプットを推計していないため，記載しております
ません。

(注3）「時価の算定に関する会計基準の適用指針」（企業会計基準適用指針第31号
2021年6月17日）第24-3項及び第24-9項の取扱いを適用した基準価額を
時価とみなす投資信託に関する情報

(1) 第24-3項の取扱いを適用した投資信託の期首残高から期末残高への調整表

(単位：百万円)

| 期首残高 | 当期の損益又はその他の包括利益 | | 購入，売却及び償還の純額 | 投資信託の基準価額を時価とみなすこととした額 | 投資信託の基準価額を時価とみなさないこととした額 | 期末残高 | 当期の損益に計上した額のうち連結貸借対照表日において保有する投資信託の評価損益 |
	損益に計上（＊）	その他の包括利益に計上					
5,714,472	45,401	124,289	1,039,021	－	－	6,923,184	－

(＊）主に連結損益計算書の「その他経常収益」に含まれております。

(2) 第24-9項の取扱いを適用した投資信託の期首残高から期末残高への調整表

(単位：百万円)

| 期首残高 | 当期の損益又はその他の包括利益 | | 購入，売却及び償還の純額 | 投資信託の基準価額を時価とみなすこととした額 | 投資信託の基準価額を時価とみなさないこととした額 | 期末残高 | 当期の損益に計上した額のうち連結貸借対照表日において保有する投資信託の評価損益 |
	損益に計上（＊）	その他の包括利益に計上					
132,167	506	2,428	30,217	－	－	165,320	－

(＊）主に連結損益計算書の「その他経常収益」に含まれております。

(3) 連結決算日における解約又は買戻請求に関する制限の内容ごとの内訳
投資信託財産の流動性が低く，投資信託の解約可能日の間隔が長い等

6,923,184百万円

416 第4章 注記表

11 賃貸等不動産に関する注記

賃貸等不動産については、財務諸表等規則と同様に会社計算規則においても、注記が求められている（計算規則98Ⅰ⑬）。会社計算規則では、重要性が乏しい賃貸等不動産を除き、(1)賃貸等不動産の状況に関する事項、(2)賃貸等不動産の時価に関する事項の注記が定められている（計算規則110Ⅰ）。しかし、その記載内容に関する詳細な定めはないため、「賃貸等不動産の時価等の開示に関する会計基準」（企業会計基準第20号、以下「賃貸等不動産会計基準」という）および「賃貸等不動産の時価等の開示に関する会計基準の適用指針」（企業会計基準適用指針第23号、以下「賃貸等不動産適用指針」という）をしん酌した概括的な開示による対応が考えられる。なお、連結注記表を作成する会社は、個別注記表において当該注記を要しない（計算規則110Ⅱ）。

賃貸等不動産会計基準等において、定められている内容は次のとおりである。

(1) 賃貸等不動産の定義と範囲

「賃貸等不動産」とは、棚卸資産に分類されている不動産以外の不動産であって、賃貸収益またはキャピタル・ゲインの獲得を目的として保有されている不動産（ファイナンス・リース取引の貸手における不動産を除く）である。物品の製造や販売、サービスの提供、経営管理に使用されている不動産は含まれない（賃貸等不動産会計基準4項(2)）。賃貸等不動産の範囲には、図表4－37に示した不動産が含まれる（賃貸等不動産会計基準5項～7項）。

<図表4－37> 賃貸等不動産の範囲

① 貸借対照表において投資不動産（投資の目的で所有する土地、建物その他の不動産）として区分されている不動産
② 将来の使用が見込まれていない遊休不動産
③ ①②以外で賃貸されている不動産
④ 将来において賃貸等不動産として使用される予定で開発中の不動産や継続して賃貸等不動産として使用される予定で再開発中の不動産
⑤ 賃貸を目的として保有されているにもかかわらず、一時的に借手が存在してい

第2節 注記表の記載事項 417

ない不動産

⑥ 不動産について，物品の製造や販売，サービスの提供，経営管理に使用されている部分と賃貸等不動産として使用されている部分で構成されている場合の，賃貸等不動産として使用される部分（使用割合が低い場合は，賃貸等不動産に含めない取扱いも可）

⑵ 注記事項

賃貸等不動産を保有している場合は，図表 4 −38に示した事項を注記する（賃貸等不動産適用指針 9 項〜17項）。ただし，賃貸等不動産の総額に重要性が乏しい場合は注記を省略できる。また，管理状況等に応じて，注記事項を用途別，地域別等に区分した開示が可能である（賃貸等不動産会計基準 8 項）。

これに対して，会社計算規則では，重要性の乏しいものを除き，①賃貸等不動産の状況に関する事項と②賃貸等不動産の時価に関する事項の記載が求められている（計算規則110Ⅰ）。このため，計算書類においては，図表 4 −38に示した事項のうち，これら以外の注記事項の記載は任意となる。

<図表 4 −38> 賃貸等不動産の注記事項

注記事項	開示内容
賃貸等不動産の概要	主な賃貸等不動産の内容，種類，場所
賃貸等不動産の貸借対照表計上額および期中における主な変動	① 取得原価から減価償却累計額および減損損失累計額（減損損失累計額を取得原価から直接控除している場合を除く）を控除した金額 ● 期末における減価償却累計額および減損損失累計額を別途記載する場合は，取得原価による記載も可能であり，その場合，当期末における取得原価から減価償却累計額および減損損失累計額を控除した金額も記載 ② 期中の変動に重要性がある場合は，その事由および金額
賃貸等不動産の当期末における時価およびその算定方法	① 時価の注記における留意事項 ● 賃貸等不動産の注記にあたり記載が要求される時価は，「時価の算定に関する会計基準」（企業会計基準第30号）に従った「時価」ではなく，観察可能な市場価格に基づく価額をいい，市場価格が観察できない場合には合理的に算定された価額を

418　第4章　注記表

	いう
	● 合理的に算定された価額は，「不動産鑑定評価基準」（国土交通省）による方法または類似の方法に基づいて算定
	● 重要性が乏しい賃貸等不動産については，一定の評価額や適切に市場価格を反映していると考えられる指標に基づく価額等を時価とみなす取扱いが可能
	② 時価の把握が極めて困難な場合
	● 時価は注記しない
	● 重要性が乏しい賃貸等不動産を除き，その事由，当該賃貸等不動産の概要および貸借対照表計上額を他の賃貸等不動産とは別に記載
	③ 当期末における時価は，当期末における取得原価から減価償却累計額および減損損失累計額を控除した金額と比較できるように記載
賃貸等不動産に関する損益	損益計算書の金額に基づく賃貸等不動産に関する損益の額 ① 管理会計上の数値に基づいて適切に算定した額その他の合理的な方法に基づく金額により開示可能 ② 重要性が乏しい場合を除き，賃貸等不動産に関する賃貸収益とこれに係る費用（賃貸費用）による損益，売却損益，減損損失およびその他の損益等を適切に区分して記載 ③ ②の損益は収益と費用を総額で記載可能であり，賃貸費用は主な費目に区分して記載可能
賃貸等不動産として使用される部分を区分しない場合の取扱い	物品の製造や販売，サービスの提供，経営管理に使用されている部分と賃貸等不動産として使用されている部分で構成される不動産について，賃貸等不動産として使用されている部分の時価または損益の把握が実務上困難である場合，賃貸等不動産として使用される部分を区分せず，当該不動産全体を注記対象として，その旨および本図表4-38の注記事項を他の賃貸等不動産とは別に記載

「経団連ひな型」における記載例（連結）は，以下のとおりである。

［記載例］
1．賃貸等不動産の状況に関する事項
　　当社及び一部の子会社では，東京都その他の地域において，賃貸用のオフィスビル（土地を含む。）を有しております。

第2節　注記表の記載事項　419

2．賃貸等不動産の時価に関する事項

（単位：百万円）

連結貸借対照表計上額	時価
×××	×××

(注1)　連結貸借対照表計上額は，取得原価から減価償却累計額及び減損損失累計額を控除した金額であります。

(注2)　当期末の時価は，主として「不動産鑑定評価基準」に基づいて自社で算定した金額（指標等を用いて調整を行ったものを含む。）であります。

（記載例）　賃貸等不動産①（個別）　　　　　　　　（㈱イーグランド　2024年3月期）

7．賃貸等不動産に関する注記

(1)　賃貸等不動産の状況に関する事項

　　当社では，東京その他の地域において，賃貸用マンション等を所有しております。

(2)　賃貸等不動産の時価に関する事項

貸借対照表計上額			当事業年度末の時価
当事業年度期首残高	当事業年度増減額	当事業年度末残高	
2,247,963千円	△1,288,205千円	959,758千円	906,849千円

(注)1．貸借対照表計上額は取得原価から減価償却累計額を控除した金額であります。

　　2．賃貸等不動産の当事業年度増減額のうち，主な増加額は賃貸等不動産の新規取得（936,160千円）であり，主な減少額は棚卸資産への振替（2,183,503千円），減価償却（40,862千円）であります。

　　3．当事業年度末の時価は，主要な物件については「不動産鑑定評価基準」に基づく外部機関による算定額，その他の物件については一定の評価額や適切に市場価格を反映していると考えられる指標を用いて調整した金額によっております。

（記載例）　賃貸等不動産②（連結）

（DM三井製糖ホールディングス㈱　2024年3月期）

賃貸等不動産に関する注記

1．賃貸等不動産の状況に関する事項

　　当社では，東京都その他の地域において，賃貸用物流倉庫等（土地を含む）を所有しております。

　　当該賃貸等不動産の連結貸借対照表計上額，当連結会計年度増減額及び時価

420　第4章　注記表

は，次の通りであります。

2．賃貸等不動産の時価に関する事項

連結貸借対照表計上額			当連結会計年度末の時価
当連結会計年度期首残高	当連結会計年度増減額	当連結会計年度末残高	
24,132百万円	△178百万円	23,954百万円	32,606百万円

（注1）連結貸借対照表計上額は，取得価額から減価償却累計額及び減損損失累計額を控除した金額であります。
（注2）当連結会計年度末の時価は，主として社外の不動産鑑定士による不動産鑑定評価書等に基づく金額であります。

　また，賃貸等不動産に関する当連結会計年度における損益は，次の通りであります。

	連結損益計算書における金額			
	営業収益	営業原価	営業利益	その他損益
賃貸等不動産	954百万円	356百万円	597百万円	△7百万円

（注）当該不動産に係る費用（減価償却費，修繕費，保険料，租税公課等）については，営業原価に含まれております。

12　持分法損益等に関する注記（個別注記表のみ）

　持分法損益等に関する注記は，財務諸表等規則において，連結情報の充実のための具体的な措置の1つとして定められており（財規8の9），連結財務諸表を作成していない会社の個別財務諸表において，関連会社に持分法を適用した場合における投資損益等の開示が求められている。会社計算規則においても同様の規定があり，大会社かつ有価証券報告書提出会社で，連結計算書類を作成していない場合に記載が求められる。

　持分法損益等に関する注記は，図表4−39に示す項目であるが，そのうち「関連会社がある場合」の記載事項については，損益および利益剰余金その他の項目からみて重要性の乏しい関連会社に関する項目を除外できる（計算規則111 I）。

第2節 注記表の記載事項 421

　実務上の取扱いとしては，「個別財務諸表における関連会社に持分法を適用した場合の投資損益等の注記に関する監査上の取扱い」（監査・保証実務委員会実務指針第58号）が参考となる。

<図表4－39> 持分法損益等に関する注記内容

関連会社がある場合 （計算規則111 I ①）	関連会社に対する投資の金額ならびに当該投資に対して持分法を適用した場合の投資の金額および投資利益または投資損失の金額
開示対象特別目的会社がある場合 （計算規則111 I ②）	開示対象特別目的会社の概要，開示対象特別目的会社との取引の概要および取引金額その他の重要な事項

　なお，「開示対象特別目的会社」とは，会社法施行規則第4条に定める特別目的会社のうち，一定の要件を満たす会社（計算規則102 I ①ホ）である（本節3(1)参照）。

　「経団連ひな型」の記載例（個別）は，以下のとおりである。

```
［記載例］
  関連会社に対する投資の金額          ×××百万円
  持分法を適用した場合の投資の金額      ×××百万円
  持分法を適用した場合の投資利益の金額   ×××百万円
```

記載例 持分法損益等（個別）　　　　　　　　（㈱アバールデータ　2024年3月期）

（持分法損益等に関する注記）

（単位：千円）

関連会社に対する投資の金額	25,500
持分法を適用した場合の投資の金額	72,391
持分法を適用した場合の投資利益の金額	17,224

13 関連当事者との取引に関する注記（個別注記表のみ）

　関連当事者との取引に関する注記は，株式会社と関連当事者との間に取引がある場合において求められている。ここで，取引には，当該株式会社と第三者との間の取引で当該株式会社と当該関連当事者との間の利益が相反する取引を含む（計算規則112Ⅰ）。

　関連当事者との取引は，当該取引に係る業務執行者の業務執行のあり方について，関連当事者との間で公正な条件により取引が行われているかどうかや，その取引の適正性を判断するために有益な情報の提供を目的として開示が求められている事項である。

(1) 関連当事者の範囲

　「関連当事者」とは，図表4−40に掲げる者をいい（計算規則112Ⅳ），その範囲は，財務諸表等規則第8条第17項の定めと整合している。図表4−41では，当該関連当事者の範囲を図示している。

＜図表4−40＞　関連当事者に該当する者

①　当該株式会社の親会社
②　当該株式会社の子会社
③　当該株式会社の親会社の子会社（兄弟会社）
④　当該株式会社のその他の関係会社（当該株式会社が他の会社の関連会社である場合における当該他の会社をいう）ならびに当該その他の関係会社の親会社および子会社
⑤　当該株式会社の関連会社および当該関連会社の子会社
⑥　当該株式会社の主要株主（自己または他人の名義をもって当該株式会社の総株主の議決権の総数の100分の10以上の議決権[*1]を保有している株主をいう）およびその近親者（2親等内の親族をいう）[*2]
⑦　当該株式会社の役員およびその近親者
⑧　当該株式会社の親会社の役員またはこれらに準ずる者およびその近親者
⑨　上記⑥⑦⑧に掲げる者が他の会社等の議決権の過半数を自己の計算において所有している場合における当該会社等および当該会社等の子会社

第2節　注記表の記載事項　423

---

⑩　従業員のための企業年金（当該株式会社と重要な取引（掛金の拠出を除く）を行う場合に限る）*3

---

*1　次に掲げる株式に係る議決権を除く。
　　a．信託業を営む者が信託財産として所有する株式
　　b．有価証券関連業を営む者が引受けまたは売出しを行う業務により取得した株式
　　c．金融商品取引法第156条の24第1項に規定する業務を営む者（証券金融会社）がその業務として所有する株式
*2　主要株主は法人の場合と個人の場合の両方が存在する。そのうち，近親者の概念が存在するのは個人の場合のみである。
*3　わが国の企業年金に関しては，関連当事者との取引として開示対象となるような取引は通常生じないと考えられる。ただし，企業年金が掛金の拠出以外に会社と直接取引を行う場合，または，退職給付信託について年金資産の入替えや返還を行う場合，これらの取引に重要性があるときは，開示対象になるものと考えられる（関連当事者会計基準23項）。

　なお，連結財務諸表規則第15条の4，および「関連当事者の開示に関する会計基準」（企業会計基準第11号，以下「関連当事者会計基準」という）第5項(3)では，上記図表4−40の範囲の他に，「重要な子会社の役員及びその近親者，並びにこれらの者が議決権の過半数を自己の計算において所有している会社及びその子会社」が関連当事者の範囲に含まれる。ただし，会社計算規則においては，連結計算書類の開示を最小限の水準として，会社の負担が過重にならないように，関連当事者との取引に関する注記は連結注記表では求められていない（第1節参照）。そのため，会社計算規則における関連当事者の範囲には，「重要な子会社の役員及びその近親者，並びにこれらの者が議決権の過半数を自己の計算において所有している会社及びその子会社」は含まれない。

<図表4−41> 関連当事者の範囲
(法人グループ)

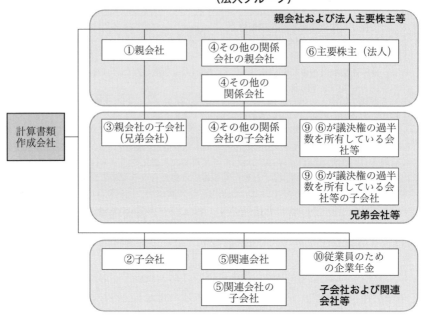

(個人グループ)

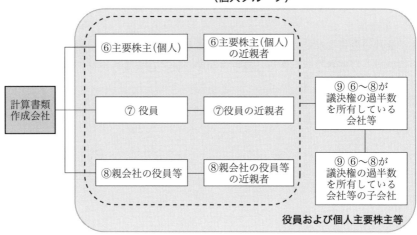

第2節　注記表の記載事項　425

⑵　注記事項

　会社計算規則と財務諸表等規則のいずれにおいても，関連当事者との取引の
うち重要な取引について，関連当事者ごとに注記することが求められている。
ただし，図表4－42のとおり，関連当事者との取引に関する注記事項について
は，会社計算規則で求められる記載事項と財務諸表等規則および関連当事者会
計基準（以下あわせて「財務諸表等規則等」という）で求められる記載事項と
の間に差異がある。

<図表4－42>　関連当事者との取引に関する注記事項

注記事項	会社計算 規則*1	財務諸表等 規則等*2
①　当該関連当事者が会社等の場合		
a．名称	○	○
b．所在地	－	○
c．資本金または出資金	－	○
d．事業の内容	－	○
e．当該関連当事者の議決権の総数に占める，計算 　　書類または財務諸表の提出会社が所有する議決権 　　の数の割合	○	○
f．当該計算書類または財務諸表の提出会社の議決 　　権の総数に占める，当該関連当事者が所有する議 　　決権の数の割合	○	○
②　当該関連当事者が個人の場合		
a．氏名	○	○
b．職業	－	○
c．当該計算書類または財務諸表の提出会社の議決 　　権の総数に占める，当該関連当事者が所有する議 　　決権の数の割合	○	○
③　当該計算書類または財務諸表の提出会社と当該関連 　　当事者との関係	○	○
④　取引の内容	△	○

426　第4章　注記表

⑤　取引の種類別の取引金額	△	○
⑥　取引条件および取引条件の決定方針	△	○
⑦　取引により発生した債権または債務に係る主な項目別の当該事業年度の末日における残高	○	○
⑧　取引条件の変更があった場合は，その旨，変更の内容および当該変更が計算書類または財務諸表に与えている影響の内容	△	○
⑨　関連当事者に対する貸倒懸念債権および破産更生債権等に係る情報（貸倒引当金繰入額，貸倒損失等）	－	○
⑩　関連当事者に対する債務保証損失引当金等に係る情報（期末残高，繰入額等）	－	○

○…関連当事者との取引に関する注記において求められる記載事項
△…関連当事者との取引に関する注記において，会計監査人設置会社には記載が求められているが，会計監査人設置会社以外の株式会社のうち公開会社には記載を省略し，代わりに計算書類の附属明細書に記載することが認められる事項（計算規則112Ⅰ，同項ただし書き，117④）（原則どおり注記する対応も可能）
＊1　計算規則第112条第1項に基づく。
＊2　財務諸表等規則第8条の10に基づく。

　上記図表4－42のとおり，会計監査人設置会社とそれ以外の会社とでは，求められている注記事項が異なる。また，会計監査人設置会社以外の非公開会社では注記自体を要しない（計算規則98Ⅱ①）。このほか，会計監査人設置会社以外の公開会社についても計算書類への開示量を考慮し，一部の項目については個別注記表ではなく，計算書類の附属明細書への記載事項とすることができる（第5章第2節2(4)参照）。
　また，会社計算規則と財務諸表等規則等では，注記対象となる取引が異なる。会社計算規則においては，関連当事者との取引は個別注記表の注記項目として定められているため，計算書類作成会社と関連当事者との取引が記載対象となり，連結計算書類の作成にあたって相殺消去されている関連当事者との取引についても注記を要する。財務諸表等規則等においては，連結財務諸表を作成している場合の関連当事者との取引に関する注記は，連結会社（会社および子会社）と関連当事者との取引が記載対象である（連結財務諸表のみ行えば足りる）。このため，連結子会社と関連当事者との取引も記載対象となる（連結財規

15の4の2Ⅲ）が，連結財務諸表の作成にあたって相殺消去された取引については注記を要しない（連結財規15の4の2Ⅳ）。

さらに，財務諸表等規則等に定められている，関連当事者の存在に関する開示（親会社が存在する場合にはその名称等，重要な関連会社が存在する場合にはその名称および要約財務情報）は会社計算規則では求められていない。

⑶　注記を要しない取引

関連当事者との取引のうち，図表4－43に該当する取引は，注記を要しない（計算規則112Ⅱ）。

＜図表4－43＞　注記を要しない取引

①　一般競争入札による取引ならびに預金利息および配当金の受取りその他取引の性質からみて取引条件が一般の取引の条件と同様であるという事実が明白な取引
②　取締役，会計参与，監査役または執行役に対する報酬等の給付
③　上記①②の取引のほか，当該取引に係る条件につき市場価格その他当該取引に係る公正な価格を勘案して一般の取引の条件と同様の取引条件を決定しているという事実が明白な場合における当該取引

図表4－43の①および②は，財務諸表等規則等の規定と同一である。③は，会社計算規則独自の規定である。これは，連結会社間取引も開示対象とされたこと等もあり，計算書類の作成スケジュールの制約や実務上の事務負担等を考慮し，設けられた簡略規定であると考えられる。実務上は，上記③の規定により注記を省略できる取引がどのような取引であるのかに留意する必要がある。

この判断に関しては，会社法立法担当者により，次のように説明されている。「取引の要素（市場価格のほか社会通念上，取引の条件を決定するすべての要素が考慮対象となりうる）が同じであり，同程度の長期的・継続的な取引において一般的とされる条件と，当該取引の条件とが同様の条件であるか否かという観点で行われる。一定の取引条件とは必ずしも一定の金額であるとは限らず，通常，ある程度幅をもった金額の範囲内にある」（郡谷大輔・細川充・小松岳志・和久友子「関連当事者との取引に関する注記」旬刊商事法務1768号）とされている。

428　第4章　注記表

　また，財務諸表等規則等に従った場合には注記対象となるが，会社計算規則のもとでは省略できる具体例として，次の場合が考えられる。

- 製品の販売等について市場価格を勘案して一般の取引条件と同様に決定している場合
- 建物の賃貸等について，近隣の地代・取引実勢に基づいて決定している場合

　製品の販売等がグループ会社間取引でのみ行われ，そもそも一般市場が存在しているとはいえない場合や，外部の第三者との取引条件とは異なる条件で取引を行っている場合などについては，「一般の取引条件と同様の取引条件」に該当するとはいえず，当該取引は開示対象とすべきであると考えられる。

　なお，関連当事者との取引に係る考え方には，取引条件が明らかに一般の取引条件と同様であると認められない限りは開示対象とするという考え方と，一般取引とは異なる特別な取引を行っている場合にのみ開示対象とするという考え方の2つが存在する。基本的には，前者の考え方に基づいて開示すると考えられる。そのうえで一般の取引条件と同様の取引条件を決定している事実が明白な場合に該当する取引条件として注記しない場合は，その状況を明確に説明しうるための資料を整備しておく必要がある。ただし，実務上は，このような説明を行う困難性等から，関連当事者との取引を省略せずに開示したうえで，取引条件および取引条件の決定方針として，市場価格等を勘案して価格を決定している旨を記載している事例が多く見られる。

　また，関連当事者との取引のうち，「重要な取引」の記載が求められており（計算規則112Ⅰ），その「重要な取引」に該当するかどうかの判断を行う必要があるが，具体的な取扱いは会社計算規則に定められていないため，「関連当事者の開示に関する会計基準の適用指針」（企業会計基準適用指針第13号，以下「関連当事者適用指針」という）の定めをしん酌して検討する。関連当事者適用指針では，法人グループの関連当事者との取引について，損益計算書項目のうち売上高，売上原価，販売費及び一般管理費は，各項目に属する科目（売上高，商品仕入高，賃借料等）ごとに，売上高または売上原価と販売費及び一般管理費の合計額の100分の10を超える取引の開示や，貸借対照表項目のうち総資産の100分の1を超える取引の開示などが定められている。

⑷ 関係会社取引に関する注記と関連当事者取引に関する注記との比較

計算書類における，関係会社取引に関する注記と関連当事者取引に関する注記の比較を図表4－44に示している。なお，関係会社取引に関する注記は，本節**5(6)**および**6(1)**を参照されたい。

<図表4－44> 関係会社取引に関する注記と関連当事者取引に関する注記との比較

	関係会社取引	関連当事者取引
注記の記載箇所	個別注記表のみ	個別注記表のみ
関係会社／関連当事者の範囲	関係会社 ● 親会社 ● 子会社 ● 関連会社 ● その他の関係会社	関係会社（親会社，子会社，関連会社，その他の関係会社）に加え，以下の取引相手が範囲に含まれる。 ● 親会社の子会社（兄弟会社） ● その他の関係会社の親会社および子会社 ● 関連会社の子会社 ● 主要株主（法人・個人）およびその近親者 ● 会社および親会社の役員等およびその近親者 ● 主要株主，役員等もしくはこれらの近親者が議決権の過半数を自己の計算において所有している会社等およびその子会社 ● 従業員のための企業年金
注記対象の取引の範囲	会社と関係会社との取引	会社と関連当事者との取引（会社と第三者との間の取引で会社と関連当事者との間における利益が相反する取引を含む）
注記対象の取引の種類	貸借対照表…金銭債権債務 損益計算書…営業取引および営業取引以外の取引	規定なし
重要性	規定なし （一般に取引の総額を開示する注記が多い）	重要な取引を開示 （関連当事者適用指針に具体的な指針あり）

430 第4章 注記表

開示の単位	●貸借対照表…科目ごとまたは一括した金額 ●損益計算書…営業取引による取引高の総額および営業取引以外の取引による取引高の総額	取引先ごとかつ取引の種類ごと（取引と期末残高を関連づけて記載）
注記対象外の項目	－	取引条件が一般の取引の条件と同様である事実が明白な取引や役員報酬の給付など
その他の情報	－	関連当事者の名称，議決権の所有（被所有）割合，取引条件の決定方針など

　なお，図表4－44には含めていないが，役員に対する金銭債権または金銭債務の総額についても別個の注記事項が存在する（本節5⑺参照）。

　「経団連ひな型」における記載例（個別）は，以下のとおりである。

関連当事者との取引に関する注記

［記載例］

1．親会社及び法人主要株主等

(単位：百万円)

種　類	会社等の名称	議決権等の所有（被所有）の割合	関連当事者との関係	取引の内容	取引金額	科　目	期末残高
親会社	A社	被所有 直接○％ 間接○％	当社製品の販売 役員の兼任	○○製品の販売(注1)	×××	売掛金	×××
その他の関係会社	B社	被所有 直接○％ 間接○％	B社製品の購入	原材料の購入（注2）	×××	買掛金	×××
主要株主(会社等)	C社	被所有 直接○％ 間接○％	技術援助契約の締結	技術料の支払（注3）	×××	未払費用	×××

取引条件及び取引条件の決定方針等

　（注1）　価格その他の取引条件は，市場実勢を勘案して当社が希望価格を提示し，価格交渉の上で決定しております。

(注2)　原材料の購入については，B社以外からも複数の見積りを入手し，市場の実勢価格を勘案して発注先及び価格を決定しております。

　　(注3)　技術料の支払については，C社より提示された料率を基礎として毎期交渉の上，決定しております。

2．子会社及び関連会社等

(単位：百万円)

種　類	会社等の名称	議決権等の所有(被所有)の割合	関連当事者との関係	取引の内容	取引金額	科　目	期末残高
子会社	D社	所有 　直接○%	資金の援助 役員の兼任	資金の貸付 (注1) 利息の受取 (注1)	××× ×××	長期貸付金 その他流動資産	××× ×××
関連会社	E社	所有 　直接○%	役務の受入れ 役員の兼任	増資の引受 (注2)	×××	－	－
関連会社の子会社	F社	なし	なし	債権放棄 (注3)	×××	－	－

取引条件及び取引条件の決定方針等

　　(注1)　D社に対する資金の貸付については，市場金利を勘案して決定しており，返済条件は期間3年，半年賦返済としております。なお，担保は受け入れておりません。

　　(注2)　当社がE社の行った第三者割り当てを1株につき××円で引き受けたものであります。

　　(注3)　債権放棄については，経営不振のF社の清算結了により行ったものであります。

3．兄弟会社等

(単位：百万円)

種　類	会社等の名称	議決権等の所有(被所有)の割合	関連当事者との関係	取引の内容	取引金額	科　目	期末残高
親会社の子会社	G社	なし	事業譲渡	事業譲渡(注1) 　譲渡資産合計 　譲渡負債合計 　譲渡対価 　事業譲渡益	××× ××× ××× ×××	－ － － －	－ － － －
その他の関係会社の子会社	H社 (B社の子会社)	被所有 　直接○%	なし	旧○○工場跡地の譲渡 (注2)			

| | | | | 売却代金 | ××× | その他流動資産 | ××× |
| | | | | 売却損 | ××× | − | − |

取引条件及び取引条件の決定方針等

(注1)　事業譲渡については，親会社の方針に基づいて○○部門の事業を譲渡したものであり，当社の算定した対価に基づき交渉の上，決定しております。

(注2)　不動産鑑定士の鑑定価格を勘案して交渉により決定しており，支払条件は引渡時50％，残金は5年均等年賦払，金利は年○％であります。

4．役員及び個人主要株主等

(単位：百万円)

種　類	会社等の名称または氏名	議決権等の所有(被所有)の割合	関連当事者との関係	取引の内容	取引金額	科　目	期末残高
主要株主(個人)及びその近親者	a	被所有直接○％.	前当社取締役当社の外注先であるJ社の代表取締役	コンピュータ・プログラムの製作(注1)	×××	未払金	×××
役員及びその近親者	b	被所有直接○％	当社取締役債務保証	債務保証(注2)	×××	−	−
				保証料の受入(注2)	×××	−	−
	c	被所有直接○％	当社取締役債務被保証	当社銀行借入に対する債務被保証(注3)	×××	−	−
主要株主(個人)及びその近親者が議決権の過半数を所有している会社等	K社(注4)	なし	なし	有価証券の売却(注5)			
				売却代金	×××	−	−
				売却益	×××	−	−
役員及びその近親	L社(注6)	なし	担保の被提供	当社の銀行借入金に対	×××	−	−

者が議決権の過半数を所有している会社等			する土地の担保提供（注7）			

取引条件及び取引条件の決定方針等

(注1)　コンピュータ・プログラムの製作については，Ｊ社から提示された価格と，他の外注先との取引価格を勘案してその都度交渉の上，決定しております。

(注2)　ｂの銀行借入（×××百万円，期限○年）につき，債務保証を行ったものであり，年率○％の保証料を受領しております。

(注3)　当社は，銀行借入に対して取締役ｃより債務保証を受けております。なお，保証料の支払は行っておりません。

(注4)　当社の主要株主ａが議決権の100％を直接所有しております。

(注5)　有価証券の売却価格は，独立した第三者による株価評価書を勘案して決定しており，支払条件は一括現金払であります。

(注6)　当社役員ｄが議決権の51％を直接保有しております。

(注7)　当社の銀行借入金に対する土地の担保提供については，Ｌ社からの原材料購入のための資金借入に対するものであります。

434　第4章　注記表

（記載例）　関連当事者取引（法人グループとの取引①）（個別）

（稲畑産業㈱　2024年3月期）

7．関連当事者との取引に関する注記

　(1)　親会社及び法人主要株主等

（単位：百万円）

種　類	会社等の名称	議決権等の所有（被所有）割合	関連当事者との関係	取引の内容	取引金額（注1）	科　目	期末残高（注1）
主要株主（法人）	住友化学株式会社	被所有直接10.2%	同社製品の購入当社商品の販売	製品の購入	15,344	買掛金	4,037
				商品の販売	4,497	売掛金	1,918
				有価証券の担保提供（注2）	2,256	－	－

（注）1．価格その他の取引条件については，個別に交渉の上一般取引を勘案して決定しております。
　　　2．有価証券の担保提供は，当社の営業債務に対して差入れております。

　(2)　子会社及び関連会社等

（単位：百万円）

種　類	会社等の名称	議決権等の所有（被所有）割合	関連当事者との関係	取引の内容	取引金額（注1）	科　目	期末残高（注1）
子会社	SHANGHAI INABATA TRADING CO.,LTD.	所有間接100.0%	商品の販売	商品の販売	9,838	売掛金	2,985
子会社	INABATA AMERICA CORPORATION	所有直接100.0%	増資の引受	増資の引受（注2）	6,959	－	－
子会社	INABATA SINGAPORE (PTE.) LTD.	所有直接100.0%	増資の引受	増資の引受（注2）	3,607	－	－

（注）1．価格その他の取引条件については，個別に交渉の上一般取引を勘案して決定しております。
　　　2．増資の引受については，子会社が行った増資を全額引き受けたものであります。

　(3)　兄弟会社等

（単位：百万円）

種　類	会社等の名称	議決権等の所有（被所有）割合	関連当事者との関係	取引の内容	取引金額（注）	科　目	期末残高（注）
主要株主(法人)が議決権の過半数を所有している会社	SUMIKA TECHNOLOGY CO.,LTD.	所有直接15.0%	商品の販売	商品の販売	12,069	売掛金	4,053

（注）価格その他の取引条件については，個別に交渉の上一般取引を勘案して決定しております。

第2節　注記表の記載事項　435

（記載例）　関連当事者取引（法人グループとの取引②）（財務諸表等規則に準じて記載）（個別）　　　　　　　　　　（インフォコム㈱　2024年3月期）

7. 関連当事者との取引に関する注記

(1) 親会社及び主要法人株主等

種類	会社等の名称	所在地	資本金又は出資金(百万円)	事業の内容又は職業	議決権等の所有(被所有)割合(%)	関連当事者との関係	取引の内容	取引金額(百万円)	科目	期末残高(百万円)
親会社	帝人㈱	大阪府大阪市	71,832	合成繊維・化成品等の研究・製造・販売他	(被所有)(直接)57.9	当社製品の販売，役務の提供等役員の兼任	システム開発の受託等	3,681	売掛金	757

（注）取引条件及び取引条件の決定方針等
　　　価格その他の取引条件は，市場価格を勘案し決定しています。

(2) 子会社及び関連会社等

種類	会社等の名称	所在地	資本金又は出資金(百万円)	事業の内容又は職業	議決権等の所有(被所有)割合(%)	関連当事者との関係	取引の内容	取引金額(百万円)	科目	期末残高(百万円)
子会社	㈱アムタス	東京都港区	150	電子コミック配信サービス	(所有)(直接)100.0	余資の運用役員の兼任	余資の運用利息の支払	△11,4480	関係会社預り金	3,641
子会社	GRANDIT㈱	東京都港区	95	Web-ERPの開発・販売	(所有)(直接)100.0	余資の運用役員の兼任	余資の運用利息の支払	△1880	関係会社預り金	704

（注）1. 取引条件及び取引条件の決定方針等
　　　　価格その他の取引条件は，市場価格を勘案し決定しています。また，子会社からの預り金については，市場金利等を勘案して預り金利を決定しています。
　　　2. 余資の運用の取引金額は，短期での反復取引のため，当事業年度における純増減額を記載しています。

(3) 兄弟会社等

種類	会社等の名称	所在地	資本金又は出資金(百万円)	事業の内容又は職業	議決権等の所有(被所有)割合(%)	関連当事者との関係	取引の内容	取引金額(百万円)	科目	期末残高(百万円)
兄弟会社	帝人ファーマ㈱	東京都千代田区	10,000	医療品・医療機器の研究開発・製造・販売	なし	当社製品の販売，役務の提供等，役員の兼任	システム開発の受託等	3,073	売掛金	622

（注）取引条件及び取引条件の決定方針等
　　　価格その他の取引条件は，市場価格を勘案し決定しています。

436　第4章　注記表

(記載例)　関連当事者取引（法人グループとの取引③）（個別）

(日東紡績㈱　2024年3月期)

10.　関連当事者との取引に関する注記

種類	会社等の名称	議決権等の所有割合(%)	関連当事者との関係	取引の内容	取引金額(百万円)	科目	当期末残高(百万円)
子会社	日東グラスファイバー工業㈱	100.0	原料・製品の購入	仕入高	9,796	買掛金	1,143
			電力の販売	電力販売収益	1,393	未収入金	158
			資金の貸借	CMS	2,670	預り金	3,528
	富士ファイバーグラス㈱	100.0	製品の購入	仕入高	8,294	買掛金	1,619
			資金の貸借	CMS	461	貸付金	595
	NITTOBO ASIA Glass Fiber Co., Ltd.	100.0	増資の引受	増資の引受	9,320	−	−
			債務保証等	債務保証等	9,162	−	−
	㈱双洋	100.0	製品の販売	売上高	9,356	売掛金	5,091
	ニットーボーメディカル㈱	100.0	資金の貸借	CMS	1,664	預り金	2,305

(注)　取引条件及び取引条件の決定方針等
　(1)　製品の販売，原料・製品の購入及び電力の販売については，市場価格を勘案し価格交渉の上決定しております。
　　　上記表における金額のうち，当期末残高については消費税等を含めており，取引金額については消費税等を含めておりません。
　(2)　資金の貸借については，CMS（キャッシュマネジメントサービス）に係るものであり，利息は市場金利を勘案して合理的に決定しております。また，取引金額は，期中の平均残高を記載しております。
　(3)　増資の引受につきましては，デット・エクイティ・スワップ方式による貸付金の現物出資であります。
　(4)　債務保証等については，金融機関からの借入金に対するものであります。

(記載例)　関連当事者取引（個人グループとの取引①）（個別）

(ラクスル㈱　2024年7月期)

(関連当事者との取引に関する注記)

1．子会社及び関連会社等

種類	会社等の名称	所在地	資本金又は出資金(百万円)	事業内容	議決権等の所有(被所有)割合	取引内容	取引金額(百万円)	科目	期末残高(百万円)
子会社	ノバセル株式会社	東京都品川区	100	広告業	所有 直接100.0%	資金の貸付	1,800	関係会社短期貸付金	800
						資金の回収	800	関係会社長期貸付金	1,000

取引条件及び取引条件の決定方針等
(注)　資金の貸付については，市場金利を勘案して利率を合理的に決定しております。

2．役員及び個人主要株主等

種類	会社等の名称又は氏名	議決権等の所有(被所有)割合	関連当事者との関係	取引内容	取引金額(百万円)	科目	期末残高(百万円)
役員	○○○○	被所有 直接 1.1%	当社 代表取締役	新株予約権の権利行使（注1）	53	‒	‒
				資金の貸付（注2）	40	流動資産その他	40
				資金の回収（注2）	40		

(注)1．新株予約権の権利行使は，
　　　・2014年10月24日開催の定時株主総会決議及び2014年11月21日取締役会決議に基づき付与された第4回新株予約権
　　　・2015年5月22日開催の臨時株主総会決議及び2015年5月12日取締役会決議に基づき付与された第7回有償新株予約権
　　　のうち，当事業年度における権利行使を記載しております。なお，「取引金額」欄は，新株予約権の権利行使による付与株式数に行使時の払込金額を乗じた金額を記載しております。
　　2．資金の貸付については，市場金利を勘案し利率を合理的に決定しております。

438　第4章　注記表

（記載例）　関連当事者取引（個人グループとの取引②）（個別）

（ケイヒン㈱　2024年3月期）

Ⅶ．関連当事者との取引に関する注記

種類：子会社

属性	会社の名称	議決権等の所有割合(%)	関連当事者との事業上の関係	取引の内容	取引金額（百万円）	科目	期末残高（百万円）
子会社	ケイヒン配送株式会社	所有 直接 70.36 間接 29.64	業務の発注 資金の調達	国内運送委託	1,796	営業未払金	204
				資金の返済	700	短期借入金	700
				資金の借入	700		
				利息の支払い	4	前払費用	1
子会社	ケイヒン陸運株式会社（本店　兵庫県神戸市）	所有 直接 20.00 間接 80.00	業務の発注	国内運送委託	4,556	営業未払金	818
子会社	ケイヒン陸運株式会社（本店　東京都足立区）	所有 直接 25.00 間接 75.00	業務の発注	国内運送委託	2,402	営業未払金	433

取引条件及び取引条件の決定方針等

（注）1．独立第三者間取引と同様の一般的な取引条件で行っております。

　　　2．上記金額のうち，取引金額には消費税等が含まれておらず，期末残高には消費税等が含まれております。

種類：役員及び個人主要株主等

属性	会社の名称又は氏名	議決権等の所有割合(%)	関連当事者との事業上の関係	取引の内容	取引金額（百万円）	科目	期末残高（百万円）
役員及びその近親者が議決権の過半数を所有している会社等	京友株式会社	被所有 直接 9.41	設備の購入	設備の購入	624	未払金	232
			設備の修繕，保守	設備の修繕，保守	396	営業未払金	92
			土地建物の賃借	土地建物の賃借	66	差入保証金	51
			事務機器等のリース	事務機器等のリース料の支払	64	リース債務	31

取引条件及び取引条件の決定方針等

（注）1．京友株式会社は，当社役員○○○○およびその近親者が直接・間接にて100％を保有しております。取引条件及び取引条件の決定方針等は，一般取引先と同様であります。

　　　2．上記金額のうち，取引金額には消費税等が含まれておらず，期末残高には消費税等が含まれております。

第2節　注記表の記載事項　439

記載例　関連当事者取引（個人グループとの取引③）（財務諸表等規則に準じて記載）（個別）　　㈱マツキヨココカラ＆カンパニー　2024年3月期）

8．関連当事者との取引に関する注記

（1）　役員及び主要株主等

（単位：百万円）

属性	会社等の名称又は氏名	資本金又は出資金	事業の内容又は職業	議決権等の所有(被所有)割合（％）	関係内容		取引の内容	取引金額	科目	期末残高
					役員の兼任等	事業上の関係				
役員	○○○○	－	当社取締役会長	被所有2.1%	－	－	金銭報酬債権の現物出資に伴う自己株式の割当（注）	14	－	－
役員	○○○○	－	当社代表取締役社長	被所有1.8%	－	－	金銭報酬債権の現物出資に伴う自己株式の割当（注）	14	－	－
役員	○○○○	－	当社代表取締役副社長	被所有0.0%	－	－	金銭報酬債権の現物出資に伴う自己株式の割当（注）	11	－	－

（注）譲渡制限付株式報酬制度に伴う，金銭報酬債権の現物出資によるものであります。

（2）　子会社等

（単位：百万円）

属性	会社等の名称	資本金又は出資金	事業の内容又は職業	議決権等の所有(被所有)割合（％）	関係内容		取引の内容	取引金額	科目	期末残高
					役員の兼任等	事業上の関係				
子会社	㈱マツモトキヨシグループ	50	グループ会社の管理・総轄	所有直接100%	6名	資金の管理	資金の借入（注）	6,298	短期借入金	6,298
							利息の支払（注）	22		
子会社	㈱ココカラファイングループ	50	グループ会社の管理・総轄	所有直接100%	3名	資金の管理	資金の借入（注）	58,725	短期借入金	58,725
							利息の支払（注）	155		
子会社の子会社	㈱マツモトキヨシ	21,086	ドラッグストア・保険調剤薬局のチェーン店経営	所有間接100%	3名	資金の管理	資金の借入（注）	35,276	短期借入金	35,276
							利息の支払（注）	81		

440 第4章 注記表

| 子会社の子会社 | ㈱ココカラファインヘルスケア | 50 | ドラッグストア・保険調剤薬局のチェーン店経営 | 所有間接100% | 3名 | 資金の管理 | 資金の貸付 (注) | 11,847 | 短期貸付金 | 11,847 |
| | | | | | | | 利息の受取 (注) | 35 | | |

(注) 取引条件及び取引条件の決定方針等
　　　資金の管理については，キャッシュ・マネジメント・システムに係るものであり，
　　　取引金額は期末残高を記載しております。また，市場金利を勘案して利率を合理的
　　　に決定しております。なお，担保は受け入れておりません。

14　1株当たり情報に関する注記

　1株当たり情報に関する注記として，以下の事項を記載する必要がある（計算規則113）。

(1)　1株当たりの純資産額
(2)　1株当たりの当期純利益金額または当期純損失金額（連結計算書類においては，1株当たりの親会社株主に帰属する当期純利益金額または当期純損失金額)
(3)　株式会社が当該事業年度（連結計算書類においては，当該連結会計年度)，または当該事業年度の末日後において株式の併合または株式の分割をした場合において，当該事業年度の期首に株式の併合または株式の分割をしたと仮定して(1)および(2)に掲げる額を算定したときは，その旨

　なお，上記(2)において，連結計算書類では「1株当たりの『親会社株主に帰属する』当期純利益金額または当期純損失金額」を開示するとされているが，「1株当たり当期純利益」，「1株当たり当期純損失」という表記でも差し支えないと考えられる。

　記載内容は上記のほか，個別・連結とも，潜在株式調整後1株当たり当期純利益や算定の根拠の開示も可能である。

　具体的な算定方法は，「1株当たり当期純利益に関する会計基準」（企業会計基準第2号，以下「1株利益会計基準」という)，「1株当たり当期純利益に関する会計基準の適用指針」（企業会計基準適用指針第4号，以下「1株利益適用指針」という）および「1株当たり当期純利益に関する実務上の取扱い」（実務対応報告第9号）に基づき，図表4-45のとおりとなる。

第2節　注記表の記載事項　441

<図表4−45>　1株当たり純資産額および1株当たり当期純損益の算定方法

● 1株当たり純資産額の算定方法

$$1株当たり純資産額$$

$$= \frac{普通株式に係る期末の純資産額}{期末の普通株式の発行済株式数−期末の普通株式の自己株式数}$$

$$= \frac{貸借対照表の純資産の部の合計額−控除する金額}{期末の普通株式の発行済株式数−期末の普通株式の自己株式数}$$

● 1株当たり当期純損益の算定方法

$$1株当たり当期純損益 = \frac{普通株式に係る当期純損益}{普通株式の期中平均株式数}$$

$$= \frac{損益計算書上の当期純損益−普通株主に帰属しない金額}{普通株式の期中平均発行済株式数−普通株式の期中平均自己株式数}$$

　1株利益会計基準等に従い，1株当たり純資産額および1株当たり当期純損益の算定にあたっては，次の事項に留意する必要がある。

⑴　1株当たり純資産額

　1株当たり純資産額は，普通株式に係る期末の純資産額を，期末の普通株式の発行済株式数から自己株式数（連結計算書類においては，自己株式数に，子会社および関連会社が保有する親会社等の発行する普通株式数のうち，親会社等の持分に相当する株式数を含める）を控除した株式数で除して算定する（1株利益適用指針34項）。

　1株当たり純資産額の算定および開示の目的は，普通株主に関する企業の財政状態を示すことにあると考えられるため，普通株主に関連しない優先株式の払込金額，新株予約権の金額（連結計算書類においては，これらに加えて，非支配株主持分の金額）等は，期末時点の純資産額から控除する（1株利益適用指針35項）。

　なお，普通株式に係る期末の純資産額がマイナスとなる場合であっても，当該マイナスの純資産額を期末の普通株式数で除した金額を1株当たり純資産額として開示することが適当と考えられる（実務対応報告第9号 Q6）。

⑵　1株当たりの当期純利益または当期純損失

　1株当たり当期純損益は，普通株式に係る当期純損益を普通株式の期中平均

株式数で除して算定する（1株利益会計基準12項）。1株当たり当期純損益の算定および開示の目的は，普通株主に関する一会計期間における企業の成果を示すことにあると考えられるため，普通株主に帰属しない優先配当額等は，当期純損益の額から控除する（1株利益会計基準14項，15項）。

なお，算定の基礎となる普通株式の期中平均株式数については，普通株式の期中平均発行済株式数から期中平均自己株式数（連結計算書類においては，期中平均自己株式数に，子会社および関連会社が保有する親会社等の発行する普通株式数のうち，親会社等の持分に相当する株式数を含める）を控除して計算する（1株利益会計基準17項）。また，期中に発行済株式総数や自己株式数が変動した場合の計算方法としては，日割計算によるほか，月末を基準とした月割計算による計算方法も考えられる（1株利益適用指針13項）。

⑶ 期首に株式併合または株式分割を行ったと仮定して算定した1株当たり情報を記載する場合

当事業年度中または当事業年度の貸借対照表日後に株式併合または株式分割が行われた場合，1株当たり情報に関する注記において，当該株式併合または株式分割が期首に行われたと仮定して算定した1株当たり利益等を開示する。株式併合前または株式分割前の株式数に基づく1株当たり利益等の開示は，不要とされている。

株式併合または株式分割が行われた場合，株式併合または株式分割が当事業年度中か当事業年度の貸借対照表日後のいずれに行われたかにかかわらず，表示する財務諸表のうち，最も古い期間の期首に当該株式併合または株式分割が行われたと仮定して，1株当たり利益等を算定し，その旨を開示する（1株利益会計基準30-2項，31項，1株利益適用指針41項）。

単年度開示を原則としている計算書類または連結計算書類の場合，会計方針開示基準において定められる「表示する財務諸表のうち，最も古い期間の期首」は「当事業年度の期首」となる。したがって，株式併合または株式分割が行われた場合には，その影響を反映させた1株当たり純資産額および1株当たり当期純損益を開示する。そのうえで，当該金額は，当事業年度の期首に株式併合または株式分割を行ったと仮定して算定している旨を記載する。

第2節　注記表の記載事項　443

　なお，監査基準報告書560実務指針第1号「後発事象に関する監査上の取扱い」では，開示後発事象の例示として重要な株式併合または株式分割が挙げられており，注記する事項の1つに「1株当たり情報に及ぼす影響」が掲げられている。この場合，重要な後発事象の記載に際しては，株式併合または株式分割が行われた旨および目的等を記載したうえで，「1株当たり情報に及ぼす影響」については1株当たり情報に関する注記を参照するように記載すれば足りると考えられる。

　1株利益会計基準等においては，1株当たり純資産額および1株当たり当期純利益（または当期純損失）に加えて，次の事項も開示項目に含まれている。計算書類ではこれらを開示する必要はないが，特に公開会社において，あわせて注記している例も見られる。

①　潜在株式が希薄化効果を有する場合は，潜在株式調整後の1株当たり当期純利益（1株利益会計基準21項）

②　1株当たり純資産額に関する注記
- 算定の基礎（貸借対照表の純資産の部の合計額，算定に用いられた期末の普通株式の数など）（1株利益適用指針40項）

③　1株当たり当期純利益に関する注記
- 算定の基礎（当期純利益，算定に用いられた普通株式の期中平均株式数など）（1株利益適用指針38項）

「経団連ひな型」における記載例は，個別・連結ともに，以下のとおりである。

1株当たり情報に関する注記

［記載例］
　　1株当たり純資産額　　　　×××　円　××　銭
　　1株当たり当期純利益　　　×××　円　××　銭

［株式の分割をした場合の記載例］
　　当社は，○年○月○日付けで株式1株につき1．××株の株式分割を行っております。当該株式分割については，当事業年度の期首に株式分割が行われたと仮定して1株当たりの当期純利益を算定しております。

444　第4章　注記表

（記載例）　1株当たり情報（個別）　（三井倉庫ホールディングス㈱　2024年3月期）

1株当たり情報に関する注記	
1株当たり純資産額	2,241円90銭
1株当たり当期純利益	412円04銭

（記載例）　1株当たり情報（潜在株式調整後1株当たり当期純利益）（個別）

（リケンNPR㈱　2024年3月期）

（1株当たり情報に関する注記）	
1．1株当たり純資産額	2,597.12円
2．1株当たり当期純利益	176.49円
3．潜在株式調整後1株当たり当期純利益	176.06円

（記載例）　1株当たり情報（1株当たり当期純損失）（個別）

（三菱製鋼㈱　2024年3月期）

（1株当たり情報に関する注記）	
1．1株当たり純資産額	1,847円20銭
2．1株当たり当期純損失	△287円72銭

（記載例）　1株当たり情報（株式分割）（個別）　（ヤマハ発動機㈱　2023年12月期）

X　1株当たり情報に関する注記	
1．1株当たり純資産額	628円78銭
2．1株当たり当期純利益	134円66銭
（注）2024年1月1日付で普通株式1株につき3株の割合で株式分割を行いました。当事業年度の期首に当該株式分割が行われたと仮定して，1株当たり純資産額，1株当たり当期純利益を算定しています。	

（記載例）　1株当たり情報（算定上の基礎）（㈱ミスミグループ本社　2024年3月期）**（個別）**

（1株当たり情報に関する注記）	
1．1株当たり純資産額	339円06銭
2．1株当たり当期純利益	167円82銭

3．潜在株式調整後1株当たり当期純利益　　　　　　167円35銭

(注) 1．1株当たり純資産額の算定上の基礎は以下のとおりであります。

貸借対照表の純資産の部の合計額	97,646百万円
普通株式に係る純資産額	95,559百万円
差額の主な内訳 　新株予約権	2,087百万円
普通株式の発行済株式数	284,847千株
普通株式の自己株式数	3,008千株
1株当たり純資産額の算定に用いられた普通株式の数	281,839千株

2．1株当たり当期純利益および潜在株式調整後1株当たり当期純利益の算定上の基礎は以下のとおりであります。

損益計算書上の当期純利益	47,361百万円
普通株式に係る当期純利益	47,361百万円
普通株主に帰属しない金額	－
普通株式の期中平均株式数	282,212千株
当期純利益調整額	－
潜在株式調整後1株当たり当期純利益の算定に用いられた普通株式増加数の主要な内訳 　新株予約権 普通株式増加数	786千株 786千株
希薄化効果を有しないため，潜在株式調整後1株当たり当期純利益の算定に含まれなかった潜在株式の概要	－

(連結)

〔1株当たり情報に関する注記〕

1．1株当たり純資産額　　　　　　　　　　　1,222円38銭
2．1株当たり当期純利益　　　　　　　　　　　99円75銭
3．潜在株式調整後1株当たり当期純利益　　　　99円48銭

(注) 1．1株当たり純資産額の算定上の基礎は以下のとおりであります。

連結貸借対照表の純資産の部の合計額	347,679百万円
普通株式に係る純資産額	344,515百万円

446　第4章　注記表

差額の主な内訳	
新株予約権	2,087百万円
非支配株主持分	1,076百万円
普通株式の発行済株式数	284,847千株
普通株式の自己株式数	3,008千株
1株当たり純資産額の算定に用いられた普通株式の数	281,839千株

2．1株当たり当期純利益および潜在株式調整後1株当たり当期純利益の算定上の基礎は以下のとおりであります。

連結損益計算書上の親会社株主に帰属する当期純利益	28,152百万円
普通株式に係る親会社株主に帰属する当期純利益	28,152百万円
普通株主に帰属しない金額	―
普通株式の期中平均株式数	282,212千株
親会社株主に帰属する当期純利益調整額	―
潜在株式調整後1株当たり当期純利益の算定に用いられた普通株式増加数の主要な内訳	
新株予約権	786千株
普通株式増加数	786千株
希薄化効果を有しないため，潜在株式調整後1株当たり当期純利益の算定に含まれなかった潜在株式の概要	―

15　重要な後発事象に関する注記

　後発事象とは，決算日後に発生した会社の財政状態，経営成績およびキャッシュ・フローの状況に影響を及ぼす会計事象をいう（監査基準報告書560実務指針第1号「後発事象に関する監査上の取扱い」）。

　重要な後発事象に関する注記では，個別注記表において，当該株式会社の事業年度の末日後，当該株式会社の翌事業年度以降の財産または損益に重要な影響を及ぼす事象が発生した場合における当該事象を記載する（計算規則114Ⅰ）。また，連結注記表において，当該株式会社の事業年度の末日後，連結会社ならびに持分法が適用される非連結子会社および関連会社の翌事業年度以降の

財産または損益に重要な影響を及ぼす事象が発生した場合における当該事象を記載する。ただし，当該株式会社の事業年度の末日と異なる日をその事業年度の末日とする子会社および関連会社については，当該子会社および関連会社の事業年度の末日後に発生した場合における当該事象とする（計算規則114Ⅱ）。

「後発事象に関する監査上の取扱い」では，後発事象は図表4－46のように分類されている。このうち，計算書類および連結計算書類の注記対象となるのは，開示後発事象である。

＜図表4－46＞　後発事象の分類とその内容

後発事象の分類	内　　容
修正後発事象	決算日後に発生した事象ではあるが，その実質的な原因が決算日現在においてすでに存在しているため，財務諸表の修正を行う必要がある事象 （具体例） (1)　決算日後における訴訟事件の解決により，決算日において既に債務が存在した事実が明確になったため，偶発債務の開示を引当金の計上に変更する場合 (2)　決算日後に生じた販売先の倒産により，決算日において既に売掛債権に損失が存在していた事実が裏付けられたため，貸倒引当金を追加計上する場合
開示後発事象	決算日後において発生し，当該事業年度の財務諸表には影響を及ぼさないが，翌事業年度以降の財務諸表に影響を及ぼすため，財務諸表に注記を行う必要がある事象

　計算書類および連結計算書類に記載すべき後発事象の例として，「後発事象に関する監査上の取扱い」では，図表4－47に記載の事項が挙げられている。

　なお，ここに掲げたものであっても，財務諸表を修正すべき修正後発事象でないかどうかを慎重に検討する必要があり，※を付した項目で損失が発生するときは，修正後発事象となることも多いことに留意する必要がある（「後発事象に関する監査上の取扱い」5．(3)）。

448 第4章 注記表

<図表4－47> 開示後発事象の例示

分　類	項　目
(1)　会社が営む事業に関する事象	①　重要な事業の譲受 ②　重要な事業の譲渡(※) ③　重要な合併 ④　重要な会社分割 ⑤　現物出資等による重要な部門の分離(※) ⑥　重要な事業からの撤退(※) ⑦　重要な事業部門の操業停止(※) ⑧　重要な資産の譲渡(※) ⑨　重要な契約の締結または解除(※) ⑩　大量の希望退職者の募集 ⑪　主要な取引先の倒産(※) ⑫　主要な取引先に対する債権放棄(※) ⑬　重要な設備投資 ⑭　新規事業に係る重要な事象（出資，会社設立，部門設置等）
(2)　資本の増減等に関する事象	①　重要な新株の発行（新株予約権等の行使・発行を含む） ②　重要な資本金または準備金の減少 ③　重要な株式交換，株式移転 ④　重要な自己株式の取得 ⑤　重要な自己株式の処分（ストック・オプション等を含む） ⑥　重要な自己株式の消却 ⑦　重要な株式併合または株式分割
(3)　資金の調達または返済等に関する事象	①　多額な社債の発行 ②　多額な社債の買入償還または繰上償還（デット・アサンプションを含む） ③　借換えまたは借入条件の変更による多額な負担の増減 ④　多額な資金の借入
(4)　子会社等に関する事象	①　子会社等の援助のための多額な負担の発生(※) ②　重要な子会社等の株式の売却(※) ③　重要な子会社等の設立 ④　株式取得による会社等の重要な買収 ⑤　重要な子会社等の解散・倒産(※)
(5)　会社の意思にかかわりなく蒙ることと	①　火災，震災，出水等による重大な損害の発生 ②　外国における戦争の勃発等による重大な損害の発生 ③　不祥事等を起因とする信用失墜に伴う重大な損失の発生

なった損失に関する事象		
(6) その他	①	重要な経営改善策または計画の決定（デット・エクイティ・スワップを含む)（※）
	②	重要な係争事件の発生または解決（※）
	③	重要な資産の担保提供
	④	投資に係る重要な事象（取得，売却等)（※）
(7) 連結財務諸表固有の後発事象	①	重要な連結範囲の変更
	②	セグメント情報に関する重要な変更
	③	重要な未実現損益の実現

　開示対象となる後発事象は，決算日後に発生し，翌事業年度以降の財務諸表および翌連結会計年度以降の連結財務諸表に影響を及ぼす事象であるため，事象発生の時期の考え方に留意する。主な考え方は「後発事象に関する監査上の取扱い」によれば図表4－48のとおりと考えられる。

＜図表4－48＞　開示後発事象の発生時期の考え方

事　　象	事象発生の時期
会社の意思決定により進めることができる事象 （重要な新株の発行，重要な資本の減少，重要な自己株式の取得・処分など）	当該意思決定があったとき（取締役会等の決議があったときなど）
会社が他の会社等との合意等に基づいて進めることができる事象 （重要な事業の譲渡，重要な合併，多額な資金の借入れ，重要な資産の担保提供など）	当該合意成立または事実の公表のとき
会社の意思に関係のない事象 （火災・震災・出水等による重大な損害，重要な係争事件の発生または解決など）	当該事象の発生日または当該事象を知ったとき

　また，後発事象の発生時期と開示，および監査上の取扱いなどは図表4－49のとおりである。会社が計算書類および連結計算書類を作成した後，会計監査人の監査報告書日までの期間に後発事象が生じた場合には，当該事象を計算書類および連結計算書類に反映させる対応が可能である。これに対して，会計監

450　第4章　注記表

査人の監査報告書日後監査役会の監査報告書日までの期間において生じた場合は，計算書類および連結計算書類への反映は事実上困難であるため，監査役会の監査報告書においてその内容等を追加記載する。また，監査役会の監査報告書日後株主総会までの期間において生じた場合は，計算書類および連結計算書類への反映も監査役会の監査報告書による開示も事実上不可能であるため，株主総会における取締役からの報告が考えられる。

<図表4-49>　時系列による具体的取扱い*
（会計監査人設置会社かつ監査役会設置会社の場合）

	計算書類の会計監査人への提出／計算書類の作成期間	附属明細書の会計監査人への提出／会計監査人の監査期間	会計監査人の監査報告書日／監査役会の監査報告書日までの期間	監査役会の監査報告書日／株主総会までの期間
修正後発事象	計算書類を修正		監査役会の監査報告書にその内容を追加して記載	株主総会において取締役から報告する対応が考えられる。
開示後発事象	計算書類に注記		監査役会の監査報告書にその事実を追加して記載	株主総会において取締役から報告する対応が考えられる。

（決算日／計算書類の会計監査人への提出／附属明細書の会計監査人への提出／会計監査人の監査報告書日／監査役会の監査報告書日／定時株主総会）

*　連結計算書類の場合における時系列による具体的な取扱いも，上図表の計算書類の場合と基本的に同様である。なお，決算スケジュールの詳細については，第1章第5節参照。

第2節　注記表の記載事項　451

　なお，開示対象となる後発事象は，決算日後に発生した事象であるため，例えば，決算日前に意思決定が行われた事象であり，会計監査人の監査報告書日までに当該事象が生じていない場合には，後発事象として注記する必要はない。ただし，当該事象が重要な場合は，その他の注記（本節**18(3)(2)**参照）として記載する。

　具体例として，新株発行について，新株発行に関する取締役会決議は決算日前に行われ，当該決議に基づく新株の払込みが決算日後会計監査人の監査報告書日までに行われていないが，これが重要であると判断される場合は，当該決議の旨および内容等を計算書類および連結計算書類にその他の注記として記載するなどの対応が考えられる。

　開示対象となる後発事象については，後発事象の発生時点および監査報告書日における状況に基づき判断する。

　「経団連ひな型」における記載例は，個別・連結ともに，以下のとおりである。

　［記載例］
　　（新株発行の決議）
　　　当社は，〇年〇月〇日開催の当社取締役会において，〇年〇月〇日を払込期日として，普通株式〇〇株を一般募集の方法によって発行することを決議いたしました。
　　　払込金額，払込金額中の資本に組み入れる額，その他の新株式発行に必要な一切の事項は，〇年〇月中旬開催の取締役会において決定する予定であります。

（記載例）　重要な後発事象（自己株式の取得および消却）（個別）

(山九㈱　2024年3月期)

（重要な後発事象）
自己株式の取得および消却
　当社は，2024年5月13日開催の取締役会において，会社法第165条第3項の規定により読み替えて適用される同法第156条の規定に基づき自己株式を取得すること，および会社法第178条の規定に基づき自己株式の消却を行うことについて決議いたしました。

1．自己株式の取得および消却を行う理由

452　第4章　注記表

　　当社は中期経営計画2026の資本政策を「資本効率性を重視しながら，持続的成長と企業価値の最大化を実現」としており，指標のひとつとして，総還元性向70％水準（2023年〜2026年の4年間）を掲げております。

　　上記方針を踏まえ，この度，足元の当社の財務状況及び株価の水準，市場環境を踏まえた今後の事業成長等を勘案し，株主への利益還元の拡充及び企業価値の向上を目的として，自己株式の取得及び消却を実施することを決定いたしました。

　　なお，当社は「自己株式の総数の上限は，発行済株式総数の5％程度を目安とし，それを超える株式は原則として消却すること」を自己株式の保有方針としております。

2．自己株式の取得に係る事項の内容
　(1)　取得する株式の種類　　当社普通株式
　(2)　取得する株式の総数　　375万株（上限）
　　　（決議日時点の発行済株式総数（自己株式を除く）に対する割合6.76％）
　(3)　株式の取得価額の総額　150億円（上限）
　(4)　取得期間　　　　　　　2024年5月14日から2025年2月28日
　(5)　取得方法　　　　　　　東京証券取引所における市場買付

3．自己株式の消却の内容
　(1)　消却する株式の種類　　当社普通株式
　(2)　消却する株式の総数　　2024年5月13日開催の取締役会決議に基づく自己株式の取得の終了時点における当社の発行済株式総数の5％に相当する数を超える自己株式の全株式数
　(3)　消却予定日　　　　　　2025年3月17日

（記載例）　**重要な後発事象（子会社の吸収合併）（個別）**

（エレコム㈱　2024年3月期）

11．重要な後発事象

（連結子会社の吸収合併）

　当社は，2024年4月22日開催の取締役会において，当社を吸収合併存続会社，当社の完全子会社である株式会社フォースメディアを吸収合併消滅会社とする吸収合併をすることを決議し，同日付で合併契約を締結し，同年7月1日付で吸収合併（以下「本合併」といいます。）いたします。

第2節　注記表の記載事項　453

　なお，本合併は，当社においては会社法第796条第2項に規定する簡易吸収合併であり，株式会社フォースメディアにおいては会社法第784条第1項に規定する略式合併であるため，いずれも合併契約に関する株主総会を開催しない予定です。

1．企業結合の概要
　(1)　被取得企業の名称及びその事業の内容
　　　　被取得企業の名称　　　株式会社フォースメディア
　　　　事業の内容　　　　　　海外グローバルブランド・エレクトロニクス製品
　　　　　　　　　　　　　　　の輸入・販売
　(2)　企業結合日
　　　　2024年7月1日（予定）
　(3)　企業結合の法的形式
　　　　当社を存続会社，株式会社フォースメディアを消滅会社とする吸収合併
　(4)　その他取引の概要に関する事項

　　　①　合併の目的
　　　　　2021年6月，当社グループにおいて，BtoBチャネルにおけるネットワークストレージ及び監視カメラの品揃えの拡充や当該事業のソリューションの強化を目的として，株式会社フォースメディアを子会社化いたしました。
　　　　　以降，グループの持つ全国に張り巡らされた強固な販売網と，強みとしてきた総合力・専門性とスケールメリットを生かした調達・物流面の改善により，中長期的な企業価値向上を目指してまいりました。
　　　　　そして，今般，情報システム，サプライチェーンのさらなる統合，コスト削減に取り組むことで，市場優位性を高めるとともにグループ全体の利益拡大を図る観点から，このたびの決定に至りました。

　　　②　合併に係る割当内容
　　　　　本合併は当社の完全子会社との合併であるため，本合併による株式その他の金銭等の割当てはありません。

2．会計処理の概要
　「企業結合に関する会計基準」（企業会計基準第21号　2019年1月16日）及び「企業結合会計基準及び事業分離等会計基準に関する適用指針」（企業会計基準適用指針第10号　2019年1月16日）に基づき，共通支配下の取引として会計処

454　第4章　注記表

理を実施する予定であります。

（記載例）　重要な後発事象（株式取得による子会社化）（連結）

（㈱アルプス技研　2023年12月期）

10. 重要な後発事象に関する注記

（取得による企業結合）

　当社は2023年9月7日開催の取締役会において，㈱たんぽぽ四季の森の全株式を取得し，子会社化することを決議し，同日付で株式譲渡契約を締結いたしました。当該株式の取得は，2024年1月4日に完了しております。

(1)　企業結合の概要

　①　被取得企業の名称及びその事業内容

　　　被取得企業の名称　　　㈱たんぽぽ四季の森

　　　事業の内容　　　　　　サービス付き高齢者住宅事業，居宅介護支援事業，訪問介護事業

　②　企業結合を行った主な理由

　　　当社は，1968年の創業以来，経営理念「Heart to Heart」のもと，技術力と人間力を兼ね備えた技術者を育成し，高度な技術サービスを提供することで，日本のものづくりの発展を支えてまいりました。その後，2021年に，㈱アルプスケアハートを設立し，介護人材の不足という社会的課題を抱える介護分野の事業拡大を進めております。今回，新たに当社グループとなる㈱たんぽぽ四季の森は，㈱坂本企画より吸収分割を経て2023年11月1日に設立されました。事業内容はサービス付き高齢者住宅事業を中心に，居宅介護支援事業，訪問介護事業を営んでおります。

　　　今後は，㈱アルプスケアハートとのシナジーを強化しノウハウを結集することで，多様な高齢者向けサービスの提供を実現し，当社グループの企業価値を高めてまいります。

　③　企業結合日

　　　2024年1月4日

　④　企業結合の法的形式

　　　現金を対価とする株式取得

　⑤　結合後企業の名称

　　　名称に変更はありません。

　⑥　取得する議決権比率

　　　100％

第2節 注記表の記載事項 455

⑦ 取得企業を決定するに至った主な根拠
　　当社が現金を対価として株式を取得したためであります。
(2) 被取得企業の取得原価及び対価の種類ごとの内訳
　　取得の対価　　　　　　　現金　　　　　246,962　千円
　　取得原価　　　　　　　　　　　　　　　246,962　千円
(3) 主要な取得関連費用の内容及び金額
　　アドバイザリー費用等　　　　　　　　　 27,407　千円
(4) 発生したのれんの金額，発生原因，償却の方法及び償却期間
　　現時点では確定しておりません。
(5) 企業結合日に受け入れる資産及び引き受ける負債の額並びにその主な内訳
　　現時点では確定しておりません。

（記載例）　**重要な後発事象（子会社との会社分割）（連結）**

（加藤産業㈱　2023年9月期）

〔重要な後発事象注記〕

（子会社との会社分割）

　当社は，2022年10月3日開催の取締役会において，2023年10月1日を効力発生日として，当社の事業の一部を当社の完全子会社である兵庫興農株式会社（以下，兵庫興農）に吸収分割により継承させること（以下，本吸収分割）を決議し，2022年10月3日に吸収分割契約を締結いたしました。これにより，2023年10月1日に本会社分割を実施いたしました。

　なお，同日をもって，兵庫興農の社名を株式会社グリーンウッドファクトリーへ変更しております。

1．本吸収分割の目的

　当社グループは，独立した存在感のある卸売業としての企業規模を確立するために，創立初期より自社ブランド商品の製造・販売に注力し，特にジャム類のカテゴリーについては業界内でも有数な地位を築いてまいりました。また，2012年にはジャム類等の製造業である兵庫興農の株式を取得することにより製造事業の拡大に向けた基盤の確立と機能の充実を図ってまいりました。

　そのような中で，当社及び兵庫興農でジャム類等の製造事業を担っている現在の体制から，当社の同事業にかかる資本を分割して，グループ内で卸売事業と製造事業に特化する体制へ変更することにより，当社グループの今後の更なる機能の充実と事業の成長に寄与すると判断いたしました。

　当社グループは，自社ブランド商品の製造・販売を重要な戦略事業として位

置づけており，本件を通してより一層の事業展開の強化を図り，企業価値の向上に取り組んでまいります。

2．本吸収分割の要旨
  (1) 本吸収合併の日程

取締役会決議	2022年10月3日
吸収分割契約締結日	2022年10月3日
吸収分割効力発生日	2023年10月1日

  ※本吸収分割は，会社法第784条第2項に規定する簡易吸収分割であるため，株主総会の承認を得ることなく行っています。

  (2) 本吸収分割の方式
    当社を分割会社とし，兵庫興農を承継会社とする会社分割（吸収分割）です。

  (3) 本吸収分割に係る割当ての内容
    本吸収分割に際し，株式その他の金銭等の割当てはありません。

  (4) 本吸収分割に伴う新株予約権及び新株予約権付社債に関する取扱い
    該当事項はありません。

  (5) 本吸収分割により増減する資本金
    本吸収分割に伴う当社の資本金の増減はありません。

  (6) 承継会社が承継する権利義務
    本吸収分割に関する資産，負債及び権利義務を吸収分割契約書に定める範囲において兵庫興農に承継します。

  (7) 債務履行の見込み
    本吸収分割の効力発生日以降に，承継会社である兵庫興農が負担すべき債務について，履行の見込みに問題はないものと判断しております。

3．分割する事業の内容
  上郡工場のジャム類等の製造事業

4．本吸収分割後の状況
  本吸収分割後の当社の名称，所在地，代表者の役職・氏名，事業内容，資本金及び決算期に変更はありません。

5．今後の見通し
  本吸収分割は，当社と当社の完全子会社との間で行う吸収分割であるため，

第2節　注記表の記載事項　457

当社連結業績に与える影響は軽微であります。

6．実施する会計処理の概要

「企業結合に関する会計基準」（企業会計基準第21号　2019年1月16日）及び「企業結合会計基準及び事業分離等会計基準に関する適用指針」（会計基準適用指針第10号　2019年1月16日）に基づき，共通支配下の取引として処理しております。

記載例　**重要な後発事象（多額な資金の借入）（個別）**（㈱じげん　2024年3月期）

（重要な後発事象に関する注記）

2．多額な資金の借入

当社は，2024年5月9日開催の取締役会決議に基づき，以下の内容の金銭消費貸借契約を締結いたしました。

(1) 資金の使途	自己株式の取得
(2) 借入先の名称	株式会社三菱UFJ銀行
(3) 借入金額	1,300百万円
(4) 借入実行日	2024年5月15日
(5) 借入金利	固定金利
(6) 借入期間	3年間
(7) 担保の有無	なし

16　連結配当規制適用会社に関する注記（個別注記表のみ）

会社計算規則において，連結配当規制適用会社については，当該事業年度の末日が最終事業年度の末日となる時後，連結配当規制適用会社となる旨の注記が定められている（計算規則115）。「連結配当規制適用会社」とは，連結計算書類作成会社において，ある事業年度の計算書類の確定後から，次の事業年度の計算書類が確定するまでの間，当該会社の分配可能額を算定する際，連結ベースでの分配可能額相当額が単体ベースの分配可能額よりも小さい場合には，その差額を単体ベースの分配可能額から控除する（計算規則158④）取扱いを決定した会社である（計算規則2Ⅲ�55）。これは，開示をはじめさまざまな考え方が

458　第4章　注記表

連結ベースに移行しているなかで，配当規制についても連結ベースで考え，子会社における損失計上などで連結計算書類には取り込まれるが計算書類には反映されない項目を，単体の分配可能利益の算定時に考慮するよう図る規制である。

　連結配当規制は，連結計算書類を作成している会社が，その計算書類に連結配当規制適用会社になる旨の注記を記載し，取締役会または株主総会の承認を受けて計算書類が確定した時点から当該規制適用会社となる。連結配当規制は任意規定であり，各事業年度ごとにその適用の可否を選択できる。そのため，連結配当規制に関する注記は，当該規制を適用する事業年度のみ計算書類に注記する。なお，当該注記は，連結注記表において求められていない。

　「経団連ひな型」における記載例（個別）は，以下のとおりである。

連結配当規制適用会社

　［記載例］
　　当社は，当事業年度の末日が最終事業年度の末日となる時後，連結配当規制適用会社となります。

（記載例）　連結配当規制を適用（個別）　（王子ホールディングス㈱　2024年3月期）

連結配当規制適用会社に関する注記
　当社は，当事業年度の末日が最終事業年度の末日となる時後，連結配当規制適用会社となります。

17　収益認識に関する注記

　収益認識に関する注記における開示目的は，顧客との契約から生じる収益およびキャッシュ・フローの性質，金額，時期および不確実性を財務諸表利用者が理解できるようにするための十分な情報を企業が開示することである（収益認識会計基準80-4項）と定められている。

　この開示目的に対応するため，図表4-50に示した項目の開示が求められている。

第2節　注記表の記載事項　459

＜図表4－50＞　収益認識に関する注記事項

（収益認識会計基準80-5項，80-10項から80-24項，収益認識適用指針106-9項，106-10項）

注記項目	記載項目
(1)　収益の分解情報	● 当期に認識した顧客との契約から生じる収益を，収益およびキャッシュ・フローの性質，金額，時期および不確実性に影響を及ぼす主要な要因に基づく区分に分解して注記
(2)　収益を理解するための基礎となる情報	● 契約および履行義務に関する情報 ● 取引価格の算定に関する情報 ● 履行義務への配分額の算定に関する情報 ● 履行義務の充足時点に関する情報 ● 収益認識基準の適用における重要な判断
(3)　当期および翌期以降の収益の金額を理解するための情報	● 契約資産および契約負債の残高等 ● 残存履行義務に配分した取引価格
(4)　工事契約等から損失が見込まれる場合の注記	● 当期の工事損失引当金繰入額 ● 同一の工事契約に関する棚卸資産と工事損失引当金がともに計上されることとなる場合には，次の①または②のいずれかの額（該当する工事契約が複数存在する場合には，その合計額） ①棚卸資産と工事損失引当金を相殺せずに両建てで表示した場合 　その旨および当該棚卸資産の額のうち工事損失引当金に対応する額 ②棚卸資産と工事損失引当金を相殺して表示した場合 　その旨および相殺表示した棚卸資産の額

　上表の(1)から(3)の項目のうち，開示目的に照らして重要性に乏しいと認められる注記事項については，記載しないことができる（収益認識会計基準80-5項，

460　第4章　注記表

80-6項)。なお，重要性が乏しいと認められるかどうかの判断は，定量的な要因と定性的な要因の両方を考慮する必要がある。重要性が乏しいとして注記を省略する際には，その省略によって開示目的の達成に必要な情報の理解も困難になっていないかどうかを検討する。

　会社計算規則においても，会社が顧客との契約に基づく義務の履行の状況に応じて当該契約から生ずる収益を認識する場合，収益の分解情報，収益を理解するための基礎となる情報，当期および翌期以降の収益の金額を理解するための情報の3項目を注記することが求められている（計算規則115の2Ⅰ）。ただし，これらの事項が収益認識に関する重要な会計方針として注記すべき事項（計算規則101Ⅰ④）と同一であるときは，注記を要しない（計算規則115の2Ⅱ）（第2節2(4)参照）。このように，収益認識に関する注記の内容が重要な会計方針として記載される場合があるため，後述の記載例では，重要な会計方針（収益および費用の計上基準）と収益認識に関する注記とをあわせて示している。

　なお，会社計算規則では上記3項目を注記するとされているのみで，収益認識会計基準や財務諸表等規則等のようにそれぞれの項目について注記すべき事項が詳細には定められていない。この点について，「収益認識会計基準において具体的に規定された事項であったとしても，各株式会社の実情を踏まえ，計算書類においては当該事項の注記を要しないと合理的に判断される場合には，計算書類において当該事項について注記しないことも許容される」とする考え方が法務省より示されている（「「会社計算規則の一部を改正する省令案」に関する意見募集の結果について」(2020年8月12日)）。そのため，収益認識会計基準や財務諸表等規則等の定めを参考にしながら，各株式会社の実情を踏まえ，開示目的に照らして注記内容を決定すると考えられる。

　なお，有価証券報告書の提出義務がある大会社以外の株式会社は，図表4－50の(1)および(3)の注記を省略することができる（計算規則115の2Ⅰ）。

　また，連結計算書類を作成する会社については，以下の定めがある。

- 個別注記表において，図表4－50の(1)および(3)の注記を要しない（計算規則115の2Ⅲ）。
- 図表4－50の(2)の事項が連結注記表に注記すべき事項と同一である場合に

おいて，個別注記表にその旨を注記するときは，個別注記表における注記を要しない（計算規則115の2Ⅳ）。

「経団連ひな型」における記載例は，個別・連結ともに，以下のとおりである。

4．収益認識に関する注記

［記載例（連結計算書類の作成義務のある会社で，当事業年度及び翌事業年度以降の収益の金額を理解するための情報の注記を要しないと合理的に判断される場合）］

(1) 収益の分解

　当社は，○○事業，○○事業及びその他の事業を営んでおり，各事業の主な財又はサービスの種類は，△商品，△製品及び△保守サービスであります。

　また，各事業の売上高は，×××百万円，×××百万円及び×××百万円であります。

(2) 収益を理解するための基礎となる情報

　「重要な会計方針に係る事項に関する注記」の「収益及び費用の計上基準」に記載のとおりであります。

［当事業年度及び翌事業年度以降の収益の金額を理解するための情報を記載する例］

　当事業年度末における残存履行義務に配分された取引価格の総額は，○○○百万円であり，当社は，当該残存履行義務について，履行義務の充足につれて○年から○年の間で収益を認識することを見込んでいます。

（記載例）　収益認識に関する注記①（連結）

（マックスバリュ東海㈱　2024年2月期）

1．連結計算書類の作成のための基本となる重要な事項に関する注記等

　4．会計方針に関する事項

　　(5) 重要な収益及び費用の計上基準

　　　　当社グループは主に店舗において食品や日用品などの商品の販売を行っており，顧客に対して商品を引き渡す履行義務を負っております。これらの商品の販売は，顧客に商品を引渡した時点で顧客が商品に対する支配を獲得し，履行義務が充足されることから，当該商品の引渡し時点で収益を

認識しております。

　なお，商品の販売のうち，消化仕入など当社の役割が代理人に該当すると判断したものについては，顧客から受け取る対価の総額から仕入先に対する支払額を差し引いた純額で収益を認識しております。

　取引の対価は，主に商品の引渡し時に遅滞なく受領しており，重要な金融要素はありません。また，対価の金額が変動しうる重要な変動対価はありません。

9．収益認識に関する注記
　1．顧客との契約から生じる収益を分解した情報
　　(1)　部門別に分解した情報

　　　　部門別の収益は，国内店舗売上高が全体の90％以上を占めることから，国内店舗売上高のみ部門別に分解しております。

（単位：百万円）

部　　　　門	売上高
農　　産	38,340
水　　産	21,538
畜　　産	28,384
デ リ カ	43,301
デイリー	94,382
グロサリー	107,570
食 品 計	333,518
ノンフーズ	17,186
そ の 他	625
国内店舗売上計	351,329
海外（中国）	3,752
その他事業（注）1	3,906
売 上 高 計	358,988
営業収入（注）2	2,711
顧客との契約から生じる収益	361,700
その他の収益（注）3	5,041

外部顧客からの営業収益	366,742

(2) 地域別に分解した情報

地域別の収益は，スーパーマーケット事業に関する直営売上高が全体の90％以上を占めることから，直営売上高のみ店舗の所在地域別に分解しております。

（単位：百万円）

	地　　　域	売　上　高
	静　岡　県	134,497
	愛　知　県	98,057
	三　重　県	71,774
	神 奈 川 県	22,259
	岐　阜　県	12,894
	滋　賀　県	9,535
	山　梨　県	2,310
	海外（中国）	3,752
スーパーマーケット事業計		355,082
その他事業（注）1		3,906
売 上 高 計		358,988
営業収入（注）2		2,711
顧客との契約から生じる収益		361,700
その他の収益（注）3		5,041
外部顧客からの営業収益		366,742

(注) 1．その他事業は，ミスタードーナツ，不二家の FC ショップや，惣菜等の卸などによる売上高であります。

2．営業収入は，販売受入手数料等であります。

3．その他の収益は，企業会計基準第13号「リース取引に関する会計基準」に基づく，賃貸収入等であります。

2．顧客との契約から生じる収益を理解するための基礎となる情報

464 第4章 注記表

　　顧客との契約から生じる収益を理解するための基礎となる情報は，「連結
注記表　１．連結計算書類の作成のための基本となる重要な事項に関する注
記等　４．会計方針に関する事項　(5)　重要な収益及び費用の計上基準」に
おいて同一の内容を記載しているため，記載を省略しております。

３．顧客との契約に基づく履行義務の充足と当該契約から生じるキャッシュ・
　フローとの関係並びに当連結会計年度末において存在する顧客との契約から
　翌連結会計年度以降に認識すると見込まれる収益の金額及び時期に関する情
　報
　(1)　契約資産及び契約負債の残高等

（単位：百万円）

顧客との契約から生じた債権（期首残高）	413
顧客との契約から生じた債権（期末残高）	280

　　契約負債については，連結貸借対照表計上額の重要性が乏しいため，記
　載を省略しております。
　(2)　残存履行義務に配分した取引価格
　　　当社グループでは，残存履行義務に配分した取引価格については，当初
　に予想される契約期間が１年を超える重要な契約がないため，実務上の便
　法を適用し，記載を省略しております。また，顧客との契約から生じる対
　価の中に，取引価格に含まれていない重要な金額はありません。

（記載例）　**収益認識に関する注記②（連結）**　　（ウシオ電機㈱　2024年３月期）

１．連結計算書類作成のための基本となる重要な事項に関する注記等
　(5)　会計方針に関する事項
　　④　収益および費用の計上基準
　　　(ア)　製品の販売
　　　　　当社グループは主に Industrial Process 事業，Visual Imaging 事業，Life
　　　Science 事業および Photonics Solution 事業における製品の製造および販
　　　売を行っています。
　　　　　各事業における各種ランプ等の販売については，顧客に製品それぞれ
　　　を引渡した時に支配が移転すると判断しているため，引渡し時点で収益
　　　を認識しております。なお，「収益認識に関する会計基準の適用指針」第
　　　98項に定める代替的な取扱いを適用し，商品または製品の国内の販売に
　　　おいて，出荷時から当該商品または製品の支配が顧客に移転される時ま

での期間が通常の期間である場合には，出荷時に収益を認識しております。

Industrial Process 事業における各種光学装置の販売については，顧客との契約に基づき据付作業を伴う製品については，据付作業無しでは顧客が便益を享受することが困難なことから，製品と据付作業を一体の履行義務として識別しております。このような場合においては，顧客が製品の検収等による合意された性能確認を完了した時に資産の支配が顧客に移転するため，当該時点で収益を認識しております。また，一部の据付作業を伴わない製品については，顧客に製品それぞれを引渡した時に支配が移転すると判断しているため，引渡し時点で収益を認識しております。

Visual Imaging 事業における各種映像装置の販売については，顧客に製品それぞれを引渡した時に支配が移転すると判断しているため，引渡し時点で収益を認識しております。

(イ) 保守メンテナンスサービスの提供

Industrial Process 事業における各種光学装置においては，販売した製品に対して別途の契約に基づく保守メンテナンスサービスを提供しております。保守メンテナンスサービスは，主に保守品の交換を含めた製品の安定稼働を保証するものであります。履行義務の識別について，時の経過にわたり履行義務が充足される契約に関しては契約期間に応じて収益を認識しており，主に保守品の提供が完了した時に履行義務が充足される契約に関しては当該時点で収益を認識しております。なお，光学装置（その他）の一部の製品においては，製品の稼働率に応じた変動対価が含まれており，その発生の不確実性がその後に解消される際に，認識した収益の累計額の重大な戻入れが生じない可能性が非常に高い範囲でのみ取引価格に含めております。

Visual Imaging 事業における各種映像装置においては，販売した製品に対して別途の契約に基づく保守メンテナンスサービスを提供しております。保守メンテナンスサービスは，主に保守品の交換を含めた製品の安定稼働を保証するものであります。履行義務の識別について，時の経過にわたり履行義務が充足される契約のため，契約期間に応じて収益を認識しております。

466 第4章 注記表

8．収益認識に関する注記

(1) 顧客との契約から生じる収益を分解した情報

（単位：百万円）

	報告セグメント					その他（注）1	合計
	Industrial Process 事業	Visual Imaging 事業	Life Science 事業	Photonics Solution 事業	計		
露光用ランプ	14,066	—	—	—	14,066	—	14,066
OA用ランプ	5,537	—	—	—	5,537	—	5,537
光学機器用ランプ	10,284	—	—	—	10,284	—	10,284
光学装置（露光装置）	32,910	—	—	—	32,910	—	32,910
光学装置（その他）	19,324	—	—	—	19,324	—	19,324
プロジェクター用ランプ	—	12,661	—	—	12,661	—	12,661
照明用ランプ	—	3,698	—	—	3,698	—	3,698
映像装置（シネマ）	—	31,316	—	—	31,316	—	31,316
映像装置（一般映像）	—	27,292	—	—	27,292	—	27,292
ライフサイエンス用製品	—	—	5,193	—	5,193	—	5,193
固体光源	—	—	—	10,243	10,243	—	10,243
その他	—	—	—	—	—	990	990
顧客との契約から生じる収益	82,124	74,969	5,193	10,243	172,530	990	173,520
その他の収益	—	5,565	19	—	5,584	315	5,900
外部顧客への売上高	82,124	80,534	5,212	10,243	178,115	1,305	179,420

(注) 1．「その他」の区分は，報告セグメントに含まれない事業セグメントおよびその他収益を獲得する事業活動であります。

2．当連結会計年度より，2030年の「ありたい姿」である「『光』のソリューションカンパニー」としてソリューション提供を加速するため，従来の「製品軸」から「市場軸」への転換を目的とした組織変更に伴い，報告

セグメントを従来の「光源事業」,「光学装置事業」および「映像装置事業」の3区分から「Industrial Process 事業」,「Visual Imaging 事業」,「Life Science 事業」および「Photonics Solution 事業」の4区分に変更しております。

(2) 顧客との契約から生じる収益を理解するための基礎となる情報

① 製品の販売

当社グループは主に Industrial Process 事業, Visual Imaging 事業, Life Science 事業および Photonics Solution 事業における製品の製造および販売を行っています。

各事業における各種ランプ等の販売については, 顧客に製品それぞれを引渡した時に支配が移転すると判断しているため, 引渡し時点で収益を認識しております。なお,「収益認識に関する会計基準の適用指針」第98項に定める代替的な取扱いを適用し, 商品または製品の国内の販売において, 出荷時から当該商品または製品の支配が顧客に移転される時までの期間が通常の期間である場合には, 出荷時に収益を認識しております。また, 取引の対価は, 製品の引渡し後, 概ね4ヵ月以内に受領しております。

Industrial Process 事業における各種光学装置の販売については, 顧客との契約に基づき据付作業を伴う製品については, 据付作業無しでは顧客が便益を享受することが困難なことから, 製品と据付作業を一体の履行義務として識別しております。このような場合においては, 顧客が製品の検収等による合意された性能確認を完了した時に資産の支配が顧客に移転するため, 当該時点で収益を認識しております。また, 一部の据付作業を伴わない製品については, 顧客に製品それぞれを引渡した時に支配が移転すると判断しているため, 引渡し時点で収益を認識しております。また, 取引の対価は, 主に契約上の入金条件に従い, 段階的に受領しております。

Visual Imaging 事業における各種映像装置の販売については, 顧客に製品それぞれを引渡した時に支配が移転すると判断しているため, 引渡し時点で収益を認識しております。一部の支払が長期にわたる債権については重要な金融要素の調整を行っておりますが, 重要性はありません。また, 取引の対価は, 製品の引渡し後, 概ね2ヵ月以内に受領しております。一部の顧客に関しては, 契約上の入金条件に従い, 段階的に受領しております。

② 保守メンテナンスサービスの提供

Industrial Process 事業における各種光学装置においては, 販売した製品に対して別途の契約に基づく保守メンテナンスサービスを提供しております。保守メンテナンスサービスは, 主に保守品の交換を含めた製品の安定

稼働を保証するものであります。履行義務の識別について，時の経過にわたり履行義務が充足される契約に関しては契約期間に応じて収益を認識しており，主に保守品の提供が完了した時に履行義務が充足される契約に関しては当該時点で収益を認識しております。なお，光学装置（その他）の一部の製品においては，製品の稼働率に応じた変動対価が含まれており，その発生の不確実性がその後に解消される際に，認識した収益の累計額の重大な戻入れが生じない可能性が非常に高い範囲でのみ取引価格に含めております。また，取引の対価は，契約条件に従い，概ね履行義務の進捗に応じて段階的に受領しております。

Visual Imaging事業における各種映像装置においては，販売した製品に対して別途の契約に基づく保守メンテナンスサービスを提供しております。保守メンテナンスサービスは，主に保守品の交換を含めた製品の安定稼働を保証するものであります。履行義務の識別について，時の経過にわたり履行義務が充足される契約のため，契約期間に応じて収益を認識しております。また，取引の対価は，主に契約上の入金条件に従い，段階的に受領しております。

(3) 当連結会計年度および翌連結会計年度以降の収益の金額を理解するための情報

① 契約資産および契約負債の残高等

(単位：百万円)

	当連結会計年度
顧客との契約から生じた債権（期首残高）	37,403
顧客との契約から生じた債権（期末残高）	38,192
契約資産（期首残高）	－
契約資産（期末残高）	－
契約負債（期首残高）	11,731
契約負債（期末残高）	11,294

契約負債は，光学装置においては，顧客が製品の検収等による合意された性能確認を完了した時に収益を認識する据付作業を伴う製品について，契約上の入金条件に従って顧客から受け取った前受金に関するものであります。映像装置においては，保守メンテナンスサービス契約について，主に契約上の入金条件に従って顧客から受け取った前受金に関するものであります。契約負債は，収益の認識に伴い取り崩されます。

第2節　注記表の記載事項　469

　当連結会計年度に認識された収益の額のうち期首現在の契約負債残高に含まれていた額は，7,921百万円であります。

　契約負債の増減は，収益の認識に伴う取り崩しによる減少と顧客からの受取りによる増加であり，残高の重要な変動を生じる諸条件の変更はありません。

　過去の期間に充足（または部分的に充足）した履行義務から，当連結会計年度に認識した収益（主に，取引価格の変動）はありません。

② 残存履行義務に配分した取引価格

　当社グループでは，残存履行義務に配分した取引価格の注記にあたって実務上の便法を適用し，当初に予想される契約期間が1年以内の契約について注記の対象に含めておりません。

（Industrial Process 事業）

　露光用ランプ，OA用ランプおよび光学機器用ランプについては，当初に予定される顧客との契約期間が1年以内であるため，残存履行義務に配分した取引価格の総額および収益の認識が見込まれる期間の記載を省略しております。

　光学装置については，当連結会計年度末において未充足（または部分的に未充足）の履行義務は，34,367百万円であります。当該履行義務は，光学装置における据付作業を伴う製品の製造および販売に関するものであり，期末日後1年以内に約50％，同2年以内に約34％，残り約16％がその後3年以内に収益として認識されると見込んでおります。

（Visual Imaging 事業）

　プロジェクター用ランプおよび照明用ランプについては，当初に予定される顧客との契約期間が1年以内であるため，残存履行義務に配分した取引価格の総額および収益の認識が見込まれる期間の記載を省略しております。

　映像装置における当該履行義務は，各種プロジェクターの製造および販売に関するものであり，残存履行義務に配分した取引価格の総額および収益の認識が見込まれる期間は，以下のとおりであります。

（単位：百万円）

	当連結会計年度
1年以内	1,089
1年超2年以内	619
2年超3年以内	649

3年超4年以内	636
4年超5年以内	527
5年超	1,205
合計	4,727

（Life Science事業およびPhotonics Solution事業）

　当該履行義務は，当初に予定される顧客との契約期間が1年以内である
ため，残存履行義務に配分した取引価格の総額および収益の認識が見込ま
れる期間の記載を省略しております。

（記載例）　**収益認識に関する注記③**　　　　（㈱IMAGICA GROUP　2024年3月期）

（個別）

Ⅰ　重要な会計方針に係る事項に関する注記
　4．収益及び費用の計上基準
　　(1)　顧客との契約から生じる収益
　　　　当社の顧客との契約から生じる収益は，子会社からの経営管理料であり
　　　ます。経営管理料においては，子会社の事業活動の管理・統括を行うこと
　　　が履行義務であり，時の経過につれて当社の履行義務が充足されるため，
　　　一定の期間にわたって収益及び費用を認識しております。

Ⅶ　収益認識に関する注記
　顧客との契約から生じる収益を理解するための基礎となる情報
　　収益を理解するための基礎となる情報は，「個別注記表　Ⅰ重要な会計方針
　に係る事項に関する注記　4．収益及び費用の計上基準」に記載のとおりであ
　ります。

（連結）

Ⅰ　連結計算書類作成のための基本となる重要な事項に関する注記
　4．会計方針に関する事項
　　(5)　重要な収益及び費用の計上基準
　　　　当社及び連結子会社の顧客との契約から生じる収益に関する主要な事業
　　　における主な履行義務の内容及び当該履行義務を充足する通常の時点（収
　　　益を認識する通常の時点）は以下のとおりであります。なお，いずれの事
　　　業におきましても履行義務を充足してから対価を受領するまでの期間が通

常は1年以内であるため，当該顧客との契約に基づく債権について，重要な金融要素の調整は行っておりません。

① 映像コンテンツ事業

劇場映画・ドラマ番組・アニメーション作品・Web関連映像の企画制作，テレビCMやインターネット等の広告制作，出版事業，ミュージックビデオを主とした音楽映像制作，ライブエンタテインメントなど，映像を軸にした空間の総合プロデュース等を行っており，顧客による検収時点及び公開・放映・配信時点が履行義務を充足する時点となると判断し，同時点で収益を計上しております。

但し，インターネット広告等に係る収益については，掲載期間にわたり履行義務が充足されると判断しており，掲載期間にわたり収益を認識しております。

② 映像制作技術サービス事業

撮影，中継，番組・CM・PR等の映像・音声編集，デジタル合成，VFX・CG制作，デジタルシネマ，ローカライズ，ディストリビューションなど，撮影・中継から編集，流通までワンストップでグローバルに対応する映像技術サービスと，ゲームソフトの開発，ビジュアル制作（CG），翻訳/音声収録や品質管理，人材サービス等を提供しており，顧客による検収時点及び公開・放映・配信時点が履行義務を充足する時点となると判断し，同時点で収益を計上しております。

但し，人材派遣及びデジタルコンテンツの保守サービス等に係る収益については，契約期間にわたりサービスに対する支配が顧客に移転することから，一定の期間にわたり履行義務が充足されると判断しており，当該サービス期間に応じて収益を認識しております。

③ 映像システム事業

映像・画像に関わる最先端のハードウェア及びソフトウエアの開発・製造・輸入・販売・保守サービス，映像・画像処理LSIの開発・販売，スポーツライブ中継・配信等を提供しており，顧客による検収等により商品または製品の支配が顧客に移転した時点で収益を認識しております。

但し，保守サービス等に係る収益については，契約期間にわたりサービスに対する支配が顧客に移転することから，一定の期間にわたり履行義務が充足されると判断しており，当該サービス期間に応じて収益を認識しております。

472 第4章 注記表

Ⅷ 収益認識に関する注記
　1．顧客との契約から生じる収益を分解した情報
　　(1)　地域別の内訳

（単位：千円）

| | 報告セグメント | | | | その他
（注1） | 合計 |
	映像コン テンツ	映像制作 技術 サービス	映像 システム	計		
日本	24,531,075	23,471,145	13,214,118	61,216,338	4,200	61,220,539
北米	3,078,602	23,100,471	1,467,708	27,646,781	−	27,646,781
欧州	6,805	4,931,188	1,631,283	6,569,277	−	6,569,277
アジア	416,354	1,018,859	2,638,761	4,073,975	−	4,073,975
その他	58,957	−	84,482	143,439	−	143,439
顧客との契約か ら生じる収益	28,091,795	52,521,663	19,036,354	99,649,813	4,200	99,654,014
その他の収益	−	26,082	−	26,082	4,648	30,730
外部顧客への売 上高	28,091,795	52,547,746	19,036,354	99,675,896	8,848	99,684,745

　　(2)　収益の認識時期

（単位：千円）

| | 報告セグメント | | | | その他
（注1） | 合計 |
	映像コン テンツ	映像制作 技術 サービス	映像 システム	計		
一時点で移転	27,932,340	45,373,407	15,735,174	89,040,921	72	89,040,993
一定期間にわた り移転	159,455	7,148,256	3,301,180	10,608,892	4,128	10,613,020
顧客との契約か ら生じる収益	28,091,795	52,521,663	19,036,354	99,649,813	4,200	99,654,014
その他の収益 （注2）	−	26,082	−	26,082	4,648	30,730
外部顧客への売 上高	28,091,795	52,547,746	19,036,354	99,675,896	8,848	99,684,745

（注）1．「その他」の区分は報告セグメントに含まれない事業セグメントであ

り，不動産賃貸収入等であります。

2．「その他の収益」には，「リース取引に関する会計基準」（企業会計基準第13号　2007年3月30日）に基づく賃貸収入等が含まれております。

2．当連結会計年度及び翌連結会計年度以降の収益の金額を理解するための情報
(1)　契約資産及び契約負債の残高等
　　顧客との契約から生じた債権，契約資産及び契約負債の残高は，以下のとおりであります。

（単位：千円）

	当連結会計年度期首	当連結会計年度末
顧客との契約から生じた債権	21,866,418	20,510,773
契約資産	71,061	61,614
契約負債	7,591,449	4,886,312

　契約資産及び契約負債の重要な変動
　　契約資産の増減は，主として収益認識（契約資産の増加）と，営業債権への振替（同，減少）により生じたものであります。
　　契約負債の増減は，主として前受金の受取り（契約負債の増加）と，収益認識（同，減少）により生じたものであります。
　　なお，当連結会計年度に認識された収益について，期首時点で契約負債に含まれていた金額は7,362,994千円であります。

(2)　残存履行義務に配分した取引価格
　　残存履行義務に配分した取引価格の総額及び収益の認識が見込まれる期間は，以下のとおりであります。

（単位：千円）

	当連結会計年度
1年以内	3,458,425
1年超2年以内	5,581,296
2年超3年以内	―
合計	9,039,721

18　その他の注記

　会社計算規則においては，ここまでに述べてきた注記（計算規則100～115の

474　第4章　注記表

2）のほかに，その他の注記として，（連結）貸借対照表，（連結）損益計算書および（連結）株主資本等変動計算書等により会社（連結注記表においては，企業集団）の財産または損益の状態を正確に判断するために必要な事項の注記が求められている（計算規則116）。当該注記は，財務諸表等規則および連結財務諸表規則において求められる追加情報の注記（財規8の5，連結財規15）と同様の趣旨と解される。

　具体的な取扱いについては，「追加情報の注記について」（監査・保証実務委員会実務指針第77号）に基づいて検討する。同実務指針においては，追加情報として開示すべき事項についての考え方と具体例が以下の(1)から(3)のように整理されている。同実務指針を参考にしながら，各会社において開示すべき事項を判断する。

　なお，連結固有の事項として，同実務指針では，「連結決算手続上，親子会社間の会計処理の統一を図るために，親会社の個別財務諸表の会計処理を連結財務諸表上修正している場合」が挙げられている。連結財務諸表は個別財務諸表を基礎として作成するため（「連結財務諸表に関する会計基準」（企業会計基準第22号）10項），親子会社間の会計処理の統一は，各個別財務諸表の作成段階で行うのが原則である。しかし，固有の事情により会計処理の統一が図られていない場合，連結決算手続上で修正を行う必要がある。「親子会社間の会計処理の統一に関する監査上の取扱い」（監査・保証実務委員会実務指針第56号）において，連結決算手続上，親会社の会計処理を修正した場合，その影響額が重要なときには，その旨，修正の理由および当該修正が個別財務諸表において行われたとした場合の影響の内容について，連結財務諸表に追加情報として注記することが求められている。

(1)　会計方針の記載にあわせて注記すべき追加情報

　会計方針と密接な関連を持つ注記事項として，会計処理の対象となる新たな事実の発生に伴う新たな会計処理の原則および手続を採用する場合が考えられる。新たな事実の発生に伴う新たな会計処理の採用は，会計方針の変更には該当せず，当該会計処理の採用に関し，会計方針の記載以外に開示する必要があると認めた場合に，追加情報として会計方針の記載にあわせて注記する。ただ

し，追加情報を貸借対照表，損益計算書等に係る注記とするなど，他の記載箇所に注記する場合には，特定の会計方針の記載との関連を明らかにして，利害関係人の判断を誤らせないように配慮する必要がある。

該当する事例として，新たに倉庫業を開始し，新設した流通倉庫の減価償却方法に既存事業における有形固定資産の減価償却方法と異なる方法を採用する場合などが挙げられる。

⑵　財務諸表等の特定の科目との関連を明らかにして注記すべき追加情報

財務諸表等の特定の科目との関連を明らかにして注記すべき事項は，①資産の使用・運用状況等の説明，②特殊な勘定科目の説明，③会計基準等で注記を求めている事項に分類される。具体的には次のような説明および事例が挙げられる。

①　資産の使用・運用状況等の説明

資産の使用・運用状況等について通常の使用方法によらず，特殊な方法によっている場合に，当該事実および関連する金額を追加情報として注記する。重要な遊休または一時休止の固定資産がある場合などが挙げられる。

②　特殊な勘定科目の説明

財務諸表等の表示に，一般的には使用頻度の少ない特殊な勘定科目を使用している場合など，勘定科目名の記載だけではその内容が明確ではない場合に，追加情報として注記する対応によりその内容を説明する。例えば，損益計算書における特別損益科目や，業界特有の科目の説明などが挙げられる。

③　会計基準等で注記を求めている事項

財務諸表等規則および連結財務諸表規則等で定めている注記事項以外で，次のような会計基準等で注記が求められている事項である。

- 企業会計基準委員会による会計基準等による注記事項
- 「債務保証及び保証類似行為の会計処理及び表示に関する監査上の取扱い」（監査・保証実務委員会実務指針第61号）による注記事項

476　第4章　注記表

- 「金融商品会計に関する実務指針」（移管指針第9号）による注記事項
- 「販売用不動産等の評価に関する監査上の取扱い」（監査・保証実務委員会報告第69号）による注記事項
- 「圧縮記帳に関する監査上の取扱い」（監査第一委員会報告第43号）による注記事項

(3) その他

(1)と(2)の項目のほかに，①期間比較上説明を要する場合，②後発事象に該当しないが説明を要する事項がある。

① 期間比較上説明を要する場合

財務諸表上の特定の科目群と密接に関連する注記事項であるが，同時に，会計方針等の補足的説明としての性格を有するような事項が該当する。例えば，期末日が休日のため，財政状態が通常の期末日の状況と異なる場合や，新規事業の開始や取引形態の変更などにより，財政および経営の状況が前期と比較して大きく変化した場合などに注記する。

② 後発事象に該当しないが説明を要する事項

事業年度中に行われた意思決定または発生した一連の取引に係る事象について，決算日後監査報告書日までの間に当該意思決定に基づく行為または取引が終結していない状況が生ずる場合，当該事象は決算日後に発生した事象ではないため後発事象には該当しない。しかし，重要な事象であれば追加情報としての注記の記載が適切であると考えられる。例えば，次のような事象が該当する。

- 新株式の発行について，当該事業年度中に取締役会の承認決議はあったが，決算日後監査報告書日までの間に払込期日が到来していない場合
- 過年度に後発事象として開示した事象で，財務諸表に反映されるまでの間に，開示した内容を更改または補正し，あるいは経過等を引き続き開示する場合

その他の注記に関する「経団連ひな型」では，例えば，以下のような会計基準で注記すべきとされている事項や有価証券報告書提出会社が有価証券報告書

第2節　注記表の記載事項　477

で開示する事項について，重要性を勘案のうえ，記載の要否を判断することが
示されている。

① 退職給付に関する注記
② 減損損失に関する注記
③ 企業結合・事業分離に関する注記
④ 資産除去債務に関する注記
⑤ その他追加情報の注記

記載例　期末日満期手形（個別）　　　（大倉工業㈱　2023年12月期）

（貸借対照表に関する注記）
6．期末日満期手形の処理
　　期末日満期手形の会計処理については，手形交換日をもって決済処理しております。
　　なお，当事業年度末日が金融機関の休日であったため，次の期末日満期手形が，期末残高に含まれております。
　　　受取手形　　　　　　　　　　　160百万円
　　　電子記録債権　　　　　　　　　471　〃

記載例　圧縮記帳額（個別）
　　　　　　　　　　（㈱フジ・メディア・ホールディングス　2024年3月期）

（貸借対照表に関する注記）
3．当事業年度までに取得した有形固定資産のうち国庫補助金等による圧縮記帳額は，構築物106百万円，工器具備品99百万円であり，貸借対照表計上額は，この圧縮記帳額を控除しております。

記載例　コミットメントライン契約（個別）　　　（倉敷紡績㈱　2024年3月期）

（貸借対照表に関する注記）
6．コミットメントライン契約
　　当社は，運転資金の効率的な調達を行うため，取引銀行5行とコミットメントライン契約を締結しております。コミットメントライン契約に係る借入未実行残高等は次のとおりであります。
　　　コミットメントラインの総額　　　　　　7,400百万円

478　第4章　注記表

借入実行残高	−百万円
借入未実行残高	7,400百万円

（記載例） 財務制限条項（個別）　（㈱フォーラムエンジニアリング　2024年3月期）

3．貸借対照表に関する注記

　(3)　財務制限条項

　　　当社のコミットメントライン契約には，財務制限条項がついており，下記の各号を遵守することを確約しております。

　①　2024年3月期決算以降，各年度の決算期の末日における単体の貸借対照表上の純資産の部の金額を2023年3月決算期末日における単体の貸借対照表上の純資産の部の金額の75％以上に維持すること。

　②　2024年3月期決算以降の決算期を初回の決算期とする連続する2期について，各年度の決算期における単体の損益計算書に示される経常損益が2期連続して損失とならないようにすること。

（記載例） 土地の再評価（個別）　（扶桑薬品工業㈱　2024年3月期）

4．貸借対照表に関する注記

　4．土地の再評価

　　　土地の再評価に関する法律（平成10年3月31日公布法律第34号）及び土地の再評価に関する法律の一部を改正する法律（平成13年3月31日公布法律第19号）に基づき，事業用土地の再評価を行っております。

　　　なお，再評価差額については，当該再評価差額に係る税金相当額を「再評価に係る繰延税金負債」として負債の部に計上し，これを控除した金額を「土地再評価差額金」として純資産の部に計上しております。

　再評価の方法

　　　土地の再評価に関する法律施行令（平成10年3月31日公布政令第119号）第2条第4号に定める地価法第16号に規定する地価税の課税価格の計算の基礎となる土地の価額を算定するために国税庁長官が定めて公表した方法により算定した価額に合理的な調整を行って算出する方法によっております。

　　再評価を行った年月日　　　　　　　　　　　2002年3月31日

　　再評価を行った土地の期末における時価と再評価後の帳簿価額との差額

　　　　　　　　　　　　　　　　　　　　　　　　△435百万円

第2節　注記表の記載事項　479

記載例　退職給付制度（個別）　　　　　　　　　　（㈱カナデン　2024年3月期）

〔退職給付に関する注記〕

1．採用している退職給付制度の概要

　　当社は確定給付型の制度として，確定給付型企業年金制度を採用しております。また，従業員の退職等に際して，退職給付会計に準拠した数理計算による退職給付債務の対象とされない割増退職金を支払う場合があります。

2．退職給付債務に関する事項（2024年3月31日現在）

(1)	退職給付債務	△5,630百万円
(2)	年金資産	5,824百万円
(3)	未積立退職給付債務(1)＋(2)	194百万円
(4)	未認識数理計算上の差異	△1,219百万円
(5)	未認識過去勤務費用	－百万円
(6)	貸借対照表計上額純額(3)＋(4)＋(5)	△1,024百万円
(7)	退職給付引当金	△1,024百万円

3．退職給付費用に関する事項（2023年4月1日から2024年3月31日まで）

(1)	勤務費用	257百万円
(2)	利息費用	41百万円
(3)	期待運用収益	△79百万円
(4)	数理計算上の差異	△76百万円
(5)	過去勤務費用	△0百万円
(6)	退職給付費用(1)＋(2)＋(3)＋(4)＋(5)	142百万円

　　（注）上記退職給付費用以外に，割増退職金0百万円を支払っており，販売費及び一般管理費として計上しております。

4．退職給付債務等の計算の基礎に関する事項

(1)	退職給付見込額の期間配分方法	給付算定式基準
(2)	割引率	0.7％
(3)	期待運用収益率	1.5％
(4)	過去勤務費用の処理年数	13年

　　　　発生時における従業員の平均残存勤務期間以内の一定の年数による定額法により費用処理しております。

(5)	数理計算上の差異の処理年数	13年

　　　　各事業年度の発生時における従業員の平均残存勤務期間以内の一定の年数による定額法により翌事業年度から費用処理しております。

480 第4章 注記表

（記載例） 売上原価に含まれる棚卸資産評価損（連結）

（日本空港ビルデング㈱　2024年3月期）

6．連結損益計算書に関する注記
(1) 期末棚卸高は収益性の低下に伴う簿価切下げ後の金額であり，次の棚卸資産評価損（洗替法による戻入額相殺後）が商品売上原価に含まれております。

棚卸資産評価損戻入益　　　　　　　114百万円

（記載例） 売上原価に含まれる工事損失引当金繰入額（連結）

（日比谷総合設備㈱　2024年3月期）

連結損益計算書に関する注記
売上原価に含まれる工事損失引当金繰入額　　　　　　　235百万円

（記載例） 研究開発費の総額（個別）

（大成建設㈱　2024年3月期）

4．損益計算書に関する事項
(5) 研究開発費の総額　　　　　　　18,197百万円

（記載例） 特別損益項目①（連結）

（石原産業㈱　2024年3月期）

12．その他の注記
(2) 減損損失
当社グループは，以下の資産グループについて減損損失を計上しております。

場所	用途	種類	減損損失
四日市工場 （三重県四日市市）	硫酸法酸化チタン製造設備	建物及び構築物，機械装置及び運搬具，その他	6,763百万円
城山寮 （三重県四日市市）	遊休	建物及び構築物，機械装置及び運搬具，その他	204百万円

① 資産のグルーピング方法
当社及び連結子会社は，減損損失の算定にあたり，事業及び製造工程の関連性により資産のグルーピングを行っておりますが，賃貸不動産や将来

第2節　注記表の記載事項　481

の使用が廃止された遊休資産など，独立したキャッシュ・フローを生み出すと認められるものは，個別の資産グループとしております。また，本社，研究開発施設及び厚生施設等，特定の事業との関連が明確でない資産については，共用資産としております。

② 減損損失の認識に至った理由

当社は，上記四日市工場について，無機化学事業の構造改革を実施し，硫酸法酸化チタン製造設備を2027年3月末をもって停止することを取締役会にて決議しました。その結果として関連する固定資産の減損損失を計上しております。また，上記城山寮について，解体を予定しており遊休資産として認識し，減損損失を計上しております。

③ 回収可能価額の算定方法

上記硫酸法酸化チタン製造設備については，将来キャッシュ・フローに基づく評価額が零であるため，その帳簿価額を零まで減額しております。また，上記城山寮については，回収可能価額を正味売却価額により算定しており，対象資産は他への転用や売却が困難であることから，回収可能額を零と算定し，その帳簿価額を零まで減額しております。

④ 固定資産の種類ごとの減損損失の金額の内訳

種類	金額
建物及び構築物	1,968百万円
機械装置及び運搬具	4,621
建設仮勘定	350
その他	26

（記載例）　特別損益項目②（連結）

（西本 Wismettac ホールディングス㈱　2023年12月期）

連結損益計算書に関する注記

2．事業構造改善費用

当連結会計年度において，アジア食グローバル事業の在外連結子会社における事業再編等の決定に伴い発生した損失313百万円を事業構造改善費用として計上しており，その内訳は主に，従業員退職に伴う退職金260百万円，棚卸資産評価損及び廃棄損33百万円であります。

482　第4章　注記表

（記載例）　特別損益項目③（個別）　　　　　（電気興業㈱　2024年3月期）

5．損益計算書に関する注記
　(5)　抱合せ株式消滅差益
　　　　抱合せ株式消滅差益は，2023年4月1日付で当社100％子会社でありました株式会社ディーケーシー及び高周波工業株式会社を，当社に吸収合併したことに伴い計上したものであります。

（記載例）　特別損益項目④（個別）　　　　　（サンケン電気㈱　2024年3月期）

損益計算書に関する注記
　3．災害による損失
　　　　令和6年能登半島地震の発生により連結子会社の石川サンケン株式会社が被災したことに伴い，当社が石川サンケン株式会社に預けていた棚卸資産の廃棄などによるものであり，その内訳は次のとおりであります。
　　　棚卸資産廃棄損　　　　　　　　　　　　　　　1,116百万円
　　　その他関連費用　　　　　　　　　　　　　　　　276百万円
　　　　　計　　　　　　　　　　　　　　　　　　　1,392百万円

（記載例）　過年度法人税等（個別）　　　　　（オリンパス㈱　2024年3月期）

その他の注記
（過年度法人税等）
　過年度の税務申告に関して，東京国税局と見解に相違があり，法人税の追加納付が発生する可能性を評価し，当該見込み額を過年度法人税等として計上しています。

（記載例）　子会社の吸収合併（個別）　　　　（三菱HCキャピタル㈱　2024年3月期）

企業結合に関する注記
　共通支配下の取引等
　（連結子会社の吸収合併）
　　当社は，2023年2月10日開催の取締役会決議に基づき，当社の完全子会社であるジャパン・インフラストラクチャー・イニシアティブ株式会社（以下，「JII」）を2023年4月1日付で吸収合併しました。
　　なお，本合併は，当社については会社法第796条第2項の規定に基づく簡易合

併の手続きにより，JII については会社法第784条第1項に基づく略式合併の手続きによりそれぞれ行っています。

1．取引の概要
　(1)　結合当事企業または対象となった事業の名称および当該事業の内容
　　　　結合当事企業の名称　　ジャパン・インフラストラクチャー・イニシアティブ株式会社
　　　　事業の内容　　　　　　インフラビジネスへの投資事業，貸金業，その他の金融業務等
　(2)　企業結合日
　　　2023年4月1日
　(3)　企業結合の法的形式
　　　当社を存続会社とし，JII を消滅会社とする吸収合併
　(4)　結合後企業の名称
　　　三菱 HC キャピタル株式会社
　(5)　その他取引の概要に関する事項
　　　　JII は，日本のインフラ産業の輸出を金融面から支援するオープンな金融プラットフォームとしての機能を提供してきましたが，当社は，JII の事業を一体化することで，経営資源，ノウハウ・専門性を集約し，効率的な事業運営などに向けた体制の強化を目的として，同社を吸収合併することとしました。

2．実施した会計処理の概要
　　「企業結合に関する会計基準」（企業会計基準第21号　平成31年1月16日）および「企業結合会計基準及び事業分離等会計基準に関する適用指針」（企業会計基準適用指針第10号　平成31年1月16日）に基づき，共通支配下の取引として処理しています。なお，当該取引により，損益計算書において，特別損失として抱合せ株式消滅差損4,763百万円を計上しています。なお，連結損益計算書上，内部取引として相殺消去されるため，損益に与える影響はありません。

記載例 会社分割による企業結合（連結）　（㈱アドウェイズ　2023年12月期）

9．その他の注記
　(1)　企業結合等関係
　　　共通支配下の取引等

484　第4章　注記表

1．簡易新設分割による子会社の設立
　①　取引の概要
　　　イ．対象となった事業の名称及びその事業の内容
　　　　　事業の名称　　アドプラットフォーム事業
　　　　　事業の内容　　主としてインターネット広告におけるアフィリエイ
　　　　　　　　　　　　トサービス
　　　ロ．企業結合日
　　　　　2023年1月4日
　　　ハ．企業結合の法的形式
　　　　　当社を分割会社，新たに設立した株式会社 ADWAYS DEEE（当社の
　　　　連結子会社）を承継会社とする簡易新設分割
　　　ニ．結合後企業の名称
　　　　　株式会社 ADWAYS DEEE（当社の連結子会社）
　　　ホ．その他取引の概要に関する事項
　　　　　当社は，PC及びスマートフォンを含む携帯端末向けにマーケティ
　　　　ング活動を行う広告主（クライアント）と，当社提携メディアを，当
　　　　社の運営するアフィリエイトサービスを通じて繋ぐ「アドプラット
　　　　フォーム事業」並びに，アドプラットフォーム事業のインターネット
　　　　広告に限らず，アプリ・ウェブの包括的マーケティング支援のため，
　　　　広告商品及び付随するサービスの代理販売を行っている「エージェン
　　　　シー事業」を中心に事業を展開しております。
　　　　　昨今，アドプラットフォーム事業の中心であるアフィリエイトサー
　　　　ビスにおいては，競争環境が厳しくなっており，プロダクトの差別化，
　　　　組織の強化が必須と考えております。アフィリエイトサービスはイン
　　　　ターネット広告の中でも歴史が長いサービスとなっており，多種多様
　　　　な機能がリリースされておりますが，変化が激しい業界の中で，広告
　　　　主（クライアント）及び提携メディアの抱えているニーズや課題に十
　　　　分に対応できていないという課題がございます。そのような課題にい
　　　　ち早く対応，解決するには，経営判断及び事業判断を迅速にする事が
　　　　できる子会社で事業を展開する事が必要だと判断し，子会社を設立す
　　　　ることといたしました。

　②　実施した会計処理の概要
　　　　「企業結合に関する会計基準」及び「企業結合会計基準及び事業分離等
　　　会計基準に関する適用指針」に基づき，共通支配下の取引として処理し
　　　ております。

第2節 注記表の記載事項 485

記載例 取得による企業結合（連結）　　　（㈱メドレー　2023年12月期）

企業結合に関する注記

（取得による企業結合）

(1) 企業結合の概要

①　被取得企業の名称及びその事業の内容

被取得企業の名称　　　株式会社バンブー

事業の内容　　　　　　調剤薬局店舗の運営及び在宅医療

②　企業結合を行う主な理由

当社グループは，持続的な地域医療の実現に向け，デジタル活用の実証実験や事業展開を積極的に行っております。その一環として，今般，株式会社バンブーが持つ，医師・訪問看護師・ケアマネージャーと連携した在宅医療のノウハウを獲得し，今後，当社グループのプロダクト改善をはじめとした様々な取り組みを通じてデジタル活用を加速させていきます。

③　企業結合日

2023年2月1日

④　企業結合の法的形式

株式会社コミュニティメディカルを吸収分割承継会社とし，株式会社バンブーを吸収分割会社とする吸収分割

⑤　結合後企業の名称

株式会社コミュニティメディカル

⑥　取得企業を決定するに至った主な根拠

株式会社コミュニティメディカルが現金を対価として，株式会社バンブーの事業を承継したためであります。

(2) 連結計算書類に含まれている被取得企業の業績の期間

2023年2月1日から2023年12月31日まで

(3) 被取得企業の取得原価及び対価の種類ごとの内訳

取得の対価　　　　現金　262百万円

取得原価　　　　　　　　262百万円

(4) 主要な取得関連費用の内容及び金額

アドバイザリーに対する報酬等　27百万円

(5) 発生したのれんの金額，発生原因，償却の方法及び償却期間

486　第4章　注記表

①　発生したのれんの金額

236百万円

②　発生原因

主として今後の事業展開から期待される将来の超過収益力によるもので
あります。

③　償却の方法及び償却期間

のれんは，効果の発現する見積期間（20年以内）を償却年数とし，定額
法により均等償却しております。

(6)　企業結合日に受け入れた資産及び引き受けた負債の額並びにその主な内訳

流動資産	17百万円
固定資産	12百万円
資産合計	29百万円
固定負債	3百万円
負債合計	3百万円

(7)　企業結合が連結会計年度の開始の日に完了したと仮定した場合の当連結会
計年度の連結損益計算書に及ぼす影響の概算額及び算定方法

重要性が乏しいため，記載を省略しております。

　会社がグループ通算制度を適用し，「グループ通算制度を適用する場合の会計
処理及び開示に関する取扱い」（実務対応報告第42号）に従って法人税および地
方法人税の会計処理またはこれらに関する税効果会計の会計処理を行っている
場合には，その旨を税効果会計に関する注記の内容とあわせて記載する（本節
2⑸⑹および本節8参照）。ただし，会社計算規則において，税効果会計に関す
る注記は連結注記表では求められていない。したがって，グループ通算制度の
適用により，同実務対応報告に従って会計処理を行っている旨が，企業集団の
財産または損益の状態を正確に判断するために必要な事項であると会社が判断
する場合には，その他の注記に記載することが考えられる。

第2節　注記表の記載事項　487

（記載例）　グループ通算制度の適用（連結）

（宝ホールディングス㈱　2024年3月期）

> 9．その他の注記
>
> **法人税及び地方法人税の会計処理又はこれらに関する税効果会計の会計処理**
>
> 　当社及び一部の国内連結子会社は，グループ通算制度を適用しており，「グループ通算制度を適用する場合の会計処理及び開示に関する取扱い」（実務対応報告第42号　2021年8月12日）に従って，法人税及び地方法人税の会計処理又はこれらに関する税効果会計の会計処理並びに開示を行っております。

488　第4章　注記表

第4章　「注記表」の事例索引

項目	記載内容	連結・個別	会社名	掲載頁
継続企業の前提に関する注記	継続企業の前提に関する注記（営業損失）	連結	㈱ジャパンディスプレイ	267
	継続企業の前提に関する注記（営業損失・財務制限条項に抵触）	個別	㈱エヌジェイホールディングス	268
重要な会計方針に係る事項に関する注記－有価証券・デリバティブ	一般的な記載例	個別・連結	㈱共立メンテナンス	275
	デリバティブおよび金銭の信託	連結	大平洋金属㈱	276
	組込デリバティブ・投資事業有限責任組合等への出資	連結	セガサミーホールディングス㈱	276
重要な会計方針に係る事項に関する注記－棚卸資産	一般的な記載例	個別・連結	カルビー㈱	277
	トレーディング目的で保有する棚卸資産がある場合	個別	双日㈱	278
	建設業	個別	五洋建設㈱	278
重要な会計方針に係る事項に関する注記－固定資産	一般的な記載例①	個別	ジャパンエレベーターサービスホールディングス㈱	284
	一般的な記載例②（所有権移転ファイナンス・リース取引を含む）	連結	小松マテーレ㈱	284
	定期借地上の建物について記載	連結	㈱サンドラッグ	285
	無形固定資産の償却方法	連結	タカノ㈱	285
	のれんの償却に関する事項①	個別	㈱ジャパンディスプレイ	286
	のれんの償却に関する事項②	連結	㈱クラウドワークス	286
重要な会計方針に係る事項に関する注記－賞与引当金	一般的な記載例①	個別	㈱コンコルディア・フィナンシャルグループ	290

第4章 「注記表」の事例索引　489

項目	記載内容	連結・個別	会社名	掲載頁
	一般的な記載例②	連結	ユニプレス㈱	290
重要な会計方針に係る事項に関する注記－退職給付引当金	一般的な記載例	個別・連結	カルビー㈱	295
	小規模企業等の簡便法	個別・連結	国際計測器㈱	296
重要な会計方針に係る事項に関する注記－役員賞与引当金	一般的な記載例①	個別	SCSK㈱	297
	一般的な記載例②	連結	伊藤忠食品㈱	297
重要な会計方針に係る事項に関する注記－役員退職慰労引当金	一般的な記載例	個別	㈱西武ホールディングス	298
	役員退職慰労金制度の廃止	個別・連結	初穂商事㈱	298
重要な会計方針に係る事項に関する注記－貸倒引当金	一般的な記載例	連結	伊藤忠食品㈱	300
重要な会計方針に係る事項に関する注記－製品保証引当金	製品保証引当金①	個別	㈱日本トリム	300
	製品保証引当金②	連結	㈱FUJI	300
	完成工事補償引当金	連結	ピーエス・コンストラクション㈱	301
重要な会計方針に係る事項に関する注記－債務保証損失引当金	債務保証損失引当金①	連結	スターゼン㈱	301
	債務保証損失引当金②	個別	㈱クレディセゾン	301
	債務保証損失引当金（関係会社への債務保証）	個別	日本電気㈱	302
重要な会計方針に係る事項に関する注記－投資損失引当金	投資損失引当金	個別	住友電気工業㈱	302
重要な会計方針に係る事項に関する注記－工事損失引当金	工事損失引当金	連結	㈱大林組	303
重要な会計方針に係る事項に関する注記－修繕引当金・特別修繕引当金	修繕引当金	連結	日東紡績㈱	304
	特別修繕引当金	個別	HOYA㈱	304

項目	記載内容	連結・個別	会社名	掲載頁
重要な会計方針に係る事項に関する注記－その他の引当金	事業構造改善引当金	連結	三洋化成工業㈱	304
	事業整理損失引当金①	個別	㈱ノーリツ	304
	事業整理損失引当金②	連結	KPPグループホールディングス㈱	304
	関係会社整理損失引当金①	個別	蝶理㈱	305
	関係会社整理損失引当金②	連結	日本コークス工業㈱	305
	特別法上の引当金	個別	北海道電力㈱	305
重要な会計方針に係る事項に関する注記－収益および費用の計上基準	収益の計上基準①	個別	ウシオ電機㈱	309
	収益の計上基準②	連結	㈱ヤマダホールディングス	310
	収益の計上基準③	個別・連結	㈱カプコン	312
	リース取引の貸手①	連結	NECキャピタルソリューション㈱	316
	リース取引の貸手②	個別	セントケア・ホールディングス㈱	317
	リース取引の貸手③	個別	第一実業㈱	317
その他計算書類作成のための基本となる重要な事項	消費税等の会計処理（控除対象外消費税①）	個別	㈱メディカルシステムネットワーク	319
	消費税等の会計処理（控除対象外消費税②）	連結	大東建託㈱	319
	外貨建資産および負債の換算基準①	連結	リンナイ㈱	321
	外貨建資産および負債の換算基準②	個別	㈱エンプラス	322
	外貨建資産および負債の換算基準③	個別	㈱三菱UFJフィナンシャル・グループ	322
	繰延資産の処理方法①	連結	リゾートトラスト㈱	324

第4章 「注記表」の事例索引　491

項目	記載内容	連結・個別	会社名	掲載頁
	繰延資産の処理方法②	連結	三菱商事㈱	324
	ヘッジ会計の方法①	連結	大和ハウス工業㈱	325
	ヘッジ会計の方法②	連結	㈱エス・エム・エス	326
	ヘッジ会計の方法（金利リスク・ヘッジ，その他有価証券の時価ヘッジ）	個別	㈱ゆうちょ銀行	327
	ヘッジ会計の方法（有効性の評価の省略）	個別	ブラザー工業㈱	328
	支払利息の取得原価算入	連結	日本郵船㈱	329
	特別法上の準備金	連結	SOMPOホールディングス㈱	329
	端数の処理（注記表に記載）	連結	鴻池運輸㈱	330
	端数の処理（貸借対照表等の脚注として記載）	連結	TOTO㈱	330
連結の範囲または持分法の適用の範囲に関する事項	連結の範囲に関する事項・持分法の適用に関する事項①	連結	㈱モスフードサービス	335
	連結の範囲に関する事項・持分法の適用に関する事項②	連結	㈱ゲオホールディングス	336
連結子会社の事業年度等に関する事項	連結子会社の事業年度等に関する事項①	連結	リンナイ㈱	338
	連結子会社の事業年度等に関する事項②	連結	㈱Aoba-BBT	338
会計方針の変更に関する注記	会計方針の変更（自発的な変更）	連結	オムロン㈱	347
表示方法の変更に関する注記	表示方法の変更①（前年度の計算書類を任意で開示）	個別	㈱エムディーアイ	348
	表示方法の変更②	連結	㈱マネーフォワード	349

492　第4章　注記表

項目	記載内容	連結・個別	会社名	掲載頁
会計上の見積りに関する注記	会計上の見積りに関する注記①	個別	いすゞ自動車㈱	352
	会計上の見積りに関する注記②	連結	㈱第一興商	353
	会計上の見積りに関する注記③	連結	㈱マンダム	355
会計上の見積りの変更に関する注記	会計上の見積りの変更①	個別	㈱ライフコーポレーション	357
	会計上の見積りの変更②	連結	太平洋工業㈱	358
貸借対照表等に関する注記	担保資産等①	個別	住友商事㈱	361
	担保資産等②	連結	㈱西武ホールディングス	362
	資産から直接控除した引当金	連結	㈱リテールパートナーズ	363
	資産から直接控除した減価償却累計額	個別	日本高純度化学㈱	364
	偶発債務（保証債務①）	個別	関東電化工業㈱	367
	偶発債務（保証債務②）	連結	住友重機械工業㈱	367
	偶発債務（保証予約）	個別	㈱ジャックス	367
	偶発債務（経営指導念書）	連結	阪急阪神ホールディングス㈱	368
	偶発債務（売掛債権流動化）	個別	東京エレクトロンデバイス㈱	368
	偶発債務（受取手形の割引）	個別	阪和興業㈱	368
	偶発債務（受取手形の裏書譲渡）	個別	アイホン㈱	368
	偶発債務（他者による再保証額を含む）	個別	帝人㈱	368
	偶発債務（再保証）	個別	松田産業㈱	368
	偶発債務（社債の債務履行引受契約）	個別	明治ホールディングス㈱	369

第4章 「注記表」の事例索引　493

項目	記載内容	連結・個別	会社名	掲載頁
	関係会社に対する金銭債権および金銭債務①	個別	㈱新日本科学	370
	関係会社に対する金銭債権および金銭債務②	個別	㈱ふくおかフィナンシャルグループ	370
	関係会社に対する金銭債権および金銭債務（区分表示したものを除く）	個別	富士通㈱	370
	役員に対する金銭債権および金銭債務	個別	エイベックス㈱	372
	役員に対する金銭債務（役員退職慰労金）	個別	㈱スペース	372
損益計算書に関する注記	関係会社との取引高	個別	富士石油㈱	373
	関係会社との取引高（営業取引以外の詳細を記載）	個別	東邦チタニウム㈱	374
株主資本等変動計算書に関する注記	株主資本等変動計算書（連結計算書類を作成していない会社）	個別	㈱PALTAC	380
	株主資本等変動計算書（連結計算書類を作成している会社）（期末の自己株式のみを記載）	個別	日本空調サービス㈱	381
	株主資本等変動計算書（連結計算書類を作成している会社）（自己株式の変動要因を記載）	個別	㈱ファンケル	381
税効果会計に関する注記	税効果会計（発生原因を定性的に記載①）	個別	九州旅客鉄道㈱	383
	税効果会計（発生原因を定性的に記載②）	個別	東日本旅客鉄道㈱	384
	税効果会計（発生原因別内訳を記載）	個別	ファナック㈱	384
	税効果会計（財務諸表等規則に準じて記載）	個別	㈱SUMCO	385

494　第4章　注記表

項目	記載内容	連結・個別	会社名	掲載頁
	税効果会計（グループ通算制度）	個別	㈱スクウェア・エニックス・ホールディングス	386
リースにより使用する固定資産に関する注記	リースにより使用する固定資産（定性的な記載）	個別	信越化学工業㈱	389
	リースにより使用する固定資産（財務諸表等規則に準じて記載）	個別	㈱ルネサンス	389
金融商品に関する注記	金融商品①	連結	㈱ダイヘン	400
	金融商品②	連結	㈱ハイマックス	402
	金融商品③	連結	㈱ゆうちょ銀行	404
賃貸等不動産に関する注記	賃貸等不動産①	個別	㈱イーグランド	419
	賃貸等不動産②	連結	DM三井製糖ホールディングス㈱	419
持分法損益等に関する注記	持分法損益等	個別	㈱アバールデータ	421
関連当事者との取引に関する注記	関連当事者取引（法人グループとの取引①）	個別	稲畑産業㈱	434
	関連当事者取引（法人グループとの取引②）（財務諸表等規則に準じて記載）	個別	インフォコム㈱	435
	関連当事者取引（法人グループとの取引③）	個別	日東紡績㈱	436
	関連当事者取引（個人グループとの取引①）	個別	ラクスル㈱	436
	関連当事者取引（個人グループとの取引②）	個別	ケイヒン㈱	438
	関連当事者取引（個人グループとの取引③）（財務諸表等規則に準じて記載）	個別	㈱マツキヨココカラ＆カンパニー	439
1株当たり情報に関する注記	1株当たり情報	個別	三井倉庫ホールディングス㈱	444

第4章 「注記表」の事例索引　495

項目	記載内容	連結・個別	会社名	掲載頁
	1株当たり情報（潜在株式調整後1株当たり当期純利益）	個別	リケンNPR㈱	444
	1株当たり情報（1株当たり当期純損失）	個別	三菱製鋼㈱	444
	1株当たり情報（株式分割）	個別	ヤマハ発動機㈱	444
	1株当たり情報（算定上の基礎）	個別・連結	㈱ミスミグループ本社	444
重要な後発事象に関する注記	重要な後発事象（自己株式の取得および消却）	個別	山九㈱	451
	重要な後発事象（子会社の吸収合併）	個別	エレコム㈱	452
	重要な後発事象（株式取得による子会社化）	連結	㈱アルプス技研	454
	重要な後発事象（子会社との会社分割）	連結	加藤産業㈱	455
	重要な後発事象（多額な資金の借入）	個別	㈱じげん	457
連結配当規制適用会社に関する注記	連結配当規制を適用	個別	王子ホールディングス㈱	458
収益認識に関する注記	収益認識に関する注記①	連結	マックスバリュ東海㈱	461
	収益認識に関する注記②	連結	ウシオ電機㈱	464
	収益認識に関する注記③	個別・連結	㈱IMAGICA GROUP	470
その他の注記	期末日満期手形	個別	大倉工業㈱	477
	圧縮記帳額	個別	㈱フジ・メディア・ホールディングス	477
	コミットメントライン契約	個別	倉敷紡績㈱	477
	財務制限条項	個別	㈱フォーラムエンジニアリング	478

項目	記載内容	連結・個別	会社名	掲載頁
	土地の再評価	個別	扶桑薬品工業㈱	478
	退職給付制度	個別	㈱カナデン	479
	売上原価に含まれる棚卸資産評価損	連結	日本空港ビルデング㈱	480
	売上原価に含まれる工事損失引当金繰入額	連結	日比谷総合設備㈱	480
	研究開発費の総額	個別	大成建設㈱	480
	特別損益項目①	連結	石原産業㈱	480
	特別損益項目②	連結	西本 Wismettac ホールディングス㈱	481
	特別損益項目③	個別	電気興業㈱	482
	特別損益項目④	個別	サンケン電気㈱	482
	過年度法人税等	個別	オリンパス㈱	482
	子会社の吸収合併	個別	三菱 HC キャピタル㈱	482
	会社分割による企業結合	連結	㈱アドウェイズ	483
	取得による企業結合	連結	㈱メドレー	485
	グループ通算制度の適用	連結	宝ホールディングス㈱	487

●第5章

附属明細書

●第1節　事業報告に係る附属明細書

1　事業報告に係る附属明細書の概要

　会社法において，事業報告の附属明細書と計算書類の附属明細書は別個に作成される。事業報告の附属明細書は，事業報告と同様に，会計監査人設置会社において，会計監査人の監査対象とはならない。なお，事業報告の附属明細書と計算書類の附属明細書は，いずれも定時株主総会の招集の通知に際して提供される書類に含まれておらず，一般的に開示されていない。そのため，本章では記載例を取り扱っていない。

　事業報告の附属明細書は，「事業報告の内容を補足する重要な事項をその内容とするものでなければならない」とされている（施行規則128Ⅰ）。

　さらに，具体的な記載事項として次の項目が示されている（施行規則128Ⅱ・Ⅲ）。

2　株式会社が当該事業年度の末日において公開会社であるときは，他の法人等の業務執行取締役，執行役，業務を執行する社員又は法第598条第1項の職務を行うべき者その他これに類する者を兼ねることが第121条第8号の重要な兼職に該当する会社役員（会計参与を除く。）についての当該兼職の状況の明細（重要でないものを除く。）を事業報告の附属明細書の内容としなければならない。この場合において，当該他の法人等の事業が当該株式会社の事業と同一の部類のものであるときは，その旨を付記しなければならない。　　……**2(1)参照**

3　当該株式会社とその親会社等との間の取引（当該株式会社と第三者との間の取引で当該株式会社とその親会社等との間の利益が相反するものを含む。）であって，当該株式会社の当該事業年度に係る個別注記表において会社計算規則第112条第1項に規定する注記を要するもの（同項ただし書の規定により同項第4号から第6号まで及び第8号に掲げる事項を省略するものに限る。）があるときは，当該取引に係る第118条第5号イからハまでに掲げる事項を事業報告の附属明細書の内容としなければならない。　　……**2(2)参照**

　なお，第1章第1節**2(2)**に記載のとおり，会社法上，事業報告に係る附属明

第1節　事業報告に係る附属明細書　499

細書の作成が求められており（会社法435Ⅱ），上記の記載事項についていずれも該当がない場合であっても作成を省略せず，その旨を記載した附属明細書を作成する必要があると解されている。

2　事業報告に係る附属明細書の記載事項

(1)　会社役員の他の会社の業務執行者との重要な兼職の状況の明細

　公開会社である株式会社の会社役員が他の法人等の業務執行取締役，執行役，業務を執行する社員等の地位にあり重要な兼職に該当する場合は，当該会社役員が当該株式会社の業務を適正に執行しているかどうかを判断するための記載を行う。公開会社ではない会社では，当該記載が求められていない。

　公開会社では事業報告の「会社役員に関する事項」で重要な兼職の状況が記載されるため，事業報告とその附属明細書の記載内容が重複する場合がある。

　「経団連ひな型」では，以下のように記載内容を説明している。

会社役員の他の会社の業務執行取締役等との兼職状況の明細

　会社役員が，他の法人等の業務執行取締役，執行役，業務を執行する社員又は会社法第598条第1項に定める職務を行うべき者その他これに類する者を兼ねている場合，その兼職が会社法施行規則第121条第8号の「重要な兼職」に該当すれば，兼職の状況の明細を重要でないものを除き，記載する。附属明細書においては，会計参与を除く全ての会社役員について，業務執行取締役等との兼職状況の明細の記載が求められる。

　兼職状況の明細としては，兼職先の他の法人等の事業が事業報告作成会社の事業と同一の部類のものであるときは，その旨の記載が求められる。

　この場合の「会社役員」の範囲は，会社役員のうち，直前の定時株主総会の終結の日の翌日から事業報告の対象となる事業年度の末日までの間に在任していた者（事業年度中に辞任した，又は解任された者を含む。）となる。

　なお，公開会社でない会社については記載が求められていない。

　附属明細書に記載すべき事項（他の法人等の業務執行取締役等との重要な兼職の状況の明細など）がすでに事業報告に記載されている場合には，事業報告の記載を補足するものであるとの附属明細書の趣旨に鑑み，同一の内容をあえて重複して記載することなく，「事業報告○ページに記載のとおり」といった形の記載とすることも可能と考えられる。

[記載例]

(他の法人等の業務執行取締役等との重要な兼職の状況)

区分	氏　　名	兼職先	兼職の内容	関係
取締役			業務執行取締役	
			代表取締役	
監査役			業務執行社員	
			業務執行社員	

⑵　親会社等との間の取引に関する事項

　当該記載事項は，以下の一定の場合に，事業報告の附属明細書に記載することが求められる。

　第4章第2節**13**⑵に記載のとおり，会計監査人設置会社以外の公開会社については，個別注記表の関連当事者との取引に関する注記のうち，取引の内容等についての会社計算規則第112条第1項第4号から第6号までおよび第8号の事項を省略できる（計算規則112Ⅰただし書き）。これらの事項を個別注記表に記載することを省略した場合，当該事項を計算書類の附属明細書に記載しなければならない（計算規則117④）。また，親会社等との間の取引に関する事項についても，事業報告ではなく，事業報告の附属明細書に記載しなければならない（施行規則128Ⅲ）。親会社等との間の取引に関する開示内容については，第2章第3節**4**を参照されたい。

<図表5-1>　会計監査人設置会社以外の公開会社における記載箇所

	関連当事者との取引に関する注記事項	親会社等との間の取引に関する記載事項
原則	個別注記表	事業報告
容認	個別注記表（一部省略）＋計算書類の附属明細書	事業報告の附属明細書

●第2節　計算書類に係る附属明細書

1　計算書類に係る附属明細書の概要

　計算書類に係る附属明細書は，株式会社の貸借対照表，損益計算書，株主資本等変動計算書および個別注記表の内容を補足する重要な事項を表示する科目別の明細である。記載事項として，次の項目が示されている（計算規則117）。
- (1)　有形固定資産及び無形固定資産の明細
- (2)　引当金の明細
- (3)　販売費及び一般管理費の明細
- (4)　個別注記表の関連当事者との取引に関する注記において，会計監査人設置会社以外の公開会社が一部の事項を省略した場合（計算規則112Ⅰただし書き）には，当該省略した事項
- (5)　その他の重要な事項

　附属明細書は，計算書類の諸数値の補足説明用の資料であるため，記載する数値は，貸借対照表や損益計算書，および個別注記表と整合していなければならない。また，記載が要請されている事項のうち，該当項目がない場合は，見出しから省略してよいと考えられる。記載金額の単位および端数処理は，一般的に計算書類において採用している方法にあわせる。

　計算書類の附属明細書については，日本公認会計士協会から「計算書類に係る附属明細書のひな型」（会計制度委員会研究報告第9号）が，日本経済団体連合会から「経団連ひな型」が公表されており，作成の際の参考となる。以下においては，日本公認会計士協会のひな型を用いて説明する。

2　計算書類に係る附属明細書の記載事項

(1)　有形固定資産及び無形固定資産の明細

　当該明細は，有形固定資産及び無形固定資産の残高，増減および減価償却費の明細を説明し，また公開会社の事業報告において記載される「設備投資の状

502　第5章　附属明細書

況」（施行規則119①，120Ⅰ⑤ロ）を補足する。

　日本公認会計士協会のひな型では，(1)帳簿価額による記載と，(2)取得原価による記載の2つの様式が示されており，どちらを採用してもよい。同ひな型の記載上の注意では，次の事項が挙げられている。

①　有形固定資産や無形固定資産の期末帳簿価額に重要性がない場合，または当期増加額および当期減少額に重要性がない場合は，(1)帳簿価額による記載のときには「期首帳簿価額」，「当期増加額」，「当期減少額」の各欄を，(2)取得原価による記載のときには「期首残高」，「当期増加額」，「当期減少額」の各欄を，それぞれ省略した様式により作成し，その旨を脚注する方法で記載できる（記載上の注意4）。

②　減損損失を認識している場合は次のとおり記載する。
　　貸借対照表上，直接控除方式により表示している場合は，当期の減損損失を「当期減少額」の欄に内書（括弧書き）して記載する。
　　独立間接控除方式により表示している場合は，当期の減損損失を「当期償却額」の欄に内書（括弧書き）として記載し，減損損失累計額については，(1)帳簿価額による記載のときには「期末帳簿価額」の欄の次に，(2)取得原価による記載のときには「期末残高」の欄の次に「減損損失累計額」の欄を設けて記載する。
　　合算間接控除方式を採用している場合は，当期の減損損失を「当期償却額」の欄に内書（括弧書き）として記載し，減損損失累計額については，(1)帳簿価額による記載のときには「減価償却累計額」の欄に，(2)取得原価による記載のときには「期末減価償却累計額又は償却累計額」の欄に減損損失累計額を含めて記載する。いずれの場合も減損損失累計額が含まれている旨を脚注する（記載上の注意5）。

③　合併，会社分割，事業の譲受けまたは譲渡，贈与，災害による廃棄，滅失等の特殊な理由による重要な増減があった場合には，その理由ならびに設備等の具体的な内容および金額を脚注する（記載上の注意6）。これら以外の重要な増減については，その設備等の具体的な内容および金額を脚注する（記載上の注意7）。

④　投資その他の資産に減価償却資産が含まれている場合には，当該資産に

ついても記載する取扱いが望ましく，この場合は表題を「有形固定資産及び無形固定資産（投資その他の資産に計上された償却費の生ずる項目を含む。）の明細」などに適宜変更する（記載上の注意8）。

＜図表5－2＞　有形固定資産及び無形固定資産の明細のひな型

1．有形固定資産及び無形固定資産の明細
(1) 帳簿価額による記載

区分		資産の種類	期首帳簿価額	当期増加額	当期減少額	当期償却額	期末帳簿価額	減価償却累計額	期末取得原価
有形	固定資産		円	円	円	円	円	円	円
		計							
無形	固定資産								
		計							

(2) 取得原価による記載

区分		資産の種類	期首残高	当期増加額	当期減少額	期末残高	期末減価償却累計額又は償却累計額	当期償却額	差引期末帳簿価額
有形	固定資産		円	円	円	円	円	円	円
		計							
無形	固定資産								
		計							

⑵　引当金の明細

　貸借対照表に計上されている引当金の明細である。負債の部に計上される引当金のほか，資産の部に計上される評価性引当金も対象となる。

　引当金明細書は，期首または期末のいずれかに残高がある場合のみ作成する（記載上の注意2）。「当期増加額」と「当期減少額」は，相殺せずにそれぞれ総額で表示する（記載上の注意3）。「当期減少額」の欄について，日本公認会計

504　第5章　附属明細書

士協会のひな型では(1)目的使用とその他に区分する記載の様式が，「経団連ひな型」では(2)区分しない記載の様式がそれぞれ示されており，いずれかの様式により作成する。(1)により作成する場合，「その他」の欄には，目的使用以外の理由による減少額を記載し，その理由を脚注する（記載上の注意4）。

退職給付引当金については，個別注記表に退職給付に関する注記（財務諸表等規則第8条の13の注記事項に準ずる注記）を行っている場合はその旨を附属明細書に記載し，記載を省略できる（記載上の注意5）。

なお，当期減少額の「目的使用」とは，引当金の設定目的を達成するための取崩しであり，例えば貸倒れの発生による貸倒引当金の取崩し，賞与の支払による賞与引当金の取崩しなどがある。一方「その他」の例としては，貸倒引当金の洗替えによる取崩しなどがある。

<図表5-3>　引当金の明細のひな型

2．引当金の明細

(1)　当期減少額の欄を区分する記載

区　分	期首残高	当期増加額	当期減少額		期末残高
			目的使用	その他	
	円	円	円	円	円

(2)　当期減少額の欄を区分しない記載

科　目	当期首残高	当期増加額	当期減少額	当期末残高
	円	円	円	円

⑶　販売費及び一般管理費の明細

損益計算書の販売費及び一般管理費に表示されている科目の明細である。おおむね販売費，一般管理費の順に，その内容を示す適当な科目で記載する。会社計算規則では，どのような科目を表示するかについて規定していないが，財務諸表等規則ガイドライン84に掲載されている科目が参考になる。また，開示

金額については，有形固定資産及び無形固定資産の明細における当期償却額や引当金の明細における各引当金の増加額と整合しなければならない。

<図表５－４>　販売費及び一般管理費の明細のひな型

科　目	金　額	摘　要
3．販売費及び一般管理費の明細		
	円	
計		

⑷　個別注記表の関連当事者との取引に関する注記において，会計監査人設置会社以外の株式会社が一部の項目を省略した場合における当該項目

会計監査人設置会社および会計監査人設置会社以外の公開会社は，個別注記表において「関連当事者との取引に関する注記」が求められている。しかし，第１節**2⑵**に記載のとおり，会計監査人設置会社以外の公開会社は，以下の項目について省略する取扱いが認められている。ただし，注記を省略した場合には，附属明細書においてこれらの項目の記載が求められている（計算規則117④）。

- 取引の内容（計算規則112Ⅰ④）
- 取引の種類別の取引金額（計算規則112Ⅰ⑤）
- 取引条件および取引条件の決定方針（計算規則112Ⅰ⑥）
- 取引条件の変更があったときは，その旨，変更の内容および当該変更が計算書類に与えている影響の内容（計算規則112Ⅰ⑧）

会計監査人設置会社以外の公開会社に，個別注記表においてこれらの項目を省略する取扱いを認めている理由は，当該会社の事務負担を考慮したためである。しかし，関連当事者との取引は，一般の取引条件とは異なる条件による取引や異常な取引が行われる可能性を払拭できないため，最低限，附属明細書における開示が求められている。

なお，会計監査人設置会社以外の非公開会社については，第４章第２節**13⑵**

に記載のとおり，個別注記表において関連当事者との取引に関する注記は不要とされているため，附属明細書においても記載は不要である。

⑸　その他の重要な事項

　附属明細書には，上記⑴から⑷の事項のほか，貸借対照表，損益計算書，株主資本等変動計算書および個別注記表の内容を補足する重要な事項を記載する（計算規則117）。日本公認会計士協会のひな型においては，他の明細書のひな型との整合性を考慮に入れて適宜工夫して開示すると示されている。

●第**6**章

IFRS等適用会社の
連結計算書類

※本章で取り上げた事例は550頁に索引があります。

●第1節　連結計算書類における特則

　金融商品取引法上，連結財務諸表規則等の改正により，2010年3月期からわが国において IFRS 会計基準（IFRS Accounting Standards）の任意適用が可能となった。また，わが国では，IFRS 任意適用企業の拡大が目標として引き続き掲げられている。

　なお，IFRS 会計基準は，2021年11月の IFRS 財団の定款改訂前は，国際財務報告基準（International Financial Reporting Standards : IFRS）と呼ばれてきた。本書において「IFRS」とある場合は「IFRS 会計基準」を意味する。

　第1章第2節**2(2)**に記載のとおり，会社計算規則第120条において，国際会計基準で作成する連結計算書類に関する特則が定められている。同条では，連結財務諸表規則第93条の規定により連結財務諸表の用語，様式および作成方法について指定国際会計基準に従う取扱いを許容された株式会社（指定国際会計基準特定会社）には，指定国際会計基準に基づく連結計算書類の作成が認められている。

　「指定国際会計基準」とは，国際会計基準のうち，「公正かつ適正な手続の下に作成及び公表が行われたと認められ，公正妥当な企業会計の基準として認められることが見込まれるものとして金融庁長官が定めるものに限る」とされている（連結財規93）。具体的には「連結財務諸表の用語，様式及び作成方法に関する規則に規定する金融庁長官が定める企業会計の基準を指定する件」（平成21年金融庁告示第69号）により個別に指定されている。また，「指定国際会計基準特定会社」とは，次の両方を満たす株式会社をいう（連結財規1の2）。

① 　有価証券届出書または有価証券報告書において，連結財務諸表の適正性を確保するための特段の取組みに係る記載を行っている
② 　指定国際会計基準に関する十分な知識を有する役員または使用人を置いており，指定国際会計基準に基づいて連結財務諸表を適正に作成できる体制を整備している

　なお，指定国際会計基準に準拠して作成した連結財務諸表には，次に掲げる

事項を注記しなければならないとされている（連結財規93の2）。
① 指定国際会計基準が国際会計基準と同一である場合には，国際会計基準に準拠して連結財務諸表を作成している旨
② 指定国際会計基準が国際会計基準と異なる場合には，指定国際会計基準に準拠して連結財務諸表を作成している旨
③ 指定国際会計基準特定会社に該当する旨およびその理由

また，2015年6月に公表された修正国際基準（Japan's Modified International Standards：JMIS）や米国基準を適用する企業でも，それぞれ修正国際基準や米国基準に基づく連結計算書類の作成が認められる。これら連結計算書類に関する特則の体系と根拠となる条文を図表6－1にまとめている。

<図表6－1> 連結計算書類に関する特則

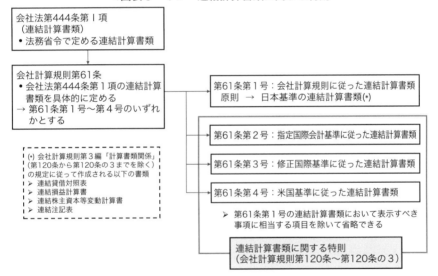

510 第6章　IFRS等適用会社の連結計算書類

●第2節　IFRS 等適用会社の連結計算書類で求められる開示

　指定国際会計基準に基づいて連結計算書類を作成している場合でも，求められる開示項目等については，日本基準による開示項目等と特に大きな相違はない。

　一般的に IFRS に基づいて財務諸表を作成する場合には，IAS 第1号「財務諸表の表示」（以下「IAS 第1号」という）第10項に示される「完全な一組の財務諸表」の作成および開示が求められる。これに対して，会社計算規則第120条1項後段では，「第61条第1号に規定する連結計算書類において表示すべき事項に相当する事項を除くその他の事項は，省略することができる」とされている。そのため，指定国際会計基準に従って連結計算書類を作成する場合には，必ずしも「完全な一組の財務諸表」の開示は必要ない。

　会社計算規則第120条第1項で求められる開示項目は図表6-2のとおりである。

<図表6-2>　連結計算書類と IFRS 財務諸表の比較

IAS 第1号第10項「完全な一組の財務諸表」	会社計算規則第61条第1号に規定する連結計算書類	省略の可否
(a)　期末の財政状態計算書	連結貸借対照表	不可
(b)　純損益およびその他の包括利益計算書	連結損益計算書	不可(*1)
(c)　持分変動計算書	連結株主資本等変動計算書	不可
(d)　キャッシュ・フロー計算書	―	可
(e)　注記（重要な会計方針およびその他の説明的情報で構成される）	連結注記表	不可(*2)
(ea)　前期に関する比較情報	―	可
(f)　前期の期首現在の財政状態計算書(*3)	―	可

第2節　IFRS等適用会社の連結計算書類で求められる開示　511

*1　連結計算書類では連結損益計算書のみが求められる。IFRSに基づく財務諸表で求められる包括利益計算書（その他の包括利益の部，その他の包括利益の合計および当期の包括利益の表示）は省略可能である。
*2　IFRSに基づく財務諸表で求められている開示事項と連結注記表で求められる開示事項との間に差があるため，連結計算書類では省略できる開示事項がある（一般的に，セグメント情報のほか，固定資産，借入金の変動表といった情報は省略されている）。
*3　会計方針を遡及適用する場合もしくは財務諸表項目の遡及的修正再表示を行う場合，または財務諸表上の項目を組み替える場合にのみ求められる。

　前期に関する比較情報については，連結計算書類で求められる開示期間が1期分であるため，開示は求められない。また，キャッシュ・フロー計算書の開示も求められない。しかし，計算書類利用者である株主等の便宜を考慮し，実務上は，参考情報として開示されている事例も多く見られる。

　IAS第1号第10項では，各計算書についてIAS第1号で使用している名称以外の名称を使用できるとされている。例えば，「純損益及びその他の包括利益計算書」に代えて，「包括利益計算書」という名称の使用も可能である。指定国際会計基準に基づいた連結計算書類の作成実務上，財務諸表の名称に関しては，IAS第1号と同様に「財政状態計算書」，「純損益及び包括利益計算書」を用いる事例もあれば，「連結貸借対照表」，「連結損益計算書」や「連結純損益計算書」と読み替える事例もあり，各社の判断による。

　以下では，IFRSの財政状態計算書，純損益およびその他の包括利益計算書，および持分変動計算書の概要を紹介する。

1　財政状態計算書

　財政状態計算書には，図表6－3に示す項目を掲記するとされている（IAS第1号54項）。

<図表6－3>　財政状態計算書に表示すべき事項

資産	負債
● 有形固定資産	● 買掛金およびその他の未払金
● 投資不動産	● 引当金
● 無形資産	● 金融負債
● 金融資産	● 保険契約負債
● 保険契約資産	● 当期税金負債

512　第6章　IFRS 等適用会社の連結計算書類

● 持分法で会計処理されている投資 ● 生物資産 ● 棚卸資産 ● 売掛金およびその他の債権 ● 現金および現金同等物 ● 売却目的保有に分類される資産と，売却目的保有に分類される処分グループに含まれる資産との合計額 ● 当期税金資産 ● 繰延税金資産	● 繰延税金負債 ● 売却目的保有に分類される処分グループに含まれる負債
	資本 ● 資本に表示される非支配持分 ● 親会社の所有者に帰属する発行済資本金および剰余金

　企業の財政状態の理解への目的適合性がある場合には，追加的な表示項目（上記の表示項目の分解を含む），見出しおよび小計を追加して表示しなければならない（IAS 第 1 号55項）。なお，小計を表示する場合には，以下に留意する（IAS 第 1 号55A 項）。

- 表示される小計が IFRS に従って認識および測定した金額からなる科目で構成される。
- 表示される小計が明瞭かつ理解可能である。
- 小計の表示について継続性がある。
- IFRS で要求している小計および合計よりも目立つ表示はしない。

　各表示項目のより詳細な内訳について，財政状態計算書または注記のいずれかで，企業の営業活動について適切と思われる方法による分類で開示しなければならない（IAS 第 1 号77項）。

2　純損益およびその他の包括利益計算書

　純損益およびその他の包括利益計算書（包括利益計算書）には，純損益の部およびその他の包括利益の部に加えて，①純損益，②その他の包括利益の合計，③当期の包括利益（①純損益と②その他の包括利益の合計）を表示しなければならない（IAS 第 1 号81A 項）。純損益およびその他の包括利益を表示する様式として，図表 6 － 4 に示す単一の計算書または 2 つの計算書のいずれかの選択が可能である。

<図表6－4> 純損益およびその他の包括利益計算書の様式

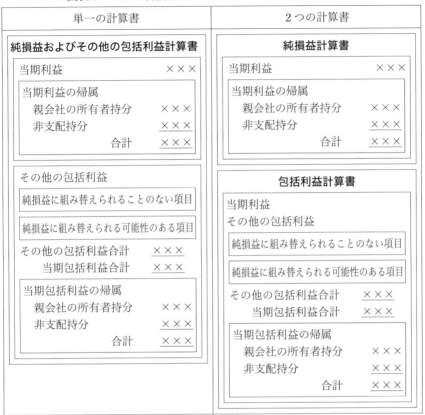

純損益の部または純損益計算書には，図表6－5に示す項目を掲記するとされている（IAS第1号82項）。

<図表6－5> 純損益の部または純損益計算書に表示すべき事項

- 収益（実効金利法を用いて計算した金利収益と保険収益を区分して表示）
- 償却原価で測定する金融資産の認識の中止により生じた利得および損失
- 発行した保険契約から生じた保険サービス費用
- 保有している再保険契約から生じた収益または費用
- 金融費用
- 金融資産等の減損損失（減損損失の戻入れまたは減損利得を含む）
- 発行した保険契約から生じた保険金融収益または費用

514　第6章　IFRS等適用会社の連結計算書類

- 保有している再保険契約から生じた金融収益または金融費用
- 持分法で会計処理されている関連会社および共同支配企業の純損益に対する持分
- 金融資産を償却原価の測定区分から純損益を通じて公正価値で測定するように分類変更した場合に，当該金融資産の従前の償却原価と分類変更日時点の公正価値との間の差額から生じた利得または損失
- 金融資産をその他の包括利益を通じた公正価値の測定区分から純損益を通じて公正価値で測定するように分類変更した場合に，過去にその他の包括利益に認識した利得または損失の累計額のうち純損益に振り替える金額
- 税金費用
- 非継続事業の合計に関する単一の金額

　企業の財務業績の理解に関連性がある場合には，追加的な表示項目（表示項目の分解を含む），見出しおよび小計を追加して表示しなければならない（IAS第1号85項）。小計を表示する場合には，以下に留意する（IAS第1号85A項）。

- 表示される小計がIFRSに従って認識および測定した金額からなる科目で構成される。
- 表示される小計が明瞭かつ理解可能である。
- 小計の表示について継続性がある。
- IFRSで要求している小計および合計よりも目立つ表示はしない。

3　持分変動計算書

　持分変動計算書には，次の情報を含める（IAS第1号106項）。

① 　当期の包括利益合計（親会社の所有者と非支配持分に帰属する合計額を区別して表示）
② 　資本の各内訳項目について，IAS第8号「会計方針，会計上の見積りの変更及び誤謬」（IFRS第18号「財務諸表における表示及び開示」が公表された際に，IAS第8号の表題は「財務諸表の作成基礎」に変更された）に従って認識した遡及適用または遡及的修正再表示の影響額
③ 　資本の各内訳項目について，期首と期末の帳簿価額の調整表（最低限，次の項目による変動を区別して開示）

- 純損益

第2節　IFRS 等適用会社の連結計算書類で求められる開示　515

- その他の包括利益
- 所有者としての立場での所有者との取引（所有者による拠出と所有者への分配，および支配の喪失とならない子会社に対する所有持分の変動を区別して示す）

　さらに，資本の各内訳項目について，持分変動計算書または注記のいずれかにおいて，その他の包括利益の項目別の分析を表示しなければならない（IAS 第1号106A項）。また，持分変動計算書または注記のいずれかにおいて，当期中に所有者への分配として認識した配当額，および関連する1株当たりの配当金額を表示しなければならない（IAS 第1号107項）。

516 第6章 IFRS等適用会社の連結計算書類

記載例 指定国際会計基準に基づいた連結計算書類①

(ナブテスコ㈱ 2023年12月期)

連結計算書類
連結財政状態計算書

(単位：百万円)

科目	(ご参考)第20期 (2022年 12月31日現在)	第21期 (2023年 12月31日現在)	科目	(ご参考)第20期 (2022年 12月31日現在)	第21期 (2023年 12月31日現在)
（資　産）			**（負　債）**		
流動資産	**(295,524)**	**(220,847)**	**流動負債**	**(172,577)**	**(119,491)**
現金及び現金同等物	124,413	77,835	営業債務	56,119	50,783
営業債権	77,227	79,196	契約負債	7,652	8,053
契約資産	2,165	3,554	借入金	19,943	21,400
その他の債権	1,301	1,682	その他の債務	19,250	23,392
棚卸資産	49,210	50,969	未払法人所得税	11,734	3,018
その他の金融資産	1,733	616	引当金	1,678	2,720
その他の流動資産	5,445	6,995	リース負債	2,640	2,799
小計	261,494	220,847	その他の金融負債	47,267	—
売却目的で保有する資産	34,030	—	その他の流動負債	6,292	7,327
非流動資産	**(163,768)**	**(201,218)**	**非流動負債**	**(23,488)**	**(26,679)**
有形固定資産	96,082	107,527	借入金	366	173
無形資産	6,373	11,624	リース負債	8,403	8,060
使用権資産	10,129	8,908	退職給付に係る負債	8,472	8,736
のれん	17,899	25,750	繰延税金負債	4,054	7,045
投資不動産	2,066	10,394	その他の金融負債	—	516
持分法で会計処理されている投資	17,729	21,139	その他の非流動負債	2,193	2,149
その他の金融資産	10,041	12,550	**負債合計**	**196,064**	**146,171**
繰延税金資産	2,281	2,313	**（資　本）**		
その他の非流動資産	1,168	1,013	親会社の所有者に帰属する持分	**(248,696)**	**(260,470)**
			資本金	10,000	10,000
			資本剰余金	15,048	15,139
			利益剰余金	215,670	220,495
			自己株式	△4,646	△3,943
			その他の資本の構成要素	12,624	18,778
			非支配持分	**(14,532)**	**(15,424)**
			資本合計	**263,228**	**275,894**
資産合計	**459,293**	**422,065**	**負債及び資本合計**	**459,293**	**422,065**

第2節　IFRS等適用会社の連結計算書類で求められる開示　517

連結損益計算書

(単位：百万円)

科目	(ご参考)第20期 (2022年1月1日から 2022年12月31日まで)	第21期 (2023年1月1日から 2023年12月31日まで)
売上高	308,691	333,631
売上原価	△232,007	△250,970
売上総利益	76,684	82,661
その他の収益	1,373	6,517
販売費及び一般管理費	△59,620	△66,861
その他の費用	△340	△4,941
営業利益	18,097	17,376
金融収益	708	5,202
金融費用	△5,828	△1,090
持分法による投資利益	2,787	4,141
税引前当期利益	15,763	25,629
法人所得税費用	△4,376	△9,199
当期利益	11,387	16,430

当期利益の帰属		
親会社の所有者	9,464	14,554
非支配持分	1,923	1,876
当期利益	11,387	16,430

518　第6章　IFRS等適用会社の連結計算書類

連結持分変動計算書（2023年1月1日から2023年12月31日まで）

（単位：百万円）

| | 親会社の所有者に帰属する持分 | | | |
	資本金	資本剰余金	利益剰余金	自己株式
2023年1月1日残高	10,000	15,048	215,670	△4,646
当期利益			14,554	
その他の包括利益				
当期包括利益合計			14,554	
自己株式の取得及び処分等			△579	704
配当金			△9,506	
その他の資本の構成要素から利益剰余金への振替			356	
株式報酬取引		91		
所有者との取引額等合計	－	91	△9,729	704
2023年12月31日残高	10,000	15,139	220,495	△3,943

| | 親会社の所有者に帰属する持分 | | | | | | |
| | その他の資本の構成要素 | | | | 親会社の所有者に帰属する持分合計 | 非支配持分 | 資本合計 |
	在外営業活動体の換算差額	公正価値の変動による評価差額	確定給付負債（資産）の純額の再測定	その他の資本の構成要素合計			
2023年1月1日残高	9,361	3,263	－	12,624	248,696	14,532	263,228
当期利益					14,554	1,876	16,430
その他の包括利益	5,771	911	△173	6,510	6,510	579	7,089
当期包括利益合計	5,771	911	△173	6,510	21,064	2,455	23,519
自己株式の取得及び処分等					125		125
配当金					△9,506	△1,563	△11,069
その他の資本の構成要素から利益剰余金への振替		△529	173	△356	－		－
株式報酬取引					91		91
所有者との取引額等合計	－	△529	173	△356	△9,290	△1,563	△10,854
2023年12月31日残高	15,133	3,646	－	18,778	260,470	15,424	275,894

第2節　IFRS等適用会社の連結計算書類で求められる開示　519

記載例　指定国際会計基準に基づいた連結計算書類②　（㈱マキタ　2024年3月期）

連結財政状態計算書（2024年3月31日現在）　　　　　　　　　　（単位：百万円）

科　　目	金　額	科　　目	金　額
（資産の部）		（負債の部）	
流動資産	693,635	**流動負債**	145,475
		営業債務及びその他の債務	49,987
現金及び現金同等物	196,645	借入金	19,891
		その他の金融負債	6,067
営業債権及びその他の債権	116,267	未払法人所得税	9,113
		引当金	5,113
棚卸資産	345,491	その他の流動負債	55,304
		非流動負債	35,127
その他の金融資産	18,561	退職給付に係る負債	3,269
		その他の金融負債	17,150
その他の流動資産	16,671	引当金	1,960
		繰延税金負債	12,546
非流動資産	362,173	その他の非流動負債	202
有形固定資産	277,248	**負債合計**	180,602
		（資本の部）	
のれん及び無形資産	10,206	資本金	23,805
		資本剰余金	45,607
その他の金融資産	37,835	利益剰余金	669,359
		自己株式	△21,501
退職給付に係る資産	14,968	その他の資本の構成要素	150,886
		親会社の所有者に帰属する持分合計	868,156
繰延税金資産	19,670	**非支配持分**	7,050
その他の非流動資産	2,246	**資本合計**	875,206
資産合計	1,055,808	**負債及び資本合計**	1,055,808

（注）記載金額は，百万円未満を四捨五入して表示しております。

520　第6章　IFRS等適用会社の連結計算書類

連結損益計算書（2023年4月1日から2024年3月31日まで）　　　（単位：百万円）

科　　　　目	金　　額
売上収益	741,391
売上原価	△517,446
売上総利益	223,945
販売費及び一般管理費等	△157,776
営業利益	66,169
金融収益	4,643
金融費用	△6,795
税引前利益	64,017
法人所得税費用	△20,402
当期利益	43,615
当期利益の帰属	
親会社の所有者	43,691
非支配持分	△76

（注）記載金額は，百万円未満を四捨五入して表示しております。

第2節 IFRS等適用会社の連結計算書類で求められる開示 521

連結持分変動計算書（2023年4月1日から2024年3月31日まで） （単位：百万円）

| | 親会社の所有者に帰属する持分 | | | | | |
	資本金	資本剰余金	利益剰余金	自己株式	その他の資本の構成要素	合計
当期首残高	23,805	45,606	629,314	△11,528	82,050	769,247
当期利益			43,691			43,691
その他の包括利益					70,867	70,867
当期包括利益合計	－	－	43,691	－	70,867	114,558
配当金			△5,677			△5,677
自己株式の取得				△10,002		△10,002
自己株式の処分		0		0		0
株式報酬取引		1		29		30
その他の資本の構成要素から利益剰余金への振替			2,031		△2,031	－
所有者との取引額合計	－	1	△3,646	△9,973	△2,031	△15,649
当期末残高	23,805	45,607	669,359	△21,501	150,886	868,156

	非支配持分	資本合計
当期首残高	6,452	775,699
当期利益	△76	43,615
その他の包括利益	674	71,541
当期包括利益合計	598	115,156
配当金	－	△5,677
自己株式の取得		△10,002
自己株式の処分		0
株式報酬取引		30
その他の資本の構成要素から利益剰余金への振替		－
所有者との取引額合計	－	△15,649
当期末残高	7,050	875,206

（注）記載金額は，百万円未満を四捨五入して表示しております。

522 第6章 IFRS等適用会社の連結計算書類

4 注記表

　指定国際会計基準に基づいて連結計算書類を作成している場合には，その旨の注記が求められている（計算規則120Ⅱ）。これは，修正国際基準や米国基準を適用している場合においても同様である（計算規則120の2，120の3）。連結計算書類は，原則として，日本基準に準拠して作成される。したがって，会社法上，日本基準以外に認められている会計基準に従って連結計算書類を作成している場合には，その旨を連結計算書類の利用者に対して情報提供し，注意を喚起する必要がある。このため，指定国際会計基準などに基づいて連結計算書類を作成している旨の注記が求められていると考えられる。

　また，IFRSでは，それぞれの基準で開示要求事項が定められているが，これらの多くは日本基準に従って作成する連結計算書類では開示が求められない項目である。このため，IFRSに従って作成する連結計算書類では，日本基準に従って作成する連結計算書類で求められる注記内容に相当する項目を除き，注記の省略が認められている（計算規則98Ⅱ④，102，120Ⅰ後段）。注記の一部を省略した場合には，連結計算書類において，その旨を開示する必要がある（計算規則120Ⅲ）。これは，連結計算書類においてIFRSで求められる注記の一部を省略している旨を連結計算書類の利用者に対して情報提供し，注意を喚起するためであると考えられる。

（記載例） 指定国際会計基準に基づいて連結計算書類を作成している旨

（三菱電機㈱　2024年3月期）

1．連結計算書類の作成基準

　　当社の連結計算書類は，会社計算規則第120条第1項の規定により，国際会計基準（以下，IFRS）に準拠して作成しております。ただし，同項後段の規定に準拠して，IFRSにより要請される記載及び注記の一部を省略しております。

第2節　IFRS等適用会社の連結計算書類で求められる開示　523

(記載例)　**米国基準に基づいて連結計算書類を作成している旨**

（オムロン㈱　2024年3月期）

> 3．連結計算書類の作成基準
>
> 　当社の連結計算書類は，会社計算規則第120条の3第1項の規定により，米国で一般に公正妥当と認められる企業会計の基準による用語，様式及び作成方法に準拠して作成しております。ただし，同条第3項において準用する同規則第120条第1項後段の規定により，米国において一般に公正妥当と認められる企業会計の基準で求められる開示項目の一部を省略しております。

　2024年7月現在において指定国際会計基準に基づいて連結計算書類を作成している企業のうち，売上高上位20社を対象に連結計算書類で開示されている注記事項を調査した結果，少なくとも半数の企業が，図表6－6の注記事項について開示している。

＜図表6－6＞　IFRS適用会社の連結計算書類で開示されている注記事項

連結計算書類の作成のための基本となる重要な事項に関する注記
1．連結計算書類の作成基準（会計方針に関する事項以外）
2．連結の範囲に関する事項
3．持分法の適用に関する事項
4．会計方針に関する事項 　　⑴　金融資産の評価基準および評価方法 　　⑵　棚卸資産の評価基準および評価方法 　　⑶　有形固定資産の評価基準，評価方法および減価償却方法 　　⑷　無形資産およびのれんの評価基準，評価方法および償却方法 　　⑸　リースに関する事項 　　⑹　非金融資産の減損 　　⑺　引当金の計上基準 　　⑻　外貨換算 　　⑼　収益 　　⑽　従業員給付，退職後給付
会計上の見積りに関する注記
連結財政状態計算書に関する注記
1．資産から直接控除した引当金

2．担保に供している資産および担保に係る債務
3．有形固定資産に係る減価償却累計額および減損損失累計額
4．保証債務
連結持分変動計算書に関する注記
1．期末発行済株式総数
2．剰余金の配当
3．新株予約権の目的となる株式の種類および数
金融商品に関する注記
1株当たり情報に関する注記
収益認識に関する注記
重要な後発事象に関する注記

　図表6－6のとおり，該当事項があれば，項目名は異なるものの，会社法計算書類で求められている注記事項とほぼ同じ事項が開示されている(連結計算書類で求められる注記事項については，第4章第1節参照)。

　以下では，指定国際会計基準に基づいて連結計算書類を作成している企業が開示している注記事項（連結計算書類の作成基準および重要な後発事象に関する注記を除く）を紹介する。

⑴　連結計算書類の作成のための基本となる重要な事項に関する注記

　連結計算書類の作成のための基本となる重要な事項に関する注記として，連結計算書類の作成基準のほかに，連結の範囲に関する事項，持分法の適用に関する事項，会計方針に関する事項が開示されている。

①　連結の範囲に関する事項

（記載例）　連結の範囲に関する事項　　　　　　　　（㈱ LITALICO　2024年3月期）

⑵　連結の範囲に関する事項
全ての子会社を連結しています。
①　連結子会社の数　　　　　　　8社
②　主要な連結子会社の名称　　　株式会社 LITALICO パートナーズ

第2節　IFRS等適用会社の連結計算書類で求められる開示　525

③　連結子会社の変動

　　当連結会計年度において新たに連結子会社になった会社は，以下のとおりです。

　　株式会社 unico 　　　　　：株式取得
　　株式会社 VISIT 　　　　 ：株式取得

②　持分法の適用に関する事項

記載例　持分法の適用に関する事項　　　　　　　（塩野義製薬㈱　2024年3月期）

3．持分法の適用に関する事項

　持分法を適用した共同支配企業の数　　2社
　　（新規）　株式取得による増加　　　　1社
　持分法を適用した関連会社企業の数　　1社
　　（新規）　株式売却による増加　　　　1社
　　　　（注）「株式売却による増加」は，持分の一部売却によりシオノギビジネスパートナー株式会社を連結の範囲から除外し，持分法適用の範囲に含めたことによるものであります。

③　会計方針に関する事項

　会計方針に関する事項の注記は，指定国際会計基準に基づいて連結計算書類の作成のために採用している会計処理の原則および手続ならびに表示方法その他，作成のための基本となる事項である。当該注記には，利用者の連結計算書類の理解に目的適合性のある，使用されたその他の会計方針の開示も含まれる。ある特定の会計方針を開示すべきかどうかを決定するにあたって，その開示が，取引，その他の事象または状況が財政状態や財務業績の報告にどのように反映されているのかを利用者が理解するのに役立つかどうかを検討する必要がある。具体的には，次の事項が開示されている。

526　第6章　IFRS等適用会社の連結計算書類

（記載例）金融商品の評価基準および評価方法　　　（味の素㈱　2024年3月期）

1）金融資産

　　金融資産は，当初認識時において，償却原価で測定する金融資産，その他の包括利益を通じて公正価値で測定する金融資産，純損益を通じて公正価値で測定する金融資産に分類しております。金融資産は，当社グループが当該金融資産の契約当事者となった取引日に当初認識しております。純損益を通じて公正価値で測定する金融資産は公正価値で当初測定しておりますが，それ以外の金融資産は，公正価値に当該金融資産に直接起因する取引コストを加算した金額で測定しております。

　　金融資産は，金融資産からのキャッシュ・フローに対する契約上の権利が消滅した場合，又は金融資産を譲渡し，当該金融資産の所有に係るリスクと経済価値のほとんどすべてを移転している場合に，認識を中止しております。

(a)　償却原価で測定する金融資産

　　　次の条件がともに満たされる金融資産を償却原価で測定する金融資産に分類しております。

　　　　・契約上のキャッシュ・フローを回収するために資産を保有することを目的とする事業モデルに基づいて，資産が保有されている。

　　　　・金融資産の契約条件により，元本及び元本残高に対する利息の支払のみであるキャッシュ・フローが特定の日に生じる。

　　　当初認識後は実効金利法に基づく償却原価で測定しております。

(b)　その他の包括利益を通じて公正価値で測定する金融資産（負債性金融商品）

　　　当社グループが保有する金融資産のうち，次の条件がともに満たされる場合は，その他の包括利益を通じて公正価値で測定する負債性金融商品に分類しております。

　　　　・契約上のキャッシュ・フローの回収と売却の両方によって目的が達成される事業モデルの中で保有されている。

　　　　・金融資産の契約条件により，元本及び元本残高に対する利息の支払のみであるキャッシュ・フローが所定の日に生じる。

　　　当初認識後は公正価値で測定し，事後的な変動はその他の包括利益に含めて認識しております。投資を処分したときに，その他の包括利益を通じて認識された利得又は損失の累計額をその他の資本の構成要素から純損益に組替調整額として振り替えております。

(c)　その他の包括利益を通じて公正価値で測定する金融資産（資本性金融商品）

　　　当社グループは，資本性金融商品に対する投資について，公正価値の事後の変動をその他の包括利益に表示するという取消不能の選択を行っており，

その他の包括利益を通じて公正価値で測定する資本性金融商品に分類しております。

　当初認識後は公正価値で測定し，事後的な変動はその他の包括利益に含めて認識しております。投資を処分したときに，その他の包括利益を通じて認識された利得又は損失の累計額をその他の資本の構成要素から利益剰余金に振り替えております。

　なお，その他の包括利益を通じて公正価値で測定する金融資産からの配当金は，金融収益として純損益で認識しております。

(d) 純損益を通じて公正価値で測定する金融資産

　上記の償却原価で測定する金融資産又はその他の包括利益を通じて公正価値で測定する金融資産以外の金融資産は，純損益を通じて公正価値で測定する金融資産に分類しております。なお，当社グループは，当初認識時において，純損益を通じて公正価値で測定する金融資産として，取消不能の指定を行ったものはありません。

　当初認識後は公正価値で測定し，事後的な変動は純損益で認識しております。

2）金融資産の減損

　償却原価で測定する金融資産の予想信用損失及びその他の包括利益を通じて公正価値で測定する金融資産（負債性金融商品）の予想信用損失に対して損失評価引当金として計上しております。金融資産に係る損失評価引当金の繰入額は，純損益で認識しております。損失評価引当金を減額する事象が発生した場合は，損失評価引当金の戻入額を純損益で認識しております。

3）金融負債

　金融負債は当初認識時に償却原価で測定する金融負債と純損益を通じて公正価値で測定する金融負債に分類しております。金融負債は，当社グループが当該金融負債の契約当事者になる取引日に当初認識しております。償却原価で測定する金融負債は，公正価値に当該金融負債に直接起因する取引コストを減算した金額で当初測定しておりますが，純損益を通じて公正価値で測定する金融負債は，公正価値で当初測定しております。

　金融負債が消滅したとき，すなわち，契約中に特定された債務が免責，取消し，又は失効となったときに認識を中止しております。

(a) 償却原価で測定する金融負債

　償却原価で測定する金融負債は，当初認識後は実効金利法に基づく償却原価で測定しております。

528　第6章　IFRS等適用会社の連結計算書類

(b)　純損益を通じて公正価値で測定する金融負債

　　純損益を通じて公正価値で測定する金融負債は，当初認識後は公正価値で測定し，事後的な変動は純損益で認識しております。

4 ）デリバティブ及びヘッジ会計

　　当社グループでは，為替変動リスクや金利変動リスクなどをヘッジするために，先物為替予約取引や金利スワップ取引などのデリバティブ取引を行っております。

　　ヘッジ会計の適用に当たっては，ヘッジ取引開始時に，ヘッジ対象とヘッジ手段の対応関係並びにヘッジの実施についてのリスク管理目的及び戦略に関して，公式に指定し文書を作成しております。その文書は，ヘッジ手段の特定，ヘッジの対象となる項目又は取引，ヘッジされるリスクの性質及びヘッジされたリスクに起因するヘッジ対象の公正価値又はキャッシュ・フローの変動に対するエクスポージャーを相殺するに際してのヘッジ手段の有効性の評価方法が含まれます。ヘッジ有効性の継続的な評価は，各期末日又はヘッジ有効性の要求に影響を与える状況の重大な変化があったときのいずれか早い方に行っております。

　　デリバティブは公正価値で当初認識しております。当初認識後も公正価値で測定し，その事後的な変動は以下のとおり処理しております。

(a)　公正価値ヘッジ

　　ヘッジ手段であるデリバティブの公正価値変動は純損益で認識しております。また，ヘッジされたリスクに対応するヘッジ対象の公正価値の変動は，ヘッジ対象の帳簿価額を修正して，純損益で認識しております。

(b)　キャッシュ・フロー・ヘッジ

　　ヘッジ手段であるデリバティブの公正価値変動のうち有効なヘッジと判定される部分は，その他の包括利益に認識しております。ヘッジ非有効部分は純損益で認識されます。

　　当社グループでは，為替リスクをヘッジするキャッシュ・フロー・ヘッジ関係において，ヘッジ手段の直物要素の公正価値の変動のみを指定しています。先渡要素の公正価値の変動はヘッジのコストとして区分して会計処理しています。

　　その他の包括利益に認識した金額は，予定取引のヘッジがその後において非金融資産又は非金融負債の認識を生じさせるものである場合，又は非金融資産若しくは非金融負債に係るヘッジされた予定取引が公正価値ヘッジの適用される確定約定となった場合，その他の包括利益に認識した金額を当該非金融資産又は非金融負債の当初の帳簿価額に含めております。

第2節　IFRS 等適用会社の連結計算書類で求められる開示　529

　　　　上記以外のキャッシュ・フロー・ヘッジは，ヘッジされた予想将来キャッ
　　シュ・フローが純損益に影響を与える会計期間においてその他の資本の構成
　　要素から純損益に振り替えております。ただし，当該金額が損失であり，当
　　該損失の全部又は一部が将来の期間において回収されないと予想する場合
　　は，回収が見込まれない金額を，直ちに純損益に振り替えております。

　　　　ヘッジ手段が消滅，売却，終了又は行使された場合，ヘッジがヘッジ会計
　　の要件を満たしていない場合は，ヘッジ会計を将来に向けて中止しておりま
　　す。予定取引の発生がもはや見込まれない場合は，その他の包括利益に認識
　　した金額は，直ちにその他の資本の構成要素から純損益に振り替えておりま
　　す。

(c)　ヘッジ指定されていないデリバティブ
　　　デリバティブの公正価値の変動は純損益で認識しております。

（記載例）　棚卸資産の評価基準および評価方法　　　　　（丸紅㈱　2024年3月期）

(2)　棚卸資産の評価基準及び評価方法
　　　棚卸資産は主に商品，製品及び販売用不動産で構成されており，取得原価（主
　に個別法又は移動平均法）と正味実現可能価額とのいずれか低い金額で測定し
　ております。
　　　棚卸資産を評価減する原因となった従前の状況がもはや存在しない場合，又
　は経済的状況の変化により正味実現可能価額の増加が明らかである証拠がある
　場合には，評価減の戻入れを行っております。
　　　なお，短期的な市場価格の変動により利益を獲得することを意図して棚卸資
　産を保有している場合，当該棚卸資産は販売費用控除後の公正価値で測定して
　おります。

（記載例）　有形固定資産の評価基準，評価方法および減価償却方法
　　　　　　　　　　　　　　　　　　　　　（LINE ヤフー㈱　2024年3月期）

❶　有形固定資産
　　　有形固定資産は，原価モデルを採用し，取得原価から減価償却累計額および
　減損損失累計額を控除した金額で計上しています。取得原価には，資産の取得
　に直接関連する費用，資産の解体・除去および土地の原状回復費用が含まれて
　います。
　　　減価償却費は，土地および建設仮勘定を除き，見積耐用年数にわたって定額
　法で計上しています。

530　第6章　IFRS等適用会社の連結計算書類

　　主要な有形固定資産の見積耐用年数は以下のとおりです。
　　・建物および構築物　　　　2年～50年
　　・工具，器具および備品　　2年～20年
　　・機械装置および運搬具　　2年～15年
　減価償却方法，耐用年数および残存価額は，連結会計年度末に見直しを行い，変更がある場合は，会計上の見積りの変更として将来に向かって適用しています。

（記載例）　無形資産およびのれんの評価基準，評価方法および償却方法

（伊藤忠商事㈱　2024年3月期）

7．のれん及び無形資産
　(1)　のれん
　　のれんは，償却を行わず，少なくとも年に1度，更には減損の可能性を示す事象または状況の変化が生じた場合はその都度，資金生成単位を基礎とした減損テストを実施しております。
　(2)　無形資産
　　無形資産は，原価モデルを採用し，取得原価から償却累計額及び減損損失累計額を控除した額で測定しております。また，開発活動による支出について，信頼性をもって測定可能であり，開発の結果により将来経済的便益を得られる可能性が高く，かつ当社及び子会社が当該開発を完了させ，成果物を使用または販売する意図及び十分な資源を有している場合においては，当該開発活動による支出を無形資産として認識しております。
　　無形資産は，耐用年数が確定できないものを除き，当該資産が使用可能な状態となったときから，主として，見積耐用年数（商標権及びその他無形資産は5年～42年，ソフトウエアは3年～10年）に基づく定額法により，償却を行っております。各会計期間に配分された償却費は，純損益として認識しております。
　　無形資産の残存価額，耐用年数及び償却方法については，毎期末見直しを行い，必要に応じて改定しております。
　　当社及び子会社は，一部の商標権等について耐用年数を確定できない無形資産を有しております。耐用年数を確定できない無形資産については，償却を行わず，少なくとも年に1度，更には減損の可能性を示す事象または状況の変化が生じた場合はその都度，資金生成単位を基礎とした減損テストを実施しております。

第2節 IFRS等適用会社の連結計算書類で求められる開示 531

（記載例） リースに関する事項

（アサヒグループホールディングス㈱ 2023年12月期）

⑤ リース

（i） 借手としてのリース

当社グループは，リースの開始日に使用権資産とリース負債を認識します。使用権資産は，取得原価で当初測定しております。この取得原価は，リース負債の当初測定額に，開始日又はそれ以前に支払ったリース料を調整し，発生した当初直接コストと原資産の解体及び除去，原資産又は原資産の設置された敷地の原状回復の際に生じるコストの見積りを加え，受領済みのリース・インセンティブを控除して算定します。当社グループは，連結財政状態計算書において，使用権資産を「有形固定資産」及び「無形資産」に，リース負債を「その他の金融負債」に含めて表示しております。

当初認識後，使用権資産は，開始日から使用権資産の耐用年数の終了時又はリース期間の終了時のいずれか早い方の日まで，定額法により減価償却します。使用権資産の見積耐用年数は，自己所有の有形固定資産と同様に決定します。さらに，使用権資産は，該当ある場合，減損損失によって減額され，特定のリース負債の再測定に際して調整されます。

リース負債は，開始日時点で支払われていないリース料をリースの計算利子率又は計算利子率を容易に算定できない場合には当社グループの追加借入利子率で割り引いた現在価値で当初測定しております。通常，当社グループは割引率として追加借入利子率を用いております。

また，当社グループは，短期リース及び少額資産のリースにつき，認識の免除規定を適用しております。

（ii） 貸手としてのリース

当社グループが貸手となるリースについては，リース契約時にそれぞれのリースをファイナンス・リース又はオペレーティング・リースに分類します。

それぞれのリースを分類するにあたり，当社グループは，原資産の所有に伴うリスクと経済価値が実質的にすべて移転するか否かを総合的に評価しております。移転する場合はファイナンス・リースに，そうでない場合はオペレーティング・リースに分類します。この評価の一環として，当社グループは，リース期間が原資産の経済的耐用年数の大部分を占めているかなど，特定の指標を検討します。

当社グループが中間の貸手である場合，ヘッドリースとサブリースは別個に会計処理します。サブリースの分類は，原資産ではなくヘッドリースから生じる使用権資産を参照して判定します。ヘッドリースが上記の免除規定を

532　第6章　IFRS等適用会社の連結計算書類

適用して会計処理する短期リースである場合，サブリースはオペレーティング・リースとして分類します。当社グループは，連結財政状態計算書において，当該サブリースに係る貸手のファイナンス・リースを「営業債権及びその他の債権」及び「その他の非流動資産」に含めて表示しております。

記載例　非金融資産の減損　　　（キリンホールディングス㈱　2023年12月期）

⑤　非金融資産の減損

当社グループは，のれん及び耐用年数が確定できない無形資産について，少なくとも年1回減損テストを行っており，さらに減損の兆候がある場合には，その都度減損テストを行っております。

当社グループでは，報告日現在で，棚卸資産，繰延税金資産，退職給付に係る資産を除く非金融資産の減損の兆候の有無を判断しております。なお，持分法適用会社に対する投資の帳簿価額の一部を構成するのれんは別個に認識されておらず，個別に減損テストを実施しておりませんが，持分法適用会社に対する投資の総額を単一の資産として減損の兆候を判定し，減損テストを行っております。

減損の兆候がある場合又は年次で減損テストが要求されている場合には，各資産の回収可能価額の算定を行っております。個別資産についての回収可能価額の見積りが不可能な場合には，当該資産が属する資金生成単位の回収可能価額を見積っております。

資産又は資金生成単位の回収可能価額は，処分コスト控除後の公正価値と使用価値のいずれか高い方の金額で測定しております。使用価値は，見積った将来キャッシュ・フローを現在価値に割り引くことにより算定しており，使用する割引率は，貨幣の時間価値，及び当該資産に固有のリスクを反映した利率を用いております。

資産又は資金生成単位の回収可能価額が帳簿価額より低い場合にのみ，当該資産の帳簿価額をその回収可能価額まで減額し，純損益として認識しております。

過年度に減損を認識した，のれん以外の資産又は資金生成単位については，報告日において過年度に認識した減損損失の減少又は消滅している可能性を示す兆候の有無を判断しております。そのような兆候が存在する場合には，当該資産又は資金生成単位の回収可能価額の見積りを行い，回収可能価額が帳簿価額を超える場合，算定した回収可能価額と過年度で減損損失が認識されていなかった場合の減価償却累計額又は償却累計額控除後の帳簿価額とのいずれか低い方を上限として，減損損失を戻入れております。減損損失の戻入れは，直ち

第2節　IFRS 等適用会社の連結計算書類で求められる開示　533

に純損益として認識しております。

（記載例）　引当金の計上基準　　　　（ENEOS ホールディングス㈱　2024年3月期）

② 　引当金の計上基準

　　引当金は，過去の事象の結果として現在の法的または推定的義務を有しており，当該債務を決済するために経済的便益を有する資源の流出が必要となる可能性が高く，その金額を信頼性をもって見積ることができる場合に認識します。

　　引当金は，債務の決済に必要と見込まれる支出に，貨幣の時間価値に対する現在の市場の評価と当該債務に固有のリスクを反映した税引前の割引率を用いて，現在価値で測定します。時間の経過による引当金の増加は利息費用として認識します。

（記載例）　外貨換算　　　　　　　　　　　　　　　　（㈱アマダ　2024年3月期）

(3) 　外貨換算

① 　機能通貨及び表示通貨

　　当社グループの各企業の個別財務諸表は，それぞれの機能通貨で作成しております。当社グループの連結計算書類は，当社の機能通貨である日本円で表示しております。

② 　外貨建取引

　　外貨建取引については，取引日における直物為替レートにより機能通貨に換算しております。期末日における外貨建貨幣性項目は期末日の為替レートを用いて機能通貨に換算し，外貨建非貨幣性項目は取得原価で測定されているものは取引日の為替レート，公正価値で測定されているものは，公正価値が算定された日の為替レートを用いて換算しております。

　　為替換算差額は，原則として発生する期間の純損益に認識しております。ただし，非貨幣性項目の利得又は損失がその他の包括利益に認識される場合においては，為替換算差額もその他の包括利益に認識しております。

③ 　在外営業活動体

　　在外営業活動体の資産及び負債（取得により発生したのれん及び公正価値の調整を含む）については期末日の為替レート，収益及び費用については当該期間中の為替レートが著しく変動していない限り，期中平均為替レートを用いて換算しております。在外営業活動体の財務諸表の換算から生じる為替

534　第6章　IFRS等適用会社の連結計算書類

換算差額は，その他の包括利益として認識しており，累計額は資本のその他の資本の構成要素に分類しております。

在外営業活動体の累積換算差額は，在外営業活動体の処分による利得又は損失が認識される期間に純損益に振り替えられます。

記載例　収益認識　　　　　　　　　（JFEホールディングス㈱　2024年3月期）

⒁　収益

当社グループは，IFRS第9号「金融商品」に基づく利息および配当収益等を除き，以下の5ステップアプローチに基づき，顧客への財やサービスの移転との交換により，その権利を得ると見込む対価を反映した金額で収益を認識しております。

ステップ1：顧客との契約を識別する

ステップ2：契約における履行義務を識別する

ステップ3：取引価格を算定する

ステップ4：取引価格を契約における別個の履行義務へ配分する

ステップ5：履行義務を充足した時点で（または充足するに応じて）収益を認識する

鉄鋼事業における鉄鋼製品等の販売については，主として製品を出荷した時点で，顧客に製品の所有に伴う重大なリスクおよび経済価値が移転し，支払を受ける権利が確定するため，その時点で収益を認識しております。取引の対価は，履行義務を充足してから主として1年以内に受領しており，重大な金融要素は含んでおりません。

エンジニアリング事業における工事契約等については，主として，履行義務の充足に係る進捗度を見積り，当該進捗度に基づき一定の期間にわたり収益を認識しております。取引の対価は，主として，履行義務の充足とは別に契約期間中に段階的に受領するとともに，残額については履行義務をすべて充足したのち一定期間経過後に受領しております。一部の取引の対価については，重大な金融要素を含んでおります。一定の期間にわたり充足する履行義務については，収益を認識するために，原価に基づくインプット法を使用しております。原価に基づくインプット法は，財またはサービスに対する支配を顧客に移転する際の当社グループの履行を描写しないインプットの影響を除外しており，コストが進捗度に比例して発生しない状況では，発生したコストに限定して収益を認識するようにインプット法を調整することで，当社グループの履行を忠実に描写しております。

第2節　IFRS 等適用会社の連結計算書類で求められる開示　535

　　商社事業における鉄鋼製品等の販売については，主として製品を顧客に引き渡した時点で，顧客に製品の法的所有権，物理的占有，製品の所有に伴う重大なリスクおよび経済価値が移転し，支払を受ける権利が確定するため，その時点で収益を認識しております。なお，商社事業における一部の取引については，代理人業務を担う義務を負っております。取引の対価は，履行義務を充足してから主として1年以内に受領しており，重大な金融要素は含んでおりません。

　　当社グループが当事者として取引を行っている場合には，顧客から受け取る対価の総額で収益を表示しており，当社グループが第三者のために代理人として取引を行っている場合には，顧客から受け取る対価の総額から第三者のために回収した金額を差し引いた手数料の額で収益を表示しております。

（記載例）　従業員給付，退職後給付　　　　　　（㈱デンソー　2024年3月期）

⑧　従業員給付
　ⅰ）退職後給付
　　a）確定給付型制度
　　　　連結会社では，確定給付型の退職年金及び退職一時金制度を設けています。

　　　　確定給付型制度は，確定拠出型制度（下記 b 参照）以外の退職後給付制度です。確定給付型制度に関連する連結会社の純債務は，制度ごとに区別して，従業員が過年度及び当年度において提供したサービスの対価として獲得した将来給付額を見積もり，当該金額を現在価値に割り引くことによって算定しています。この計算は，毎年，年金数理人によって予測単位積増方式を用いて行っています。制度資産の公正価値は当該算定結果から差し引いています。確定給付制度が積立超過である場合には，将来掛金の減額又は現金等の返還という形で利用可能な将来の経済的便益の現在価値を資産上限額としています。

　　　　割引率は，連結会社の確定給付制度債務と概ね同じ満期日を有するもので，期末日において信用格付 AA の債券の利回りです。年金制度の改訂による従業員の過去の勤務に係る確定給付制度債務の増減は，純損益として認識しています。連結会社は，確定給付型制度の給付債務及び制度資産の再測定による債務の増減をその他の包括利益で認識し，累積額は直ちに利益剰余金に振り替えています。

　　b）確定拠出型制度
　　　　確定拠出型制度は，雇用主が一定額の掛金をほかの独立した企業に拠出し，その拠出額以上の支払について法的又は推定的債務を負わない退職後

給付制度です。確定拠出型制度の拠出は，従業員がサービスを提供した期間に費用として認識しています。

ⅱ）その他の長期従業員給付

永年勤続表彰等の長期従業員給付制度については，連結会社が，従業員から過去に提供された労働の結果として支払うべき現在の推定的債務を負っており，かつその金額を信頼性をもって見積もることができる場合に，それらの制度に基づいて見積もられる将来給付額を現在価値に割り引くことによって算定しています。

割引率は，当社の債務と概ね同じ満期日を有するもので，期末日において信用格付AAの債券の利回りです。

ⅲ）短期従業員給付

短期従業員給付については，割引計算は行わず，関連するサービスが提供された時点で費用として計上しています。

賞与については，連結会社が，従業員から過去に提供された労働の結果として支払うべき現在の法的又は推定的債務を負っており，かつその金額を信頼性をもって見積もることができる場合に，それらの制度に基づいて支払われると見積もられる額を負債として認識しています。

⑵ 会計上の見積りに関する注記

会社計算規則においては，第4章第2節**4⑸**に記載のとおり，注記表に区分して表示すべき項目として会計上の見積りに関する注記が定められている（計算規則98Ⅰ4の2，102の3の2）。IFRSにおいても見積りの不確実性の発生要因についての開示が求められている（IAS第1号125項，129項）。

（記載例） 会計上の見積りに関する注記　（㈱NTTデータグループ　2024年3月期）

（会計上の見積りに関する注記）

会計上の見積りにより当連結会計年度に係る連結計算書類にその額を計上した項目であって，翌連結会計年度に係る連結計算書類に重要な影響を及ぼす可能性があるものは次のとおりです。

1．非金融資産の評価

当連結会計年度の連結財政状態計算書には，有形固定資産1,914,447百万円，使用権資産259,883百万円，のれん1,321,773百万円，無形資産693,716百万円，投

資不動産25,323百万円が計上されています。

減損テストにおいて，回収可能価額は，使用価値と処分コスト控除後の公正
価値のいずれか高い方で算定しています。一部の減損テストにおける回収可能
価額として，処分コスト控除後の公正価値を用いており，その評価技法として
割引キャッシュ・フロー法及び類似企業比較法を併用しています。割引キャッ
シュ・フロー法では，経営者が承認した将来計画を基礎とし，将来キャッシュ・
フローを見積り，加重平均資本コストで割り引いて算定しており，算定の際に
は，永久成長率や加重平均資本コストなどの仮定が含まれ，これらの仮定が変
動した場合には，減損損失が生じる可能性があります。

2．受注損失引当金に関連する総原価の見積りの評価

当連結会計年度の連結財政状態計算書には，受注損失引当金8,433百万円（棚
卸資産と相殺後の金額）が計上されています。

受注損失引当金に関連する総原価の見積りについては，顧客又は技術の新規
性等から開発内容の個別性が高く，開発規模，生産性，開発工数及び外注単金
等の仮定が含まれ，これらの仮定が変動した場合には，引当金の計上金額が修
正される可能性があります。

3．繰延税金資産

当連結会計年度の連結財政状態計算書には，繰延税金資産234,943百万円が計
上されています。

繰延税金資産は，将来減算一時差異，繰越欠損金及び繰越税額控除について，
将来の課税所得により回収できる可能性が高い範囲内で認識していますが，将
来の課税所得の仮定の変動に伴い，回収可能と考えられる繰延税金資産の額が
変動する可能性があります。

4．退職給付に係る負債

当連結会計年度の連結財政状態計算書には，退職給付に係る負債170,219百万
円が計上されています。

退職給付に係る負債は，期末日現在の確定給付制度債務の現在価値から，制
度資産の公正価値を控除し算定していますが，確定給付制度債務の測定には，
割引率等の仮定が含まれ，これらの仮定の変動に伴い，退職給付に係る負債の
額が変動する可能性があります。

538 第6章 IFRS等適用会社の連結計算書類

(3) 連結財政状態計算書に関する注記

連結財政状態計算書に関する注記では，次の事項が開示されている。

① 資産から直接控除した引当金

記載例 資産から直接控除した引当金　　　　　　　　（㈱リコー　2024年3月期）

1．資産から直接控除した貸倒引当金	
(1) 流動資産	
営業債権およびその他の債権	7,230百万円
その他の金融資産	5,437百万円
(2) 非流動資産	
その他の金融資産	4,733百万円

② 担保に供している資産および担保に係る債務

記載例 担保に供している資産および担保に係る債務

（日本航空㈱　2024年3月期）

(3) 担保に供している資産および担保に係る債務	
（担保に供している資産）	
・航空機	396,651百万円
・その他	8,619百万円
（担保に係る債務）	
・1年内返済長期借入金	57,410百万円
・長期借入金	194,194百万円

担保提供資産は，金融機関との取引における一般的な取り決めにより，返済期限の到来した債務の元本および利息の返済がなされず債務不履行となった場合等に，当該担保を処分し，債務返済額に充当または相殺する権利を，金融機関が有することを約定されております。

なお，担保提供資産は，以下の3社が金融機関との間で締結した，各社設立の目的となる事業に係るシンジケート・ローン契約に基づく各社の債務を担保するために根質権を設定した資産を含んでおります。

・東京国際空港ターミナル株式会社（関連会社）

・熊本国際空港株式会社

第2節　IFRS 等適用会社の連結計算書類で求められる開示　539

> ・北海道エアポート株式会社

③　有形固定資産に係る減価償却累計額および減損損失累計額

(記載例)　有形固定資産に係る減価償却累計額および減損損失累計額

（日清食品ホールディングス㈱　2024年3月期）

> 3．有形固定資産の減価償却累計額　　　　　　　　　323,682百万円
> 　減価償却累計額には，減損損失累計額が含まれております。

④　保証債務

(記載例)　保証債務　　　　　　　　　　　　（東レ㈱　2024年3月期）

> 4．保証債務
> 　共同支配企業及び関連会社の銀行借入等に係るもの　　　1,392百万円
> 　住宅購入顧客ほかの銀行借入等に係るもの　　　　　　　5,815百万円

⑷　連結持分変動計算書に関する注記

連結持分変動計算書に関する注記では，次の事項が開示されている。

①　期末発行済株式総数

(記載例)　期末発行済株式総数　　　　　　　　（㈱ツガミ　2024年3月期）

(1)　発行済株式の総数に関する事項

株式の種類	当連結会計年度期首の株式数	当連結会計年度増加株式数	当連結会計年度減少株式数	当連結会計年度末の株式数
普通株式	50,000千株	一千株	一千株	50,000千株

(2)　自己株式の数に関する事項

株式の種類	当連結会計年度期首の株式数	当連結会計年度増加株式数	当連結会計年度減少株式数	当連結会計年度末の株式数
普通株式	1,824千株	768千株	139千株	2,453千株

(注)　自己株式数の増加は，自己株式の取得による増加768千株であります。
　　　自己株式数の減少は，ストック・オプションの行使による減少60千株，譲渡制限付株式報酬としての自己株式の処分による減少79千株であります。

540　第6章　IFRS等適用会社の連結計算書類

②　剰余金の配当

記載例　剰余金の配当　　　　　　　　　（ENEOSホールディングス㈱　2024年3月期）

(5)　剰余金の配当

①　配当金支払額

決議	株式の種類	配当金の総額 （百万円）	1株当たり 配当額（円）	基準日	効力発生日
2023年6月28日 定時株主総会	普通株式	（注1）33,281	11.0	2023年 3月31日	2023年 6月29日
2023年11月8日 取締役会	普通株式	（注2）33,281	11.0	2023年 9月30日	2023年 12月1日

(注)　1.　配当金の総額には，役員報酬BIP信託が保有する株式に対する配当金73百万円
が含まれます。

2.　配当金の総額には，役員報酬BIP信託が保有する株式に対する配当金71百万円
が含まれます。

②　基準日が当連結会計年度に属する配当のうち，配当の効力発生日が翌期と
なるもの

決議予定	株式の種類	配当の原資	配当金の総額 （百万円）	1株当たり 配当額（円）	基準日	効力発生日
2024年6月26日 定時株主総会	普通株式	利益剰余金	（注）32,986	11.0	2024年 3月31日	2024年 6月27日

(注)　配当金の総額には，役員報酬BIP信託が保有する株式に対する配当金63百万円が含
まれます。

③　新株予約権の目的となる株式の種類および数

記載例　新株予約権の目的となる株式の種類および数

（ブラザー工業㈱　2024年3月期）

(4)　当連結会計年度末の新株予約権の目的となる株式の種類及び数
普通株式　657,800株

⑸　金融商品に関する注記

会社計算規則においては，第4章第2節**10**に記載のとおり，重要性が乏しい
項目を除き，(1)金融商品の状況に関する事項，(2)金融商品の時価等に関する事

第2節　IFRS等適用会社の連結計算書類で求められる開示　541

項および(3)金融商品の時価の適切な区分ごとの内訳等に関する事項の記載が求められている（計算規則109Ⅰ）。

　指定国際会計基準に基づいて連結計算書類を作成している会社は，会社計算規則で定められている事項にあわせて，金融商品に関する注記を開示している。

（記載例）　金融商品に関する注記

（日鉄ソリューションズ㈱　2024年3月期）

Ⅶ．金融商品に関する注記

1．金融商品の状況に関する事項

(1)　資本管理方針

　　当社グループは将来にわたり競争力を維持強化し，企業価値を高めていくことが重要と考えております。

　　そのため，進展するDXニーズの着実な取り込み，高付加価値事業と総合的な企業価値の持続的向上，優秀な人材の獲得・育成の一層の強化，内部統制・リスクマネジメント徹底の継続等による事業成長に伴う資金需要及び広域災害等の事業リスクに備えて内部留保を確保するとともに，利益配分につきましては株主の皆様に対する適正かつ安定的な配当等を行うことを基本としております。

　　なお，資本効率の観点から親会社所有者帰属持分当期利益率（ROE）の維持・向上を図っております。

　　また，当社グループが適用を受ける重要な資本規制はありません。

(2)　財務上のリスク

　　当社グループの事業活動は，事業環境・金融市場環境による影響を受けます。事業活動の過程で保有する金融商品は固有のリスクに晒されます。リスクには，主に①市場リスク，②信用リスク，③流動性リスクが含まれます。

①　市場リスク

(ⅰ)　価格変動リスク

　　当社グループの営業活動において商品価格の変動により影響を受ける重要な取引はありません。そのため，商品価格の変動が当社グループの純損益に与える影響はありません。

(ⅱ)　株価変動リスクの内容及び管理方針

　　当社グループは，主に取引先企業との業務又は資本提携等を目的とし

て資本性金融資産を保有しており，市場価格の変動リスクに晒されております。当該リスクに対しては，定期的に市場価格や発行体（取引先企業）の財務状況等を把握し，取引先企業との関係を勘案して，保有状況を継続的に見直しております。

② 信用リスク

営業債権（受取手形及び売掛金）及びその他の債権，並びに契約資産は，顧客等の信用リスクに晒されております。当社は，与信管理規程に従い，営業債権及び契約資産について，主要な取引先の状況を定期的にモニタリングし，取引相手ごとに期日及び残高を管理するとともに，財務状況の悪化等による回収懸念の早期把握に努め，信用リスクの軽減を図っております。連結子会社についても，当社の与信管理規程に準じて，同様の管理を行っております。

償却原価で測定する負債性金融資産は，債券の発行体等の信用リスクに晒されております。債券の運用については資金運用管理方針に従い，格付の高い相手先のみを対象とし，リスクの集中を最小限にとどめております。

上記以外に重要な信用リスクに晒されている金融商品は認識しておりません。

決算日における，保証や獲得した担保の評価額を考慮に入れない信用リスクに対する最大エクスポージャーは，連結財政状態計算書に表示されている帳簿価額になります。なお，特定の取引先について，重要な信用リスクのエクスポージャーはなく，特段の管理を有する信用リスクの過度の集中はありません。

③ 流動性リスク

流動性リスクとは，当社グループが現金又はその他の金融資産により決済する金融負債に関連する債務を履行するにあたり，支払期日にその支払いを実行できなくなるリスクであります。

営業債務及びその他の債務，リース負債，その他の金融負債は流動性リスクに晒されておりますが，当社グループでは，適時資金計画を作成・更新し，流動性リスクを管理しております。また，突発的な資金需要に対しては，大手各行及び親会社である日本製鉄㈱に対し当座借越枠を確保することにより，流動性リスクに備えております。

第2節　IFRS等適用会社の連結計算書類で求められる開示　543

2．金融商品の公正価値等に関する事項
　公正価値の測定方法
　金融資産及び金融負債の公正価値は，次のとおり測定しております。
　① 営業債権及びその他の債権（受取手形，売掛金），営業債務及びその他の債務（支払手形，買掛金，未払金）
　　　主に短期間で決済されるため，帳簿価額が公正価値の合理的な近似値となっていることから，公正価値の開示を省略しております。

　② その他の金融資産，その他の金融負債
　　　その他の金融資産のうち，3ヶ月超の定期預金については，短期間で決済されるため，帳簿価額が公正価値の合理的な近似値となっております。
　　　その他の包括利益を通じて公正価値で測定する資本性金融資産のうち，上場株式の公正価値は，市場価格によって算定しております。非上場株式の公正価値は，当該株式の独立の第三者間取引による直近の取引価格を用いる評価技法及び将来キャッシュ・フローの割引現在価値に基づく評価技法等により算定しております。
　　　純損益を通じて公正価値で測定する負債性金融資産は，活発な市場での公表価格が入手できる場合は，公表価格を用い，活発な市場での公表価格が入手できない場合は，金利及びデフォルト率等を使用した利用可能な情報に基づく適切な評価方法により見積っております。純損益を通じて公正価値で測定する資本性金融資産のうち，投資事業組合への出資金については，組合財産の公正価値を見積もった上，当該公正価値に対する持分相当額を算定しております。
　　　それ以外の金融資産及び金融負債は，その将来キャッシュ・フローを見積り，その信用リスクを加味した割引率で現在価値に割り引いて公正価値を測定しております。

3．公正価値のヒエラルキー
　　金融資産及び金融負債の公正価値は，次のとおり分類しております。
　　レベル1：活発な市場における同一の資産又は負債の公表市場価格により測定した公正価値
　　レベル2：レベル1以外の資産又は負債について，直接又は間接的に観察可能なインプットにより測定した公正価値
　　レベル3：観察可能な市場データに基づかない，観察不能なインプットにより測定した公正価値
　　金融商品のレベル間の振替は，当連結会計年度末において認識しておりま

544 第6章 IFRS等適用会社の連結計算書類

す。当連結会計年度末において，レベル間の重要な振替が行われた金融商品は
ありません。

(1) 公正価値で測定する金融商品

公正価値で測定する金融資産の公正価値のレベル別内訳は次のとおりであります。

当連結会計年度末（2024年3月31日）

（単位：百万円）

	レベル1	レベル2	レベル3	合計
純損益を通じて公正価値で測定する金融資産				
その他の金融資産				
社債	−	999	−	999
株式等	−	188	1,395	1,583
その他の包括利益を通じて公正価値で測定する金融資産				
その他の金融資産				
株式	57,588	−	2,282	59,870
合計	57,588	1,187	3,677	62,453

(2) レベル3に区分される公正価値測定に関する情報

レベル3に区分されたその他の金融資産は，主として非上場資本性金融資産であります。非上場資本性金融資産の公正価値は，対象となる金融商品の性質，特徴及びリスクを最も適切に反映できる評価手法及びインプットを用いて入手可能なデータにより測定しております。その結果は適切な権限者がレビュー及び承認をしております。

レベル3の金融商品に係る公正価値の測定は，関連する社内規程に従い実施しております。

なお，レベル3に分類される金融商品について，観察可能でないインプットを合理的に考え得る代替的な仮定に変更した場合の公正価値の増減は重要ではありません。

レベル3に分類された金融商品の期首残高から期末残高への調整表

(単位：百万円)

	当連結会計年度 （自 2023年4月1日 至 2024年3月31日）
期首残高	3,909
利得又は損失合計	△329
純損益	9
その他の包括利益	△338
取得	318
処分	△222
その他	1
期末残高	3,677
上記純損益の内，期末で保有する資産に関する未実現損益の変動に起因する額	△146

　純損益に認識した利得又は損失は，連結損益計算書の「金融収益」又は「金融費用」に含めております。

(3) 公正価値で測定しているもの以外の金融商品

　公正価値で測定しているもの以外の金融商品は，次のとおりであります。

　なお，短期間で決済され帳簿価額が公正価値の合理的な近似値となっている金融資産及び金融負債については，記載を省略しております。

(単位：百万円)

	当連結会計年度末 （2024年3月31日）	
	帳簿価額	公正価値
社債	16,080	15,975
差入保証金	6,056	5,761

　上記の公正価値ヒエラルキーはレベル2で区分しております。

546　第6章　IFRS等適用会社の連結計算書類

⑹　1株当たり情報に関する注記

　1株当たり情報に関する注記として，1株当たり親会社所有者帰属持分，基本的1株当たり当期利益，および希薄化後1株当たり当期利益が開示されている。

（記載例）　1株当たり情報に関する注記

（パーソルホールディングス㈱　2024年3月期）

8．1株当たり情報に関する注記	
1株当たり親会社所有者帰属持分	84円15銭
基本的1株当たり当期利益	13円22銭
希薄化後1株当たり当期利益	13円14銭
（注）当社は，2023年10月1日付で普通株式1株につき10株の割合で株式分割を行っております。当連結会計年度の期首に当該分割が行われたと仮定して，1株当たり親会社所有者帰属持分，基本的1株当たり当期利益及び希薄化後1株当たり当期利益を算定しております。	

⑺　収益認識に関する注記

　会社計算規則においては，第4章第2節**17**に記載のとおり，⑴収益の分解情報，⑵収益を理解するための基礎となる情報および⑶当期および翌期以降の収益の金額を理解するための情報の記載が求められている（計算規則115の2Ⅰ）。

　指定国際会計基準に基づいて連結計算書類を作成している会社は，会社計算規則で定められている事項にあわせて開示している。

第2節　IFRS等適用会社の連結計算書類で求められる開示　547

記載例　**収益認識に関する注記**　（㈱オープンアップグループ　2024年6月期）

7．収益認識に関する注記

(1)　収益の分解

（単位：百万円）

| | 報告セグメント | | | | | その他 | 連結
（非継続
事業調整前） | 非継続事
業へ振替 | 連結
（非継続事
業調整後） |
	機電・ IT領域	建設 領域	製造 領域	海外 領域	計				
収益認識の時期									
一時点で移転される財	469	644	27	533	1,674	132	1,806	△27	1,779
一定期間にわたり移転 するサービス	90,595	44,349	7,966	34,981	177,892	1,520	179,413	△7,966	171,446
合計	91,064	44,994	7,993	35,514	179,566	1,653	181,219	△7,993	173,225

　　当社グループには機電・IT領域，建設領域，製造領域及び海外領域とその他の戦略事業単位があり，主な履行義務の内容及び当該履行義務を充足する通常の時点は以下のとおりであります。

①　機電・IT領域，建設領域，製造領域及び海外領域

　　当該事業領域は，製造業の技術開発部門及び製造部門を対象とした人材サービス及び業務の請負・受託等のトータルサービスを国内外にて展開しております。これらのサービスは，主に契約期間にわたりサービスに対する支配が顧客に移転することから，一定の期間にわたり履行義務が充足されると判断しており，当該サービスの進捗度に応じて収益を認識しています。人材サービス及び業務の請負・受託等の取引の対価は，主に労働の対価及び成果物の対価としての請求となっており，派遣業務に係る通勤交通費見合いの額等は，当該サービス提供の対価の一部であり，当社グループの役割が本人に該当する取引は，総額で収益を認識しております。また，取引の対価は，概ね3か月以内に受領しております。また，人材紹介料として，一部の取引先に対して，当社技術者等が取引先に入社した時点で履行義務を充足することから，その時点で収益を認識しております。なお，顧客から受け取ったまたは受け取る対価のうち，将来返金されると見込まれる収益の額として，売上収益に返金実績率を乗じた額を，返金負債に計上しております。

②　その他

　　当該事業領域は，オンラインプログラミング学習サービスなどを行っており，サービス提供期間（講座の受講期間）に対応して売上収益として按

分しております。また，人材紹介料として，一部の取引先に対して，プログラミング学習サービス受講者等が取引先に入社した時点で履行義務を充足することから，その時点で収益を認識しております。なお，顧客から受け取ったまたは受け取る対価のうち，将来返金されると見込まれる収益の額として，売上収益に返金実績率を乗じた額を，返金負債に計上しております。

なお，当社は2023年11月27日に，株式会社ビーネックスパートナーズの全株式をUTグループ株式会社に譲渡する契約を締結し，2024年4月1日付で株式を譲渡いたしました。これに伴い，製造領域である株式会社ビーネックスパートナーズの事業を非継続事業に区分しております。

ただし，報告セグメントの製造領域には，非継続事業に区分した株式会社ビーネックスパートナーズの製造業の顧客に対する製造現場の請負・受託・派遣事業を含めております。

(2) 契約残高

顧客との契約から生じた債権，契約資産及び契約負債の内訳は以下のとおりであります。

(単位：百万円)

	当連結会計年度期首 （2023年7月1日）	当連結会計年度 （2024年6月30日）
顧客との契約から生じた債権	22,132	24,412
契約資産	110	121
契約負債	572	549

当連結会計年度に認識された収益について，期首現在の契約負債残高に含まれていた金額は，572百万円であります。また，当連結会計年度において，過去の期間に充足（又は部分的に充足）した履行義務から認識した収益に重要な金額はありません。

連結財政状態計算書上，契約資産は「営業債権及びその他の債権」に，契約負債は「その他の流動負債」に計上しております。契約資産は主に，請負契約において進捗度の測定に基づき認識した収益に係る権利であり，当社グループの権利が無条件になった時点で顧客との契約から生じた債権に振り替えられます。契約負債は主に，サービスの提供前に顧客から受け取った前受金であります。契約負債は，収益の認識に伴い取り崩されます。

(3) 残存履行義務に配分した取引価格

　　当社グループは，個別の予想契約期間が1年を超える重要な取引はありません。また，顧客との契約から生じる対価の中に，取引価格に含まれていない重要な金額はありません。

（対応する会計方針に関する事項の注記）

⑪　収益の計上基準

　　当社グループでは，IFRS第9号「金融商品」に基づく利息及び配当収益等を除き，顧客との契約について，以下のステップを適用することにより，収益を認識しております。

　　ステップ1：顧客との契約を識別する。

　　ステップ2：契約における履行義務を識別する。

　　ステップ3：取引価格を算定する。

　　ステップ4：取引価格を契約における履行義務に配分する。

　　ステップ5：履行義務の充足時に（又は充足するにつれて）収益を認識する。

　　当社グループは，主に製造業の技術開発部門及び製造部門を対象とした人材サービス及び業務の請負・受託等のトータルサービスを国内外にて展開しております。

　　これらのサービスは，主に契約期間にわたりサービスに対する支配が顧客に移転することから，一定の期間にわたり履行義務が充足されると判断しており，当該サービスの進捗度に応じて収益を認識しております。なお，派遣契約の進捗度は，顧客との労働者派遣契約に基づいて顧客に派遣した，当社グループと雇用契約を締結した派遣スタッフの派遣期間の稼働実績に基づき測定しております。

　　なお，これらの契約に重大な金融要素は含まれておりません。

　　その他，オンラインプログラミング学習サービスなどを行っており，サービス提供期間（講座の受講期間）に対応して売上収益として按分しております。

550　第6章　IFRS等適用会社の連結計算書類

第6章　「IFRS等適用会社の連結計算書類」の事例索引

項目	記載内容	会社名	掲載頁
連結計算書類における特則	指定国際会計基準に基づいた連結計算書類①	ナブテスコ㈱	516
	指定国際会計基準に基づいた連結計算書類②	㈱マキタ	519
	指定国際会計基準に基づいて連結計算書類を作成している旨	三菱電機㈱	522
	米国基準に基づいて連結計算書類を作成している旨	オムロン㈱	523
連結計算書類の作成のための基本となる重要な事項に関する注記	連結の範囲に関する事項	㈱LITALICO	524
	持分法の適用に関する事項	塩野義製薬㈱	525
	金融商品の評価基準および評価方法	味の素㈱	526
	棚卸資産の評価基準および評価方法	丸紅㈱	529
	有形固定資産の評価基準，評価方法および減価償却方法	LINEヤフー㈱	529
	無形資産およびのれんの評価基準，評価方法および償却方法	伊藤忠商事㈱	530
	リースに関する事項	アサヒグループホールディングス㈱	531
	非金融資産の減損	キリンホールディングス㈱	532
	引当金の計上基準	ENEOSホールディングス㈱	533
	外貨換算	㈱アマダ	533
	収益認識	JFEホールディングス㈱	534
	従業員給付，退職後給付	㈱デンソー	535
	会計上の見積りに関する注記	㈱NTTデータグループ	536
連結財政状態計算書に関する注記	資産から直接控除した引当金	㈱リコー	538

第6章 「IFRS等適用会社の連結計算書類」の事例索引　551

項目	記載内容	会社名	掲載頁
	担保に供している資産および担保に係る債務	日本航空㈱	538
	有形固定資産に係る減価償却累計額および減損損失累計額	日清食品ホールディングス㈱	539
	保証債務	東レ㈱	539
連結持分変動計算書に関する注記	期末発行済株式総数	㈱ツガミ	539
	剰余金の配当	ENEOSホールディングス㈱	540
	新株予約権の目的となる株式の種類および数	ブラザー工業㈱	540
金融商品に関する注記	金融商品に関する注記	日鉄ソリューションズ㈱	541
1株当たり情報に関する注記	1株当たり情報に関する注記	パーソルホールディングス㈱	546
収益認識に関する注記	収益認識に関する注記	㈱オープンアップグループ	547

●第 7 章

臨時計算書類

554　第7章　臨時計算書類

●第1節　臨時計算書類制度の概要

1　臨時計算書類制度の目的

　「臨時計算書類制度」とは，株式会社が，各事業年度に係る計算書類のほかに，最終事業年度の直後の事業年度に属する一定の日を臨時決算日として，臨時決算日における当該株式会社の財産の状況を把握するため，臨時決算日における貸借対照表および臨時決算日の属する事業年度の初日から臨時決算日までの期間に係る損益計算書を作成できる制度である（会社法441 I）。この臨時決算日については，本章第2節3に記載した制限を除き，会社が適宜定めることができる。

　臨時計算書類制度の目的として，臨時計算書類の作成により分配可能額に臨時計算期間の期間損益等を反映可能とし（会社法461 II ②・⑤），株主へのより柔軟な利益還元を可能にすることが挙げられる。

　また，上場企業等においては，適時の情報開示の重要性に鑑み半期報告書制度や四半期決算制度が存在し，会社法においても，株主や債権者に対する適時な財産状況等の開示制度の整備が重要であると考えられたことも，臨時計算書類制度の目的とされている。ただし，一定の要件を満たした場合には，臨時計算書類は株主総会へ報告されず（会社法441 IV，計算規則135），また臨時計算書類は公告あるいは電磁的方法による公開が求められていない（会社法440）。これらの定めからすれば，臨時計算書類の開示は限定的である。

2　配当財源の確保のための臨時計算書類制度の利用

　会社法のもとでは，株主総会の決議によって，または定款で定める取扱いに従い取締役会の決議によって，配当時期および回数に制限なく，いつでも配当の実施が可能である（会社法453，454，459）。この背景には，欧米のように株主への利益還元を迅速かつ機動的に実施し，株式価値を高めるための体制整備を望む産業界の強い要望もある。

第1節　臨時計算書類制度の概要　555

　臨時計算書類制度の活用により，会社は，各事業年度においても，1株当たり配当金額について安定的な配当を行ったり，あるいは業績が良好な時は高配当，悪化した時は配当の減額もしくはゼロ配当など，業績に応じた配当が可能となる。また，配当を実施するにあたっては，分配可能な剰余金が確保されていなければならない（会社法461）が，直前の事業年度末の貸借対照表に基づく分配可能額が十分でない場合に，臨時計算書類制度の活用により，図表7-1のとおり，臨時決算の損益を分配可能額に取り込んで配当財源を確保することが可能となる（会社法461Ⅱ②）。

　特にベンチャー企業のように，成長途上であって直前の事業年度末の剰余金額には余裕がないものの，当事業年度は利益獲得時期に入るような場合，株主に対する業績に応じた利益還元によって株式価値を向上できる等，新たな資金調達を円滑に進める経営戦略の選択も可能となる。

<図表7-1>　臨時決算を行った場合の分配可能利益（3月決算の例）

（決算配当）

前事業年度末現在における分配可能額 110
　決算配当 70
　残余分配可能額 40

配当後の分配可能額は
110-70＝40

（臨時決算）

臨時決算日までの獲得利益 100

臨時決算日までの獲得利益 100

臨時決算日までの分配可能額

臨時決算日までの獲得利益 100
残余分配可能額 40

臨時決算後の分配可能額は
40＋100＝140
（臨時決算を行わなければ分配可能額は40）

556 第7章 臨時計算書類

●第2節 臨時計算書類の作成と確定

1 臨時計算書類の内容

　臨時計算書類は，臨時決算日における貸借対照表（以下「臨時貸借対照表」という）および臨時決算日の属する事業年度の初日から臨時決算日までの期間に係る損益計算書（以下「臨時損益計算書」という）から構成される（会社法441 I）。なお，期中の損益等を反映させた分配可能額の算定という目的から，臨時計算書類は個別ベースで作成される。通常の計算書類等においては株主資本等変動計算書や注記表が作成されるが，図表7－2のとおり，臨時計算書類においてはそれらの作成は求められない。

<図表7－2> 臨時計算書類の構成

計算書類の構成	内　　容
臨時貸借対照表	臨時決算日における貸借対照表
臨時損益計算書	臨時決算日の属する事業年度の初日から臨時決算日までの期間に係る損益計算書
その他参考情報	少なくとも以下の注記を開示（臨時計算書類を構成しない） ● 継続企業の前提 ● 重要な会計方針（変更も含む） ● 重要な偶発事象および後発事象

2 臨時計算書類の作成基準

　臨時計算書類は，臨時計算書類の作成に係る期間に係る会計帳簿に基づき作成されなければならない（計算規則60 I・Ⅱ）。しかし，通常の計算書類等と同様に，会社法上，具体的な作成基準は規定されておらず，「株式会社の会計は，一般に公正妥当と認められる企業会計の慣行に従うものとする」（会社法431）とされている。日本公認会計士協会から「臨時計算書類の作成基準について」（会計制度委員会研究報告第12号，以下「臨時計算書類作成基準」という）が公

第2節　臨時計算書類の作成と確定　557

表されており，現時点においては，この臨時計算書類作成基準が臨時計算書類の作成にあたり参考となる指針である。

3　臨時計算書類の作成期間

　臨時計算書類の作成に係る期間は，当該事業年度の前事業年度の末日の翌日（当該事業年度の前事業年度がない場合は，成立の日）から臨時決算日までの期間であり（計算規則60Ⅰ），これを「臨時会計年度」という。

　「臨時決算日」は，最終事業年度の直後の事業年度に属する一定の日と定められており（会社法441Ⅰ），その「最終事業年度」は，計算書類について株主総会の承認を受けたもののうち最も遅いものとされている（会社法2Ⅰ㉔）。よって，前事業年度の計算書類が定時株主総会の承認，もしくは定時株主総会に上程する前の取締役会の承認を受けていない場合は，当事業年度に属する日を臨時決算日とする臨時計算書類を作成できない。

　なお，株式会社に最終事業年度がないときは，当該株式会社の成立の日から最初の事業年度が終結するまでの間，当該最初の事業年度に属する一定の日を臨時決算日とみなすことができる（計算規則60Ⅲ）。

4　臨時計算書類の作成手続

⑴　監査役または会計監査人の監査

　臨時計算書類は，監査役設置会社または会計監査人設置会社においては，監査役または会計監査人（監査等委員会設置会社の場合は監査等委員会および会計監査人，指名委員会等設置会社の場合は監査委員会および会計監査人）の監査を受ける必要がある。また，取締役会設置会社においては，取締役会の承認（監査を受ける必要がある場合は，監査を受けた臨時計算書類についての承認）を受ける必要がある（会社法441Ⅱ・Ⅲ）。

　会計監査人の臨時計算書類に係る監査基準は特別に定められていないが，臨時計算書類が，主に臨時決算日における分配可能額の算定のために作成されるため，事業年度に係る計算書類等の監査と同様，一般に公正妥当と認められる監査の基準に準拠した監査の実施が必要と考えられている。したがって，監査報告書における結論として，事業年度の計算書類に関する監査報告書に準じ，

558　第7章　臨時計算書類

臨時計算書類が，わが国において一般に公正妥当と認められる企業会計の基準
に準拠して，当該臨時計算書類に係る期間の財産および損益の状況をすべての
重要な点において適正に表示している旨の記載が行われる（監査基準報告書
700実務指針第1号「監査報告書の文例」30項）。

(2)　臨時計算書類に関する手続

　臨時計算書類の作成から確定までの手続は，各事業年度に係る計算書類と同
様であり，具体的には図表7－3の流れとなる（臨時計算書類作成基準2参照）。

＜図表7－3＞　臨時計算書類確定の流れ

主な流れ	内　　容	根拠条文
臨時計算書類の作成	取締役*1による臨時計算書類の作成	会社法441 I
監査役および会計監査人への提供*7	取締役*1による臨時計算書類の監査役*2および会計監査人への提供	計算規則125
会計監査人の監査*7	会計監査人による監査	会社法441 II
会計監査人の監査報告の作成*7	会計監査人による監査報告書の作成	計算規則126
特定監査役および特定取締役への会計監査人の監査報告の内容の通知*7	会計監査人による監査報告の内容の特定監査役*3および特定取締役への通知 通知期限は次のいずれか遅い日 ●臨時計算書類の全部を受領した日から4週間を経過した日 ●特定取締役，特定監査役*3および会計監査人の間で合意により定めた日	計算規則130 I②
会計監査人の職務の遂行に関する事項の通知*7	特定監査役*3に対する会計監査報告の内容の通知に際して，会計監査人の職務の遂行に関する事項を通知	計算規則131
監査役の監査	監査役*4による監査	会社法441 II
監査役の監査報告の作成	監査役による監査報告の作成*5	計算規則122*8, 127*7
監査役会の監査報告の作成	監査役会*4（監査役会設置会社に限る）による監査報告の作成	計算規則123*8, 128*7, 128の2*7, 129*7

監査役または監査役会の監査報告の通知	特定監査役[*3]による特定取締役および会計監査人への監査報告の内容の通知 通知期限は次のいずれか遅い日 ● 会計監査人の監査報告を受領した日から1週間を経過した日[*7] ● 臨時計算書類の全部を受領した日から4週間を経過した日[*9] ● 特定取締役および特定監査役[*3]の間で合意により定めた日	計算規則124 I ②[*8], 132 I ①[*7]
取締役会の承認	取締役会による承認	会社法441Ⅲ
株主総会の承認	株主総会による承認 ただし，臨時計算書類が法令および定款に従い株式会社の財産および損益の状況を正しく表示しているとして一定の要件[*6]に該当する場合は，承認は不要となり，株主総会への報告も不要 なお，承認を要する場合であっても，その招集に際して株主に対し臨時計算書類の提供は不要	会社法441Ⅳ 計算規則135[*7]
備置きおよび閲覧等	本店および支店において，それぞれ次の期間備置き ● 本店においては，臨時計算書類を作成した日から5年間 ● 支店においては，臨時計算書類を作成した日から3年間 株主および債権者はいつでも閲覧可能	会社法442 I・Ⅱ・Ⅲ
決算公告	必要なし	なし

* 1　指名委員会等設置会社においては執行役。
* 2　監査等委員会設置会社においては監査等委員会の指定した監査等委員，指名委員会等設置会社においては監査委員会の指定した監査委員。
* 3　監査等委員会設置会社においては監査等委員会が会計監査報告の内容の通知を受けると定めた監査等委員，指名委員会等設置会社においては監査委員会が会計監査報告の内容の通知を受けると定めた監査委員。
* 4　監査等委員会設置会社においては監査等委員会，指名委員会等設置会社においては監査委員会。
* 5　監査等委員会設置会社においては各監査等委員，指名委員会等設置会社においては各監査委員の監査報告の作成は不要。

560　第7章　臨時計算書類

* 6　次の要件をすべて満たす場合をいう。
  ① 無限定適正意見（計算規則126Ⅰ②イ）または，これに相当する事項が含まれている
  ② ①の会計監査報告に係る監査役，監査役会，監査等委員会または監査委員会の監査報告の内容として会計監査人の監査の方法または結果を相当でないと認める意見がない
  ③ 監査役会，監査等委員会または監査委員会の監査報告書の報告内容が，各監査役の監査報告の内容と異なる場合に，当該事項に係る各監査役の監査役監査報告の内容を付記した場合の当該付記事項が上記②の意見ではない
  ④ 特定監査役が監査役の監査報告の内容の通知をすべき日までに通知を行わず，当該通知をすべき日に監査役（監査等委員会設置会社においては監査等委員会，指名委員会等設置会社においては監査委員会）の監査を受けたとみなされた臨時計算書類ではない
  ⑤ 取締役会を設置している
* 7　会計監査人設置会社以外の株式会社では該当しない。
* 8　会計監査人設置会社以外の株式会社に該当。
* 9　会計監査人設置会社では該当しない。

5　臨時計算書類の監査スケジュール

　会社法では，臨時計算書類に関する会計監査人の監査報告の通知期限を，会計監査人が臨時計算書類の全部を受領した日から4週間を経過した日か，もしくは特定取締役，特定監査役と会計監査人が合意した日のいずれか遅い日とする定めがある（計算規則130Ⅰ②）。

●第3節　臨時計算書類の会計処理と開示

1　臨時計算書類の会計処理

⑴　会計処理の原則等（臨時計算書類作成基準4⑴，5⑴）

　臨時計算書類は，臨時会計年度の損益の確定および分配可能額への反映を制度の目的の1つとしている。よって，年度決算と同様に実績主義に基づき，臨時会計年度を1会計期間としたうえで，原則として年度決算に適用される会計処理の原則および手続に準拠して作成する。ただし，年度決算とは異なる臨時決算特有の会計処理が一部認められる。

　以下，臨時計算書類作成基準に基づき，臨時計算書類の会計処理について解

第3節　臨時計算書類の会計処理と開示　561

説する。

⑵　簡便的な処理が認められる項目（臨時計算書類作成基準 5 ⑵①・②）

　臨時計算書類は，原則として年度決算と同様の処理および手続に基づいて作成する。しかし，臨時決算日は事業年度の期中であり，例えば法人税等の税額計算や定率法を採用している場合における減価償却費の算定など，年度決算と同一の基準により処理できない項目が存在する。そのため，臨時計算書類作成基準においては，税金計算や費用配分に関する基準の一部について簡便法を認める「中間財務諸表作成基準」を基礎として，臨時決算特有の会計処理に関する指針が示されている。

　具体的には，図表 7 - 4 の項目が挙げられている。

<図表 7 - 4>　年度決算に比べて簡便的な処理が認められる事項

項　目	簡便的な処理
①　棚卸高の算定	適切に帳簿が記録されている場合に，前事業年度に係る実地棚卸高を基礎として，合理的な方法により算定できる。
②　定率法を採用している場合の減価償却費の算定	事業年度に係る減価償却費の額を期間按分する方法により減価償却費を計上できる。
③　退職給付費用の算定	事業年度の合理的な見積額を期間按分する方法により計上できる。
④　税金計算	利益に関連する金額を課税標準とする税金については，臨時会計年度を含む事業年度の税引前当期純利益に対する税効果会計適用後の実効税率を合理的に見積り，臨時会計年度の税引前純利益に当該見積実効税率を乗じる方法により計算できる。

⑶　年度決算と同様の処理が求められる項目（臨時計算書類作成基準 5 ⑴②）

　会計基準上，収益性の低下により貸借対照表の帳簿価額を切り下げる等の評価に関する会計処理の適用については，原則として年度決算と臨時決算とで取扱いに差異はない。この点を考慮して，一部の費用配分における簡便的処理方

562 第7章 臨時計算書類

法とは区別して，基本的に年度決算における処理と同様の取扱いが必要とされている。具体的には，税効果会計の適用による繰延税金資産の回収可能性の判断，有価証券の減損処理等が該当する。

これらの臨時決算における処理については，利害調整を目的とした分配可能額の算定に及ぼす影響を重視し，評価に関して厳格な手続を実施する必要がある。

⑷ 臨時決算とその後の決算との関係 （臨時計算書類作成基準4⑷）

① 臨時決算後の年度決算や臨時決算が複数回行われた場合における2回目以降の臨時決算

臨時決算後の年度決算や臨時決算が複数回行われた場合における2回目以降の臨時決算では，それらより前に行われた臨時決算における会計処理にかかわらず，会計期間全体を対象として改めて会計処理を行う対応になると考えられる。

会計制度上，年度の決算数値が臨時決算の有無やその頻度により左右されるような結果は想定されていない。また，臨時決算が複数回行われた場合，分配可能額も洗替えによって算定される（会社法461Ⅱ②・⑤，計算規則156，157，158⑤）。これは，臨時決算後の四半期決算および中間決算との関係においても同様である。

② 固定資産の減損処理の取扱い

上記①のとおり，臨時決算後の年度決算や臨時決算が複数回行われた場合における2回目以降の臨時決算では，会計期間全体を対象として改めて会計処理を行う。ただし，臨時会計年度において「固定資産の減損に係る会計基準」を適用して減損処理を行った場合は，その後の決算までに資産または資産グループに新たな減損の兆候があり追加的に減損損失を認識すべきであると判定する場合を除き，その後の決算において，会計期間全体を対象として改めて会計処理を行わない取扱いに留意する必要がある（「固定資産の減損に係る会計基準の適用指針」（企業会計基準適用指針第6号）63項，145項）。

③　有価証券の減損処理の取扱い

臨時決算において有価証券の減損処理（市場価格のない株式等について，入手した直近の財務諸表等をもとに行う減損処理や，時価のある債券について，信用リスクの増大に起因して時価が著しく下落したときに行う減損処理）を行う場合がある。その後の決算において財政状態の改善等が明らかになっている場合を除き，臨時決算において行った減損処理のその後の決算における戻入処理には慎重でなければならない（「金融商品会計に関するQ&A」（移管指針第12号）Q31）。

⑸　会計方針の変更について　（臨時計算書類作成基準5⑵③）

当事業年度における会計方針の変更は，事業年度と臨時会計年度，および臨時会計年度相互間における首尾一貫性の観点より，原則として，最初の臨時会計年度から行う。ただし，当初想定できなかった著しい環境の変化等が生じた場合など，臨時計算書類作成後の期間における変更がやむを得ないと判断される場合も考えられる。なお，「会計方針の開示，会計上の変更及び誤謬の訂正に関する会計基準」（企業会計基準第24号）の適用により，会計方針の変更は原則として遡及適用される。

2　臨時計算書類の表示と開示

⑴　臨時貸借対照表，臨時損益計算書の表示科目　（臨時計算書類作成基準6）

臨時計算書類の表示については，会社計算規則において特別な定めはないため，事業年度の計算書類における表示に準ずる。臨時計算書類の表示科目は，原則として前事業年度の計算書類の表示科目を継続して適用すると考えられる。しかし，臨時決算による分配可能額の算定に影響がない科目等については，簡便な表示を行う対応も認められる。

具体的な記載例については，臨時計算書類作成基準に，会社計算規則の表示科目に関する規定をもとに，財務諸表等規則の様式を参考にした記載例が提示されているので，そちらを参照されたい。

564　第7章　臨時計算書類

⑵　その他参考情報（注記事項）（臨時計算書類作成基準4⑵）

　　第2節1で説明したとおり，臨時計算書類の構成要素は，臨時貸借対照表と臨時損益計算書であり，個別注記表は含まれていない。そのため，臨時計算書類に対する注記は，臨時計算書類の構成要素として明確に含められているわけではない。

　　しかし，臨時計算書類は会計監査人による監査の対象となるため，いわゆる二重責任の原則の観点から，重要な会計方針に係る事項等は必要であると考えられる。加えて利害関係者への適切な情報提供の必要性を考慮し，臨時計算書類作成基準は，少なくとも継続企業の前提に関する注記，重要な会計方針に係る事項（会計方針の変更を含む）に関する注記，重要な偶発事象に関する注記および重要な後発事象に関する注記が必要とされている。

　　臨時計算書類における後発事象の取扱いについては，修正後発事象と開示後発事象に区分した検討が必要である。臨時決算日後に発生した修正後発事象については，計算書類の場合と同様にその影響を反映させるために臨時計算書類を修正する。また，臨時決算日後に発生した開示後発事象についても，計算書類の場合と同様に重要な後発事象に関する注記として記載する（監査基準報告書560実務指針第1号「後発事象に関する監査上の取扱い」）。

　　なお，継続企業の前提に関する開示については，「継続企業の前提に関する開示について」（監査・保証実務委員会報告第74号）を参考にする。臨時計算書類の作成は分配可能額に影響を及ぼすため，原則として年度決算に基づいて会計処理が行われるべきであると考えられる。それゆえ，少なくとも臨時決算日の翌日から1年間について継続企業の前提に関する評価の実施が求められ，特に慎重な検討が必要とされる。

●第4節　期中の財務報告との関係

1　利益配当および適時開示における相乗効果

　　臨時計算書類制度は，期中の財務報告（例えば，中間決算や四半期決算）と

も密接な関係を有している。株式会社が臨時決算を行うにあたっては，第1節1のとおり，最終事業年度の直後の事業年度に属する一定の日を臨時決算日として臨時計算書類を作成する。開示の有益性，事務処理の効率性等の諸事情を考慮し，期中の財務報告における決算日（四半期決算日に相当する日もしくは中間決算日に相当する日）とする対応も可能である。

2　期中の財務報告との相違

　臨時計算書類制度の最も重要な目的が，臨時決算日までの期間損益の分配可能額への反映であるのに対して，期中の財務報告は，情報開示の適時性，迅速性を重視した制度である。制度制定の趣旨の相違は，臨時計算書類および期中の財務報告における財務諸表の構成，作成基準，決算日程などに表れている。このため，臨時決算日が期中の財務報告における決算日と同一の場合，それぞれの作成基準により計算された損益が異なる結果となる場合もありうる。

　しかし，同じ日を決算日として作成する財務諸表の数値が2つある場合，利害関係者の理解に混乱を生じさせる可能性がある。このような場合には，臨時計算書類の作成基準が，期中の財務報告における財務諸表の作成基準と異なるため数値が異なる旨の注記を行うことが望ましい（臨時計算書類作成基準4(3)）。

●第**8**章

純資産の部および
配当可能利益の計算

568 第8章 純資産の部および配当可能利益の計算

●第1節 純資産の部

1 概　要

　貸借対照表における純資産の部の表示区分については，会社計算規則第76条で定められている（図表8－1参照）。これらは「貸借対照表の純資産の部の表示に関する会計基準」（企業会計基準第5号，以下「純資産会計基準」という）と同様の定めとなっている。また，純資産の部の期中における変動は，株主資本等変動計算書（計算規則96）において表示される。

　「包括利益の表示に関する会計基準」（企業会計基準第25号，以下「包括利益会計基準」という）は，当面の間，個別財務諸表には適用されない（包括利益会計基準16-2項）。そのため，純資産会計基準を包括利益会計基準の定めにあわせる改正は行われておらず，連結財務諸表についてのみ，「評価・換算差額等」を「その他の包括利益累計額」と読み替える（包括利益会計基準16項）。

　会社計算規則上，個別貸借対照表では，従来どおり「評価・換算差額等」と表記され，連結貸借対照表では「評価・換算差額等」または「その他の包括利益累計額」のいずれかによる表記が認められている（計算規則76Ⅰ①ロ，②ロ）。ただし，一般に公正妥当と認められる企業会計の基準のしん酌規定（計算規則3）を踏まえれば，連結貸借対照表上は「その他の包括利益累計額」と表記することが考えられる。

　また，「退職給付に関する会計基準」（企業会計基準第26号）第24項および第25項では，連結財務諸表において，数理計算上の差異の当期発生額および過去勤務費用の当期発生額のうち費用処理されない部分について，税効果を調整のうえ，「退職給付に係る調整累計額」等の科目をもって，その他の包括利益累計額に計上することが求められる。これを踏まえて，連結貸借対照表における純資産の部の評価・換算差額等またはその他の包括利益累計額に係る項目に「退職給付に係る調整累計額」が挙げられている（計算規則76Ⅶ⑤）。この「退職給付に係る調整累計額」は，①未認識数理計算上の差異，②未認識過去勤務費用，

第1節　純資産の部　569

<図表8−1>　貸借対照表における純資産の区分（計算規則76）

個別貸借対照表における純資産の部	連結貸借対照表における純資産の部
イ　株主資本 　一　資本金 　二　新株式申込証拠金 　三　資本剰余金 　　　資本準備金 　　　その他資本剰余金*1 　四　利益剰余金 　　　利益準備金 　　　その他利益剰余金*1 　五　自己株式 　六　自己株式申込証拠金 ロ　評価・換算差額等 　一　その他有価証券評価差額金 　二　繰延ヘッジ損益 　三　土地再評価差額金 ハ　株式引受権 ニ　新株予約権*3	イ　株主資本 　一　資本金 　二　新株式申込証拠金 　三　資本剰余金 　四　利益剰余金 　五　自己株式 　六　自己株式申込証拠金 ロ　その他の包括利益累計額*2 　一　その他有価証券評価差額金 　二　繰延ヘッジ損益 　三　土地再評価差額金 　四　為替換算調整勘定 　五　退職給付に係る調整累計額 ハ　株式引受権 ニ　新株予約権*3 ホ　非支配株主持分

＊1　適当な名称を付した科目への細分化が許容されている。
＊2　会社計算規則上は「その他の包括利益累計額」と「評価・換算差額等」のいずれか
　　の項目による表示ができる。
＊3　自己新株予約権に係る項目を控除項目として区分できる。

③その他退職給付に係る調整累計額への計上が適当であると認められる項目の
合計額（①＋②＋③）である（計算規則76Ⅸ③）。

2　払込みまたは給付による資本金および資本準備金の計上

⑴　概　要

　会社法においては，株式には額面についての規定がないため，株式会社にお
ける資本金の額には特段の意味は見出されない。また，会社設立時の払込額に

570 第8章 純資産の部および配当可能利益の計算

ついて下限が設定されていないため，資本金がゼロとなる可能性もある。会社法において定められている事項は，株主から払い込まれた資本のうち資本金に組み入れなければならない最低額および組み入れが可能な上限額である。

　株主が経済的な価値を会社に拠出するという取引はさまざまな局面で起こりうる。このため，それぞれの局面に応じて，資本金に振り替えるべき金額の上限（資本金等増加限度額）および下限，ならびに資本準備金に計上するべき額が図表8－2のとおり定められている。

＜図表8－2＞　資本金および資本準備金に計上する額

	資 本 金	資本準備金
原則	【上限】設立または株式の発行に際して株主となる者が当該株式会社に対して払込みまたは給付をした財産の額（会社法445Ⅰ） 【下限】払込みまたは給付に係る額の2分の1を超えない額は，資本金として計上しない取扱いが可能（会社法445Ⅱ）	左記上限額のうち，資本金に計上しない取扱いとした額（会社法445Ⅲ）
募集株式を引き受ける者の募集を行う場合（計算規則14）	【上限】*1　下記（①＋②－③）×株式発行割合*2－④ ①　払込みを受けた金銭の額*3 ②　現物出資財産の払込期日における価額*4 ③　募集株式の交付に係る費用の額のうち，株式会社が資本金等増加限度額から減ずると定めた額*5 ④*1　下記a－b 　a．当該募集に際して処分する自己株式の帳簿価額 　b．（①＋②－③）*1×自己株式処分割合*6 【下限】上限額の2分の1相当額	左記上限額のうち，資本金に計上しない取扱いとした額
取得請求権付株式，取得条項付株式，全部取得条項付種類株式の取得をする場合（計算規則15）	【上限および下限】ゼロ	ゼロ

株式無償割当てをする場合（計算規則16）	【上限および下限】ゼロ	ゼロ
新株予約権の行使があった場合（計算規則17）	【上限】*1 下記（①＋②＋③－④）×株式発行割合*2 －⑤ ① 新株予約権の帳簿価額 ② 払込みを受けた金銭の額*3 ③ 現物出資財産の行使時における価額*4 ④ 新株予約権の行使に応じて行う株式の交付に係る費用の額のうち，株式会社が資本金等増加限度額から減ずると定めた額*5 ⑤*1 下記 a－b 　a．当該取得に際して処分する自己株式の帳簿価額 　b．（①＋②＋③－④）*1×自己株式処分割合*6 【下限】上限額の2分の1相当額	左記上限額のうち，資本金に計上しない取扱いとした額
取得条項付新株予約権の取得をする場合（計算規則18）	【上限】*1 下記（①－②－③）×株式発行割合*2－④ ① 取得条項付新株予約権の価額 ② 取得条項付新株予約権の取得と引換えに行う株式の交付に係る費用の額のうち，株式会社が資本金等増加限度額から減ずると定めた額*5 ③ 株式会社が取得条項付新株予約権を取得するのと引換えに交付する財産（当該株式会社の株式を除く）の帳簿価額の合計額 ④*1 下記 a－b 　a．当該取得に際して処分する自己株式の帳簿価額 　b．（①－②－③）*1×自己株式処分割合*6 【下限】上限額の2分の1相当額	左記上限額のうち，資本金に計上しない取扱いとした額
単元未満株式売渡請求を受けた場合（計算規則19）	【上限および下限】ゼロ	ゼロ

572　第8章　純資産の部および配当可能利益の計算

会社法462条1項に規定する義務*7の履行を受けた場合（計算規則20）	【上限および下限】ゼロ	ゼロ
取締役等が株式会社に対して割当日後にその職務の執行として募集株式を対価とする役務を提供する場合（計算規則42の2）	【上限】*1 下記（①−②−③）×株式発行割合*2 ① 各事業年度の末日までに取締役等が株式会社に対してその職務の執行として提供した役務の公正な評価額 ② 取締役等が直前の事業年度末までに職務の執行として提供した役務の公正な評価額 ③ 募集株式の交付に係る費用の額のうち，株式会社が資本金等増加限度額から減ずると定めた額*5 【下限】上限額の2分の1相当額	左記上限額のうち，資本金に計上しない取扱いとした額
取締役等が株式会社に対して割当日前にその職務の執行として募集株式を対価とする役務を提供する場合（計算規則42の3）	【上限】*1 下記（①−②）×株式発行割合*2 ① 募集株式に係る割当日において，減少する株式引受権の帳簿価額 ② 募集株式の交付に係る費用の額のうち，株式会社が資本金等増加限度額から減ずると定めた額*5 【下限】上限額の2分の1相当額	左記上限額のうち，資本金に計上しない取扱いとした額

＊1　この計算結果全体がマイナスの場合はゼロ

＊2　株式発行割合＝株式発行数÷（株式発行数＋自己株式処分数）

＊3　当該払込みを受けた額による資本金等増加限度額の計算が適切でない場合には，その払込みをした者における払込直前の帳簿価額

＊4　以下の場合には，現物出資財産の給付をした者における給付直前の帳簿価額とする。
・現物出資を受ける株式会社と給付をした者とが共通支配下関係（計算規則2Ⅲ㉜）にある場合（当該現物出資財産に時価を付すべき場合を除く）
・給付を受けた現物出資財産の価額による資本金等増加限度額の計算が適切でない

＊5　株式交付費については，当分の間ゼロとして扱う（計算規則附則11）。

＊6　自己株式処分割合＝1－株式発行割合（＊2参照）
＊7　株式会社が会社法461条に定める分配可能額の制限に反して剰余金の分配等を行ってしまった場合，剰余金の分配に関する議案を提案した取締役等は会社に対して剰余金の分配を行った額に相当する金額を連帯して支払う義務を負う（会社法462Ⅰ）。

　上記のほか，合併，会社分割，株式交換および株式移転などの組織再編による資本金および資本準備金の計上については，会社計算規則において別途定められている。

⑵　資本金に組み入れる額の原則的な取扱い

　会社法においては，新株の発行と自己株式の処分はその経済的効果が実質的に同じであるため，これらを区分せず，あわせて「募集株式の発行等」という用語を用いている。株式の引受人を募集して，その対価として金銭等の財産を受け入れるという手続面において，これらは同一であるが，資本金等増加限度額の計算においては，その募集株式の発行等が新株の発行または自己株式の処分のいずれによるのかにより取扱いが異なる。このため，会社計算規則においては，それぞれの場合を想定した資本組入額計算が定められている。

①　払込額または給付額の計算

　募集株式の発行等により会社に流入した財産の額は，それぞれの場合に応じて図表8－3のとおり定められている（計算規則14Ⅰ①イ・ロ，②イ・ロ）。

<図表8－3>　募集株式の発行等により会社に流入した財産の額

金銭出資	a．下記b・c以外	払込みを受けた金銭の額
	b．外国通貨をもって払込みを受けた場合	払込みを受けた外国通貨につき払込期日（払込期間を定めた場合は払込みを受けた日）の為替相場に基づき算出された額
	c．払込みを受けた金銭の額による資本金等増加限度額の計算が適切でない場合	金銭の払込みをした者における払込み直前の帳簿価額

574　第8章　純資産の部および配当可能利益の計算

	d．下記 e・f 以外	現物出資財産の給付期日（給付期間を定めた場合は給付を受けた日）における価額
現物出資	e．給付を受けた株式会社と給付を行った者とが共通支配下関係にある場合（当該現物出資財産に時価を付すべき場合を除く）	現物出資財産の給付をした者における給付直前の帳簿価額
	f．給付を受けた現物出資財産の価額による資本金等増加限度額の計算が適切でない場合	

　どのような場合に図表8－3のcおよびfに当たるかについては，会社法および会社計算規則では明示されておらず，会計基準に委ねられている。

②　株式交付費

　会社計算規則では，募集株式の発行に伴い会社において発生した費用（株式交付費）を，資本金等増加限度額の計算上，払込額または給付額から控除する選択肢を設けている（計算規則14Ⅰ③）。これは，株式の交付に伴い支出した費用は，会社の資本を形成した結果とはならないという考え方に基づいている。

　歴史的には，これら株式交付費は「新株発行費」として繰延資産の一項目として取り扱われていたが，会社法制定により繰延資産を限定的に列挙しなくなったため，その取扱いは一般の会計慣行に委ねられている。

　株式交付費は，国際的な会計基準では資本の控除項目として取り扱われているが，わが国においては，「繰延資産の会計処理に関する当面の取扱い」（実務対応報告第19号）において，当面の間，費用として処理することとされている（繰延資産に計上し償却する処理を含む）。したがって，上記のような資本金等増加限度額の計算において株式交付費を控除する会計慣行はわが国では定着していないため，会社計算規則附則第11条により当分の間ゼロとされている。この規定は，今後の株式交付費に関する会計慣行の変化に備えて設けられているにすぎないと考えられる。

③ 自己株式を処分する場合の調整

上記のとおり，株式の引受人を募集して，その対価として金銭等の財産を受け入れるという手続面では新株の発行と自己株式の処分は同じであるが，資本金等増加限度額の計算では取扱いが異なる。

原則的な考え方として，払込額または給付額の合計額のうち新株の発行に見合う金額は資本金等増加限度額に含まれるが，自己株式の処分に見合う金額は含まれない。具体的には，募集株式の発行等により発行される株式数のうち，新株の発行に対応する部分の割合を「株式発行割合」（計算規則14Ⅰ），自己株式の処分に対応する部分の割合を「自己株式処分割合」（計算規則14Ⅰ④ロ）として，払込額または給付額の合計額にそれぞれの割合を乗じて，それぞれに見合う金額を計算する。

上記の計算による自己株式処分に見合う額と自己株式の帳簿価額との比較により，自己株式処分差損が計上される場合，その募集株式の発行等により会社財産が流出している結果になるため，その部分は，資本金等増加限度額から控除する（計算規則14Ⅰ④）。

以上を図示したのが図表8－4である。

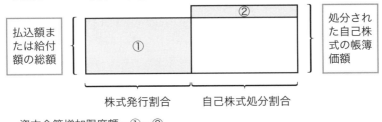

＜図表8－4＞ 資本金等増加限度額（自己株式処分差損が計上される場合）

資本金等増加限度額＝①－②

自己株式処分差益が計上される場合，その部分は，資本金等増加限度額に含められない。当該自己株式処分差益は，その他資本剰余金に計上する。

④ 資本金と資本準備金の配分

上記によって計算された「資本金等増加限度額」は資本金に組み入れが可能

576 第8章 純資産の部および配当可能利益の計算

な金額の上限であり，当該金額の2分の1までは資本金に組み入れない取扱い
が可能である。上記の計算によって得られた額が負の値となった場合は，資本
金等増加限度額はゼロとなる。資本金等増加限度額のうち，資本金に組み入れ
なかった金額は，資本準備金として処理する（会社法445Ⅲ）。

⑤ 資本金に振り替えられる前の金額

募集株式の引受人は，株式の払込期日を定めた場合はその期日，払込期間を
定めた場合は出資の履行の時に株主となる。払込期日を定めた場合に，払込期
日前に払い込まれた金額は「資本金」に計上せず，「新株式申込証拠金」に計上
する。自己株式の処分に関しても同様に払込期日前に払い込まれた金額は「自
己株式申込証拠金」に計上する。

⑶ 取得請求権付株式，取得条項付株式，全部取得条項付種類株式の取得の場合

取得請求権付株式，取得条項付株式，全部取得条項付種類株式とは，それぞ
れ，図表8－5のような株式をいう。

＜図表8－5＞ 取得請求権付株式，取得条項付株式，全部取得条項付種類株式

取得請求権付株式 （会社法2⑱）	株式会社がその発行する全部または一部の株式の内容として株主が当該株式会社に対して当該株式の取得を請求できる旨の定めを設けている場合における当該株式
取得条項付株式 （会社法2⑲）	株式会社がその発行する全部または一部の株式の内容として当該株式会社が一定の事由の発生を条件として当該株式を取得できる旨の定めを設けている場合における当該株式
全部取得条項付種類株式 （会社法108Ⅰ⑦，171Ⅰ）	取得条項付株式のうち，当該株式会社が株主総会の決議によりその株式の全部を取得できる旨を定めた当該株式

これらは，いずれも種類株式の一種である。会社計算規則第15条第1項では，
これらの株式の取得に伴い株式を発行または自己株式を処分する場合，すなわ
ち，株式を対価として自己の種類株式を取得する場合における資本金等増加限

第1節　純資産の部　577

度額は，ゼロであると定めている。なぜなら，このような場合は，これら取得条項の履行および取得請求権の行使への対応に伴い，単に異なる種類の株式との交換を行ったにすぎず，株主資本を変動させる理由がないためである。また，会社計算規則第15条第2項では，自己株式を処分した場合に，自己株式対価額は，処分する自己株式の帳簿価額としている。このため，取得する自己株式と処分する自己株式が同額となり（「自己株式及び準備金の額の減少等に関する会計基準の適用指針」（企業会計基準適用指針第2号）8項(2)参照），自己株式処分差損益が生じない。したがって，これらの株式の取得は，株主資本に影響を与えない。

(4)　株式無償割当てをする場合

　株式会社は，株主に対して新たに払込みをさせないで当該株式会社の株式の割当てが可能である（会社法185）。これを「株式無償割当て」という。株式無償割当てでは，払込みを受けずに既存の株主に対して株式を交付する結果になるが，種類株式発行会社においては異なる種類の株式の交付も可能であり，この点で，株式分割とは異なる。また，無償割当てに際しては，新株の発行による取扱いも自己株式の処分による取扱いも可能である。

　株式無償割当てを行う場合，払込みや給付を受ける金額がないため，資本金等増加限度額はゼロになる（計算規則16 I）。これに対し，無償割当てが新株の発行の場合は会計処理を必要としないものの，自己株式の処分による場合は，処分の対価ゼロで自己株式を処分する結果になる（計算規則16III）。このため，自己株式処分差損が認識される。

(5)　新株予約権の行使があった場合

　「新株予約権」は，株式会社に対する行使により当該株式会社の株式の交付を受ける権利をいう（会社法2㉑）。新株予約権者の新株予約権行使により，株式会社は一定の金額の払込みを受けるとともに株式を発行する。払込みを受ける金額は，通常新株予約権に定められている行使条件に従う。

　資本金等増加限度額の計算においては，募集株式の発行の場合とほぼ同様の取扱いとなっている。しかし，新株予約権の行使があった場合には，新株予約

権の発行の際に払い込まれた金額があるため、その金額の処理を含めて計算の定めがある（計算規則17Ⅰ）。具体的には、払込直前の新株予約権の帳簿価額に株式発行割合を乗じた金額が、資本金等増加限度額に含まれる（計算規則17Ⅰ①）（図表8－6参照）。

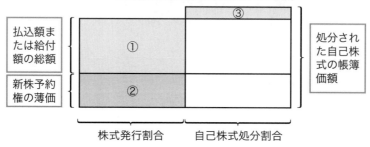

＜図表8－6＞　資本金等増加限度額（新株予約権の行使により自己株式処分差損が計上される場合）

資本金等増加限度額＝①＋②－③

(6) 取得条項付新株予約権の行使があった場合

新株予約権には、取得条項、すなわち、一定の要件を満たす場合に新株予約権の発行者が当該新株予約権を取得する条項が付されている場合がある。当該取得条項に基づき発行者が当該新株予約権を取得した場合の資本金等増加限度額には、取得時における取得条項付新株予約権の価額（時価）と取得条項付新株予約権を取得する際に交付した財産の帳簿価額の差額のうち、株式発行割合に見合う金額が含まれる（計算規則18Ⅰ）。具体的には図表8－7のとおりである。

なお、この際取得条項により取得した新株予約権の価額（時価）は、自己新株予約権として、純資産の部の新株予約権から控除する（本節5(4)参照）。

<図表8−7> 資本金等増加限度額（取得条項付新株予約権の取得の場合）

資本金等増加限度額＝①−②

　ただし，取得条項に基づく新株予約権の取得であっても，経済的実質が新株予約権の行使と同様と考えられる場合がある。例えば，一般に公正妥当と認められる企業会計の基準として，企業会計基準委員会の会計基準を適用する会社においては，以下の両方の要件を満たす場合，新株予約権が行使された場合に準じた会計処理を行う（「払込資本を増加させる可能性のある部分を含む複合金融商品に関する会計処理」（企業会計基準適用指針第17号，以下「払込資本適用指針」という）12項）。

① 取得条項に基づく取得の対価がすべて自社の株式であって，その金額が当該新株予約権の目的である自社の株式の数に基づき算定された時価と行使に際して出資される財産の時価との差額である

② 取得条項に基づいて取得した際に消却する取扱いが募集事項等に示されており，かつ，当該募集事項等に基づき取得と同時に消却が行われている

この場合，資本金等増加限度額の計算における，取得時における取得条項付新株予約権の価額は，純資産の部に計上されている当該新株予約権の帳簿価額と解するべきと考えられる（計算規則18Ⅰ③）。

(7) **権利確定条件を達成し，株式引受権を取り崩す場合**

　株式引受権は，権利確定条件を達成した後の割当日に，その帳簿価額を減額する（計算規則54の2Ⅱ）。新株発行の場合は，新株引受権として計上した額を資本金または資本準備金に振り替える（計算規則42の3ⅠからⅢ，本節**2**(1)図

表 8 - 2 参照)。なお，自己株式を処分する場合は，自己株式の取得原価と株式引受権の帳簿価額との差額を自己株式処分差損益としてその他資本剰余金に計上する（計算規則42の 3 Ⅳ）。

3　剰余金の配当による準備金の計上

　会社法では，剰余金の配当をする場合には，当該剰余金の配当額に10分の 1 を乗じて得た額を準備金として計上する（会社法445Ⅳ）。この場合の剰余金配当額は，配当として剰余金から減少した額を指すため，現金配当に限らず，現金以外の財産をもって配当を行った場合も同様である。ただし，準備金が資本金の額の 4 分の 1 以上である場合には，それ以上準備金として計上しない（計算規則22 Ⅰ ・ Ⅱ）。

　会社法において，資本剰余金，利益剰余金はいずれも配当金の財源として認められている。資本剰余金から配当を行った場合は，その10分の 1 が資本準備金に計上され，同様に，利益剰余金から配当を行った場合は，その10分の 1 が利益準備金に計上される。資本金の額の 4 分の 1 に達したら準備金を計上する必要はないが，その 4 分の 1 に達したかどうかの判定は，資本準備金と利益準備金の合計額で行えばよい。また，会社法においては，後述するように純資産の部の計数を柔軟に変動させられるため，配当額の10分の 1 以上を準備金に振り替えてよいかといった議論は問題にならない。さらには，準備金の額が資本金の額の 4 分の 1 を超過した場合であっても，準備金を取り崩して資本金の額の 4 分の 1 以下にする必要はない。

4　自己株式

　会社法においては，自己株式の会計処理に関する詳細な規定は存在せず，自己株式を取得価額で計上する旨のみが定められている（計算規則24 Ⅰ）。会計処理は，「自己株式及び準備金の額の減少等に関する会計基準」（企業会計基準第 1 号，以下「自己株式会計基準」という）に従う。

　自己株式の取得は，株主に対する金銭の分配もしくは資本の払戻しと同等の経済的効果を有し，会社の剰余金を財源とするため，配当等の規制（会社法461 Ⅰ①〜⑦）の対象となる。具体的には，次の行為に基づく取引は，すべて対象

となる。

- 株式譲渡制限会社において株主の請求を承認しない場合の自己株式の取得（会社法138①ハ・②ハ）
- 株主との合意による自己株式の取得（会社法156Ⅰ）
- 全部取得条項付種類株式の取得（会社法173Ⅰ）
- 相続人に対する売渡請求による取得（会社法176Ⅰ）
- 所在不明株主の有する株式の買取り（会社法197Ⅲ）
- 株式分割等で生じる端数株式の買取り（会社法234Ⅳ）

自己株式の処分は，経済的には新株の発行と同等の経済的効果を有しているため，会社法では，株式の交付（新株の発行）とあわせて「募集株式の発行等」という用語で整理されている。しかし，資本金等増加限度額の計算の定めにおいては，株式の交付と自己株式の処分はそれぞれ異なっている。自己株式の処分により払込みまたは給付を受けた金額は原則として資本金や資本準備金を構成せず，払込額または給付額と自己株式の帳簿価額との差額を自己株式処分差損益として，その他資本剰余金に計上する。また，自己株式の消却も可能であり，この場合は，消却する自己株式の帳簿価額と同額のその他資本剰余金を減額する（計算規則24Ⅱ・Ⅲ）。自己株式処分差損が計上される場合または自己株式を消却した場合において，その他資本剰余金の残高が十分にない場合は，利益剰余金（繰越利益剰余金）から減額処理する。

5 新株予約権

⑴ 新株予約権交付の会計処理

会社法において，新株予約権の会計処理についての詳細な規定は存在せず，一般的な会計慣行に従う。会社計算規則には，「当該新株予約権と引換えにされた金銭の払込みの金額，金銭以外の財産の給付の額又は当該株式会社に対する債権をもってされた相殺の額その他適切な価格を，増加すべき新株予約権の額とする」との規定がある（計算規則55Ⅰ）。新株予約権の交付については，さまざまな取引が想定される。「ストック・オプション等に関する会計基準」（企業会計基準第8号）において，ストック・オプションとして新株予約権を交付した場合や財貨・サービスの提供の対価として新株予約権を交付した場合の会計

582　第8章　純資産の部および配当可能利益の計算

処理が定められている。また，払込資本適用指針においても，新株予約権の会計処理が定められている。

　これらによると，原則として，新株予約権発行に伴う払込価額をもって新株予約権の帳簿価額とする。しかし，ストック・オプションの付与に伴って新株予約権を交付した場合，その新株予約権の公正な評価額を帳簿価額とするほか，財貨・サービスの対価として新株予約権を交付した場合も同様に公正な評価額を帳簿価額とする。

（金銭による払込みを受けた場合の仕訳例）

(借)現　金　預　金	1,000	(貸)新　株　予　約　権	1,000

（ストック・オプションによる人件費を計上する場合の仕訳例）

(借)株　式　報　酬　費　用	100	(貸)新　株　予　約　権	100

　＊　権利付与時における公正な評価額のうち期間経過分に相当する額

(2)　新株予約権が行使されたときの会計処理

　新株予約権が行使された場合，その時の行使に見合う新株予約権の帳簿価額を減少させ（計算規則55Ⅳ②），資本金等増加限度額に含めて資本金または資本準備金に振り替える。この場合，新株予約権から損益は発生しない。

（新株予約権が行使されたときの仕訳例）

(借)現　金　預　金	40,000	(貸)資　　本　　金	20,500
新　株　予　約　権	1,000	資　本　準　備　金	20,500

(3)　新株予約権が行使されず失効したときの会計処理

　新株予約権が行使期間内に行使されず失効した場合，(2)と同様に，失効に見合う新株予約権の帳簿価額を減少させる（計算規則55Ⅳ②）。当該帳簿価額の減少額は，原則として特別利益に計上する（払込資本適用指針6項）。

（新株予約権が行使されず失効したときの仕訳例）

(借)新　株　予　約　権	1,000	(貸)新株予約権戻入益	1,000

⑷ 新株予約権を自社で取得したときの会計処理

　自社が発行した新株予約権は，それを行使できないが，消却手続を行うまでは，新株予約権として有効であり，自己新株予約権として認識する。貸借対照表上は純資産に計上されている新株予約権から直接控除するか，新株予約権の次に自己新株予約権の科目により間接控除する（計算規則96Ⅵ）。

　自己新株予約権の取得価額は，原則として取得時における新株予約権の時価（支払対価の時価のほうがより高い信頼性をもって測定可能な場合その支払対価の時価）に付随費用を加算した金額で計上する（計算規則55Ⅴ，払込資本適用指針11項）。

　自己新株予約権の取得後，時価の下落の程度によっては，自己新株予約権を減損する必要が生じる。しかし，当初新株予約権発行時に計上した新株予約権の帳簿価額を下回る価額まで減損する必要はない。よって，新株予約権を発行した時の帳簿価額とその自己新株予約権の時価のいずれか高い額まで簿価の引下げをすれば十分である（計算規則55Ⅵ①）。見方を変えれば，自己新株予約権の帳簿価額が，対応する新株予約権の帳簿価額を下回っていれば，減損を考慮する必要はない。

　自己新株予約権を消却した際には，新株予約権の帳簿価額と自己新株予約権の帳簿価額を相殺し，両者の差額を自己新株予約権消却損益等の適正な科目をもって損益処理する（払込資本適用指針16項）。

　また，自己新株予約権をその新株予約権の帳簿価額よりも高い金額で取得し，その後，再処分を行わない場合，実質的に消却と同じ効果を持つ。よって，当該自己新株予約権の帳簿価額は，対応する新株予約権の帳簿価額と同額となる（計算規則55Ⅵ②）。

（新株予約権を自社で取得したときの仕訳例）

(借)自己新株予約権	1,200	(貸)現　金　預　金	1,200

（自己新株予約権を消却したときの仕訳例）

(借)新　株　予　約　権	1,000	(貸)自己新株予約権	1,200
自己新株予約権消却損	200		

6 株式引受権

　上場会社が取締役等の報酬等として株式の発行等をする場合には，金銭の払込み等を要しない（会社法202の2）。会社計算規則では，「株式引受権」について，取締役または執行役がその職務の執行として株式会社に対して提供した役務の対価として当該株式会社の株式の交付を受けることができる権利（新株予約権を除く）と定義している（計算規則2Ⅲ㉞）。株式引受権に計上される額は，取締役等が株式会社に対して割当日前にその職務の執行として募集株式を対価とする役務を提供した場合には，当該役務の公正な評価額（計算規則54の2Ⅰ）となる。

7 純資産のその他の項目

　会社計算規則において，純資産に含まれているが株主資本に含まれない項目として，評価・換算差額等に計上する項目が以下のとおり列挙されている。また，これらの列挙項目以外であっても，純資産の部の項目として計上する取扱いが適当であると認められる項目は，純資産として計上できる（計算規則53）。

> (1) 資産または負債（デリバティブ取引により生じる正味の資産または負債を含む）につき時価を付すものとする場合における当該資産または負債の評価差額
> (2) ヘッジ会計を適用する場合におけるヘッジ手段に係る損益または評価差額
> (3) 土地の再評価に関する法律第7条第1項に規定する再評価差額

　これら以外に計上される可能性がある項目として，連結計算書類における為替換算調整勘定や退職給付に係る調整累計額（計算規則76Ⅶ④⑤）がある。

●第2節　分配可能額

1 概　要

　会社法においては，所定の要件を満たす場合，株主総会の決議によらずとも，随時取締役会の決議による配当が可能であり，その頻度にも特段の制約はない。

そのため，常に資本充実を害する影響のないよう，会社法の条文において株式会社の分配可能額を普遍的に定めるための技術的な工夫が行われている。具体的には，「剰余金」と「分配可能額」の2段階のステップを経て配当を計算する点が挙げられる。

2　剰余金の額の計算

　会社法における「剰余金」は，会計上の資本剰余金および利益剰余金の合計額のうち，資本準備金および利益準備金を控除した金額と考えられる。会社法および会社計算規則における「剰余金」は，図表8－8のような計算式によって定義されている（会社法446，計算規則149，150）。

<図表8－8>　剰余金の額の計算

1	最終事業年度の末日における下記金額 資産＋自己株式－負債－資本金・準備金－（資産＋自己株式－負債－資本金・準備金－その他資本剰余金・その他利益剰余金） ＝その他資本剰余金＋その他利益剰余金	＋
2	最終事業年度の末日後に自己株式を処分した場合の対価の額－当該自己株式の帳簿価額	＋
3	最終事業年度の末日後の資本金の額の減少額（準備金への振替額を除く）	＋
4	最終事業年度の末日後の準備金の額の減少額（資本金への振替額を除く）	＋
5	最終事業年度の末日後の消却自己株式の帳簿価額	－
6	最終事業年度の末日後の剰余金の配当に関する以下の金額 配当財産の帳簿価額の総額＋現物配当の場合に金銭分配請求権を行使した株主に交付した金銭の額の合計額＋基準未満株主に支払った金銭の額の合計額	－
7-1	最終事業年度の末日後に剰余金の額を減少して資本金または準備金の額を増加した場合における減少額	－
7-2	最終事業年度の末日後に剰余金の配当をした場合における資本準備金および利益準備金の積立額	－
7-3	最終事業年度の末日後に組織再編受入行為で自己株式を処分した	－

586　第8章　純資産の部および配当可能利益の計算

		場合の対価の額－当該自己株式の帳簿価額	
7-4		最終事業年度の末日後に株式会社が吸収分割会社または新設分割会社となる吸収分割または新設分割に際して剰余金の額を減少した場合における当該減少額	－
7-5		最終事業年度の末日後の組織再編受入行為に係る資本剰余金の増加額および利益剰余金の増加額	＋
7-6		最終事業年度の末日後に不公正な払込み等の責任の履行により増加したその他資本剰余金の額	＋
7-7		最終事業年度の末日後に取締役等が，株式会社に対して募集株式に係る割当日後に，その職務の執行として当該募集株式を対価とする役務を提供する場合，各株主資本変動日において変動するその他資本剰余金の額	＋
7-8		最終事業年度の末日後に取締役等の報酬等として自己株式の処分により取締役等に対して株式会社の株式を交付し，取締役等が株式の割当てを受けた際に約したところに従って株式を株式会社に無償で譲り渡し，株式会社がこれを取得する場合，自己株式の処分に際して減少した自己株式の額を，増加すべき自己株式の額として，増加した自己株式の額	＋

(注)　各項目に付した番号1から7は，会社法446条第1項に定める号数であり，番号7の枝番以下は，会社計算規則第150条第1項に定める号数である。

　剰余金の額の規定は以上のように複雑な計算式から構成されているが，結局は上記1の最終事業年度の「その他資本剰余金」と「その他利益剰余金」の合計額から，2から7-8の最終事業年度後の「その他資本剰余金」と「その他利益剰余金」の変動額を加減しているにすぎない。

　なお，ここでの「最終事業年度」とは，各事業年度に係る計算書類のうち，定時株主総会の承認（会計監査人設置会社においては，一定の要件を満たした場合における取締役会の承認）を受けた場合における最近の事業年度をいう（会社法2㉔）。したがって，株式会社として承認を行った最近の計算書類の対象となる事業年度がそれに該当する。仮に臨時決算を行ったとしても最終事業年度は更新されず，年度の計算書類の承認を行った場合においてのみ最終事業年度が更新される取扱いに留意する必要がある。

第2節　分配可能額　587

3　分配可能額の計算

　会社法における分配可能額（配当可能利益）は，上記「剰余金」の額をもとに加減算を行い導き出される（会社法461Ⅱ）。剰余金の計算が会計基準に基づく考え方を基礎とした取扱いであるのに対し，分配可能額の計算によって加減される項目には会計基準に基づく考え方と無関係に設定されている項目も含まれる。具体的には，図表8－9のような計算を行う。

＜図表8－9＞　分配可能額の計算

1	剰余金の額（図表8－8より）	＋
2	臨時計算期間における当期純利益の額＋自己株式を処分した場合の対価の額	＋
3	自己株式の帳簿価額	－
4	最終事業年度の末日後に自己株式を処分した場合の対価の額	－
5	臨時計算期間における当期純損失の額	－
6-1	最終事業年度の末日におけるのれん等調整額	－
6-2	ゼロー最終事業年度の末日におけるその他有価証券評価差額金（マイナスの場合のみ＊1）	－
6-3	ゼロー最終事業年度の末日における土地再評価差額金（マイナスの場合のみ＊1）	－
6-4	連結配当規制適用会社である場合の（株主資本＋その他有価証券評価差額金（マイナスの場合のみ＊1）＋土地再評価差額金（マイナスの場合のみ＊1）－のれん等調整額）の単独ベースと連結ベースの差額＋最終事業年度の末日後に子会社から自己株式を取得した場合における取得直前の子会社における帳簿価額の持分相当額 この計算結果全体がマイナスの場合はゼロ	－
6-5	最終事業年度の末日後に2以上の臨時計算書類を作成した場合における最終の臨時計算書類以外の臨時計算期間における当期純利益の額－当期純損失の額＋自己株式を処分した場合の対価の額	－
6-6	300万円－（資本金および準備金＋株式引受権＋新株予約権＋最終事業年度の末日の評価・換算差額等の各項目（プラスの場合のみ＊2）の合計額）	－

588　第8章　純資産の部および配当可能利益の計算

		この計算結果全体がマイナスの場合はゼロ	
	6-7	最終事業年度の末日後の臨時計算期間内の吸収型組織再編で自己株式を処分した場合の対価の額	－
	6-8	① 最終事業年度の末日後に不公正な払込み等の責任の履行により増加したその他資本剰余金の額 ② 取締役等が，株式会社に対して募集株式に係る割当日後に，その職務の執行として当該募集株式を対価とする役務を提供する場合，各株主資本変動日において変動するその他資本剰余金の額 ③ 最終事業年度がない株式会社が成立の日後に自己株式を処分した場合における当該自己株式の対価の額	－
	6-9	最終事業年度の末日後に当該会社の株式を対価として自己株式を取得した場合における取得した自己株式の帳簿価額－株式の他に取得の対価として交付する財産がある場合にはその帳簿価額	＋
	6-10	最終事業年度の末日後の吸収型組織再編で自己株式を処分した場合の対価の額	＋

（注）　各項目に付した番号1から6は会社法第461条第2項に定める号数であり，番号6の枝番以下は会社計算規則第158条に定める号数である。
＊1　プラスの場合はゼロ
＊2　マイナスの場合はゼロ

　分配可能額の計算における調整項目は，大きく以下の(1)～(6)に分類が可能である。

(1)　臨時計算期間における当期純損益その他の額

2	臨時計算期間における当期純利益の額（＋）
5	臨時計算期間における当期純損失の額（－）
6-5	最終事業年度の末日後に2以上の臨時計算書類を作成した場合における最終の臨時計算書類以外の臨時計算期間における当期純利益の額－当期純損失の額（－）

　臨時計算期間における臨時計算書類が株主総会において承認されるか，または「承認特則規定」（第1章第4節1参照）により取締役会の承認を受けた場合，その臨時計算期間における利益が，2で分配可能額に加算される。臨時計

算期間の損益がプラスの場合に限らず，マイナスの場合も5で分配可能額の調整項目となる。また，1事業年度において複数回臨時計算書類を作成する場合があるが，臨時計算期間は常に期首から臨時決算日までの期間になるため，6－5で重複する期間の利益を控除する技術的な取扱いが定められている。

⑵　自己株式の調整

> 2　臨時計算期間における自己株式を処分した場合の対価の額（＋）
> 3　自己株式の帳簿価額（－）
> 4　最終事業年度の末日後に自己株式を処分した場合の対価の額（－）
> 6－5　最終事業年度の末日後に2以上の臨時計算書類を作成した場合における最終の臨時計算書類以外の臨時計算期間における自己株式を処分した場合の対価の額（－）
> 6－7　最終事業年度の末日後の臨時計算期間内の吸収型組織再編で自己株式を処分した場合の対価の額（－）
> 6－9　最終事業年度の末日後に当該会社の株式を対価として自己株式を取得した場合における取得した自己株式の帳簿価額－株式の他に取得の対価として交付する財産がある場合にはその帳簿価額（＋）
> 6－10　最終事業年度の末日後の吸収型組織再編で自己株式を処分した場合の対価の額（＋）

　自己株式の帳簿価額は，すでに株主に払い戻されているとみなせるため，これを分配可能額に含める取扱いは適切ではない。そのため，3で減額している。この「帳簿価額」は分配時点での帳簿価額であり，最終事業年度末の価額ではない。

　また，自己株式を処分した場合の対価の額は，自己株式処分差損益（その他資本剰余金）と処分時の自己株式の帳簿価額の合計額として表す取扱いが可能である。最終事業年度の末日後に自己株式を処分した場合，自己株式処分差損益部分は「剰余金」に含められ（図表8－8における項目2），また，帳簿価額部分はマイナス項目である上記3の「自己株式の帳簿価額」の減少により計算上は，分配可能額を増加させるが，これらの金額は決算で確定していないため，上記4で取り消される。しかし，臨時決算によってこれが確定する場合，分配可能額に含める計算が可能であるため，上記2において，臨時計算期間の自己

590　第8章　純資産の部および配当可能利益の計算

株式の処分の対価を再度加算している。

⑶　のれん等調整額

　会社法においては，貸借対照表上資産に計上されている勘定科目のうち，配当の財源として認めがたい項目について，これを分配可能額の上限から控除する規定が置かれている。

　具体的な対象としては，繰延資産とのれんが該当する。繰延資産については，従来，開業費，開発費がその対象となっていたが，会社法は繰延資産を限定的に定めておらず，広く繰延資産を配当制限の対象としている。のれんについては，物質的な裏づけがなく，換金性があるとはいえないものの，企業結合時における取得資産の時価とその対価の差額であり，企業結合時になんらかの超過収益力を評価して会計上の資産価値を見出している項目であるという主張を根拠とし，便宜上その2分の1相当額は，資産としての価値を認める計算を定めている（計算規則158①）。

　具体的には，図表8－10の計算の定めがあり，図示すると図表8－11のとおりとなる。

<図表8－10>　のれん等調整額の分配可能額からの控除計算

のれん等調整額＊と資本金，準備金およびその他の資本剰余金との関係	分配可能額から控除される額
A　のれん等調整額≦資本金＋準備金	ゼロ
B　資本金＋準備金＜のれん等調整額≦資本金＋準備金＋その他資本剰余金	のれん等調整額－（資本金＋準備金）
C　資本金＋準備金＋その他資本剰余金＜のれん等調整額	
①　のれん÷2≦資本金＋準備金＋その他資本剰余金の場合	のれん等調整額－（資本金＋準備金）
②　のれん÷2＞資本金＋準備金＋その他資本剰余金の場合	その他資本剰余金＋繰延資産の額

＊のれん等調整額＝のれんの額÷2＋繰延資産の額とする。

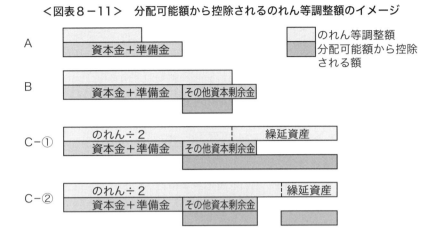

会社の株主資本のうち，資本金と準備金の合計額以外の額が原則として分配可能となる。よって，資本金と準備金の合計額を超える額について，一定の制約をこの計算式が与えている。したがって，のれん等調整額が資本金と準備金の合計額以下である場合は，さらに分配可能額に制限をかける必要はない（A）。また，のれん等調整額が資本金＋準備金にその他資本剰余金を加えた額を超えなければ，のれん等調整額が資本金＋準備金を超過する額について制限を追加する取扱いで足りる（B）。

のれん等調整額が資本金＋準備金＋その他資本剰余金を超える場合は，のれん等調整額の内訳によって分配可能額制限の取扱いが異なる（C）。繰延資産には資産価値を見出していないため，その部分は全額制限の対象となる。これに対し，のれんは，その計上により分配可能額を増加させる場合，すなわち株式を対価とした企業結合を行うような場合には，その他資本剰余金の社外流出を防止すべく分配可能額の制限が必要と考えられている。したがって，のれん部分の分配可能額の制限は，その他資本剰余金の額を上限とする取扱いになる。

(4) **評価・換算差額等がマイナスの場合の調整**

純資産に計上されている金額のうち，その他有価証券評価差額金および土地再評価差額金がマイナスとして認識される場合は，分配可能額からこれを控除

する。

　これらは未実現損益であり，仮に評価差額がプラスであったとしても分配可能額には含めないが，マイナスであるという状況は，潜在的に会社財産を減額させていると考えられる。なお，売買目的有価証券の評価益相当額は，会社法において剰余金の一部を構成するため，分配可能額に含めて計算される。また，繰延ヘッジ損益については，このような分配可能額の計算に反映されない。

⑸　300万円の制限

　会社法では，株式会社における最低資本金の制約がなく，一定以上の規模を前提として株式会社を定めているわけではない。しかし，株式会社が法的な実体として安定的に経済活動を行っていくために，十分な資本の最低額として300万円という金額を定めている。すなわち，純資産の額が300万円に達するまでは，配当による会社財産の分配について制限が設けられている。

　したがって，300万円から，資本金＋準備金＋新株予約権＋評価・換算差額等の各項目（プラスの場合のみ。マイナスの場合はゼロ）の合計額を控除した額がプラスの場合は，その金額を分配可能額の制限に反映させる必要がある。

⑹　連結配当規制適用会社の特例

　株式会社の分配可能額は，単独の計算書類をベースに剰余金の額が計算され，所定の加減算を行って計算する。しかし，昨今の連結経営の進展に伴い，分配可能額規制は連結ベースで行うべきであるという意見も根強い。そこで，会社法では，連結計算書類を作成している場合，株式会社の選択により，連結ベースで配当規制を行う取扱いを認めている。

　これは，単独ベースの剰余金より連結ベースの剰余金が小さい場合，その少ない金額の部分について，分配可能額の制限を追加的に設けようという考え方である。すなわち，連結子会社および持分法適用関連会社の財政状況の悪化を分配可能額に反映させる結果になる。しかし，連結計算書類を作成する会社のすべてにこの取扱いが適用されるわけではない。会社が任意で連結配当規制適用会社になった場合に適用される。

　「連結配当規制適用会社」は，ある事業年度の末日が最終事業年度の末日とな

る時から当該ある事業年度の次の事業年度の末日が最終事業年度の末日となる時までの間における当該株式会社の分配可能額の算定につき会社計算規則第158条第４号（連結配当規制）の規定を適用する旨を当該ある事業年度に係る計算書類の作成に際して定めた株式会社（ある事業年度に係る連結計算書類を作成している株式会社に限る）と定められている（計算規則２Ⅲ55）。株式会社は計算書類の作成に際して連結配当規制を適用する旨の宣言により連結配当規制適用会社になる。この適用については，なんら機関決定を必要としないが，計算書類が取締役会の承認または株主総会の承認を経る手続を考えれば，その承認が実質的な会社の意思決定となる。

具体的には，計算書類の個別注記表で，当該事業年度の末日が最終事業年度の末日となる時後，連結配当規制適用会社となる旨を注記する（計算規則115）。計算書類に対する株主総会の承認または取締役会の承認をもって，その注記を行った事業年度の計算書類が「最終事業年度」（会社法２㉔）の計算書類となり，その効力はその次の事業年度の計算書類が同様の承認を受けるときまで有効となる（第４章第２節**16**参照）。

会社が連結計算書類作成会社であれば，事業年度ごとに連結配当規制適用会社となるかどうかを選択でき，必ずしも継続して連結配当規制適用会社となるわけではない。

連結配当規制適用会社となった場合，以下の選択が可能である。

- 子会社による親会社株式の取得禁止の例外適用が可能となり，親会社から当該親会社の発行する株式を取得できる（施行規則23⑬）。
- 債務超過の子会社と吸収合併をする場合においても簡易組織再編ができ，株主総会の開催を必ずしも必要としない（施行規則195Ⅲ・Ⅳ）。

連結ベースの分配規制により，連結グループ一体として資本充実を常に図っている結果になるため，親会社株式の取得による弊害が生じず，親会社株式の取得禁止の定めの対象外となる。これに対して，親会社株式を相当の時期に処分しなければならない定め（会社法135Ⅲ）については，特段の例外は置かれていない。ただし，親会社株式は投資その他の資産に表示される場合も想定されており（計算規則103⑨），必ずしも１年内の処分は前提とされていない。

また，債務超過子会社を吸収合併すると会社の純資産が減少するが，すでに

594　第8章　純資産の部および配当可能利益の計算

分配可能額計算において子会社の債務超過による欠損額についての分配可能額規制の適用を受けているため，組織再編行為にあたって株主総会における説明を省略できる。また，簡易組織再編の要件を満たす場合には株式総会決議自体を省略できる。

　連結配当規制による分配可能額の調整額は，①個別ベースの株主資本の額−②最終事業年度の末日後に子会社から自己株式を取得した場合の子会社で計上されていた帳簿価額の親会社持分相当額−③連結ベースの株主資本の額で計算される。この額がマイナスの額となる場合には，連結配当規制による調整額はゼロとなる。

　本来であれば，剰余金を個別ベースと連結ベースで比較するのが望ましいが，個別ベースでは準備金が計上される一方で，連結ベースでは準備金が計上されないため，株主資本で比較する取扱いとされている。その際，①連結ベースの株主資本の額に対して，下記の金額を加減する。

　　②　その他有価証券評価差額金（マイナスの場合のみ。プラスの場合はゼロ）
　　③　土地再評価差額金（マイナスの場合のみ。プラスの場合はゼロ）
　　④　のれん等調整額（のれん等調整額が資本金，資本剰余金および利益準備金の合計額を超えている場合は資本金，資本剰余金，利益準備金の合計額）

　なお，連結計算書類においては，為替換算調整勘定や退職給付に係る調整累計額もその他の包括利益累計額に含まれるが，これらは，上記の調整対象には含まれていない。

　第6章で説明した国際財務報告基準（IFRS）を適用する連結配当規制適用会社が分配可能額を計算する際は，指定国際会計基準に従って作成した連結計算書類を基礎に連結配当規制による調整額を算定すると考えられる。その理由は，会社計算規則においては，指定国際会計基準に従って連結計算書類を作成した場合における分配可能額の計算に関する規定が別個に設けられてはいないためである。また，連結配当規制の趣旨は，連結ベースの分配可能額と単体ベースの分配可能額のいずれか小さい金額を保守的に分配可能額として採用するという点にあると考えられるためである。

●第3節　剰余金の配当

1　原則的な取扱い

　剰余金の配当は，原則として株主総会の決議によって行わなければならず，その際には以下の事項を定める必要がある（会社法454 I）。

①　配当財産の種類（自己株式を除く）および帳簿価額の総額

②　株主に対する配当財産の割当てに関する事項

③　当該剰余金の配当がその効力を生ずる日

　配当は金銭に限らず，金銭以外の資産でもよい。金銭以外の財産を配当するときは，あわせて以下の事項についても株主総会の決議によって定める対応が可能である（会社法454IV）。

①　株主に対して金銭分配請求権を与えるときは，その旨および当該金銭分配請求権を行使できる期間

②　一定の数未満の数の株式を有する株主に対して配当財産の割当てをしないとするときは，その旨およびその数

　剰余金の配当がその効力を生ずる日とは，会社が配当金を支払う義務，逆にいえば株主が配当金を受け取る権利が発生する日をいう。通常は，株主総会の決議日の翌日を効力発生日として設定する。

2　中間配当の特則

　取締役会設置会社は，1事業年度中の1回に限り取締役会の決議によって金銭による剰余金の分配をできる旨を定款で定める取扱いが可能である（会社法454 V）。会社法においてこれを「中間配当」と呼んでいるが，この中間配当の実施は必ずしも中間末時点の株主に対して行われなければならないわけではない。

596 第8章 純資産の部および配当可能利益の計算

3 剰余金の配当等を決定する機関の特則

会計監査人設置会社（取締役の任期の末日が選任後1年以内に終了する事業年度のうち最終の事業年度に関する定時株主総会の終結の日後の日である会社および監査役設置会社で，監査役会設置会社でない会社を除く）においては，取締役会の決議によって配当を行うことができる旨を定款で定める取扱いが可能である（会社法459Ⅰ④）。ただし，この特則を適用できる場合の要件として，以下の事項が掲げられている（計算規則155）。これを「分配特則規定」と呼んでいる。

- 会計監査人の監査意見が無限定適正意見である
- 監査役会，監査等委員会または監査委員会の監査報告（以下「監査役会等の監査報告」という）の内容として，会計監査人の監査の方法または結果を相当でないと認める意見がない
- 監査役会等の監査報告の内容が，各監査役・監査委員の監査報告と，会計監査人の監査の方法または結果について異なる場合において，監査役会等の監査報告に付記された内容が会計監査人の監査の方法または結果を相当でないと認める意見でない
- 特定監査役が監査報告を会計監査人に通知しない結果，監査役の監査を受けたとみなされた計算関係書類でない

会社法では，1事業年度中に実施できる配当の回数に制限はなく，この権限委譲により取締役会の決議で随時配当が可能である。しかし，この場合であっても，財源に関しては別途臨時計算書類を作成し，承認手続を経なければ臨時決算における純利益を分配可能額に含める取扱いはできない点に留意する必要がある。

なお，配当以外にも，上記の要件を満たす会社においては，以下の権限を取締役会に委譲できる（会社法459Ⅰ①～③）。

- 自己株式の取得（特定の株主からの取得による場合を除く）
- 準備金の額の減少（欠損金の塡補を行う場合に限る）
- 損失の処理，任意積立金の積立てその他の剰余金の処分

●第4節　純資産の部の計数の変動

1　概　要

　純資産の部に計上されている資本金，準備金，剰余金の額の純資産の中における振替えを「純資産の部の計数の変動」という。会社法では，このような計数の変動に関する手続上の定めが置かれている。

　会社財産の変動を伴わない純資産の部のなかでの変動に関して，図表8－12のようなパターンに対してそれぞれ手続上の定めが置かれている。

　資本と利益の区分に関しては，会社法では特に規定はないが，会計基準において明確に資本剰余金と利益剰余金の混同は禁止されている（自己株式会計基準19項）。なお，会社計算規則では，資本金の額を増加する場合の原資を資本準備金やその他資本剰余金に限定しないとされており，利益準備金やその他利益剰余金も資本金の原資となりうる（計算規則25Ⅰ①②）。

<図表8－12>　純資産の部の計数の変動の可否

振替前＼振替後	資本金	資本準備金	その他資本剰余金	利益準備金	その他利益剰余金*3
資本金		○	○	×	×
資本準備金	○		○	×	×
その他資本剰余金	○	○		×	○*1*2
利益準備金	○	×	×		○
その他利益剰余金*3	○	×	×	○	○*2

　○：株主総会決議で変動が可能（会社法447～452）
　×：会計基準により認められない（自己株式会計基準19項～21項）
＊1：欠損塡補に限り，会計基準でも認められる（自己株式会計基準61項）
＊2：取締役会決議でも可能（会社法459）
＊3：各積立金，繰越利益剰余金

2 資本金，資本準備金，その他資本剰余金間の変動

いわゆる払込資本として株主資本の部に計上されている資本金，資本準備金，その他資本剰余金については，それぞれ株主総会の決議により，計数の変動が可能である。具体的には，株主総会において，図表8－13に記載した事項の決議が必要とされる。その場合の振替額は，会社計算規則第25条から第27条にそれぞれ定められている。

欠損の填補は，資本剰余金と利益剰余金の混同の禁止の例外として，利益剰余金がマイナスとなっている場合に，それを填補する形でその他資本剰余金が充当される場合のみ認められる。もっとも，これは会社法の定めではなく，会計基準上の取扱いである。なお，会社法上の手続としては，会社法第452条の剰余金の処分に関する手続による（本節**4**参照）。

<図表8－13> 資本金，資本剰余金間の振替えにあたり必要な手続
【株主総会で決議すべき事項】

振替前＼振替後	資本金	資本準備金	その他資本剰余金
資本金		会社法447条 ①減少する資本金の額 ②全部または一部を資本準備金とする場合のその旨，金額 ③効力発生日	会社法447条 ①減少する資本金の額 ②効力発生日
資本準備金	会社法448条 ①減少する準備金の額 ②全部または一部を資本金とする場合のその旨，金額 ③効力発生日		会社法448条 ①減少する準備金の額 ②効力発生日
その他資本剰余金	会社法450条 ①減少する剰余金の額 ②効力発生日	会社法451条 ①減少する剰余金の額 ②効力発生日	

3　利益準備金，その他利益剰余金間の変動

利益準備金をその他利益剰余金に振り替える場合は，会社法第448条に定めるとおり，①減少する準備金の額，②効力発生日を株主総会決議で定める。その場合の振替額は①の額である（計算規則28Ⅱ）。

その他利益剰余金を利益準備金に振り替える場合は，会社法第451条に定めるとおり，①減少する剰余金の額，②効力発生日を株主総会決議で定める。その場合の振替額は①の額である（計算規則28Ⅰ）。

4　剰余金の処分（配当以外）

損失の処理，任意積立金の積立てその他剰余金の処分を行うには，原則として，株主総会の決議による（会社法452）。その際には，下記の事項を株主総会決議で定める必要がある（計算規則153Ⅰ）。

① 　増加する剰余金の項目

② 　減少する剰余金の項目

③ 　処分する各剰余金の項目に係る額

一方，株主総会の決議によらずに，これらの計数の変動ができる場合がある。

ひとつは，以下のとおり，会社計算規則第153条第2項に定める事項に該当する場合の剰余金の増加・減少である。

一　法令又は定款の規定により剰余金の項目に係る額の増加又は減少をすべき場合

二　株主総会の決議によりある剰余金の項目に係る額の増加又は減少をさせた場合において，当該決議の定めるところに従い，剰余金の項目に係る額の減少又は増加をすべきとき

租税特別措置法上の準備金の積立ておよび取崩しは，前記一の「法令又は定款の規定」による剰余金の変動に含まれると考えられる。また，任意積立金の目的取崩についても同様に株主総会の決議を必要としない。

もうひとつは，第3節3で説明した「分配特則規定」の適用を受ける会社の場合である。株主総会の決議を経ずに，取締役会の決議のみで純資産の部の計数の変動に関する手続を実施可能である。

●第9章

監査報告書

602　第9章　監査報告書

●第1節　計算関係書類，事業報告および
その附属明細書の監査報告

　会社法においては，事業報告およびその附属明細書の監査と計算関係書類（第1章第1節**2⑵④**参照，以下，この章において同じ）の監査はそれぞれ区分のうえ体系化され，監査役もしくは監査役会，監査等委員会または指名委員会等設置会社における監査委員会（以下「監査役等」という），および会計監査人に対し，その監査権限・責任に応じた株主等への監査報告が求められている。

　第1章第3節における各機関の説明に記載したとおり，原則として，事業報告およびその附属明細書と計算関係書類のすべてが，監査役等の監査対象となる。また，計算関係書類は会計監査人の会計監査対象となる。ただし，公開会社でない株式会社で，かつ監査役会設置会社でも会計監査人設置会社でもない監査役設置会社では，監査役の監査の範囲を会計に関する事項に限定する旨を定款で定め（会社法389Ⅰ），事業報告およびその附属明細書を監査の対象としないことができる。要約すると図表9－1のとおりとなる。

<図表9－1>　会社法における監査対象書類と監査を行う主体との関係

会計監査人の有無	監査機関（会計監査人以外）	事業報告およびその附属明細書の監査	計算関係書類の監査【監査意見の対象】
あり	監査等委員会	監査等委員会	●会計監査人 ●監査等委員会【会計監査人の監査の方法・結果】
	監査委員会	監査委員会	●会計監査人 ●監査委員会【会計監査人の監査の方法・結果】
	監査役（監査役会）	監査役（監査役会）	●会計監査人 ●監査役（監査役会）【会計監査人の監査の方法・結果】

第1節 計算関係書類，事業報告およびその附属明細書の監査報告　603

| なし | 監査役（監査役会） | 監査役（監査役会）＊ | 監査役（監査役会）【当該株式会社の財産および損益の状況をすべての重要な点において適切に表示しているかどうか】 |

＊　非公開会社かつ監査役会設置会社でも会計監査人設置会社でもない会社では，定款により監査の範囲を会計に関する事項に限定し（会社法389Ⅰ），事業報告およびその附属明細書を監査の対象としないことができる。

　監査等委員会設置会社の監査報告と指名委員会等設置会社の監査委員会の監査報告の内容等は，事業報告およびその附属明細書の監査報告ならびに計算関係書類の監査報告のどちらにおいても同様の規定となっている（施行規則130の2，131，計算規則128の2，129）。

　以下では，監査対象書類の種類別に，決算および監査の手続の流れについて概要を示す。

1　事業報告およびその附属明細書の監査報告

　事業報告およびその附属明細書に対しては，監査等委員会設置会社の場合は監査等委員会が，指名委員会等設置会社の場合は監査委員会が，監査役設置会社（監査役会設置会社を除く）の場合は監査役がそれぞれ監査報告を作成し，特定監査役（後述**(5)**）が特定取締役（後述**(5)**）にその監査結果を通知する。監査役会設置会社では，監査役の監査報告を受けて，監査役会における会議を経て特定監査役が特定取締役に対し監査結果を通知する。

　事業報告およびその附属明細書の作成義務は取締役にある。それぞれの組織形態に応じた監査を行う主体は，事業報告およびその附属明細書を受領したときは，定められた期日までに監査報告の内容を特定取締役に通知しなければならない（施行規則129，130，130の2，131，132Ⅰ・Ⅱ・Ⅲ）。

(1)　監査役の監査報告

　監査役は，事業報告およびその附属明細書を受領したときは，次に掲げる事項（ただし，監査役会設置会社の監査役の監査報告では⑦を除く）を内容とする監査報告を作成しなければならない（施行規則129Ⅰ）。

① 監査役の監査の方法およびその内容

② 事業報告およびその附属明細書が法令または定款に従い当該株式会社の状況を正しく示しているかどうかについての意見

③ 当該株式会社の取締役の職務の遂行に関し，不正の行為または法令もしくは定款に違反する重大な事実があったときは，その事実

④ 監査のため必要な調査ができなかったときは，その旨およびその理由

⑤ 会社法施行規則第118条第2号に掲げる事項（取締役の職務の執行が法令および定款に対する適合を確保するための体制その他株式会社の業務ならびに当該株式会社およびその子会社から成る企業集団の業務の適正を確保するための体制の整備等）がある場合において，当該事項の内容が相当でないと認めるときは，その旨およびその理由

⑥ 会社法施行規則第118条第3号（株式会社の支配に関する基本方針）もしくは第5号（親会社等との間の取引）に規定する事項が事業報告の内容となっているとき，または会社法施行規則第128条第3項（親会社等との間の取引）に規定する事項が事業報告の附属明細書の内容となっているときは，当該事項についての意見

⑦ 監査報告を作成した日

(2) 監査役会の監査報告

監査役会は，上記(1)の各監査役が作成した事業報告およびその附属明細書に関する監査報告に基づき，次に掲げる事項を内容とする監査役会監査報告を作成しなければならない（施行規則130Ⅰ・Ⅱ）。

① 監査役および監査役会の監査の方法およびその内容

② 上記(1)の監査役の監査報告の内容の②から⑥に掲げる事項

③ 監査役会監査報告を作成した日

なお，この場合，監査役は，当該事項に係る監査役会監査報告の内容と当該事項に係る当該監査役の監査役監査報告の内容が異なる場合には，当該事項に係る監査役の監査報告の内容を監査役会監査報告に付記できる（施行規則130Ⅱ）。

また，監査役会は，監査役会監査報告を作成する場合には，1回以上，会議

を開催する方法または情報の送受信により同時に意見の交換を可能にする方法（オンライン会議等）により，監査役会監査報告の内容（付記の内容を除く）を審議しなければならない（施行規則130Ⅲ）。

⑶　監査等委員会の監査報告

監査等委員会は，事業報告およびその附属明細書を受領したときは，次に掲げる事項を内容とする監査報告を作成しなければならない（施行規則130の2Ⅰ）。

① 　監査等委員会の監査の方法およびその内容
② 　上記⑴の監査役の監査報告の内容の②から⑥に掲げる事項
③ 　監査報告を作成した日

なお，この場合，監査等委員は，当該事項に係る監査報告の内容が当該監査等委員の意見と異なる場合には，その意見を監査報告に付記する対応が可能である。

また，当該監査報告の内容（付記の内容を除く）は，監査等委員会の決議をもって定めなければならない（施行規則130の2Ⅱ）。

⑷　監査委員会の監査報告

監査委員会は，事業報告およびその附属明細書を受領したときは，次に掲げる事項を内容とする監査報告を作成しなければならない（施行規則131Ⅰ）。

① 　監査委員会の監査の方法およびその内容
② 　上記⑴の監査役の監査報告の内容の②から⑥に掲げる事項
③ 　監査報告を作成した日

なお，この場合，監査委員は，当該事項に係る監査委員会の監査報告の内容が当該監査委員の意見と異なる場合には，その意見を監査報告に付記する対応が可能である。

また，当該監査報告の内容（付記の内容を除く）は，監査委員会の決議をもって定めなければならない（施行規則131Ⅱ）。

⑸　監査報告の通知

　特定監査役は，次に掲げる日のいずれか遅い日までに，特定取締役に対して，監査報告（監査役会設置会社にあっては，監査役会の監査報告に限る）の内容を通知しなければならない（施行規則132Ⅰ）。

- 事業報告を受領した日から4週間を経過した日
- 事業報告の附属明細書を受領した日から1週間を経過した日
- 特定取締役および特定監査役の間で合意した日

　この場合の「から」は初日を含まず，また「経過した日」はその日を含まない。したがって，例えば5月15日に受領した場合，「1週間を経過した日」は5月15日の翌日から起算して1週間後である5月22日ではなく，その翌日である5月23日となる。ただし，会社法上のスケジュールの設定は特定取締役，特定監査役の間で柔軟に決定可能であり，この会社法上の期限より前に監査を終了させる実務または取扱いを妨げる趣旨ではない。

　なお，事業報告およびその附属明細書については，特定取締役が上記の監査報告の内容の通知を受けた日に，監査役（または，監査等委員会もしくは監査委員会）の監査を受けたとされる（施行規則132Ⅱ）。もし，特定監査役が監査報告の内容を通知すべき日までに通知しない場合には，その後のスケジュールへの影響を回避する観点から，当該通知をすべき日に，事業報告およびその附属明細書については，監査役（または，監査等委員会もしくは監査委員会）の監査を受けたとみなされる（施行規則132Ⅲ）。

　ここにいう「特定取締役」とは，特定監査役からの業務監査報告の内容の通知を受ける者を定めた場合はその者，定めなかった場合は監査を受けるべき事業報告およびその附属明細書の作成に関する職務を行った取締役または執行役とされている（施行規則132Ⅳ）。

　また，「特定監査役」とは，株式会社の区分（監査役設置会社，監査役会設置会社，監査等委員会設置会社または指名委員会等設置会社）に応じて，業務監査報告の内容を通知すべき監査役（または，監査等委員もしくは監査委員）を定めた場合はその者，定めなかった場合はすべての監査役（または，監査等委員のうちいずれかの者，もしくは監査委員のうちいずれかの者）が該当する（施行規則132Ⅴ）。

2 計算関係書類の監査報告

計算関係書類の監査報告については，会計監査人設置会社と会計監査人設置会社以外の会社ではその手順等が異なる。以下，それぞれ区分して説明する。

(1) 会計監査人設置会社の場合

会計監査人設置会社にあっては，計算関係書類について，会計監査人および監査役（監査等委員会設置会社にあっては監査等委員会，指名委員会等設置会社にあっては監査委員会）の監査を受けなければならない（会社法436，441，444，計算規則121）。

会計監査人設置会社においては，計算関係書類の監査報告に関して，以下の2つのステップが存在する。

- 会計監査人による特定取締役および特定監査役への会計監査報告の通知（計算規則130）
- 特定監査役による特定取締役および会計監査人への監査報告の通知（計算規則132）

ここでは，大きく分けて会計監査人，監査役（もしくは，監査等委員会あるいは監査委員会），取締役または取締役会の3つの当事者が存在し，会計監査人，特定監査役および特定取締役はそれぞれの通知における窓口となる。監査報告はいずれも他の2つの当事者に対して行う。

なお，監査役会設置会社においては，上記2つのステップの間に各監査役の監査役会への監査報告のステップがはさまれるが，上記の主要な流れに相違はない。

計算関係書類を作成した取締役（指名委員会等設置会社にあっては執行役）は，会計監査人に対してその計算関係書類を提供するだけでなく，監査役（監査等委員会設置会社にあっては監査等委員会の指定した監査等委員，指名委員会等設置会社にあっては監査委員会の指定した監査委員）に対しても提供しなければならない（計算規則125）。

608　第9章　監査報告書

①　会計監査人の監査報告

会計監査人は，計算関係書類を受領したときは，次に掲げる事項を内容とする会計監査報告を作成しなければならない（計算規則126 I）。

a．会計監査人の監査の方法およびその内容

b．計算関係書類が当該株式会社の財産および損益の状況をすべての重要な点において適正に表示しているかどうかについての意見があるときは，その意見

c．bの意見がないときはその旨およびその理由

d．継続企業の前提に関する注記に係る事項

e．bの意見があるときは，事業報告およびその附属明細書の内容と計算関係書類の内容または会計監査人が監査の過程で得た知識との間の重要な相違等について，報告すべき事項の有無および報告すべき事項があるときはその内容

f．追記情報

g．会計監査報告を作成した日

具体的な意見の種類と内容は図表9－2のとおりである。

<図表9－2>　監査意見の種類

意見の種類	意見の内容
無限定適正意見	監査の対象となった計算関係書類が一般に公正妥当と認められる企業会計の慣行に準拠して，当該計算関係書類に係る期間の財産および損益の状況をすべての重要な点において適正に表示していると認められる旨
限定付適正意見	監査の対象となった計算関係書類が除外事項を除き，一般に公正妥当と認められる企業会計の慣行に準拠して，当該計算関係書類に係る期間の財産および損益の状況をすべての重要な点において適正に表示していると認められる旨，除外事項ならびに除外事項を付した限定付適正意見とした理由
不適正意見	監査の対象となった計算関係書類が不適正である旨およびその理由

（注）　このほか，上記cについては，会計監査人が重要な監査手続を実施できなかったた

め，計算関係書類に対する意見を表明するための基礎を得ることができない場合に意見を表明しない旨およびその理由が記載される。

監査報告書に記載される「追記情報」については，会計監査人の判断に関して説明する必要がある事項または計算関係書類の内容のうち強調する必要がある事項とされ，以下の項目が例示列挙されている（計算規則126Ⅱ）。

- 会計方針の変更
- 重要な偶発事象
- 重要な後発事象

なお，事業年度の末日後，当該株式会社の翌事業年度以降の財産または損益に重要な影響を及ぼす事象が発生した場合，重要な後発事象として，個別注記表または連結注記表において注記される（計算規則114）。（連結）計算書類に適切な注記が行われている重要な後発事象に関して，会計監査人が説明を付す必要があると判断したとき，または当該事項に係る記載につき強調する必要があると判断したときには，その内容を監査報告に追記情報として記載する。

仮に，会計監査人が特に追記情報として記載する必要があると判断した重要な後発事象が（連結）計算書類に注記されていない場合には，会計監査人は会社に注記を求めなければならない。会計監査人の求めにもかかわらず会社による当該注記が行われない場合，または当該注記が不十分な場合には，会計監査人は，監査報告において監査意見の除外事項を記載するか，意見を表明しない（監査基準報告書560実務指針第1号「後発事象に関する監査上の取扱い」5(4)）。

重要な後発事象については，その発生した時期によって監査報告における取扱いが異なる。後発事象の発生時期別の取扱いについては，第4章第2節**15**の図表4−49にて示している。

② 監査役の監査報告

監査役は，計算関係書類および会計監査報告を受領したときは，次に掲げる事項（監査役会設置会社の監査役の監査報告ではｆを除く）を内容とする監査報告を作成しなければならない（計算規則127）。

a．監査役の監査の方法およびその内容

b．会計監査人の監査の方法または結果を相当でないと認めたときは，その旨およびその理由（会計監査人が通知すべき日までに会計監査報告の内容の通知をしない場合には，会計監査報告を受領していない旨）

c．重要な後発事象（会計監査報告の内容となっている事項を除く）

d．会計監査人の職務の遂行の適正な実施を確保するための体制に関する事項

e．監査のため必要な調査ができなかったときは，その旨およびその理由

f．監査報告を作成した日

上記cの重要な後発事象については，会計監査人の監査終了後，監査役の監査報告書日以前に重要な後発事象が生じた場合等に記載される。

上記監査報告の内容から，監査役には，会計監査人の行う会計監査そのものの適切性に加え，会計監査人の職務の執行の適正性を確保する役割が求められていると考えられる。

③　監査役会の監査報告

監査役会は，監査役が作成した監査報告（監査役監査報告）に基づき，次に掲げる事項を内容とする監査役会の監査報告（監査役会監査報告）を作成しなければならない（計算規則128Ⅰ・Ⅱ）。

a．監査役および監査役会の監査の方法およびその内容

b．上記❷の監査役の監査報告の内容のbからeに掲げる事項

c．監査役会監査報告を作成した日

なお，監査役会による監査役の職務の執行に関する事項の決定は各監査役の権限行使に影響を与えない（会社法390Ⅱ）。上記監査報告の内容について，監査役は，当該事項に係る監査役会監査報告の内容が当該事項に係る監査役の監査役監査報告の内容と異なる場合には，当該事項に係る各監査役の監査役監査報告の内容を監査役会監査報告に付記する対応が可能である（計算規則128Ⅱ）。

また，監査役会が監査役会監査報告を作成する場合には，監査役会は，1回以上，会議を直接開催する方法の他，情報の送受信により同時に意見交換を可能にする方法（オンライン会議等）により，監査役会監査報告の内容（付記事

項を除く）を審議しなければならない（計算規則128Ⅲ）。

④ 監査等委員会の監査報告

監査等委員会は，計算関係書類および会計監査報告を受領したときは，次に掲げる事項を内容とする監査報告を作成しなければならない（計算規則128の2Ⅰ）。

a．監査等委員会の監査の方法およびその内容
b．上記②の監査役の監査報告の内容のbからeに掲げる事項
c．監査報告を作成した日

監査等委員は，当該事項に係る監査報告の内容が当該監査等委員の意見と異なる場合には，その意見を監査報告に付記する対応が可能である。

上記監査報告の内容（付記した事項を除く）は，監査等委員会の決議をもって定めなければならない（計算規則128の2Ⅱ）。監査等委員会は，委員会として監査を行うため，監査役会とは異なり，個々の監査等委員は監査報告を作成しない。このため，監査等委員会の監査報告は決議によって定められる。

⑤ 監査委員会の監査報告

監査委員会は，計算関係書類および会計監査報告を受領したときは，次に掲げる事項を内容とする監査報告を作成しなければならない（計算規則129Ⅰ）。

a．監査委員会の監査の方法およびその内容
b．上記②の監査役の監査報告の内容のbからeに掲げる事項
c．監査報告を作成した日

監査委員は，当該事項に係る監査報告の内容が当該監査委員の意見と異なる場合には，その意見を監査報告に付記する対応が可能である。

上記監査報告の内容（付記した事項を除く）は，監査委員会の決議をもって定めなければならない（計算規則129Ⅱ）。監査委員会についても，委員会として監査を行うため，監査役会とは異なり，個々の監査委員は監査報告を作成しない。このため，監査委員会の監査報告は決議によって定められる。

612　第9章　監査報告書

⑥　会計監査報告および監査報告の通知期限

a．会計監査人による会計監査報告

　会計監査人は，以下に掲げる日までに，特定監査役および特定取締役に対し，会計監査報告の内容を通知しなければならない（計算規則130Ⅰ）。

(a)　各事業年度に係る計算書類およびその附属明細書についての会計監査報告

　　次に掲げる日のいずれか遅い日

- 当該計算書類の全部を受領した日から4週間を経過した日
- 当該計算書類の附属明細書を受領した日から1週間を経過した日
- 特定取締役，特定監査役および会計監査人の間で合意により定めた日があるときは，その日

(b)　臨時計算書類についての会計監査報告

　　次に掲げる日のいずれか遅い日

- 当該臨時計算書類の全部を受領した日から4週間を経過した日
- 特定取締役，特定監査役および会計監査人の間で合意により定めた日があるときは，その日

　臨時計算書類の監査報告の流れは，計算書類およびその附属明細書の監査報告の場合とほぼ同様である。なお，臨時計算書類には附属明細書がないため，附属明細書の受領した日からの起算の定めはない。

(c)　連結計算書類についての会計監査報告

- 当該連結計算書類の全部を受領した日から4週間を経過した日（特定取締役，特定監査役および会計監査人の間で合意により定めた日があるときは，その日）

　なお，計算関係書類については，特定監査役および特定取締役が上記の会計監査報告の内容の通知を受けた日に，会計監査人の監査を受けたとされる（計算規則130Ⅱ）。仮に会計監査人が会計監査報告の内容を通知すべき日までに通知しない場合には，その後の決算スケジュールへの影響を回避する観点から，当該通知をすべき日に計算関係書類について会計監査人の監査を受けたとみなされる（計算規則130Ⅲ）。

　なお，ここにいう「特定取締役」とは，会計監査人からの会計監査報告の内容の通知を受ける者を定めた場合はその者，それ以外は監査を受けるべき計算

第1節　計算関係書類，事業報告およびその附属明細書の監査報告　613

関係書類の作成に関する職務を行った取締役および執行役とされている。会計
参与を設置している会社にあっては，会計参与は必ずこれに含まれる（計算規
則130Ⅳ）。

　また，「特定監査役」とは，株式会社の区分（監査役設置会社，監査役会設置
会社，監査等委員会設置会社または指名委員会等設置会社）に応じて，会計監
査人からの会計監査報告の内容の通知を受ける監査役（または，監査等委員，
もしくは監査委員）を定めた場合はその者，それ以外の場合はすべての監査役
（または，監査等委員のうちいずれかの者，もしくは監査委員のうちいずれかの
者）が該当する（計算規則130Ⅴ）。

　これらの特定取締役および特定監査役の設定は，複数の取締役および監査役
がいる場合にすべての通知をすべての取締役および監査役に行わなければなら
ないという実務上の煩雑さに配慮した取扱いと考えられる。

　会計監査人は，特定監査役に会計監査報告の内容の通知を行うにあたって，
次に掲げる事項を通知しなければならない（計算規則131）。

- 独立性に関する事項その他監査に関する法令および規程の遵守に関する事
項
- 監査，監査に準ずる業務およびこれらに関する業務の契約の受任および継
続の方針に関する事項
- 会計監査人の職務遂行の適正な実施を確保するための体制に関するその他
の事項

　これらは，監査役または監査役会（監査等委員会設置会社にあっては監査等
委員会，指名委員会等設置会社にあっては監査委員会）が会計監査の方法およ
び結果について相当と認めるための情報を提供する事項である。そのため，特
定取締役への通知は求められていない。

**b．監査役または監査役会（監査等委員会設置会社にあっては監査等委員会，指名
委員会等設置会社にあっては監査委員会）による監査報告**

　監査役または監査役会（監査等委員会設置会社にあっては監査等委員会，指
名委員会等設置会社にあっては監査委員会）は会計監査人から特定監査役への
通知を受けて，監査報告を作成する（計算規則127，128Ⅰ，128の2Ⅰ，129Ⅰ）。

また，監査役会設置会社においては，この前に各監査役による監査役会への監査報告が行われる（計算規則128 I）。

監査役または監査役会（監査等委員会設置会社にあっては監査等委員会，指名委員会等設置会社にあっては監査委員会）は，特定監査役を通じて，以下に掲げる日までに，特定取締役および会計監査人に対し，当該会計監査報告の内容を通知しなければならない（計算規則132 I）。

(a) 連結計算書類以外の計算関係書類についての監査報告

次に掲げる日のいずれか遅い日

- 会計監査報告を受領した日（または，会計監査人の監査を受けたとみなされた日）から1週間を経過した日
- 特定取締役および特定監査役の間で合意により定めた日があるときはその日

(b) 連結計算書類についての監査報告

次に掲げる日

- 会計監査報告を受領した日（または，会計監査人の監査を受けたとみなされた日）から1週間を経過した日。ただし，特定取締役および特定監査役の間で合意により定めた日がある場合には，その日

なお，計算関係書類については，特定取締役および会計監査人が上記の監査報告の内容の通知を受けた日に，監査役（監査等委員会設置会社にあっては監査等委員会，指名委員会等設置会社にあっては監査委員会）の監査を受けたものとされる（計算規則132 II）。また，特定監査役が監査報告の内容を通知すべき日までに通知しない場合には，その後の決算スケジュールへの影響を回避する観点から，当該通知をすべき日に，計算関係書類については，監査役（監査等委員会設置会社にあっては監査等委員会，指名委員会等設置会社にあっては監査委員会）の監査を受けたとみなされる（計算規則132 III）。

(2) 会計監査人設置会社以外の場合

① 監査役の監査報告

監査役は，計算関係書類を受領したときは，次に掲げる事項（監査役会設置会社の監査役の監査報告では e を除く）を内容とする監査報告を作成しなけれ

第1節　計算関係書類，事業報告およびその附属明細書の監査報告　615

ばならない（計算規則122Ⅰ）。

　　a．監査役の監査の方法およびその内容

　　b．計算関係書類が当該株式会社の財産および損益の状況をすべての重要な

　　　点において適正に表示しているかどうかについての意見

　　c．監査のため必要な調査ができなかったときは，その旨およびその理由

　　d．追記情報

　　e．監査報告を作成した日

　aについては，子会社に対する調査内容も当該会社の監査の一環として当然

行われるべき手続としてその範囲に含められると考えられる（会社法381Ⅲ，施

行規則105）。

　dについては，監査役の判断に関して説明する必要がある事項または計算関

係書類の内容のうち強調する必要がある事項とされ，以下の項目が例示列挙さ

れている（計算規則122Ⅱ）。

　　● 会計方針の変更

　　● 重要な偶発事象

　　● 重要な後発事象

　なお，監査役の監査の範囲を会計に関する事項に限定する旨の定款の定めが

ある場合，事業報告およびその附属明細書を監査する権限がない旨を明らかに

した監査報告が必要とされる（施行規則129Ⅱ）。

②　監査役会の監査報告

　監査役会は，監査役が作成した監査報告（監査役監査報告）に基づき，次に

掲げる事項を内容とする監査役会の監査報告（監査役会監査報告）を作成しな

ければならない（計算規則123Ⅰ・Ⅱ）。

　　a．上記①の監査役の監査報告の内容のbからdに掲げる事項

　　b．監査役および監査役会の監査の方法およびその内容

　　c．監査役会監査報告を作成した日

　この場合，監査役会による監査役の職務の執行に関する事項の決定は各監査

役の権限行使に影響を与えないため（会社法390Ⅱ），監査役は，当該事項に係

る監査役会監査報告の内容が当該事項に係る監査役の監査役監査報告の内容と

異なる場合には，当該事項に係る各監査役の監査役監査報告の内容を監査役会監査報告に付記する対応が可能である（計算規則123Ⅱ）。

　また，監査役会が監査役会監査報告を作成する場合には，会計監査人設置会社の場合と同様，監査役会監査報告の内容（付記事項を除く）の審議が求められる（計算規則123Ⅲ）。

③　監査報告の通知期限等

　特定監査役は，以下に掲げる日までに特定取締役に対し，監査報告の内容を通知しなければならない（計算規則124Ⅰ）。

　　ａ．各事業年度に係る計算書類およびその附属明細書についての監査報告
　　　次に掲げる日のいずれか遅い日
　　　●当該計算書類の全部を受領した日から4週間を経過した日
　　　●当該計算書類の附属明細書を受領した日から1週間を経過した日
　　　●特定取締役および特定監査役が合意により定めた日
　　ｂ．臨時計算書類についての監査報告
　　　次に掲げる日のいずれか遅い日
　　　●当該臨時計算書類の全部を受領した日から4週間を経過した日
　　　●特定取締役および特定監査役が合意により定めた日

　ここにいう「特定取締役」とは，監査報告の通知を受ける者を定めた場合はその者，それ以外は監査を受けるべき計算関係書類の作成に関する職務を行った取締役とされている（計算規則124Ⅳ）。会計参与を設置している会社にあっては，会計参与は必ずこれに含まれる。また，「特定監査役」とは，監査報告の通知を行う監査役を定めた場合はその監査役，それ以外の場合はすべての監査役が該当する（計算規則124Ⅴ）。当該特定取締役および特定監査役を定めた趣旨は会計監査人設置会社の場合と同じである。

　なお，計算関係書類については，特定取締役が監査報告内容の通知の受領をもって，監査役の監査を受けたとされる（計算規則124Ⅱ）。しかし，特定監査役が定められた日までに監査報告の内容の通知をしない場合には，当該定められた日に計算関係書類について，監査役の監査を受けたとみなされる（計算規則124Ⅲ）。

第2節　監査報告書の文例　617

●第2節　**監査報告書の文例**

1　会計監査人の監査報告書

⑴　会計監査人の監査報告書の改正

　会計監査人の監査報告書は，日本公認会計士協会が監査基準報告書700実務指針第1号「監査報告書の文例」（最終改正2024年9月26日）（以下「監基報700実務指針1号」という）にて文例を公表している。監基報700実務指針1号は，日本公認会計士協会の監査基準報告書700「財務諸表に対する意見の形成と監査報告」（最終改正2024年9月26日）（以下「監基報700」という）の文例に基づいて作成されている。

　日本公認会計士協会は，2023年1月に監査基準報告書600「グループ監査における特別な考慮事項」（以下「監基報600」という）の改正を行い，適合修正として監基報700の文例の改正を行った。これを受けて，監基報700実務指針1号についても，2024年2月8日改正にて各監査報告書の文例の「監査人の責任」区分の監基報600に関する文言が改正され，2024年4月1日以後開始する事業年度に係る財務諸表の監査から適用（早期適用は可能）されている。

　上記とは別に，2024年3月に連結財務諸表規則の改正を受けて，会社計算規則の第120条から第120条の3における連結財務諸表規則の参照条文番号が改正されたが，会計監査人の監査報告書上の文言に影響はない。

　本節1⑵②「連結計算書類に対する監査報告書」の文例の「監査人の責任」区分における監基報600に関する文言は，監基報600の改正を反映した記載としている。一方，①「計算書類等に対する監査報告書」については，監基報600を適用する場合にのみ追加記載を行う事項のため，当該記載を行っていない。

⑵　監査報告書の様式

　計算書類等および連結計算書類に対する監査報告書の様式は下記のとおりである。

618　第9章　監査報告書

　下記の監査報告書は、会社が上場しており、会社法に基づく監査報告書においても報酬関連情報の金額を開示する、監査役会設置会社の場合の文例である。監査人は監査報告書の日付以前にその他の記載内容のすべてを入手し、また、その他の記載内容に関して重要な誤りを識別していない。監査人は無限責任監査法人の場合で、かつ、指定証明であるとの前提を置いている。

　なお、下記の監査報告書では報酬関連情報区分を設けているが、金融商品取引法に基づく監査報告書において報酬関連情報区分を設ける場合は、会社法に基づく監査報告書では報酬関連情報区分を削除することができる。

①　計算書類等に対する監査報告書

独立監査人の監査報告書

×年×月×日

○○株式会社
　取締役会　御中

　　　　　　　　　　　　○○監査法人
　　　　　　　　　　　　○○事務所
　　　　　　　　　指定社員
　　　　　　　　　業務執行社員　　公認会計士　　○○○○
　　　　　　　　　指定社員
　　　　　　　　　業務執行社員　　公認会計士　　○○○○

＜計算書類等監査＞
監査意見

　当監査法人は、会社法第436条第2項第1号の規定に基づき、○○株式会社の×年×月×日から×年×月×日までの第×期事業年度の計算書類、すなわち、貸借対照表、損益計算書、株主資本等変動計算書及び個別注記表並びにその附属明細書（以下「計算書類等」という。）について監査を行った。

　当監査法人は、上記の計算書類等が、我が国において一般に公正妥当と認められる企業会計の基準に準拠して、当該計算書類等に係る期間の財産及び損益の状況を、全ての重要な点において適正に表示しているものと認める。

監査意見の根拠

　当監査法人は、我が国において一般に公正妥当と認められる監査の基準に準拠して監査を行った。監査の基準における当監査法人の責任は、「計算書類等の監査

における監査人の責任」に記載されている。当監査法人は，我が国における職業倫理に関する規定に従って，会社から独立しており，また，監査人としてのその他の倫理上の責任を果たしている。当監査法人は，意見表明の基礎となる十分かつ適切な監査証拠を入手したと判断している。

その他の記載内容

　その他の記載内容は，事業報告及びその附属明細書である。経営者の責任は，その他の記載内容を作成し開示することにある。また，監査役及び監査役会の責任は，その他の記載内容の報告プロセスの整備及び運用における取締役の職務の執行を監視することにある。

　当監査法人の計算書類等に対する監査意見の対象にはその他の記載内容は含まれておらず，当監査法人はその他の記載内容に対して意見を表明するものではない。

　計算書類等の監査における当監査法人の責任は，その他の記載内容を通読し，通読の過程において，その他の記載内容と計算書類等又は当監査法人が監査の過程で得た知識との間に重要な相違があるかどうか検討すること，また，そのような重要な相違以外にその他の記載内容に重要な誤りの兆候があるかどうか注意を払うことにある。

　当監査法人は，実施した作業に基づき，その他の記載内容に重要な誤りがあると判断した場合には，その事実を報告することが求められている。

　その他の記載内容に関して，当監査法人が報告すべき事項はない。

計算書類等に対する経営者並びに監査役及び監査役会の責任

　経営者の責任は，我が国において一般に公正妥当と認められる企業会計の基準に準拠して計算書類等を作成し適正に表示することにある。これには，不正又は誤謬による重要な虚偽表示のない計算書類等を作成し適正に表示するために経営者が必要と判断した内部統制を整備及び運用することが含まれる。

　計算書類等を作成するに当たり，経営者は，継続企業の前提に基づき計算書類等を作成することが適切であるかどうかを評価し，我が国において一般に公正妥当と認められる企業会計の基準に基づいて継続企業に関する事項を開示する必要がある場合には当該事項を開示する責任がある。

　監査役及び監査役会の責任は，財務報告プロセスの整備及び運用における取締役の職務の執行を監視することにある。

計算書類等の監査における監査人の責任

　監査人の責任は，監査人が実施した監査に基づいて，全体としての計算書類等

に不正又は誤謬による重要な虚偽表示がないかどうかについて合理的な保証を得て，監査報告書において独立の立場から計算書類等に対する意見を表明することにある。虚偽表示は，不正又は誤謬により発生する可能性があり，個別に又は集計すると，計算書類等の利用者の意思決定に影響を与えると合理的に見込まれる場合に，重要性があると判断される。

監査人は，我が国において一般に公正妥当と認められる監査の基準に従って，監査の過程を通じて，職業的専門家としての判断を行い，職業的懐疑心を保持して以下を実施する。

- 不正又は誤謬による重要な虚偽表示リスクを識別し，評価する。また，重要な虚偽表示リスクに対応した監査手続を立案し，実施する。監査手続の選択及び適用は監査人の判断による。さらに，意見表明の基礎となる十分かつ適切な監査証拠を入手する。

- 計算書類等の監査の目的は，内部統制の有効性について意見表明するためのものではないが，監査人は，リスク評価の実施に際して，状況に応じた適切な監査手続を立案するために，監査に関連する内部統制を検討する。

- 経営者が採用した会計方針及びその適用方法の適切性，並びに経営者によって行われた会計上の見積りの合理性及び関連する注記事項の妥当性を評価する。

- 経営者が継続企業を前提として計算書類等を作成することが適切であるかどうか，また，入手した監査証拠に基づき，継続企業の前提に重要な疑義を生じさせるような事象又は状況に関して重要な不確実性が認められるかどうか結論付ける。継続企業の前提に関する重要な不確実性が認められる場合は，監査報告書において計算書類等の注記事項に注意を喚起すること，又は重要な不確実性に関する計算書類等の注記事項が適切でない場合は，計算書類等に対して除外事項付意見を表明することが求められている。監査人の結論は，監査報告書日までに入手した監査証拠に基づいているが，将来の事象や状況により，企業は継続企業として存続できなくなる可能性がある。

- 計算書類等の表示及び注記事項が，我が国において一般に公正妥当と認められる企業会計の基準に準拠しているかどうかとともに，関連する注記事項を含めた計算書類等の表示，構成及び内容，並びに計算書類等が基礎となる取引や会計事象を適正に表示しているかどうかを評価する。

監査人は，監査役及び監査役会に対して，計画した監査の範囲とその実施時期，監査の実施過程で識別した内部統制の重要な不備を含む監査上の重要な発見事項，及び監査の基準で求められているその他の事項について報告を行う。

監査人は，監査役及び監査役会に対して，独立性についての我が国における職業倫理に関する規定を遵守したこと，並びに監査人の独立性に影響を与えると合

理的に考えられる事項，及び阻害要因を除去するための対応策を講じている場合
又は阻害要因を許容可能な水準にまで軽減するためのセーフガードを適用してい
る場合はその内容について報告を行う。

＜報酬関連情報＞
　当監査法人及び当監査法人と同一のネットワークに属する者に対する，当事業
年度の会社及び子会社の監査証明業務に基づく報酬及び非監査業務に基づく報酬
の額は，それぞれ XX 百万円及び XX 百万円である。

利害関係
　会社と当監査法人又は業務執行社員との間には，公認会計士法の規定により記
載すべき利害関係はない。

以　上

（監基報700実務指針1号 文例11　計算書類より）

② 連結計算書類に対する監査報告書

独立監査人の監査報告書

×年×月×日

○○株式会社
　取締役会　御中

○○監査法人
○○事務所
指 定 社 員　　　　　　　　　　
業務執行社員　公認会計士　　○○○○

指 定 社 員　　　　　　　　　　
業務執行社員　公認会計士　　○○○○

＜連結計算書類監査＞
監査意見
　当監査法人は，会社法第444条第4項の規定に基づき，○○株式会社の×年×月
×日から×年×月×日までの連結会計年度の連結計算書類，すなわち，連結貸借
対照表，連結損益計算書，連結株主資本等変動計算書及び連結注記表について監
査を行った。
　当監査法人は，上記の連結計算書類が，我が国において一般に公正妥当と認め
られる企業会計の基準に準拠して，○○株式会社及び連結子会社からなる企業集

団の当該連結計算書類に係る期間の財産及び損益の状況を，全ての重要な点において適正に表示しているものと認める。

監査意見の根拠

当監査法人は，我が国において一般に公正妥当と認められる監査の基準に準拠して監査を行った。監査の基準における当監査法人の責任は，「連結計算書類の監査における監査人の責任」に記載されている。当監査法人は，我が国における職業倫理に関する規定に従って，会社及び連結子会社から独立しており，また，監査人としてのその他の倫理上の責任を果たしている。当監査法人は，意見表明の基礎となる十分かつ適切な監査証拠を入手したと判断している。

その他の記載内容

その他の記載内容は，事業報告及びその附属明細書である。経営者の責任は，その他の記載内容を作成し開示することにある。また，監査役及び監査役会の責任は，その他の記載内容の報告プロセスの整備及び運用における取締役の職務の執行を監視することにある。

当監査法人の連結計算書類に対する監査意見の対象にはその他の記載内容は含まれておらず，当監査法人はその他の記載内容に対して意見を表明するものではない。

連結計算書類の監査における当監査法人の責任は，その他の記載内容を通読し，通読の過程において，その他の記載内容と連結計算書類又は当監査法人が監査の過程で得た知識との間に重要な相違があるかどうか検討すること，また，そのような重要な相違以外にその他の記載内容に重要な誤りの兆候があるかどうか注意を払うことにある。

当監査法人は，実施した作業に基づき，その他の記載内容に重要な誤りがあると判断した場合には，その事実を報告することが求められている。

その他の記載内容に関して，当監査法人が報告すべき事項はない。

連結計算書類に対する経営者並びに監査役及び監査役会の責任

経営者の責任は，我が国において一般に公正妥当と認められる企業会計の基準に準拠して連結計算書類を作成し適正に表示することにある。これには，不正又は誤謬による重要な虚偽表示のない連結計算書類を作成し適正に表示するために経営者が必要と判断した内部統制を整備及び運用することが含まれる。

連結計算書類を作成するに当たり，経営者は，継続企業の前提に基づき連結計算書類を作成することが適切であるかどうかを評価し，我が国において一般に公正妥当と認められる企業会計の基準に基づいて継続企業に関する事項を開示する

必要がある場合には当該事項を開示する責任がある。

　監査役及び監査役会の責任は，財務報告プロセスの整備及び運用における取締役の職務の執行を監視することにある。

連結計算書類の監査における監査人の責任

　監査人の責任は，監査人が実施した監査に基づいて，全体としての連結計算書類に不正又は誤謬による重要な虚偽表示がないかどうかについて合理的な保証を得て，監査報告書において独立の立場から連結計算書類に対する意見を表明することにある。虚偽表示は，不正又は誤謬により発生する可能性があり，個別に又は集計すると，連結計算書類の利用者の意思決定に影響を与えると合理的に見込まれる場合に，重要性があると判断される。

　監査人は，我が国において一般に公正妥当と認められる監査の基準に従って，監査の過程を通じて，職業的専門家としての判断を行い，職業的懐疑心を保持して以下を実施する。

- 不正又は誤謬による重要な虚偽表示リスクを識別し，評価する。また，重要な虚偽表示リスクに対応した監査手続を立案し，実施する。監査手続の選択及び適用は監査人の判断による。さらに，意見表明の基礎となる十分かつ適切な監査証拠を入手する。
- 連結計算書類の監査の目的は，内部統制の有効性について意見表明するためのものではないが，監査人は，リスク評価の実施に際して，状況に応じた適切な監査手続を立案するために，監査に関連する内部統制を検討する。
- 経営者が採用した会計方針及びその適用方法の適切性，並びに経営者によって行われた会計上の見積りの合理性及び関連する注記事項の妥当性を評価する。
- 経営者が継続企業を前提として連結計算書類を作成することが適切であるかどうか，また，入手した監査証拠に基づき，継続企業の前提に重要な疑義を生じさせるような事象又は状況に関して重要な不確実性が認められるかどうか結論付ける。継続企業の前提に関する重要な不確実性が認められる場合は，監査報告書において連結計算書類の注記事項に注意を喚起すること，又は重要な不確実性に関する連結計算書類の注記事項が適切でない場合は，連結計算書類に対して除外事項付意見を表明することが求められている。監査人の結論は，監査報告書日までに入手した監査証拠に基づいているが，将来の事象や状況により，企業は継続企業として存続できなくなる可能性がある。
- 連結計算書類の表示及び注記事項が，我が国において一般に公正妥当と認められる企業会計の基準に準拠しているかどうかとともに，関連する注記事項を含めた連結計算書類の表示，構成及び内容，並びに連結計算書類が基礎となる

624　第9章　監査報告書

取引や会計事象を適正に表示しているかどうかを評価する。

- 連結計算書類に対する意見表明の基礎となる，会社及び連結子会社の財務情報に関する十分かつ適切な監査証拠を入手するために，連結計算書類の監査を計画し実施する。監査人は，連結計算書類の監査に関する指揮，監督及び査閲に関して責任がある。監査人は，単独で監査意見に対して責任を負う。

監査人は，監査役及び監査役会に対して，計画した監査の範囲とその実施時期，監査の実施過程で識別した内部統制の重要な不備を含む監査上の重要な発見事項，及び監査の基準で求められているその他の事項について報告を行う。

監査人は，監査役及び監査役会に対して，独立性についての我が国における職業倫理に関する規定を遵守したこと，並びに監査人の独立性に影響を与えると合理的に考えられる事項，及び阻害要因を除去するための対応策を講じている場合又は阻害要因を許容可能な水準にまで軽減するためのセーフガードを適用している場合はその内容について報告を行う。

＜報酬関連情報＞

当監査法人及び当監査法人と同一のネットワークに属する者に対する，当連結会計年度の会社及び子会社の監査証明業務に基づく報酬及び非監査業務に基づく報酬の額は，それぞれ XX 百万円及び XX 百万円である。

利害関係

会社及び連結子会社と当監査法人又は業務執行社員との間には，公認会計士法の規定により記載すべき利害関係はない。

以　上

（監基報700実務指針1号 文例12　連結計算書類より）

⑶　会計監査人の事業報告およびその附属明細書の入手時期

監査人は，監査基準報告書720「その他の記載内容に関連する監査人の責任」（最終改正2023年1月12日）（以下「監基報720」という）に従い，監査意見を表明しない場合を除き，会社法上の「その他の記載内容」である事業報告およびその附属明細書に対する作業の結果を監査報告書の「その他の記載内容」区分に記載しなければならない。監査人の監査報告書の「その他の記載内容」区分の記載事項は，監査人がその他の記載内容を監査報告書日以前に入手するか，監査報告書日より後に入手するかによって異なるため，その入手時期が問題と

なる。この点について，その他の記載内容のすべてを監査報告書日以前に入手
できる状況を通常としている（監基報720 A16項参照）。このため，会社法監査
において，会計監査人は，監査報告書日までに監査対象となる計算書類等に対
する監査手続のみならず，その他の記載内容に対する作業等を完了できるよう
に，事業報告およびその附属明細書の入手時期および手続も考慮したうえで監
査スケジュールを検討する必要があり，経営者や監査役等との十分なコミュニ
ケーションが要請される（監査基準報告書720周知文書第1号「監査基準報告書
720「その他の記載内容に関連する監査人の責任」の適用を踏まえた会社法監査
等のスケジュールの検討に係る周知文書」（最終改正2022年10月13日）参照）。

　なお，わが国では，会社法において取締役会による事業報告の最終承認が求
められているが，そのような最終承認は会計監査人がその他の記載内容につい
て実施すべき作業等を行うために必要な事項ではない。したがって，ここで想
定する事業報告の最終版は，経営者が最終版であると表明した事業報告を指し，
通常，経営者確認書の日付までに監査人に提出された事業報告となる（監基報
720 A15項参照）。

⑷　会社法における監査上の主要な検討事項の適用

　金融商品取引法では，金融商品取引法に基づいて開示を行っている企業（非
上場企業のうち資本金5億円未満または売上高10億円未満かつ負債総額200億
円未満の企業は除く）（監基報700 A38項）に対して，監査報告書への監査上の主
要な検討事項（以下「KAM」という）の記載が求められている。

　これに対し，会社法監査では，KAMの適用は任意である。KAMの記載内容
に関する監査人と会社との間の協議に一定の時間を要すると想定されるため，
現行の株主総会のスケジュールを前提とすると，KAMを会社法上の監査報告
書に記載する取扱いは実務的な負荷が大きいと考えられる。そのため，当面，
金融商品取引法上の監査報告書においてのみKAMの記載が求められ，会社法
上の監査報告書での記載は求められていない（監査報告書に係るQ&A Q2-1）。

　監基報700実務指針1号における会社法監査の会計監査人の監査報告書の文
例においては，監査上の主要な検討事項の区分は設けられていない。このため，
会社法において監査上の主要な検討事項を記載する場合には，監基報700実務

626 第9章 監査報告書

指針1号の金融商品取引法監査の文例を参考にして作成することとなる。

(5) 報酬関連情報の開示

日本公認会計士協会は，2022年7月の倫理規則の改正にて報酬関連情報の開示に関する事項を新設し，報酬関連情報の透明性向上のため，社会的影響度の高い事業体の監査業務の場合には，会計監査人の監査報告書または事業報告において報酬関連情報を開示することとした。監基報700実務指針1号では，各文例において「報酬関連情報」区分のさまざまな状況における記載例を示している。

報酬関連情報の開示の具体的な内容については，倫理規則や，倫理規則実務ガイダンス第1号「倫理規則に関するQ&A（実務ガイダンス）」（最終改正2024年5月23日）（以下「倫理規則に関するQ&A」という）および倫理規則研究文書第1号「倫理規則に基づく報酬関連情報の開示に関するQ&A（研究文書）」（2023年9月7日公表）に従って対応を行うことになる。

なお，社会的影響度の高い事業体である被監査会社が，金融商品取引法に基づく監査および会社法に基づく監査の両方を受けている場合は，いずれかの監査報告書において報酬関連情報を開示することで足りるとされている（倫理規則に関するQ&A Q410-13-4参照）。

(6) 電磁的方法での監査報告書（電子署名を含む）の提出

2021年に公布された「デジタル社会の形成を図るための関係法律の整備に関する法律」における公認会計士法の改正により，被監査会社から承諾を得た場合には電磁的方法による監査報告書の提出が認められ，また会計監査人の監査報告書においては署名のみが求められることとなった（押印は不要）。

電子署名には，さまざまな形式があり，また適用にあたっての論点も存在するため，監査基準報告書700実務ガイダンス第1号「監査報告書に係るQ&A（実務ガイダンス）」（最終改正2024年2月8日）（以下「監査報告書に係るQ&A」という）の《3．監査報告書の電子化に関するQ&A》において，各種論点に関するQ&Aが提供されている。この中では，監査報告書の電子化の根拠法令や電子化された監査報告書等に用いる電子署名サービスの要件など11項目のQ&Aが

第2節　監査報告書の文例　627

記載されている。電子化された監査報告書等を発行する場合の被監査会社との事前合意については，Q3-2において，公認会計士および監査法人が電子化された監査報告書等を発行する場合には，事前に被監査会社の承諾を書面または電磁的方法によって得なければならない（公認会計士法25Ⅲ，34の12Ⅲ，公認会計士法施行規則12の2Ⅰ，24の2Ⅰ）とされている。

⑺　来期の適用事項

　日本公認会計士協会では，2024年7月の倫理規則の改正にて，会計事務所が社会的影響度の高い事業体に対する独立性に関する要求事項を適用している場合の開示要求に伴う狭い範囲の改正が行われたことを受けて，2024年9月26日付で監基報700および監基報700実務指針1号の監査報告書の文例の改正を行った。この改正では，社会的影響度の高い事業体の財務諸表監査の場合に，監査報告書の「監査意見の根拠」区分の「我が国における職業倫理に関する規定」に「（社会的影響度の高い事業体の財務諸表監査に適用される規定を含む。）」を追加することとした。2025年4月1日以後開始する事業年度に係る監査から適用される（早期適用は可能）。

2　監査役等の監査報告書

　監査役等の監査報告書については，公益社団法人日本監査役協会（以下「監査役協会」という）が「監査役（会）監査報告のひな型」，「監査等委員会監査報告のひな型」および「監査委員会監査報告のひな型」（以下あわせて「監査役協会ひな型」という）を公表しており，このなかで機関設計別に株主に対して提供される監査報告書と各監査役が作成する監査報告書のひな型を示している。また，監査役協会では，近時の企業情報の英文開示に対する要請の高まりを踏まえて，当該ひな型の英訳版を公表している。

　監査役等が作成する監査報告は，法令上，事業報告およびその附属明細書に係る監査報告と計算関係書類に係る監査報告の作成について，それぞれ別個の規定が設けられているが，監査役等による監査は，事業報告およびその附属明細書に係る監査と計算関係書類に係る監査が相互に密接に関係しており，かつ，多くの共通性を有している。そのため，監査役協会から公表されている監査役

628　第9章　監査報告書

等の監査報告書ひな型においても，「事業報告およびその附属明細書（以下「事業報告等」という）に係る監査報告」，「各事業年度に係る計算書類およびその附属明細書（以下「計算書類等」という）に係る監査報告」，および「連結計算書類に係る監査報告」のすべてを一体化して作成する形を基本的な作成方法としている。しかし，連結計算書類に係る監査報告を別途独立して作成する会社や，連結計算書類の作成が求められない会社等があるため，監査役協会の監査報告書ひな型では，そうした場合の対応方法を注記で示すとともに，連結計算書類に係る監査報告書を別途独立して作成する会社の記載例を「参考資料」として示している。

　以下においては，監査役協会ひな型で示されている監査報告書のひな型の一部を示す。

⑴　**株主に対して提供される監査報告書**

①　**機関設計が「取締役会＋監査役会＋会計監査人」の会社の場合**

ａ．**事業報告等に係る監査報告書および計算書類等に係る監査報告書（連結計算書類に係る監査報告書と一体の監査報告書）**

　　　　　　　　　　　　　　　　　　　　　　　　　　　　○○○○年○月○日

○○○○株式会社
代表取締役社長○○○○殿

　　　　　　　　　　　　　　　　　　　　　　　　　　　　監　査　役　会

　　　　　　　　　　　監査報告書の提出について

　当監査役会は，会社法第390条第2項第1号の規定に基づき監査報告書を作成いたしましたので，別紙のとおり提出いたします。

　　　　　　　　　　　　　　　　　　　　　　　　　　　　　　以　上

　　　　　　　　　　　監　査　報　告　書

　当監査役会は，○○○○年○月○日から○○○○年○月○日までの第○○期事業年度における取締役の職務の執行に関して，各監査役が作成した監査報告書に基づき，審議の上，本監査報告書を作成し，以下のとおり報告いたします。

第2節　監査報告書の文例　629

1．監査役及び監査役会の監査の方法及びその内容
 (1)　監査役会は，監査の方針，職務の分担等を定め，各監査役から監査の実施状況及び結果について報告を受けるほか，取締役等及び会計監査人からその職務の執行状況について報告を受け，必要に応じて説明を求めました。
 (2)　各監査役は，監査役会が定めた監査役監査の基準に準拠し，監査の方針，職務の分担等に従い，取締役，内部監査部門その他の使用人等と意思疎通を図り，情報の収集及び監査の環境の整備に努めるとともに，以下の方法で監査を実施いたしました。
  ①　取締役会その他重要な会議に出席し，取締役及び使用人等からその職務の執行状況について報告を受け，必要に応じて説明を求め，重要な決裁書類等を閲覧し，本社及び主要な事業所において業務及び財産の状況を調査いたしました。また，子会社については，子会社の取締役及び監査役等と意思疎通及び情報の交換を図り，必要に応じて子会社から事業の報告を受けました。
  ②　事業報告に記載されている取締役の職務の執行が法令及び定款に適合することを確保するための体制その他株式会社及びその子会社から成る企業集団の業務の適正を確保するために必要なものとして会社法施行規則第100条第1項及び第3項に定める体制の整備に関する取締役会決議の内容及び当該決議に基づき整備されている体制（内部統制システム）について，取締役及び使用人等からその構築及び運用の状況について定期的に報告を受け，必要に応じて説明を求め，意見を表明いたしました。
  ③　事業報告に記載されている会社法施行規則第118条第3号イの基本方針及び同号ロの各取組み並びに会社法施行規則第118条第5号イの留意した事項及び同号ロの判断及び理由については，取締役会その他における審議の状況等を踏まえ，その内容について検討を加えました。
  ④　会計監査人が独立の立場を保持し，かつ，適正な監査を実施しているかを監視及び検証するとともに，会計監査人からその職務の執行状況について報告を受け，必要に応じて説明を求めました。また，会計監査人から「職務の遂行が適正に行われることを確保するための体制」（会社計算規則第131条各号に掲げる事項）を「監査に関する品質管理基準」（企業会計審議会）等に従って整備している旨の通知を受け，必要に応じて説明を求めました。
   以上の方法に基づき，当該事業年度に係る事業報告及びその附属明細書，計算書類（貸借対照表，損益計算書，株主資本等変動計算書及び個別注記

表）及びその附属明細書並びに連結計算書類（連結貸借対照表，連結損益計算書，連結株主資本等変動計算書及び連結注記表）について検討いたしました。

2．監査の結果

(1) 事業報告等の監査結果

① 事業報告及びその附属明細書は，法令及び定款に従い，会社の状況を正しく示しているものと認めます。

② 取締役の職務の執行に関する不正の行為又は法令若しくは定款に違反する重大な事実は認められません。

③ 内部統制システムに関する取締役会決議の内容は相当であると認めます。また，当該内部統制システムに関する事業報告の記載内容及び取締役の職務の執行についても，指摘すべき事項は認められません。

④ 事業報告に記載されている会社の財務及び事業の方針の決定を支配する者の在り方に関する基本方針については，指摘すべき事項は認められません。事業報告に記載されている会社法施行規則第118条第3号ロの各取組みは，当該基本方針に沿ったものであり，当社の株主共同の利益を損なうものではなく，かつ，当社の会社役員の地位の維持を目的とするものではないと認めます。

⑤ 事業報告に記載されている親会社等との取引について，当該取引をするに当たり当社の利益を害さないように留意した事項及び当該取引が当社の利益を害さないかどうかについての取締役会の判断及びその理由について，指摘すべき事項は認められません。

(2) 計算書類及びその附属明細書の監査結果

会計監査人○○○○の監査の方法及び結果は相当であると認めます。

(3) 連結計算書類の監査結果

会計監査人○○○○の監査の方法及び結果は相当であると認めます。

3．監査役○○○○の意見（異なる監査意見がある場合）

4．後発事象（重要な後発事象がある場合）

〇〇〇〇年〇月〇日

〇〇〇〇株式会社　監査役会

常勤監査役　　　　　　　　　　○○○○　印

常勤監査役（社外監査役）　　　○○○○　印

社外監査役　　　　　　　　　　○○○○　印

監査役　　　　　　　　　　　　○○○○　印

（自　署）

第2節　監査報告書の文例　631

（監査役協会ひな型より）

注：1．「連結計算書類に係る監査報告書」を別途独立して作成する場合には，本ひ
　　　　な型本文の下線部分を削除する。
　　2．上記以外の監査役協会のひな型上の（注）をすべて省略している（以下，同
　　　　様）。

b．連結計算書類に係る監査報告書

　このひな型は，上記 **a** より連結計算書類に係る監査報告書に関する記載であ
る下線部分の記載を削除し，連結計算書類に係る監査報告書を別途独立して作
成する場合のひな型である。

　　　　　　　　　　　　　　　　　　　　　　　　○○○○年○月○日
○○○○株式会社
代表取締役社長○○○○殿
　　　　　　　　　　　　　　　　　　　　　　　監　査　役　会

　　　　　　　　連結計算書類に係る監査報告書の提出について

　当監査役会は，会社法第390条第2項第1号の規定に基づき監査報告書を作
成いたしましたので，別紙のとおり提出いたします。
　　　　　　　　　　　　　　　　　　　　　　　　　　　　　以　上

　　　　　　　　　　　連結計算書類に係る監査報告書

　当監査役会は，○○○○年○月○日から○○○○年○月○日までの第○○期
事業年度に係る連結計算書類（連結貸借対照表，連結損益計算書，連結株主資
本等変動計算書及び連結注記表）に関して，各監査役が作成した監査報告書に
基づき，審議の上，本監査報告書を作成し，以下のとおり報告いたします。
　1．監査役及び監査役会の監査の方法及びその内容
　　　　監査役会は，監査の方針，職務の分担等を定め，各監査役から監査の
　　　実施状況及び結果について報告を受けるほか，取締役等及び会計監査人
　　　からその職務の執行状況について報告を受け，必要に応じて説明を求め
　　　ました。
　　　　各監査役は，監査役会が定めた監査の方針，職務の分担等に従い，連
　　　結計算書類について取締役及び使用人等から報告を受け，必要に応じて

説明を求めました。また，会計監査人が独立の立場を保持し，かつ，適正な監査を実施しているかを監視及び検証するとともに，会計監査人からその職務の執行状況について報告を受け，必要に応じて説明を求めました。また，会計監査人から「職務の遂行が適正に行われることを確保するための体制」（会社計算規則第131条各号に掲げる事項）を「監査に関する品質管理基準」（企業会計審議会）等に従って整備している旨の通知を受け，必要に応じて説明を求めました。以上の方法に基づき，当該事業年度に係る連結計算書類について検討いたしました。

2．監査の結果

　　会計監査人〇〇〇〇の監査の方法及び結果は相当であると認めます。

3．監査役〇〇〇〇の意見（異なる監査意見がある場合）

4．後発事象（重要な後発事象がある場合）

　　　　〇〇〇〇年〇月〇日

　　　　　　　〇〇〇〇株式会社　監査役会

　　　　　　　　　常勤監査役　　　　　　　　〇〇〇〇　印

　　　　　　　　　常勤監査役（社外監査役）　〇〇〇〇　印

　　　　　　　　　社外監査役　　　　　　　　〇〇〇〇　印

　　　　　　　　　監査役　　　　　　　　　　〇〇〇〇　印

　　　　　　　　　　　　　　　　　　　　　　　（自　署）

（監査役協会ひな型より）

ｃ．臨時計算書類に係る監査報告書

　　　　　　　　　　　　　　　　　　　　　　　　　　〇〇〇〇年〇月〇日

〇〇〇〇株式会社

代表取締役社長〇〇〇〇殿

　　　　　　　　　　　　　　　　　　　　　　監　査　役　会

　　　　　　　臨時計算書類に係る監査報告書の提出について

　当監査役会は，会社法第390条第2項第1号の規定に基づき監査報告書を作成いたしましたので，別紙のとおり提出いたします。

　　　　　　　　　　　　　　　　　　　　　　　　　　　　以　上

臨時計算書類に係る監査報告書

　当監査役会は，○○○○年○月○日から○○○○年○月○日までの臨時会計年度に係る臨時計算書類（臨時貸借対照表及び臨時損益計算書）に関して，各監査役が作成した監査報告書に基づき，審議の上，本監査報告書を作成し，以下のとおり報告いたします。

1．監査役及び監査役会の監査の方法及びその内容
　(1)　監査役会は，監査の方針，職務の分担等を定め，各監査役から監査の実施状況及び結果について報告を受けるほか，取締役等及び会計監査人からその職務の執行状況について報告を受け，必要に応じて説明を求めました。
　(2)　各監査役は，以下の方法で監査を実施いたしました。
　　①　監査役会が定めた監査の方針，職務の分担等に従い，臨時計算書類について取締役及び使用人等から報告を受け，必要に応じて説明を求めました。
　　②　会計監査人が独立の立場を保持し，かつ，適正な監査を実施しているかを監視及び検証するとともに，会計監査人からその職務の執行状況について報告を受け，必要に応じて説明を求めました。
　　③　会計監査人から「職務の遂行が適正に行われることを確保するための体制」（会社計算規則第131条各号に掲げる事項）を「監査に関する品質管理基準」（企業会計審議会）等に従って整備している旨の通知を受け，必要に応じて説明を求めました。
　　以上の方法に基づき，当該臨時会計年度に係る臨時計算書類について検討いたしました。

2．監査の結果
　　会計監査人○○○○の監査の方法及び結果は相当であると認めます。

3．監査役○○○○の意見（異なる監査意見がある場合）

4．後発事象（重要な後発事象がある場合）
　　　　○○○○年○月○日
　　　　　　○○○○株式会社　監査役会
　　　　　　　　常勤監査役　　　　　　　○　○　○　○　㊞
　　　　　　　　常勤監査役（社外監査役）　○　○　○　○　㊞
　　　　　　　　社外監査役　　　　　　　○　○　○　○　㊞
　　　　　　　　監査役　　　　　　　　　○　○　○　○　㊞
　　　　　　　　　　　　　　　　　　　　　　　（自　署）

634　第9章　監査報告書

（監査役協会ひな型より）

②　機関設計が「取締役会＋監査役」の会社の場合

　会計監査人を設置していない会社で，監査役が事業報告等に係る監査および計算書類等に係る監査を実施する場合の監査報告書である。

a．事業報告等に係る監査報告書および計算書類等に係る監査報告書

　　　　　　　　　　　　　　　　　　　　　　　　　　　〇〇〇〇年〇月〇日

〇〇〇〇株式会社
代表取締役社長〇〇〇〇殿

　　　　　　　　　　　　　　　　　　　　常勤監査役　〇　〇　〇　〇　印
　　　　　　　　　　　　　　　　　　　　監査役　　　〇　〇　〇　〇　印

　　　　　　　　　　　監査報告書の提出について

　私たち監査役は，会社法第381条第1項の規定に基づき監査報告書を作成いたしましたので，別紙のとおり提出いたします。

　　　　　　　　　　　　　　　　　　　　　　　　　　　　　　以　上

　　　　　　　　　　　　監　査　報　告　書

　私たち監査役は，〇〇〇〇年〇月〇日から〇〇〇〇年〇月〇日までの第〇〇期事業年度における取締役の職務の執行を監査いたしました。その方法及び結果について以下のとおり報告いたします。
　1．監査の方法及びその内容
　　　各監査役は，取締役及び使用人等と意思疎通を図り，情報の収集及び監査の環境の整備に努めるとともに，取締役会その他重要な会議に出席し，取締役及び使用人等からその職務の執行状況について報告を受け，必要に応じて説明を求め，重要な決裁書類等を閲覧し，本社及び主要な事業所において業務及び財産の状況を調査いたしました。また，子会社については，子会社の取締役及び監査役等と意思疎通及び情報の交換を図り，必要に応じて子会社から事業の報告を受けました。以上の方法に基づき，当該事業年度に係る事業報告及びその附属明細書について検討いたしました。

さらに，会計帳簿及びこれに関する資料の調査を行い，当該事業年度に係る計算書類（貸借対照表，損益計算書，株主資本等変動計算書及び個別注記表）及びその附属明細書について検討いたしました。

2．監査の結果

(1) 事業報告等の監査結果

① 事業報告及びその附属明細書は，法令及び定款に従い，会社の状況を正しく示しているものと認めます。

② 取締役の職務の執行に関する不正の行為又は法令若しくは定款に違反する重大な事実は認められません。

(2) 計算書類及びその附属明細書の監査結果

計算書類及びその附属明細書は，会社の財産及び損益の状況をすべての重要な点において適正に表示しているものと認めます。

3．追記情報（記載すべき事項がある場合）

〇〇〇〇年〇月〇日

〇〇〇〇株式会社

常勤監査役　　　　〇〇〇〇　印

監査役　　　　　　〇〇〇〇　印

（自　署）

（監査役協会ひな型より）

③　監査等委員会設置会社の場合

監査等委員会の監査報告書は，会計監査人設置会社の監査役の「監査の方法及びその内容」（施行規則129Ⅰ①，計算規則127①）に代えて，監査等委員会の「監査の方法及びその内容」（施行規則130の2Ⅰ①，計算規則128の2Ⅰ①）を記載するが，監査役の監査報告書と基本的な構成は同じである。

636 第9章 監査報告書

a. 事業報告等に係る監査報告書および計算書類等に係る監査報告書（連結計算書類に係る監査報告書と一体の監査報告書）

　　　　　　　　　　　　　　　　　　　　　　　○○○○年○月○日

○○○○株式会社
代表取締役社長○○○○殿

　　　　　　　　　　　　　　　　　　　　　　　　　　監査等委員会

　　　　　　　　　　　　監査報告書の提出について

　当監査等委員会は，会社法第399条の2第3項第1号に基づき監査報告書を
作成いたしましたので，別紙のとおり提出いたします。

　　　　　　　　　　　　　　　　　　　　　　　　　　　　以　上

　　　　　　　　　　　　監　査　報　告　書

　当監査等委員会は，○○○○年○月○日から○○○○年○月○日までの第○
○期事業年度における取締役の職務の執行を監査いたしました。その方法及び
結果について以下のとおり報告いたします。
　1．監査の方法及びその内容
　　　監査等委員会は，会社法第399条の13第1項第1号ロ及びハに掲げる事
　　項に関する取締役会決議の内容並びに当該決議に基づき整備されている体
　　制（内部統制システム）について取締役及び使用人等からその構築及び運
　　用の状況について定期的に報告を受け，必要に応じて説明を求め，意見を
　　表明するとともに，下記の方法で監査を実施いたしました。
　　①　監査等委員会が定めた監査の方針，職務の分担等に従い，会社の内部
　　　統制部門と連携の上，重要な会議に出席し，取締役及び使用人等からそ
　　　の職務の執行に関する事項の報告を受け，必要に応じて説明を求め，重
　　　要な決裁書類等を閲覧し，本社及び主要な事業所において業務及び財産
　　　の状況を調査いたしました。また，子会社については，子会社の取締役
　　　及び監査役等と意思疎通及び情報の交換を図り，必要に応じて子会社か
　　　ら事業の報告を受けました。
　　②　事業報告に記載されている会社法施行規則第118条第3号イの基本方
　　　針及び同号ロの各取組み並びに会社法施行規則第118条第5号イの留意
　　　した事項及び同号ロの判断及びその理由については，取締役会その他に

おける審議の状況等を踏まえ，その内容について検討を加えました。

③　会計監査人が独立の立場を保持し，かつ，適正な監査を実施している
かを監視及び検証するとともに，会計監査人からその職務の執行状況に
ついて報告を受け，必要に応じて説明を求めました。また，会計監査人
から「職務の遂行が適正に行われることを確保するための体制」（会社計
算規則第131条各号に掲げる事項）を「監査に関する品質管理基準」（企
業会計審議会）等に従って整備している旨の通知を受け，必要に応じて
説明を求めました。

以上の方法に基づき，当該事業年度に係る事業報告及びその附属明細書，
計算書類（貸借対照表，損益計算書，株主資本等変動計算書及び個別注記
表）及びその附属明細書並びに連結計算書類（連結貸借対照表，連結損益
計算書，連結株主資本等変動計算書及び連結注記表）について検討いたし
ました。

2．監査の結果
　(1)　事業報告等の監査結果
　　　①　事業報告及びその附属明細書は，法令及び定款に従い，会社の状況
を正しく示しているものと認めます。
　　　②　取締役の職務の執行に関する不正の行為又は法令若しくは定款に違
反する重大な事実は認められません。
　　　③　内部統制システムに関する取締役会の決議の内容は相当であると認
めます。また，当該内部統制システムに関する事業報告の記載内容及
び取締役の職務の執行についても，指摘すべき事項は認められません。
　　　④　事業報告に記載されている会社の財務及び事業の方針の決定を支配
する者の在り方に関する基本方針は相当であると認めます。事業報告
に記載されている会社法施行規則第118条第3号ロの各取組みは，当
該基本方針に沿ったものであり，当社の株主共同の利益を損なうもの
ではなく，かつ，当社の会社役員の地位の維持を目的とするものでは
ないと認めます。
　　　⑤　事業報告に記載されている親会社等との取引について，当該取引を
するに当たり当社の利益を害さないように留意した事項及び当該取引
が当社の利益を害さないかどうかについての取締役会の判断及びその
理由について，指摘すべき事項は認められません。
　(2)　計算書類及びその附属明細書の監査結果
　　　会計監査人○○○○の監査の方法及び結果は相当であると認めます。
　(3)　連結計算書類の監査結果

638　第9章　監査報告書

<u>　　　　会計監査人○○○○の監査の方法及び結果は相当であると認めます。</u>
　3．監査等委員○○○○の意見（異なる監査意見がある場合）
　4．後発事象（重要な後発事象がある場合）
　　　○○○○年○月○日
　　　　　　　　　○○○○株式会社　監査等委員会

　　　　　　　　　　　　　　監査等委員　○　○　○　○　　印
　　　　　　　　　　　　　　監査等委員　○　○　○　○　　印
　　　　　　　　　　　　　　監査等委員　○　○　○　○　　印
　　　　　　　　　　　　　　　　　　　　　　　　　（自　署）
（注）　監査等委員○○○○及び○○○○は，会社法第2条第15号及び第331条
　　　第6項に規定する社外取締役であります。

（監査役協会ひな型より）

注：「連結計算書類に係る監査報告書」を別途独立して作成する場合には，本ひな型本
　　文の下線部分を削除する。

ｂ．連結計算書類に係る監査報告書

　このひな型は，上記**ａ**より連結計算書類に係る監査報告書に関する記載であ
る下線部分の記載を削除し，連結計算書類に係る監査報告書を別途独立して作
成する場合のひな型である。

　　　　　　　　　　　　　　　　　　　　　　　　　○○○○年○月○日
○○○○株式会社
代表取締役社長○○○○殿
　　　　　　　　　　　　　　　　　　　　　　　　　　　監査等委員会

　　　　　　　　　連結計算書類に係る監査報告書の提出について

　当監査等委員会は，会社法第444条第4項に基づき監査報告書を作成いたし
ましたので，別紙のとおり提出いたします。
　　　　　　　　　　　　　　　　　　　　　　　　　　　　　以　上

　　　　　　　　　　　　連結計算書類に係る監査報告書

　当監査等委員会は，○○○○年○月○日から○○○○年○月○日までの第○

第2節　監査報告書の文例　639

○期事業年度に係る連結計算書類（連結貸借対照表，連結損益計算書，連結株主資本等変動計算書及び連結注記表）について監査いたしました。その方法及び結果について以下のとおり報告いたします。

1．監査の方法及びその内容

　　監査等委員会は，その定めた監査の方針，職務の分担等に従い，連結計算書類について取締役等から報告を受け，必要に応じて説明を求めました。

　　さらに，会計監査人が独立の立場を保持し，かつ，適正な監査を実施しているかを監視及び検証するとともに，会計監査人からその職務の執行状況について報告を受け，必要に応じて説明を求めました。

　　また，会計監査人から「職務の遂行が適正に行われることを確保するための体制」（会社計算規則第131条各号に掲げる事項）を「監査に関する品質管理基準」（企業会計審議会）等に従って整備している旨の通知を受け，必要に応じて説明を求めました。

　　以上の方法に基づき，当該事業年度に係る連結計算書類について検討いたしました。

2．監査の結果

　　会計監査人○○○○の監査の方法及び結果は相当であると認めます。

3．監査等委員○○○○の意見（異なる監査意見がある場合）

4．後発事象（重要な後発事象がある場合）

　　○○○○年○月○日

　　　　　　　　　　　○○○○株式会社　監査等委員会

　　　　　　　　　　　　　　　　監査等委員　○　○　○　○　印

　　　　　　　　　　　　　　　　監査等委員　○　○　○　○　印

　　　　　　　　　　　　　　　　監査等委員　○　○　○　○　印

　　　　　　　　　　　　　　　　　　　　　　　（自　署）

（注）　監査等委員○○○○及び○○○○は，会社法第2条第15号及び第331条第6項に規定する社外取締役であります。

（監査役協会ひな型より）

④　指名委員会等設置会社の場合

　監査委員会の監査報告書は，監査委員会の「監査の方法及びその内容」（施行規則131 I ①，計算規則129 I ①）を記載するが，監査等委員会の監査報告書と同様に，監査役の監査報告書と基本的な構成は同じである。

a．事業報告等に係る監査報告書および計算書類等に係る監査報告書（連結計算書類に係る監査報告書と一体の監査報告書）

〇〇〇〇年〇月〇日

〇〇〇〇株式会社
執行役〇〇〇〇殿

監査委員会

監査報告書の提出について

　当監査委員会は，会社法第404条第2項第1号に基づき監査報告書を作成いたしましたので，別紙のとおり提出いたします。

以　上

監　査　報　告　書

　当監査委員会は，〇〇〇〇年〇月〇日から〇〇〇〇年〇月〇日までの第〇〇期事業年度における取締役及び執行役の職務の執行を監査いたしました。その方法及び結果について以下のとおり報告いたします。

1．監査の方法及びその内容

　　　監査委員会は，会社法第416条第1項第1号ロ及びホに掲げる事項に関する取締役会決議の内容並びに当該決議に基づき整備されている体制（内部統制システム）について取締役及び執行役並びに使用人等からその構築及び運用の状況について定期的に報告を受け，必要に応じて説明を求め，意見を表明するとともに，下記の方法で監査を実施いたしました。

　①　監査委員会が定めた監査の方針，職務の分担等に従い，会社の内部統制部門と連係の上，重要な会議に出席し，取締役及び執行役等からその職務の執行に関する事項の報告を受け，必要に応じて説明を求め，重要な決裁書類等を閲覧し，本社及び主要な事業所において業務及び財産の状況を調査いたしました。また，子会社については，子会社の取締役，執行役及び監査役等と意思疎通及び情報の交換を図り，必要に応じて子会社から事業の報告を受けました。

　②　事業報告に記載されている会社法施行規則第118条第3号イの基本方針及び同号ロの各取組み並びに会社法施行規則第118条第5号イの留意した事項及び同号ロの判断及びその理由については，取締役会そ

第2節　監査報告書の文例　641

　の他における審議の状況等を踏まえ，その内容について検討を加えました。
③　会計監査人が独立の立場を保持し，かつ，適正な監査を実施しているかを監視及び検証するとともに，会計監査人からその職務の執行状況について報告を受け，必要に応じて説明を求めました。また，会計監査人から「職務の遂行が適正に行われることを確保するための体制」（会社計算規則第131条各号に掲げる事項）を「監査に関する品質管理基準」（企業会計審議会）等に従って整備している旨の通知を受け，必要に応じて説明を求めました。

　以上の方法に基づき，当該事業年度に係る事業報告及びその附属明細書，計算書類（貸借対照表，損益計算書，株主資本等変動計算書及び個別注記表）及びその附属明細書並びに連結計算書類（連結貸借対照表，連結損益計算書，連結株主資本等変動計算書及び連結注記表）について検討いたしました。

2．監査の結果
　(1)　事業報告等の監査結果
　　①　事業報告及びその附属明細書は，法令及び定款に従い，会社の状況を正しく示しているものと認めます。
　　②　取締役及び執行役の職務の執行に関する不正の行為又は法令若しくは定款に違反する重大な事実は認められません。
　　③　内部統制システムに関する取締役会の決議の内容は相当であると認めます。また，当該内部統制システムに関する事業報告の記載内容並びに取締役及び執行役の職務の執行についても，指摘すべき事項は認められません。
　　④　事業報告に記載されている会社の財務及び事業の方針の決定を支配する者の在り方に関する基本方針は相当であると認めます。事業報告に記載されている会社法施行規則第118条第3号ロの各取組みは，当該基本方針に沿ったものであり，当社の株主共同の利益を損なうものではなく，かつ，当社の会社役員の地位の維持を目的とするものではないと認めます。
　　⑤　事業報告に記載されている親会社等との取引について，当該取引をするに当たり当社の利益を害さないように留意した事項及び当該取引が当社の利益を害さないかどうかについての取締役会の判断及びその理由について，指摘すべき事項は認められません。
　(2)　計算書類及びその附属明細書の監査結果
　　会計監査人○○○○の監査の方法及び結果は相当であると認めます。

642　第9章　監査報告書

> (3)　連結計算書類の監査結果
>
> 　　会計監査人○○○○の監査の方法及び結果は相当であると認めます。
>
> 3．監査委員○○○○の意見（異なる監査意見がある場合）
>
> 4．後発事象（重要な後発事象がある場合）
>
> 　　　　○○○○年○月○日
>
> 　　　　　　　　○○○○株式会社　監査委員会
>
> 　　　　　　　　　　　　　監査委員　○　○　○　○　　印
>
> 　　　　　　　　　　　　　監査委員　○　○　○　○　　印
>
> 　　　　　　　　　　　　　監査委員　○　○　○　○　　印
>
> 　　　　　　　　　　　　　　　　　　　　　（自　署）
>
> （注）　監査委員○○○○及び○○○○は，会社法第2条第15号及び第400条第3項に規定する社外取締役であります。

（監査役協会ひな型より）

注：「連結計算書類に係る監査報告書」を別途独立して作成する場合には，本ひな型本文の下線部分を削除する。

b．連結計算書類に係る監査報告書

　このひな型は，上記aより連結計算書類に係る監査報告書に関する記載である下線部分の記載を削除し，連結計算書類に係る監査報告書を別途独立して作成する場合のひな型である。

> 　　　　　　　　　　　　　　　　　　　　○○○○年○月○日
>
> ○○○○株式会社
>
> 執行役○○○○殿
>
> 　　　　　　　　　　　　　　　　　　　　　　　監査委員会
>
> 　　　　　　　連結計算書類に係る監査報告書の提出について
>
> 　当監査委員会は，会社法第444条第4項に基づき監査報告書を作成いたしましたので，別紙のとおり提出いたします。
>
> 　　　　　　　　　　　　　　　　　　　　　　　　　以　上

第2節　監査報告書の文例　643

連結計算書類に係る監査報告書

　当監査委員会は，○○○○年○月○日から○○○○年○月○日までの第○○期事業年度に係る連結計算書類（連結貸借対照表，連結損益計算書，連結株主資本等変動計算書及び連結注記表）について監査いたしました。その方法及び結果について以下のとおり報告いたします。

1．監査の方法及びその内容

　　監査委員会は，その定めた監査の方針，職務の分担等に従い，連結計算書類について執行役等から報告を受け，必要に応じて説明を求めました。

　　さらに，会計監査人が独立の立場を保持し，かつ，適正な監査を実施しているかを監視及び検証するとともに，会計監査人からその職務の執行状況について報告を受け，必要に応じて説明を求めました。

　　また，会計監査人から「職務の遂行が適正に行われることを確保するための体制」（会社計算規則第131条各号に掲げる事項）を「監査に関する品質管理基準」（企業会計審議会）等に従って整備している旨の通知を受け，必要に応じて説明を求めました。

　　以上の方法に基づき，当該事業年度に係る連結計算書類について検討いたしました。

2．監査の結果

　　会計監査人○○○○の監査の方法及び結果は相当であると認めます。

3．監査委員○○○○の意見（異なる監査意見がある場合）

4．後発事象（重要な後発事象がある場合）

　　○○○○年○月○日

　　　　　　　　○○○○株式会社　監査委員会

　　　　　　　　　　　　監査委員　○　○　○　○　印

　　　　　　　　　　　　監査委員　○　○　○　○　印

　　　　　　　　　　　　監査委員　○　○　○　○　印

　　　　　　　　　　　　　　　　　　　（自　署）

（注）　監査委員○○○○及び○○○○は，会社法第2条第15号及び第400条第3項に規定する社外取締役であります。

（監査役協会ひな型より）

644 第9章 監査報告書

⑵ 各監査役が作成する監査報告書

● 機関設計が「取締役会＋監査役会＋会計監査人」の会社の場合

監査役会設置会社の場合，監査報告書は，各監査役が作成した監査報告に基づき，これらの内容をとりまとめる形で監査役会としての監査報告書が作成されるが，この場合の各監査役の作成する監査報告書である。なお，これらは常勤監査役の作成する監査報告書であるが，非常勤監査役の作成する監査報告書についてもひな型が別途設けられている。

a．事業報告等に係る監査報告書および計算書類等に係る監査報告書（連結計算書類に係る監査報告書と一体の監査報告書）

　　　　　　　　　　　　　　　　　　　　　　　　　　　○○○○年○月○日
○○○○株式会社
監　査　役　会　　　御中
　　　　　　　　　　　　　　　　　　　常勤監査役　　○　○　○　○

　　　　　　　　　　　　監査報告書の提出について

　会社法第381条第1項の規定に基づき監査報告書を作成いたしましたので，別紙のとおり提出いたします。

　　　　　　　　　　　　　　　　　　　　　　　　　　　　　以　上

　　　　　　　　　　　　監　査　報　告　書

　○○○○年○月○日から○○○○年○月○日までの第○○期事業年度における取締役の職務の執行に関して，本監査報告書を作成し，以下のとおり報告いたします。

　1．監査の方法及びその内容

　　　　私は，監査役会が定めた監査役監査の基準に準拠し，監査の方針，職務の分担等に従い，取締役，内部監査部門その他の使用人等と意思疎通を図り，情報の収集及び監査の環境の整備に努めるとともに，以下の方法で監査を実施いたしました。

　　①　取締役会その他重要な会議に出席し，取締役及び使用人等からその職務の執行状況について報告を受け，必要に応じて説明を求め，重要な決裁書類等を閲覧し，本社及び主要な事業所において業務及び財産

の状況を調査いたしました。また，子会社については，子会社の取締役及び監査役等と意思疎通及び情報の交換を図り，必要に応じて子会社から事業の報告を受けました。

② 事業報告に記載されている取締役の職務の執行が法令及び定款に適合することを確保するための体制その他株式会社及びその子会社からなる企業集団の業務の適正を確保するために必要なものとして会社法施行規則第100条第1項及び第3項に定める体制の整備に関する取締役会決議の内容及び当該決議に基づき整備されている体制（内部統制システム）について，取締役及び使用人等からその構築及び運用の状況について定期的に報告を受け，必要に応じて説明を求め，意見を表明いたしました。

③ 事業報告に記載されている会社法施行規則第118条第3号イの基本方針及び同号ロの各取組み並びに会社法施行規則第118条第5号イの留意した事項及び同号ロの判断及び理由については，取締役会その他における審議の状況等を踏まえ，その内容について検討を加えました。

④ 会計監査人が独立の立場を保持し，かつ，適正な監査を実施しているかを監視及び検証するとともに，会計監査人からその職務の執行状況について報告を受け，必要に応じて説明を求めました。また，会計監査人から「職務の遂行が適正に行われることを確保するための体制」（会社計算規則第131条各号に掲げる事項）を「監査に関する品質管理基準」（企業会計審議会）等に従って整備している旨の通知を受け，必要に応じて説明を求めました。

以上の方法に基づき，当該事業年度に係る事業報告及びその附属明細書，計算書類（貸借対照表，損益計算書，株主資本等変動計算書及び個別注記表）及びその附属明細書並びに連結計算書類（連結貸借対照表，連結損益計算書，連結株主資本等変動計算書及び連結注記表）について検討いたしました。

2．監査の結果

(1) 事業報告等の監査結果

① 事業報告及びその附属明細書は，法令及び定款に従い，会社の状況を正しく示しているものと認めます。

② 取締役の職務の執行に関する不正の行為又は法令若しくは定款に違反する重大な事実は認められません。

③ 内部統制システムに関する取締役会決議の内容は相当であると認めます。また，当該内部統制システムに関する事業報告の記載内容及び取締役の職務の執行についても，指摘すべき事項は認め

646　第9章　監査報告書

　　　　られません。

　④　事業報告に記載されている会社の財務及び事業の方針の決定を
　　支配する者の在り方に関する基本方針については，指摘すべき事
　　項は認められません。事業報告に記載されている会社法施行規則
　　第118条第3号ロの各取組みは，当該基本方針に沿ったものであ
　　り，当社の株主共同の利益を損なうものではなく，かつ，当社の
　　会社役員の地位の維持を目的とするものではないと認めます。

　⑤　事業報告に記載されている親会社等との取引について，当該取
　　引をするに当たり当社の利益を害さないように留意した事項及び
　　当該取引が当社の利益を害さないかどうかについての取締役会の
　　判断及びその理由について，指摘すべき事項は認められません。

(2)　計算書類及びその附属明細書の監査結果

　会計監査人○○○○の監査の方法及び結果は相当であると認めます。

(3)　連結計算書類の監査結果

　会計監査人○○○○の監査の方法及び結果は相当であると認めます。

3．後発事象（重要な後発事象がある場合）

　○○○○年○月○日

　　　　　　　　　　○○○○株式会社

　　　　　　　　　　常勤監査役　○　○　○　○　印

　　　　　　　　　　　　　　　　（自　署）

（監査役協会ひな型より）

注：「連結計算書類に係る監査報告書」を別途独立して作成する場合には，本ひな型本
　文の下線部分を削除する。

　なお，監査役協会ひな型の「前文の3項」には以下のように記載されている。

3．監査役会設置会社の場合，監査報告は，各監査役が監査報告を作成した後，
これらの内容をとりまとめる形で監査役会としての監査報告を作成し，株主に
対して提供される（各監査役が作成した監査報告についても，備置・閲覧の対
象になる。）。本ひな型では，各監査役と監査役会がそれぞれ監査報告を作成す
るという法律の趣旨に照らし，各監査役についても，各自の監査報告を作成す
る形を採用し，常勤の監査役の場合と非常勤の監査役の場合のひな型を示して
いる。

　なお，監査役会の監査報告と各監査役の監査報告を一通にまとめて監査報告
を作成することもかまわないと解されている。一通にまとめる場合，各監査役
の監査の範囲・方法・内容等が明示されていることが望ましい。

第2節　監査報告書の文例　647

　　監査役会が設置されない会社の場合には，各監査役が監査報告を作成することに変わりないが，株主に対して提供される監査報告については，各監査役の監査報告を提供する方法に代えて，各監査役の監査報告をとりまとめた一つの監査報告を作成し，これを提供することも可能である。

（監査役協会ひな型より）

b．連結計算書類に係る監査報告書

　このひな型は，上記**a**より連結計算書類に係る監査報告書に関する記載である下線部分の記載を削除し，連結計算書類に係る監査報告書を別途独立して作成する場合のひな型である。

　　　　　　　　　　　　　　　　　　　　　　　　　　○○○○年○月○日
○○○○株式会社
監　査　役　会　　御中
　　　　　　　　　　　　　　　　　　　　常勤監査役　○　○　○　○

　　　　　　　連結計算書類に係る監査報告書の提出について

　会社法第381条第1項の規定に基づき監査報告書を作成いたしましたので，別紙のとおり提出いたします。

　　　　　　　　　　　　　　　　　　　　　　　　　　　　　　以　上

　　　　　　　　　　　連結計算書類に係る監査報告書

　○○○○年○月○日から○○○○年○月○日までの第○○期事業年度に係る連結計算書類（連結貸借対照表，連結損益計算書，連結株主資本等変動計算書及び連結注記表）に関して，本監査報告書を作成し，以下のとおり報告いたします。

　1．監査の方法及びその内容

　　　　私は，監査役会が定めた監査の方針，職務の分担等に従い，連結計算書類について取締役及び使用人等から報告を受け，必要に応じて説明を求めました。また，会計監査人が独立の立場を保持し，かつ，適正な監査を実施しているかを監視及び検証するとともに，会計監査人からその職務の執行状況について報告を受け，必要に応じて説明を求めました。また，会計監査人から「職務の遂行が適正に行われることを確保するた

648　第9章　監査報告書

め の体制」（会社計算規則第131条各号に掲げる事項）を「監査に関する品質管理基準」（企業会計審議会）等に従って整備している旨の通知を受け，必要に応じて説明を求めました。以上の方法に基づき，当該事業年度に係る連結計算書類について検討いたしました。

2．監査の結果

　　会計監査人〇〇〇〇の監査の方法及び結果は相当であると認めます。

3．後発事象（重要な後発事象がある場合）

　　　〇〇〇〇年〇月〇日

　　　　　　　　　　　　〇〇〇〇株式会社

　　　　　　　　　　　　常勤監査役　〇　〇　〇　〇　印

　　　　　　　　　　　　　　　　　　　　　　　　（自　署）

（監査役協会ひな型より）

c．臨時計算書類に係る監査報告書

　　　　　　　　　　　　　　　　　　　〇〇〇〇年〇月〇日

〇〇〇〇株式会社

監　査　役　会　　御中

　　　　　　　　　　　　　　常勤監査役　〇　〇　〇　〇

　　　　　臨時計算書類に係る監査報告書の提出について

　会社法第381条第1項の規定に基づき監査報告書を作成いたしましたので，別紙のとおり提出いたします。

　　　　　　　　　　　　　　　　　　　　　　　　　以　上

　　　　　　　　　臨時計算書類に係る監査報告書

　〇〇〇〇年〇月〇日から〇〇〇〇年〇月〇日までの臨時会計年度に係る臨時計算書類（臨時貸借対照表，臨時損益計算書）に関して，本監査報告書を作成し，以下のとおり報告いたします。

1．監査の方法及びその内容

　　　私は，監査役会が定めた監査の方針，職務の分担等に従い，臨時計算書類について取締役及び使用人等から報告を受け，必要に応じて説明を求めました。また，会計監査人が独立の立場を保持し，かつ，適正な監

査を実施しているかを監視及び検証するとともに，会計監査人からその職務の執行状況について報告を受け，必要に応じて説明を求めました。また，会計監査人から「職務の遂行が適正に行われることを確保するための体制」（会社計算規則第131条各号に掲げる事項）を「監査に関する品質管理基準」（企業会計審議会）等に従って整備している旨の通知を受け，必要に応じて説明を求めました。以上の方法に基づき，当該臨時会計年度に係る臨時計算書類について検討いたしました。

2．監査の結果
　　会計監査人○○○○の監査の方法及び結果は相当であると認めます。

3．後発事象（重要な後発事象がある場合）
　　○○○○年○月○日

　　　　　　　　　　　　○○○○株式会社
　　　　　　　　　　　　常勤監査役　○　○　○　○　㊞
　　　　　　　　　　　　　　　　　　（自　署）

（監査役協会ひな型より）

⑶　実務の変化等を踏まえた監査役等の監査報告の記載

　監査役協会は，近年の各種環境変化を踏まえた当面の対応として，2021年に「監査上の主要な検討事項（KAM）及びコロナ禍における実務の変化等を踏まえた監査役等の監査報告の記載について」（以下「実務の変化等を踏まえた記載について」という）を公表し，「監査報告のひな型」における記載に関し，追記・修正等の対応の考慮が必要な事項として，KAM，監査の方法の変更および自署押印について，検討のポイント等を紹介している。

①　KAM に関する記載

　2021年3月期決算に係る財務諸表の監査より，上場会社等の金融商品取引法の監査人の監査報告書に，KAM の記載が義務づけられている。通常，会社法上の会計監査人と金融商品取引法上の監査人は同一であり，会社法上の監査と金融商品取引法上の監査は実務上一体として実施されているため，監査役等の監査報告における KAM の取扱いについて関心が高まっている。これについては，監査人との協議を始めとする金融商品取引法上の KAM に関する検討プロセス

650 第9章 監査報告書

は，監査役等による会計監査人の監査の方法を評価する際の一要素として，現行のひな型の記載の範囲に含まれるとする考え方も可能であり，必ずしもKAMに関する記載を追加する必要があるわけではないと考えられている。しかし，KAMについては，投資家や株主といった監査報告の利用者からは，監査の透明性の向上および監査や財務諸表に対する理解を深めるための手段として大きな期待が寄せられている。

　このため，「実務の変化等を踏まえた記載について」では，監査人の協議の相手方である監査役等としても，こうした期待に応え，説明責任を果たすべく，金融商品取引法上のKAMの記載が義務づけられる会社が監査役等の監査報告の「監査の方法及びその内容」においてKAMについて明示的に言及する際の記載例を示している。

　下記は，金融商品取引法上のKAMの記載が義務づけられる会社で，会社法上の会計監査人の監査報告にKAMの任意記載が行われない場合に，監査役等の監査報告においてKAMについて明示的に言及する記載例である。下線部分の追加記載を提案している。

1．監査役及び監査役会の監査の方法及びその内容
　(1)　（略）
　(2)　①～③（略）
　　　④会計監査人が独立の立場を保持し，かつ，適正な監査を実施しているかを監視及び検証するとともに，会計監査人からその職務の執行状況について報告を受け，必要に応じて説明を求めました。また，会計監査人から「職務の遂行が適正に行われることを確保するための体制」（会社計算規則第131条各号に掲げる事項）を「監査に関する品質管理基準」（平成17年10月28日企業会計審議会）等に従って整備している旨の通知を受け，必要に応じて説明を求めました。なお，監査上の主要な検討事項については，○○○○監査法人（注）と協議を行うとともに，その監査の実施状況について報告を受け，必要に応じて説明を求めました。

注：法律上，金融商品取引法上の「監査人」であり，会社法上の機関である「会計監査人」とは区別される。会計監査人の監査報告にKAMの任意記載を行っていない場合，この箇所について「会計監査人」との表記は不正確であるため，本記載例においては，単に「○○○○監査法人」と表記している。

　なお，会社法上の会計監査人の監査報告にKAMの任意記載が行われる場合に

は，「会計監査人」と記載する。監査役等は，KAM の検討プロセスにおいて，金融商品取引法上の監査人と会社法上の会計監査人の両方とのコミュニケーションが前提になるが，両者は通常の場合同一であるため，「会計監査人」という記載において，金融商品取引法上の監査人とのコミュニケーションについても説明されているとの考え方に基づき，金融商品取引法上の監査人については明記しない。

（「実務の変化等を踏まえた記載について」より）

　会社法上の会計監査人の監査報告に KAM の任意記載が行われない場合に，上記の記載例に沿った対応を行う場合には，有価証券報告書が定時株主総会後に提出される会社のスケジュールを前提にすると，金融商品取引法上の KAM の内容が開示されるよりも前の定時株主総会の時点で，監査役等の監査報告において KAM について先行して言及される。監査役等としては，定時株主総会の場において株主から KAM に関する質問を受ける可能性について留意し，対応を準備しておく必要がある。

　なお，会社法監査においては，KAM の候補となった事項は会計監査人の監査の方法を評価する際の考慮事項の 1 つではあるものの，KAM の検討プロセスにおける見解の相違がそのまま監査の方法の相当性の判断に影響を及ぼす事項というわけではなく，それらも含めて総合的に判断されると考えられる。このため，「監査役協会ひな型」における監査役等の監査報告の「監査の結果」においては，あえて KAM に言及する必要性は薄いという考え方に基づき，「監査の結果」における記載例は示されていない（「監査の結果」における監査役等の意見表明に際しての KAM の取扱いについては，監査役協会が公表している「監査上の主要な検討事項（KAM）に関する Q&A 集」の Q3-4-4 を参照）。

②　新たな監査手法の導入

　近年の環境変化を踏まえた監査の方法の変更として，会社の監査役等の監査活動においても，オンライン会議ツール等を活用した新たな監査手法（以下「リモート監査」という）を導入するなどの対応により十分な監査活動が実施されている。そこで，「実務の変化等を踏まえた記載について」では，記載例として，従来のひな型における，「監査の方法及びその内容」の記載を基礎に，こうした

652　第9章　監査報告書

変化を踏まえて記載の追加・修正の検討が考えられる箇所の記載例が示されている。

1．監査役及び監査役会の監査の方法及びその内容

(1)　（略）

(2)　各監査役は，監査役会が定めた監査役監査の基準に準拠し，監査の方針，職務の分担等に従い，電話回線又はインターネット等を経由した手段も活用しながら，（注1）取締役，内部監査部門その他の使用人等と意思疎通を図り，情報の収集及び監査の環境の整備に努めるとともに，以下の方法で監査を実施しました。

①取締役会その他重要な会議に出席し，取締役及び使用人等からその職務の執行状況について報告を受け，必要に応じて説明を求め，重要な決裁書類等を閲覧し，本社及び主要な事業所において（注2）業務及び財産の状況を調査いたしました。また，子会社については，子会社の取締役及び監査役等と意思疎通及び情報の交換を図り，必要に応じて子会社から事業の報告を受けました。

注1：従来のひな型で記載されている監査の方法は，対面での実施に限定した表現とはなっていないため，必ずしも現行ひな型の記載からの修正を要しないが，下線部のような記載の追加により，リモート監査の導入による対応を示す。

注2：リモート監査により監査活動を実施した場合には，「本社において」，又は「本社及び主要な事業所に関して」といった形で本箇所の記載の修正を検討する必要がある。

（「実務の変化等を踏まえた記載について」より）

　上記の従来のひな型に修正を検討する場合の記載例のほかに，「実務の変化等を踏まえた記載について」では，株主の側からの監査役等の十分な監査活動の実施への期待に応えるために，各社において実施された手法をより具体的に記載する場合の記載例も示している。

③　監査役等の監査報告における自署押印

　監査役等の監査報告については，法令上の署名義務はなく，署名の有無は監査の責任の軽重に影響しない。しかし，監査報告の真実性および監査の信頼性を確保する観点から，監査役協会は，ひな型における注記および「監査役監査

実施要領」等において，監査役等は自署したうえで押印（電磁的記録により作成された場合には電子署名）が望ましい旨を紹介している。

「実務の変化等を踏まえた記載について」では，自署押印および電子署名についての今後の実務において考えられる対応について，下記のように紹介している。

a．自署押印の対応

自署押印に係る対応方法として，「実務の変化等を踏まえた記載について」では下記図表9−3の3つの対応を記載している。このうち，従来のひな型どおり，株主総会の招集通知の添付書類のすべての監査役等の氏名の横に「印」が記載されるのは，対応1のみとなる。

＜図表9−3＞　監査役等の監査報告における自署押印の対応方法

	対　応	対応内容	株主総会の招集通知の添付書類の監査役等の氏名の「印」の記載の有無
1	全員が郵送回付等により自署押印を行う方法	● 監査役会等の監査報告は，オンライン開催等によりその内容について審議を行い，監査役会等で決定すれば確定するため，報告書の自署押印等の作成実務は，後日行う。 ● 特定取締役および会計監査人に対する監査報告の内容の通知は，下記対応2または3にて行う。	監査役等全員の氏名の横に「印」を記載する。
2	一部（作成を担当する）監査役等が自署押印を行う方法	常勤の監査役等，監査役会等の議長ほか，監査報告の作成を担当する監査役等のみが自署押印し，他の監査役等は記名のみとする。	監査報告の作成を担当する監査役等のみ氏名の横に「印」を記載する。
3	自署押印を行わない方法	法令上は自署押印が求められていないため，監査役等全員を記名のみとする。	監査役等全員について「印」を記載しない。

b．電子署名

電子署名を行う場合，「実務の変化等を踏まえた記載について」では下記のとおり示している。

> 　監査役等の監査報告において電子署名を行う場合の考え方については，会社法上監査役会等の議事録が電磁的記録（会社法施行規則第224条）をもって作成された場合に署名又は記名押印に代わる措置として求められる電子署名（同第225条）と同様に検討することが必要であると考えられる。
>
> 　すなわち，監査役会等の議事録が電磁的記録をもって作成された場合に，署名又は記名押印に代わる措置として有効なものである電子署名がなされたといえるためには，監査役会等に出席した監査役等が，議事録の内容を確認し，その内容が正確であり，異議がないと判断したことを示すものであれば足りるとされている。
>
> 　監査報告の真実性及び監査の信頼性の確保の趣旨に鑑みると，監査役等の監査報告において電子署名を行う場合には，同様に，当該電子署名について，監査役会等の監査報告作成に当たって審議に参加した各監査役等が，作成された監査報告の内容を確認し，その内容が正確であり，異議がないと判断したことを示すものである必要があり，利用を検討している電子署名サービスが当該要請を満たすものであるかについて，各社の法務担当又は顧問弁護士等に確認のうえ手続を進めていただきたい。

（「実務の変化等を踏まえた記載について」より）

● 第10章

株主総会招集通知
および公告

656　第10章　株主総会招集通知および公告

●第1節　株主総会の招集

1　株主総会の招集の概要

　株主総会には，毎事業年度の終了後一定の時期に招集する定時株主総会（会社法296Ⅰ）と必要に応じて招集する臨時株主総会（会社法296Ⅱ）がある。いずれの場合も原則として取締役が招集する（会社法296Ⅲ）。株主総会を招集する場合，次の事項を定めなければならない（会社法298Ⅰ）。

　　①　株主総会の日時および場所
　　②　株主総会の目的である事項があるときは，当該事項
　　③　株主総会に出席しない株主が書面・電磁的方法によって議決権の行使ができる取扱いとするときは，その旨

　上記事項のうち，特に留意すべき点を以下に簡単に記載する。

(1)　招集権者

①　原　則

　取締役会設置会社では，取締役会の決議に基づき代表取締役が招集し，取締役会非設置会社では，取締役の過半数の決定により取締役が招集する（会社法296Ⅲ，298Ⅳ，348Ⅱ）。

②　例外（少数株主による招集）

　総株主の議決権の100分の3以上の議決権を所有する株主（公開会社である場合は，6か月前より引き続き所有する株主に限る）は，取締役に対し，株主総会の招集を請求できる（会社法297Ⅰ・Ⅱ）。

　少数株主から適法な請求があったにもかかわらず取締役によって招集の手続が行われない場合等には，その請求をした株主は，裁判所の許可を得て，自ら株主総会を招集できる（会社法297Ⅳ）。

⑵ 開催時期

① 定時株主総会

定時株主総会は，毎事業年度終了後一定の時期に招集する（会社法296Ⅰ）。この事業年度の終了後一定の時期が具体的にいつなのかについては会社法上規定がないが，実務上，定時株主総会の議決権行使の基準日を事業年度の末日とする場合が多い。会社法上，権利行使の日は基準日から3か月以内とされているため（会社法124Ⅱ），この場合，定時株主総会は事業年度末日から3か月以内に開催される。

② 臨時株主総会

定時株主総会以外で必要がある場合は，いつでも臨時株主総会を招集できる（会社法296Ⅱ）。

⑶ 開催場所

会社法上，開催場所に特に制限はない。ただし，定款で制限を加える対応は可能である。また，株主が出席困難であるような場所であえて開催する場合には，株主総会決議の取消事由となりうるので注意が必要である。

近年は，株主総会への現地出席に加えて，インターネット等の手段を用いた出席も可能とするハイブリッド型バーチャル株主総会が増加しつつある。さらに，2021年6月に施行された「産業競争力強化法等の一部を改正する等の法律」（以下「産業競争力強化法」という）により，一定の要件を満たした上場会社において，場所の定めのない株主総会（バーチャルオンリー株主総会）の開催も可能となっている（産業競争力強化法66Ⅰ）。

⑷ 会議の目的事項

取締役会設置会社においては，招集者が決定した会議の目的事項（会社法298Ⅰ②）以外の事項の決議はできない（会社法309Ⅴ）ため，会議の目的事項をあらかじめ決定しておく必要がある。一方，取締役会非設置会社においてはそのような規定はないため，会議の目的を決定しないで株主総会を開催できる。

⑸　議決権の行使方法（株主総会への出席，書面投票，電子投票）

　株主が議決権を行使するためには，原則，招集通知に従って実際に総会に出席し，挙手等の方法により議案に対する賛否の意思を表示しなければならない。しかし，遠隔地に居住する株主の利便性等を考慮して，一定の要件を満たせば総会に出席しない株主による書面投票または電子投票が可能である（会社法298Ⅰ③④・Ⅱ）。

　ハイブリッド型バーチャル株主総会におけるインターネット等の手段を用いた出席については，会社法上は株主総会への出席には当たらないが審議等を確認・傍聴することができる参加型と，株主総会に出席したものと評価されその場で議決権を行使できる出席型が存在する。また，バーチャルオンリー株主総会においても，インターネット等の手段を用いて株主総会に出席し，議決権を行使できる。これらの場合の議決権の行使は，電子投票ではなく，その株主が招集場所で開催されている株主総会に出席し，その場で議決権を行使したものと評価される。なお，バーチャルオンリー株主総会の招集に際して，全株主に金融商品取引法に基づき委任状勧誘している場合を除き，株主の書面投票を認めることが義務づけられている（産業競争力強化法に基づく場所の定めのない株主総会に関する省令3①）。

①　書面投票の要件・手続

　議決権を行使できる株主の数が1,000人以上の会社については，書面投票が株主の権利として認められている（会社法298Ⅱ）。それ以外の会社でも，株主総会の招集者は，書面投票を認める取扱いが可能である（会社法298Ⅰ③）。

　書面投票を定めた場合には，株主総会の招集通知を送付する際に，議決権行使書面を同時に交付しなければならない（会社法301Ⅰ）。なお，議決権行使書面を含む，取締役会設置会社が定時株主総会の開催に際して事前に株主に提供すべき資料については，本節3で詳しく説明している。

　株主は議決権行使書面に必要事項を記入し，期日までに会社に提出して議決権を行使する（会社法311Ⅰ）。書面によって行使された議決権の数は，定足数に算入される（会社法311Ⅱ）。

②　電子投票の要件・手続

　株主総会の招集者は株主総会に出席しない株主の電子投票を認める旨を定める対応が可能である（会社法298Ⅰ④）。電子投票を定めた場合は①の書面投票の場合と同様に，株主に，議決権行使書面の交付（または当該書面に記載すべき事項の電磁的方法による提供）を行う（会社法302）。

　株主は，会社が用意した議決権行使サイトなど会社が認めた電磁的方法により，期日までに議決権を行使する（会社法312Ⅰ・Ⅱ，施行令1Ⅰ⑦）。行使された議決権が定足数に算入される（会社法312Ⅲ）点は書面投票と同じである。

　上場会社等の大規模な会社においては，書面投票と電子投票の両方を認めている事例が多く見られる。

2　株主総会の招集手続

　株主総会の招集通知は，公開会社では会日の2週間前（非公開会社では原則として1週間前（**(3)**参照））までに株主に対して発する（会社法299Ⅰ）。

　なお，以下のような場合には招集手続を省略できる。

- 議決権を行使できる株主全員の同意があるときには，招集手続を経ずに株主総会を開催できる（会社法300）。
- 株主総会の決議の目的である事項につき取締役または株主が提案した場合に，その提案につき株主全員が書面または電磁的記録により同意の意思表示をしたときは，当該提案を可決する旨の決議があったとみなされる（会社法319Ⅰ）。この場合には株主総会の開催自体が省略されるため，招集手続も行われない。

　また，電子提供制度を適用している場合，株主総会資料のウェブサイトへの掲載（電子提供措置）は，株主総会の日の3週間前の日または招集通知（アクセス通知）を発送した日のいずれか早い日から行う（会社法325の3）。

　以下，原則的な場合の招集手続を概説する。

(1) 招集手続の流れ

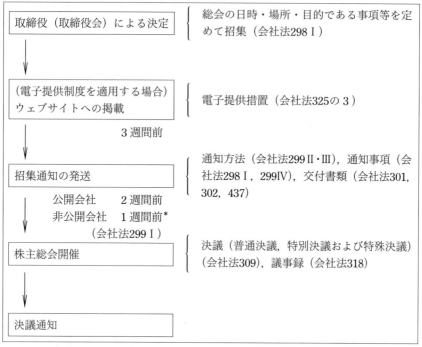

＜図表10－1＞　招集手続のフロー

＊ただし，書面投票または電子投票や電子提供制度を適用する場合には，非公開会社においても2週間前となる。

(2) 株主総会の招集にあたって決定すべき事項

取締役または取締役会は，株主総会を招集する場合，開催日時，開催場所，目的事項等を決定しなければならない（会社法298Ⅰ，施行規則63）。株主総会招集にあたっての決定事項は招集通知に記載される（会社法299Ⅳ）。具体的な内容は，第2節1(1)で説明している。

(3) 招集の通知方法

取締役会設置会社では，書面または電磁的方法によって通知しなければならない（会社法299Ⅱ②・Ⅲ）。電磁的方法を適用する場合には，株主の承諾が必

要である（会社法299Ⅲ）。一方，取締役会非設置会社においては，招集の通知方法は任意の方法でよく，口頭や電話による通知も可能である。

　株主に議決権行使の機会と準備の余裕を与えるため，公開会社の場合，株主総会開催日の2週間前までに各株主に対して通知を発送しなければならない（会社法299Ⅰ）。

　非公開会社の場合の招集通知発送期限は，図表10－2のとおりである（会社法299Ⅰ，325の4Ⅰ）。

<図表10－2>　非公開会社の場合の招集通知発送期限

書面投票または電子投票による議決権行使を採用しない場合	原　　則	株主総会の日の1週間前までに通知
	例　外：取締役会非設置会社	定款で1週間より短い期間を定める取扱いが可能
書面投票または電子投票による議決権行使を採用する場合		株主総会の2週間前
電子提供制度を採用する場合		株主総会の2週間前

3　株主総会資料の提供方法

⑴　概　要

　図表10－3では，取締役会設置会社が定時株主総会の開催に際して，事前に株主に提供すべき資料を示している。本章では，これらを総称して「株主総会資料」と呼ぶ。

　令和元年会社法により創設された電子提供制度は，振替株式を発行する上場会社等については2023年3月1日以降に開催される株主総会から適用が義務づけられている（社債，株式等の振替に関する法律159の2）。振替株式を発行する上場会社等以外の会社では，定款変更により任意で電子提供制度を適用することができる（会社法325の2）。電子提供制度のもとでは，株主総会資料を自社のホームページ等のウェブサイトに掲載する措置（電子提供措置）を行い，株主に対して当該ウェブサイトのアドレス等を書面の招集通知（アクセス通知）で通知することにより，株主総会資料を提供したものとされる（会社法325の

662　第10章　株主総会招集通知および公告

3，325の4，施行規則95の3）。株主総会資料の全体が電子提供措置の対象となり，招集通知（アクセス通知）を除き書面による交付は原則として不要となる（会社法325の4Ⅲ）。なお，電子提供措置により開示した事項について，希望する株主は書面（電子提供措置事項記載書面）での交付を請求することができる（会社法325の5）。

　電子提供制度を適用しない場合は，従来の株主総会資料の提供方法が適用される。従来の提供方法では，株主総会資料の全体を書面により交付（または電子メールなどの電磁的方法により提供）するが，一部の内容はウェブ開示（ウェブサイトへの掲載）により代替することが認められる。

　電子提供措置およびウェブ開示は，適用対象が株主総会資料の一部か全体かという違いはあるが，これをウェブサイトに掲載することにより株主に提供する方法であり，定款の定めによりすべての株主に適用されるという点は同じである。

<図表10-3>　株主総会資料およびその提供方法

	資料	提供方法			主な根拠規定
		電子提供制度を適用していない場合（従来の方法）	電子提供制度を適用している場合		
		すべての株主	すべての株主	書面交付請求を行った株主	
A	招集通知（電子提供制度の場合はアクセス通知）	書面による交付（または電磁的方法（＊5）による提供）	書面による交付（または電磁的方法による提供），かつ，電子提供措置	書面（電子提供措置事項記載書面）の交付	－	会社法298，299，施行規則63／会社法325の3Ⅰ，325の4
B	議決権行使書面（＊1）		書面による交付，または，電子提供措置			会社法301，302，施行規則65，66，73／会社法325の3Ⅰ②③
C	株主総会参考書類（＊1）（＊2）	書面による交付（または電磁的方法による提供）	一部の内容はウェブ開示によるみなし提供制度により代替可	電子提供措置	一部の内容は書面への記載を省略可	
D	事業報告					会社法437，施行規則133／会社法325の3Ⅰ⑤
D-2	事業報告に対する監査報告（＊3）					
E	計算書類					会社法437，計算規則133／

E-2	計算書類に対する監査報告・会計監査報告（＊3）					会社法325の3 I ⑤
F	連結計算書類					会社法444Ⅵ／会社法325の3 I ⑥
F-2	連結計算書類に対する監査報告・会計監査報告（＊4）					計算規則134Ⅱ／計算規則134Ⅲ

（＊1）　株主総会に出席しない株主の書面投票ができる旨を定めた場合に必要となる。

（＊2）　株主総会に出席しない株主の電子投票ができる旨を定めた場合に必要となる。

（＊3）　事業報告および計算書類に係る附属明細書の株主への提供は求められていないが，監査報告・会計監査報告の範囲にはこれらの附属明細書も含まれる。

（＊4）　連結計算書類に係る監査報告・会計監査報告の株主への提供は求められていないが，提供することを定めたときには他の株主総会資料と同様に取り扱う。以降も同様。

（＊5）　株主総会資料は，書面による交付に代えて，電磁的方法による提供（電子メールにより送信する方法やウェブサイトに掲載する方法等）も認められている。ただし，電磁的方法の採用には個別の株主の事前承諾が必要となる（会社法299Ⅲ，施行令2，施行規則222）。なお，本章では，書面による交付と電磁的方法による提供を区別する必要がない場合，これらをあわせて「書面等」と呼ぶ。

　以下，電子提供制度を適用していない場合（従来の方法）と電子提供制度を適用している場合についてそれぞれ説明する。

⑵　電子提供制度を適用していない場合の株主総会資料の提供方法（従来の方法）

①　書面等による提供

　株主総会に出席しない株主が書面投票ができる旨を定めた場合，招集通知とともに，株主に対し，株主総会参考書類および議決権行使書面を交付しなければならない（会社法301Ⅰ）。株主が1,000人以上の場合は，書面投票を認める対応が義務づけられる（会社法298Ⅱ）。また，電子投票ができる旨を定めた場合は，招集通知とともに，株主総会参考書類を交付しなければならない（会社法302Ⅰ）。議決権行使書面は，株主により必要事項を記載して会社に提出される書面投票を行うための書面である（会社法311Ⅰ）ため，電子投票の場合には送付を要しない。しかし，電子投票の場合も，株主は議決権行使書面に記載すべ

664　第10章　株主総会招集通知および公告

き事項を入手する手段が担保される（会社法302Ⅲ・Ⅳ）。

　電磁的方法による招集通知を承諾した株主に対して，電磁的方法による招集通知を発するときは，これらの株主総会参考書類および議決権行使書面に記載すべき事項を電磁的方法により提供できる。しかし，株主から，書面による当該内容の交付を求められた場合には，書面で交付しなければならない（会社法301Ⅱ，302Ⅱ）。

　また，取締役会設置会社においては，定時株主総会の招集通知を送付する際に，事業報告，計算書類，連結計算書類（これらに対する監査報告および会計監査報告を含む）も，書面または電磁的方法により提供しなければならない（会社法437，444Ⅵ，施行規則133，計算規則133，134Ⅱ）。

②　ウェブ開示によるみなし提供制度

　①に記載のとおり，取締役会設置会社においては，株主総会資料は原則としてすべて書面等による提供が求められるが，株主総会参考書類，事業報告，計算書類および連結計算書類（これらに対する監査報告および会計監査報告を含む）に記載すべき事項のうち，一部の内容は，定款の定めによりウェブ開示で代替（「みなし提供」）可能である（施行規則94，133Ⅲ，計算規則133Ⅳ，134Ⅴ）。ウェブ開示によるみなし提供ができる事項は，第2節**4**で説明している。ウェブ開示を行った場合は，掲載サイトのURLを招集通知に記載しなければならない（施行規則94Ⅱ，133Ⅳ，計算規則133Ⅴ，134Ⅵ）。

⑶　電子提供制度を適用している場合の株主総会資料の提供方法

①　概　要

　電子提供制度を適用した会社は，株主総会資料を自社のホームページ等のウェブサイトに掲載（電子提供措置）し，当該ウェブサイトのURL等を書面等による招集通知（アクセス通知）に記載して株主に通知する（会社法325の3，325の4，施行規則95の3）。ウェブサイトへの掲載は，株主総会の日の3週間前の日または招集通知（アクセス通知）を発送した日のいずれか早い日から行う（会社法325の3Ⅰ）。電子提供制度を適用する場合の招集通知（アクセス通知）の発送期限は，公開会社か非公開会社かにかかわらず，株主総会の2週間

前である（会社法325の4 I）。

② 招集通知（アクセス通知）

書面等による招集通知（アクセス通知）には，ウェブサイト上で情報を確認してもらうための最低限の情報を記載するという趣旨から，その記載内容は株主総会の日時および場所，株主総会の目的である事項，書面投票および電子投票を認める場合はその旨（会社法298 I ①から④）とされており，その他法務省令で定める事項（会社法298 I ⑤，施行規則63，例えば同一の株主が書面投票と電子投票を重複して行った場合の取扱いなど）は含まれない。これに加えて，電子提供措置をとっている旨および電子提供措置をとっているウェブサイトのURL等を記載する（会社法325の4 II，施行規則95の3）。

招集通知に記載すべき事項（その他法務省令で定める事項を含む）は，電子提供措置の対象ともなる（会社法325の3 I ①，298 I，施行規則63）。すなわち，招集通知は後述する他の資料とは異なり書面等と電子提供措置の両方で提供され，内容の一部（会社法298 I ①から④）が重複することとなる。

③ 議決権行使書面

書面投票ができる場合の議決権行使書面は，電子提供措置の対象であるが，招集通知（アクセス通知）と併せて書面で交付することもできる。書面で交付する場合，電子提供措置は要しない（会社法325の3 I ②，II，325の4 III）。実務では，議決権行使書面についてその性質に鑑み，電子提供措置を採用せずに書面による送付を行っている会社が多く見られる。

なお，電子提供措置を採用する場合，株主は後述する⑤の書面交付請求が可能である。

④ その他の資料

株主総会参考書類，事業報告，計算書類，連結計算書類（これらに対する監査報告および会計監査報告を含む）は，電子提供措置の対象となり（会社法325の3 I，437，計算規則134 III），書面での交付は不要である（会社法325の4 III，325の2）。ただし，これらも次の⑤の書面交付請求の対象となる。

666　第10章　株主総会招集通知および公告

⑤　書面交付請求

　株主総会資料の電子提供制度が適用される場合であっても，インターネット等の利用が困難な環境にある株主の利益の保護のために，希望する株主は，電子提供措置によりウェブサイト上で提供された情報について，書面（電子提供措置事項記載書面）での交付を請求することができる（会社法325の5Ⅰ・Ⅱ）。

　ただし，書面交付請求があった場合でも，電子提供措置の対象となった事項のうち一部の事項は，定款で定めることにより電子提供措置事項記載書面への記載を省略することができる（会社法325の5Ⅲ）。省略ができる事項については，第2節**4**で説明する。

●第2節　株主総会資料の内容

1　招集通知

⑴　招集通知の記載事項

　株主総会の招集通知には，取締役または取締役会が株主総会招集にあたって決定する事項（会社法298Ⅰ各号，施行規則63各号）を記載しなければならない（会社法299Ⅳ）。そのほか，招集通知とともに送付する株主総会参考書類等についてウェブ修正を行う場合には，修正事項を株主に周知する方法（ウェブ修正を掲載するURL等）も招集通知に記載する必要がある（施行規則65Ⅲ，133Ⅵ，計算規則133Ⅶ，134Ⅷ）。

　招集通知の記載事項は図表10－4のとおりである。電子提供制度を適用している場合は，前述のとおり，書面等による招集通知（アクセス通知）に最低限の情報とともに電子提供措置をとっている旨および電子提供措置をとっているウェブサイトのURL等を記載する。招集通知に記載すべき事項の全体は，電子提供措置の対象となる。

　なお，招集通知の記載事項を議決権行使書面や株主総会参考書類に記載した場合は，招集通知への記載を省略できる（施行規則66Ⅳ，73Ⅳ）。

第2節　株主総会資料の内容　667

<図表10−4>　招集通知の記載事項

記載事項	根拠条文	電子提供制度を適用していない場合	電子提供制度を適用している場合	
			アクセス通知	電子提供措置
1．株主総会招集にあたって取締役会等で決定すべき事項	会社法299Ⅳ			
(1)　株主総会の日時および場所				
①　株主総会の日時および場所	会社法298Ⅰ①	○	○	○
②　前事業年度の開催日と著しく離れた日であるときは，その決定理由	会社法298Ⅰ⑤，施行規則63①イ	○	−	○
③　公開会社において，株主総会集中日における開催について特に理由があるときは，その理由	施行規則63①ロ	○	−	○
④　開催場所が，過去の開催場所と著しく離れた場所であるときは，その決定理由（定款の定めによる場合および株主総会欠席株主全員の同意がある場合を除く）	施行規則63②	○	−	○
(2)　株主総会の目的事項	会社法298Ⅰ②	○	○	○
(3)　書面投票または電子投票を認める場合				
①　書面投票を認める場合はその旨	会社法298Ⅰ③	○	○	○
②　電子投票を認める場合はその旨	会社法298Ⅰ④	○	○	○
③　株主総会参考書類に記載すべき事項	会社法298Ⅰ⑤，施行規則63③イ	○	−	○
④　書面投票の行使期限	施行規則63③ロ	○	−	○

⑤　電子投票の行使期限	施行規則63③ハ	◯	―	◯
⑥　議決権行使書面に賛否の記載がない場合の取扱い	施行規則63③ニ	◯	―	◯
⑦　ウェブ開示により株主総会参考書類に記載しない対応とした事項	施行規則63③ホ	◯	―	―
⑧　電子提供措置事項記載書面に記載しない対応とした事項	施行規則63③ト	―	―	◯
⑨　重複投票の取扱い	施　行　規　則63③ヘ・④ロ	◯	―	◯
⑩　電磁的方法による招集通知の受領を承諾した株主について，請求があった時に議決権行使書面を交付（または電磁的方法により提供）すると定めた場合はその旨	施行規則63④イ	◯	―	―
⑪　電子提供措置をとる旨の定款の定めがある場合において，電磁的方法による招集通知の受領を承諾した株主について，請求があった時に議決権行使書面に記載すべき事項（当該株主に係る事項に限る）に係る情報について電子提供措置をとると定めた場合はその旨	施行規則63④ハ	―	―	◯
(4)　書面投票または電子投票を認めない場合（株主総会参考書類が送付されないため，重要な議案の概要が招集通知に記載される）				
以下の議案の概要（概要が確定していないときは，その	施行規則63⑦	◯	―	◯

旨) ● 役員等の選任 ● 役員等の報酬等 ● 全部取得条項付種類株式の取得 ● 株式の併合 ● 有利発行の募集株式の引受けの募集 ● 有利発行の募集新株予約権の引受けの募集 ● 事業譲渡等 ● 定款の変更 ● 組織再編等(合併,吸収分割,吸収分割による他の会社がその事業に関して有する権利義務の全部または一部の承継,新設分割,株式交換,株式交換による他の株式会社の発行済株式全部の取得,株式移転,株式交付)				
(5) 議決権行使関係				
① 代理人による議決権行使について,代理権を証明する方法,代理人の数その他代理人による議決権行使に関する事項(定款に定めがある場合を除く)	施行規則63⑤	○	−	○
② 議決権不統一行使の事前通知の方法(定款に定めがある場合を除く)	施行規則63⑥	○	−	○
2. その他				
株主総会参考書類,事業報告,計算書類,連結計算書類に記載すべき事項について招集通知発送日から株主総会の前日までに	施行規則65Ⅲ,133Ⅵ,計算規則133Ⅶ,134Ⅷ	○	○	−

おける修正事項を株主に周知する方法（ウェブ修正を掲載するURL等）				
電子提供措置をとっているときは，その旨，電子提供措置をとっているウェブサイトのURL等	会社法325の4II，施行規則95の3	－	○	－

⑵ 招集通知モデル

記載要領として，全国株懇連合会の招集通知モデルが参考になる。

① 電子提供制度を適用していない場合の招集通知モデル（2021年7月26日改正）

（証券コード　○○○○）
○年○月○日

株　主　各　位

東京都○○区△△○丁目○○番○○号
○　○　○　○　株　式　会　社
取締役社長　○　○　○　○

第○回定時株主総会招集ご通知

拝啓　平素は格別のご高配を賜り，厚くお礼申しあげます。

　さて，当社第○回定時株主総会を下記のとおり開催いたしますので，ご通知申しあげます。

　なお，当日ご出席されない場合は，以下のいずれかの方法によって議決権を行使することができますので，お手数ながら後記の株主総会参考書類をご検討のうえ，○年○月○日（○曜日）午後○時までに議決権を行使してくださいますようお願い申しあげます。

　［郵送による議決権行使の場合］

　　同封の議決権行使書用紙に議案に対する賛否をご表示のうえ，上記の行使期限までに到着するようご返送ください。

　［インターネットによる議決権行使の場合］

　　当社指定の議決権行使ウェブサイト（http://www.○○○○）にアクセスしていただき，同封の議決権行使書用紙に表示された「議決権行使コード」および「パ

スワード」をご利用のうえ，画面の案内にしたがって，議案に対する賛否をご入力ください。

　インターネットによる議決権行使に際しましては，○頁の「インターネットによる議決権行使のご案内」をご確認くださいますようお願い申しあげます。

　なお，議決権行使書とインターネットによる方法と重複して議決権を行使された場合は，インターネットによる議決権行使を有効なものといたします。

敬　具

記

1．日時　　　○年○月○日（○曜日）午前10時
2．場所　　　東京都○○区△△○丁目○○番○○号
　　　　　　　当社本店

3．目的事項
　　報告事項　　1．第○期（○年○月○日から○年○月○日まで）事業報告の
　　　　　　　　　　内容，連結計算書類の内容ならびに会計監査人および監査
　　　　　　　　　　役会の連結計算書類監査結果報告の件
　　　　　　　　2．第○期（○年○月○日から○年○月○日まで）計算書類の
　　　　　　　　　　内容報告の件

　　決議事項
　　　（会社提案）
　　第1号議案　　定款一部変更の件
　　第2号議案　　取締役○名選任の件
　　第3号議案　　監査役○名選任の件
　　第4号議案　　補欠監査役○名選任の件
　　第5号議案　　会計監査人選任の件
　　第6号議案　　取締役の報酬額改定の件
　　　（株主提案）
　　第7号議案　　取締役○名選任の件
　　第8号議案　　取締役○○○○解任の件

4．招集にあたっての決定事項
　（1）当社は，株主総会招集通知書とその添付書類ならびに株主総会参考書類を
　　　インターネット上の当社ウェブサイト（http://www.○○○○）に掲載しており
　　　ますので，法令ならびに当社定款○条の規定に基づき，本招集通知には，以
　　　下の事項は記載しておりません。従いまして，本招集通知の添付書類は，監

672　第10章　株主総会招集通知および公告

査役が監査報告の作成に際して監査をした事業報告，連結計算書類および計算書類ならびに会計監査人が会計監査報告の作成に際して監査をした連結計算書類および計算書類の一部であります。

①株主総会参考書類の以下の事項
　・……………………（各社が定めた事項を記載する）
　・……………………

②事業報告の以下の事項
　・……………………
　・……………………
　③……………………
　④……………………

(2)　……………………（各社が定めた招集の決定事項を記載する）

以　上

◎当日ご出席の際は，お手数ながら同封の議決権行使書用紙を会場受付にご提出くださいますようお願い申しあげます。
◎株主総会参考書類ならびに事業報告，計算書類および連結計算書類に修正が生じた場合は，インターネット上の当社ウェブサイト（http://www.○○○○）に掲載させていただきます。

インターネットによる議決権行使のご案内
＜略＞

②　電子提供制度を適用している場合の招集通知モデル（2024年2月2日改正）

　全国株懇連合会の電子提供制度における招集通知モデルは，「電子提供措置事項の一部を含んだ一体型アクセス通知」と，より簡易な内容の「アクセス通知」が存在するが，ここでは前者の一体型アクセス通知を紹介する。
　会社法上，招集通知（アクセス通知）ではウェブサイト上で情報を確認してもらうための最低限の情報（会社法298Ⅰ①〜④）が求められており，「その他法務省令で定める事項」（会社法298Ⅰ⑤，施行規則63，例えば同一の株主が書面投票と電子投票を重複して行った場合の取扱いなど）は求められていない。また，これとは別に電子提供措置により，「その他法務省令で定める事項」を含

第2節　株主総会資料の内容　673

む招集通知に記載すべき事項の全体（会社法298Ⅰ①〜⑤，施行規則63）を提供
する必要がある（(1)参照）。したがって，招集通知（アクセス通知）と電子提供
措置の多くの内容は重複している。

　そこで，この一体型アクセス通知は，「その他法務省令で定める事項」を含め
たモデルとなっている。これは，書面交付請求を行った株主に対しては，招集
通知（アクセス通知）に加えて電子提供措置事項を記載した書面の送付が必要
となるところ，両書面を別個の書面として送付すると当該株主にとっては重複
感があることを考慮して，両者の記載内容を網羅した一体型アクセス通知をす
べての株主に送付し，書面交付請求を行った株主には，これに交付書面の他の
部分を添付して送付することを想定したものである。

（証券コード〇〇〇〇）

〇年〇月〇日

株主各位

東京都〇〇区△△〇丁目〇〇番〇〇号

〇　〇　〇　〇　株　式　会　社

取締役社長　〇　〇　〇　〇

第〇回定時株主総会招集ご通知

拝啓　平素は格別のご高配を賜り，厚くお礼申しあげます。

　さて，当社第〇回定時株主総会を下記のとおり開催いたしますので，ご通知申
しあげます。

　本株主総会の招集に際しては，株主総会参考書類等の内容である情報（電子提
供措置事項）について電子提供措置をとっており，インターネット上の当社ウェ
ブサイトに「第〇回定時株主総会招集ご通知」として掲載しておりますので，以
下の当社ウェブサイトにアクセスのうえ，ご確認くださいますようお願い申しあ
げます。

　　当社ウェブサイト　https://www.〇〇〇〇.co.jp/agm.html　　二次元コード

　電子提供措置事項は，上記ウェブサイトのほか，東京証券取引所（東証）のウェ
ブサイトにも掲載しておりますので，以下の東証ウェブサイト（東証上場会社情
報サービス）にアクセスして，銘柄名（会社名）または証券コードを入力・検索
し，「基本情報」，「縦覧書類／PR情報」を選択のうえ，ご確認くださいますよう

674　第10章　株主総会招集通知および公告

お願い申しあげます。

　　東証ウェブサイト（東証上場会社情報サービス）　　二次元コード
　　https://www2.jpx.co.jp/tseHpFront/JJK010010Action.do?Show=Show

　なお，当日ご出席されない場合は，インターネットまたは書面により議決権を
行使することができますので，お手数ながら株主総会参考書類をご検討のうえ，
○年○月○日（○曜日）午後○時までに議決権を行使してくださいますようお願
い申しあげます。

　［インターネットによる議決権行使の場合］

　　当社指定の議決権行使ウェブサイト（https://www.○○○○）にアクセスして
いただき，同封の議決権行使書用紙に表示された「議決権行使コード」および
「パスワード」をご利用のうえ，画面の案内にしたがって，議案に対する賛否を
ご入力ください。

　　インターネットによる議決権行使に際しましては，○頁の「インターネット
による議決権行使のご案内」をご確認くださいますようお願い申しあげます。

　［郵送による議決権行使の場合］

　　同封の議決権行使書用紙に議案に対する賛否をご表示のうえ，上記の行使期
限までに到着するようご返送ください。

　　　　　　　　　　　　　　　　　　　　　　　　　　　　　　　　敬　具

記

1．日時　　○年○月○日（○曜日）　午前10時
2．場所　　東京都○○区△△○丁目○○番○○号
　　　　　　当社本店
3．目的事項
　　報告事項　1．第○期（○年○月○日から○年○月○日まで）事業報告の内
　　　　　　　　　容，連結計算書類の内容ならびに会計監査人および監査役会の
　　　　　　　　　連結計算書類監査結果報告の件
　　　　　　　2．第○期（○年○月○日から○年○月○日まで）計算書類の内
　　　　　　　　　容報告の件

決議事項

　　（会社提案）

　　第1号議案　　定款一部変更の件

　　第2号議案　　取締役○名選任の件

　　第3号議案　　監査役○名選任の件

　　第4号議案　　補欠監査役○名選任の件

　　第5号議案　　会計監査人選任の件

　　第6号議案　　取締役の報酬額改定の件

　　（株主提案）

　　第7号議案　　取締役○名選任の件

　　第8号議案　　取締役○○○○解任の件

4．招集にあたっての決定事項

(1) 電子提供措置事項のうち，次の事項につきましては，法令および当社定款第○条の規定に基づき，書面交付請求をいただいた株主様に対して交付する書面には記載しておりません。なお，監査役および会計監査人は次の事項を含む監査対象書類を監査しております。

① 株主総会参考書類の以下の事項

　　　……（各社が定めた事項を記載する）

② 事業報告の以下の事項

　　　……（各社が定めた事項を記載する）

③ ……………………………

④ ……………………………

(2) インターネットによる方法と議決権行使書と重複して議決権を行使された場合は，インターネットによる議決権行使を有効なものといたします。また，インターネットによる方法で複数回議決権を行使された場合は，最後に行われたものを有効なものといたします。

(3) ご返送いただいた議決権行使書において，各議案につき賛否の表示をされない場合は，会社提案については賛，株主提案については否の表示があったものとして取り扱います。

(4) …………（各社が定めた招集の決定事項を記載する）

以　上

◎当日ご出席の際は，お手数ながら同封の議決権行使書用紙を会場受付にご提出くださいますようお願い申しあげます。

◎電子提供措置事項に修正が生じた場合は，上記インターネット上の当社ウェブ

676 第10章 株主総会招集通知および公告

> サイトおよび東証ウェブサイトにその旨，修正前の事項および修正後の事項を
> 掲載させていただきます。

2 株主総会参考書類

(1) 株主総会参考書類の記載事項

株主総会参考書類の記載事項は，会社法施行規則第73条から第94条で定められており，概要は図表10−5のとおりである。

なお，同一の株主総会に関して株主に対して提供する他の書面（事業報告等）への記載または電磁的記録により提供されている事項に関しては，株主総会参考書類への記載を省略できる（施行規則73Ⅲ）。この場合，当該事項がある旨を明らかにする必要がある。

<図表10−5> 株主総会参考書類の記載事項

記載事項	根拠条文
1．一般的記載事項	
① 議案 ② 取締役提出議案の提案の理由（株主総会において一定事項の説明をしなければならない議案における当該説明すべき内容を含む） ③ 監査役，監査等委員が株主総会において報告すべき調査結果等（会社法384，389Ⅲ，399の5）の概要 ④ その他議決権の行使について参考となると認める事項	施行規則73Ⅰ・Ⅱ
2．監査等委員でない取締役の選任議案	
① 候補者の氏名，生年月日および略歴 ② 就任の承諾を得ていないときは，その旨 ③ 監査等委員会設置会社で，選任に関する監査等委員会の意見がある場合はその意見の概要 ④ 責任限定契約に関する情報 ⑤ 補償契約に関する情報 ⑥ 役員等賠償責任保険契約に関する情報 ⑦ 公開会社である場合，候補者の所有株式数等利害関係，候補者が現任取締役である場合や親会社等の業務執行者である場合等の担当等の情報	

⑧　社外取締役候補者については，社外取締役候補者である旨，その選定理由，現任社外取締役である場合の職務執行状況，候補者と会社との経済関係など社外取締役としての適格性の判断のための情報	施行規則74
3．監査等委員である取締役の選任議案	
①　候補者の氏名，生年月日および略歴 ②　株式会社との間の特別の利害関係 ③　就任の承諾を得ていないときは，その旨 ④　議案が監査等委員会の請求による場合は，その旨 ⑤　監査等委員である取締役の選任等に関する監査等委員の意見がある場合は，その意見の概要 ⑥　責任限定契約に関する情報 ⑦　補償契約に関する情報 ⑧　役員等賠償責任保険契約に関する情報 ⑨　公開会社である場合，候補者の所有株式数，他の法人等の代表との兼務，候補者が現任監査等委員である場合や親会社等の業務執行者である場合等の担当等の情報 ⑩　社外取締役候補者については，社外取締役候補者である旨，その選定理由，現任社外取締役である場合の職務執行状況，候補者と会社との経済関係など社外取締役としての適格性の判断のための情報	施行規則74の3
4．会計参与の選任議案	
①　候補者の氏名（名称），所在場所，生年月日および略歴（沿革） ②　就任の承諾を得ていないときはその旨 ③　会計参与の選任等に関する会計参与の意見がある場合は，その意見の概要 ④　責任限定契約に関する情報 ⑤　補償契約に関する情報 ⑥　役員等賠償責任保険契約に関する情報 ⑦　候補者が過去2年間に業務の停止の処分を受けた者である場合，会社が株主総会参考書類における記載が適切であると判断した事項	施行規則75
5．監査役の選任議案	
①　候補者の氏名，生年月日および略歴 ②　株式会社との間の特別の利害関係 ③　就任の承諾を得ていないときは，その旨	施行規則76

④ 議案が監査役（会）の請求による場合は，その旨 ⑤ 監査役の選任等に関する監査役の意見がある場合は，その意見の概要 ⑥ 責任限定契約に関する情報 ⑦ 補償契約に関する情報 ⑧ 役員等賠償責任保険契約に関する情報 ⑨ 公開会社である場合，候補者の所有株式数，他の法人等の代表との兼務，候補者が現任監査役である場合や親会社等の業務執行者である場合等の担当等の情報 ⑩ 社外監査役候補者については，社外監査役候補者である旨，その選定理由，現任社外監査役である場合の職務執行状況，候補者と会社との経済関係など社外監査役としての適格性の判断のための情報	
6．会計監査人の選任議案	
① 候補者の氏名（名称），事務所の所在場所，生年月日および略歴（沿革） ② 就任の承諾を得ていないときは，その旨 ③ 監査役（会）（または監査等委員会，監査委員会）による候補者選定理由 ④ 会計監査人の選任等に関する会計監査人の意見がある場合は，その意見の概要 ⑤ 責任限定契約に関する情報 ⑥ 補償契約に関する情報 ⑦ 役員等賠償責任保険契約に関する情報 ⑧ 候補者が業務停止期間中である場合は当該処分 ⑨ 候補者が過去2年間に業務の停止の処分を受けた者である場合，会社が株主総会参考書類への記載が適切であると判断した事項 ⑩ 公開会社である場合，候補者が会社のグループ会社（親会社等およびその子会社等もしくは関連会社を含む）から受領している報酬等の情報	施行規則77
7．監査等委員でない取締役の解任議案	
① 取締役の氏名 ② 解任の理由 ③ 監査等委員会設置会社で，解任について監査等委員会の意見がある場合はその意見の概要	施行規則78

第2節　株主総会資料の内容　679

8．監査等委員である取締役の解任議案	
①　監査等委員である取締役の氏名 ②　解任の理由 ③　解任に関する監査等委員の意見がある場合は，その意見の概要	施行規則78の2
9．会計参与の解任議案	
①　会計参与の氏名（名称） ②　解任の理由 ③　解任に関する会計参与の意見がある場合は，その意見の概要	施行規則79
10．監査役の解任議案	
①　監査役の氏名 ②　解任の理由 ③　解任に関する監査役の意見がある場合は，その意見の概要	施行規則80
11．会計監査人の解任または不再任議案	
①　会計監査人の氏名（名称） ②　監査役（会）（または監査等委員会，監査委員会）が議案を決定した理由 ③　解任または不再任に関する会計監査人の意見がある場合は，その意見の概要	施行規則81
12．監査等委員でない取締役の報酬等に関する議案	
①　算定基準 ②　既定の報酬等を変更する場合は変更理由 ③　議案が2名以上の取締役に対する議案である場合にはその人数 ④　退職慰労金の場合は対象取締役の略歴 ⑤　監査等委員会設置会社で，報酬等について監査等委員会の意見がある場合はその意見の概要 ⑥　退職慰労金の取締役会等一任議案の場合で，株主が支給基準を知る手続ができるよう措置を講じていない場合，当該基準の内容	施行規則82
13．監査等委員である取締役の報酬等に関する議案	
「12．監査等委員でない取締役の報酬等に関する議案」と同様の事項。ただし，⑤のかわりに，監査等委員の報酬等に関する監査等委員の意見がある場合は，その意見の概要	施行規則82の2

14. 会計参与の報酬等に関する議案	
「12. 監査等委員でない取締役の報酬等に関する議案」と同様の事項。ただし，⑤のかわりに会計参与の報酬等に関する会計参与の意見がある場合は，その意見の概要	施行規則83
15. 監査役の報酬等に関する議案	
「12. 監査等委員でない取締役の報酬等に関する議案」と同様の事項。ただし，⑤のかわりに監査役の報酬等に関する監査役の意見がある場合は，その意見の概要	施行規則84
16. 責任免除または責任制限を受けた役員等への退職慰労金等の議案	
当該役員等に支給する退職慰労金の額等	施行規則84の2
17. 計算関係書類の承認議案	
① 計算関係書類についての意見が会計監査人と監査役等とで相違する場合に，会計監査人が定時株主総会で意見を述べる場合，その意見の内容 ② 取締役会の意見がある場合には，その意見の概要	施行規則85
18. 全部取得条項付種類株式の取得，株式併合の議案	
① 行う理由 ② 株主総会で定めるべき事項（取得対価（併合割合），取得日（効力発生日），株式併合日における発行可能株式総数等）（会社法171Ⅰ，180Ⅱ）の内容 ③ 本店備置きにより事前開示すべき事項（親会社等との利益相反について留意した事項，端株処理により交付する金額の相当性等）（施行規則33の2Ⅰ①～③・Ⅱ～Ⅳ，33の9①・②）の概要	施行規則85の2，85の3
19. 合併等（合併，会社分割，株式交換，株式移転契約）の議案	
① 合併等を行う理由 ② 当該契約等の概要 ③ 本店備置きにより事前開示すべき事項（対価の相当性，相手方会社の状況等）の概要	施行規則86～91
20. 株式交付計画の承認に関する議案	
① 株式交付を行う理由 ② 株式交付計画の内容の概要	施行規則91の2

③ 株式会社が株式交付親会社である場合，株主総会の招集を決定した日において株式交付に際して開示すべき事前開示事項があるときは，その内容の概要	
21. 事業譲渡等の議案	
① 事業譲渡等を行う理由 ② 事業譲渡等の概要 ③ 対価の相当性の概要	施行規則92
22. 株主提案の場合における記載事項	
① 議案が株主の提出に係るものである旨 ② 取締役の意見があるときはその内容 ③ 株主がその提案理由を株式会社に通知した場合はその内容（明らかに虚偽である等の場合は除く） ④ 取締役，会計参与，監査役または会計監査人の選任議案である場合で，株主が候補者に関する事項を株式会社に通知した場合はその内容（明らかに虚偽である等の場合は除く）	施行規則93 I
23. インターネット開示により株主参考書類の記載の一部を省略した場合	
インターネット開示を行う URL	施行規則94 II

(2) 様式モデル

　以下に，様式例として全国株懇連合会の株主総会参考書類モデル（2021年1月22日改正）を掲載する。

682　第10章　株主総会招集通知および公告

株主総会参考書類モデル

株主総会参考書類

議案および参考事項
（会社提案）
第1号議案　定款一部変更の件
(1)　提案の理由
　　今後の事業展開に備えるため事業目的を追加いたしたいと存じます。
(2)　変更の内容
　　現行定款の一部を次の変更案（変更部分は下線で示す。）のとおり改めたいと存じます。

現行定款	変更案
（目的） 第○条　当会社は，次の事業を営むことを目的とする。 　1　・・・・・ 　2　・・・・・ 　　　　（新設） 　<u>3　前各号に付帯関連する一切の事業</u>	（目的） 第○条　当会社は，次の事業を営むことを目的とする。 　1　・・・・・ 　2　・・・・・ 　<u>3　・・・・・</u> 　<u>4　前各号に付帯関連する一切の事業</u>

第2号議案　取締役○名選任の件
　　取締役全員（○名）は，本総会の終結の時をもって任期満了となりますので，取締役○名の選任をお願いいたしたいと存じます。
　　取締役候補者は，次のとおりであります。

候補者 番　号	氏　名 （生年月日）	略歴，地位，担当および 重要な兼職の状況	所有する当社 の株式の数
1	ふりがな ○　○　○　○ （○年○月○日生）	○年○月　当社入社 ○年○月　当社○○部長 ○年○月　当社取締役 ○年○月　当社常務取締役 　　　　　（経理・総務担当） 　　　　　現在に至る （重要な兼職の状況） ○○株式会社代表取締役副社長	○○○株

第 2 節　株主総会資料の内容　683

選任理由
　　○○○○氏を取締役候補者とした理由は，・・・・・・・です。

候補者番号	氏　名 （生年月日）	略歴，地位，担当および 重要な兼職の状況	所有する当社の株式の数
※ 2	ふりがな △　△　△　△ （○年○月○日生）	○年○月　　○○株式会社入社 ○年○月　　同社○○部長 ○年○月　　同社代表取締役社長 　　　　　　現在に至る （重要な兼職の状況） ○○株式会社代表取締役社長	○○○株

選任理由および期待される役割の概要
　　△△△△氏を社外取締役候補者とした理由は・・・・です。
　　△△△△氏には・・・・や・・・・といった経験を生かし，当社において，
主に・・・・を果たしていただくことを期待しております。

（以下，省略）

(注) 1．候補者と当社との間に特別の利害関係はありません。
　　 2．△△△△氏は社外取締役候補者であり，当社は，同氏との間で会社法第427条
　　　　第1項の規定により，任務を怠ったことによる損害賠償責任を限定する契約を
　　　　締結する予定です。ただし，当該契約に基づく責任の限度額は○○万円以上で
　　　　あらかじめ定めた金額または法令が規定する額のいずれか高い額とします。
　　 3．○○○○氏は，当社と会社法第430条の2第1項に規定する補償契約を締結し
　　　　ており，同項第1号の費用および同項第2号の損失を法令の定める範囲内にお
　　　　いて当社が補償することとしております。また，当社は，△△△△氏との間
　　　　で，同内容の補償契約を締結する予定です。
　　 4．当社は，会社法第430条の3第1項に規定する役員等賠償責任保険契約を保険
　　　　会社との間で締結し，被保険者が負担することになる・・・・の損害を当該保
　　　　険契約により塡補することとしております。候補者は，当該保険契約の被保険
　　　　者に含められることとなります。
　　 5．当社は△△△△氏を○○証券取引所に独立役員として届け出ております。
　　 6．※は新任の社外取締役候補者であります。

第3号議案　監査役○名選任の件
　　監査役全員（○名）は，本総会の終結の時をもって任期満了となりますので，
監査役○名の選任をお願いいたしたいと存じます。
　　なお，本議案に関しましては，監査役会の同意を得ております。
　　監査役候補者は，次のとおりであります。

候補者 番 号	氏　名 (生年月日)	略歴，地位および 重要な兼職の状況	所有する当社 の株式の数
1	ふりがな ○　○　○　○ (○年○月○日生)	○年○月　当社入社 ○年○月　当社○○部長 ○年○月　当社取締役 ○年○月　当社常勤監査役 　　　　　現在に至る	○○○株

選任理由
　○○○○氏を監査役候補者とした理由は，・・・・・・です。

候補者 番 号	氏　名 (生年月日)	略歴，地位および 重要な兼職の状況	所有する当社 の株式の数
※ 2	ふりがな △　△　△　△ (○年○月○日生)	○年○月　○○株式会社入社 ○年○月　同社○○部長 ○年○月　同社代表取締役社長 　　　　　現在に至る (重要な兼職の状況) ○○株式会社代表取締役社長	○○○株

選任理由
　△△△△氏を社外監査役候補者とした理由は，・・・です。

(以下，省略)

(注) 1．候補者と当社との間に特別の利害関係はありません。
　　 2．△△△△氏は社外監査役候補者であり，当社は，同氏との間で会社法第427条第
　　　　1項の規定により，任務を怠ったことによる損害賠償責任を限定する契約を締
　　　　結する予定です。ただし，当該契約に基づく責任の限度額は○○万円以上であら
　　　　かじめ定めた金額または法令が規定する額のいずれか高い額とします。
　　 3．○○○○氏は，当社と会社法第430条の2第1項に規定する補償契約を締結して
　　　　おり，同項第1号の費用および同項第2号の損失を法令の定める範囲内におい
　　　　て当社が補償することとしております。また，当社は，△△△△氏との間で同内
　　　　容の補償契約を締結する予定です。
　　 4．当社は，会社法第430条の3第1項に規定する役員等賠償責任保険契約を保険会
　　　　社との間で締結し，被保険者が負担することになる・・・・の損害を当該保険契
　　　　約により填補することとしております。候補者は，当該保険契約の被保険者に含
　　　　められることとなります。
　　 5．当社は△△△△氏を○○証券取引所に独立役員として届け出ております。
　　 6．※は新任の社外監査役候補者であります。

第4号議案　補欠監査役1名選任の件

　　監査役が法令に定める員数を欠くことになる場合に備え，あらかじめ補欠監査役1名の選任をお願いするものであります。

　　なお，本議案に関しましては，監査役会の同意を得ております。

　　補欠監査役の候補者は，次のとおりであります。

氏　名 （生年月日）	略歴および 重要な兼職の状況	所有する当社 の株式の数
ふりがな 〇　〇　〇　〇 （〇年〇月〇日生）	〇年〇月　〇〇株式会社入社 〇年〇月　同社〇〇部長 〇年〇月　同社代表取締役社長 　　　　　現在に至る （重要な兼職の状況） 〇〇株式会社代表取締役社長	〇〇〇株

（注）1．候補者と当社との間に特別の利害関係はありません。
　　　2．〇〇〇〇氏は，補欠の社外監査役候補者であり，就任した場合，〇〇証券取引所に独立役員として届け出る予定です。
　　　3．〇〇〇〇氏を社外監査役の補欠として選任する理由は・・・・・・・・・・・です。
　　　4．〇〇〇〇氏が就任した場合は，当社は，同氏との間で会社法第427条第1項の規定により，任務を怠ったことによる損害賠償責任を限定する契約を締結する予定です。ただし，当該契約に基づく責任の限度額は〇〇万円以上であらかじめ定めた金額または法令が規定する額のいずれか高い額とします。
　　　5．〇〇〇〇氏が就任した場合は，当社は，同氏との間で会社法第430条の2第1項第1号の費用および同項第2号の損失を法令の定める範囲内において当社が補償する旨の同項に規定する補償契約を締結する予定です。
　　　6．当社は，会社法第430条の3第1項に規定する役員等賠償責任保険契約を保険会社との間で締結し，被保険者が負担することになる・・・・の損害を当該保険契約により填補することとしております。〇〇〇〇氏が就任した場合，同氏は当該保険契約の被保険者に含められることとなります。

第5号議案　会計監査人選任の件

　　現会計監査人〇〇監査法人は，本総会の終結の時をもって任期満了により退任されますので，改めて会計監査人の選任をお願いいたしたいと存じます。

　　なお，本議案に関しましては，監査役会の決定に基づいております。

　　会計監査人候補者は，次のとおりであります。

名　称	〇〇監査法人
主たる事務所の所在場所	〇〇市〇〇区△△〇丁目〇番〇号
沿革	〇年〇月に〇〇監査法人として設立される。

概要	

(注) ○○監査法人を会計監査人候補者とした理由は，・・・・・・・・・・・・・です。

第6号議案　取締役の報酬改定の件

当社の取締役の報酬額は，○年○月○日開催の第○回定時株主総会において年額○○○円以内（うち社外取締役分は○○○円以内）とご決議いただき今日に至っております。

今般，・・・・＜会社法361条4項で求められる相当とする理由を記載する＞，取締役の報酬額を年額○○○円以内（うち社外取締役分は年額○○○円以内）と改めさせていただきたいと存じます。

なお，取締役の報酬額には，従来どおり使用人兼務取締役の使用人分給与は含まないものといたしたいと存じます。

現在の取締役は○名（うち社外取締役○名）でありますが，第○号議案が原案どおり承認可決されますと，取締役は○名（うち社外取締役○名）となります。

（株主提案）

第7号議案から第8号議案までは株主提案によるものであります。

第7号議案　取締役○名選任の件

(1) 提案の内容

取締役候補者は次のとおりであります。

氏名 （生年月日）	略歴，地位，担当および 重要な兼職の状況	所有する当社 の株式の数
ふりがな ○　○　○　○ （○年○月○日生）	○年○月　○○大学卒業 ○年○月　○○株式会社入社 ○年○月　同社取締役 ○年○月　○○株式会社設立代表取 　　　　　締役 （重要な兼職の状況） ○○株式会社代表取締役	○，○○○株

（社外取締役候補者に関する事項）

　　（省略）

(2) 提案の理由

（省略）

(3) 取締役会の意見

　　当社の取締役会としては，会社提案の取締役候補者を選任していただくことが，将来の経営体制を勘案しても，最適であると考えます。

　　したがいまして，本議案には反対いたします。

第8号議案　取締役○○○○解任の件

(1) 解任の理由

(省略)

(2) 取締役会の意見

(省略)

　したがいまして，本議案には反対いたします。

以上

3　議決権行使書面

　議決権行使書面は，株主が議決権を行使するための書面である（会社法301 I）。その記載事項は図表10－6のとおりである。

<図表10－6>　議決権行使書面の記載事項

記載事項	根拠条文	その他（他の書面への記載による省略）
①　議案ごとの賛否欄（取締役等の候補者が複数の場合に各候補者ごとの賛否欄）	施行規則66 I ①	
②　賛否の記載がない場合の取扱い	施行規則66 I ②	招集通知に記載すれば，議決権行使書面への記載は省略できる（施行規則66IV）。
③　重複行使の場合の優先順位（定款で定める場合は不要）	施行規則66 I ③	
④　議決権行使期限	施行規則66 I ④	
⑤　株主の氏名（名称），議決権の数（議案ごとに異なる場合は議案ごとの異なる数）	施行規則66 I ⑤	

　次ページに，全国株懇連合会の議決権行使書面モデル（2019年4月5日改正）を掲載する。

○議決権行使書面

議 決 権 行 使 書

○○○○株式会社 御中

私は、○年○月○日開催の貴社第○回定時株主総会（継続会または延会を含む）の各議案につき、右記（賛否を○印で表示）のとおり議決権を行使いたします。

年 月 日

各議案について賛否の表示がない場合は、「賛」の表示があったものとして取り扱います。

○○○○株式会社

株主氏名 等

株主番号 XXXXXXX　　議決権の数 個
X X X X （単元株式数 100）

記

議案	原案に対する賛否
第1号議案	賛　否
第2号議案	賛　否（候補者のうち候補者を除く）
第3号議案	賛　否

---切り取り線---

XXXX

ご参考

基準日（○年○月○日）現在のご所有株式数　X,XXX,XXX株

○ 議決権行使コード
○ パスワード
○ 議決権行使サイト URL
http://www.xxxx.net

[お願い]
1. 株主総会に出席の際は、議決権行使書用紙を会場受付にご提出ください。
2. 当日株主総会にご出席願えない場合は、以下のいずれかの方法により議決権を行使いただきますようお願い申しあげます。
　(1) 議決権行使書に賛否をご表示のうえ、○年○月○日○時までに到着するよう折り返しご送付いただく方法
　(2) 上記のURLに掲載された議決権行使サイトにおいて、○年○月○日○時までに議決権を行使いただく方法
3. 第2号議案につき異なる意思を表示される場合は、株主総会参考書類記載のその候補者の番号をご記入ください。

○○○○株式会社

郵便はがき

料金受取人払郵便

△△局承認

ＸＸＸ

差出有効期間
〇年〇月〇日
まで

ＸＸＸ－ＸＸＸＸ

（受取人）

〇〇郵便局私書箱第〇号

〇〇〇〇信託銀行株式会社

証券代行部　気付

〇〇〇〇株式会社　行

第〇回定時株主総会

〇日　時　　〇年〇月〇日（〇）　午前〇時
〇場　所　　〇〇県〇〇市〇〇　〇丁目Ｘ番Ｘ号
　　　　　　当会社本店Ｘ階　会議室

切　り　取　り　線

(1)　このはがきは切手をはらずにお出しください。

(2)　〇年〇月〇日以降は，ご使用にならないようお願いい
　　たします。

(3)　議決権行使書をお送りくださる場合は，切り取り線か
　　らお切り取りのうえお差し出しください。

690　第10章　株主総会招集通知および公告

4　ウェブ開示および電子提供措置事項記載書面の範囲

　株主総会資料の電子提供制度を適用していない場合，株主総会参考書類，事業報告，計算書類および連結計算書類に記載すべき事項（これらに対する監査報告および会計監査報告を含む）のうち，一部の内容は，定款の定めによりウェブ開示で代替（「みなし提供」）可能である（施行規則94，133Ⅲ，計算規則133Ⅳ，134Ⅴ）。

　株主総会資料の電子提供制度を適用している場合，希望する株主は，電子提供措置によりウェブサイト上で提供された情報について，書面（電子提供措置事項記載書面）での交付を請求することができる（会社法325の5Ⅰ）。ただし，電子提供措置の対象となった株主総会参考書類，事業報告，計算書類および連結計算書類に記載すべき事項（これらに対する監査報告および会計監査報告を含む）のうち，一部の内容は，定款で定めることにより書面への記載を省略することができる（会社法325の5Ⅲ，施行規則95の4Ⅰ，計算規則134Ⅲ）。

　両者は，制度の成り立ちは異なるが，インターネット等の利用が困難な環境にある株主の利益の保護のために，株主にとって特に重要と考えられる情報は書面での入手手段を担保し，それ以外の情報はウェブサイト上の提供のみで足りるとする趣旨は同様である。

　ウェブ開示や書面への記載省略ができない項目と，できる項目は，図表10-7のとおりである。

\<図表10-7\>　ウェブ開示の可否・書面（電子提供措置事項記載書面）への記載省略の可否

ウェブ開示ができない項目・ 書面への記載省略ができない項目	ウェブ開示ができる項目・ 書面への記載省略ができる項目
1．株主総会参考書類	
● 議案（施行規則94Ⅰ①，95の4Ⅰ①イ） ● 事業報告記載事項のうちウェブ開示が認められない事項について，事業報告ではなく株主総会参考書類に記載する対応とした場合の当該事項	左記以外の事項

第2節　株主総会資料の内容　691

	（施行規則94 I ②）
	● ウェブ開示を行うサイトの URL（施行規則94 I ③・II）
	● 監査役，監査等委員会または監査委員会がウェブ開示による対応・書面に記載しない対応に異議を述べた事項（施行規則94 I ④，95の 4 I ①ロ）

2．事業報告

(1)　会社の現況に関する事項

● 重要な資金調達の状況（施行規則120 I ⑤イ） ● 重要な設備投資の状況（施行規則120 I ⑤ロ） ● 重要な企業結合等の状況（施行規則120 I ⑤ハ〜ヘ） ● 重要な親会社および子会社の状況（施行規則120 I ⑦）	左記以外の事項（具体的には下記） 　● 主要な事業内容（施行規則120 I ①） 　● 主要な営業所および工場（施行規則120 I ②） 　● 使用人の状況（施行規則120 I ②） 　● 主要な借入先および借入額（施行規則120 I ③） 　● 事業の経過およびその成果（施行規則120 I ④） 　● 財産および損益の状況の推移（施行規則120 I ⑥） 　● 対処すべき課題（施行規則120 I ⑧） 　● 親会社等との利益相反取引に関する事項（施行規則118⑤） 　● 特定完全子会社（多重代表訴訟の対象となる完全子会社）の状況（施行規則118④） 　● 企業集団の現況に関する重要な事項等（施行規則118①，120 I ⑨）
	(2)　株式に関する事項（施行規則122）
	(3)　新株予約権等に関する事項（施行規則123）

(4)　役員に関する事項

| ● 会社役員の氏名，地位および担当（施行規則121①②）
● 会社役員の報酬等（施行規則121④ | 左記以外の事項（具体的には下記）
　● 辞任したまたは解任された会社役員の氏名等（施行規則121⑦） |

〜⑤の4） ● 会社役員の報酬等の決定に係る方針等（施行規則121⑥〜⑥の3））	● 会社役員の重要な兼職の状況（施行規則121⑧） ● 監査役，監査等委員または監査委員の財務および会計に関する相当程度の知見（施行規則121⑨） ● 常勤の監査等委員または監査委員の有無およびその理由（施行規則121⑩） ● 責任限定契約に関する事項（施行規則121③） ● 補償契約の内容等（施行規則121③の2）〜③の4） ● 役員等賠償責任保険契約の内容等（施行規則121の2） ● その他会社役員に関する重要な事項（施行規則121⑪） ● 社外役員に関する事項（施行規則124Ⅰ）
	(5) 会計参与に関する事項
	● 責任限定契約に関する事項（施行規則125①） ● 補償契約の内容等（施行規則125②〜④）
	(6) 会計監査人に関する事項
	● 責任限定契約に関する事項（施行規則126⑦） ● 補償契約の内容等（施行規則126⑦の2）〜⑦の4） ● 上記以外の事項（施行規則126①〜⑥，⑧〜⑨）
	(7) 会社の体制および方針
	● 業務の適正を確保するための体制に関する事項（施行規則118②） ● 株式会社の支配に関する事項（施行規則118③） ● 剰余金の分配の決定に関する方針

	（施行規則126⑩）
(8) 監査役，監査等委員会または監査委員会がウェブ開示による対応・書面に記載しない対応に異議を述べた事項（施行規則133Ⅲ②，95の4Ⅰ②ロ）	
	(9) 事業報告に係る監査報告（施行規則133Ⅲ，95の4Ⅰ②）
3．計算書類等	
	● 計算書類（貸借対照表，損益計算書，株主資本等変動計算書，個別注記表）（計算規則133Ⅳ） ● 計算書類に係る会計監査報告または監査報告（計算規則133Ⅳ） ● 連結計算書類（連結貸借対照表，連結損益計算書，連結株主資本等変動計算書，連結注記表）（計算規則134Ⅴ） ● 連結計算書類に係る会計監査報告または監査報告（計算規則134Ⅲ・Ⅴ）

（注） 第1節3で述べたとおり，連結計算書類に係る監査報告・会計監査報告の株主への提供は求められていないが，提供することを定めたときには他の株主総会資料と同様に書面等での提供や電子提供措置を行う（計算規則134Ⅱ・Ⅲ）。また，書面等に代えてウェブ開示によることもできる（計算規則134Ⅴ）。なお，電子提供措置を行う場合であっても，電子提供措置事項記載書面に記載することは求められない（「「会社法施行規則等の一部を改正する省令案」に関する意見募集の結果について」（2022年12月26日））。

●第3節　株主総会議事録および決議通知

　株式会社には，株主総会の議事録を作成して保存する義務がある（会社法318Ⅰ）。保管期間は，本店については10年間，支店については5年間である（会社法318Ⅱ・Ⅲ）。ただし，議事録が電磁的記録で作成されている場合，株主および債権者の閲覧，コピーの請求に対応できるようになっていれば支店において

694　第10章　株主総会招集通知および公告

保管する必要はない（会社法318Ⅲ）。

　議事録には下記の事項を記載する必要がある（施行規則72Ⅲ）。

①　株主総会開催日時および場所

②　議事の経過要領，結果

③　株主総会において述べられた意見および発言の概要

④　出席した取締役，執行役，会計参与，監査役または会計監査人の氏名または名称

⑤　議長の氏名

⑥　議事録作成取締役の氏名

　また，法的な義務ではないが，株主総会で決議された事項を株主に通知するために決議通知を作成して株主に送付する実務がよく見られる。会社が任意に行っているため，記載内容も任意であるが，全国株懇連合会から以下のような決議通知の記載モデル（2021年1月22日改正）が示されている。

決議通知モデル

　　　　　　　　　　　　　　　　　　　　　　　　　　　　　　○年○月○日

株主各位

　　　　　　　　　　　　　　　　　東京都○○区△△○丁目○○番○○号
　　　　　　　　　　　　　　　　　　　　　　　　　○○○○株式会社
　　　　　　　　　　　　　　　　　　　　　取締役社長　　○○○○

　　　　　　　　　第○回定時株主総会決議ご通知

拝啓　平素は格別のご高配を賜り，厚くお礼申しあげます。

　さて，本日開催の当社第○回定時株主総会において，下記のとおり報告ならびに決議されましたのでご通知申しあげます。

　　　　　　　　　　　　　　　　　　　　　　　　　　　　　　敬具

　　　　　　　　　　　　　　記
報告事項　　1．第○期（○年○月○日から○年○月○日まで）事業報告の内容，
　　　　　　　連結計算書類の内容ならびに会計監査人および監査役会の連結計
　　　　　　　算書類監査結果報告の件
　　　　　　　　本件は，上記事業報告の内容，連結計算書類の内容およびその
　　　　　　　監査結果を報告いたしました。

第3節　株主総会議事録および決議通知　695

2．第○期（○年○月○日から○年○月○日まで）計算書類の内容報
告の件
　　本件は，上記計算書類の内容を報告いたしました。

決議事項
（会社提案）
第1号議案　定款一部変更の件
　　本件は，原案どおり定款第○条（目的）に………………を追加
することに承認可決されました。
第2号議案　取締役○名選任の件
　　本件は，原案どおり○○○○，………………の○名が選任され，
それぞれ就任いたしました。
第3号議案　監査役○名選任の件
　　本件は，原案どおり○○○○，………………の○名が選任され，
それぞれ就任いたしました。
第4号議案　補欠監査役○名選任の件
　　本件は，原案どおり○○○○，………………選任されました。
第5号議案　会計監査人選任の件
　　本件は，原案どおり○○○○監査法人が選任され，就任いたしま
した。
第6号議案　取締役の報酬額改定の件
　　本件は，原案どおり取締役の報酬額を年額○○○円以内（うち社
外取締役分は年額○○○円以内）に改定することに承認可決されま
した。
　　なお，取締役の報酬額には，従来どおり使用人兼務取締役の使用
人分給与は含まないものといたします。
（株主提案）
第7号議案　取締役○名選任の件
　　本件は，否決されました。
第8号議案　取締役○○○○解任の件
　　本件は，否決されました。

以　上

●第4節　決算公告制度

1　決算公告の概要

　株式会社は，定時株主総会の終結後遅滞なく，貸借対照表（大会社の場合は貸借対照表および損益計算書）を公告しなければならない（会社法440Ⅰ）。

　公告の方法としては，①官報に掲載する方法，②時事に関する事項を掲載する日刊新聞紙に掲載する方法または③電子公告のいずれかを定款に定める方法が可能である（会社法939Ⅰ）。ただし，定款に定めた公告方法が①または②であっても，決算公告についてのみ，③の電子公告と同等の④電磁的方法による開示（電子開示）による方法が可能である（会社法440Ⅲ）。③の電子公告と④の電子開示は，根拠条文は異なっても内容はほぼ同じであるため，以下，本節では，特に断りのない限り，③と④をあわせて「電子公告」として説明する。

　なお，有価証券報告書を提出している会社では，決算公告は不要である（会社法440Ⅳ）。

　計算書類等の開示は主として株主および債権者を対象とした制度であるが，決算公告は不特定多数の者を対象とした開示制度である。開示内容も，貸借対照表（大会社の場合は貸借対照表および損益計算書）および一部の注記等に限られている。また，公告を官報または日刊新聞紙により行う場合は，要旨による開示も可能である（会社法440Ⅱ）。

　なお，連結計算書類および臨時計算書類に関しては，決算公告の義務はない。

2　公告方法の定款による定めおよび登記

　公告をいずれの方法により行うかについては，会社の定款により定めることができる（会社法939Ⅰ）。定款に定めがないときには，官報に掲載する方法により公告を行う（会社法939Ⅳ）。定款に定めた公告方法にかかわらず，決算公告を電子開示により行うことが可能である（会社法440Ⅲ）。

　公告の方法は登記事項であり，定款による定めを行っているときにはその定

めを，定めがないときは官報に記載する方法を公告方法とする旨を登記しなければならない（会社法911Ⅲ㉗・㉙）。また，公告の方法を電子公告とする場合または定款に定めた公告方法に替えて電子開示を行う場合は，ホームページのアドレス等を登記しなければならない（会社法911Ⅲ㉖・㉘イ）。

3 決算公告の方法および内容

⑴ 官報または日刊新聞紙による決算公告（要旨による開示）

官報または日刊新聞紙による公告は，伝統的な決算公告の方法である。紙面の制限およびコスト等も考慮して内容の簡素化が認められており，要旨による公告で足りる（会社法440Ⅱ）。

以下に要旨の方法による開示を行う場合について説明する。

① 貸借対照表

貸借対照表の要旨として，最低限区分して表示すべき項目は図表10－8のとおりである（計算規則138～141）。資産の部および負債の部の各項目は，当該項目に係る資産および負債を示す適当な名称を付さなければならない（計算規則139Ⅴ，140Ⅴ）。

<図表10－8> 貸借対照表の要旨の区分

資産の部	流動資産	
	固定資産	有形固定資産（公開会社のみ）
		無形固定資産（公開会社のみ）
		投資その他の資産（公開会社のみ）
	繰延資産	
負債の部	流動負債	引当金（存在する場合は区分）
	固定負債	引当金（存在する場合は区分）
純資産の部	株主資本	資本金
		新株式申込証拠金
		資本剰余金　　　　　資本準備金

		その他資本剰余金
	利益剰余金	利益準備金
		その他利益剰余金
	自己株式	
	自己株式申込証拠金	
評価・換算差額等	その他有価証券評価差額金	
	繰延ヘッジ損益	
	土地再評価差額金	
株式引受権		
新株予約権		

　資産の部および負債の部の各項目，ならびにその他資本剰余金およびその他利益剰余金は，適当な項目に細分する表示が可能である（計算規則139Ⅱ，140Ⅲ，141Ⅴ）。要旨としての性格から一般に細分を行わない例が多く見られる。

a．公開会社特有の規定

　公開会社については，一定の追加的な開示の定めが置かれている。すなわち，資産の部および負債の部の各項目は，公開会社の財産の状態を明らかにするために重要となる適宜の項目に細分しなければならない（計算規則139Ⅳ，140Ⅳ）。また，固定資産に係る項目は，有形固定資産，無形固定資産および投資その他の資産に区分しなければならない（計算規則139Ⅲ）。

　例えば資産の部の項目のうち流動資産であれば，計算書類と同様に，現金及び預金，受取手形，売掛金等の科目まで細分して表示する取扱いが一般的である。計算書類ほどの詳細は必要なく，主要な科目について記載すれば足りる。

b．当期純損益の付記

　貸借対照表の要旨には，当期純損益金額を付記しなければならない（計算規則142）。例えば，純資産の部のその他利益剰余金の次に括弧書きする。ただし，損益計算書の要旨を公告する場合は，当該要旨内に当期純損益金額が含まれるため，この注記は不要である。

　次ページに要旨方式による場合の「経団連ひな型」の抜粋を示す。

第4節　決算公告　699

経団連ひな型（貸借対照表の要旨（公開会社））

［記載例］

第○○期決算公告

貸借対照表（○年○月○日現在）の要旨

（単位　百万円または十億円）

科目	金額	科目	金額
流動資産	×××	**流動負債**	×××
現金及び預金	×××	支払手形及び買掛金	×××
受取手形及び売掛金	×××	短期借入金	×××
棚卸資産	×××	未払法人税等	×××
その他	×××	○○引当金	×××
貸倒引当金	△×××	その他	×××
固定資産	×××	**固定負債**	×××
**　有形固定資産**	×××	長期借入金	×××
建物及び構築物	×××	○○引当金	×××
土地	×××	その他	×××
その他	×××	**　負債合計**	×××
**　無形固定資産**	×××		
**　投資その他の資産**	×××	**株主資本**	×××
投資有価証券	×××	**　資本金**	×××
その他	×××	**　資本剰余金**	×××
貸倒引当金	△×××	資本準備金	×××
繰延資産	×××	その他資本剰余金	×××
		**　利益剰余金**	×××
		利益準備金	×××
		その他利益剰余金	×××
		（当期純利益）	（×××）
		**　自己株式**	△×××
		**　評価・換算差額等**	×××
		その他有価証券評価差額金	×××
		繰延ヘッジ損益	×××
		土地再評価差額金	×××
		**　新株予約権**	×××
		**　純資産合計**	×××
資産合計	×××	**負債・純資産合計**	×××

700　第10章　株主総会招集通知および公告

経団連ひな型（貸借対照表の要旨（非公開会社））

［記載例］

第○○期決算公告

貸借対照表（○年○月○日現在）の要旨

（単位　百万円または十億円）

科目	金額	科目	金額
流動資産	×××	**流動負債**	×××
固定資産	×××	○○引当金	×××
繰延資産	×××	その他	×××
		固定負債	×××
		○○引当金	×××
		その他	×××
		負債合計	×××
		株主資本	×××
		資本金	×××
		資本剰余金	×××
		資本準備金	×××
		その他資本剰余金	×××
		利益剰余金	×××
		利益準備金	×××
		その他利益剰余金	×××
		（当期純利益）	（×××）
		自己株式	△×××
		評価・換算差額等	×××
		その他有価証券評価差額金	×××
		繰延ヘッジ損益	×××
		土地再評価差額金	×××
		新株予約権	×××
		純資産合計	×××
資産合計	×××	**負債・純資産合計**	×××

注：上記ひな型はいずれも大会社以外の会社の例である。大会社で損益計算書の要旨を公告する場合は，当期純利益の記載が不要となるが，それ以外は同じである。

②　損益計算書の要旨（大会社のみ）

　損益計算書の要旨として，最低限区分して表示すべき項目は図表10－9のとおりである（計算規則143）。損益計算書の要旨の各項目は，当該項目に係る利

益または損失を示す適当な名称を付さなければならない（計算規則143Ⅵ）。

<図表10－9＞　損益計算書の要旨の区分

売上高	
売上原価	
売上総利益（売上総損失）	
販売費及び一般管理費	
営業利益（営業損失）	
営業外収益	重要でないときは差額で営業外損益と表示できる
営業外費用	
経常利益（経常損失）	
特別利益	重要でないときは差額で特別損益と表示できる
特別損失	
税引前当期純利益（税引前当期純損失）	
法人税，住民税及び事業税	
法人税等調整額	
当期純利益（当期純損失）	

（注）　括弧内は損失の場合の項目であり，正の金額で表示する。

　損益計算書の要旨の各項目は，適当な項目に細分する表示が可能である（計算規則143Ⅳ）。また，株式会社の損益の状態を明らかにするため必要があるときは，重要である適宜の項目に細分しなければならない（計算規則143Ⅴ）。

　細分可能の取扱いについては，貸借対照表の要旨と同様である。しかし重要である適宜の項目への細分化は，必要がある場合，公開・非公開を問わずすべての会社において強制されている点が異なる。例えば，重要な特別損益が生じた場合は細分化する必要があると考えられる。

　以下に，要旨方式による場合の「経団連ひな型」の抜粋を示す。

702　第10章　株主総会招集通知および公告

経団連ひな型（損益計算書の要旨）

［記載例］

損益計算書の要旨
（自○年○月○日　至○年○月○日）

（単位　百万円または十億円）

科目	金額
売上高	×××
売上原価	×××
**　売上総利益**	**×××**
販売費及び一般管理費	×××
**　営業利益**	**×××**
営業外収益	×××
営業外費用	×××
**　経常利益**	**×××**
特別利益	×××
特別損失	×××
**　税引前当期純利益**	**×××**
法人税，住民税及び事業税	×××
法人税等調整額	×××
**　当期純利益**	**×××**

注：上記ひな型は公開会社の例であるが，非公開会社も内容は同じである。

③　金額の単位の表示

　貸借対照表の要旨または損益計算書の要旨の金額は，100万円単位または10億円単位をもって表示する（計算規則144Ⅰ）。ただし，金額表示単位が大きすぎるために，財産または損益の状態について的確な判断ができなくなるおそれがある場合（多くの項目がゼロになってしまう場合など）には，他の適切な金額表示単位を用いなければならない（計算規則144Ⅱ）。

⑵　電子公告

　電子公告とは，公告をインターネット上に掲載し，不特定多数の者が情報の提供を受けることができるようにする方法である（会社法2㉞，施行規則222,

223。電子開示については，会社法440Ⅲ，計算規則147）。

　決算公告を電子公告により行うときは，インターネット上のホームページ等に，貸借対照表（大会社の場合は貸借対照表および損益計算書）の内容を，定時株主総会の終結の日後5年を経過する日まで継続して掲載しなければならない（会社法440Ⅲ，940Ⅰ②）。電子公告の場合は，紙面の制限等がほぼ存在しないため，要旨による公告は認められていない。

　電子公告では，これに加えて一定の注記が求められており，図表10－10に示す事項を明らかにしなければならない（計算規則136Ⅰ）。

＜図表10－10＞　電子公告での注記

項　　目	会計監査人設置会社	会計監査人設置会社以外の株式会社	
		公開会社	非公開会社
継続企業の前提に関する注記	○	－	－
重要な会計方針に係る事項に関する注記	○	○	○
貸借対照表に関する注記	○	○	－
税効果会計に関する注記	○	○	－
関連当事者との取引に関する注記	○	○	－
1株当たり情報に関する注記	○	○	－
重要な後発事象に関する注記	○	○	－
当期純損益金額	○	○	○

　図表10－10のうち当期純損益金額については，要旨の場合と同様，損益計算書の公告をする場合には注記を要しない（計算規則136Ⅱ・Ⅲ）。また，図表10－10のうち当期純損益金額以外の項目は，当該事業年度に係る個別注記表に表示した注記に限るとされている（計算規則136Ⅰ）。つまり，会計監査人設置会社以外の会社または非公開会社で個別注記表の表示を省略した項目（計算規則98Ⅱ。第4章第1節図表4－1参照）については，決算公告は不要である。

(3) 不適正意見がある場合等における公告事項

会計監査人設置会社が公告をする場合において，不適正意見がある場合等，図表10-11に示す一定の事実が存在する場合には，当該事項を決算公告において明らかにする対応が求められている（計算規則148）。

<図表10-11> 不適正意見がある場合等の公告

項　　目	記載内容
会計監査人も一時会計監査人も存しない場合	会計監査人が存しない旨
会計監査人の会計監査報告の通知がないため，監査を受けたとみなされた場合（計算規則130Ⅲ）	その旨
当該公告に係る計算書類についての会計監査報告に不適正意見がある場合	その旨
当該公告に係る計算書類についての会計監査報告が意見不表明の場合（計算規則126Ⅰ③）	その旨

索　引

あ行

IFRS 会計基準 ······························ 508
アクセス通知 ················ 661, 664, 665
圧縮記帳 ··································· 477
1 年基準 ··································· 208
一般に公正妥当と認められる企業会計の
　慣行 ····································· 202
ウェブ開示 ················ 28, 662, 664, 690
営業外損益 ································· 229
親会社 ····································· 68
親会社株式 ···························· 372, 593
親会社等 ··································· 68
親会社等との間の取引に関する事項 ···· 66

か行

外貨建資産および負債の本邦通貨への換
　算基準 ··································· 320
開業費 ································· 215, 323
会計監査人 ·························· 3, 20, 185
会計監査人設置会社 ······················ 185
会計監査人の状況 ························· 193
会計参与 ······························· 3, 183
会計上の見積りに関する注記 ·········· 350
会計上の見積りの変更に関する注記 ··· 356
会計方針 ··································· 271
会計方針の変更に関する注記 ·········· 340
開示後発事象 ····························· 447
開示対象特別目的会社 ············ 332, 421
会社計算規則 ····························· 2, 4
会社の現況に関する事項 ················· 73
会社の支配に関する基本方針 ·········· 57
会社法施行規則 ··························· 4
会社法施行令 ····························· 4
会社役員に関する事項 ················· 112

開発費 ································· 215, 323
貸倒引当金 ···························· 211, 298
株式交付費 ······················ 215, 323, 574
株式に関する事項 ························· 171
株式発行割合 ····························· 575
株式引受権 ······················ 216, 579, 584
株式引受権に係る株式の数 ············· 375
株式無償割当て ··························· 577
株主資本等変動計算書 ········ 10, 202, 245
株主資本等変動計算書等に関する注記
　······································· 374
株主総会議事録 ··························· 693
株主総会参考書類 ············ 663, 665, 676
株主総会資料 ······················· 661, 666
株主総会の招集通知 ············ 30, 659, 666
為替換算調整勘定 ·················· 222, 255
関係会社 ··································· 214
関係会社株式 ························· 214, 223
関係会社出資金 ······················ 214, 223
関係会社整理損失引当金 ················· 305
関係会社との取引高 ····················· 373
関係会社に対する金銭債権または金銭債
　務 ···························· 214, 223, 369
監査委員会 ································· 3, 19
監査等委員会 ····························· 3, 18
監査等委員会設置会社 ··················· 18
監査報告 ······························· 26, 602
監査報告書（会計監査人）·············· 617
監査報告書（監査役等）················· 627
監査役 ··································· 3, 17
監査役会 ································· 3, 17
完成工事補償引当金 ····················· 300
完全親会社等 ····························· 70
完全子会社等 ····························· 70
関連当事者との取引に関する注記 ····· 422

706 索 引

企業結合・事業分離 ………………… 477
企業集団の現況に関する事項 ………… 74
議決権行使書面 ……… 658, 663, 665, 687
議決権行使の基準日 …………… 25, 657
期中の財務報告 …………………… 564
期末日満期手形 ………………… 373, 477
業績連動報酬等 …………………… 131
業務執行者 ………………………… 159
業務の適正を確保するための体制 …… 37
金銭の信託 ………………………… 276
金融商品に関する注記 …………… 390
偶発債務 …………………………… 365
組合等への出資 ………………… 276, 391
繰延資産 …………………………… 214
繰延資産の処理方法 ……………… 322
繰延税金資産 …………… 214, 222, 381
繰延税金負債 …………… 214, 222, 381
グループ通算制度 ………… 329, 386, 487
グローバル・ミニマム課税制度 … 特7, 386
経営指導念書等 …………………… 365
計算関係書類 …………………… 6, 26
計算書類 ………………… 5, 10, 202
計算書類等 ………………………… 6
継続企業の前提に関する注記 ……… 264
契約資産および契約負債 …………… 211
決議通知 …………………………… 693
決算公告 ………………………… 9, 696
決算スケジュール ………………… 24
減価償却 …………………………… 278
減価償却累計額 ………………… 212, 363
研究開発費 ……………………… 374, 480
減損損失 ………………………… 229, 477
減損損失累計額 ………………… 212, 364
現物出資 …………………………… 574
権利確定条件付き有償新株予約権 …… 178
公開会社 …………………………… 72
工事損失引当金 ………………… 210, 303
後発事象 ………………………… 111, 446
コーポレートガバナンス・コード …… 33

子会社 ……………………………… 68
子会社等 …………………………… 68
国際財務報告基準 ………………… 508
固定資産の減価償却の方法 ………… 278
誤謬の訂正に関する注記 …………… 358
個別注記表 ……………………… 10, 202
コミットメントライン契約 ……… 373, 477

=== さ行 ===

財産および損益の状況 ……………… 96
最終事業年度 …………………… 14, 586
財政状態計算書 …………………… 511
財務および会計に関する相当程度の知見
 ……………………………………… 151
財務制限条項 …………………… 373, 478
債務保証損失引当金 ……………… 301
事業構造改善引当金 ……………… 304
事業税 ……………………………… 231
事業整理損失引当金 ……………… 304
事業の経過およびその成果 ………… 83
事業報告 ………………… 26, 32, 202
資金調達の状況 …………………… 87
自己株式 ………… 216, 222, 255, 580, 589
自己株式処分割合 ………………… 575
自己株式の数 …………………… 375
自己株式申込証拠金 ……………… 576
自己新株予約権 ………………… 216, 378
資産から直接控除した減価償却累計額
 ……………………………………… 363
資産から直接控除した引当金 ……… 362
資産除去債務 …………………… 216
資産の評価基準および評価方法 …… 272
指定国際会計基準 ……………… 11, 508
指定国際会計基準特定会社 ………… 508
支払利息の取得原価算入 …………… 329
資本金等増加限度額 ……………… 570
指名委員会等設置会社 …………… 19
社外監査役 ………………………… 154
社外取締役 ………………………… 154

索 引 707

社外役員 ……………………… 153
社外役員の主な活動状況 ………… 161
社債発行費等 ……………… 215, 323
収益および費用の計上基準 ………… 305
収益認識に関する注記 …………… 458
修正後発事象 …………………… 447
修正国際基準 ………………… 11, 509
修繕引当金 ……………………… 303
重要な親会社および子会社の状況 …… 102
重要な会計方針に係る事項に関する注記
………………………………… 271
重要な兼職 ………………… 116, 158
重要な後発事象に関する注記 ……… 446
取得条項付株式 ………………… 576
取得条項付新株予約権 …………… 578
取得請求権付株式 ……………… 576
主要な営業所および工場 …………… 76
主要な株主 ……………………… 172
主要な借入先 …………………… 81
主要な事業内容 ………………… 74
純損益およびその他の包括利益計算書
………………………………… 512
準備金の計上 …………………… 580
常勤の監査等委員または監査委員 …… 152
使用人の状況 …………………… 76
消費税等の会計処理 …………… 318
剰余金の額の計算 ……………… 585
剰余金の配当 …………… 194, 375, 595
剰余金の配当等の決定に関する方針 … 195
剰余金の配当に関する事項 ………… 375
賞与引当金 ……………………… 289
書面交付請求 …………………… 666
書面投票 ………………………… 658
新株式申込証拠金 ……………… 576
新株予約権 ……… 129, 177, 378, 577, 581
新株予約権の目的となる株式の数 …… 375
ストック・オプション ……… 129, 178, 581
税効果会計に関する注記 …………… 381
正常営業循環基準 ……………… 208

製品保証引当金 ………………… 300
責任限定契約 …………… 126, 184, 191
設備投資の状況 ………………… 87
全部取得条項付種類株式 …………… 576
創立費 ………………………… 215, 323
遡及適用 ………………………… 345
組織再編等の状況 ……………… 87, 93
備置きおよび閲覧等 …………… 8
その他株式会社の現況に関する重要な事
　項 …………………………… 111
その他計算書類作成の基本となる重要な
　事項 ………………………… 317
その他の注記 …………………… 473
その他の包括利益累計額 …… 221, 254, 568
その他利益剰余金 ……………… 250
ソフトウェア …………………… 282
損益計算書 …………… 10, 202, 227
損益計算書に関する注記 ………… 373

=== た行 ===

大会社 ………………………… 3, 14
貸借対照表 …………… 10, 202, 206
貸借対照表等に関する注記 ………… 359
退職給付に係る調整累計額 …… 222, 255
退職給付に係る負債 …………… 291
退職給付引当金 ………………… 290
対処すべき課題 ………………… 107
多重代表訴訟の対象となる特定完全子会
　社に関する事項 ……………… 69
棚卸資産 ………………………… 210
棚卸資産の評価基準および評価方法 … 276
担保に供している資産および担保に係る
　債務 ………………………… 360
中間財務諸表に関する会計基準 …… 特3
中間配当 ………………………… 595
賃貸等不動産に関する注記 ………… 416
定時株主総会 …………………… 656
定時株主総会の開催日 …………… 25
デリバティブ …………… 272, 276

電子公告 …………………………… 702
電子公告規則 ………………………… 4
電子提供制度 ………………… 659, 661, 664
電子提供措置 ………………………… 661, 664
電子提供措置事項記載書面 … 662, 666, 690
電子投票 …………………………… 658, 659
投資信託 …………………………… 391
投資損失引当金 …………………… 302
特定関係事業者 …………………… 159
特定監査役 ………………………… 28, 606
特定完全子会社 …………………… 71
特定取締役 ………………………… 28, 606
特別修繕引当金 …………………… 303
特別損益 …………………………… 229, 475
特別法上の引当金 ………………… 305
特例財務諸表提出会社 …………… 210
土地の再評価 ……………………… 373, 478
取締役，監査役および執行役に対する金
　銭債権または金銭債務 …………… 371

===== な行 =====

のれん ……………… 223, 233, 239, 285
のれん等調整額 …………………… 590

===== は行 =====

バーチャルオンリー株主総会 ……… 657
配当可能利益 ……………………… 587
ハイブリッド型バーチャル株主総会 … 657
破産更生債権等 …………………… 212
端数の処理 ………………………… 330
発行済株式の数 …………………… 375
販売費及び一般管理費の明細 ……… 504
引当金の計上基準 ………………… 286
引当金の明細 ……………………… 503
非金銭報酬等 ……………………… 131
1株当たり情報に関する注記 ……… 440
評価・換算差額等 … 206, 245, 251, 568, 591
評価性引当額 ……………………… 381
評価性引当金 ……………………… 288

表示方法の変更に関する注記 ……… 347
ファイナンス・リース取引
　………………… 213, 283, 309, 319, 387
負債性引当金 ……………………… 288
附属明細書（計算書類）…… 5, 10, 20, 501
附属明細書（事業報告）……… 5, 22, 498
負ののれん ………………………… 286
分配可能額 ………………………… 554, 587
分配特則規定 ……………………… 596
米国基準 …………………………… 11, 509
別記事業 …………………………… 202
ヘッジ会計の方法 ………………… 324
包括利益 …………………………… 244
報酬等 ……………………………… 129
法人税等 …………………………… 231
補償契約 …………………… 127, 184, 191
保証債務 …………………………… 365

===== ま行 =====

未収還付法人税等 ………………… 215
未払法人税等 ……………………… 215
無形資産の減価償却の方法 ………… 282
目的使用 …………………………… 504
持分会社 …………………………… 2
持分変動計算書 …………………… 514
持分法損益等に関する注記 ………… 420
持分法による投資利益 …………… 239
持分法の適用に関する事項 ………… 333

===== や行 =====

役員 ………………………………… 159
役員賞与引当金 …………………… 296
役員退職慰労引当金 ……………… 297
役員等賠償責任保険契約 …………… 168
役員に対する金銭債権および金銭債務
　…………………………………… 372
役員に対する報酬 ………………… 130
役員の報酬等の額またはその算定方法に
　係る決定方針 …………………… 141

索　引　709

有価証券の評価基準および評価方法 … 273
有形固定資産及び無形固定資産の明細
　……………………………………… 501
有形固定資産の減価償却の方法 ……… 281

=== ら行 ===

リース資産の減価償却の方法 ……… 283
リース取引 …………………………… 213
リース取引の処理方法 ……………… 319
リースに関する会計基準 …………… 特10
リースにより使用する固定資産に関する
　注記 ………………………………… 387
流動・固定分類 ……………………… 208
臨時会計年度 ………………………… 557
臨時株主総会 ………………………… 656

臨時計算書類 ………… 6, 12, 20, 554, 588
臨時決算日 …………………………… 554
臨時損益計算書 ……………………… 556
臨時貸借対照表 ……………………… 556
連結株主資本等変動計算書 … 11, 205, 254
連結計算書類 ……………… 5, 11, 23, 205
連結計算書類の作成のための基本となる
　重要な事項 ………………………… 330
連結損益計算書 ………… 11, 205, 239
連結貸借対照表 ………… 11, 205, 221
連結注記表 …………………… 11, 205
連結の範囲に関する事項 …………… 330
連結配当規制適用会社に関する注記 … 457
連結配当規制適用会社の特例 ……… 592
連結包括利益計算書 …………… 11, 244

《参考文献》

『会社法の計算詳解（第2版）』郡谷大輔・和久友子編著／細川充・石井裕介・小松岳志・澁谷亮著（中央経済社）

『会社法関係法務省令逐条実務詳解』郡谷大輔監修／阿部泰久・小畑良晴・竹内陽一・掛川雅仁・武井洋一・中西和幸・小磯孝二編集代表（清文社）

『「会社計算規則」逐条解説』郡谷大輔・和久友子・小松岳志著（税務研究会出版局）

『コンメンタール会社法施行規則・電子公告規則（第3版）』弥永真生著（商事法務）

『コンメンタール会社計算規則・商法施行規則（第4版）』弥永真生著（商事法務）

『論点解説新・会社法　千問の道標』相澤哲・葉玉匡美・郡谷大輔編著（商事法務）

『アドバンス新会社法（第3版）』長島・大野・常松法律事務所編（商事法務）

『会計方針・見積り・遡及処理の会計実務Q&A』PwCあらた有限責任監査法人編（中央経済社）

「過年度遡及処理に関する会社計算規則の一部を改正する省令の解説－平成23年法務省令第6号－」高木弘明・新井吐夢稿（『会計・監査ジャーナル』No. 672）

『株式会社法（第8版）』江頭憲治郎著（有斐閣）

『株主総会ハンドブック（第4版）』中村直人編著（商事法務）

『「会社法」法令集（第十三版）』中央経済社編（中央経済社）

『会社法・金商法　実務質疑応答』武井一浩・郡谷大輔編著（商事法務）

『立案担当者による平成26年改正会社法の解説』坂本三郎編著（商事法務）

『立案担当者による平成26年改正会社法関係法務省令の解説』坂本三郎・辰巳郁・渡辺邦広編著（商事法務）

『開示事例から考える「コーポレートガバナンス・コード」対応』樋口達・山内宏光・小松真理子編著（商事法務）

『一問一答　平成26年改正会社法（第2版）』坂本三郎編著（商事法務）

「（解説会）会社法改正に伴う法務省令改正の解説」渡辺邦宏稿（『月刊監査役』No. 639）

『会社法コンメンタール3－株式(1)』山下友信編（商事法務）

『株主総会関係モデルおよび事務取扱指針の改正について』(2019年4月5日全国株懇連合会理事会決定)

「事業報告の内容に関する規律の全体像」小松岳志・澁谷亮稿（『旬刊商事法務』1863号）

「「会社法施行規則及び会社計算規則の一部を改正する省令」の解説－平成20年法務省令12号－」松本真・小松岳志稿（『旬刊経理情報』1179号）

「新会社法関係法務省令の解説(4)　事業報告（上）」相澤哲・郡谷大輔稿（『旬刊商事法務』1762号）

「関連当事者との取引に関する注記」郡谷大輔・細川充・小松岳志・和久友子稿（『旬刊商事法務』1768号）

「株主総会資料の電子提供制度の概要と企業対応」青野雅朗稿（『ビジネス法務』2022年9月号）

「ハイブリッド型バーチャル株主総会の実務ガイド」経済産業省（2020年2月26日）

▨執筆者・編集者一覧

浅井　麻菜

市原　順二

伊藤　清治

井上　雅子

梅澤　　薫

梅谷　正樹

川西　昌博

杉田　佳代

鈴木　淳也

高田　　望

髙野　泰彦

竹内　　督

山岸　恭子

　　　　　　　　　《五十音順》

〈編者紹介〉

PwC Japan有限責任監査法人

PwC Japan有限責任監査法人は，日本で「監査および保証業務」，非監査業務である「ブローダーアシュアランスサービス」を提供する，PwCグローバルネットワークのメンバーファームです。世界で長年にわたる監査実績を持つPwCネットワークの監査手法と最新技術により世界水準の高品質な監査業務を提供するとともに，その知見を活用した会計，内部統制，ガバナンス，サイバーセキュリティ，規制対応，デジタル化対応，株式公開など幅広い分野に関する助言を通じて社会の重要な課題解決を支援しています。PwCビジネスアシュアランス合同会社，PwCサステナビリティ合同会社，PwCリスクアドバイザリー合同会社，PwC総合研究所合同会社とともに，信頼されるプロフェッショナルとして，日本の未来にあらたな信頼をもたらすことを，Assurance Vision 2030として掲げています。

PwC Japanグループ

PwC Japanグループは，日本におけるPwCグローバルネットワークのメンバーファームおよびそれらの関連会社の総称です。各法人は独立した別法人として事業を行っています。
複雑化・多様化する企業の経営課題に対し，PwC Japanグループでは，監査およびブローダーアシュアランスサービス，コンサルティング，ディールアドバイザリー，税務，そして法務における卓越した専門性を結集し，それらを有機的に協働させる体制を整えています。また，公認会計士，税理士，弁護士，その他専門スタッフ約12,700人を擁するプロフェッショナル・サービス・ネットワークとして，クライアントニーズにより的確に対応したサービスの提供に努めています。
PwCは，社会における信頼を構築し，重要な課題を解決することをPurpose（存在意義）としています。私たちは，世界149カ国に及ぶグローバルネットワークに約370,000人のスタッフを擁し，高品質な監査，税務，アドバイザリーサービスを提供しています。詳細は www.pwc.com をご覧ください。

© 2025 PricewaterhouseCoopers Japan LLC. All rights reserved.
PwC refers to the PwC network member firms and/or their specified subsidiaries in Japan, and may sometimes refer to the PwC network. Each of such firms and subsidiaries is a separate legal entity. Please see www.pwc.com/structure for further details.
This content is for general information purposes only, and should not be used as a substitute for consultation with professional advisors.

本書は，一般的な情報を提供する目的で作成したものであり，いかなる個人または企業に固有の事案についても専門的な助言を行うものではありません。本書に含まれる情報の正確性または網羅性について保証は与えられていません。本書で提供する情報に基づいて何らかの判断を行う場合，個別に専門家にご相談ください。PwC Japan有限責任監査法人ならびにPwCグローバルネットワークの他のメンバーファームおよびそれらの関連会社は，個人または企業が本書に含まれる情報を信頼したことにより被ったいかなる損害についても，一切の責任を負いません。

会社法計算書類の実務〈第17版〉
──作成・開示の総合解説

2009年 2 月10日	第 1 版第 1 刷発行
2009年 2 月25日	第 1 版第 3 刷発行
2010年 2 月20日	第 2 版第 1 刷発行
2011年 2 月20日	第 3 版第 1 刷発行
2012年 3 月 1 日	第 4 版第 1 刷発行
2013年 3 月10日	第 5 版第 1 刷発行
2014年 3 月15日	第 6 版第 1 刷発行
2015年 2 月10日	第 7 版第 1 刷発行
2016年 2 月15日	第 8 版第 1 刷発行
2017年 2 月25日	第 9 版第 1 刷発行
2018年 2 月10日	第10版第 1 刷発行
2019年 2 月10日	第11版第 1 刷発行
2020年 2 月10日	第12版第 1 刷発行
2021年 2 月15日	第13版第 1 刷発行
2022年 2 月15日	第14版第 1 刷発行
2023年 2 月20日	第15版第 1 刷発行
2024年 2 月20日	第16版第 1 刷発行
2025年 3 月 1 日	第17版第 1 刷発行

編　者　　PwC Japan有限責任監査法人

発行者　　山　本　　　継

発行所　　㈱中　央　経　済　社

発売元　　㈱中央経済グループ
　　　　　　パ ブ リ ッ シ ン グ

〒101-0051　東京都千代田区神田神保町1-35
　　　　電　話　03(3293)3371（編集代表）
　　　　　　　　03(3293)3381（営業代表）
　　　　https://www.chuokeizai.co.jp
　　　　印刷／昭和情報プロセス㈱
　　　　製本／誠　製　本　㈱

Ⓒ 2025
Printed in Japan

＊頁の「欠落」や「順序違い」などがありましたらお取り替えいたしますので発売元までご送付ください。（送料小社負担）

ISBN978-4-502-52781-4　C3034

JCOPY〈出版者著作権管理機構委託出版物〉　本書を無断で複写複製（コピー）することは，著作権法上の例外を除き，禁じられています。本書をコピーされる場合は事前に出版者著作権管理機構（JCOPY）の許諾を受けてください。
JCOPY〈https://www.jcopy.or.jp　e メール：info@jcopy.or.jp〉

2024年1月1日現在の基準・解釈指針を収める
IFRS財団公認日本語版！

IFRS®会計基準 2024〈注釈付き〉

IFRS財団 編　企業会計基準委員会　公益財団法人財務会計基準機構　監訳

中央経済社刊 定価24,200円（分売はしておりません）B5判・5024頁
ISBN978-4-502-50831-8

IFRS適用に必備の書！

●**唯一の公式日本語訳・最新版**　本書はIFRS会計基準の基準書全文を収録した唯一の公式日本語訳です。最新の基準書はもちろん、豊富な注釈（基準書間の相互参照やIFRS解釈指針委員会のアジェンダ決定）がIFRS会計基準の導入準備や学習に役立ちます。

●**使いやすい3分冊**　原書同様に、日本語版もPART A・PART B・PART Cの3分冊です。「要求事項」、「概念フレームワーク」をPART Aに、「付属ガイダンス」、「実務記述書」をPART Bに、「結論の根拠」、「定款」などをPART Cに収録しています。

●**2024年版の変更点**　「サプライヤー・ファイナンス契約」（IAS第7号・IFRS第7号）、「国際的な税制改革―第2の柱モデルルール」（IAS第12号）、「交換可能性の欠如」（IAS第21号）といった基準書等の修正が盛り込まれているほか、「IFRS第16号『リース』―リースの定義―入替えの権利」などのアジェンダ決定も収録しています。

IFRS会計基準の参照にあたっては、つねに最新の日本語版をご覧ください。

中央経済社
東京・神田神保町1-35
電話 03-3293-3381
FAX 03-3291-4437
https://www.chuokeizai.co.jp

PART A収録
基準書本文
（基準・適用指針）
財務報告に関する概念フレームワーク

PART B収録
適用ガイダンス・設例
IFRS実務記述書

PART C収録
結論の根拠・定款　など

▶価格は税込です。掲載書籍はビジネス専門書Online https://www.biz-book.jp からもお求めいただけます。

●実務・受験に愛用されている読みやすく正確な内容のロングセラー!

定評ある税の法規・通達集シリーズ

所得税法規集
日本税理士会連合会
中央経済社 編

❶所得税法 ❷同施行令・同施行規則・同関係告示 ❸租税特別措置法(抄) ❹同施行令・同施行規則・同関係告示(抄) ❺震災特例法・同施行令・同施行規則(抄) ❻復興財源確保法(抄) ❼復興特別所得税に関する政令・同省令 ❽災害減免法・同施行令(抄) ❾新型コロナ税特法・同施行令・同施行規則 ❿国外送金等調書提出法・同施行令・同施行規則・同関係告示

所得税取扱通達集
日本税理士会連合会
中央経済社 編

❶所得税取扱通達(基本通達/個別通達) ❷租税特別措置法関係通達 ❸国外送金等調書提出法関係通達 ❹災害減免法関係通達 ❺震災特例法関係通達 ❻新型コロナウイルス感染症関係通達 ❼索引

法人税法規集
日本税理士会連合会
中央経済社 編

❶法人税法 ❷同施行令・同施行規則・法人税申告書一覧表 ❸減価償却耐用年数省令 ❹法人税法関係告示 ❺地方法人税法・同施行令・同施行規則 ❻租税特別措置法(抄) ❼同施行令・同施行規則・同関係告示 ❽震災特例法・同施行令・同施行規則(抄) ❾復興財源確保法(抄) ❿復興特別法人税に関する政令・同省令 ⓫新型コロナ税特法・同施行令 ⓬租税透明化法・同施行令・同施行規則

法人税取扱通達集
日本税理士会連合会
中央経済社 編

❶法人税取扱通達(基本通達/個別通達) ❷租税特別措置法関係通達(法人税編) ❸減価償却耐用年数省令 ❹機械装置の細目と個別年数 ❺耐用年数の適用等に関する取扱通達 ❻震災特例法関係通達 ❼復興特別法人税関係通達 ❽索引

相続税法規通達集
日本税理士会連合会
中央経済社 編

❶相続税法 ❷同施行令・同施行規則・同関係告示 ❸土地評価審査会令・同省令 ❹相続税法基本通達 ❺財産評価基本通達 ❻相続税法関係個別通達 ❼租税特別措置法(抄) ❽同施行令・同施行規則(抄)・同関係告示 ❾租税特別措置法(相続税法の特例)関係通達 ❿震災特例法・同施行令・同施行規則(抄)・同関係通達 ⓫震災特例法関係通達 ⓬災害減免法・同施行令(抄) ⓭国外送金等調書提出法・同施行令・同施行規則・同関係通達 ⓮民法(抄)

国税通則・徴収法規集
日本税理士会連合会
中央経済社 編

❶国税通則法 ❷同施行令・同施行規則・同関係告示 ❸同関係通達 ❹国外送金等調書提出法・同施行令・同施行規則(抄) ❺租税特別措置法・同施行令・同施行規則(抄) ❻新型コロナ税特法・令 ❼国税徴収法 ❽同施行令・同施行規則・同関係告示 ❾滞調法・同施行令・同施行規則 ❿税理士法・同施行令・同施行規則・同関係告示 ⓫電子帳簿保存法・同施行令・同施行規則・同関係告示・同関係通達 ⓬デジタル手続法・同国税関係法令に関する省令・同関係告示 ⓭行政手続法 ⓮行政不服審査法 ⓯行政事件訴訟法(抄) ⓰組織的な犯罪処罰法(抄) ⓱没収保全と滞納処分との調整令 ⓲犯罪収益規則(抄) ⓳麻薬特例法

消費税法規通達集
日本税理士会連合会
中央経済社 編

❶消費税法 ❷同別表第三等に関する法令 ❸同施行令・同施行規則・同関係告示 ❹消費税法基本通達 ❺消費税申告書様式等 ❻消費税法等関係取扱通達等 ❼租税特別措置法(抄) ❽同施行令・同施行規則・同関係告示・同関係通達 ❾消費税転嫁対策法・同ガイドライン ❿震災特例法・同施行令(抄)・同関係告示 ⓫震災特例法関係通達 ⓬新型コロナ税特法・同施行令・同施行規則・同関係告示・同関係通達 ⓭税制改革法等 ⓮地方税法(抄) ⓯同施行令・同施行規則(抄) ⓰所得税・法人税政省令(抄) ⓱輸徴法令(抄)・同関係告示 ⓲関税定率法令(抄) ⓳国税通則法令・同関係告示 ⓴電子帳簿保存法令

登録免許税・印紙税法規集
日本税理士会連合会
中央経済社 編

❶登録免許税法 ❷同施行令・同施行規則 ❸租税特別措置法・同施行令・同施行規則(抄) ❹震災特例法・同施行令・同施行規則(抄) ❺印紙税法 ❻同施行令・同施行規則 ❼印紙税法基本通達 ❽租税特別措置法・同施行令・同施行規則(抄) ❾印紙税額一覧表 ❿震災特例法・同施行令・同施行規則(抄) ⓫震災特例法関係通達等

中央経済社

―■おすすめします■―

学生・ビジネスパーソンに好評

■最新の会計諸法規を収録■

新版 会計法規集

中央経済社編

会計学の学習・受験や経理実務に役立つことを目的に,

最新の会計諸法規と企業会計基準委員会等が公表した

会計基準を完全収録した法規集です。

《主要内容》

会計諸基準編＝企業会計原則／外貨建取引等会計基準／連結キャッシュ・フロー計算書等の作成基準／研究開発費等会計基準／税効果会計基準／減損会計基準／IFRSへの当面の方針／自己株式会計基準／1株当たり当期純利益会計基準／役員賞与会計基準／純資産会計基準／株主資本等変動計算書会計基準／事業分離等会計基準／ストック・オプション会計基準／棚卸資産会計基準／金融商品会計基準／関連当事者会計基準／四半期会計基準／リース会計基準／持分法会計基準／セグメント開示会計基準／資産除去債務会計基準／賃貸等不動産会計基準／企業結合会計基準／連結財務諸表会計基準／研究開発費等会計基準の一部改正／会計方針の開示,変更・誤謬の訂正会計基準／包括利益会計基準／退職給付会計基準／法人税等会計基準／税効果会計基準の一部改正／収益認識会計基準／時価算定会計基準／会計上の見積り開示会計基準／原価計算基準／監査基準他

会 社 法 編＝会社法・施行令・施行規則／会社計算規則

金 商 法 規 編＝金融商品取引法・施行令／企業内容等開示府令／財務諸表等規則・ガイドライン／連結財務諸表規則・ガイドライン他

関 連 法 規 編＝税理士法／討議資料・財務会計の概念フレームワーク他

――■中央経済社■―